Hans Peter Möller · Bernd Hüfner ·
Erich Keller · Holger Ketteniß ·
Heinz W. Viethen

Konzernrechnungslegung

Betriebswirtschaftliche Grundlagen,
internationale Standards
und deutsche Rechtsvorschriften

Prof. Dr. Hans Peter Möller
RWTH Aachen
Fakultät für Wirtschaftswissenschaften
Templergraben 64
52056 Aachen
Deutschland
moeller@rwth-aachen.de

Prof. Dr. Bernd Hüfner
Friedrich Schiller Universität Jena
Wirtschaftswissenschaftliche Fakultät
Carl-Zeiß-Str. 3
07743 Jena
Deutschland
b.huefner@uni-jena.de

Dr. Erich Keller
Fachhochschule der
Deutschen Bundesbank
Schloß
57627 Hachenburg
Deutschland
dr.keller@fh-bundesbank.de

Dr. Holger Ketteniß
RWTH Aachen
Fakultät für Wirtschaftswissenschaften
Templergraben 64
52056 Aachen
Deutschland
holger.ketteniss@lur.rwth-aachen.de

Dr. Heinz W. Viethen
RWTH Aachen
Fakultät für Wirtschaftswissenschaften
Templergraben 64
52056 Aachen
Deutschland
heinz.viethen@lur.rwth-aachen.de

ISSN 0937-7433
ISBN 978-3-642-18175-7   e-ISBN 978-3-642-18176-4
DOI 10.1007/978-3-642-18176-4
Springer Heidelberg Dordrecht London NewYork

Die Deutsche Nationalbibliothek verzeichnet diese Publikation in der Deutschen Nationalbibliografie; detaillierte bibliografische Daten sind im Internet über http://dnb.d-nb.de abrufbar.

© Springer-Verlag Berlin Heidelberg 2011
Dieses Werk ist urheberrechtlich geschützt. Die dadurch begründeten Rechte, insbesondere die der Übersetzung, des Nachdrucks, des Vortrags, der Entnahme von Abbildungen und Tabellen, der Funksendung, der Mikroverfilmung oder der Vervielfältigung auf anderen Wegen und der Speicherung in Datenverarbeitungsanlagen, bleiben, auch bei nur auszugsweiser Verwertung, vorbehalten. Eine Vervielfältigung dieses Werkes oder von Teilen dieses Werkes ist auch im Einzelfall nur in den Grenzen der gesetzlichen Bestimmungen des Urheberrechtsgesetzes der Bundesrepublik Deutschland vom 9. September 1965 in der jeweils geltenden Fassung zulässig. Sie ist grundsätzlich vergütungspflichtig. Zuwiderhandlungen unterliegen den Strafbestimmungen des Urheberrechtsgesetzes.
Die Wiedergabe von Gebrauchsnamen, Handelsnamen, Warenbezeichnungen usw. in diesem Werk berechtigt auch ohne besondere Kennzeichnung nicht zu der Annahme, dass solche Namen im Sinne der Warenzeichen- und Markenschutz-Gesetzgebung als frei zu betrachten wären und daher von jedermann benutzt werden dürften.

Einbandentwurf: WMXDesign GmbH, Heidelberg

Gedruckt auf säurefreiem Papier

Springer ist Teil der Fachverlagsgruppe Springer Science+Business Media (www.springer.com)

Vorwort

Das betriebswirtschaftliche Rechnungswesen zielt darauf ab, für ganze Unternehmen oder für Unternehmensteile die Einkommenskonsequenzen von Ereignissen abzubilden. Personen oder Personengruppen besitzen in freien Rechtsordnungen die Möglichkeit, Unternehmen zu gründen, zu verändern und aufzulösen. Unter einem Unternehmen im betriebswirtschaftlichen Sinn verstehen wir ein organisatorisches Gebilde, in dem ein oder mehrere Personen als Unternehmer tätig fungieren. Unternehmer zeichnen sich nach Dieter Schneider dadurch aus, dass sie (1) Einkommensunsicherheiten für andere Personen übernehmen, dass sie (2) Handelsmöglichkeiten erkennen und dass sie sich (3) durchsetzen können.

Die von uns gewählte Unternehmensdefinition ist nicht mit der juristischen Unternehmensdefinition des deutschen Handelsrechts identisch, nach der ein Unternehmen sich dadurch auszeichnet, dass es eine bestimmte Rechtsform besitzt. Für Unternehmen in solch einem juristischen Sinn sind die Aufzeichnungs- und Buchführungspflichten relativ genau geregelt, für Unternehmen im betriebswirtschaftlichen Sinn dagegen kaum.

Unternehmen im betriebswirtschaftlichen Sinn zeichnen sich oft dadurch aus, dass sie aus mehreren rechtlich selbständigen Einheiten bestehen, die einheitlich geleitet werden. Man bezeichnet ein solches Unternehmen als einen Konzern. Für Konzerne besteht weltweit keine Buchführungspflicht. In ihnen lassen sich die Aufzeichnungen und Buchführungen der rechtlich selbständigen Einheiten relativ leicht durch Entscheidungen der Konzernleitung verzerren. Um etwas über das Eigenkapital und die Eigenkapitalveränderungen von Konzernen zu erfahren, könnte man daran gehen, eine Konzern-Buchführung zu installieren. Alternativ dazu könnte man auch die Finanzberichte der rechtlich selbständigen Einheiten vereinheitlichen, um innerkonzernliche Ereignisse bereinigen und anschließend auf geeignete Weise aus Konzernsicht zusammen fassen. Die letztgenannte Methode ist diejenige, die sich in den Regelungen für die Praxis durchgesetzt hat.

Die formalen Vorgaben für die Rechnungslegung deutscher beziehungsweise europäischer Konzerne haben sich in den letzten Jahrzehnten mehrfach geändert. In der Literatur werden hauptsächlich die speziellen Regeln bestimmter Vorgaben wie die des deutschen Handelsgesetzbuchs (dHGB) oder die der *International Financial Reporting Standards* (IFRS) diskutiert und in Beispielen dargestellt. Unsere Darstellungen umfassen dagegen zunächst die betriebswirtschaftlich unterschiedlichen Verfahren der Erstellung von Konzern-Finanzberichten und den Verkauf rechtlich selbständiger Einheiten aus dem Konzern. Anschließend geben wir jeweils die rechtlichen und anderen Vorgaben dazu an.

Wir sind bemüht, die Probleme und Lösungsansätze der Konzern-Rechnungslegung für denjenigen zu beschreiben, der sich mit der Buchführung rechtlich selbständiger Einheiten einigermaßen auskennt. Wir beschränken uns auf grundlegende Ausführungen und beschreiben rechtliche oder andere Vorgaben nur am Rande. Wir stellen zur Erhöhung der Verständlichkeit für den Anfänger alle Sachverhalte auf zwei Weisen dar. Zunächst gehen wir von den tatsächlichen Buchungen aus und zeigen, (1) wie sie in den rechtlich selbständigen Einheiten gebucht wurden, (2) wie diese Buchungen aus Konzernsicht zu stornieren sind, (3) welche Buchungen statt dessen aus Konzernsicht vorzunehmen sind und (4) welche Buchungen man anschließend zur eigentlichen Konsolidierung vorzunehmen hat. Dieses Vorgehen verdeutlicht die Zusammenhänge zwischen den Finanzberichten rechtlich selbständiger Einheiten und den Finanzberichten des Konzerns. Es wird aber von der Praxis nicht verwendet. Anschließend gehen wir auf das Vorgehen in der Praxis ein, das nicht an einzelnen Buchungen ansetzt, sondern an den Finanzberichten der rechtlich selbständigen Einheiten. Beim Vorgehen der Praxis korrigiert man lediglich die Posten, die in der Summe über alle Einheiten aus Konzernsicht falsch sind. Das Verständnis für das Vorgehen der Praxis wird durch die Kenntnis der vorher dargestellten Methode wesentlich vereinfacht. Die Darstellungen werden vervollständigt durch die Entkonsolidierung einer rechtlich selbständigen Einheit. Zum Schluss beschreiben wir dann die konzerntypische Regelung latenter Steuern und die Auswirkungen der gesamten rechtlichen und anderen Vorgaben auf die Erstellung von Konzern-Finanzberichten.

In unseren Ausführungen beschreiben wir nach einigen generellen Ausführungen in den ersten vier Kapiteln in weiteren vier Kapiteln die vier üblichen Konsolidierungsmethoden im Détail. Aus dieser zweiten Gruppe von vier Kapiteln kann der Nutzer dieses Buches die einzelnen Kapitel in beliebiger Reihenfolge durcharbeiten; denn in jedem dieser vier Kapitel sind die Ausführungen ohne Verweis auf eins der anderen drei Kapitel dargestellt. Den Abschluss bildet ein Kapitel, in dem wir auf latente Einkommensteuern eingehen und die rechtlichen Vorgaben zusammenhängend darstellen.

Im Rahmen der Übungsaufgaben werden Sachverhalte beschrieben, die zur ausführlichen Wiederholung der einzelnen Gebiete dienen.

Aachen, im Herbst 2010

Inhaltsverzeichnis

1 **Rechnungslegung von Konzernen – Grundlagen**..... 1
   1.1 Betriebswirtschaftliche Grundlagen 3
        1.1.1 Konzern als spezielle Organisationsform eines Unternehmens................. 3
        1.1.2 Informationsfunktion der Konzernrechnungslegung............... 8
        1.1.3 Betriebswirtschaftliche Grundsätze für die Ermittlung des Konzern-Eigenkapitals und des Konzern-Einkommens.............. 20
   1.2 IFRS und dHGB zur Rechnungslegung von Konzernen im Überblick.................... 24
        1.2.1 Vollständigkeit und Einheitlichkeit......... 24
        1.2.2 Allgemeine Regelungen: Bilanzierungshandbuch und weitreichende Datenerfassung..................... 25
        1.2.3 Spezielle Regelungen: Vorgaben zur Erstellung von Konzern-Finanzberichten... 26
   1.3 Zusammenfassung.......................... 32
   1.4 Übungsmaterial............................ 33
        1.4.1 Fragen mit Antworten 33
        1.4.2 Verständniskontrolle.................. 34
        1.4.3 Aufgaben zum Selbststudium............ 35

2 **Betriebswirtschaftliche Konzepte und deren Umsetzung in den IFRS und im dHGB** 39
   2.1 Betriebswirtschaftliche Konzepte zur Konzernrechnungslegung.................... 41
        2.1.1 Grundlagen 41
        2.1.2 Vorgehenskonzepte bei der Konzernrechnungslegung............... 45
   2.2 Umsetzung der Konzepte in den IFRS und im dHGB 62
        2.2.1 Grundlagen 62

		2.2.2	Umsetzung in den IFRS	62
		2.2.3	Umsetzung im dHGB	64
	2.3	Zusammenfassung		65
	2.4	Übungsmaterial		65
		2.4.1	Fragen mit Antworten	65
		2.4.2	Verständniskontrolle	67
		2.4.3	Aufgaben zum Selbststudium	68
3	Vorbereitende Maßnahmen zur Durchführung einer Konsolidierung			75
	3.1	Vereinheitlichung der Angaben in Finanzberichten mit einheitlicher Währung		79
		3.1.1	Darstellung	80
		3.1.2	Ein Beispiel	81
	3.2	Umrechnung von Fremdwährungsangaben in die Währung von Konzern-Finanzberichten		88
		3.2.1	Umrechnung einzelner Fremdwährungsgeschäfte	89
		3.2.2	Umrechnung von Finanzberichten in fremder Währung	95
	3.3	Fazit des Beispiels für das weitere Buch		104
	3.4	Richtigstellung von Ereignissen zwischen den Einheiten eines Konzerns		108
		3.4.1	Betriebswirtschaftliche Grundlagen	108
		3.4.2	Beispiele	113
	3.5	Vorgaben der IFRS und des dHGB		115
		3.5.1	Vorgaben der IFRS	115
		3.5.2	Vorgaben des dHGB	117
	3.6	Zusammenfassung		119
	3.7	Übungsmaterial		120
		3.7.1	Fragen mit Antworten	120
		3.7.2	Verständniskontrolle	123
		3.7.3	Aufgaben zum Selbststudium	124
4	Konsolidierung unter der Annahme der Interessenzusammenführung			135
	4.1	Sachverhalt		137
	4.2	Ausführliches Konzept der Konsolidierung		138
		4.2.1	Konzern-Finanzberichte bei Erstkonsolidierung	138
		4.2.2	Konzern-Finanzberichte zu Zeitpunkten nach der Erstkonsolidierung	142
		4.2.3	Entkonsolidierung	152

4.3	Konsolidierung durch Anpassung von Finanzberichten (Vorgehen der Praxis)	158
4.4	Aussagegehalt	158
4.5	Vorgaben der IFRS und des dHGB	159
	4.5.1 Vorgaben der IFRS	159
	4.5.2 Vorgaben des dHGB	159
4.6	Zusammenfassung	160
4.7	Übungsmaterial	160
	4.7.1 Fragen mit Antworten	160
	4.7.2 Verständniskontrolle	161
	4.7.3 Aufgaben zum Selbststudium	161

5 Konsolidierung durch Neubewertung der Beteiligung an Untereinheiten (*equity*-Methode) unter der Annahme des Erwerbs 171

5.1	Sachverhalt	173
5.2	Konzept der Konsolidierung durch eine Nebenrechnung zur »Richtig«-Stellung der in den Einheiten getätigten Buchungen	174
	5.2.1 Vorgehen zum Zeitpunkt der Erstkonsolidierung	174
	5.2.2 Vorgehen zu Zeitpunkten nach der Erstkonsolidierung	177
	5.2.3 Entkonsolidierung	196
5.3	Konsolidierung durch Anpassung von Finanzberichten (Vorgehen der Praxis)	199
	5.3.1 Vorgehen zum Zeitpunkt der Erstkonsolidierung	201
	5.3.2 Vorgehen zu Zeitpunkten nach der Erstkonsolidierung	203
	5.3.3 Entkonsolidierung bei Verkauf der Anteile an einer Einheit	214
5.4	Aussagegehalt	216
5.5	Vorgaben der IFRS und des dHGB zur *equity*-Methode	218
	5.5.1 Vorgaben der IFRS	218
	5.5.2 Vorgaben des dHGB	219
5.6	Zusammenfassung	221
5.7	Übungsmaterial	222
	5.7.1 Fragen mit Antworten	222
	5.7.2 Verständniskontrolle	223
	5.7.3 Aufgaben zum Selbststudium	224

6	**Konsolidierung durch quotale Konsolidierung unter der Annahme des Erwerbs**	233
6.1	Sachverhalt	234
6.2	Konzept der Konsolidierung durch »Richtig«-Stellung der in den Einheiten getätigten Buchungen	236
6.2.1	Vorgehen zum Zeitpunkt der Erstkonsolidierung	236
6.2.2	Vorgehen zu Zeitpunkten nach der Erstkonsolidierung	240
6.2.3	Entkonsolidierung	255
6.3	Konsolidierung durch Anpassung von Finanzberichten (Vorgehen der Praxis)	257
6.3.1	Vorgehen zum Zeitpunkt der Erstkonsolidierung	259
6.3.2	Vorgehen zu Zeitpunkten nach der Erstkonsolidierung	261
6.3.3	Entkonsolidierung bei Verkauf der Anteile an einer Einheit	270
6.4	Aussagegehalt	272
6.5	Vorgaben der IFRS und des dHGB	274
6.5.1	Vorgaben der IFRS	274
6.5.2	Vorgaben des dHGB	275
6.6	Zusammenfassung	276
6.7	Übungsmaterial	276
6.7.1	Fragen mit Antworten	276
6.7.2	Verständniskontrolle	277
6.7.3	Aufgaben zum Selbststudium	278
7	**Konsolidierung durch Vollkonsolidierung mit Aufdeckung des auf den Konzern entfallenden *goodwill* unter der Annahme des Erwerbs**	287
7.1	Sachverhalt	289
7.2	Konzept der Konsolidierung durch »Richtig«-Stellung der in den Einheiten getätigten Buchungen	290
7.2.1	Vorgehen zum Zeitpunkt der Erstkonsolidierung	290
7.2.2	Vorgehen zu Zeitpunkten nach der Erstkonsolidierung	291
7.2.3	Entkonsolidierung	306
7.3	Konsolidierung durch Anpassung von Finanzberichten (Vorgehen der Praxis)	311

		7.3.1	Vorgehen zum Zeitpunkt der Erstkonsolidierung	311

	7.3.1	Vorgehen zum Zeitpunkt der Erstkonsolidierung	311
	7.3.2	Vorgehen zu Zeitpunkten nach der Erstkonsolidierung	313
	7.3.3	Entkonsolidierung bei Verkauf der Anteile an einer Einheit	324
7.4	Aussagegehalt		327
7.5	Vorgaben der IFRS und des dHGB		328
	7.5.1	Vorgaben der IFRS	328
	7.5.2	Vorgaben des dHGB	329
7.6	Zusammenfassung		329
7.7	Übungsmaterial		330
	7.7.1	Fragen mit Antworten	330
	7.7.2	Verständniskontrolle	331
	7.7.3	Aufgaben zum Selbststudium	331

8 Konsolidierung durch Vollkonsolidierung mit Aufdeckung eines vollständigen *goodwill* unter der Annahme des Erwerbs **341**

8.1	Sachverhalt		342
8.2	Konzept der Konsolidierung durch »Richtig«- Stellung der in den Einheiten getätigten Buchungen		343
	8.2.1	Vorgehen zum Zeitpunkt der Erstkonsolidierung	343
	8.2.2	Vorgehen zu Zeitpunkten nach der Erstkonsolidierung	347
	8.2.3	Entkonsolidierung	362
8.3	Konsolidierung durch Anpassung von Finanzberichten (Vorgehen der Praxis)		364
	8.3.1	Konzern-Finanzberichte bei Erstkonsolidierung	366
	8.3.2	Vorgehen zu Zeitpunkten nach der Erstkonsolidierung	368
	8.3.3	Entkonsolidierung bei Verkauf der Anteile an einer Einheit	381
8.4	Aussagegehalt		382
8.5	Vorgaben der IFRS und des dHGB		384
	8.5.1	Vorgaben der IFRS	384
	8.5.2	Vorgaben des dHGB	385
8.6	Zusammenfassung		385
8.7	Übungsmaterial		385
	8.7.1	Fragen mit Antworten	385

8.7.2 Verständniskontrolle. 386
8.7.3 Aufgaben zum Selbststudium. 386

9 **Konzerntypische Einkommensverlagerungen und zusammengefasste Konsolidierungsregeln nach IFRS und dHGB** 397
9.1 Grundlagen latenter Einkommensteuern und zusammengefasste Konsolidierungsregeln 398
9.2 Möglichkeiten für konzerntypische latente Einkommensteuern nach IFRS und dHGB 402
9.2.1 Prinzip der Berücksichtigung *latenter Einkommensteuern* 402
9.2.2 Vorgaben der IFRS und des dHGB zum Umgang mit latenten Einkommensteuern. 409
9.3 Zusammenfassung der Vorgaben zur Konsolidierung nach IFRS 412
9.3.1 Aufstellung von Konzern-Finanzberichten. . . 412
9.3.2 Konsolidierung von Beteiligungen. 413
9.4 Zusammenfassung der Vorgaben zur Konsolidierung nach dHGB. 414
9.4.1 Aufstellung von Konzern-Finanzberichten. . . 414
9.4.2 Konsolidierung von Beteiligungen. 416
9.5 Zusammenfassung. 418
9.6 Übungsmaterial. 419
9.6.1 Fragen mit Antworten 419
9.6.2 Verständniskontrolle. 420
9.6.3 Aufgaben zum Selbststudium. 421

Literaturhinweise 423

Sachverzeichnis 425

Kapitel 1
Rechnungslegung von Konzernen – Grundlagen

Lernziele

Nach dem Studium dieses Kapitels sollten Sie in der Lage sein,

- zu verstehen, was man sich aus betriebswirtschaftlichem Blickwinkel unter einem Konzern vorzustellen hat,
- die Zwecke und die Probleme der Konzernrechnungslegung zu begreifen,
- die grundsätzlichen Anforderungen zu benennen, die an Instrumente zur Darstellung von Eigenkapital und Eigenkaitalveränderungen eines Konzerns zu stellen sind.

Überblick

Manchmal beschließen Unternehmer, die ökonomische Selbständigkeit ihrer Unternehmen aufzugeben und diese zu einem Konzern zu verschmelzen. Es kann auch vorkommen, dass ein Unternehmen die Anteile an anderen Unternehmen kauft und sich dann als Obereinheit über diese beiden Einheiten eines Konzerns auffasst.[1] Schließlich ist der Fall denkbar, dass ein Unternehmen in Form einer einzigen rechtlich selbständigen Einheit sich in mehrere rechtlich selbständige Einheiten, von denen eines die Obereinheit bildet. In den skizzierten Fällen besitzt jede Einheit zwar die Selbständigkeit im rechtlichen Sinn, ökonomisch sind die Einheiten jedoch unselbständig. In all diesen Fällen entsteht ein Konzern.

Konzerne

---

[1] »Einheit« wird in diesem Buch als nicht-juristischer Oberbegriff zu den Gebilden verwendet, die zu einem Konzern zusammengefasst sind. Oftmals gehören dazu mehrere Kapitalgesellschaften oder Personengesellschaften, die eng zusammenarbeiten oder die unter der Leitung einer einzelnen Einheit stehen, also nicht mehr wirtschaftlich selbständig agieren.

Inhalt des Kapitels Der Inhalt des Kapitels dient der Einführung in die Konzernrechnungslegung. Es wird zunächst skizziert, was man sich konkret unter einem Konzern vorzustellen hat. Wir gehen davon aus, dass es sich dabei um ein Unternehmen im ökonomischen Sinn handelt, das aus mehreren rechtlich selbständigen, aber ökonomisch meist unselbständigen Einheiten besteht. Eine dieser Einheiten bildet die Obereinheit, während die anderen als Untereinheiten gelten.

Rechnungslegung von Konzernen Das für die Rechnungslegung Besondere an der Behandlung von Konzernen ist, dass zwar jede Einheit auf Grund rechtlicher oder ähnlicher Vorschriften Buchführung betreiben und Finanzberichte erstellen muss, dass für den Konzern als Ganzes aber keine Buchführungspflicht besteht. Dennoch hat der Konzern sowohl aus Informationsgründen als auch wegen spezieller Vorschriften Konzern-Finanzberichte[2] aufzustellen. Dabei betrachtet man den Konzern so, wie wenn alle rechtlich selbständigen Einheiten nur eine einzige ökonomisch selbständige Einheit wären. Dies bedeutet, dass man die rechtlich selbständigen Einheiten gewissermaßen nur noch als Abteilungen des Konzerns auffasst.[3]

Information der Eigenkapitalgeber Bei den Konzern-Finanzberichten geht es insbesondere um die Information der Eigenkapitalgeber der Konzern-Obereinheit. Hauptsächlich sie sollen etwas über das dem Konzern von ihnen zur Verfügung gestellte Eigenkapital sowie über dessen Veränderungen im Zeitablauf erfahren. Anderen Personengruppen mit rechtlichen Ansprüchen gegenüber dem Unternehmen, beispielsweise Beschäftigten, die im Konzern arbeiten, oder Kreditgebern, bei denen das Unternehmen ein Darlehen aufgenommen hat, oder konzernfremde Anteilseigner in Untereinheiten liefern die Konzern-Finanzberichte nur mittelbar interessante Informationen. Die Ansprüche dieser Personengruppen werden gegenüber denjenigen der Eigenkapitalgeber der Obereinheit

---

[2] In der deutschsprachigen Literatur ist es bisher üblich, in Anlehnung an das deutsche Handelsgesetzbuch vom Konzernjahresabschluss zu sprechen. Darunter werden traditionell eine »Konzern-Bilanz«, eine »Konzern-Gewinn- und -verlustrechnung« sowie ein »Konzern-Anhang« verstanden, seit einiger Zeit auch eine »Konzern-Kapitalflussrechnung«, eine »Konzern-Eigenkapitalveränderungsrechnung« sowie eine »Konzern-Segmentberichterstattung«. Angesichts der zunehmenden Ausweitung der Berichtspflichten auf zusätzliche Rechenwerke und wegen der Forderung nach einer Berichterstattung für kürzere Zeiträume als ein Jahr wird hier nicht mehr vom »Konzern-Jahresabschluss« gesprochen, sondern von den »Konzern-Finanzberichten«.

[3] Vgl. Pellens et al. (2009).

haftungsrechtlich vorrangig bedient, da diese Eigenkapitalgeber sich mit dem zufrieden geben müssen, was nach Ausgleich aller formalen Ansprüche Fremder übrig bleibt. Deswegen bezeichnet man die Eigenkapitalgeber der Obereinheit auch als residualanspruchsberechtigte Kapitalgeber.

Ein Konzern muss prinzipiell die gleichen Finanzberichte erstellen wie eine rechtlich selbständige Einheit. Allerdings gestaltet sich die Ermittlung der Informationen, die zur Erstellung der Finanzberichte notwendig sind, im Konzern weitaus schwieriger als in einem Unternehmen, das nur aus einer einzigen Einheit besteht. Wie bei jedem Unternehmen hängt der Aussagegehalt des errechneten Eigenkapitals und Einkommens davon ab, wie man die Ermittlung der Eigenkapital- und Einkommensgrößen[4] vornimmt. Diesbezüglich verweisen wir auf die Literatur zur Buchführung und zum Rechnungswesen von Unternehmen, die nur aus einer einzigen Einheit bestehen, sich also nicht als Konzerne organisiert haben.

Finanzberichte von Konzernen

1.1 Betriebswirtschaftliche Grundlagen

1.1.1 Konzern als spezielle Organisationsform eines Unternehmens

Unter einem Konzern versteht man in der Betriebswirtschaftslehre ein Gebilde aus mehreren rechtlich selbständigen Einheiten, die wirtschaftlich einheitlich geleitet werden. Es geht also bei einem Konzern um eine ökonomische Einheit, die aus mindestens zwei juristisch selbständigen Einheiten besteht. Die einheitliche Leitung üben entweder alle Einheiten gemeinsam in einer zumindest informell existierenden Obereinheit oder nur eine einzige Einheit – die Obereinheit – aus. Im erstgenannten Fall liegt es nahe, von einem Gleichordnungskonzern und einem Zusammenschluss der Anteile (*pooling of interests*) der beteiligten Einheiten zu sprechen, für den zweiten Fall passt der Ausdruck Unterordnungskonzern. Diese Terminologie erscheint

Konzern- und Unternehmensbegriff, Interessenzusammenführungsmethode und Erwerbsmethode

---

[4] Wir verwenden in diesem Buch den Begriff des Einkommens als Oberbegriff zu anderen, in der Literatur und Praxis ebenfalls gebräuchlichen Begriffen wie Ergebnis, Erfolg, Gewinn oder Verlust.

jedoch insofern problematisch, als dass es auch in einem Gleichordnungskonzern irgendein Leitungsgremium für den Konzern geben muss, womit man wieder – wie im zuletzt genannten Fall – einen Unterordnungskonzern definiert hat. Für Unterordnungskonzerne kann man unterstellen, die ehemaligen Unternehmen hätten sich zu Einheiten eines Konzern vereinigt, weil sie ein *pooling of interests* beabsichtigen oder weil die Eigenkapitalanteile aller bis auf ein Unternehmen von diesem einen Unternehmen erworben wurden. Im Zusammenhang mit der Erstellung von Finanzberichten für Konzerne unterscheidet man dem entsprechend die so genannte Interessenzusammenführungsmethode (*pooling of interests* oder *uniting of interests*) von der so genannten Erwerbsmethode (*purchase method, acquisition method*). Unter der Annahme der Interessenzusammenführung entstehen weitgehend ähnliche Probleme wie bei der Annahme des Erwerbs. Wir gehen kurz auf die Annahme der Interessenzusammenführung ein, bevor wir uns auf die Annahme des Erwerbs konzentrieren.

Annahme der Interessenzusammenführung

Unter der Annahme der Interessenzusammenführung entsteht ein Konzern, wenn mindestens zwei voneinander unabhängige Unternehmen beschließen, in Zukunft ihre Geschäfte gemeinsam zu betreiben. Der Entstehung eines solchen Konzerns gehen normalerweise ausführliche Gespräche und Analysen der beiden Unternehmensleitungen voraus, in denen man sich über die Organisation der neuen Konzernleitung einigt. Weiterhin ist der Wert der jeweils in den Konzern eingebrachten Vermögensgüter- und Fremdkapitalposten sowie die Verteilung der zukünftigen Gewinne und Verluste sowie die Eigenkapitalverteilung bei Ausscheiden einzelner Einheiten oder bei Auflösung des gesamten Konzerns abzusprechen. Üblicherweise wird danach normalerweise eine Einheit gegründet, in welche die Partner entsprechend der vorherigen Vereinbarungen ihre Vermögensgüter und ihr Fremdkapital einbringen. So entstand beispielsweise im Jahre 1998 aus der *Daimler-Benz AG* und der *Chrysler Corporation* die *DaimlerChrysler AG*.

Unterordnungskonzern

Unter der Annahme des Erwerbs geht die Leitung der Zusammenarbeit der einzelnen Einheiten von der Obereinheit aus.[5] Die

---

[5] In der deutschen Fachliteratur und in den deutschen rechtlichen Vorschriften findet man für die leitende Einheit den Begriff »Mutterunternehmen« und für die geleitete Einheit die Bezeichnung »Tochterunternehmen«. Wir wählen eine andere Terminologie, weil wir unter einem Unternehmen im betriebswirtschaftlichen Sinn nur eine am Markt ökonomisch selbständig tätige Einheit verstehen, nicht dagegen eine Einheit, die ökonomisch unselbständig ist.

Obereinheit kann eine beliebige Rechtsform annehmen, die Untereinheiten bestehen dagegen meistens aus Gesellschaften, in der Regel Kapitalgesellschaften. Der Grund dafür ist darin zu sehen, dass die Vermögensgüter und das Fremdkapital eines Unternehmens, das keine Gesellschaft ist, bei der Übernahme durch eine juristisch selbständige Einheit zum rechtlichen Bestandteil der erwerbenden Einheit werden. Man kauft gewissermaßen nur die Vermögensgüter und Fremdkapitalposten. Aus einem solchen *asset deal* ergeben sich keine weiteren Probleme für die Konzernrechnungslegung.

Die Obereinheit begründet ihre Führungsrolle damit,

- dass sie im Falle des Erwerbs einer Personengesellschaft die führende Gesellschafterin dieser Personengesellschaft ist,
- dass sie im Falle des Erwerbs einer Kapitalgesellschaft einen mehrheitlichen Anteil des Eigenkapitals der Untereinheit gekauft hat, oder
- dass sie einen so genannten Unternehmensvertrag mit der Untereinheit abgeschlossen hat, der einen Einfluss auf deren Leitung spezifiziert, oder
- dass sie die Eigenkapitalanteile von Untereinheiten besitzt, weil sie sich selbst in mehrere Einheiten aufgespalten hat.

Eine solche aus mehreren juristisch selbständigen Einheiten bestehende, von einer Obereinheit geleitete ökonomische Einheit, die selbständig am Markt operiert, wird üblicherweise als Unterordnungskonzern bezeichnet.

Konzerne stellen Unternehmen im betriebswirtschaftlichen Sinn dar.[6] In der Fachliteratur findet man oft ähnliche, aber formal andere Sichtweisen. So wird ein Konzern beispielsweise in der Literatur als eine »auf Dauer angelegte Verbindung rechtlich selbständiger Unternehmen zu einer unternehmungsähnlichen wirtschaftlichen Einheit« definiert.[7] Eine etwas andere Begriffsbildung, insbesondere des Unternehmensbegriffs, liegt der Formulierung zu Grunde, nach der Konzerne aus Unternehmen bestehen, »die zwar rechtlich selbständig, wirtschaftlich aber voneinander abhängig sind.«[8]

Konzernbegriff in der Literatur

---

[6] Vgl. dazu Schneider (1993), S. 83–94, sowie Theisen (2007), S. 946.

[7] Vgl. von Colbe et al. (2010), S. 57–58.

[8] Vgl. Baetge et al. (2009), S. 1, ferner Großfeld (1997), S. 193, Küting und Weber (2010), S. 77–79, sowie mit transaktionskostenorientiertem Hintergrund Schildbach (2008), S. 7–10.

Hauptgründe für die Organisation als Konzern: leichte Veräußerbarkeit einzelner rechtlich selbständiger Einheiten und größerer Einfluss auf die Personalstruktur	Die Gründe dafür, dass sich Unternehmen als Konzerne organisieren, sind vielschichtig. Es kann erstens sein, dass ein Unternehmen tatsächlich durch laufende Zukaufe ehemals wirtschaftlich selbständiger Unternehmen ständig um jetzt ökonomisch abhängig gewordene, aber juristisch noch selbständige und damit jederzeit veräußerbare Einheiten gewachsen ist. Es kann zweitens auch sein, dass ein Unternehmen bewusst die Organisationsform eines Konzerns gewählt hat, weil es sich davon personalpolitische Vorteile gegenüber anderen Organisationsformen verspricht. Beispielsweise kann man das Führungspersonal einer Untereinheit außertariflich bezahlen und leichter austauschen als in einer anderen Organisationsform, weil Verträge mit dem Vorstand üblicherweise eine zeitliche Befristung der Tätigkeit enthalten. Auch für die Möglichkeiten, »ungeliebten« Mitarbeitern kündigen zu können, ergeben sich möglicherweise andere Konsequenzen als wenn von einer Konzernstruktur abgesehen und nur eine einzige juristisch selbständige Einheit vorliegen würde.
Definitionsprobleme	Die Leitung durch die Obereinheit rührt entweder aus Eigentumsverhältnissen her oder aus faktischer oder vertraglicher Macht der Obereinheit über die Untereinheiten. Es ist für einen außerhalb des Unternehmens Stehenden oftmals schwierig zu beurteilen, welche Gesellschaften als Untereinheiten zu einem Konzern gehören und welche nicht. Viele Regelungen in Europa, in den USA und auf internationaler Ebene dokumentieren diese Schwierigkeiten mit unklaren Vorgaben. Diese reichen von mehreren Möglichkeiten zur Definition der Obereinheit[9] bis zu unterschiedlichen Wahlmöglichkeiten für die Behandlung der Anteile an anderen rechtlich selbständigen Einheiten des Konzerns.[10]
Unvollständigkeit der Konzernrechnungslegung	Für das Rechnungswesen und die Finanzberichte juristisch selbständiger Einheiten bestehen in vielen Ländern konkrete Vorschriften. Dagegen gibt es zum Rechnungswesen und zu den Finanzberichten ökonomisch selbständiger Einheiten, die aus mehreren rechtlich selbständigen Einheiten bestehen, vergleichsweise wenige Regelungen. Die in- und ausländischen sowie die internationalen Regelwerke zur Konzern-Rechnungslegung haben sämtlich Unschärfen im Zusammenhang mit der genauen Definition eines Konzerns. Dadurch kann die Information der Eigenkapitalgeber des Konzerns unter Umständen beeinträchtigt werden, beispielsweise durch die Art der Information über die Veränderung des von den Anteilseignern dem Konzern ohne Rückzahlungsanspruch zur Verfügung gestellten Eigenkapitals.

---

[9] Vgl. beispielsweise die im Folgenden noch näher beschriebenen Konzepte der einheitlichen Leitung oder der Steuerung (*control*-Konzept).
[10] Vgl. beispielsweise §296 dHGB.

1.1 Betriebswirtschaftliche Grundlagen

Eine erste denkbare Möglichkeit, die Einheiten eines Konzerns in dessen Finanzberichterstattung zu berücksichtigen, wäre die Einbeziehung nur der jeweiligen Beteiligung mit ihrem Anschaffungspreis. Bei diesem Vorgehen würde allerdings die tatsächliche wirtschaftliche Entwicklung der Untereinheiten in keiner Weise im Abschluss der berichtenden Obereinheit sichtbar, da unverändert immer nur der jeweilige Anschaffungspreis der Anteile an den Untereinheiten gezeigt würde. Die Aktivitäten der Untereinheiten blieben in solchen Finanzberichten sogar dann ohne Auswirkungen, wenn die Leiter der juristisch selbständigen Einheiten mogeln würden, indem sie gegenseitig ökonomisch unsinnige Geschäfte vereinbaren und deren Konsequenzen in den Finanzberichten »ihrer« Einheiten ohne Hinweis auf die Art der Geschäfte zeigen würden. Verkauft beispielsweise eine Einheit des Konzerns ein Vermögensgut an eine andere Einheit desselben Konzerns zu einem anderen Preis als dem Marktpreis, so erzeugt sie für sich einen Gewinn oder einen Verlust, der ohne die Konzernverbindung nicht oder in anderer Höhe angefallen wäre; bei der anderen Einheit erscheint dagegen nur ein über- oder unterbewertetes Vermögensgut und ein Zahlungsmittelabgang oder Verbindlichkeitszugang. Aus Konzernsicht hat aber nur eine Verlagerung des Vermögensgutes und der Zahlungsmittel stattgefunden. Keine dieser Konsequenzen wird sichtbar. Sie zeigen sich erst, wenn man nicht die Beteiligung an der Untereinheit in den Konzern-Finanzberichten abbildet, sondern die Vermögensgüter und Fremdkapitalposten aller Einheiten des Konzerns. Die Finanzberichte der rechtlich selbständigen Einheiten sind bei einem Vermögensgüterkauf von oder einem Vermögensgüterverkauf an andere Konzerneinheiten aus Konzernsicht verzerrt, weil aus Konzernsicht weder eine Anschaffung noch ein Verkauf stattgefunden haben. Die Verzerrung bleibt auch bestehen, wenn man in den Finanzberichten der rechtlich selbständigen Einheiten alle Geschäfte so darstellte, wie wenn sie zu Marktkonditionen stattgefunden hätten. Es kommt hinzu, dass diese konzerninternen Geschäfte ohne den Konzernverbund möglicherweise gar nicht abgeschlossen worden wären. Oftmals wird dadurch das in den Finanzberichten der rechtlich selbständigen Einheiten ausgewiesene Eigenkapital mit seinen Veränderungen betroffen sein. Die Folgen solcher verzerrten Information in Finanzberichten können fehlerhafte Entscheidungen sein. Das Problem möglicherweise bewusst verzerrter Informationen könnte sich verschärfen, wenn die Unternehmensleitungen sich von solchen Verzerrungen Vorteile erwarten.[11]

Verzerrung der Finanzberichte juristisch selbständiger Einheiten möglich

---

[11] Die Diskussion um die so genannten *Bad Banks* läuft auf die Ausnutzung solcher Verzerrungen hinaus.

Unterschiedliche Gruppen von Eigenkapitalgebern

Obereinheiten können alle Anteile von Untereinheiten erwerben oder nur einen Teil davon. Beim Erwerb von Anteilen, die weniger als 100% einer Untereinheit betreffen, kann man zwischen unterschiedlichen Gruppen von Eigenkapitalgebern der Untereinheit unterscheiden. Die eine Gruppe besteht aus der Obereinheit, die über ihre Anteile an der Untereinheit beteiligt ist. Die andere Gruppe besteht aus denjenigen Eigenkapitalgebern der Untereinheit, die keinen Anteil an der Obereinheit besitzen. Diese Gruppe wird als konzernfremde Anteilseigner der Untereinheiten bezeichnet (*minority interests, non-controlling interests*). Man hat zu entscheiden, ob man durch die Konzern-Finanzberichte nur die Eigenkapitalgeber der Obereinheit informieren möchte oder ob man auch diese konzernfremden Anteilseigner informieren will.

Unterschiedliche Informationslieferungen in den Einheiten und im Konzern

Ferner ist festzulegen, in welchem Ausmaß die Information über den Konzern erfolgen soll. Reicht die Mitteilung über die Beteiligungen oder über die zwischen einer Untereinheit und der Obereinheit getätigten, das Eigenkapital der Ober- oder Untereinheit betreffenden Geschäfte? Oder wird erwartet, dass man den Konzern so darstellt, wie wenn alle seine juristisch selbständigen Einheiten nur eine einzige Einheit wären? Im letztgenannten Fall ermittelt man ein Einkommen und ein Eigenkapital des Konzerns, das weder dem addierten Einkommen noch der Summe aus dem Eigenkapital aller rechtlich selbständigen Einheiten des Konzerns entsprechen muss.

1.1.2 Informationsfunktion der Konzernrechnungslegung

1.1.2.1 Adressaten der Information über den Konzern

Konzern-Rechnungswesen zur Dokumentation der Konzerntätigkeit und zur Entscheidungsunterstützung der Leiter und Eigenkapitalgeber von Konzernen

Die Rechnungslegung von Konzernen lässt sich als ein Informationsinstrument von Unternehmen auffassen, die als Konzern organisiert sind, wobei mehr als die bloße Angabe der Beteiligung der einen Einheit an einer anderen Einheit erfolgt. Mit ihr sollen in erster Linie die Eigenkapitalgeber des Konzerns über die Eigenkapitalveränderungen informiert werden, indirekt unter Umständen auch alle anderen zukünftigen und gegenwärtigen Aktionäre der Untereinheiten, die Gläubiger, die Lieferanten, die Kunden, die Arbeitnehmer und die sonstige Öffentlichkeit. Die indirekte Information besteht darin, dass man diesen Gruppen die gleiche Information anbietet wie den Eigenkapitalgebern der Obereinheit und nicht diejenigen Informationen, an denen sie primär interessiert sind.[12] Die Eigenkapitalgeber werden über die Entwicklung des auf sie entfallenden Eigenkapitals in Untereinheiten im abgelaufenen Abrechnungszeitraum informiert. Dazu werden zunächst statt der Beteiligungen die Vermögensgüter und Fremdkapitalposten der Untereinheiten anteilig (prozentual oder vollständig mit einem Korrekturposten) abgebildet und die Abbildungen entsprechender Größen aus allen Einheiten zusammengefasst. Da diese zusammengefassten Zahlen durch die oben beschriebenen möglicherweise getätigten konzerninternen Transaktionen verzerrt sein können, werden die Zahlen zuvor um die konzerninternen Effekte bereinigt. Der gesamte Prozess, anstatt der Beteiligungen die zugehörigen Vermögensgüter und Fremdkapitalposten der Untereinheit abzubilden und konzerninterne Transaktionen zu eliminieren, wird als »Konsolidierung« bezeichnet.

Das Ergebnis der Konsolidierung führt zu Konzern-Finanzberichten, die Entscheidungsträgern innerhalb und außerhalb des Konzerns unterbreitet werden. In ihnen wird in Geldeinheiten über den Konzern als ökonomisch selbständige Einheit (und nicht mehr über die juristisch selbständigen Einheiten) berichtet. Die Berichte liefern Informationen über die Vergangenheit und über gewisse Aspekte der Zukunft. Sie sollen den Eigenkapitalgebern helfen, gute Entscheidungen zu treffen. Wieviel Kapital steckt im Konzern? Wie groß war der Konzerngewinn des abgelaufenen Abrechnungszeitraums? Macht der Konzern immer noch Gewinn? Welche Konzernsegmente tragen in welchem Maß zum Konzern-Einkommen bei? Soll man zusätzliches Personal im Konzern einstellen? In welchen Segmenten gibt es Personalbedarf, in welchen erscheint eine Personalverringerung sinnvoll? Verdient man im Konzern genug Geld, um die Ausgaben des Konzerns zahlen zu können? Erfolgen Quersubventionen zwischen den verschiedenen Segmenten des Konzerns? Muss man als Konzern zusätzliches Kapital von Konzernfremden aufnehmen oder soll man um eine Erhöhung des

Ergebnis der Sichtweise

---

[12] Dies sei exemplarisch am Beispiel von Lieferanten und Arbeitnehmern verdeutlicht. Lieferanten sind primär daran interessiert zu erfahren, ob ihre Lieferungen fristgerecht bezahlt werden und ob sie in Zukunft weitere Aufträge erwarten können. Arbeitnehmer möchten primär wissen, ob ihr Lohn gezahlt wird, welche Aufstiegschancen sie haben und wie sich das Lohnniveau im Unternehmen entwickeln wird. Beiden Gruppen kann es höchstens indirekt bei ihren Entscheidungen helfen zu erfahren, wie »gut« es dem Konzern und dessen Eigenkapitalgebern »geht«.

Konzern-Eigenkapitals werben? Soll man das Kapital des Konzerns oder das Kapital konzernfremder Anteilseigner in Untereinheiten zu verändern versuchen? Betriebswirtschaftlich begründete Antworten auf solche einfach klingenden Fragen werden zur Beurteilung und Steuerung von Konzernen benötigt, können aber nur nach mühsamen Rechnungen unter bestimmten Annahmen gegeben werden.

Hauptzweck: Information über die Eigenkapital- und Einkommenskonsequenzen aller Ereignisse, die den Konzern berühren

Mit dem Rechnungswesen eines Konzerns werden die finanziellen Konsequenzen von Ereignissen dokumentiert, die den Konzern berühren. Es geht primär darum, das den Eigenkapitalgebern zustehende Kapital zu einem Zeitpunkt und ihr Einkommen sowie die Eigenkapitaltransfers[13] während eines Zeitraums zu bestimmen. Eigenkapital, Einkommen und oftmals auch Eigenkapitaltransfer sind Größen, die man nicht messen, sondern nur ohne inhaltliche Richtigkeit errechnen kann. Die Ermittlung solcher Zahlen bereitet in einem juristisch selbständigen Unternehmen keine großen Schwierigkeiten, wenn man sich auf die Ermittlungsregeln, beispielsweise auf Gesetze oder Standards geeinigt hat. Die Ermittlung von Konzern-Zahlen erscheint dagegen komplizierter. Man könnte auf den Gedanken verfallen, alle relevanten Ereignisse aus Konzernsicht zu definieren und aus Konzernsicht auf Konzern-Konten zu buchen, bevor man diese zu Konzern-Finanzberichten zusammenfasst. Auch wenn ein solches Verfahren als Ideallösung für die Erstellung von Konzern-Finanzberichten angesehen werden kann, ist es eher selten anzutreffen, weil es vielfach für schwierig gehalten wird, gleichzeitig die einheitlichen Konzernregeln und die für die rechtlich selbständigen Untereinheiten zusätzlich bestehenden lokalen (nationalen) Berichtsanforderungen adäquat zu berücksichtigen. Auch angesichts des damit wohl verbundenen Arbeitsaufwandes hat man im Laufe der Entwicklung der Konzern-Berichterstattung alternativ dazu zunächst Methoden entwickelt, um die Konzern-Finanzberichte aus den Finanzberichten der juristisch selbständigen Einheiten und aus gewissen Zusatzinformationen herzuleiten. Die Zusatzinformationen betreffen im Wesentlichen Informationen zur Eliminierung der Konsequenzen von Ereignissen zwischen den juristisch selbständigen Einheiten, die aus Konzernsicht nicht zu berücksichtigen sind oder die aus Konzernsicht zusätzlich oder anders als in den juristisch selbständigen Einheiten zu erfassen sind.

---

[13] Unter einem Eigenkapitaltransfer verstehen wir den Saldo der Einlagen und Entnahmen, die ja nicht nur in Form von Bargeld, sondern auch durch Zu- oder Abgang von Vermögensgüter- oder Fremdkapitalposten stattfinden können.

Soweit das betriebswirtschaftliche Rechnungswesen zur Informationsvermittlung an Gruppen dient, die von der Unternehmensführung ausgeschlossen sind und keine rechtlichen oder anderen Ansprüche besitzen, hat es auch ethischen Normen zu genügen. Das gilt insbesondere für Situationen, in denen es dem Informationspflichtigen unangenehm sein dürfte, seine Informationen preiszugeben. Zu denken ist beispielsweise an die Information durch Manager in Fällen, in denen einem Konzern wegen der Schaffung und Ausnutzung monopolähnlicher Marktstellungen und demzufolge hohen Gewinnen die Zerschlagung droht. Ein ähnliches Beispiel liegt vor, wenn die Geschäfte sehr schlecht »gelaufen« sind und die Unternehmensleitung daher befürchten muss, abgelöst zu werden. In solchen Fällen könnte das Management geneigt sein, Informationen des Rechnungswesens, die nach außen gegeben werden, in seinem Sinne zu verzerren. Die Verlockung dazu ist umso größer, je höher die finanziellen Konsequenzen der Probleme für die Konzernleitung sind und je leichter solche Manipulationen durchzuführen sind.

Gefahr, durch »unsaubere« Informationspolitik der Unternehmensleitung gegenüber Außenstehenden

Unternehmen versuchen, solche ethischen Probleme durch Bindung der Unternehmensleitung an interne Verhaltenskodizes oder durch eine so genannte Rollenvereinigung zu minimieren. Von einer Rollenvereinigung wird beispielsweise gesprochen, wenn man durch geeignete Maßnahmen die Manager teilweise in die Rolle von Anteilseignern versetzt, indem man ihnen den Aktienkauf attraktiv gestaltet. Man muss dann allerdings der Ausnutzung konzerninterner Informationen durch die Manager vorbeugen (Insider-Problematik). Außenstehende Interessenten, beispielsweise institutionelle Anleger, versuchen ebenfalls, Fehlinformationen seitens der Unternehmensleitungen zu verhindern, etwa dadurch, dass sie dem Management die Einhaltung bestimmter Verhaltensregelungen nahe legen.[14] Auch der Berufsstand derer, die das Rechnungswesen von Gesellschaften im Interesse der von der Unternehmensleitung ausgeschlossenen Eigenkapitalgeber prüfen, hat es sich zur Aufgabe gemacht, bei seinen Prüfungen ethische Gesichtspunkte zu beachten. In Deutschland betrifft diese Aussage den Berufsstand der Wirtschaftsprüfer in der Rolle des Finanzberichtsprüfers, in den USA den der *Certified Public Accountants* in der Rolle des *Auditors*. Die Einhaltung ethischer Normen ist daher nicht nur auf der Konzernebene wichtig,

Lösungsvorschlag: Bindung der Informationsproduzenten an Verhaltensregeln oder Einsetzung in die Eigenkapitalgeberrolle

---

[14] So können beispielsweise Investment- oder Pensionsfonds vom Management die Einhaltung eines vorgegebenen Verhaltens verlangen, bevor sie Aktien eines Unternehmens kaufen.

sondern bereits auf der Ebene der einzelnen Einheiten entscheidend, um die Informationsqualität der Konzern-Finanzberichte zu gewährleisten. Man muss den Mogelmöglichkeiten des Managements der einzelnen Einheiten vorbeugen.

1.1.2.2 Information über Konzern-Eigenkapital und Konzern-Einkommen

Konzern-Finanzberichte informieren schwerpunktmäßig über das Konzern-Einkommen und das Konzern-Eigenkapital

Die Berichterstattung über das Konzern-Eigenkapital und dessen Veränderungen steht im Mittelpunkt der Betrachtung. Veränderungen im Sinne von Eigenkapitaltransfers werden in der Literatur kaum problematisiert, einerseits weil man unterstellt, sie fänden in Form von Zahlungen statt und bereiteten keine Probleme, andererseits weil man davon ausgeht, dass die Anteilseigner um die entsprechenden Zahlungen wissen. Wir problematisieren die Konzern-Eigenkapitaltransfers aus den vorgenannten Gründen auch nicht weiter und konzentrieren uns daher auf das Konzern-Einkommen. Die Berichterstattung über das Konzern-Einkommen und über das Konzern-Eigenkapital greift auf Konzernebene auf die gleichen Instrumente zurück wie die Berichterstattung über die Größen eines juristisch selbständigen Unternehmens. Die Konzentration auf Konzern-Finanzberichte ist wichtig, um den Eigenkapitalgebern ein aktuelles Bild der finanziellen Lage und Entwicklung des Konzerns zu geben, an dem sie beteiligt sind.

Mögliche Vorgehensweisen zur Herleitung von Konzern-Finanzberichten

Zur Erstellung von Konzern-Finanzberichten, in denen die Beteiligungen an den jeweiligen Untereinheiten anders als mit ihrem Anschaffungspreis behandelt werden, sind zwei Vorgehensweisen denkbar. Erstens könnte man statt der Beteiligung eine Buchführung aus Sicht des Konzerns zusätzlich zu den Buchführungen der rechtlich selbständigen Einheiten installieren und daraus die Konzern-Finanzberichte herleiten. Dieses Vorgehen gilt als aufwendig. Es wird in der Literatur nicht beschrieben. Die zweite Vorgehensweise besteht darin, statt der Beteiligungen, angesetzt mit ihren Anschaffungsausgaben, die Werte der »hinter« der Beteiligung stehenden Vermögensgüter und Fremdkapitalposten aus den Finanzberichten der rechtlich selbständigen Einheiten sowie aus gewissen Zusatzinformationen über innerkonzernliche Ereignisse, also die Konzernsicht, zur Herleitung von Konzern-Finanzberichten zu nutzen. Die Erstellung von konzernregelkompatiblen Finanzberichten – oft »Handelsbilanz II (HB II)« genannt – welche die Basis für die Ermittlung der Konzern-Finanzberichte bilden, gründet dabei inzwischen bei vielen Konzernen darauf, dass die Untereinheiten bereits ihre originäre Buchführung auf die Anforderungen des Konzerns ausrichten. Dabei wird gleichzeitig der sich aus den Vorschriften und Regelungen ergebende Informationsbedarf für den Konzern *quasi* »nebenher« gedeckt, indem bei Diskrepanzen zwischen den nationalen und den Konzernanforderungen die entsprechenden Unterschiede bereits beim Buchungsvorgang ermittelt und sogleich in speziell festgelegten, von den rechtlich selbständigen Einheiten zu nutzenden Konzernkonten erfasst werden. Das ist nicht sonderlich aufwendig und wird auch relativ ausführlich in der Literatur beschrieben.[15] Die Herleitung von Konzern-Finanzberichten wird bei dieser Vorgehensweise als Konsolidierung bezeichnet. Bei der Konsolidierung korrigiert man – wie oben beschrieben – diejenigen Eigenkapitalveränderungen, die sich im Konzern anders ergeben als in der Summe über die rechtlich selbständigen Einheiten. Auch dabei unterscheiden wir wiederum zwei unterschiedliche mögliche Vorgehensweisen. Bei der ersten Vorgehensweise ermitteln wir die Summe der aus Konzernsicht in den Untereinheiten anders erzielten Eigenkapitalveränderungen, quasi in einer Nebenrechnung. Anschließend korrigieren wir die Finanzberichte der Obereinheit um diese Summe: Auf der Aktivseite betrifft dies die Beteiligungen an den Untereinheiten und auf der Passivseite die dadurch bedingten Eigenkapitalveränderungen. Im Falle positiver Eigenkapitalveränderungen, die nicht aus Eigenkapitaltransfers resultieren, würde man für jede Einheit buchen:

Beleg	Datum	Ereignis und Konten	Soll	Haben
		Beteiligung an einer Einheit	auf die Einheit	
		Ertrag aus Beteiligung an der Einheit		entfallender Gewinn

Dieses Verfahren besteht also in der Fortschreibung des Wertes jeder Beteiligung um die Eigenkapitalveränderung der jeweiligen Untereinheit. Es wird als Konsolidierung nach der *equity*-Methode bezeichnet. Bei der zweiten Vorgehensweise fügt man statt der Beteiligung an einer Untereinheit deren Vermögensgüter und Fremdkapitalposten in die Konzern-Finanzberichte ein. Zur Herleitung von Konzern-Finanzberichten muss man anschließend den Teil der Eigenkapitalveränderung ermitteln und korrigieren, der aus Konzernsicht anders entstanden ist, weil er innerkonzernlichen Vorgängen entsprang. Dieses Vorgehen besteht also darin, in den Konzern-Finanzberichten die Beteiligung durch die dahinter stehenden Posten der Vermögensgüter und des Fremdkapitals der einzelnen

---

[15] Vgl. Viethen (2008).

Untereinheit sowie einen eventuellen Restposten zu ersetzen. Auf beide Verfahren gehen wir später noch näher ein.

Mögliche Verzerrungen in Finanzberichten der juristisch selbständigen Einheiten

Würde man nur auf die Summe der Vermögensgüter und Fremdkapitalposten in den Finanzberichten der juristisch selbständigen Einheiten schauen, so erhielte man möglicherweise verzerrte Informationen. Innerkonzernliche Lieferungen und Leistungen stellen eine Ursache für solche Verzerrungen dar. Dabei kann man aus Sicht der juristisch selbständigen Einheiten an Verkäufe zwischen den Einheiten ebenso denken wie an die Überlassung von Nutzungsmöglichkeiten und die Einräumung von Darlehen. Das sei am oben bereits erwähnten Beispiel eines Verkaufs gezeigt. Die verkaufende juristisch selbständige Einheit B habe beispielsweise bei Verwendung des Umsatzkostenverfahrens gebucht:

Beleg	Datum	Ereignis und Konten	Soll	Haben
		Zahlungsmittel oder Forderungszugang B Umsatzertrag B	*Verkaufspreis der Ware*	
		Umsatzaufwand B Ware B	*Einkaufspreis oder Herstellungsausgaben der Ware*	

Dabei ist normalerweise in der juristisch selbständigen Einheit B ein Gewinn oder ein Verlust entstanden. Die kaufende Einheit A hat (einkommensneutral) gebucht

Beleg	Datum	Ereignis und Konten	Soll	Haben
		Ware A Zahlungsmittel oder Verbindlichkeiten A	*Einkaufspreis der A*	

Aus Sicht des Konzerns ist aber nichts anderes geschehen als eine Verlagerung von unverkaufter Ware von der Stelle B an die Stelle A des Konzerns, möglicherweise unter Entstehung von Ausgaben für den Transport. Stellen diese Transportausgaben aus Sicht des Konzerns einen Teil der Herstellungsausgaben dar, dann wären sie aus Konzernsicht zu buchen als

Beleg	Datum	Ereignis und Konten	Soll	Haben
		Ware, Erzeugnisse (Transport) Zahlungsmittel oder Verbindlichkeiten	*Transportausgaben*	

andernfalls als

Beleg	Datum	Ereignis und Konten	Soll	Haben
		Anderer Aufwand (Transport)	Transportausgaben	
		Zahlungsmittel oder		
		Verbindlichkeiten		

Da aus Sicht der ökonomischen Einheit eine Aufblähung der Summenangaben auf jeden Fall zu vermeiden ist, muss man in den Konzern-Finanzberichten solche innerkonzernlichen Vorgänge aus den Postensummen herausrechnen, da sie aus Konzernsicht nicht entstanden sind, und diejenigen Beträge hinzuzurechnen, die aus Konzernsicht anzusetzen wären. Im Beispiel wären also aus Konzernsicht nur die Transportausgaben zu berücksichtigen. Die aus Konzernsicht ungerechtfertigten Buchungen, die im Zusammenhang mit dem Warenverkauf in den juristisch selbständigen Einheiten vorgenommen wurden, sind folglich zu stornieren und anschließend durch diejenigen Buchungen zu ersetzen, die aus den Ereignissen folgen, die aus Konzernsicht stattgefunden haben.

Das beschriebene Vorgehen können wir mit der Annahme rechtfertigen, ein Konzern sei nicht nur eine ökonomisch, sondern auch eine rechtlich selbständige Einheit. Man folgt dann der so genannten Einheitstheorie. Danach steht der Einflussbereich der Obereinheit im Mittelpunkt der Darstellung. Auch dann, wenn die Obereinheit eine Untereinheit nicht vollständig, sondern nur anteilig erworben hat, können die Finanzberichte der Untereinheit vollständig – wenn auch mit einem Korrekturposten für den Anteil, welcher der Obereinheit nicht gehört – in die Konzern-Finanzberichte einbezogen werden. In der Untereinheit gibt es dann zwei Arten von Anteilseignern, die Obereinheit und die anderen konzernfremden Anteilseigner. Bei der Einheitstheorie vernachlässigt man die Unterscheidung zwischen diesen beiden Gruppen. Es ist dann nur konsequent, das gesamte Eigenkapital der Untereinheit als Eigenkapital des Konzerns auszuweisen. Man tut also so, wie wenn es keinen Interessengegensatz zwischen den verschiedenen Gruppen von Eigenkapitalgebern der Untereinheiten des Konzerns gäbe.

Annahme der rechtlich selbständigen Einheit eines Konzerns führt zur so genannten Einheitstheorie

Man kann alternativ zur Annahme, der Konzern sei eine einzige rechtlich selbständige Einheit, auch annehmen, dies sei nicht der Fall. Wenn man die beiden Gruppen von Aktionären unterscheidet, unterstellt man die so genannte Interessentheorie. Dann würde man auch einen Interessengegensatz zwischen den verschiedenen Gruppen von Aktionären zulassen. Es wäre dann konsequent, das auf die Nicht-Konzern-Aktionäre von Untereinheiten entfallende Eigenkapital nicht dem Eigenkapital des Konzerns zuzurechnen. Die beiden Sichtweisen können Konsequenzen für den Konsolidierungsprozess haben, auf die wir später noch eingehen. Dann steht nicht mehr der gesamte Einflussbereich der Obereinheit im Mittelpunkt des Interesses, sondern lediglich der Anteil, der auf die Obereinheit entfällt. In diesem Fall erscheint

Annahme, der Konzern sei keine rechtlich selbständige Einheit, führt zur so genannten Interessentheorie

es sinnvoll, nur das abzubilden, was auf die Obereinheit entfällt, sei es nur anteilig (Nettoverfahren) oder vollständig mit einem Korrekturposten für die konzernfremden Anteilseigner (Bruttoverfahren). Wesentlich erscheint, dass das von den konzernfremden Anteilseignern in Untereinheiten gehaltene Eigenkapital und die für diese konzernfremde entstandene Eigenkapitalveränderung nicht zum Eigenkapital beziehungsweise zur Eigenkapitalveränderung des Konzerns gezählt wird. Beim Bruttoverfahren stellt es aus Sicht der Obereinheit so etwas ähnliches wie Fremdkapital dar, wenn auch ohne Rückzahlungsverpflichtung. Damit akzeptiert man einen Interessengegensatz zwischen der Obereinheit und den konzernfremde Aktionäre in Untereinheiten.

Rechnungswesen als Instrument zur Unternehmenssteuerung

Unabhängig von den theoretischen Begründungen für das eine oder andere Vorgehen besteht ein wesentlicher Zweck der Rechnungslegung von Konzernen darin, die finanzielle Lage des Konzerns darzustellen. Dazu sind die von den Eigenkapitalgebern eingesetzten Mittel, das Eigenkapital des Konzerns, ebenso zu bestimmen wie das Wachstum dieser Mittel im Rahmen der Unternehmenstätigkeit des Konzerns. Die aus der Unternehmenstätigkeit erwachsende Veränderung der von den Eigenkapitalgebern des Konzerns eingesetzten Mittel wird im vorliegenden Buch als Konzern-Einkommen bezeichnet. Darüber hinaus verändert sich das Konzern-Eigenkapital durch Konzern-Eigenkapitaltransfers. Wir verwenden damit in diesem Buch die Bestandsgröße Konzern-Eigenkapital mit den Veränderungsgrößen Konzern-Einkommen und Konzern-Eigenkapitaltransfers.[16]

---

[16] Während der Begriff des Eigenkapitals in der Literatur weitgehend einheitlich verwendet wird, erscheinen für den Begriff des Einkommens viele unterschiedliche Ausdrücke. Wir verwenden den Begriff »Einkommen« für die vielen Bezeichnungen, die etwas Ähnliches aussagen. Im deutschen Steuerrecht beispielsweise werden dafür die Bezeichnungen »Einkommen aus Gewerbebetrieb« und »Gewinn« beziehungsweise »Verlust« gebildet. Das »Einkommen aus Gewerbebetrieb« kann positiv, null oder negativ sein. Im deutschen Handelsrecht werden die Begriffe »Jahresüberschuss« und »Konzernüberschuss« verwendet, wenn das Einkommen einer wirtschaftlich selbständigen Einheit oder eines Konzerns positiv ist. Die Begriffe »Jahresfehlbetrag« und »Konzern-Fehlbetrag« zieht man heran, wenn es negativ ist. In der Betriebswirtschaftslehre werden auch die Begriffe »Erfolg« und »Ergebnis« benutzt. Sind diese Größen positiv, wird von »Gewinn«, sonst von »Verlust« gesprochen. In der englischen Sprache haben sich für das Einkommen die Begriffe *net income, net loss, profit* und *loss* eingebürgert.

In Konzernen benötigt man Hilfsmittel zur Beurteilung von Investitionen, von Standorten und von Beschäftigten sowie allgemein zur Entscheidungsfindung. Das Konzern-Rechnungswesen kann der Unternehmensleitung helfen, den Konzern zu steuern, wenn die Steuerung an den eingesetzten Mitteln und an deren Mehrung durch die Unternehmenstätigkeit orientiert ist. Andere, nicht-finanzielle Ziele des Konzerns bleiben hier unberücksichtigt.

Begriffsvielfalt in der Literatur: Konzern-Eigenkapital und Konzern-Einkommen als Grundlage der Unternehmenssteuerung

Das Konzern-Einkommen dient nicht nur der Unternehmenssteuerung, sondern auch der Bestimmung einkommensabhängiger Konzern-Zahlungen, wenn solche Zahlungen existieren. Man denke beispielsweise an Tantiemen, deren Höhe sich am Konzern-Einkommen orientiert.[17]

Konzern-Einkommen zur Bestimmung einkommensabhängiger Zahlungen

1.1.2.3 Technik der Darstellung von Konzern-Eigenkapital und Konzern-Einkommen

Das Besondere der Konzern-Rechnungslegung ist darin zu sehen, dass statt der Beteiligung die Vermögensgüter und Fremdkapitalposten der Untereinheit anteilig berücksichtigt und dann Geschäfte und Vorgänge vernachlässigt werden, die nur zwischen den juristisch selbständigen Einheiten eines Konzerns und nicht mit Partnern außerhalb des Konzerns stattgefunden haben. Solche Ereignisse werden als innerkonzernliche Ereignisse eingestuft und müssen folglich – wie oben bereits dargestellt – aus Konzernsicht anders als in den Finanzberichten der rechtlich selbständigen Einheiten behandelt werden. Die Konzern-Finanzberichte unterscheiden sich somit prinzipiell nicht von den Finanzberichten einer ökonomisch und juristisch selbständigen Einheit. Allerdings braucht der Konzern formal keine Buchführung durchzuführen. Es geht jedoch im Konzern darum, die Auswirkungen derjenigen Ereignisse zu stornieren, die nur zwischen den juristisch selbständigen Einheiten des Konzerns stattgefunden haben, und diejenigen Ereignisse (adäquat) zu berücksichtigen, die statt dessen aus Konzernsicht angefallen sind.

Ziel: Ermittlung des Eigenkapitals und dessen Veränderungen für Konzerne

---

[17] Zu solchen Zahlungen gehören auch Einkommensteuerzahlungen. Hinsichtlich der Einkommensteuerregelungen unterscheiden sich aber viele Länder voneinander. Beispielsweise werden in Deutschland die Steuern auf Basis von Zahlen der juristisch selbständigen Einheiten bestimmt, in den USA dagegen auf Basis von Konzern-Zahlen.

Technik unter der Annahme der Interessenzusammenführung

Keine Probleme für die Unternehmensleitung bei Interessenzusammenführung

Die Methode der Interessenzusammenführung unterstellt, die Partner hätten sich darauf geeinigt, dass ihre Konzern-Finanzberichte nur Beteiligungen abbilden, oder dass sie alle Bilanzposten aller Partner enthalten sollen. Sie haben sich auch vorab auf die entsprechende Bewertung ihrer Vermögensgüter und ihres Fremdkapitals geeinigt. Insofern gibt es bei Interessenzusammenführung für die Unternehmensleitung keine Probleme, die man nicht bereits vor Konzerngründung hätte klären können.

Technik unter der Annahme des Anteilserwerbs

Methode 1: Korrektur der Beteiligungsbuchwerte der Obereinheit um die Eigenkapitalveränderungen der Untereinheiten

Nach der Erwerbsannahme kann man mehrere Methoden der Konsolidierung unterscheiden. Die Methoden betreffen die wesentlichen Größen einer Bilanz und einer Einkommensrechnung. Ein Konzern entsteht gemäß der Erwerbsannahme, weil eine Obereinheit die Anteile einer Untereinheit erwirbt. In der Bilanz der Obereinheit findet man die Anteile an einer Untereinheit unter den »Beteiligungen«. Eine sehr anschauliche Methode der Konsolidierung besteht darin, nur den Wert der jeweiligen Beteiligung der Obereinheit an einer Untereinheit um die in der Untereinheit entstandenen Eigenkapitalveränderungen zu verändern. Man muss dann in einer Nebenrechnung insbesondere die Eigenkapitalveränderungen dieser juristisch selbständigen Einheit erfassen, die auf die Obereinheit entfallen, und sie im positiven Fall dem Wert der Beteiligung hinzurechnen oder sie von diesem abziehen, wenn sie negativ sind. Schwierig wird das, wenn es umfangreiche Beziehungen zwischen den juristisch selbständigen Einheiten des Konzerns gegeben hat, weil dann das Eigenkapital und das Einkommen der juristisch selbständigen Einheiten zuvor von den unternehmensinternen Vorgängen zu befreien ist. Die Ergebnisse der Nebenrechnung verwendet man dann, um zwei Bestandteile aus den Finanzberichten der Obereinheit anders anzusetzen als in den Finanzberichten der rechtlich selbständigen Einheiten. Erstens verändert man den Wert der Beteiligung um die Eigenkapitalveränderungen der Untereinheit. Zweitens verändert man das auf die Obereinheit entfallende Einkommen und die Eigenkapitaltransfers des Konzerns aus der Beteiligung um die entsprechenden Veränderungen in der Untereinheit. Ein Außenstehender kann dann das Eigenkapital und dessen Veränderungen aus dem Buchwert der Beteiligung, dem Einkommen und den Eigenkapitaltransfers erkennen. Dieses Vorgehen der Neubewertung der Beteiligung um die auf die Obereinheit entfallende

Eigenkapitalveränderung der Untereinheit wird üblicherweise als Konsolidierung entsprechend der *equity*-Methode bezeichnet.

Eine zweite Methode zur Darstellung eines Konzerns besteht darin, dass man in der Konzern-Bilanz anstatt der Beteiligung an der Untereinheit deren anteiliges Eigenkapital bewertet zum Marktwert und gegebenenfalls einen Korrekturposten für die im Anschaffungszeitpunkt bestehende Differenz zwischen dem Anschaffungswert der Beteiligung und dem Marktwert des Eigenkapitals der Untereinheit zum Erwerbszeitpunkt ansetzt. Den Marktwert des Eigenkapitals drückt man durch die Differenz zwischen dem Marktwert der anteiligen Vermögensgüter und dem Marktwert des anteiligen Fremdkapitals der Untereinheit aus. Der etwaige Korrekturposten berücksichtigt, dass die Obereinheit möglicherweise einen anderen Betrag für den Erwerb der Beteiligung ausgegeben hat als den Marktwert des anteiligen Eigenkapitals der Untereinheit. In ihm kommt zum Ausdruck, dass der anteilige Kaufpreis der Beteiligung zum Erwerbszeitpunkt vom anteiligen fiktiven Kaufpreis der Vermögensgüter abzüglich der Fremdkapitalposten der Untereinheit zum Erwerbszeitpunkt abgewichen ist, aus welchen Gründen auch immer. Der Korrekturposten repräsentiert damit den gezahlten Mehr- oder Minderpreis und wird je nach seinem Vorzeichen als positiver oder als negativer *goodwill* bezeichnet. Wenn man statt der Beteiligung nur denjenigen Anteil der Vermögensgüter und des Fremdkapitals der Untereinheit in die Konzern-Finanzberichte überträgt, der auf die Obereinheit entfällt, wird diese Vorgehensweise »quotale Konsolidierung« genannt. Auch bei dieser Vorgehensweise sind zunächst die innerkonzernlichen Ereignisse angemessen zu berücksichtigen. Man sieht bei dieser Methode die Werte der Vermögensgüter und des Fremdkapitals, die formal auf die Obereinheit entfallen. Man sieht aber nicht, in welcher Höhe die Obereinheit über Vermögensgüter und Fremdkapital der Untereinheit verfügen kann.

Methode 2: Austausch der Beteiligungen der Obereinheit gegen die anteiligen Vermögensgüter, Fremdkapitalposten und Restposten der Untereinheit

Auch die dritte Methode zur Darstellung eines Konzerns besteht darin, statt der Beteiligung die Vermögensgüter und Fremdkapitalposten der Untereinheiten des Konzerns anzugeben. Wenn man das tut und einen Anteil von weniger als 100% besitzt, muss man auch noch einen Korrekturposten für diejenigen Anteile an Vermögensgütern und Fremdkapital der Untereinheit vorsehen, die nicht auf die Obereinheit entfallen. Dieser Korrekturposten repräsentiert den Teil des Eigenkapitals einer Untereinheit, der nicht auf die Konzern-Anteilseigner entfällt. Er wird üblicherweise als Ausgleichsposten für konzernfremde Anteilseigner in Untereinheiten bezeichnet. Zusätzlich kann es, wie oben bereits skizziert, beim Erwerb einer Untereinheit auch zu einem positiven oder negativen *goodwill* kommen. Bei diesem Vorgehen und entsprechendem Ausweis könnte

Methode 3: Austausch der Beteiligungen der Obereinheit gegen die gesamten Vermögensgüter, Fremdkapitalposten, einen Posten für konzernfremde Anteilseigner sowie einen Restposten

man auch als Außenstehender sehen, über welchen Betrag an Vermögensgütern und Fremdkapital der Untereinheit die Obereinheit insgesamt verfügen kann. Wegen der Zusammenfassungen über alle Einheiten hinweg kann man die Posten aber nur für den Konzern als Ganzes sehen. Üblicherweise bezeichnet man das Vorgehen als Vollkonsolidierung mit Aufdeckung eines anteiligen *goodwill*.

Methode 4: Austausch der Beteiligungen der Obereinheit gegen die gesamten Vermögensgüter, Fremdkapitalposten, einen Restposten für konzernfremde Anteilseigner sowie einen auf den gesamten Konzern bezogenen Restposten

Die vierte Methode unterscheidet sich von der dritten Methode durch die Ermittlung und Behandlung des positiven oder des negativen *goodwill*. Ergab er sich bei den oben dargestellten Verfahren aus der Differenz zwischen dem Kaufpreis der Beteiligung und dem Marktwert des anteiligen Eigenkapitals der Untereinheit, so besteht er nun (bei Erwerb von weniger als 100% der Anteile) aus der Differenz zwischen einem auf die gesamte Untereinheit hochgerechneten Kaufpreis und dem gesamten Eigenkapital der Untereinheit. Dieses Vorgehen besitzt Konsequenzen nicht nur für die Höhe des *goodwill*, sondern auch für den entsprechenden Ausgleichsposten für konzernfremde Anteilseigner. Bei einer geringeren Beteiligung als 100% wird dieser anders ausfallen als bei der zuvor genannten Methode. Dieses Verfahren wird in der Fachliteratur als Vollkonsolidierung mit Aufdeckung eines vollständigen *goodwill* bezeichnet.[18]

Unterschiedliche Kennzahlen-Werte

Bei allen Verfahren erhält man die gleichen Beträge für das Konzern-Eigenkapital und das Konzern-Einkommen. Unterschiedlich wird aber die Umgebung dargestellt, in der diese Konzern-Zahlen auftauchen. Dementsprechend unterscheiden sich die ermittelbaren Ausprägungen von vielen Kennzahlen, für die Informationen aus Finanzberichten verarbeitet werden, bei den vier Vorgehensweisen oft deutlich voneinander.

1.1.3 Betriebswirtschaftliche Grundsätze für die Ermittlung des Konzern-Eigenkapitals und des Konzern-Einkommens

1.1.3.1 Anwendung der Grundsätze für juristisch selbständige Einheiten

Gültigkeit der Grundsätze, die auch für anders organisierte Unternehmen gelten

Für die Ermittlung von Konzern-Finanzberichten gelten aus betriebswirtschaftlicher Sicht die gleichen Grundsätze wie für die

---

[18] Vgl. Schmidt (2005).

Finanzberichte von Unternehmen mit anderer Organisationsstruktur. Der Vollständigkeit halber erwähnen wir hier kurz diese Grundsätze, ohne sie ausführlich zu erläutern. Dazu sei auf die entsprechende Fachliteratur verwiesen.[19]

Traditionelle Grundsätze

Äußerst wichtig erscheint die Einhaltung der Grundsätze der Relevanz und der Zeitgerechtheit sowie der Verlässlichkeit, auch wenn zwischen diesen Kategorien ein Spannungsverhältnis existiert. Ohne die Einhaltung dieser Grundsätze ist jeglicher Informationsgehalt der Rechnungslegung anzweifelbar. Die Forderung, die Buchführung auf ökonomisch selbständige Unternehmen zu beschränken oder auszuweiten, wird mit der Konzernrechnungslegung erfüllt. Ferner erscheint es für viele Ereignisse angemessen zu sein, im Unternehmen von der Annahme der Fortführung der Geschäfte auszugehen und eine stabile Währungseinheit zu unterstellen. Für den Bereich der Buchführung wird normalerweise angenommen, dass die einzelnen Vermögensgüter und Fremdkapitalposten einzeln zu bewerten sind. Einkommen entsteht, wenn das Unternehmen alle seine Verpflichtungen aus einem Geschäft erfüllt hat oder wenn es die Regeln der Periodisierung anwendet, es sei denn, man hätte eine Einkommensvorwegnahme vorgenommen.[20] Darüber hinaus sind die Forderungen nach Vorsicht und Vergleichbarkeit der Abbildung zu beachten.

1.1.3.2 Gleichartige Finanzberichte

Anwendung der gleichen Regelungen

Die Ermittlung des Konzern-Eigenkapitals, des Konzern-Einkommens und der Konzern-Eigenkapitaltransfers sollte aus betriebswirtschaftlicher Sicht auf den gleichen Regelungen beruhen wie die Ermittlung des Eigenkapitals, des Einkommens und der Eigenkapitaltransfers einer juristisch selbständigen Einheit, jedoch modifiziert um die bereits skizzierten konzernspezifischen Korrekturen. Obereinheiten, die als juristisch selbständige Einheiten einen Finanzbericht nach dHGB oder nach den IFRS erstellen, könnten auch bei den Finanzberichten ihrer Untereinheiten den IFRS folgen, wenn sie Arbeit »sparen« möchten. Normalerweise wird jedoch neben den konzerneinheitlichen Bilanzierungsregeln, beispielsweise nach den IFRS, die auch die Buchführung prägen, im Buchführungssystem vorgesehen, dass bestimmte Buchungsklassen reserviert sind für die sofortige Buchung derjenigen lokalen, beispielsweise nach dHGB ermittelten Zahlen, die von den Konzernregeln abweichen. »Gespart«

---

[19] Vgl. beispielsweise Coenenberg et al. (2009), S. 36–76.
[20] Vgl. Schneider (1997), S. 119–140.

wird auf diese Weise, weil so vermieden wird, dass bei der Konsolidierung noch einmal über die einzelnen Sachverhalte mit »Differenzen« zu den Bilanzierungsregeln zeitintensiv nachgedacht und diskutiert werden muss. Obereinheiten mit Sitz in Deutschland, die für ihren Konzern-Finanzbericht das dHGB oder das Publizitätsgesetz (PublG) anwenden, haben diese Regelungen auch für ihre juristisch selbständigen Untereinheiten zu beachten, soweit es um die Konzern-Finanzberichte geht. Für die Finanzberichte der rechtlich selbständigen Untereinheiten gelten die jeweiligen lokalen Gesetze und Vorschriften der Sitzländer der jeweiligen Untereinheiten.

Erstellung der gleichen Arten von Finanzberichten

Die Obereinheit eines Unterordnungskonzerns muss neben ihren Finanzberichten für die juristisch selbständige Einheit auch Konzern-Finanzberichte erstellen. Dazu gehören üblicherweise ein Konzern-Anhang, eine Konzern-Einkommensrechnung, eine Konzern-Bilanz, eine Konzern-Eigenkapitaltransferrechnung, eine Konzern-Eigenkapitalveränderungsrechnung, eine Konzern-Kapitalflussrechnung, ein Konzern-Anlagespiegel sowie eine Konzern-Segmentberichterstattung. Bei diesen Konzern-Finanzberichten ist zu beachten, dass sie normalerweise nicht aus der Buchführung des Konzerns hergeleitet werden, weil der Konzern keine vollständige Buchführung betreibt. Sie werden aus den um innerkonzernliche Ereignisse modifizierten Finanzberichten der juristisch selbständigen Einheiten des Konzerns hergeleitet.

Anwendung eines einheitlichen Bilanzstichtags und gleichlanger Abrechnungszeiträume

Zur Gleichartigkeit der Finanzberichte gehört auch, dass alle juristisch selbständigen Einheiten eines Konzerns ihre Finanzberichte für den gleichen Bilanzstichtag und für jeweils gleich lange Abrechnungszeiträume erstellen und dass die Konzern-Finanzberichte für eben diesen Bilanzstichtag beziehungsweise Abrechnungszeitraum erstellt werden. Würde diese Forderung nicht erfüllt, bestände für die Unternehmensleitung die Möglichkeit zum Mogeln durch Verschieben von Ereignissen in Einheiten mit jeweils anderen Abrechnungszeiträumen.

Einbeziehung aller juristisch selbständigen Einheiten in die Konzern-Finanzberichterstellung

Das Prinzip der vollständigen Einbeziehung aller Beteiligungen der Obereinheit und damit des Tauschs von deren Beteiligungsbuchwerten gegen die entsprechenden Vermögensgüter und Fremdkapitalposten der juristisch selbständigen Einheiten eines Konzerns rechnen wir auch zur Gleichartigkeit der Finanzberichte. Nur die geforderte Vollständigkeit führt zu formell richtigen Konzern-Finanzberichten. Erforderlich ist dazu auch, dass man bei den Veränderungen der Vermögensgüter und des Fremdkapitals jeweils auch zeigen kann, in welcher Höhe sich die Posten verändert haben, wenn sich die Zahl der berücksichtigten Untereinheiten gegenüber dem Vorjahr verändert hat. Sieht man den Tausch nicht für alle Beteiligungen vor, so besteht für die Unternehmensleitung die Möglichkeit, Ereignisse, die sie nicht zeigen möchte, über die nicht einbezogenen Einheiten abzuwickeln. Daraus können nachteilige Konsequenzen für die Empfänger der Finanzberichte erwachsen.

Die Gleichartigkeit der Finanzberichte wird auch angesprochen, wenn die Forderung nach gleichartigen Bilanzierungs- und Bewertungsmethoden in allen juristisch selbständigen Einheiten eines Konzerns geäußert wird. Sie ist relativ einfach zu erfüllen, wenn alle juristisch selbständigen Einheiten innerhalb des gleichen Regelungskreises und Währungsgebiets agieren. Sie wird komplizierter, wenn die juristisch selbständigen Einheiten in unterschiedlichen Regelungskreisen und eventuell auch unterschiedlichen Währungsgebieten arbeiten. Konzerne stellen die Gleichartigkeit der Finanzberichte ihrer Untereinheiten normalerweise durch ein Konzern-Bilanzierungshandbuch sicher, dessen Regeln alle Einheiten anzuwenden haben.

Gleichartige Bilanzierungs- und Bewertungsregeln durch Anwendung eines Konzern-Bilanzierungshandbuchs

Im Hinblick auf die Eliminierung konzerninterner Lieferungs- und Leistungsbeziehungen ist bereits bei der Einrichtung der Buchführung in den einzelnen Einheiten darauf zu achten, dass bei der Buchung sämtlicher Ereignisse und Sachverhalte zugleich erfasst wird, ob diese konzernexterne oder konzerninterne Geschäftspartner betreffen. Naheliegende Beispiele stellen hier konzerninterne und -externe Umsätze, von fremden Dritten oder von Konzerngesellschaften bezogene Güter des Vorratsvermögens oder Forderungen beziehungsweise Verbindlichkeiten gegenüber fremden oder konzerninternen Partnern dar. Allerdings reicht hier in der Regel nicht die bloße Unterscheidung nach konzernintern und -extern aus. Bei konzerninternen Forderungen und ähnlichen Posten ist auch danach zu differenzieren, welche Konzerneinheit genau der Transaktionspartner ist: Nur so kann bei der Eliminierung der konzerninternen Beziehungen sichergestellt werden, dass Diskrepanzen und eventuelle Buchungsfehler einheitsspezifisch aufgedeckt werden und nicht in der großen Menge der konzerninternen Daten »untergehen« oder durch andere unentdeckte Fehler »still« kompensiert werden.

Notwendigkeit zur Sammlung zusätzlicher Angaben im Konzern

Wie genau die jeweiligen Partnereinheiten im Konzern zu erfassen sind, hängt weiterhin von der Organisationsstruktur des Konzerns ab. Ist ein Konzern so organisiert, dass alle juristisch selbständigen Einheiten nur jeweils ein Segment im Sinne der Anforderungen der Segmentberichterstattung umfassen, kann die rechtliche Einheit als kleinste Berichtseinheit dienen. Gibt es jedoch Konzerneinheiten, die Tätigkeiten von verschiedenen Segmenten umfassen,

Relevanz der Organisationsstruktur

muss bereits in den betreffenden Konzerneinheiten weiter danach unterschieden werden, welchem spezifischen Segment die externen beziehungsweise internen Umsatzerlöse, die Vorräte, die Forderungen und die anderen Posten zuzurechnen sind. Bei komplexen innerkonzernlichen Geschäftsbeziehungen oder wenn konzerninterne Lieferungen auch bei Gütern des abzuschreibenden Sachanlagevermögens erfolgen, kann die klare Erfassung und adäquate Berücksichtigung der konzerninternen Lieferungs- und Leistungsbeziehungen durchaus beachtliche Anforderungen an die organisatorischen Abläufe und Erfassungsmechanismen stellen.

1.2 IFRS und dHGB zur Rechnungslegung von Konzernen im Überblick

1.2.1 Vollständigkeit und Einheitlichkeit

Überblick Bisher wurde versucht, die wesentlichen Grundlagen der Konzernrechnungslegung losgelöst von irgendwelchen gesetzlichen Regelungen und Standards darzustellen. In der Praxis haben Unternehmen aber Regelungen zu beachten. In Deutschland waren dies bis vor Kurzem nur die Regelungen des deutschen Handelsgesetzbuchs (dHGB) und des Publizitätsgesetzes (PublG). Seit ungefähr einer Dekade sind andere Regelungen hinzugekommen. Seit 1998 war es Unternehmen sogar erlaubt, Konzern-Finanzberichte nach anderen als den deutschen Rechnungslegungsvorschriften zu erstellen, wenn diese nur international anerkannten Regelungen entsprachen und zu vergleichbaren Finanzberichten führten. Seit 2005 haben kapitalmarktorientierte Unternehmen die von der Europäischen Union akzeptierten *International Financial Reporting Standards* (IFRS) anzuwenden. Die *IFRS* enthalten viele *International Accounting Standards (IAS)*. Zudem gibt es zu vielen dieser *Standards* offizielle Interpretationen des *International Financial Reporting Interpretations Committee (IFRIC)*. Gegenwärtig wird deren Anwendung bei anderen Unternehmenstypen diskutiert. Das Handelsgesetzbuch und das Publizitätsgesetz gelten nur noch für nicht-kapitalmarktorientierte Unternehmen. Die angesprochenen Regelungen werden wir in weiteren Kapiteln dieses Buches näher kennen lernen. Sie unterscheiden sich voneinander.

In den hier nicht näher betrachteten *U.S. Generally Accepted Accountíng Principles* (US-GAAP) beispielsweise sind die Regelungen für Obereinheiten auf börsennotierte Gesellschaften beschränkt. Zudem gab es in den USA ebenfalls die Möglichkeit, spezielle rechtlich selbständige, aber ökonomisch abhängige Unternehmenseinheiten in Form von so genannten *Special Purpose Entities* (SPEs) als dem Konzern nicht zugehörig zu betrachten.[21] Im Rahmen der IFRS sieht es genau umgekehrt aus. Hier sind solche Einheiten in den Konzern einzubeziehen, wenn sie auf Grund spezieller Umstände der faktischen Führung durch die Obereinheit unterliegen, nach den üblichen Kriterien aber nicht einbezogen werden müssten. Inzwischen hat es auch bei den Amerikanern eine Anpassung der Standards gegeben, so dass sie in ihren Auswirkungen mit den Reegeln der IFRS in hohem Maße vergleichbar sind.

Gefahr verzerrter Informationslieferung

In all diesen Regelungen gibt es explizite oder implizite Ermessensspielräume, durch die der Aussagegehalt von Finanzberichten beeinträchtigt werden kann. Konzerne stellen die Vollständigkeit und Einheitlichkeit ihrer Finanzberichte – auch im Hinblick auf die weitgehend einheitliche Ausübung der Ermessensspielräume – durch Verweis auf ein von allen Einheiten des Konzerns anzuwendendes Bilanzierungshandbuch sicher.

Notwendigkeit eines konzerneinheitlichen Bilanzierungshandbuchs

1.2.2 Allgemeine Regelungen: Bilanzierungshandbuch und weitreichende Datenerfassung

Die Verwendung gleichartiger Bilanzierungs- und Bewertungsmethoden kann nicht einfach dadurch gewährleistet werden, dass für die Konzern-Finanzberichte eine »Bilanzierung nach dem dHGB« oder eine »Bilanzierung nach den IFRS« gefordert wird. Diese und andere Regelwerke enthalten in der Regel eine mehr oder weniger große Anzahl von Wahlmöglichkeiten, deren beliebige Ausübung eine wirklich einheitliche Bilanzierung und Bewertung im Konzern verhindern würde. Erforderlich ist vielmehr die Bereitstellung einer für alle Konzerneinheiten verbindlichen Bilanzierungs- und

Konzerninterne Bilanzierungs- und Bewertungsrichtlinien

---

[21] Vgl. Schruff und Rothenburger (2002), ferner Zekany et al. (2001).

Bewertungsrichtlinie, in der die in dem gewählten Regelwerk eventuell gegebenen Wahlmöglichkeiten für den Konzern einheitlich definiert und verbindlich vorgegeben werden. In diesem Werk ist zusätzlich klar festzulegen, nach welchen konzerneinheitlichen Vorgaben die vielfach geforderten Ermessensentscheidungen – etwa bezüglich der Abschreibungsmethode oder der Schätzung der Nutzungsdauer von Gegenständen des Anlagevermögens – vor Ort zu treffen sind. Dabei ist sicherzustellen, dass über das einheitliche Vorgehen im Konzern hinaus die einmal gewählten Verfahren und Methoden auch im Zeitablauf grundsätzlich stetig eingesetzt werden.

Zusätzliche Angaben

Im Hinblick auf die bereits kurz angesprochene Eliminierung konzerninterner Lieferungs- und Leistungsbeziehungen ist bereits bei der Einrichtung der Buchführung in den einzelnen Einheiten darauf zu achten, dass bei der Buchung sämtlicher Ereignisse und Sachverhalte zugleich erfasst wird, ob diese konzernexterne oder konzerninterne Geschäftspartner betreffen.

1.2.3 Spezielle Regelungen: Vorgaben zur Erstellung von Konzern-Finanzberichten

1.2.3.1 Vorgaben der IFRS

Zur Struktur der IFRS

Konkretes Germanisches Rechtsprinzip als Grundlage der IFRS

Die IFRS entsprechen weitgehend der germanischen und englischen Rechtstradition, die ihre Regelungen an konkreten Sachverhalten festmacht und daher von neuen Sachverhalten immer wieder herausgefordert wird. Auf den ersten Blick scheinen die Standards dem Unternehmen kaum Ermessensspielräume einzuräumen. Bei näherer Analyse stellt man aber fest, dass man dem Mangel an Ermessensspielräumen durch eine geeignete Sachverhaltsgestaltung gut entgegen treten kann. Solange solche, den Sachverhalt gestaltenden Maßnahmen wirtschaftlich sinnvoll sind und darüber hinaus auch ihrem wirtschaftlichen Charakter entsprechend zutreffend abgebildet werden, ist dies grundsätzlich unproblematisch. Besonders zu beachten ist jedoch die Tatsache, dass es vielfach die auch sachlich begründete Notwendigkeit der Ermessensausübung gibt; denn diese findet oftmals ihre nicht erkannten Grenzen in der Anforderung, sachgerecht sein zu müssen, vor allem im Hinblick auf die adäquate Information der von der Unternehmensleitung ausgeschlossenen Adressaten. Würden also Ermessensspielräume nur durch geeignete Sachverhaltsgestaltungen genutzt, gäbe es damit kein Problem. Problematisch wäre es allerdings, wenn ein bilanzielles Ermessen ausgeübt würde, das dem tatsächlich wirtschaftlich verwirklichten Sachverhalt nicht entspricht, selbst wenn es einem damit – oberflächlich betrachtet – gelänge, einem relativ willkürlich gewählten rechtlichen Konstrukt gerecht zu werden. Die generell verfolgte Forderung nach Vollständigkeit wird in gewissem Sinn beeinträchtigt, wenn eine Zusammenfassung der Beteiligungen an allen Einheiten zu jeweils einem einzigen Konzern-Finanzberichtsposten und eine Zusammenfassung sämtlicher Unterschiede zu einem einzigen Posten der Konzern-Einkommensrechnung erfolgt. Dann lässt sich normalerweise noch nicht einmal erahnen, in welchem Umfang die Unternehmensleitung Einfluss auf die Vermögensgüter und das Fremdkapital von Untereinheiten ausüben kann oder ausgeübt hat. Man sieht nur die Veränderung des Wertes aller Beteiligungen sowie den zugehörigen Posten der Konzern-Einkommensrechnung, unabhängig davon, ob die Posten sich aus Zugängen und Abgängen oder aus der speziellen Konzernbeziehung ergeben. Diesem »Einebnen« wird allerdings durch die Veröffentlichung diverser »Spiegel« entgegengewirkt, wodurch die Auswirkungen von Zugängen, Abgängen und Ähnlichem offengelegt werden.

Welche Einheiten müssen in der EU die von der EU akzeptierten IFRS anwenden und Konzern-Finanzberichte erstellen?

Nach den europäischen Vorgaben haben alle so genannten »kapitalmarktorientierten« Unternehmen diejenigen IFRS zu beachten, welche die EU anerkannt hat. Hinsichtlich der Erstellung von Konzern-Finanzberichten finden sich die Regelungen in IFRS 3, *Business Combinations,* sowie in IAS 27.9-11 ausschließlich für so genannte Unterordnungskonzerne. Das sind Konzerne, in denen eine Obereinheit eine oder mehrere Untereinheiten steuert. Gleichordnungskonzerne werden nicht erwähnt. Die Definitionen in IFRS 3 sehen vor, dass es keine Gleichordnungskonzerne gibt. Nach den Definitionen haben in der Europäischen Union nur »kapitalmarktorientierte« Obereinheiten Konzern-Finanzberichte nach den Regeln des IASB zu erstellen. Nach IAS 28 ist in bestimmten Fällen die *equity*-Methode anzuwenden und nach IAS 31 besteht eine Wahlmöglichkeit zwischen *equity*-Methode und quotaler Konsolidierung.

Relevanz nur der von der EU anerkannten IFRS

Als »kapitalmarktorientiert« gelten unabhängig von ihrer Größe und Rechtsform alle Einheiten, deren Wertpapiere an einem Kapitalmarkt zum Handel zugelassen sind. Zu den Wertpapieren gehören nicht nur Aktien, sondern auch solche, die das Fremdkapital der Einheit betreffen.

Kapitalmarktorientierung

Beherrschung (control) als Kriterium

Als Obereinheit zählt jede Einheit, welche eine Untereinheit beherrschen kann (IAS 27.9). Unter Beherrschung wird die Fähigkeit verstanden, die Finanz- und Geschäftspolitik (*financial and operating policies*) einer Einheit zu bestimmen, um Nutzen daraus zu ziehen (IAS 27.4). Ob ein beherrschender Einfluss vorliegt, ist dabei unter wirtschaftlichen Gesichtspunkten zu bestimmen, wodurch gemäß SIC 12 auch eine Konsolidierung von so genannten *Special Purpose Entities* gefordert sein kann, wenn eine Konzerneinheit bei einer solchen Einheit aus wirtschaftlicher Sicht die Mehrheit der Risiken und Chancen trägt und diese Einheit zur Erreichung eines klar eingegrenzten Ziels der betreffenden Konzerneinheit dient. Eine genauere Definition, die derjenigen des dHGB zum *control*-Konzept entspricht, findet man in IAS 27.13.

Befreiungsmöglichkeiten

Eine Befreiung von dieser Vorschrift ergibt sich aus IAS 27.10, wenn übergeordnete Konzern-Finanzberichte veröffentlicht werden. Darüber hinaus kann nur auf mangelnde Wesentlichkeit, so genannte mangelnde *materiality* hin argumentiert werden, um eine Befreiung zu ermöglichen.

Welche Beteiligungen sind zu konsolidieren?

Grundregel

Alle Beteiligungen einer Obereinheit zur Beherrschung einer Untereinheit gehören unabhängig vom Sitz der Untereinheit zu denjenigen Beteiligungen, die in den Konzern-Finanzberichten nicht einfach nur mit ihren Beteiligungsbuchwerten erfasst werden dürfen. Statt dessen werden im Wesentlichen die Vermögensgüter und Fremdkapitalposten der Untereinheit in die Konzern-Finanzberichte einbezogen, die sich hinter der Beteiligung verbergen (IAS 27.12). Ein ähnliches Vorgehen gilt für Beteiligungen an »Gemeinschaftsunternehmen« (*Joint ventures*, IAS 31). Bei solchen Einheiten ist entweder die *equity*-Methode oder alternativ die quotale Konsolidierung anzuwenden, wobei statt des neu bewerteten Beteiligungswertes die anteiligen Vermögensgüter und Fremdkapitalposten der Untereinheit zu berücksichtigen sind.[22] Schließlich werden die Beteiligungen an assoziierten Unternehmen, auf die man einen maßgeblichen Einfluss ausüben kann, unter Berücksichtigung der anteiligen Gewinne und Verluste dieser Unternehmen und damit entsprechend der *equity*-Methode bewertet.

Befreiungssachverhalte

Möglichkeiten zu einer anderen Art der Darstellung als in den skizzierten Regeln angegeben, bestehen nur, soweit eine Absicht zur Weiterveräußerung der Beteiligung besteht (IFRS 5).

---

[22] Bei solchen Einheiten soll allerdings zukünftig ausnahmslos die *equity*-Methode anzuwenden sein (vgl. *Exposure Draft 9 (ED 9), Joint Arrangements*).

1.2.3.2 Vorgaben des dHGB

Zur Struktur der Vorgaben

Das deutsche Handelsrecht entspricht der Tradition des Römischen Rechts, das mit abstrakten Regelungen eine Vielzahl unterschiedlicher Probleme und Interessenausgleiche mit den gleichen Vorschriften regelt.[23] Auf den ersten Blick räumen die deutschen Regelungen zur Rechnungslegung dem Unternehmen große Ermessensspielräume ein. Bei näherer Betrachtung stellt man aber fest, dass viele dieser Ermessensspielräume nur die Behandlung zukünftiger, nicht aber diejenige vergangener Ereignisse betreffen. Solche zukünftigen Ereignisse sind oftmals wiederum Ereignisse, bei denen man noch den tatsächlich zu verwirklichenden Sachverhalt modifizieren und gestalten kann.

Abstraktes Römisches Rechtsprinzip als Grundlage des deutschen Rechnungslegungsrechts

In Deutschland wurde auf Basis der Vierten, Siebenten und Achten Richtlinie der Europäischen Gemeinschaft (EG)[24] 1985 die Änderung einiger Vorschriften betreffend die Rechnungslegung von Kapitalgesellschaften beschlossen. Ferner wurde im Jahr 2009 eine weitere Änderung des dHGB durch das Bilanzrechtsmodernisierungsgesetz beschlossen. Diese Regelungen befinden sich seit dieser Zeit im deutschen Handelsgesetzbuch (dHGB) und im Publizitätsgesetz (PublG). Ausführliche Regelungen zur Konzernrechnungslegung von Kapitalgesellschaften werden in §§290–315 dHGB vorgegeben.

Gesetzliche Regelungen

Zusätzlich wurde auf Basis des §342 dHGB 1998 dem Deutschen Rechnungslegungs Standards Committee e.V. (DRSC) das Recht eingeräumt, den Deutschen Standardisierungsrat zu gründen. Dieses Gremium kann unter Anderem »Empfehlungen zur Anwendung der Grundsätze über die Konzernrechnungslegung« entwickeln. Diese werden per Erlass durch das Bundesministerium der Justiz zu Grundsätzen ordnungsgemäßer Buchführung (GoB). Regelungen, die nicht nur das Bestehende interpretieren, sondern neue Vorgaben machen, bleiben allerdings dem Gesetzgeber vorbehalten.

Regelungsempfehlungen

---

[23] Vgl. Möller (2005).

[24] Vgl. Vierte Richtlinie des Rates vom 25. Juli 1978 aufgrund von Art. 54 Abs. 3 Buchst, g) des Vertrages über den Jahresabschluss von Gesellschaften bestimmter Rechtsformen (78/660/EWG); Siebente Richtlinie des Rates vom 13. Juni 1983 aufgrund von Art. 54 Abs. 3 Buchst, g) des Vertrages über den konsolidierten Abschluss (83/349/EWG); Achte Richtlinie des Rates vom 10. April 1984 aufgrund von Art. 54 Abs. 3 Buchst, g) des Vertrages über die Zulassung der mit der Pflichtprüfung der Rechnungslegungsunterlagen beauftragten Personen (84/253/EWG).

Forderung nach Vollständigkeit

Hinsichtlich der Forderung nach Vollständigkeit ist zu bemerken, dass als Obereinheiten im deutschen Handelsgesetzbuch nur »Kapitalgesellschaften« und im Publizitätsgesetz nur »große Unternehmen« anerkannt werden.[25] Darüber hinaus gibt es einige Sachverhalte, unter denen eine Untereinheit *de facto* aus den Konzern-Finanzberichten ausgeschlossen werden kann oder muss. Dies ist beispielsweise nach dHGB der Fall, wenn der Aussagegehalt von Konzern-Finanzberichten gefährdet ist oder wenn die Absicht zum Verkauf der Wertpapiere besteht, welche die Beteiligung begründen.

Welche Einheiten müssen in der EU die Regelungen des deutschen Handelsrechts anwenden und Konzern-Finanzberichte erstellen?

Beschränkung auf »nicht-kapitalmarktorientierte« Kapitalgesellschaften und große Unternehmen

Die Regelungen sehen vor, dass »nicht-kapitalmarktorientierte« Kapitalgesellschaften als juristisch selbständige Einheiten Konzern-Finanzberichte erstellen, wenn ein Konzern vorliegt. Darüber hinaus brauchen andere Rechtsformen derartige Angaben nur zu machen, wenn sie bestimmte Größen übersteigen (PublG) oder Personengesellschaften darstellen, bei denen persönlich haftende Gesellschafter Kapitalgesellschaften sind (§264a dHGB). Bei der Erstellung der Konzern-Finanzberichte sind von Aktiengesellschaften die Regelungen der §§238–315a dHGB anzuwenden. Das Publizitätsgesetz gibt in den §§11–15 PublG Vorschriften, die weitgehend auf die entsprechenden Regelungen des dHGB für Kapitalgesellschaften verweisen.

Gleichordnung und Unterordnung

Die Regelungen beziehen sich hauptsächlich auf Unterordnungskonzerne. Deutschland machte bei der Umsetzung der Europäischen Vorgaben nicht von der Möglichkeit Gebrauch, für die Rechnungslegung von so genannten Gleichordnungskonzernen eine Rechnungslegungspflicht vorzusehen (Art. 12, 7. EG-Richtlinie). Es ist klar, dass dadurch gewisse Möglichkeiten entstanden, die Konzernrechnungslegungsregeln zu umgehen. Mit der Umsetzung des Bilanzrechtsmodernisierungsgesetzes in deutsches Recht ist inzwischen allerdings der §302 dHGB a.F gestrichen worden. Während der alte §302 dHGB noch – unter gewissen Voraussetzungen – die Interessenzusammenführungsmethode zuließ, ist künftig bei Unternehmenszusammenschlüssen in Deutschland nur noch die Neubewertung unter der Annahme eines Erwerbs erlaubt. Dadurch dürften die bisherigen Entscheidungsspielräume reduziert werden.

---

[25] Obereinheiten in anderen Rechtsformen brauchen keine Konzern-Finanzberichte zu erstellen, wenn man von großen Unternehmen im Sinne des Publizitätsgesetzes absieht.

Ob nach europäischem Recht ein Konzern vorliegt, hängt davon ab, ob die Kapitalgesellschaft andere Einheiten einheitlich leitet oder möglicherweise beherrscht. Die einheitliche Leitung muss tatsächlich ausgeübt werden. Bei der Möglichkeit zur Beherrschung wird auf die Mehrheit der Stimmrechte in der Hauptversammlung, auf die Möglichkeit zur Bestimmung der Mehrheit der Geschäftsführungs- oder Aufsichtsorgane und ähnliche Sachverhalte abgestellt. Überdies weist der neu eingefügte §290 Absatz 2 Nummer 4 dHGB klar darauf hin, dass auf Grund der beim beherrschenden Einfluss geforderten wirtschaftlichen Betrachtungsweise – entgegen der bisherigen Praxis – auch eine Ausweitung des Konsolidierungskreises auf Zweckgesellschaften gefordert sein kann. Hier verfolgt der Gesetzgeber deutlich das Ziel, die vom Konzern übernommenen Risiken möglichst umfassend in den Konzern-Finanzberichten zu erfassen.

Beherrschung oder einheitliche Leitung als Kriterium

Von der Verpflichtung zur Aufstellung von Konzern-Finanzberichten ist man indes unter mehreren Bedingungen befreit. Das ist erstens der Fall, wenn die Konzern-Finanzberichte in diejenigen eines übergeordneten Konzerns einfließen und die konzernfremden Anteilseigner nichts gegen den Verzicht auf die Aufstellung einwenden. Es ist zweitens der Fall für kleine Konzerne, welche die Größenkriterien des §293 dHGB nicht überschreiten.

Befreiungsmöglichkeiten

Welche Beteiligungen sind zu konsolidieren?

Nach deutschem Recht sind Beteiligungen an »Tochterunternehmen« im Sinne von §290 dHGB zu konsolidieren. Statt ihrer sind im Wesentlichen die Vermögensgüter und Fremdkapitalposten der »Tochterunternehmen« in den Konzern-Finanzberichten zu berücksichtigen. Ähnlich verhält es sich mit den Beteiligungen an »Gemeinschaftsunternehmen«. Statt ihrer sind die Vermögensgüter und Fremdkapitalposten des »Gemeinschaftsunternehmens« quotal in die Konzern-Finanzberichte einzubeziehen. Alternativ dazu ist eine Neubewertung der entsprechenden Beteiligung zum Eigenkapital-Wert des »Gemeinschaftsunternehmens« denkbar. Beteiligungen an Unternehmen, die weder »Tochterunternehmen« noch »Gemeinschaftsunternehmen« sind, auf die aber ein maßgeblicher Einfluss besteht, werden grundsätzlich nach der *equity*-Methode behandelt.

Grundregel

Nach deutschem Handelsrecht bestehen entsprechend §296 dHGB vier Möglichkeiten, von diesen Regeln befreit zu werden:

Befreiungsmöglichkeiten

– Befreiung bei Beschränkung der Rechte
– Befreiung bei unverhältnismäßig hohen Kosten beziehungsweise zeitlichen Verzögerungen

- Befreiung bei beabsichtigter Weiterveräußerung der Anteile
- Befreiung bei unwesentlichen »Tochterunternehmen«

Es bleibt dem Leser überlassen zu überlegen, welche Möglichkeiten sich einem Konzern damit bieten, unerwünschte Sachverhalte nicht zu zeigen.

1.3 Zusammenfassung

Konzern als mögliche Unternehmensorganisation

Unternehmen besitzen die Freiheit, sich so zu organisieren, wie sie es möchten. Die klassischen Organisationsformen werden oft überlagert von rechtlichen Gestaltungsmöglichkeiten. So können sich beispielsweise mehrere rechtlich und ökonomisch selbständige Unternehmen zu einem gemeinsamem Betrieb ihrer Einrichtungen zusammenschließen, wobei sie ihre ökonomische Selbständigkeit aufgeben. Andere Möglichkeiten bestehen für ein Unternehmen darin, Anteile an anderen rechtlich und ökonomisch selbständigen Unternehmen zu erwerben, wodurch diese möglicherweise ihre ökonomische Selbständigkeit verlieren. Eine von vielen weiteren Möglichkeiten kann darin gesehen werden, dass Unternehmen Teile ihrer Vermögensgüter und Fremdkapitalposten in eine nur rechtlich selbständige Einheit ausgliedern. In allen genannten Fällen hat sich ein Konzern gebildet.

Notwendigkeit für Konzern-Finanzberichte

Die an einem Unternehmen interessierten Parteien, im Wesentlichen die gegenwärtigen oder zukünftigen Unternehmer und gegebenenfalls die gegenwärtigen oder zukünftigen Anteilseigner, die Finanzberichtsprüfer und die Öffentlichkeit sind daran interessiert, Informationen über das Eigenkapital und dessen Veränderungen im Zeitablauf zu erhalten. Über ein Unternehmen, das nicht als Konzern organisiert ist, erfahren sie dies aus den Finanzberichten dieses Unternehmens. Bei einem Unternehmen, das als Konzern organisiert ist, können die Finanzberichte der einzelnen Einheiten verzerrt sein und in die Irre führen. In solchen Fällen sind Konzern-Finanzberichte zu verlangen, die das gesamte Unternehmen mit allen seinen Einheiten so betrachten, wie wenn es nur aus einer einzigen rechtlich selbständigen Einheit bestünde.

Rechtliche und andere Vorgaben in Deutschland

In den meisten Ländern gibt es für die Erstellung von Konzern-Finanzberichten rechtliche oder andere Vorgaben. Während die Wissenschaft bereits seit den zwanziger Jahren des letzten Jahrhunderts solche Vorgaben fordert, haben sie sich in der Praxis nur langsam verbreitet. In Deutschland wurden erstmals im Aktiengesetz von 1965 erste Ansätze verfolgt, Vorgaben für Konzern-Finanzberichte zu machen. Inzwischen gibt es im dHGB (seit 1985), im Publizitätsgesetz und in den IFRS Vorgaben für deutsche Unternehmen. Diese Vorgaben streben sämtlich eine vollständige Darstellung an, sind aber häufig im Unternehmen durch ein konzerneinheitliches Bilanzierungshandbuch zu ergänzen.

Angesichts dessen erscheint es sinnvoll, über den Unternehmensbegriff nachzudenken. Wir bezeichnen eine Einheit als ein Unternehmen, wenn sie rechtlich und ökonomisch selbständig ist. Wenn nur eine rechtliche Selbständigkeit vorliegt, sprechen wir nur von einer Einheit. Diese Begriffsverwendung steht zwar im Gegensatz zum deutschen Handelsrecht, besitzt aber Vorteile hinsichtlich des Zieles der Vermittlung der Grundlagen der Konzernrechnungslegung. *Begriffsverwendung*

1.4 Übungsmaterial

1.4.1 Fragen mit Antworten

Fragen	Antworten
In welchen grundlegenden Rechtsformen lässt sich ein Unternehmen organisieren?	Als so genanntes Einzelunternehmen, als Personengesellschaft, als Kapitalgesellschaft.
Inwieweit hat die Wahl der Rechtsform Einfluss auf die anzuwendenen Rechnungslegungsregeln?	Für unterschiedliche Rechtsformen gelten in Deutschland unterschiedliche Regeln. Auch die Unternehmensgröße sowie der Kapitalmarktbezug beeinflussen die anzuwendenden Regeln. Für Kapitalgesellschaften gelten beispielsweise strengere Regeln als für so genannte Einzelunternehmen.
Welche Ereignisse sollen im betriebswirtschaftlichen Rechnungswesen eines Unternehmens abgebildet werden?	Finanziell relevante Ereignisse, die ein Unternehmen betreffen und objektiv gemessen werden können. Ein Unternehmen stellt eine ökonomisch selbstständige Einheit dar, deren wirtschaftliche Lage getrennt von der wirtschaftlichen Lage seiner Eigenkapitalgeber und getrennt von der wirtschaftlichen Lage anderer Unternehmen zu sehen ist.
Sollten Unternehmen juristisch oder ökonomisch abgegrenzt werden?	Ökonomisch sinnvolle Berichte lassen sich nur bei ökonomischer Unternehmensabgrenzung gewinnen. Allerdings kann die ökonomische Unternehmensabgrenzung mit der juristischen zusammenfallen.

Fragen	Antworten
Woraus können die Finanzberichte von Konzernen bestehen?	Zu den Finanzberichten von Konzernen können gehören: eine Konzern-Einkommensrechnung, eine Konzern-Bilanz, ein Konzern-Anlagespiegel, eine Konzern-Eigenkapitaltransferrechnung, eine Konzern-Eigenkapitalveränderungsrechnung, eine Konzern-Kapitalflussrechnung und eine Konzern-Segmentberichterstattung. Dazu sind jeweils Erläuterungen zu geben.
Was versteht man unter der Einheitstheorie der Konzernrechnungslegung?	Nach der Einheitstheorie der Konzernrechnungslegung werden alle juristisch selbständigen Einheiten des Konzerns wie ein einziges Unternehmen behandelt. Man unterstellt eine Übereinstimmung der Interessen der Obereinheit mit den Interessen der konzernfremden Eigenkapitalgeber in den Untereinheiten.
Was versteht man unter der Interessentheorie der Konzernrechnungslegung	Nach der Interessentheorie der Konzernrechnungslegung geht man von unterschiedlichen Interessen der Eigenkapitalgeber der Obereinheit und der konzernfremde Eigenkapitalgeber in Untereinheiten aus.
Welche vier Vorgehensweisen zur Erstellung von Konzern-Finanzberichten kann man unterscheiden?	(1) Umbewertung der Beteiligungen, (2) quotale Konsolidierung, (3) Vollkonsolidierung mit Aufdeckung eines auf den Konzern bezogenen (anteiligen) *goodwill*, (4) Vollkonsolidierung mit Aufdeckung eines auf die gesamten Untereinheiten bezogenen (vollständigen) *goodwill*
Hängt die Höhe des ausgewiesenen Konzern-Einkommens und Konzern-Eigenkapitals von der verwendeten Vorgehensweise ab?	Bei allen Vorgehensweisen zur Konzern-Finanzberichterstellung ergeben sich die gleichen Konzern-Einkommenswerte und die gleichen Konzern-Eigenkapitalwerte, wenn jeweils die gleichen Sachverhalte berücksichtigt werden.
Wie geht man mit den Beteiligungen der Obereinheit zur Erstellung einer Konzern-Bilanz um?	Außer bei der *Equity*-Methode tauscht man die Beteiligung an einer Untereinheit gegen die Vermögensgüter und das Fremdkapital der entsprechenden Untereinheit aus.

1.4.2 Verständniskontrolle

1. Kann ein Unternehmen im ökonomischen Sinn aus mehreren »Unternehmen« im juristischen Sinn bestehen?

2. Warum ist es sinnvoll davon auszugehen, dass ein Unternehmen in der Organisationsform eines Konzerns aus einer Obereinheit und einer oder mehreren Untereinheiten besteht?
3. Warum erweisen sich nicht zu konsolidierende Einheiten als Problembereiche der Finanzberichterstattung von Konzernen?
4. Wozu dient die Erstellung von Konzern-Finanzberichten?
5. Warum sind ethische Standards für das Rechnungswesen eines Konzerns erforderlich?
6. Beschreiben Sie kurz die üblichen Anforderungen an das Rechnungswesen eines Unternehmens!
7. Warum ist das Konzept der ökonomisch selbstständigen Wirtschaftseinheit besonders bedeutsam für das Rechnungswesen eines Konzerns?
8. Welche Anforderungen werden insbesondere an das Rechnungswesen von Konzernen gestellt?
9. Wie wird im Rahmen der Konzernrechnungslegung mit Ereignissen umgegangen, die nur zwischen den juristisch selbständigen Einheiten des Konzerns stattgefunden haben?
10. Welche Konzern-Posten werden unabhängig von der Vorgehensweise der Konzern-Finanzberichterstellung in übereinstimmender Höhe ausgewiesen?
11. Welche vier Vorgehensweisen bieten sich zur Erstellung von Konzern-Finanzberichten an?

1.4.3 Aufgaben zum Selbststudium

Aufgabe 1.1 Gewinnverlagerungen in den Finanzberichten juristisch selbständiger Einheiten eines Konzerns

Sachverhalt

Ein Konzern bestehe aus den zwei juristisch selbständigen Einheiten A und B. Die Einheit A habe keinen Gewinn erzielt, die Einheit B habe dagegen aus einem Geschäft mit Konzernfremden Gewinn erzielt. Die Konzernleitung wünscht, dass »in Einheit A ein Gewinn erwirtschaftet« werde. Sehen Sie bei Ihrer Antwort von Fragen der Zulässigkeit oder Ethik ab!

Fragen und Teilaufgaben

1. Was könnten die Leiter der Einheiten A und B für Geschäfte abschließen, um bei Einheit A einen Gewinn entstehen zu lassen?
2. Welche anderen Möglichkeiten sehen Sie, das Einkommen der Einheit A zu erhöhen?

Lösungshinweise zu den Fragen und Teilaufgaben

1. Möglich wäre etwa ein Verkaufsgeschäft zwischen A und B zu einem unrealistisch hohen Preis.

2. Beispielsweise wären folgende Möglichkeiten denkbar:
   - A erlangt einen (kostenlosen) Zugriff auf Forschungsergebnisse der B, um mit diesem Wissen einkommenswirksame Geschäfte abschließen zu können.
   - B vergibt an A ein zinsgünstiges oder zinsloses Darlehen, mit dem A seinen Zinsaufwand verringern kann.
   - A vergibt an B ein zinshohes Darlehen, mit dem A seinen Zinsertrag erhöhen kann.

Aufgabe 1.2   Einkommen und Eigenkapital der juristisch selbständigen Einheiten und des Konzerns

Sachverhalt

Die juristisch selbständige Einheit A sei zu 100% an der juristisch selbständigen Einheit B beteiligt. A verkauft Ware zum Preis von 100 *GE* auf »Ziel«, die für 60 *GE* eingekauft worden war, an B.

Fragen und Teilaufgaben

1. Wie wirkt sich das Geschäft auf die Finanzberichte der Einheiten A und B aus?

2. Welche Konsequenzen ergeben sich aus dem Geschäft für den Konzern? Wie müsste man mit dem Geschäft in Konzern-Finanzberichten umgehen?

3. Nehmen Sie an, für die Verlagerung der Ware von A nach B seien nach der Herstellung Transportauszahlungen bei A in Höhe 20 *GE* angefallen. Wie hätte A diese buchen können und wie würde man bei der Erstellung von Konzern-Finanzberichten damit umgehen?

4. Wie könnte man mit dem Problem umgehen, wenn A zu weniger als 100% an B beteiligt wäre?

Lösungshinweise zu den Fragen und Teilaufgaben

1. A bucht das Verkaufsgeschäft. Daraus ergibt sich ein Gewinn von 40 *GE*. B bucht den Wareneinkauf.

2. Aus Konzernsicht ist kein Gewinn sondern lediglich eine Verlagerung von Ware im Wert von 60 *GE* und von Zahlungsmitteln zwischen den Einheiten entstanden. Folglich ist der innerkonzernliche »Verkauf« zu stornieren und die Waren- und Zahlungsmittelverlagerung zu buchen.

3. A behandelt die Transportauszahlungen wie Vertriebsaufwand des Abrechnungszeitraums. Aus Konzernsicht gehören die Transportausgaben zu den notwendigen Bestandteilen der Herstellungsausgaben der Ware, wenn B diese später weiter verarbeitet.
4. Man könnte über eine anteilige Korrektur oder über eine vollständige (und damit fehlerhafte zu hohe) Korrektur mit gleichzeitigem Ausweis eines Postens nachdenken, mit dem der Fehler behoben würde.

Kapitel 2
Betriebswirtschaftliche Konzepte und deren Umsetzung in den IFRS und im dHGB

Lernziele

Nach dem Studium dieses Kapitels sollten Sie wissen,

- welche betriebswirtschaftlichen Konzepte es für die Rechnungslegung von Konzernen gibt,
- wie man bei welchem Konzept im Prinzip vorgeht, um Konzern-Finanzberichte zu erstellen und
- wie die verschiedenen Konzepte zu beurteilen sind.

Schließlich beschreiben wir den Sachverhalt, den wir den Beispielen der folgenden Kapitel zu Grunde legen.

Überblick

Das Kapitel dient der Darstellung der verschiedenen Konzepte, die im Zusammenhang mit der Erstellung von Konzern-Finanzberichten für die Erst-, die Folge- und die Entkonsolidierung[1] entwickelt wurden. Die gängigen Methoden werden aus betriebswirtschaftlicher Sicht dargestellt, losgelöst von gesetzlichen oder anderen (regulatorischen) Vorgaben, bevor wir die Ausgangsdaten für unsere Beispiele vorstellen, mit denen wir in den nachfolgenden Kapiteln die Konsolidierungsmethoden detailliert erläutern.

Betriebswirtschaftliche Grundlagen dargestellt an Beispielen

---

[1] In der Literatur findet man für den Prozess der Entkonsolidierung auch andere Ausdrücke, beispielsweise *Endkonsolidierung* oder *Dekonsolidierung*.

Vorgehensweisen bei der Konsolidierung

Begonnen wird mit der Annahme der Interessenzusammenführung. Es schließt sich ein Überblick über die verschiedenen Varianten der Konsolidierung unter der Annahme des Erwerbs an. Dabei kann man vier unterschiedliche Vorgehensweisen voneinander unterscheiden:

- eine oben bereits kurz erwähnte Vorgehensweise, bei der man nur den Wert der Beteiligung der Obereinheit an der Untereinheit um die Eigenkapitalveränderungen in der Untereinheit modifiziert,
- eine Vorgehensweise, bei der man in den Konzern-Finanzberichten anstatt der Beteiligung der Obereinheit an der Untereinheit die anteilig auf die Beteiligung entfallenden Vermögensgüter und Fremdkapitalposten der Untereinheit sowie einen Restposten erfasst,
- eine Vorgehensweise, bei der man in den Konzern-Finanzberichten anstatt der Beteiligung der Obereinheit an der Untereinheit die gesamten Vermögensgüter und das gesamte Fremdkapital der Untereinheit zusammen mit einem Restposten für den auf Konzernfremde in Untereinheiten entfallenden Teil des Eigenkapitals darstellt. Zugleich zeigt man die Unterschiede zwischen einerseits dem Marktwert der Beteiligung und andererseits dem Marktwert der erworbenen Vermögensgüter und Fremdkapitalposten, der auf die Beteiligung entfällt.
- eine Vorgehensweise, bei der man in den Konzern-Finanzberichten anstatt der Beteiligung der Obereinheit an der Untereinheit die gesamten Vermögensgüter und das gesamte Fremdkapital der Untereinheit zusammen mit einem Restposten für den auf Konzernfremde in Untereinheiten entfallenden Teil darstellt. Dabei führt man die Unterschiede zurück auf die Differenz zwischen dem Marktwert der Beteiligung einerseits und andererseits dem Marktwert der erworbenen Vermögensgüter und Fremdkapitalposten mit demjenigen Restwert, der auf eine Beteiligung von 100% entfallen würde.

Für jede dieser Vorgehensweisen zeigen wir in späteren Kapiteln mit jeweils einem Beispiel, welche Konsolidierungsschritte vorzunehmen sind und wie diese im Rahmen von Finanzberichten verarbeitet werden.

2.1 Betriebswirtschaftliche Konzepte zur Konzernrechnungslegung

2.1.1 Grundlagen

2.1.1.1 Konzerninternes Bilanzierungshandbuch als wesentliche Ergänzung der Vorgaben

Buchführung und Finanzberichte werden weltweit für Unternehmen vorgeschrieben, die man jeweils als rechtlich selbständige Einheiten versteht.[2] Für den Fall eines Unternehmens, das ökonomisch eine Einheit darstellt, die jedoch nicht aus einer einzigen, sondern aus mehreren rechtlich selbständigen und ökonomisch unselbständigen Einheiten besteht, für so genannte Konzerne, gibt es dagegen keine ausgeprägten Buchführungsregeln. Für solche Unternehmen lassen sich Konzern-Finanzberichte nur aus den Finanzberichten der rechtlich selbständigen Einheiten des Konzerns herleiten. Bei Konzernen wird lediglich mehr oder weniger genau vorgeschrieben, wie aus den Finanzberichten der rechtlich selbständigen Einheiten die Konzern-Finanzberichte zu erstellen sind. In Konzernen werden in der Regel zusätzlich zu den vorgegebenen Buchführungs- und Bilanzierungsregeln der rechtlich selbständigen Einheiten umfangreiche konzerninterne Bilanzierungsrichtlinien oder Konzern-Bilanzierungshandbücher erstellt und angewendet. Mögliche Ermessensspielräume, die im Rahmen der jeweils zu beachtenden regulatorischen Vorgaben bestehen, sind dabei derart einzuengen, dass alle rechtlich selbständigen Einheiten eines Konzerns diese Spielräume einheitlich nutzen. Die Einheitlichkeit über die Konzerneinheiten hinweg erscheint wichtig, wenn man gleiche Sachverhalte im Konzern immer gleich abbilden möchte. Eine solches konzerneinheitliches Bilanzierungshandbuch ermöglicht es somit, den Konzernberichtspflichten effizient, einheitlich und nebenbei auch noch zeitgerecht nachkommen zu können. Ohne solche konzerninternen Vorgaben gestaltet sich die Herleitung einheitlicher und damit aussagefähiger Konzern-Finanzberichte als ein sehr schwieriges Unterfangen. Wir unterstellen hier, dass alle Vereinheitlichungen so weit wie möglich von den rechtlich

Buchführung und Finanzberichte von Konzernen

---

[2] Vgl. hierzu beispielsweise die Ausführungen in Möller und Hüfner (2009), S. 45–76.

selbständigen Einheiten durchgeführt werden, bevor diese ihre Finanzberichte zur Erstellung von Konzern-Finanzberichten bei der Konzernzentrale einreichen.

2.1.1.2 Annahmen für die Erstellung von Konzern-Finanzberichten

Konzeptionelle Überlegungen zur Konzernbilanzierung

Vier Annahmen werden für die Erstellung von Konzern-Finanzberichten diskutiert: (1) die Annahme der Interessenzusammenführung (*pooling of interests,* dabei steht *interest* für Anteil), (2) die Annahme der Neugründung (*fresh start method*), (3) die Annahme des Erwerbs (*purchase method* oder *acquisition method*) sowie (4) die Annahme eines umgekehrten Erwerbs (*reverse aquisition method*).[3]

Interessenzusammenführungsannahme

Im Fall der Annahme der Interessenzusammenführung wird unterstellt, mehrere ökonomisch selbständige Unternehmen vereinbarten, sich für die Zukunft zu verbinden und gemeinsam leiten zu lassen. Wenn es vor dem Zusammenschluss keine ökonomischen Beziehungen zwischen den Einheiten gegeben hat, ist die Erstellung von Konzern-Finanzberichten relativ einfach. Man addiert für alle Posten die eventuell wegen des Zusammengehens vereinheitlichten und eventuell neu bewerteten Posten der zusammengehenden Einheiten. Darüber hinausgehende Posten können erst bei Folgekonsolidierungen entstehen.

Neugründungsannahme

Die Annahme der Neugründung unterstellt unabhängig von ökonomischen Vorgängen, dass mit dem Konzern ein neues Unternehmen entsteht, das nicht mehr durch Beteiligungen, sondern durch eine Neubewertung aller seiner Vermögensgüter und Fremdkapitalposten gekennzeichnet ist.

Erwerbsannahme

Bei der Annahme des Erwerbs unterstellt man, die Obereinheit habe die Untereinheit erworben, sie besitze also nicht die Anteile an der Untereinheit, sondern deren Vermögensgüter und Fremdkapitalposten. Dieser Fall unterstellt gewissermaßen eine Hierarchie zwischen der erwerbenden und der erworbenen Einheit. Die Annahme des Erwerbs legt es zudem nahe, die Vermögensgüter und das Fremdkapital der Untereinheit vor einer Addition mit ihren fiktiven Kaufpreisen anzusetzen und diese fiktiven Kaufpreise wie die Anschaffungsausgaben der Vermögensgüter und

---

[3] Vgl. insbesondere Busse von Colbe et al. (2010), S. 197–199.

Fremdkapitalposten zum Zeitpunkt der Konzernentstehung zu behandeln.

Bei der umgekehrten Erwerbsmethode unterstellt man, dass die erworbene Einheit finanziell bedeutender ist als die erwerbende Einheit und deswegen die Rollen beider Einheiten zu tauschen seien. Die Begründung wäre nur nachvollziehbar, wenn man die Bedeutung einer Einheit im Konzernverbund zum Kriterium für die Konsolidierung erheben würde, was aber nicht der Fall ist.

Umgekehrte Erwerbsannahme

In der Praxis spielt heute die Erwerbsmethode eine große Rolle. Bis vor einigen Jahren war auch die Interessenzusammenführungsmethode bedeutsam. Die Neugründungsmethode wird erst diskutiert, seitdem die US-GAAP und die IFRS die Anwendung der Interessenzusammenführungsmethode untersagt haben. Die umgekehrte Erwerbsmethode wird erwogen, wenn dadurch ein größerer *goodwill* entsteht. Die Begründungen der Neugründungs- und der umgekehrten Erwerbsmethode erscheinen problematisch und hauptsächlich durch die Interessen eines oder mehrerer Beteiligter geprägt zu sein. Wir betrachten deswegen im Folgenden nur die Interessenzusammenführungsmethode und die Erwerbsmethode näher.

Relevanz der Methoden in der Praxis

2.1.1.3 Konzept der Interessenzusammenführung

Im Fall der Interessenzusammenführung, bei dem sich zwei ökonomisch voneinander unabhängige Unternehmen zu einem Konzern zusammenschließen, werden die unterschiedlichen Gruppen von Anteilseignern sich über den jeweiligen Wert ihrer Anteile verständigen und diese dann gegen Anteile der neuen Einheit tauschen. Die Vermögensgüter, das Fremd- und somit auch das Eigenkapital der neuen Einheit ergeben sich durch Addition der Vermögens- und Fremdkapitalposten der rechtlich selbständigen Einheiten. Damit die Addition der Posten der verschiedenen Einheiten sinnvoll ist, sind etwaige Ansatz- und Bewertungsunterschiede zwischen inhaltlich gleichen Posten unterschiedlicher Einheiten zunächst entsprechend der Absprachen zwischen den Anteilseignern der zusammengehenden Einheiten zu vereinheitlichen. Je nach den Vereinbarungen wird die Interessenzusammenführungsmethode oder die Neugründungsmethode das angebrachte Verfahren sein. Wir unterstellen für die weiteren Ausführungen, dass die Ineressenzusammenführungsmethode angewendet wird.

Zusammenfassung eventuell neu bewerteter Vermögensgüter- und Fremdkapitalposten

2.1.1.4 Konzepte des Erwerbs

Vorgehen abhängig von den Informationswünschen

Wenn man im Fall eines Konzerns der formalen rechtlichen Gestaltung sehr nahe steht und nicht wissen möchte, wie sich das in Untereinheiten eingesetzte Eigenkapital verändert hat, wird man in Konzern-Finanzberichten vielleicht mit dem Hinweis auf die Anschaffungsausgaben für die Beteiligung der Obereinheit an der Untereinheit zufrieden sein. Unter dieser Bedingung entspricht das Eigenkapital der Obereinheit dem Eigenkapital des Konzerns. Realistisch erscheint dagegen der Wunsch, auch die nach Anschaffung der Untereinheiten eingetretenen Eigenkapitalveränderungen der Untereinheiten im Konzern-Finanzbericht zu zeigen, damit man sehen kann, ob beziehungsweise wie sich die Investition in die Untereinheiten gelohnt hat. Das geschieht bei Anwendung der so genannten Erwerbsmethode.

Zusammenfassung eventuell neu bewerteter Vermögensgüter- und Fremdkapitalposten im Unterordnungskonzern

Bei der Erwerbsmethode unterstellt man immer, eine Obereinheit habe die Untereinheit erworben. Dem entsprechend verändert man in den Konzern-Finanzberichten (1) den Wert der erworbenen Beteiligung um die Eigenkapitalveränderungen in der Untereinheit. Alternativ dazu kann man (2) anstatt der Beteiligung den Anteil der aktuell bewerteten Vermögensgüter und des Fremdkapitals der Untereinheit zeigen. Eine weitere Möglichkeit besteht (3) darin, statt des erworbenen Teils der aktuell bewerteten Vermögensgüter und Fremdkapitalposten der Untereinheit deren Gesamtheit anzugeben und gleichzeitig einen Posten für den Teil der Untereinheit zu zeigen, der nicht dem Konzern gehört. Hat man für die Anschaffung der Beteiligung einen vom Marktwert des Eigenkapitals der Untereinheit abweichenden Betrag gezahlt, was in der Praxis fast immer der Fall sein dürfte, dann kommt es weiterhin zu einem Restposten, wenn man statt des Anschaffungswertes der Beteiligung die Buchwerte der Vermögensgüter und Fremdkapitalposten der Untereinheit, eventuell anteilig, in die Konzern-Finanzberichte einsetzt. Wenn die Posten der Untereinheit mit ihren Marktwerten bewertet sind, wird dieser Restposten als *goodwill* bezeichnet. Diesen kann man (3a) nur für den Anteil angeben, den man erworben hat (Aufdeckung des anteiligen *goodwill*) oder (3b) auf die gesamte Untereinheit hochrechnen und angeben (Aufdeckung des gesamten *goodwill*). Der *goodwill* ergibt sich zum Kaufzeitpunkt der Beteiligung nur, wenn die Vermögensgüter und Fremdkapitalposten der Untereinheit zu ihren Marktwerten bewertet sind. Ist dies nicht der Fall, besteht der Restposten aus dem *goodwill* plus einem Posten für die Abweichungen der Buchwerte der Vermögensgüter und Fremdkapitalposten der Untereinheit von ihren Marktwerten.

2.1.2 Vorgehenskonzepte bei der Konzernrechnungslegung

2.1.2.1 Vorgehen bei Konzernentstehung und -auflösung beziehungsweise bei Zugang oder Abgang einer Einheit

So wie die ersten Finanzberichte einer rechtlich selbständigen Einheit bei Gründung dieser Einheit erstellt werden, bildet man die ersten Konzern-Finanzberichte anlässlich der Entstehung eines Konzerns. Wenn beispielsweise die rechtlich selbständigen Einheiten das Kalenderjahr als Wirtschaftsjahr verwenden und der Konzern zum 1. Januar eines Wirtschaftsjahres entsteht, sind die ersten Konzern-Finanzberichte zum 1. Januar des gleichen Wirtschaftsjahres zu erstellen. Die Einkommensrechnungen der rechtlich selbständigen Einheiten des Vorjahres sind für den Konzern bedeutungslos, weil der Konzern im Vorjahr noch nicht bestanden hat. Entsteht der Konzern dagegen im Laufe des Wirtschaftsjahres der rechtlich selbständigen Einheiten, so muss man von diesen zum Entstehungszeitpunkt des Konzerns Zwischen-Finanzberichte verlangen. Kümmert man sich erst zum Ende des Wirtschaftsjahres um solche Zwischen-Finanzberichte, so muss man den Zustand zum Entstehungszeitpunkt des Konzerns – eventuell durch Schätzung – ermitteln und nur diejenigen Ereignisse dem Konzern zurechnen, die nach dem Konzernentstehungszeitpunkt stattgefunden haben.[4] Ähnliche Überlegungen gelten für die Auflösung eines Konzerns.

Relevanz des Zeitpunktes der Konzernentstehung

Wenn ein Konzern im Rahmen der Interessenzusammenführung entstehen soll, werden die beteiligten Gruppen von Anteilseignern sich über die Ansätze und Bewertungen ihrer Vermögensgegenstände und ihres Fremdkapitals einigen und dann die vereinbarten Konzernnormen anwenden. Im Fall der Annahme eines Erwerbs muss das nicht der Fall sein. Die Vermögensgüter und das Fremdkapital der Untereinheit sind bei Konzernentstehung mit ihrem Marktwert anzusetzen, weil unterstellt wird, die Untereinheit werde erworben. Dann entsteht die Notwendigkeit, die Marktwerte der Vermögensgüter und des Fremdkapitals zu ermitteln. Darin sehen wir den ersten Schritt der Konsolidierung. Führt man diese Neubewertung nicht durch, können die

Unterschiedliche Situation bei Interessenzusammenführung und bei Erwerb

---

[4] Vgl. zu den Grundlagen einer Konzernrechnungslegung beispielsweise Baetge et al. (2009), S. 39–82, Busse von Colbe et al. (2010), S. 34–56, Coenenberg et al. (2009), S. 594–598, Küting und Weber (2010), S. 1–160, Schildbach (2008), S. 51–68.

Konzern-Finanzberichte irreführend werden, weil der Restposten dann nicht nur den *goodwill* enthält, sondern auch die positiven oder negativen Unterschiede zwischen den Buchwerten und den Marktwerten der zugehörigen Vermögensgüter und Fremdkapitalposten der Untereinheiten. Die Konsequenzen, die sich daraus für das Management und für die Anteilseigner ergeben können, werden hier nicht diskutiert.[5]

2.1.2.2 Inhaltliche Vereinheitlichung der Finanzberichte der Einheiten

Vereinheitlichung von Gliederung, Ansatz und Bewertung

Vor Herleitung der Konzern-Finanzberichte muss man die Buchführungszahlen der rechtlich selbständigen Einheiten des Konzerns inhaltlich – gegebenenfalls unter Verwendung eines Konzern-Bilanzierungshandbuchs – mit denen des Konzerns vereinheitlichen. Möchte man, dass die Konzern-Finanzberichte aussagefähig sind, so hat man dafür zu sorgen, dass die zusammenzufassenden Finanzberichte einheitlich aufgebaut sind. Dies bedeutet über die unterschiedlichen Einheiten hinweg einheitliche Gliederungen, einheitliche Ansätze und Bewertungen, eine einheitliche Währung sowie eine einheitliche Behandlung gleichartiger Sachverhalte. Vereinheitlichungen betreffen zum Teil nur eine einzige Einheit und zum Teil mehrere Einheiten. In der Praxis erreicht man die Vereinheitlichung durch die Anpassung der Finanzberichte der Einheiten an eine Konzernnorm. Man spricht im Zusammenhang mit dem dHGB auch von der Erstellung der Handelsbilanz II, mit der man einheitliche Finanzberichte der einen Konzern bildenden Einheiten anstrebt.

Anwendung konzerneinheitlicher Normen

Konzerne sollten bei der Buchführung darauf bestehen, dass diese in den einzelnen Einheiten nach konzerneinheitlichen Normen erfolgt. Man muss eine Vereinheitlichung durch Modifikation der Buchführungen der rechtlich selbständigen Einheiten herbeiführen, bevor man die Finanzberichte des Konzerns mit vertretbarem Arbeitsaufwand

---

[5] Siehe beispielsweise *Arques Industries AG,* ein Unternehmen, das sich auf den Erwerb von (notleidenden) Unternehmen spezialisiert hat. Dieses Unternehmen unterstellt in einer Reihe von Fällen, die Buchwerte der erworbenen Einheiten entsprächen deren Marktwerten. Es vergleicht sie mit dem (niedrigeren) Kaufpreis in seinen Konzern-Finanzberichten, so dass ein negativer *goodwill* entsteht, der dann einkommenswirksam aufgelöst wird. Der Grund für diese Bilanzierung könnte darin liegen, dass ein solches Vorgehen für die Erfolgsprämien der involvierten Manager ähnlich positive Wirkungen aufweist wie für die Anteilseigner.

herleiten kann. Soweit die Information für solche Vereinheitlichungen ganz bei einer Einheit liegt, sollte diese Einheit die Vereinheitlichung ihrer Finanzberichte durchführen.

In der Fachliteratur zur Konzernrechnungslegung wird meist vorgeschlagen, zwei Schritte der Vereinheitlichung zu unterscheiden: Wahlmöglichkeiten einheitlich auszuüben und eine Vereinheitlichung durch Neubewertung zum Konzernentstehungszeitpunkt vorzunehmen. Die Aufgabe erfordert eine spezielle Sachkunde, wenn auch solche Vermögensgüter angesetzt und bewertet werden sollen, die vor dem Erwerb in den Büchern der Untereinheit gar nicht erschienen sind, beispielsweise von der Untereinheit selbst erstellte Patente. Weil das Personal der erwerbenden Einheit damit häufig überfordert ist, empfiehlt es sich, einen sachkundigen Dritten, beispielsweise einen Wirtschaftsprüfer oder Unternehmensberater, hinzuzuziehen. Wir meinen, beide Schritte sollten vor der Summenbildung vorgenommen werden, weil sie beide nur den Finanzbericht juristisch selbständiger Einheiten betreffen. Zudem befindet sich ein großer Teil des Wissens um eine sinnvolle Darstellung einzelner Sachverhalte bei den Leitungen der jeweiligen Untereinheiten und nicht bei der Konzernleitung. Es gibt allerdings auch Situationen, beispielsweise die Wertermittlung von Marken, mit denen die Leitung der Untereinheit überfordert sein könnte. Dann sind die Konzernleitung und eventuell unternehmensexterne Berater gefordert.

Anderes Vorgehen als in der Fachliteratur

2.1.2.3 Vermeidung von Falscherfassungen

Haben die rechtlich selbständigen Einheiten nichts anderes miteinander zu tun, als dass ihre Anteile der gleichen Person gehören, so reicht es aus, alle Zahlen postenweise über alle Einheiten zu addieren, eventuell nach Korrektur um Ansatz- und Bewertungsunterschiede in den einbezogenen Untereinheiten. Wenn die rechtlich selbständigen Einheiten aber so miteinander verknüpft sind, dass eine Einheit Anteile an einer anderen besitzt, so führt das beschriebene Verfahren der postenweisen Addition zu Doppelrechnungen. Beispielsweise steht in der Buchführung der Obereinheit die Beteiligung an der Untereinheit und in der Buchführung der Untereinheit steht das Eigenkapital, auf das sich die Beteiligung in der Bilanz der Obereinheit bezieht. Wenn man für jeden Bilanzposten die Summe über alle Einheiten des Konzerns bildet, hat man in der Summenbilanz sowohl die Beteiligungen (aus der Bilanz der Obereinheit) als auch die Eigenkapitalien aus den Untereinheiten berücksichtigt. Man hat also eine Doppelerfassung vorgenommen. Tatsächlich nimmt man beim Unterordnungskonzern keine postenweise Addition über alle Zahlen vor; man tauscht vielmehr die Beteiligungen an allen

Mögliche Doppelerfassungen

Untereinheiten gegen die anteiligen Vermögensgüter und Fremdkapitalposten dieser Untereinheiten oder gegen die anteiligen Eigenkapitalposten aus.

Vorgehen im Unterordnungskonzern

Bei der Summenbildung kann man, wie oben beschrieben, (1) den anteiligen Eigenkapitalposten der Untereinheiten verwenden oder (2) die anteiligen Vermögensgüter abzüglich der anteiligen Fremdkapitalposten der Untereinheiten. Bei beiden Varianten kann es dazu kommen, dass die beiden fortzulassenden Komponenten, der Buchwert der Beteiligung der Obereinheit und der Buchwert des anteiligen Eigenkapitals der Untereinheit oder der anteiligen Vermögensgüter und Fremdkapitalposten der Untereinheit, sich betragsmäßig nicht entsprechen. Dann entsteht ein *goodwill*, den man bei der erworbenen Untereinheit abbildet, also in die Untereinheit »drückt« (*push down*-Methode). Dadurch entspricht zum Erwerbszeitpunkt der Wert der Beteiligung immer dem anteiligen Eigenkapital der Untereinheit. Dieser Posten wird in nachfolgenden Kapiteln noch näher erläutert. Zu späteren Zeitpunkten kann es auch vorkommen, dass in den Finanzberichten einzelner Einheiten Abschreibungen oder Zuschreibungen zum Beteiligungswert gemacht wurden. Solche Buchungen sind für die Konzern-Finanzberichte irrelevant, wenn man die Beteiligungsbuchwerte bei Konzernentstehung ganz herausgerechnet hat. Wir beschreiben im Folgenden beim Unterordnungskonzern nur noch diese zuletzt beschriebene Methode.

2.1.2.4 Berücksichtigung eines eventuellen Postens für den *goodwill*

Posten für den *goodwill* bei 100% Beteiligung

Wenn man bei einer Beteiligung von 100% die Beteiligung der Obereinheit an einer Untereinheit eliminiert und statt dessen die Marktwerte der Vermögensgüter abzüglich der Marktwerte des Fremdkapitals der Untereinheit bei Konzernentstehung, also deren Marktwert des Eigenkapitals, einbezieht, entsprechen sich die fortgelassenen und die einbezogenen Teile normalerweise nicht. Die Konsequenz besteht darin, im Konzern-Finanzbericht einen Posten für diese Differenz vorzusehen. Dieser Posten wird bei vorgegebener Berechnung je nach seinem mathematischen Vorzeichen als positiver *goodwill* oder als negativer *goodwill* bezeichnet. War der Marktwert der fortgelassenen Beteiligung bei Konzernentstehung höher als der Marktwert des anteiligen Eigenkapitals der Untereinheit, so handelt es sich um einen positiven *goodwill*. Er spiegelt den Betrag wider, den die Obereinheit beim Erwerb der Beteiligung über den Marktwert des Eigenkapitals der Untergesellschaft hinaus bezahlt hat. Im umgekehrten Fall spricht man von einem negativen *goodwill*.

Ein möglicher Grund für das Bezahlen eines Preises für die Beteiligung an der Untereinheit, der am Tage der Anschaffung über dem Marktwert des Eigenkapitals der Untereinheit liegt, mag darin begründet sein, dass dieser Marktwert nicht sämtliche Informationen reflektiert, welche die kaufende Obereinheit als werthaltig ansieht. Beispielsweise kann es sein, dass sich die Obereinheit auf Grund der besonderen Struktur des Kundenstamms der Untereinheit positive Absatzerwartungen verspricht, für die sie bereit ist, einen entsprechend hohen Preis beim Beteiligungserwerb zu zahlen. Der resultierende Ausgleichsposten für die Differenz zwischen dem Kaufpreis und dem Marktwert des Eigenkapitals zum Anschaffungszeitpunkt erscheint dann in Form des *goodwill* auf der Aktivseite der Konzern-Bilanz. Er wird auch als Geschäfts- oder Firmenwert bezeichnet. Ein weiterer, allerdings kaum diskutierter Grund mag darin zu sehen sein, dass die Konzernleitung mehr als den Marktwert bezahlt hat, ohne dass weitere Vorteile zu erwarten sind. In so einem Fall hätte sie zu viel für die Beteiligung gezahlt. Hat die Obereinheit für die Beteiligung dagegen weniger bezahlt als den Marktwert des Eigenkapitals der Untereinheit, beispielsweise bei befürchteten, aber noch nicht im Rechnungswesen und damit im Eigenkapital erfassten zukünftigen Verlusten aus der Untereinheit, so handelt es sich um einen negativen *goodwill*. Wenn die angewendeten Bilanzierungsregeln kein spezifisches anderes Vorgehen verlangen, kann der negative *goodwill* auf der Passivseite der Konzern-Bilanz stehen oder auch auf der Aktivseite, wenn er aus anderen Erwerben stammt und vom positiven *goodwill* abgezogen wird.

Gründe für den *goodwill*

Es bereitet normalerweise wegen Unsicherheiten bei der Bestimmung des aktuellen Marktwertes von Vermögensgütern und Fremdkapitalposten große Schwierigkeiten, den positiven *goodwill* oder den negativen *goodwill* zu ermitteln. Die Höhe des Postens hängt davon ab, mit welchem Wert die Beteiligung der Obereinheit angesetzt ist. Wenn sie mit Bargeld erworben wurde, ergeben sich kaum Probleme; aber wie sieht es aus, wenn sie durch einen Aktientausch erworben wurde? Die Höhe des *goodwill* hängt auch davon ab, wie man den Marktwert der Vermögensgüter und des Fremdkapitals der Untereinheit zum Erwerbszeitpunkt ermittelt. Dem entsprechend enthält der Posten unterschiedliche Inhalte. Werden jeweils die Marktwerte bei der Konzernentstehung angesetzt, so zeigt der Posten für den *goodwill* den Unterschied zwischen dem Marktwert der Beteiligung und dem Marktwert des Eigenkapitals der Untereinheit an. Wir unterstellen, dass die Untereinheit bei Konzernentstehung Finanzberichte liefert, die auf den Marktwerten beruhen.

Höhe des *goodwill* nicht eindeutig bestimmbar

Posten für den *goodwill* bei weniger als 100% Beteiligung

Ist die Beteiligung niedriger als 100%, so kann das je nach gewähltem Konsolidierungsverfahren zu Auswirkungen auf die Höhe des *goodwill* führen. Darauf gehen wir bei der Beschreibung der einzelnen Verfahren in den folgenden Kapiteln ein.

2.1.2.5 Ergänzung um einen eventuellen Posten für konzernfremde Anteilseigner in Untereinheiten

Posten für Konzernfremde Eigenkapitalgeber in Untereinheiten

Wenn die Obereinheit nur einen Anteil an einer Untereinheit besitzt, man aber die gesamte Untereinheit mit Marktwerten für deren Vermögensgüter und Fremdkapitalposten in den Konzern-Finanzbericht einbeziehen möchte, muss man für den jeweiligen Eigenkapitalanteil der Untereinheit, der nicht auf die Obereinheit entfällt, einen weiteren Posten vorsehen. Der Grund dafür kann darin gesehen werden, dass man alle Vermögensgüter und Fremdkapitalposten der Untereinheit abbilden möchte, über welche die Konzernleitung möglicherweise verfügen kann. Dieser weitere Posten wird als »Anteil von konzernfremden Anteilseignern in Untereinheiten« bezeichnet. In der Praxis spricht man auch vom »Anteil fremder Gesellschafter« oder im Kontext vieler Regelungssysteme vom »Minderheitenanteil«. Er wird als separate Zeile im Eigenkapital oder zwischen dem Eigen- und Fremdkapital ausgewiesen. Er beinhaltet in einem Betrag den Anteil der Vermögensgüter- und Fremdkapitalposten, welcher der Obereinheit nicht gehört.

2.1.2.6 Stornierung gebuchter, aber konzerninterner Ereignisse

Modifikation der Buchführungen der rechtlich selbständigen Einheiten für Konzernzwecke

Vorgänge, die nur zwischen den rechtlich selbständigen Einheiten des Konzerns stattgefunden haben, gelten als konzernintern und sind für das Eigenkapital des Konzerns irrelevant. Solche Vorgänge können beispielsweise entstehen, wenn eine rechtlich selbständige Einheit des Konzerns einer anderen ein Darlehen gewährt oder wenn eine solche Einheit einer anderen etwas verkauft. Zur Herleitung von Konzern-Finanzberichten sind solche konzerninternen Vorgänge nicht so abzubilden, wie wenn sie konzernextern gewesen wären. Das hängt damit zusammen, dass man jetzt nicht mehr auf die rechtliche Einheit abstellt, sondern auf den Konzern. Er stellt als ökonomische Einheit das Objekt der Finanzberichte dar. Man interpretiert nun einige Vorgänge anders als sie in den rechtlich selbständigen Einheiten gesehen wurden; manche Vorgänge eliminiert man sogar. Die Buchungen, die tatsächlich auf Grund der

Ereignisse in den rechtlich selbständigen Einheiten vorgenommen wurden, sind für die Konzern-Finanzberichte rückgängig zu machen, also zu stornieren, und durch diejenigen zu ersetzen, die aus Konzernsicht angefallen wären. Dabei kann es durchaus dazu kommen, dass ein Vorgang über mehrere Abrechnungszeiträume hinweg Korrekturen nach sich zieht. Wir beschreiben in unseren Beispielen aus Vereinfachungsgründen allerdings nur Fälle, in denen sich die Korrekturen auf einen einzigen Abrechnungszeitraum beziehen.

Aus didaktischen Gründen behandeln wir solche Fälle so, dass wir zunächst die vorgenommenen Buchungen rückgängig machen, stornieren, und anschließend diejenigen Buchungen durchführen, die statt dessen hätten vorgenommen werden sollen. In der Praxis geht man anders vor, indem man nur diejenigen Konzern-Posten korrigiert, die tatsächlich falsch sind.

Begründung des Vorgehens

Beispiel eines Verkaufs von Ware innerhalb des Konzerns

Wir wiederholen hier etwas ausführlicher als im ersten Kapitel die Behandlung von Ereignissen im Konzern, die aus Sicht der rechtlich selbständigen Einheiten wie Ereignisse mit Fremden behandelt wurden. Wir nehmen an, Einheit B eines Konzerns »verkaufe« mit Gewinn Ware an Einheit A des gleichen Konzerns. Aus Konzernsicht hat nur eine Verlagerung des Warenlagers von einem Ort B an einen anderen Ort A innerhalb des Konzerns stattgefunden, eventuell zusätzlich eine Verlagerung von Zahlungsmitteln.

Beispiel des Verkaufs von Ware zwischen zwei Einheiten

Welche Buchungen wurden in den Finanzberichten der rechtlich selbständigen Einheiten aus Konzernsicht ungerechtfertigt vorgenommen?

Für den Finanzbericht der rechtlich selbständigen kaufenden Einheit A wurde die folgende Buchung vorgenommen:

Beleg	Datum	Ereignis und Konten	Soll	Haben
		Ware A (erworben von B)	Einkaufspreis	
		Zahlungsmittel A oder Verbindlichkeiten A		der A

Bei der verkaufenden Einheit B wurden unter der Annahme des so genannten Umsatzkostenverfahrens die folgenden Buchungen bezüglich des Verkaufs berücksichtigt:

Beleg	Datum	Ereignis und Konten	Soll	Haben
		Zahlungsmittel B oder		Verkaufspreis der B
		Forderungen B		
		Umsatzertrag B (konzernintern)		
		Umsatzaufwand B		Einkaufspreis oder
		Ware B		Herstellungsausgaben der B

Zudem hatten wir angenommen, dass bei der B im Zuge des Verkaufs Transportausgaben für den Transport der verkauften Ware von B zu A angefallen waren. Unter der Annahme, dass diese Transportausgaben nichts mit der Herstellung der Ware bei B zu tun haben, wurde bei B diesbezüglich folgendermaßen gebucht:

Beleg	Datum	Ereignis und Konten	Soll	Haben
		Anderer Aufwand B (Transportausgaben)		Transportausgaben der B
		Zahlungsmittel B oder		
		Verbindlichkeiten B		

Es ist klar, dass sich daraus für die »verkaufende« Einheit B auch Konsequenzen für das Einkommen und – im Rahmen sogenannter Abschlussbuchungen – dessen Verarbeitung zum Eigenkapital hin ergeben. Dies wäre beispielsweise durch eine Buchung folgender Struktur möglich:

Beleg	Datum	Ereignis und Konten	Soll	Haben
		Gewinn B (Einkommensrechnung)		Gewinn der B
		Einkommen B (Bilanz)		

Welche Buchungen werden nötig, um die vorgenommenen Buchungen rückgängig zu machen?

Modifikationen Die gerade dargestellten Buchungen sind für die Konzern-Finanzberichte rückgängig zu machen, weil zum Einen aus Konzernsicht kein Verkauf nach außen stattgefunden hat. Zum Anderen sind die Transportausgaben aus Konzernsicht anders zu beurteilen als aus Sicht der einzelnen rechtlich selbstständigen Einheit B. Bei A fiele folgende Stornobuchung den Verkaufsvorgang betreffend an:

Beleg	Datum	Ereignis und Konten	Soll	Haben
		Zahlungsmittel A oder Verbindlichkeiten A		Einkaufspreis der A
		Ware A		

und bei B:

Beleg	Datum	Ereignis und Konten	Soll	Haben
		Umsatzertrag B	Verkaufspreis	
		Zahlungsmittel B oder Forderungen B		der B
		Ware B	Einkaufspreis	
		Umsatzaufwand B		der B

Bezüglich der Transportausgaben fiele bei B folgende Stornobuchung an,

Beleg	Datum	Ereignis und Konten	Soll	Haben
		Zahlungsmittel B oder	Transportausgaben	
		Verbindlichkeiten B		der B
		Anderer Aufwand B		
		(Transportausgaben)		

weil die Transportausgaben aus Sicht des Konzerns im Zuge der Herstellung angefallen sind. Die Ware ist dieser Sichtweise entsprechend nämlich zum Zwecke der Weiterverarbeitung von B nach A transportiert worden. Insofern ist die bei B vorgenommene Aufwandsbuchung aus Konzernsicht nicht zutreffend.

Nimmt man diese Stornobuchungen nach der Ermittlung des Einkommens und des Eigenkapitals vor, dann hat man noch weitere Korrekturbuchungen zu veranlassen, um das Einkommen und das Eigenkapital vor diesen Korrekturen in das Einkommen und das Eigenkapital nach diesen Korrekturen zu überführen. Meistens liegen die Finanzberichte der Untereinheiten bereits vor. Dann muss man die aus der Stornierung folgenden Konsequenzen für Einkommen und Eigenkapital noch ziehen, beispielsweise durch die Buchungen:

Weitere Korrekturen

Beleg	Datum	Ereignis und Konten	Soll	Haben
		Einkommen B (Bilanz)	Gewinn der B	
		Gewinn B (Einkommensrechnung)		

Welche Buchungen sind zusätzlich vorzunehmen?

Zusätzlich sind (1) die Verlagerung von Ware, (2) die eventuelle Verlagerung von Zahlungsmitteln und (3) die eventuell angefallenen Transportausgaben angemessen zu berücksichtigen. Wir sollten also zunächst berücksichtigen, dass Ware von B an A zum Einkaufspreis der B oder zu deren Herstellungsausgaben verlagert wurde und dass dem entsprechend Zahlungsmittel oder Forderungen von B an A geflossen sind. Diese Verlagerungen haben auch Konsequenzen für das Eigenkapital, und zwar für die Eigenkapitaltransfers. Daraus folgen die Buchungen:

Zusätzliche Buchungen

Beleg	Datum	Ereignis und Konten	Soll	Haben
		Ware A		Einkaufspreis oder
		Eigenkapitaltransfer A		Herstellungsausgaben bei B
		Eigenkapitaltransfer B		
		Ware B		
		Zahlungsmittel B		Verkaufspreis der
		Eigenkapitaltransfer B		Ware bei B
		Eigenkapitaltransfer A		
		Zahlungsmittel A		

Aus Konzernsicht sind schließlich noch die Ausgaben für den innerkonzernlichen Transport als Teil der (Konzern-)Herstellungsausgaben der Ware zu berücksichtigen. Dabei fällt folgende Buchung an:

Beleg	Datum	Ereignis und Konten	Soll	Haben
		Ware des Konzerns		Transportausgaben
		Zahlungsmittel B oder		der B
		Verbindlichkeiten B		

Konzernsicht An dieser Stelle ist zu beachten, dass der Warenwert auf den Konzern bezogen ist und nicht auf eine der rechtlich selbstständigen Einheiten. Wir befassen uns in den folgenden Kapiteln noch genauer mit derlei Modifikationen und den organisatorischen Vorkehrungen, die der Konzern zu treffen hat, um solche innerkonzernlichen Ereignisse zu erfassen und aus Konzernsicht richtig abzubilden.

Vorgehen in der Praxis

Korrektur von Finanzberichten anstatt Korrektur von Buchungen In der Praxis geht man davon aus, dass die Buchungen, die in den Einheiten A und B vorgenommen werden, letztlich nicht nur die in den Einheiten gegebenen Verhältnisse vollständig richtig beschreiben, sondern dass sie auch die Verhältnisse im Konzern zutreffend abbilden. Nach der in beiden Einheiten aus Konzernsicht falsch gebuchten Transaktion befindet sich die Ware tatsächlich bei A (und nicht mehr bei B), während sich (z.B. nach erfolgter Bezahlung) die entsprechenden Zahlungsmittel nicht mehr bei A, sondern bei B befinden. Die diesbezüglichen Teile der betreffenden Buchungen werden also bei der Erstellung des Konzern-Finanzberichts beibehalten und nicht weiter modifiziert.

Korrektur der Ware Aus Konzernsicht unzutreffend ist dagegen der Wert der nunmehr beim innerkonzernlichen Käufer A gelagerten Ware, wenn man unterstellt, dass das Geschäft zu einem Preis wie unter fremden Dritten (*at arm's length*) abgewickelt wurde; denn dann enthält der Warenwert bei A einen Gewinnaufschlag, der von B vereinnahmt wurde, der aber in der wirtschaftlichen Einheit »Konzern« so lange nicht anfallen darf, wie die Ware nicht an einen (konzern-) fremden

Dritten veräußert ist. Das bedeutet, dass der aus Konzernsicht nicht realisierte Gewinnaufschlag für die Konzernberichterstattung eliminiert werden muss, sowohl aus dem Warenwert bei A als auch aus dem Einkommen der Einheit B. Zu eliminieren ist gleichzeitig der bei B gebuchte (innerkonzernliche) Umsatzertrag sowie der dort ebenfalls gebuchte Umsatzaufwand, der mit dem konzerninternen Geschäft verbunden ist. Falls die Ware noch nicht bezahlt ist, sind überdies per Konsolidierungsbuchung sowohl die Forderung aus Lieferung und Leistung bei B (gegenüber A) als auch die in gleicher Höhe bestehende Verbindlichkeit bei A (gegenüber B) zu eliminieren. Das Vorgehen der Praxis besteht darin, nur diejeniegen Buchungen zu stornieren oder vorzunehmen, die sich nicht gegenseitig aufheben.

Das Verständnis dieser Buchungen ist insofern schwirig als es sich um Konsolidierungsbuchungen handelt. Die Soll- und die Habenseite einer einzigen Buchung betreffen unter Umständen zwei verschiedene rechtlich selbständige Einheiten. Dies resultiert aus der Tatsache, dass für die Konzernberichterstattung nicht mehr die für die Buchung in der jeweils betroffenen rechtlich selbständigen Einheit gegebenen Verhältnisse relevant sind, sondern dass alle Sachverhalte so abzubilden sind, als gäbe es nur die ökonomisch selbständige Einheit Konzern. Damit solche Konsolidierungsbuchungen ohne Probleme durchgeführt werden können, ist es unabdingbar, bereits in den Einheiten A und B bei jeder einzelnen Buchung danach zu unterscheiden, ob der betreffende Sachverhalt eine bestimmte Konzerngesellschaft oder einen konzernfremden Dritten betrifft. Das bedeutet für das obige Beispiel im einzelnen: Die von B bezogene Ware muss bei A von Anfang an als »Konzernvorrat, bezogen von B« gebucht werden, damit diese Ware – soweit sie zum Bilanzstichtag noch nicht an Dritte weiterverkauft ist – in der an die zentrale Konsolidierung berichteten modifizierten Handelsbilanz (Handelsbilanz II) entsprechend identifiziert werden kann. Überdies ist die daraus resultierende Verbindlichkeit ebenfalls ausdrücklich als Verbindlichkeit gegenüber der Einheit B zu erfassen. Entsprechend ist bei der liefernden Gesellschaft B die konzerninterne Warenlieferung explizit als Forderung gegenüber der Einheit A einerseits und als konzerninterner Umsatzertrag (von A) zu buchen.

Zum Verständnis der Buchungen

Ausgehend von den oben angeführten Buchungen in den Einheiten A und B werden die betreffenden Sachverhalte – unter Berücksichtigung ihres konzerninternen Charakters und, der Einfacheit halber, unter Vernachlässigung steuerlicher Aspekte – so wie in Abbildung 2.1, Seite 56, in der modifizierten Handelsbilanz sowie gegebenenfalls der korrespondierenden Einkommensrechnung von A, Abbildung 2.2, Seite 56, beziehungsweise B, Abbildung 2.3, Seite 56, erfasst (Annahme: Zahlung ist noch nicht erfolgt).

Ergebnis

Weitere Korrekturen Unterstellt man, dass sich die von B bezogenen Waren noch vollständig bei A befinden, wären in der Praxis die folgenden Konsolidierungsbuchungen – wiederum unter Vernachlässigung von Steuern und latenten Für die Behandlung von eventuell anfallenden konzerninternen Transportausgaben gilt das oben Gesagte hier ebenfalls. Da überdies die jeweilige Handelsbilanz II der betroffenen

Modifizierung der Handelsbilanz der A in *GE*

Aktiva		Passiva	
...		...	
Ware (Bezug konzernintern von B)	Einkaufspreis A (= Verkaufspreis B)	Verbindlichkeiten aus Lieferung und Leistung (konzernintern gegenüber B)	Einkaufspreis A (= Verkaufspreis B)
...		...	
Summe Vermögensgüter		Summe Kapital	

Abbildung 2.1: Modifizierung der Handelsbilanz der A

Modifizierung der Handelsbilanz der B in *GE*

Aktiva		Passiva	
...		...	
Forderungen (konzernintern gegenüber A)	Verkaufspreis B	Eigenkapital aus Gewinn (konzernintern mit A)	Differenz (Verkaufspreis B - Einkaufspreis B)
...		...	
Summe Vermögensgüter		Summe Kapital	

Abbildung 2.2: Modifizierung der Handelsbilanz der B

Modifizierung der Einkommensrechnung der B in *GE*

Aufwand		Ertrag	
...		...	
Aufwand (Verkauf) (konzernintern an A)	Verkaufspreis B	Ertrag (Verkauf) (konzernintern an A)	Verkaufspreis B
Gewinn (konzernintern mit A)	Differenz (Verkaufspreis B - Einkaufspreis B)	...	
Summe Aufwand plus Gewinn		Summe Ertrag plus Verlust	

Abbildung 2.3: Modifizierung der Einkommensrechnung der B

Einheiten A und B den Ausgangspunkt für die Konsolidierungsbuchungen darstellt, sind zusätzlich noch weitere Korrekturbuchungen

Beleg	Datum	Ereignis und Konten (Konsolidierungsbuchungen)	Soll	Haben
		Verbindlichkeiten konzernintern A	Verkaufspreis der B	
		Forderungen konzernintern B	= Einkaufspreis A	
		Umsatzertrag konzernintern B	Verkaufspreis der B	
		Umsatzaufwand B	= Einkaufspreis der B	
		Warenvorrat konzernintern A	Differenz	
		Gewinn der B	Verkaufspreis – Einkaufspreis	

zu veranlassen, damit die entsprechenden Korrekturen auch im Einkommen, in den Eigenkapitaltransfers und im Eigenkapital wirksam werden. Schließlich sind auch noch die hier aus Vereinfachungsgründen unterlassenen Buchungen bezüglich der laufenden und der latenten Steuern vorzunehmen.

2.1.2.7 Bildung der Summen der relevanten Posten

Abgesehen von dem noch näher zu beschreibenden Konzept der *equity*-Methode, nach dem man nur den Wert der Beteiligung in den Konzern-Finanzberichten um die Eigenkapitalveränderungen der Untereinheit anpasst, bildet man die Konzern-Finanzberichte, indem man die relevanten Posten – die auf die Beteiligung entfallenden Vermögensgüter abzüglich der Fremdkapitalposten – über die Einheiten hinweg addiert.

Postenweise Summenbildung als weiterer Schritt

2.1.2.8 Berücksichtigung des Ausscheidens einer Einheit aus dem Konzern (Entkonsolidierung)

Rechtlich und ökonomisch selbständige Unternehmen können sich nicht nur zu einem Konzern zusammenschließen, der Konzern kann sich auch von rechtlich selbständigen Einheiten trennen. Der Konzern-Finanzbericht ist in einem solchen Fall um die Zahlen zu bereinigen, die mit der Untereinheit zusammen hängen, von der man sich trennt. Der Vorgang wird in der Literatur als Entkonsolidierung, als Endkonsolidierung und als Dekonsolidierung

Entkonsolidierung

bezeichnet. Wir verwenden hier einheitlich die Bezeichnung Entkonsolidierung.[6]

Berücksichtigung von Finanzberichten zum Zeitpunkt der Entkonsolidierung

Findet die Entkonsolidierung während des Abrechnungszeitraums statt, so sind zum Entkonsolidierungszeitpunkt Zwischen-Finanzberichte zu erstellen. Um das zu vermeiden unterstellen wir, die Entkonsolidierung fände unmittelbar nach dem Ende eines Abrechnungszeitraums statt.

Untersuchte Fälle

Im Zusammenhang mit der Entkonsolidierung betrachten wir erstens die Auflösung des gesamten Konzerns und zweitens den Verkauf einer einzelnen Einheit aus dem Konzern. Wird für eine rechtlich selbständige Einheit die Zugehörigkeit zum Konzern beendet, findet so etwas Ähnliches wie eine Konsolidierung in umgekehrter Richtung statt. In den Konzern-Finanzberichten sind (1) die Vermögensgüter, die Fremdkapitalposten und der *goodwill* der abgehenden Einheit gegen die Beteiligung und deren Wertveränderung zu tauschen und (2) der Verkauf der Beteiligung mit dem Verkaufserlös und dem Verkaufsaufwand zu buchen, wobei der Verkaufsaufwand dem aktuellen Beteiligungswert entspricht. Der erste Schritt erfordert die Buchung:

Beleg	Datum	Ereignis und Konten	Soll	Haben
		Beteiligung des Konzerns an Einheit (als Saldo)		Saldo für Beteiligung, Buchwerte sonst
		Fremdkapital der Einheit		
		Vermögensgüter der Einheit		
		goodwill aus der Einheit		

Der zweite Schritt ist mit den Buchungen:

Beleg	Datum	Ereignis und Konten	Soll	Haben
		Zahlungsmittel des Konzerns		Verkaufspreis der Beteiligung
		Umsatzertrag des Konzerns		
		Umsatzaufwand des Konzerns		Buchwert der Beteiligung
		Beteiligung an Einheit		

---

[6] Vgl. zu den Fragen des Ausscheidens einer Einheit aus dem Konzernverbund beispielsweise Baetge et al. (2009), S. 382–389, Busse von Colbe et al. (2010), S. 267–277, Coenenberg et al. (2009), S. 672–675, 696–698, Hommel et al. (2009), S. 171–192, Küting und Hayn (1997), S. 1941–1948, Küting und Weber (2010), S. 346–357, Pfaff und Ganske (2002), S. 654–668, Schildbach (2008), S. 173–175.

verbunden. Erfolgt die Buchung vor der Erstellung der Finanzberichte, so ergeben sich die Konsequenzen für die Finanzberichte automatisch. Andernfalls folgen weiterhin Konsequenzen für das Einkommen und dessen Verarbeitung im Rechnungswesen des Konzerns und der ausscheidenden Einheiten. Diese lernen wir später noch genauer kennen.

2.1.2.9 Umfang der Abbildung

Die skizzierten Verfahren zur Zusammenfassung von Finanzberichten rechtlich selbständiger Einheiten zu Konzern-Finanzberichten unterscheiden sich deutlich voneinander. Es fällt auf, dass man im Schrifttum zur Interessenzusammenführung viel weniger Beiträge findet als zum Erwerb. Das mag daran liegen, dass die Partner im Rahmen der Interessenzusammenführung einen fairen Ausgleich ihrer Interessen anstreben. Beim Erwerb besteht dagegen, wie oben bereits erwähnt, für die von der Unternehmensleitung ausgeschlossenen Eigenkapitalgeber eine viel größere Gefahr der Informationsverzerrung durch das Management.

Generelle Aussagen

Die Skala der Möglichkeiten zur Konsolidierung von Unterordnungskonzernen ist sehr breit. Bei der Neubewertung von Beteiligungen, die auch als *equity*-Methode bezeichnet wird, hat die Unternehmensleitung im Prinzip die gleichen Aufgaben zu bewältigen wie bei den anderen Verfahren. Oft verfügt sie aber nur über eingeschränkte Informationen. Der Leser der Finanzberichte erhält weniger Informationen als bei den anderen Möglichkeiten zur Konsolidierung. Diese Informationslieferung nimmt mit den anderen Verfahren laufend zu, bis hin zur Abbildung eines *goodwill* aus der Sicht aller Anteilseigner einer Untereinheit.

Zu den Methoden der Konsolidierung von Unterordnungskonzernen

2.1.2.10 Beschränkung auf wenige Konzepte der Konzernrechnungslegung

Ein grundsätzliches Problem wird hier in den beiden häufig verwendeten konzeptionellen Grundlagen der Konzernrechnungslegung gesehen, weil in der Realität auch viele andere Sachverhalte zu einem Konzern führen können. So sind neben dem freiwilligen Zusammengehen mehrerer Einheiten und dem Kauf einer Einheit durch ein anderes Unternehmen noch viele weitere Sachverhalte denkbar, die zu einem Konzern führen können. Man denke beispielsweise an die bewusste Aufgliederung eines Unternehmens in mehrere rechtlich selbständige Einheiten. Wir gehen darauf nicht näher ein.

Konzeptionen als Problem

Zuordnung zu einer der Gruppen ist gestaltbar	Es ist zudem fraglich, ob man in der Realität immer deutlich zwischen Situationen unterscheiden kann, in denen die Interessenzusammenführung oder der Erwerb unterstellt werden sollte. Selbst wenn man die Bedingungen für die Anwendung der Interessenzusammenführung formalisiert, ist es relevanten Einheiten möglich, diese Bedingungen zu umgehen. Die Bedingungen für die Interessenzusammenführung lassen sich genau so wie die eines Erwerbs konstruieren, wenn die Beteiligten dies wollen. Als Beispiel mag die *Daimler Benz AG* herhalten, die 1998 ihren Einfluss auf die *Chrysler Corporation* unter der Annahme der Interessenzusammenführung abgebildet hat. Es wäre wohl gegenüber den Anteilseignern der *Chrysler Corporation* schwierig gewesen, die Anteile der *Chrysler Corporation* mehrheitlich zu erwerben und diese Einheit dann als Erwerb des Konzerns zu betrachten.
Abspaltung aus Obereinheit	Auch die generelle Annahme des Erwerbs von Untereinheiten erscheint problematisch, weil viele Unternehmen ihre Untereinheiten nicht kaufen, sondern durch eine formale Abspaltung von der Obereinheit erzeugen. Wird nichts gekauft, gibt es auch keinen Kaufpreis. Die *Deutsche Bahn AG* ist beispielsweise ein solches Unternehmen, das sich aus einer einzigen rechtlich selbständigen Einheit zu einem Gebilde aus vielen rechtlich selbständigen Einheiten entwickelt hat, von denen die meisten nicht durch Kauf erworben wurden. Die Bewertung solcher Einheiten und damit die Ermittlung des *goodwill* solcher Unternehmen erscheint dann problematisch.

2.1.2.11 Umfang der Konsolidierungsschritte

Konsolidierungsschritte abhängig von Zeitraum	Als notwendige Konsolidierungsschritte ergeben sich bei Konzernentstehung andere Arbeiten als während der Laufzeit des Konzerns und noch andere als bei dessen Auflösung.
Erstkonsolidierung	Bei der erstmaligen Konsolidierung im Entstehungszeitpunkt des Konzerns, der so genannten Erstkonsolidierung, geht es darum, die Differenz zwischen dem Kaufpreis der Beteiligung und dem mit Marktwerten bewerteten anteiligen Eigenkapital der Untereinheit zu ermitteln. Zuvor sind Ansatz- und Bewertungsunterschiede zwischen den Konzerneinheiten aufzulösen. Ein eventueller Rest ist als positiver oder negativer *goodwill* zu berücksichtigen.
Folgekonsolidierung	Zu späteren Bilanzstichtagen, bei der so genannten Folgekonsolidierung, sind mehrere Arten von Buchungen durchzuführen. Wir gehen in diesem Buch nach dem nächsten Kapitel von den vereinheitlichten Finanzberichten aus, haben also die bei der Konzernentstehung neu bewerteten Vermögensgüter und Fremdkapitalposten der rechtlich selbständigen Einheiten zu berücksichtigen. Es sind die Buchungen

rückgängig zu machen, die Ereignisse abbilden, welche aus Konzernsicht nicht stattgefunden haben. Erst dann sollten die Buchungen durchgeführt werden, welche die tatsächlich statfindenden Vorgänge aus Konzernsicht abbilden. Wertveränderungen der Beteiligung gehören ebenso dazu wie innerkonzernliche Geschäfte. Zudem sind hier die Sachverhalte abzubilden, die aus Konzernsicht anders beziehungsweise zusätzlich zu buchen sind. Schließlich sind bei Beteiligungen von weniger als 100% die Eigenkapitalposten, das Einkommen sowie die Eigenkapitaltransfers der Untereinheit auf die Konzernaktionäre und auf die konzernfremden Aktionäre aufzuteilen.

Bei Ausscheiden einer Einheit aus dem Konzern, bei der so genannten Entkonsolidierung, erfolgt schließlich der Vergleich des Ertrags aus der Veräußerung der Beteiligung mit dem Aufwand aus der Veräußerung, der sich aus dem Saldo der abgehenden Vermögensgüter- und Fremdkapitalposten der Untereinheit ergibt.

Entkonsolidierung

2.1.2.12 Aussagegehalt

Den Aussagegehalt von Konzern-Finanzberichten können wir aus Sicht unterschiedlicher Interessentengruppen betrachten. Wir beschränken uns hier auf diejenigen, welche die Konzern-Finanzberichte erstellen, prüfen und lesen sollten. Dies sind die Unternehmensleitung, die Finanzberichtsprüfer sowie die von der Unternehmensleitung ausgeschlossenen Anteilseigner.

Einbezogene Sichtweisen

Die dargestellten Methoden besitzen vor allem für die von der Unternehmensleitung ausgeschlossenen Anteilseigner einen unterschiedlichen Aussagegehalt. Bei der Neubewertung von Beteiligungen erfahren sie zwar am wenigsten, aber immerhin das für sie Wichtigste: die im abgelaufenen Abrechnungszeitraum entstandene Eigenkapitalveränderung in der Untereinheit. Insofern kann man die Wertentwicklung einer Investition in eine Untereinheit beobachten. Wenn im Anhang zu den Finanzberichten nicht entsprechende Zusatzangaben gemacht werden, können die Anteilseigner aus dem Konzern-Finanzbericht aber nicht ersehen, in welchem Maße Veränderungen von Vermögensgütern und Fremdkapital der Untereinheit zur Entstehung von Erträgen und Aufwendungen oder Einlagen und Entnahmen beigetragen haben. Man erkennt im Zahlenwerk also nur, dass es eine Veränderung des anteiligen Eigenkapitals der Untereinheit gegeben hat; die Gründe dafür bleiben aber unerkannt. Diese Situation ändert sich, sobald der Konzern eine der anderen Methoden anwendet.

Von der Unternehmensleitung ausgeschlossene Anteilseigner

Konzernleitung Auch für die Unternehmensleitungen besitzen die verschiedenen Methoden unterschiedliche Konsequenzen. Sie bieten allen von der Konzernleitung ausgeschlossenen Anteilseignern in unterschiedlichem Maße Informationen über den Konzern. Bei der Neubewertung von Beteiligungen liefern sie am wenigsten Informationen, bei der Vollkonsolidierung mit Aufdeckung eines vollständigen *goodwill* die meisten Informationen. Zudem ergeben sich Unterschiede bei der Beurteilung von Konzernen, weil sich die Kennzahlen wie Eigenkapitalquote oder -rendite durch die Wahl der Methode ändern.

Finanzberichtsprüfer Für die Finanzberichtsprüfer bereitet die Wahl der Konsolidierungsmethode durch den Konzern kein großes Problem. Sie müssen in jedem Fall alle Informationen zur Verfügung haben, um ihre Prüfungen vorzunehmen und ihren Bericht zu erstellen.

2.2 Umsetzung der Konzepte in den IFRS und im dHGB

2.2.1 Grundlagen

Anwendung unterschiedlicher Konzepte der Konsolidierung für unterschiedliche Arten von Beteiligungen Die offiziellen Regelungen sehen nicht vor, dass nur eine einzige Methode angewendet wird. Vielmehr werden verschieden Arten von Beteiligungen in den Einheiten eines Konzerns unterschieden und unterschiedliche Arten von Beteiligungen mit unterschiedlichen Methoden konsolidiert. Das führt dazu, dass normalerweise die veröffentlichten Konzern-Finanzberichte eines Unternehmens gleichzeitig mehrere Konzepte verwenden. Zusätzlich wird in diesem Buch generell unterstellt, die erworbenen Vermögensgüter und Fremdkapitalposten seien im Erwerbszeitpunkt mit ihrem Marktwert angesetzt.

2.2.2 Umsetzung in den IFRS

Drei Beteiligungsarten sind anders als in unkonsolidierten Finanzberichten anzusetzen Im Rahmen der IFRS werden besondere Verfahrensweisen für Beteiligungen vorgesehen. Anteile von weniger als 20% werden gemäß IAS 39 als Finanzinstrumente bilanziert; sie bleiben normalerweise mit ihrem Anschaffungswert in der Bilanz stehen, wenn die betreffenden Einheiten nicht börsennotiert sind und damit ein Marktwert nicht ermittelt werden kann und wenn darüber hinaus auch keine Wertminderung (*impairment*) vorliegt. Bei Beteiligungen von

Obereinheiten an Untereinheiten kann man vier unterschiedliche Arten der Behandlung unterscheiden. Drei davon führen in den Konzern-Finanzberichten zu anderen Werten als in den Finanzberichten der rechtlich selbständigen Einheiten.

2.2.2.1 Vollkonsolidierung mit Aufdeckung eines vollständigen *goodwill*

Die Methode der Vollkonsolidierung mit Aufdeckung des vollständigen *goodwill* stellt die Methode dar, die normalerweise für Beteiligungen an beherrschten Einheiten anzuwenden ist (IFRS 3). Der *goodwill* ergibt sich aus der Differenz des aus dem Kaufpreis der Beteiligung errechneten Wertes einer Beteiligung von 100% und dem Saldo aus den zu Marktwerten angesetzten gesamten Vermögensgütern und den gesamten Fremdkapitalposten der Einheit, die hinter der Beteiligung stehen.

2.2.2.2 Vollkonsolidierung mit Aufdeckung eines anteiligen *goodwill*

Nach IFRS 3 kann bei der Vollkonsolidierung der *goodwill* auch lediglich anteilig angegeben werden.

2.2.2.3 Quotale Konsolidierung

Das Vorgehen der quotalen Konsolidierung kann auf Beteiligungen an so genannten Gemeinschaftsunternehmen angewendet (IAS 31) werden. Die alternativ dazu ebenfalls anwendbare *equity*-Methode soll im übrigen zukünftig ausnahmslos für *Joint ventures* vorgeschrieben werden (vgl. ED 9, *Joint Arrangements*).

2.2.2.4 Konsolidierung durch Umbewertung der Beteiligung (*equity*-Methode)

Die Konsolidierung nach der *equity*-Methode bleibt schließlich für Beteiligungen an Unternehmen übrig, die nicht vom Konzern beherrscht werden und keine Gemeinschaftsunternehmen sind, an denen der Konzern aber mindestens 20% besitzt (IAS 28.13). Eine Beteiligung an einem solchen »assoziierten« Unternehmen wird bei der Erstkonsolidierung mit ihrem Anschaffungswert angesetzt. Bei den Folgekonsolidierungen erfolgt eine Korrektur dieses Wertes um die auf die Beteiligung entfallenden Eigenkapitalveränderungen dieses Unternehmens.

2.2.3 Umsetzung im dHGB

Arten von Beteiligungen

Das deutsche Handelsrecht unterscheidet ebenfalls vier Arten von Beteiligungen. Die Hauptrolle spielen Beteiligungen, die eine einheitliche Leitung oder eine Beherrschung ermöglichen. Weiterhin werden Beteiligungen an Gemeinschaftsunternehmen aufgeführt. Auch werden Beteiligungen genannt, die keine einheitliche Leitung oder Beherrschung, aber immerhin einen maßgeblichen Einfluss sicher stellen. Schließlich werden andere Wertpapiere aufgeführt, für die sich keine Änderungen aus der Aufstellung von Konzern-Finanzberichten ergeben.

2.2.3.1 Vollkonsolidierung mit Aufdeckung eines vollständigen *goodwill*

Es war bisher in Deutschland unüblich, einen vollständigen *goodwill* aufzudecken. Ob das Verfahren mit den Vorgaben des dHGB verträglich ist, wäre zu prüfen.

2.2.3.2 Vollkonsolidierung mit Aufdeckung eines anteiligen *goodwill*

Bestimmung des goodwill

Die Methode der Vollkonsolidierung mit Aufdeckung eines den Konzern betreffenden (anteiligen) *goodwill* stellt die Methode dar, die normalerweise für Beteiligungen an beherrschten Einheiten anzuwenden ist (§301 dHGB). Der *goodwill* ergibt sich aus der Differenz des Kaufpreises der Beteiligung und dem Saldo aus den zu Marktwerten angesetzten anteiligen Vermögensgütern und den anteiligen Fremdkapitalposten der Einheit, die hinter der Beteiligung steht.

2.2.3.3 Quotale Konsolidierung

Die Methode der quotalen Konsolidierung wird auf Beteiligungen an so genannten Gemeinschaftsunternehmen angewendet (§310 dHGB).

2.2.3.4 Konsolidierung durch Umbewertung der Beteiligung (*equity*-Methode)

Die Konsolidierung nach der *equity*-Methode bleibt schließlich für Beteiligungen an Unternehmen übrig, die nicht vom Konzern beherrscht werden und keine Gemeinschaftsunternehmen sind, an denen der Konzern aber einen maßgeblichen Einfluss von mindestens 20% besitzt (§311 dHGB). Eine Beteiligung an einem solchen assoziierten Unternehmen wird bei der Erstkonsolidierung mit ihrem Anschaffungswert angesetzt. Bei den Folgekonsolidierungen erfolgt eine Korrektur dieses Wertes um die auf die Beteiligung entfallenden Eigenkapitalveränderungen der Untereinheit, soweit diese von der Obereinheit ermittelbar sind.

2.3 Zusammenfassung

Im vorliegenden Kapitel befassen wir uns näher mit den betriebswirtschaftlichen Konzepten zur Konzernrechnungslegung. Wir diskutieren, zunächst noch ohne Beispiele, wie man unter der Annahme der Interessenzusammenführung und unter der Annahme eines Erwerbs aussagefähige Konzern-Finanzberichte erstellen könnte und welche Vorgaben von den Regelungen des dHGB und der IFRS gemacht werden.

2.4 Übungsmaterial

2.4.1 Fragen mit Antworten

Fragen	Antworten
Hat die Organisation eines Unternehmens in Konzernform etwas mit Rechnungslegung beziehungsweise mit der handelsrechtlichen Pflicht zu Buchführung zu tun?	Es gibt keine speziell für Konzerne erstellten Buchführungs- und Rechnungslegungsregeln. Vielmehr sind die Vorgaben für rechtlich selbständige Einheiten weitgehend analog anzuwenden und zusätzlich für Konzerne durch Konsolidierungen zu modifizieren. Von der handelsrechtlichen Buchführungspflicht sind kleine Unternehmen befreit.
Welche wesentlichen Annahmen zur Erstellung von Konzern-Finanzberichten unterscheidet man?	Man unterscheidet als wesentliche Annahme die Interessenzusammenführung (*method of pooling of interests*) vom Erwerb (*purchase method*). Darüber hinaus werden die Annahmen der Neugründung und die des umgekehrten Erwerbs in der Literatur erwähnt.

Fragen	Antworten
Welche Anforderungen ergeben sich aus der Erstellung von Konzern-Finanzberichten für Finanzberichte rechtlich selbständiger (Unter-) Einheiten des Konzerns?	Übereinstimmung der Bilanzstichtage, Modifikation der Buchführung der rechtlich selbständigen Einheiten wegen der Konzernorientierung, formelle und materielle Vereinheitlichung der Finanzberichte der rechtlich selbständigen Einheiten, Summierung, Bildung von Korrekturposten für unterschiedliche Eigenkapitalmessungen aus Sicht des Konzerns und aus Sicht von konzernfremden Aktionären in den Untereinheiten.
Welche wesentlichen Konsolidierungsarten kann man voneinander unterscheiden?	Die Interessenzusammenführungsmethode ist von vier unterschiedlichen Erwerbsmethoden zu unterscheiden. Im Unterordnungskonzern lassen sich als Erwerbsmethoden die (1) Neubewertung von Beteiligungen (*at equity*), (2) die quotale Konsolidierung, (3) die Vollkonsolidierung mit Aufdeckung eines anteiligen *goodwill* und (4) die Vollkonsolidierung mit Aufdeckung eines vollständigen *goodwill* voneinander unterscheiden.
Worin zeigt sich die Eigenkapitaländerung einer Untereinheit bei der Konsolidierungsmethode der Neubewertung von Beteiligungen (*equity*-Methode)?	Die Eigenkapitaländerung einer Untereinheit entspricht genau dem Betrag, um den man die Beteiligung und den Ertrag des Konzerns gegenüber den Zahlen in der Obereinheit erhöht. Dabei entsteht kein *goodwill*.
Wodurch ist der Ablauf einer quotalen Konsolidierung gekennzeichnet?	Bei der quotalen Konsolidierung enthalten die Konzern-Finanzberichte anstatt der Beteiligung und des Beteiligungsertrages die anteiligen Vermögensgüter und das anteilige Fremdkapital, anteilige Erträge und Aufwendungen der Untereinheit. Wenn sich die Beteiligungen und Eigenkapitalbeträge nicht entsprechen, entsteht ein aktiver oder passiver Unterschiedsbetrag zu Gunsten oder zu Lasten des Konzern-Eigenkapitals.
Wodurch ist der Ablauf der beiden Vorgehensweisen bei der Vollkonsolidierung gekennzeichnet?	Bei beiden Methoden der Vollkonsolidierung enthalten die Konzern-Finanzberichte anstatt der Beteiligung und des Beteiligungsertrages die gesamten Vermögensgüter und das gesamte Fremdkapital, Erträge und Aufwendungen der Untereinheit sowie einen Ausgleichsposten für die Anteile von konzernfremden Aktionären in Untereinheiten. Wenn sich die Beteiligungen und Eigenkapitalbeträge nicht entsprechen, entsteht ein aktiver oder passiver *goodwill* zu Gunsten oder zu Lasten des Konzern-Eigenkapitals.
Was kann sich hinter dem *goodwill* verbergen?	Ist der *goodwill* positiv, so kann das darauf hindeuten, dass die Obereinheit für die Beteiligung zu viel bezahlt hat oder dass sie neben den in der Untereinheit bilanzierten Posten weitere Vorteile für sich erworben hat. Ist der *goodwill* negativ, dann hat die Obereinheit entweder einen für sie günstigen Kaufpreis der Beteiligung erzielt oder in der Untereinheit sind noch nicht gebuchte künftige Nachteile zu erwarten.

2.4.2 Verständniskontrolle

1. Gibt es Vorschriften für die Buchführung von Konzernen?
2. Wie geht man bei der Erstellung von Finanzberichten für Konzerne normalerweise vor?
3. Was ist die Aufgabe eines Konzern-Bilanzierungshandbuchs?
4. Welche Konzepte unterscheidet man beim traditionellen Vorgehen für die Erstellung von Konzern-Finanzberichten?
5. Kann man die unterschiedlichen Konzepte der Konzern-Finanzberichterstellung auf beliebig strukturierte Konzerne anwenden?
6. Welche Ansätze zur Erstellung von Konzern-Finanzberichten kann man voneinander unterscheiden?
7. Welche Ansätze von Konzern-Finanzberichten unterscheidet man bei der Erwerbsmethode?
8. Wodurch unterscheidet sich die Erstkonsolidierung von der Folgekonsolidierung und von der Entkonsolidierung?
9. Welche Vorgänge berücksichtigt man bei der Erstkonsolidierung, welche Veränderungen der Summenzahlen werden fällig?
10. Welche Vorgänge erfasst man bei der Folgekonsolidierung?
11. Welche Vereinheitlichungen können notwendig sein, bevor man eine Konsolidierung sinnvoll vornehmen kann?
12. Welche Typen von Veränderungen der Summenzahlen kann man bei der Folgekonsolidierung unterscheiden?
13. Was macht man bei der Entkonsolidierung?
14. Welche Buchungen am unmittelbar vorhergehenden Konzernab-schluss werden fällig, wenn eine Untereinheit aus dem Konzern ausscheidet?
15. Wie unterscheiden sich im Unterordnungskonzern die vier Methoden der Konsolidierung hinsichtlich ihres Aussagegehaltes voneinander?
16. Welche Konsequenzen besitzen die vier Methoden der Konsolidierung von Unterordnungskonzernen auf die Kennzahlen der so genannten Bilanzanalyse?

2.4.3 Aufgaben zum Selbststudium

Aufgabe 2.1 Konsolidierung unter der Annahme der Interessenzusammenführung

Sachverhalt

Die rechtlich und ökonomisch selbstständigen Unternehmen A und B vereinbaren, ihre unternehmerische Tätigkeit ab dem Beginn von X1 im Rahmen eines Konzerns G als ökonomisch unselbstständige Einheiten dieses Konzerns fortzusetzen. Abgesehen von dieser

Vereinbarung sind A und B voneinander unabhängig und tätigen keine gegenseitigen Geschäfte. Die bereits vereinheitlichten Finanzberichte der beiden weiterhin rechtlich selbstständigen Einheiten A und B, zu denen es mangels Eigenkapitaltransfers keine Eigenkapitaltransferrechnungen gibt, sehen zum Ende von X1 wie folgt aus:

Aktiva	Bilanz der A in *GE* (Ende X1)		Passiva
Vermögensgüter	5 470	Eigenkapital (vor Gewinn)	1 200
		Gewinn	180
		Fremdkapital	4 090
Summe Vermögensgüter	5 470	Summe Kapital	5 470

Aktiva	Bilanz der B in *GE* (Ende X1)		Passiva
Vermögensgüter	3 210	Eigenkapital (vor Gewinn)	500
		Gewinn	100
		Fremdkapital	2 610
Summe Vermögensgüter	3 210	Summe Kapital	3 210

Aufwand	Einkommensrechnung der A in *GE* (Zeitraum X1)		Ertrag
Aufwand aus Verkauf	900	Ertrag aus Verkauf	1 000
Anderer Aufwand	220	Anderer Ertrag	300
Gewinn	180		
Summe Aufwand plus Gewinn	1 300	Summe Ertrag plus Verlust	1 300

Aufwand	Einkommensrechnung der B in *GE* (Zeitraum X1)		Ertrag
Aufwand aus Verkauf	450	Ertrag aus Verkauf	500
Anderer Aufwand	100	Anderer Ertrag	150
Gewinn	100		
Summe Aufwand plus Gewinn	650	Summe Ertrag plus Verlust	650

Fragen und Teilaufgaben

1. Bestimmen Sie für den Konzern G unter der Annahme der Interessenzusammenführung einen Satz von Finanzberichten bestehend aus Konzern-Bilanz und Konzern-Einkommensrechnung zum Ende von X1 der den Anteilseignern von G einen ökonomisch sinnvollen Einblick in die wirtschaftliche Lage von G gibt!

2. Nehmen Sie an, zwischen den rechtlich selbstständigen Einheiten A und B hätte während des Abrechnungszeitraums X1 folgende Transaktion statt gefunden. A habe von B gegen Barzahlung von 100 *GE* Ware gekauft, die B im gleichen Zeitraum für 70 *GE* hergestellt hatte. Die Ware befindet sich noch im Lager von A. Wie ändert sich die Lösung von Teilaufgabe 1 durch diese Annahme?

3. Skizzieren Sie kurz, wie eine Entkonsolidierung im Konzern G ablaufen könnte, wenn A und B beschließen, ihre Vereinbarung vom Beginn X1 ab dem Beginn von X2 nicht weiterzuführen?

Lösungshinweise zu den Fragen und Teilaufgaben

1. Das Konzern-Eigenkapital beträgt vor Einstellung des aktuellen Einkommens 1 700 *GE*. Das Konzern-Einkommen beträgt 280 *GE*.
2. Das Einkommen von G beträgt nun 250 *GE*. Darüber hinaus sind die Verlagerung der Ware und der Zahlungsmittel zwischen A und B zu berücksichtigen.
3. Eine Entkonsolidierung würde im vorliegenden Konzern G zum Beginn von X2 einfach dadurch bewerkstelligt, dass man keine weiteren Konzern-Finanzberichte (außer dem zum Ende von X1) erstellt.

Aufgabe 2.2 Konsolidierung im Unterordnungskonzern nach der Methode der Neubewertung von Beteiligungen (*equity*-Methode)

Sachverhalt

Das rechtlich und ökonomisch selbstständige Unternehmen A habe die Aktien des bis dahin ebenfalls rechtlich und ökonomisch selbstständigen Unternehmens B am Geschäftsjahresende X1, zu einem Preis gekauft, der mit 360 *GE* genau 60% des Buchwertes des Eigenkapitals von B entsprach. A wird dadurch die Obereinheit zu B. Die Einheiten A und B tätigen untereinander keine Geschäfte. Die vereinheitlichten Bilanzen und Einkommensrechnungen der Einheiten A und B sind zum Ende von X1 bzw. Ende von X2 wie folgt gegeben:

Aktiva	Bilanz der A in *GE* Ende			Passiva	
	Ende X1	Ende X2		Ende X1	Ende X2
Beteiligung von A an B	360	360	Eigenkapital (vor Gewinn)	1 200	1 380
Andere Vermögensgüter	5 110	5 300	Gewinn	180	130
			Fremdkapital	4 090	4 150
Summe Vermögensgüter	5 470	5 660	Summe Kapital	5 470	5 660

Aktiva	Bilanz der B in *GE* Ende			Passiva	
	Ende X1	Ende X2		Ende X1	Ende X2
Vermögensgüter	3 210	3 800	Eigenkapital (vor Gewinn)	500	600
			Gewinn	100	200
			Fremdkapital	2 610	3 000
Summe Vermögensgüter	3 210	3 800	Summe Kapital	3 210	3 800

Aufwand	Einkommensrechnung der A in *GE* Zeitraum			Ertrag	
	X1	X2		X1	X2
Aufwand aus Verkauf	900	800	Ertrag aus Verkauf	1 000	900
Anderer Aufwand	220	300	Anderer Ertrag	300	330
Gewinn	180	130			
Summe Aufwand plus Gewinn	1 300	1 230	Summe Ertrag plus Verlust	1 300	1 230

Aufwand	Einkommensrechnung der B in *GE* Zeitraum			Ertrag		
	X1	X2		X1	X2
Aufwand aus Verkauf	450	600	Ertrag aus Verkauf	500	750
Anderer Aufwand	100	50	Anderer Ertrag	150	100
Gewinn	100	200			
Summe Aufwand plus Gewinn	650	850	Summe Ertrag plus Verlust	650	850

Da in den Zeiträumen X1 und X2 keine Eigenkapitaltransfers fließen, entfällt in diesen Zeiträumen die Aufstellung von Eigenkapitaltransferrechnungen.

Fragen und Teilaufgaben

1. Skizzieren Sie kurz, warum durch den Beteiligungserwerb der A an der B ein Unterordnungskonzern U zustande gekommen ist!
2. Bestimmen Sie für den Unterordnungskonzern U einen Satz von Finanzberichten, bestehend aus Konzern-Bilanz und Konzern-Einkommensrechnung zum Ende von X1 und zum Ende von X2, gemäß der sogenannten *equity*-Methode!
3. Diskutieren Sie den Aussagegehalt eines mit Hilfe der *equity*-Methode erstellten Satzes von Konzern-Finanzberichten aus Sicht eines von der Konzernleitung ausgeschlossenen Anteilseigners!
4. Wie könnte eine Entkonsolidierung ablaufen, wenn B aus dem Konzernverbund ausschiede, weil A seine Beteiligung an der B nach Beginn von X3 zum Preis von 500 *GE* gegen Barzahlung verkauft hätte?

Lösungshinweise zu den Fragen und Teilaufgaben

1. Durch den Erwerb einer Beteiligung der A an der B in Höhe von 60% des Eigenkapitals der B hat die Einheit B zwar ihre rechtliche Selbstständigkeit beibehalten, ihre ökonomische Selbstständigkeit jedoch verloren. Die Einheit B ist nun von der Einheit A insofern abhängig, als dass A auf die Geschäftstätigkeit der B einen beherrschenden Einfluss ausüben kann.
2. Im Zeitpunkt der Erstkonsolidierung zum Ende von X1 beträgt der Wert der Beteiligung an B 360 *GE* und das Konzern-Eigenkapital vor Einstellung des aktuellen Einkommens 1 200 *GE*. Eine Konzern-Einkommensrechnung für U existiert im Zeitpunkt der Erstkonsolidierung nicht. Im Zeitpunkt der Folgekonsolidierung am Ende von X2 beträgt der Wert der Beteiligung an B 480 *GE*, das Konzern-Eigenkapital vor Einstellung des aktuellen Einkommens 1 380 *GE* und das Konzern-Einkommen *250 GE*.
3. Bei der Neubewertung von Beteiligungen im Rahmen der *equity*-Methode erhalten die von der Unternehmensleitung ausgeschlossenen Anteilseigner relativ wenige nützliche Informationen. Sie erfahren immerhin das für sie Wichtigste: die im abgelaufenen Abrechnungszeitraum entstandene und auf die Obereinheit entfallende Eigenkapitalveränderung in der Untereinheit.

4. Die Entkonsolidierung von B besteht lediglich darin, dass der Konzern die Buchung, die im Zusammenhang mit dem Beteiligungsverkauf bei A entsteht, übernimmt. Der Gewinn aus dem Beteiligungsverkauf beträgt 20 *GE*.

Aufgabe 2.3 Konsolidierung im Unterordnungskonzern nach der Methode der quotalen Konsolidierung

Sachverhalt

Das rechtlich und ökonomisch selbstständige Unternehmen A habe die Aktien des bis dahin ebenfalls rechtlich und ökonomisch selbstständigen Unternehmens B am Geschäftsjahresende von X1, zu einem Preis gekauft, der mit 360 *GE* genau 60% des Buchwertes des Eigenkapitals von B entsprach. Dadurch sei der Unterordnungskonzern U mit den Einheiten A und B entstanden. Weitere Geschäfte haben zwischen A und B nicht stattgefunden. Die Bilanzen und Einkommensrechnungen der Einheiten A und B sind zum Ende von X1 wie folgt gegeben:

Aktiva	Bilanz der A in *GE* (Ende X1)		Passiva
Beteiligung von A an B	360	Eigenkapital (vor Gewinn)	1 200
Andere Vermögensgüter	5 110	Gewinn	180
		Fremdkapital	4 090
Summe Vermögensgüter	5 470	Summe Kapital	5 470

Aktiva	Bilanz der B in *GE* (Ende X1)		Passiva
Vermögensgüter	3 210	Eigenkapital (vor Gewinn)	500
		Gewinn	100
		Fremdkapital	2 610
Summe Vermögensgüter	3 210	Summe Kapital	3 210

Aufwand	Einkommensrechnung der A in *GE* Zeitraum		Ertrag
Aufwand aus Verkauf	900	Ertrag aus Verkauf	1 000
Anderer Aufwand	220	Anderer Ertrag	300
Gewinn	180		
Summe Aufwand plus Gewinn	1 300	Summe Ertrag plus Verlust	1 300

Aufwand	Einkommensrechnung der B in *GE* Zeitraum		Ertrag
Aufwand aus Verkauf	450	Ertrag aus Verkauf	500
Anderer Aufwand	100	Anderer Ertrag	150
Gewinn	100		
Summe Aufwand plus Gewinn	650	Summe Ertrag plus Verlust	650

Da im Zeitraum X1 keine Eigenkapitaltransfers fließen, entfällt in diesen Zeitraum die Aufstellung einer Eigenkapitaltransferrechnung.

Fragen und Teilaufgaben

1. Bestimmen Sie für den Unterordnungskonzern U einen Satz von Finanzberichten (gegebenenfalls bestehend aus Konzern-Bilanz und Konzern-Einkommensrechnung) zum Ende von X1, gemäß der Methode der quotalen Konsolidierung!
2. Diskutieren Sie den Aussagegehalt der Methode der quotalen Konsolidierung aus Sicht eines von der Konzernleitung ausgeschlossenen Anteilseigners!
3. Skizzieren Sie kurz, unter welchen Umständen es bei der quotalen Konsolidierung zum Ausweis eines sogenannten *goodwill* in der Konzern-Bilanz von U kommen kann! Stellen Sie dar, wie dieser *goodwill* in der Konzern-Bilanz behandelt werden könnte!
4. Wie könnte eine Entkonsolidierung ablaufen, wenn davon auszugehen ist, dass A seine Beteiligung an der B zu Beginn von X2 zum Preis von 500 *GE* gegen Barzahlung wieder verkauft?

Lösungshinweise zu den Fragen und Teilaufgaben

1. Im Zeitpunkt der Erstkonsolidierung am Ende von X1 beträgt das Konzern-Eigenkapital 1 200 *GE*. Eine Konzern-Einkommensrechnung für U existiert im Zeitpunkt der Erstkonsolidierung nicht.
2. Bei der Methode der quotalen Konsolidierung sehen die von der Unternehmensleitung ausgeschlossenen Anteilseigner den Teil der Wertschwankung in der Untereinheit, der auf ihren Anteil an der Untereinheit entfällt. Sie können aber nicht sehen, in welchem Umfang die Unternehmensleitung über Vermögensgüter und Fremdkapital in der Untereinheit verfügen kann.
3. Wenn A für die Beteiligung an B einen Preis bezahlt hat, der über dem Wert des erworbenen anteiligen Eigenkapitals der B liegt, ergibt sich im Rahmen der Konsolidierung ein Differenzbetrag auf der Aktivseite der Konzern-Bilanz. Dieser Differenzbetrag entspricht bei marktgerechter Bewertung der Vermögensgüter und Fremdkapitalposten dem *goodwill*.
4. Schritt 1: Rücktausch der anteiligen Vermögensgüter abzüglich des anteiligen Fremdkapitals von B gegen den aktuellen Wert der Beteiligung von A an B.

   Schritt 2: Verkauf der Beteiligung an B mit Abschlussbuchung für resultierenden Gewinn von 140 *GE*.

Aufgabe 2.4 Konsolidierung im Unterordnungskonzern nach der Methode der Vollkonsolidierung mit anteiliger und vollständiger Aufdeckung des Unterschiedsbetrages

Sachverhalt

Das rechtlich und ökonomisch selbstständige Unternehmen A habe Aktien des bis dahin ebenfalls rechtlich und ökonomisch selbstständigen Unternehmens B, die einen Anteil von 60% am Eigenkapital von B ausmachen, am Geschäftsjahresende von X1 zum Preis von 420 *GE* gekauft. Dadurch sei der Unterordnungskonzern U mit den Einheiten A und B entstanden. Weitere Geschäfte haben zwischen A und B nicht stattgefunden. Die Bilanzen und Einkommensrechnungen der Einheiten A und B sind zum Ende von X1 wie folgt gegeben:

Aktiva	Bilanz der A in *GE* (Ende X1)		Passiva
Beteiligung von A an B	420	Eigenkapital (vor Gewinn)	1 200
Andere Vermögensgüter	5 050	Gewinn	180
		Fremdkapital	4 090
Summe Vermögensgüter	5 470	Summe Kapital	5 470

Aktiva	Bilanz der B in *GE* (Ende X1)		Passiva
Vermögensgüter	3 210	Eigenkapital (vor Gewinn)	500
		Gewinn	100
		Fremdkapital	2 610
Summe Vermögensgüter	3 210	Summe Kapital	3 210

Aufwand	Einkommensrechnung der A in *GE* (Zeitraum X1)		Ertrag
Aufwand aus Verkauf	900	Ertrag aus Verkauf	1 000
Anderer Aufwand	220	Anderer Ertrag	300
Gewinn	180		
Summe Aufwand plus Gewinn	1 300	Summe Ertrag plus Verlust	1 300

Aufwand	Einkommensrechnung der B in *GE* (Zeitraum X1)		Ertrag
Aufwand aus Verkauf	450	Ertrag aus Verkauf	500
Anderer Aufwand	100	Anderer Ertrag	150
Gewinn	100		
Summe Aufwand plus Gewinn	650	Summe Ertrag plus Verlust	650

Da im Zeitraum X1 keine Eigenkapitaltransfers fließen, entfällt in diesen Zeitraum die Aufstellung einer Eigenkapitaltransferrechnung.

Fragen und Teilaufgaben

1. Bestimmen Sie für den Unterordnungskonzern U einen Satz von Finanzberichten, bestehend aus Konzern-Bilanz und Konzern-Einkommensrechnung zum Ende von X1, gemäß der Methode der Vollkonsolidierung mit Aufdeckung eines anteiligen *goodwill*.

2. Wie verändert sich die Konzern-Bilanz von U, wenn anstelle des anteiligen *goodwill* ein vollständiger *goodwill* ausgewiesen werden soll?

3. Diskutieren Sie den Aussagegehalt der Methode der Vollkonsolidierung aus Sicht eines von der Konzernleitung ausgeschlossenen Anteilseigners!

4. Wie könnte eine Entkonsolidierung ablaufen, wenn davon auszugehen ist, dass A seine Beteiligung an der B am Beginn von X2 zum Preis von 500 *GE* gegen Barzahlung wieder verkauft?

Lösungshinweise zu den Fragen und Teilaufgaben

1. Der *goodwill* beträgt 60 *GE*. Die Anteile konzernfremder Gesellschafter haben einen Wert von *240 GE*. Das Konzern-Eigenkapital vor Einstellung des aktuellen Einkommens beträgt 1 200 *GE*. Eine Konzern-Einkommensrechnung für U existiert im Zeitpunkt der Erstkonsolidierung nicht.

2. Bei Aufdeckung eines vollständigen *goodwill* ergibt sich ein *goodwill* von 100 *GE*. Die Anteile fremder Gesellschafter haben somit einen Wert von 280 *GE*.

3. Bei der Methode der Vollkonsolidierung erhalten die von der Unternehmensleitung ausgeschlossenen Anteilseigner Informationen darüber, in welchem Maße die auf sie entfallende Beteiligung an der Untereinheit Wertschwankungen aufgrund von Veränderungen der gesamten Vermögensgüter und Fremdkapitalposten der Untereinheit ausgesetzt gewesen ist. Sie sehen damit auch, in welchem Umfang die Unternehmensleitung über Vermögensgüter und Fremdkapital in der Untereinheit verfügen kann. Der Korrekturposten für Anteile konzernfremder Aktionäre in Untereinheiten gibt den Anteilseignern der Obereinheit einen Eindruck davon, wieviel des Eigenkapitals der Untereinheit nicht von der Obereinheit kontrolliert wird.

4. Schritt 1: Rücktausch der auf die Beteiligung entfallenden Vermögensgüter abzüglich des auf die Beteiligung entfallenden Fremdkapitals von B gegen den aktuellen Wert der Beteiligung von A an B

   Schritt 2: Verkauf der Beteiligung an B mit Abschlussbuchung für resultierenden Gewinn von 80 *GE*.

Kapitel 3
Vorbereitende Maßnahmen zur Durchführung einer Konsolidierung

Lernziele

Im vorliegenden Kapitel befassen wir uns mit den Maßnahmen, die man im Vorfeld einer angestrebten Konsolidierung von Finanzberichten zweckmäßigerweise ergreifen sollte.

Unter dem Stichwort der Vereinheitlichung von Finanzberichten setzen wir uns zunächst mit der Anpassung der Finanzberichte einer rechtlich selbständigen Einheit an die Anforderungen auseinander, die sich aus dem Wunsch nach der Erstellung von aussagefähigen Konzern-Finanzberichten ergeben. Dieser Bereich betrifft sowohl die Vereinheitlichung von in den Einheiten unterschiedlich angewendeten Bilanzierungsregeln als auch die Umrechnung von Ereignissen oder Investitionen in fremder Währung. Es erweist sich als zweckmäßig, dass die Einheiten derartige Vereinheitlichungen entsprechend einer Konzernvorgabe selbst vornehmen.

Zudem beschäftigen wir uns damit, dass unter den rechtlich selbständigen Einheiten eines Konzerns Ereignisse stattfinden können, die aus Konzernsicht so wie innerkonzernliche Ereignisse zu behandeln sind. Je nach Höhe einer Beteiligung sind derartige Ereignisse ganz oder teilweise aus den Konzern-Finanzberichten fortzulassen. Daraus folgt, dass man die buchmäßigen Konsequenzen solcher Ereignisse zwecks Erstellung von Konzern-Finanzberichten ganz oder teilweise rückgängig macht. Statt dessen sind in diesem Zusammenhang die Ereignisse ganz oder teilweise so zu buchen, wie sie sich aus Konzernsicht darstellen. Solche Ereignisse sind an zentraler Stelle im Konzern zu sammeln, damit man ihre Konsequenzen bei Erstellung der Konzern-Finanzberichte aus diesen Rechenwerken entfernen und statt dessen diejenigen Konsequenzen berücksichtigen kann, die aus Konzernsicht stattgefunden haben.

Wir machen uns klar,

- wie sich der (Nicht-)Ansatz und unterschiedliche Bewertungen von Vermögensgütern und Fremdkapitalposten in den Finanzberichten der rechtlich selbständigen Einheiten auf die Erstkonsolidierung in Konzern-Finanzberichten auswirken,
- wie man Ereignisse berücksichtigt, die in fremden Währungen vereinbart werden,
- wie man in fremden Währungen ausgedrückte Finanzberichte so umrechnet, dass sie in der Währung erscheinen, die für die Konzern-Finanzberichte verwendet wird,
- wie man innerkonzernliche Ereignisse erkennen oder verarbeiten kann, die in den Finanzberichten der rechtlich selbstständigen Einheiten wie konzernexterne Ereignisse behandelt wurden, aus Konzernsicht jedoch wie innerbetriebliche Ereignisse zu behandeln sind, und
- wie man Ereignisse berücksichtgen kann, die aus Konzernsicht über die rechtlich selbständige Einheit hinaus zusätzlich erheblich sind.

Diejenigen Ereignisse, die sich nur auf die Vereinheitlichung der Finanzberichte einer einzigen Einheit auswirken, behandeln wir im vorliegenden Kapitel. Soweit Ereignisse sich gleichzeitig auf mehrere Einheiten auswirken, behandeln wir sie in den folgenden Kapiteln. Wir sehen dafür aber nicht, wie in der Fachliteratur, eigene Kapitel für unterschiedliche Arten von Ereignissen vor, sondern behandeln die Probleme vollständig im Zusammenhang mit den jeweiligen Konsolidierungsmethoden. Dabei vernachlässigen wir allerdings zu Gunsten einer übersichtlichen Darstellung viele Détailprobleme. In der Fachliteratur gibt es regelmäßig, zumindest im Rahmen der Vollkonsolidierung Darstellungen zur so genannten Kapitalkonsolidierung,[1] zur so genannten Schuldenkonsolidierung,[2]

---

[1] Vgl. beispielsweise Baetge et al. (2009), S. 173–226, Busse von Colbe et al. (2010), S. 193–344, Coenenberg et al. (2009), S. 652–711, Hommel et al. (2009), S. 112–192, Küting und Weber (2010), S. 263–448, Schildbach (2008), S. 137–245.

[2] Vgl. beispielsweise Baetge et al. (2009), S. 226–251, Busse von Colbe et al. (2010), S. 345–372, Coenenberg et al. (2009), S. 711–717, Hommel et al. (2009), S. 193–216, Küting und Weber (2010), S. 449–463. Schildbach (2008), S. 247–268.

zur so genannten Zwischenergebniseliminierung[3] sowie zur so genannten Aufwands- und Ertragskonsolidierung.[4]

Überblick

Im Vorfeld einer Konsolidierung von Finanzberichten rechtlich selbständiger Einheiten sind einige vorbereitende Maßnahmen zu ergreifen, damit die Konsolidierung betriebswirtschaftlich aussagekräftige Ergebnisse liefert. Bei diesen Maßnahmen handelt es sich zum Einen um die Vereinheitlichung von angewendeten Bilanzierungen und Bewertungen. Zum Anderen betreffen diese Maßnahmen die aus Konzernsicht erforderliche »Richtig«-Stellung von konzerninternen Ereignissen, die in den Finanzberichten der rechtlich selbstständigen Einheiten – aus deren jeweiliger Einzelsicht auch korrekterweise – wie konzernexterne Ereignisse behandelt wurden.

Zwei verschiedene Maßnahmen zur Vorbereitung einer Konsolidierung

Eine wesentliche Aufgabe im Rahmen der Erstkonsolidierung besteht zunächst darin, zumindest bei der Erwerbsmethode im Rahmen der Erstellung von Konzern-Finanzberichten die Vermögensgüter und Fremdkapitalposten nach einheitlichen Kriterien zu definieren und jeweils mit ihren Marktwerten zum Erstkonsolidierungszeitpunkt anzusetzen. Wenn einzelne Einheiten eines Konzerns einem anderen Währungsraum angehören, sind weiterhin die Buchführungszahlen vor einer Zusammenfassung zu Konzernzahlen in diejenige Währung umzurechnen, in welcher die Finanzberichte des Konzerns erstellt werden (Berichtswährung). Diese Arbeiten sollten in jeder einzelnen Einheit entsprechend den Vorgaben des Konzerns vorgenommen werden. Im Normalfall sollte es dazu für den Konzern ein Bilanzierungshandbuch geben. Dieses Handbuch gibt den Buchhaltern der einzelnen Einheiten Hinweise, wie Ereignisse zu behandeln sind, für die keine eindeutigen regulatorischen Vorgaben existieren. Auch dieses Konzern-Bilanzierungshandbuch kann unvollständig oder ungenau sein, so dass in den rechtlich selbständigen Einheiten die Gefahr besteht, dass nicht alle Ereignisse nach konzerneinheitlichen Normen

Einheitlichkeit und Zielorientierung im Konzern

---

[3] Vgl. beispielsweise Baetge et al. (2009), S. 251–284, Busse von Colbe et al. (2010), S. 373–424. Coenenberg et al. (2009), S. 717–739, Hommel et al. (2009), S. 193–216, Küting und Weber (2010), S. 463–498, Schildbach (2008), S. 269–293.

[4] Vgl. beispielsweise Baetge et al. (2009), S. 284–310, Busse von Colbe et al. (2010), S. 425–442. Coenenberg et al. (2009), S. 740–751, Hommel et al. (2009), S. 193–216, Küting und Weber (2010), S. 498–515, Schildbach (2008), S. 295–328.

abgebildet werden. Das gilt erst recht für die Fälle, in denen ein solches Handbuch nicht existiert. Für die Konzern-Finanzberichte sind anschließend lediglich noch die Ereignisse zu berücksichtigen, in die mehrere Einheiten des Konzerns verwickelt sind. Derartige Ereignisse sind von einer zentralen Konzern-Stelle zu sammeln und bei der Erstellung der Konzern-Finanzberichte angemessen zu berücksichtigen.

Einschränkung des Ermessens durch Grundprinzipien

Das unvermeidbare Treffen von Ermessensentscheidungen wird darüber hinaus beachtlich durch die Grundprinzipien übergeordneter Bilanzierungsregeln wie den »möglichst sicheren Einblick in die Vermögens-, Finanz- und Ertragslage«, den *true and fair view* oder die *fair presentation* sowie durch die Forderung nach Einheitlichkeit und Stetigkeit von Ansatz und Bewertung eingeschränkt. Die Freiheit, auf ein möglichst hohes oder möglichst niedriges Einkommen abzuzielen, besteht somit weniger in einer mit Ermessen behafteten Anwendung der Bilanzierungsregeln als in der Gestaltung von Sachverhalten. Die Möglichkeiten des Managements, Einfluss auf die Höhe des Einkommens zu nehmen, resultieren eher daraus, dass es großen Einfluss auf diese Sachverhaltsgestaltungen nehmen kann. In Abhängigkeit von solchen Gestaltungen werden dann möglicherweise unterschiedliche Bilanzierungsregeln angewendet.

Durchführung der Vereinheitlichungen in den rechtlich selbständigen Einheiten

Für die Erstellung von Konzern-Finanzberichten wird man aus den genannten Gründen die Finanzberichte aller Einheiten zunächst vereinheitlichen und in einer einzigen Währung ausdrücken. Solche Vereinheitlichungen sollten in den rechtlich selbständigen Einheiten vorgenommen werden, in denen sie stattfinden. Dort befinden sich die dafür notwendigen Informationen. Anschließend hat man für die Konzern-Finanzberichte einige Ereignisse anders als aus Sicht der jeweiligen rechtlich selbständigen Einheit zu erfassen.

Konzerninterne Ereignisse, die in den Finanzberichten rechtlich selbständiger Einheiten – aus Konzernsicht fälschlicherweise – als konzernexterne Ereignisse behandelt wurden

Wenn zwischen den rechtlich selbständigen Einheiten eines Konzerns Käufe und Verkäufe stattfinden, wenn Forderungen einer Einheit zu Verbindlichkeiten einer anderen Einheit führen und wenn Eigenkapitaltransfers von einer Einheit an eine andere Einheit stattfinden, haben wir es mit solchen konzerninternen Ereignissen zu tun, die in den Finanzberichten der rechtlich selbständigen Einheiten als konzernexterne Ereignisse behandelt wurden. Weil es sich aus Konzernsicht aber um konzerninterne Ereignisse handelt, sind sie anders als konzernexterne Ereignisse zu behandeln. Die entsprechenden Buchungen in den rechtlich selbständigen Einheiten sind ganz oder teilweise rückgängig zu machen und durch diejenigen Buchungen zu ersetzen, die aus Konzernsicht vorzunehmen sind. Täte man das nicht, wären die Posten der Konzern-Finanzberichte verzerrt.

Einige Beispiele mögen die Aussagen erläutern. Von Konzerneinheiten gekaufte Ware, die noch nicht an konzernexterne Personen oder Institutionen verkauft wurde, wäre um den darin enthaltenen Einkommensanteil der verkaufenden Einheit zu hoch angesetzt. Weil aus Konzernsicht weder Kauf noch Verkauf stattgefunden haben, sind die entsprechenden Kauf- und Verkaufsbuchungen rückgängig zu machen. Eventuelle konzerninterne Forderungen und Verbindlichkeiten blähen die Bilanz auf, ohne die Rechte und Pflichten zu repräsentieren, mit denen sie gegenüber konzernfremden Personen verbunden sind. Aus Konzernsicht hat nur eine Verlagerung von Ware und eventuell von Zahlungsmitteln stattgefunden. Ähnlich verhält es sich mit Eigenkapitaltransfers zwischen den Einheiten des Konzerns. Was die eine rechtlich selbständige Einheit ausschüttet, erhält die andere rechtlich selbständige Einheit.

Beispiele solcher konzerninternen Ereignisse

3.1 Vereinheitlichung der Angaben in Finanzberichten mit einheitlicher Währung

Ohne konzerneinheitliche Bilanzierungsvorgaben kann es Unterschiede in den Gliederungen sowie in der unterschiedlichen Ausnutzung von Wahlmöglichkeiten bei der Bilanzierung und Bewertung sowie bei der Auslegung von Sachverhalten geben. Mit konzerneinheitlichen Bilanzierungsvorgaben kann es noch vorkommen, dass für die Konzern-Finanzberichte, beispielsweise durch rechtliche Vorgaben, andere Bilanzierungs- und Wertansätze gefordert werden als für die Finanzberichte der rechtlich selbständigen Einheiten. Ferner kann es zu Umrechnungsproblemen kommen, wenn Geschäfte in fremden Währungen vereinbart werden. Die Fachliteratur widmet dem Problem der Vereinheitlichung jeweils eigene Kapitel.[5] Auf das Fremdwährungsproblem gehen wir in einem gesonderten Abschnitt dieses Kapitels ein.

---

[5] Vgl. beispielsweise Baetge et al. (2009), S. 129–172, Busse von Colbe et al. (2010), S. 133–192, Coenenberg et al. (2009), S. 616–650, Hommel et al. (2009), S. 47–77, Küting und Weber (2010), S. 217–262, Schildbach (2008), S. 51–68, 117–136.

3.1.1 Darstellung

Probleme bei fehlendem konzerneinheitlichen Bilanzierungshandbuch

Wenn es für die rechtlich selbständigen Einheiten eines Konzerns keine konzerninterne Vorgabe bezüglich der konzerneinheitlichen Gliederung und Bewertung ihrer Finanzberichte gibt, können sich deren Finanzberichte deutlich voneinander unterscheiden. Schwierigkeiten bei der Zusammenfassung oder bei der Interpretation der zusammengefassten Zahlen sind die Folge. Wie soll man Summenzahlen über die Einheiten ermitteln, wenn jede Einheit eine andere Gliederung verwendet und die Gliederungen nicht ineinander überführbar sind? Wie soll man postenweise eine Einkommensrechnung nach dem so genannten Umsatzkostenverfahren bei Einheit A mit der Einkommensrechnung einer Einheit B zusammenfassen, die nach dem so genannten Gesamtkostenverfahren erstellt wurde? Unterschiede bei Ansatz und Bewertung in unterschiedlichen Einheiten verursachen darüber hinaus Schwierigkeiten bei der Interpretation der zusammengefassten Zahlen. Es leuchtet unmittelbar ein, dass eine ordnungsgemäße Erstellung von Konzern-Finanzberichten ohne ein konzerneinheitliches Bilanzierungshandbuch wohl kaum möglich ist: Entweder bleiben solche Berichte aussageloses Stückwerk oder eine nahezu vollständige Wiederholung aller Buchungen nach konzerneinheitlichen Grundsätzen durch die Konzernzentrale ist unumgänglich.

Lösung der meisten Probleme bei Vorliegen eines konzerneinheitlichen Bilanzierungshandbuchs

Gibt es ein konzerneinheitliches Bilanzierungshandbuch, dann kann die Konzernleitung bereits bei der Erstellung der Finanzberichte der rechtlich selbständigen Einheiten auf eine einheitliche Gliederung und Bewertung dieser Berichte sowie auf einen einheitlichen Bilanzansatz hinwirken. Unterschiede können sich dadurch ergeben, dass manche Ereignisse aus Sicht des Konzerns anders darzustellen sind als aus Sicht der jeweiligen Untereinheit. Diese andere Darstellung geht oftmals mit einer aus Konzernsicht anderen Definition oder Bewertung der Vermögensgüter und Fremdkapitalposten einher. Die Notwendigkeit einer Neubewertung ist damit nur dann ausgeschlossen, wenn das Konzern-Bilanzierungshandbuch auch eine konzerneinheitliche Bewertung sowie eine weitgehend einheitliche Ermessensausübung sicher stellt. Fälle, in denen ein Konzern-Bilanzierunghandbuch nicht existiert, sollten nicht vorkommen.

Notwendigkeit eventueller Neubewertung im Konzern

Bei der Interessenzusammenführung kommt es darauf an, bei Konzernentstehung die Marktwerte der Vermögensgüter und Fremdkapitalposten aller Einheiten anzusetzen, weil sich nur dann zum Erstkonsolidierungszeitpunkt der Marktwert des Eigenkapitals des Konzerns ergibt. Bei anderen Bewertungen in den Finanzberichten der rechtlich selbständigen Einheiten wird es für die

Konzern-Finanzberichte zu Neubewertungen kommen, weil die Anteilseigner der Einheiten ihre Einheit im Konzernverbund nicht richtig repräsentiert sehen.

Bei der Annahme des Erwerbs unterstellen wir einen Erwerb der Untereinheit durch die Obereinheit, bei dem wir die Vermögensgüter und die Fremdkapitalposten der Untereinheit bei ihrer erstmaligen Berücksichtigung in der Konzern-Bilanz nicht mehr mit ihren fortgeschriebenen historischen Anschaffungswerten aus den Finanzberichten der Untereinheiten, sondern mit ihren Marktwerten ansetzen sollten, also mit ihren fiktiven Kaufpreisen im Zeitpunkt der Konzernentstehung. Wenn die historischen Buchwerte den Marktwerten nicht entsprechen, sollte es immer Neubewertungen geben. Die Neubewertung von Vermögensgütern oder Fremdkapitalposten der Untereinheiten wirkt sich auf das Eigenkapital und in Folgezeiträumen auf das Einkommen des Konzerns aus.

Einkommenswirksame Neubewertung als Restproblem

3.1.2 Ein Beispiel

Wir unterstellen einen Konzern, der sich aus den drei Unternehmen A, B und C bildet. B wird im Konzern zu der Einheit mit Finanzberichten in heimischer Währung, in denen gewisse Vereinheitlichungen vorzusehen sind. C wird im Konzern zu der Einheit mit Finanzberichten in fremder Währung (*FE*). Die Ausgangsdaten, die Finanzberichte der drei Einheiten vor der Konzernentstehung, jeweils bestehend aus einer Bilanz, einer Einkommensrechnung und einer Eigenkapitaltransferrechnung, ergeben sich aus den folgenden Darstellungen. Mit der Frage der Erstellung von Kapitalflussrechnungen für Konzerne befassen wir uns zunächst nicht.

Situation

Aktiva	Bilanz der A vor Konzernbildung in *GE*				Passiva		
	Ende X1	Ende X2	Ende X3		Ende X1	Ende X2	Ende X3
Ware	0	50	50	Eigenkapital (am 1.1.)	400	500	470
Forderung gegenüber C	0	0	40	Eigenkapitaltransfers im Zeitraum, Zunahme (+)			
Andere Vermögensgüter ohne Ware, ohne Forderung gegenüber C	1 000	850	965	Abnahme (−)	10	−20	0
				Gewinn (+) oder Verlust (−) im Zeitraum	90	−10	65
				Fremdkapital	500	430	520
Summe Vermögensgüter	1 000	900	1 055	Summe Kapital	1 000	900	1 055

Aufwand	Einkommensrechnung der A vor Konzernbildung in *GE*					Ertrag		
	Zeit-raum X1	Zeit-raum X2	Zeit-raum X3		Zeit-raum X1	Zeit-raum X2	Zeit-raum X3
Umsatzaufwand (außen)	50	150	0	Umsatzertrag	130	220	0
Anderer Aufwand	30	120	0	Anderer Ertrag ohne C	40	40	60
Gewinn	90	0	65	Anderer Ertrag von C	0	0	5
				Verlust	0	10	0
Summe Aufwand plus Gewinn	170	270	65	Summe Ertrag plus Verlust	170	270	65

Entnahmen	Eigenkapitaltransferrechnung der A vor Konzernbildung in *GE*					Einlagen		
	Zeit-raum X1	Zeit-raum X2	Zeit-raum X3		Zeit-raum X1	Zeit-raum X2	Zeit-raum X3
Entnahme	20	30	0	Einlage	30	10	0
Zunahme des Eigenkapitals durch Eigenkapitaltransfers	10	0	0	Abnahme des Eigenkapitals durch Eigenkapitaltransfers	0	20	0
Summe Entnahme plus Zunahme des Eigenkapitals durch Eigenkapitaltransfers	30	30	0	Summe Einlage plus Abnahme des Eigenkapitals durch Eigenkapitaltransfers	30	30	0

Aktiva	Bilanz der B vor Konzernbildung in *GE*					Passiva		
	Ende X1	Ende X2	Ende X3		Ende X1	Ende X2	Ende X3
Vermögensgüter	500	400	440	Eigenkapital (am 1.1.)	150	300	340
				Eigenkapitaltransfers im Zeitraum, Zunahme (+) Abnahme (−)	50	0	−60
				Gewinn (+) oder Verlust (−) im Zeitraum	100	40	100
				Fremdkapital	200	60	60
Summe Vermögensgüter	500	400	440	Summe Kapital	500	400	440

Aufwand	Einkommensrechnung der B vor Konzernbildung in *GE*					Ertrag		
	Zeit-raum X1	Zeit-raum X2	Zeit-raum X3		Zeit-raum X1	Zeit-raum X2	Zeit-raum X3
Umsatzaufwand	10	270	40	Umsatzertrag	100	250	50
Anderer Aufwand	40	20	0	Anderer Ertrag	50	80	90
Gewinn	100	40	100	Verlust	0	0	0
Summe Aufwand plus Gewinn	150	330	140	Summe Ertrag plus Verlust	150	330	140

3.1 Vereinheitlichung der Angaben in Finanzberichten mit einheitlicher Währung

Entnahmen	Eigenkapitaltransferrechnung der B vor Konzernbildung in *GE*				Einlagen		
	Zeit-raum X1	Zeit-raum X2	Zeit-raum X3		Zeit-raum X1	Zeit-raum X2	Zeit-raum X3
Entnahmen	10	0	60	Einlagen	60	0	0
Zunahme des Eigenkapitals durch Eigenkapitaltransfers	50	0	0	Abnahme des Eigenkapitals durch Eigenkapitaltransfers	0	0	60
Summe Entnahmen plus Zunahme des Eigenkapitals durch Eigenkapitaltransfers	60	0	60	Summe Einlagen plus Abnahme des Eigenkapitals durch Eigenkapitaltransfers	60	0	60

Aktiva	Bilanz der C vor Konzernbildung in *FE*				Passiva		
	Ende X1	Ende X2	Ende X3		Ende X1	Ende X2	Ende X3
Vermögensgüter	200	230	250	Eigenkapital (am 1.1.)	70	120	150
				Eigenkapitaltransfers im Zeitraum, Zunahme (+) Abnahme (−)	0	0	0
				Gewinn (+) oder Verlust (−) im Zeitraum	50	30	−20
				Fremdkapital	80	80	120
Summe Vermögensgüter	200	230	250	Summe Kapital	200	230	250

Aufwand	Einkommensrechnung der C vor Konzernbildung in *FE*				Ertrag		
	Zeit-raum X1	Zeit-raum X2	Zeit-raum X3		Zeit-raum X1	Zeit-raum X2	Zeit-raum X3
Umsatzaufwand	950	970	980	Umsatzertrag	1 000	1 000	1 000
Anderer Aufwand (Zins)	0	0	40	Anderer Ertrag	0	0	0
Gewinn	50	30	0	Verlust	0	0	20
Summe Aufwand plus Gewinn	1 000	1 000	1 020	Summe Ertrag plus Verlust	1 000	1 000	1 020

Entnahmen	Einkommensrechnung der C vor Konzernbildung in *FE*				Einlagen		
	Zeit-raum X1	Zeit-raum X2	Zeit-raum X3		Zeit-raum X1	Zeit-raum X2	Zeit-raum X3
Entnahme	0	0	0	Einlage	0	0	0
Zunahme des Eigenkapitals durch Eigenkapitaltransfers	0	0	0	Abnahme des Eigenkapitals durch Eigenkapitaltransfers	0	0	0
Summe Entnahme plus Zunahme des Eigenkapitals durch Eigenkapitaltransfers	0	0	0	Summe Einlage plus Abnahme des Eigenkapitals durch Eigenkapitaltransfers	0	0	0

Wir unterstellen, A repräsentiere bereits die Vorgaben des Konzern-Bilanzierungshandbuchs. Daher betrachten wir zunächst die Vereinheitlichungen, die an den Finanzberichten des Unternehmens B vorzunehmen sind, um die Finanzberichte der Einheit B zu erhalten. Erst im folgenden Abschnitt betrachten wir dann die Konsequenzen, die sich für das Unternehmen C aus der Konzernbildung ergeben.

Situation bei B In Einheit B gibt es Vermögensgüter und Fremdkapitalposten zu Beginn von X2, die (noch) nicht mit ihren Marktwerten bewertet sind. Annahmegemäß wurden abnutzbare Vermögensgüter festgestellt, deren Marktwerte um 50 *GE* höher als in den Büchern des Unternehmens B zu bewerten sind. Es wurde weiterhin bekannt, dass diese Vermögensgüter vermutlich eine restliche Nutzungsdauer von fünf Abrechnungszeiträumen besitzen und dass der Wertverzehr gleichmäßig (lineare Methode) in jedem Abrechnungszeitraum zu Lasten des Einkommens und nicht als Herstellungsausgaben von Erzeugnissen verrechnet werden soll. Daraus folgt eine zusätzliche einkommenswirksame jährliche Abschreibung in Höhe von 10 *GE*. Weiterhin wird unterstellt, dass sich nicht abnutzbare Vermögensgüter mit einem Marktwert von 50 *GE* bei der Einheit B befinden, die bisher auf Grund von Wahlmöglichkeiten bei der Bilanzierung nicht bilanziert sind. Ferner sei unterstellt, das Fremdkapital sei zum Konzernentstehungszeitpunkt um 60 *GE* zu niedrig angesetzt. Zum Ende des Abrechnungszeitraums X2 habe sich diese Differenz jedoch wieder aufgelöst.

Folgerungen Aus dem Beispiel folgt, dass man die oben dargestellten Finanzberichte der drei Unternehmen nicht zur Erstellung von Konzern-Finanzberichten heranziehen kann. Unter anderem müssen die Finanzberichte der Einheit B für Konzernzwecke korrigiert und mit ihren Konsequenzen für die Zukunft berücksichtigt werden. Für die erforderlichen Neubewertungen ist die Konzernsicht maßgeblich: Die höheren Werte bei Vermögensgütern und Fremdkapital stellen die für den Konzern zutreffenden Anschaffungsausgaben dieser Einzelposten dar. Die daraus resultierende Erhöhung der jeweiligen Werte stellt dabei keine Verletzung des *clean surplus*-Konzepts dar, wonach sämtliche Eigenkapitalveränderungen, die nicht aus Einlagen oder Entnahmen der Eigentümer resultieren, unabhängig von ihrer Ursache in der Einkommensrechnung und damit einkommenswirksam erfasst werden: Die Eigenkapitalveränderung resultiert bei der Begründung des Konzernverhältnisses lediglich daraus, dass das Eigenkapital in der Bilanz die Residualgröße bildet, während alle mit der Neubewertung verbundenen künftigen Folgen (beispielsweise erhöhte Abschreibungen) – dem *clean surplus*-Konzept entsprechend – einkommenswirksam erfasst werden. Dies bedeutet, dass zum Beginn von X2 als Folge der Neubewertung die Vermögensgüter um 100 *GE* (50 *GE* höherer Ansatz der abnutzbaren Vermögensgüter plus 50 *GE* höherer Ansatz der nicht abnutzbaren Vermögensgüter) und das zu niedrige Fremdkapital um 60 *GE* zu erhöhen sind, wodurch das Eigenkapital zum Beginn von X2 um 406 *GE* (100 *GE* höherer Ansatz der Vermögensgüter abzüglich 60 *GE* zu niedriger Ansatz des Fremdkapitals) ansteigt. Im Laufe von X2 nimmt der Ertrag um 60 *GE* zu, weil das Fremdkapital wieder um 60 *GE* abnimmt. Ein zusätzlicher Aufwand entsteht in Höhe von 10 *GE*, weil die Abschreibung auf die nun höher bewerteten abnutzbaren Vermögensgüter um 10 *GE* zunimmt. Insgesamt ergeben sich damit im Laufe des Zeitraums X2 zusätzliche Wertveränderungen der Vermögensgüter der Einheit B im Umfang von 50 *GE*, die einkommenswirksam in die Konzern-Finanzberichte eingehen. Wir unterstellen ferner, dass aus der Eigenkapitaltransferrechnung keine weiteren Transaktionen folgen. Die Konsequenzen für den Zeitpunkt X3 werden analog ermittelt.

Bezieht man diese Information in die Finanzberichte ein, so erhält man die modifizierten Finanzberichte der Einheit B, welche später mit den Finanzberichten der anderen Einheiten zusammenzufassen und zu konsolidieren sind, so wie in Abbildung 3.1, Seite 86, Abbildung 3.2, Seite 86, und Abbildung 3.3, Seite 87. **Abbildung**

Buchungen anlässlich der Vereinheitlichung

Im Rahmen der Vereinheitlichung sind im Beispiel nur die folgenden zusätzlichen Buchungen, ausgedrückt in Buchungssätzen, von der Einheit B vorzunehmen. Bei Konzernentstehung, also zu Beginn des Zeitraums X2, ist zu buchen: **Buchungssätze**

Beleg	Datum	Ereignis und Konten	Soll	Haben
	Beginn X2	*Abnutzbare Vermögensgüter B*	50	
		Eigenkapital B zum Anfang des Abrechnungszeitraums		50
	Beginn X2	*Nicht-abnutzbare Vermögensgüter B*	50	
		Eigenkapital B zum Anfang des Abrechnungszeitraums		50
	Beginn X2	*Eigenkapital B zum Anfang des Abrechnungszeitraums*	60	
		Fremdkapital B		60

Bilanz der B in GE

Aktiva	Anfang X2	Ende X2	Ende X3	Passiva	Anfang X2	Ende X2	Ende X3
Vermögensgüter	500	400	440	Eigenkapital (am 1.1.)	300	300	340
				Eigenkapitaltransfers im Zeitraum, Zunahme (+) Abnahme (−)		0	−60
				Gewinn (+) oder Verlust (−) im Zeitraum		40	100
				Fremdkapital	200	60	60
Werterhöhung der abnutzbaren Vermögensgüter auf den fortgeschriebenen Marktwert zu Beginn	50	50	40	Eigenkapitalerhöhung vom Anfang des Abrechnungszeitraums	40	40	90
Werterhöhung der nicht abnutzbaren Vermögensgüter auf den Marktwert zu Beginn	50	50	50	Fremdkapitalerhöhung vom Anfang des Abrechnungszeitraums	60	60	0
				Zusätzlicher Gewinn (+) oder Verlust (−) aus Zu- und Abschreibungen		50	−10
Zusätzliche Wertminderung der abnutzbaren Vermögensgüter in X2		−10	−10	Fremdkapitalminderung vom Ende des Abrechnungszeitraums		−60	0
Summe Vermögensgüter	600	490	520	Summe Kapital	600	490	520

Abbildung 3.1: Bilanz der Einheit B in *GE* zum Ende des jeweiligen Abrechnungszeitraums

Einkommensrechnung der B in GE

Aufwand	Zeitraum X1	Zeitraum X2	Zeitraum X3	Ertrag	Zeitraum X1	Zeitraum X2	Zeitraum X3
Umsatzaufwand (außen)	10	220	40	Umsatzertrag (außen)	100	200	50
Umsatzaufwand (innen)	0	50	0	Umsatzertrag (innen)	0	50	0
Anderer Aufwand	40	20	0	Anderer Ertrag	50	80	90
Gewinn	100	40	100	Verlust	0	0	0
Zusätzlicher Aufwand wegen erhöhter Abschreibung	0	10	10	Zusätzlicher Ertrag wegen Niedrigerbewertung von Fremdkapital	0	60	0
Zusätzlicher Gewinn	0	50	0	Zusätzlicher Verlust	0	0	10
Summe Aufwand plus Gewinn	150	390	150	Summe Ertrag plus Verlust	150	390	150

Abbildung 3.2: Einkommensrechnung der Einheit B in *GE*

3.1 Vereinheitlichung der Angaben in Finanzberichten mit einheitlicher Währung

Eigenkapitaltransferrechnung der B in *GE*

Entnahmen	Zeit-raum X1	Zeit-raum X2	Zeit-raum X3	Einlagen	Zeit-raum X1	Zeit-raum X2	Zeit-raum X3
Entnahmen	10	0	60	Einlagen	60	0	0
Zunahme des Eigenkapitals durch Eigenkapitaltransfers	50	0	0	Abnahme des Eigenkapitals durch Eigenkapitaltransfers	0	0	60
Summe Entnahmen plus Zunahme des Eigenkapitals durch Eigenkapitaltransfers	60	0	60	Summe Einlagen plus Abnahme des Eigenkapitals durch Eigenkapitaltransfers	60	0	60

Abbildung 3.3: Eigenkapitaltransferrechnung der Einheit B in *GE*

Zum Ende des Abrechnungszeitraums X2 ist zu berücksichtigen, dass die Vermögensgüter und das Eigenkapital jetzt nicht mehr 100 *GE*, sondern nur noch 90 *GE* höher angesetzt werden als im unvereinheitlichten Finanzbericht. Das liegt an der vorzunehmenden Erhöhung der Abschreibung in Höhe von 10 *GE*. Ferner hat sich die Höherbewertung des Fremdkapitals im Rahmen der Geschäftstätigkeit aufgelöst. Wir zeigen die Konsequenzen für das Eigenkapital so wie für die Vermögensgüter und Fremdkapitalposten in den Finanzberichten in gesonderten Zeilen. Weiterhin ist also zu buchen:

Beleg	Datum	Ereignis und Konten	Soll	Haben
	Ende X2	*Zusätzlicher Aufwand B (Abschreibung)*	10	
		Abnutzbare Vermögensgüter B		10
	Ende X2	*Fremdkapital B*	60	
		Zusätzlicher Ertrag B		60

Daraus folgt ein zusätzlicher Gewinn in Höhe von 60 *GE* − 10 *GE* = 50 *GE*, den man zu Beginn von X3 mit der Buchung

Beleg	Datum	Ereignis und Konten	Soll	Haben
	Beginn X3	*Zusätzlicher Gewinn B (Einkommensrechnung)*	50	
		Zusätzlicher Gewinn B (Bilanz)		50

auf die Bilanz übertragen kann. Zum Ende des Abrechnungszeitraums X3 sind wiederum die Vermögensgüter und das Eigenkapital um die Beträge vom Beginn des Zeitraums höher anzugeben. Es ist also in X3 wiederum eine einkommensneutrale Buchung um die

Vermögensgütereffekte und Fremdkapitaleffekte aus X2 vorzunehmen.

Beleg	Datum	Ereignis und Konten	Soll	Haben
	Ende X3	*Abnutzbare Vermögensgüter*	40	
		Nicht abnutzbare Vermögensgüter	50	
		Eigenkapital		90

Zusätzlich sind nur noch die Abschreibungen in X3 vorzunehmen,

Beleg	Datum	Ereignis und Konten	Soll	Haben
	Ende X3	*Zusätzlicher Aufwand B (Abschreibung)*	10	
		Abnutzbare Vermögensgüter B		10

bevor man den zusätzlichen Verlust zu Beginn von X4 in die Bilanz übertragen kann.

3.2 Umrechnung von Fremdwährungsangaben in die Währung von Konzern-Finanzberichten

Die Währungsumrechnung spielt insbesondere bei international tätigen Unternehmen eine Rolle. Diese ist besonders ausgeprägt bei Konzernen mit rechtlich selbständigen Einheiten, die in Fremdwährungsgebieten angesiedelt sind. Deren Probleme kann man erst richtig verstehen, wenn man sich allgemein mit der Frage der Währungsumrechnung vertraut gemacht hat. Die Währungsumrechnung kann Posten betreffen, die nur eine einzige rechtlich selbständige Einheit betreffen. Dann haben wir es bei der Währungsumrechnung mit einem Fall der Vereinheitlichung zu tun. Sie kann aber auch zwei Einheiten des gleichen Konzerns betreffen. Dann haben wir es meist nicht mehr mit der Umrechnung der Fremdwährungsbeträge einzelner Ereignisse zu tun, sondern mit der Umrechnung der Finanzberichte ganzer Einheiten.

3.2.1 Umrechnung einzelner Fremdwährungsgeschäfte

Seit dem Ende des Währungssystems von *Bretton Woods* werden die Austauschrelationen der Währungen der meisten Länder nicht mehr für jeweils lange Zeiträume von den Regierungen festgesetzt. Sie ergeben sich statt dessen für die meisten Regionen auf dem Währungsmarkt aus dem jeweiligen Angebot und der jeweiligen Nachfrage nach Währungen. Die Austauschrelation zwischen zwei Währungen kann sich also ständig ändern. Der Zugang zum Devisenmarkt ist mit Kosten verbunden, die von den Vermittlern den tauschenden Parteien berechnet werden. Das ist einer der Gründe dafür, dass normalerweise der Preis, den man für den Kauf einer fremden Währung zu einem bestimmten Zeitpunkt ausgeben muss, von dem Preis abweicht, den man beim Verkauf der gleichen Währung zu diesem Zeitpunkt erhält. Ein weiterer Grund dafür ist sicherlich auch in Informationsdifferenzen zwischen den Marktteilnehmern zu sehen. Die Differenz bezeichnet man auch als »Preis für die Liquidität«, weil man die Differenz hinnehmen muss, wenn man sofort Zahlungsmittel für fremde Währungen ausgeben oder aus fremden Währungen einnehmen möchte. Diesen Betrag sollte man berücksichtigen, wenn man eine fremde Währung in die mit Liquidität gleichgesetzte heimische Währung umtauschen möchte. Forderungen in fremder Währung wären demnach mit einem anderen Kurs in die heimische Währung umzurechnen als Verbindlichkeiten, wenn man unterstellt, das Unternehmen tausche unmittelbar nach Erhalt der fremden Währung oder unmittelbar vor Veranlassung seiner Auszahlung in fremder Währung. Der Tausch zum Begleichen eines Kaufs oder Verkaufs zählt genau so dazu wie der Tausch zur Durchführung eines Sicherungsgeschäfts. Aus Vereinfachungsgründen erscheint es auch angemessen, mit einem Mittelkurs umzurechnen.

Marktorientierte Austauschrelationen für Währungen

Am Währungsmarkt unterscheidet man den Markt für sofortigen Währungstausch, den Kassa-Markt (*Spot*-Markt), vom Markt für Termin-Geschäfte. Darüber hinaus werden auch Tauschoptionen gehandelt. Die gegenwärtigen Preise von Währungen ergeben sich auf dem Kassa-Markt. Auf dem Termin-Markt handelt man Preise aus, die heute für einen Tausch zu einem genau festgelegten zukünftigen Zeitpunkt gezahlt werden oder zu zahlen sind. Beim Options-Markt zahlt man heute einen Preis dafür, zu einem genau festgelegten zukünftigen Zeitpunkt einen Währungstausch zu heute vereinbarten Konditionen vornehmen zu können, aber nicht zu müssen. Bei Ereignissen, die sich in fremder Währung abspielen, aber in

Formen des Umgangs mit Fremdwährungsposten

Finanzberichte in heimischer Währung eingehen sollen, können Unternehmen zwischen den drei Märkten zur Beschaffung oder zum Verkauf fremder Währung wählen. Sie können darüber hinaus einen Forderungsposten in fremder Währung unter Umständen auch zur Begleichung einer Verbindlichkeit in dieser Währung verwenden und umgekehrt. Bei zeitlicher Kongruenz der Zahlungen ist dann für jede Fremdwährung jeweils nur noch die Differenz zwischen den Forderungen in einer fremden Währung und den Verbindlichkeiten in dieser Währung zu tauschen.

Handlungsmöglichkeiten eines Unternehmens bei der Umrechnung fremder Währungen, Vorgehen bei Geschäftspartnern, die nicht dem gleichen Konzern angehören

Wird in einem Unternehmen ein Ereignis in fremder Währung vereinbart, so kann man den Gegenwert in heimischer Währung eindeutig ermitteln, wenn man weiß, wie das Unternehmen mit der fremden Währung umgehen wird. Eine solche Situation liegt beispielsweise vor, wenn die *European Aeronautic Defence and Space Company EADS N.V.* ein im Euro-Raum bei ihren Untereinheiten gefertigtes Flugzeug gegen U.S. Dollars verkauft. Beabsichtigt die Gesellschaft heute schon einen Ankauf von Euros mit den U.S. Dollars, die sie erst später erhält, dann kann sie heute bereits einen Termin-Vertrag abschließen und den sich ergebenden Betrag in Euro genau ermitteln. Bei Termin-Verträgen kennt man beim Kauf oder Verkauf einer Ware in fremder Währung schon den Betrag in der Währung, in der die Konzern-Finanzberichte ausgedrückt werden. Entschließt sich das Unternehmen, erst bei Fälligkeit der U.S. Dollars den Kassa-Markt in Anspruch zu nehmen, so erfährt es den Umrechnungskurs von U.S. Dollars in Euros erst zum Umtauschzeitpunkt. Tauscht man, sobald man alle Verkaufsverpflichtungen erfüllt hat, dann kennt man den Verkaufspreis in der Währung, in der man die Konzern-Finanzberichte erstellt, erst zu diesem Zeitpunkt. Tauscht man später, kennt man ihn zum Zeitpunkt der Leistungsabgabe nicht. Eine andere Handlungsmöglichkeit besteht darin, eine Tausch-Option zu kaufen.[6] In diesem Fall kann man in heutige Finanzberichte nur Schätzwerte bezüglich des sich ergebenden tatsächlichen Umtauschkurses einsetzen, obwohl man die Tauschkonditionen schon kennt: Man weiß aber nicht, ob die Ausübung der Option bei

---

[6] Eine Tausch-Option besteht darin, zu einem heute vereinbarten zukünftigen Zeitpunkt einen Währungstausch zu heute vereinbarten Bedingungen vornehmen zu können, aber nicht zu müssen. Eine solche Tausch-Option kommt erst zustande, wenn es auch jemanden gibt, der zu heute vereinbarten Bedingungen zu einem zukünftigen Zeitpunkt bereit ist, einen Währungstausch in umgekehrter Richtung zu ermöglichen. Dazu muss möglicherweise eine Prämie, der Optionspreis, ausgelobt werden.

den zum Tauschzeitpunkt herrschenden Wechselkursen vorteilhaft ist oder nicht. Zusätzlich muss man im Falle der Option auch klären, wie der Optionspreis zu behandeln ist.

Die aufgeführten Handlungsmöglichkeiten zeigen die Vielfalt der Handlungsalternativen eines Unternehmens beim Umgang mit Ereignissen, deren Zahlungen in fremder Währung vereinbart werden. Sie besagen noch nichts darüber, wie man in Finanzberichten damit umgehen sollte. Verschiebt man unzulässigerweise die Behandlung des Fremdwährungsereignisses auf das Ende des Abrechnungszeitraums, so muss man nachträglich den Umrechnungskurs ermitteln, der zum Zeitpunkt des Zu- oder Abgangs dieses Postens gegolten hat. Andernfalls droht immer eine fehlerhafte Darstellung, wenn sich der Umrechnungskurs am Bilanzstichtag gegenüber dem des Transaktionszeitpunkts geändert hat.

Konsequenzen für das Rechnungswesen unklar

Gehören die Partner eines Geschäfts dem gleichen Konzern an, dann ist ein Kauf aus Konzernsicht nicht als Anschaffung zu behandeln, sondern – wie wir oben bereits gesehen haben – als Veränderung des Ortes der Lagerung von Gütern und Zahlungsmitteln. Vor einer Zusammenfassung sind aus den Finanzberichten der kaufenden Einheit der Zugang an Vermögensgütern rückgängig zu machen und ein Abgang an Zahlungsmitteln oder ein Zugang an Verbindlichkeiten aus Beschaffungen zu eliminieren. Aus den Finanzberichten der verkaufenden Einheit sind alle mit dem Verkauf zusammen hängenden Buchungen rückgängig zu machen: die Ertrags- und Zugangsbuchung sowie die Aufwands- und Abgangsbuchung. Hinzuzufügen sind die Buchungen, mit denen man die Ortsveränderung des Lagers und die Verlagerung von Zahlungsmitteln abbildet. Daraus folgt, dass auch einige Fremdwährungsgeschäfte aus Konzernsicht zu stornieren sind.

Handlungsmöglichkeiten eines Unternehmens bei der Umrechnung fremder Währungen, Vorgehen bei Geschäftspartnern, die dem gleichen Konzern angehören

Zur Verdeutlichung der Konsequenzen der Währungsumrechnung unterscheiden wir drei Situationen voneinander: die Behandlung bei der Entstehung, die Behandlung in einer nachfolgenden Bilanz und die Behandlung zwischen zwei Bilanzstichtagen.

Fallunterscheidung

Behandlung eines Kaufs oder Verkaufs

Der Kauf eines Vermögensgutes wirkt sich beim Käufer auf die Bilanz aus, der Verkauf auf die Bilanz und die Einkommensrechnung des Verkäufers. Der Anschaffungswert entspricht dem Betrag, den das Unternehmen für die Anschaffung insgesamt ausgegeben hat. Bei der Anschaffung eines Vermögensgutes gehören dazu die Anschaffungs- und die Anschaffungsnebenausgaben. Sind diese in fremder Währung zu begleichen, so muss man den

Kauf von oder Verkauf an Einheiten außerhalb des Konzerns, sofortige Bezahlung

Fremdwährungsbetrag in die Währung der Konzern-Finanzberichte umrechnen. Ähnliches gilt für den Umsatzertrag beim Verkauf eines Gutes. Der Umrechnungskurs hängt meistens von dem Zeitpunkt ab, zu dem man – wie oben gesehen – den Tausch der Währungseinheiten vornimmt. Entspricht dieser Zeitpunkt dem Anschaffungs- oder Verkaufszeitpunkt, dann nimmt man den Kassa-Markt in Anspruch. Forderungen oder Fremdwährungsbeträge wären demnach – wie gesehen – mit einem anderen Kurs als Verbindlichkeiten umzurechnen.

Kauf von oder Verkauf an Einheiten außerhalb des Konzerns, spätere Bezahlung

Wenn das Unternehmen den Kaufpreis nicht sofort entrichtet oder den Verkaufspreis erst in fremder Währung später erhält, entsteht eine Verbindlichkeit oder eine Forderung in fremder Währung, deren Wert sich immer dann verändert, wenn der Umtauschkurs der Währungen sich ändert. Daraus ergibt sich die Frage, ob es sich bei dem Geschäft nur um einen einzigen Vorgang oder um zwei Vorgänge handelt. Unterstellt man, es ginge nur um einen einzigen Vorgang, dann würde bei einem Kauf mit jeder Änderung des Umtauschkurses der Wert der Verbindlichkeit und gleichzeitig der Anschaffungswert des Vermögensgutes berührt, solange der Währungstausch noch nicht durchgeführt wurde. Bei einem Verkauf wäre der Umsatzertrag und damit das Einkommen so lange nicht genau zu bestimmen, wie der Währungstausch noch nicht stattgefunden hätte. Unterstellt man dagegen zwei Vorgänge, dann kann man immerhin die Vermögensgüter eindeutig bewerten und nur der Finanzbereich bleibt hinsichtlich der Höhe der Forderungen oder Verbindlichkeiten so lange ungewiss, wie der Währungstausch noch nicht vorgenommen wurde. Aus der Entscheidung ergeben sich unterschiedliche Auswirkungen auf die Zielgrößen der Rechnungslegung.

Kauf von oder Verkauf an Einheiten außerhalb des Konzerns, spätere Bezahlung mit Kauf einer Umtauschoption

Eine andere Situation liegt vor, wenn das Unternehmen gegen einen entsprechenden Kaufpreis die Option erwirbt, zum Bezahlungszeitpunkt die fremde Währung zu einem heute vereinbarten Umtauschkurs kaufen oder verkaufen zu können (Kauf- oder Verkaufsoption). Je nachdem, wie sich der Umtauschkurs zwischen dem Kaufzeitpunkt der Option und dem Zahlungszeitpunkt entwickelt, kann das Unternehmen entscheiden, die Option wahrzunehmen oder sie verfallen zu lassen und dann statt dessen die fremde Währung auf dem Kassa-Markt zu beschaffen oder zu verkaufen. Es kennt dann für die Berichtswährung des Konzerns genau einen vorläufig ermittelten Wert, bestehend aus dem umgerechneten Betrag zuzüglich des Options-Kaufpreises. Es weiß aber nicht, ob es diesen Preis oder einen anderen Preis tatsächlich bezahlen muss. Wiederum entsteht das Problem, wie man einen solchen Sachverhalt werten soll. Befinden sich am Bilanzstichtag noch Posten in der vorläufigen Bilanz, die aus umgerechneten Fremdwährungsposten resultieren, so ist –

entsprechend der übergeordneten Bilanzierungsregeln – der Buchwert mit dem Marktwert am Bilanzstichtag zu vergleichen, um entsprechende Korrekturen im Sinne eines Mindest- oder Höchstwertes vornehmen zu können.

Bei »Kauf« von einer oder »Verkauf« an eine Einheit des Konzerns, die in einem Fremdwährungsraum angesiedelt ist, sieht die Lage anders aus, weil aus Konzernsicht weder eine Anschaffung noch ein Verkauf vorliegt, sondern lediglich eine Verlagerung der betreffenden Vorräte und der Zahlungsmittel stattgefunden hat oder weil Forderungen und Verbindlichkeiten eingegangen wurden, die – angesichts der Konzernzugehörigkeit der Partner – für die Berichterstattung des Konzerns keine Bedeutung haben. Die in den Finanzberichten der rechtlich selbständigen Einheiten abgebildeten Buchungen sind dementsprechend rückgängig zu machen und durch diejenigen zu ersetzen, welche die Ereignisse aus Konzernsicht zutreffend abbilden. Dadurch ist es durchaus möglich, dass die Umrechnung der einzelnen Posten völlig unterbleiben kann, wenn zwischenzeitlich keine Änderungen der Umtauschverhältnisse stattfinden, so dass in dieser Hinsicht das Fremdwährungsproblem entfällt. Die Situation ist aber ganz anders, wenn sich die Umtauschverhältnisse ändern. Es kommen weitere Probleme hinzu, die in späteren Kapiteln noch näher dargestellt werden.

Behandlung im Konzernfall

Unterstellung eines einzigen Vorgangs oder mehrerer Vorgänge?

Unterstellt man, die Anschaffung des Vermögensgutes auf Ziel in Verbindung mit einer notwendigen Währungsumrechnung stelle nur ein einziges Ereignis dar, dann würden Änderungen des Umtauschkurses zwischen dem Zeitpunkt der Anschaffung und dem der Bezahlung jeweils eine Änderung des Buchwertes des Vermögensgutes und der Verbindlichkeit bedeuten. Ähnlich sieht es aus, wenn man unterstellt, der Verkauf mit Gewährung eines Zahlungsziels in Verbindung mit einer notwendigen Währungsumrechnung stelle einen einzigen Vorgang dar. Dann hätten wir es nach dem Anschaffungs- oder Verkaufszeitpunkt mit Ereignissen zu tun, die jeweils eine Änderung des Buchwertes des beschafften Vermögensgutes oder des Umsatzertrages und eine Änderung des Fremdkapitals oder der Forderungen mit sich bringen würden. Diese Änderung des Umrechnungskurses würde sich dann sofort auf den Ansatz des Vermögensgutes sowie auf die Höhe des Fremdkapitals oder auf die Höhe der Forderungen und des Umsatzertrages auswirken. Auswirkungen der Änderung des Umtauschkurses auf das Einkommen

Behandlung bei Annahme, es handele sich um einen einzigen Vorgang

würden sich beim Kauf abnutzbarer Vermögensgüter im Laufe der Nutzungszeit durch eine veränderte Abschreibungshöhe, bei nichtabnutzbaren Vermögensgütern erst beim Ausscheiden aus dem Unternehmen durch eine veränderte Aufwandsbuchung zeigen, die beim Abgang vorzunehmen ist. Beim Verkauf ergeben sich sofort Einkommenswirkungen.

Beurteilung bei Annahme, es handele sich um zwei Vorgänge

Realistisch dürfte die Unterstellung sein, dass der Umtausch nicht zu dem Zeitpunkt erfolgt, zu dem das Vermögensgut in den Einflussbereich des empfangenden Unternehmens gelangt oder ihn verlässt. Die Forderung, den Kurs zum Umtauschzeitpunkt zu wählen, würde also bedeuten, dass dieser in vielen Fällen zunächst nicht ermittelt, sondern nur geschätzt werden kann. Das hätte zur Folge, dass auch das Rechnungswesen nur mit geschätzten Werten arbeiten könnte. Man stelle sich das gewaltige Durcheinander vor, das entsprechende Korrekturen jeweils verursachen würden, ganz zu schweigen von den Fällen, in denen mehrstufige Produktionsprozesse die Regel sind. Da überdies Käufe und Verkäufe auf Ziel die Regel sind, Verkäufe besonders, wenn die fehlende Bonität des Käufers nicht Barzahlung oder Vorauskasse verlangt, bietet es sich geradezu an, den Kauf und den Verkauf in fremder Währung jeweils als zwei Aktivitäten mit zwei relativ selbständigen Komponenten zu sehen: beim Kauf (1) den Erhalt und die erstmalige Buchung des Warenzugangs sowie (2) die spätere Bezahlung; beim Verkauf (1) den Verkaufsvorgang mit seinen zwei Buchungen und (2) die Bezahlung zu einem späteren Zeitpunkt. Die Bezahlung enthält jeweils ein entscheidendes Finanzierungselement, das vom jeweiligen Umtauschkurs abhängig ist. Dieser Ansatz eröffnet die Möglichkeit, so zu argumentieren, wie in der Praxis gebucht wird: Erstmalige Buchung zum Kurs am Beschaffungstag (Erfassung des realwirtschaftlichen Vorgangs zu einem sofort durch Umrechnung ermittelten Wert in heimischer Währung, mit dem alle weiteren realwirtschaftlichen Sachverhalte abgebildet werden: Kostenrechnung und Vorratsbewertung als Beispiel), und endgültige Buchung der Verbindlichkeit zum Kurs am Zahltag mit Erfassung eines dann anfallenden Währungsumrechnungsgewinns oder -verlusts in einer gesonderten Rubrik der Einkommensrechnung, dem so genannten Finanzeinkommen, der sich ergibt, falls der Umtauschkurs zum Beschaffungszeitpunkt von dem am Zahlungszeitpunkt abweicht. Das Finanzeinkommen wäre dann auch der Ort, an dem alle Einkommenskonsequenzen aus der Bewertung von Fremdwährungsforderungen oder -verbindlichkeiten (Optionskontrakte, Terminkontrakte, Sicherung der gebuchten Fremdwährungsforderungen durch gebuchte Fremdwährungsverbindlichkeiten, Verzicht auf eine Sicherung) ihren Niederschlag finden würden.

Unterstellt man also, mit der Anschaffung oder dem Verkauf auf Ziel in fremder Währung seien zwei Vorgänge verbunden, dann trennt man gedanklich die Behandlung der Anschaffung des Vermögensgutes beziehungsweise des Umsatzertrags von der Behandlung der Verbindlichkeit oder der Forderung. Dann bedeuten die Änderungen des Umtauschkurses zwischen dem Zeitpunkt der Anschaffung und dem der Bezahlung, dass sich nur die Höhe der Forderung beziehungsweise der Verbindlichkeit und das Einkommen im Bereich der Erträge beziehungsweise Aufwendungen aus Finanzierungstätigkeiten geändert haben, nicht aber der Wertansatz des Vermögensgutes oder der Ansatz des Umsatzertrags. Änderungen des Umtauschkurses würden dann nur zu einer Änderung der Verbindlichkeit oder Forderung führen, die als Ertrag oder Aufwand das Einkommen und damit das Eigenkapital in dem Zeitraum verändern würde, in dem die Kursveränderung stattgefunden hat.

Beurteilung der beiden Varianten

3.2.2 Umrechnung von Finanzberichten in fremder Währung

3.2.2.1 Darstellung

Haben wir es nicht nur damit zu tun, dass einzelne Geschäfte einer rechtlich selbstständigen Einheit in fremder Währung abgeschlossen wurden, sondern dass sich ganze Einheiten des Konzerns in einem Fremdwährungsgebiet befinden, so ist die Situation komplizierter. Bei konsequenter Anwendung der üblichen Bilanzierungsregeln besteht ein Weg darin, jedes einzelne Ereignis der Vergangenheit entsprechend der obigen Vorgaben mit seinem historischen Geld- oder Briefkurs in die Berichtswährung des Konzerns umzurechnen und dann aus den umgerechneten Posten umgerechnete Finanzberichte zu erstellen, die man anschließend für die Konzernrechnungslegung aufbereitet. Das Verfahren wird als Zeitbezugsmethode bezeichnet. Eine andere Methode besteht darin, jeden Bilanzposten mit dem Kurs zum Bilanzstichtag und jeden Posten der Einkommensrechnung mit dem durchschnittlichen Kurs des Abrechnungszeitraums umzurechnen. Bei dieser so genannten (modifizierten) Stichtagskursmethode fällt die Umrechnung besonders leicht. In der Praxis werden auch Methoden verwendet, die von jeder der oben angesprochenen Methode etwas enthalten. Auf die ausführliche Darstellung dieser dritten Art von Methoden verzichten wir hier.

Gängige Methoden

Beide Methoden unterscheiden sich hinsichtlich der Höhe des ausgewiesenen Einkommens und Eigenkapitals und hinsichtlich ihres Aussagegehalts. Für die Auswahl einer bestimmten Methode muss man sich überlegen, was man ausdrücken

Beurteilung der beiden erstgenannten Methoden

möchte. Soll es die finanzielle Konsequenz aller Ereignisse in der gleichen Art sein, wie wenn man die Abbildung direkt in Konzern-Finanzberichten vornimmt, oder soll letztlich nur die Wertveränderung einer Investition in einer Untereinheit, die in fremder Währung fakturiert, gezeigt werden. Im erstgenannten Fall sollte man die Zeitbezugsmethode, im letztgenannten die Stichtagskursmethode verwenden.

Eigenschaften der Zeitbezugsmethode abhängig vom Zeitpunkt der Anwendung

Weiß man vor Beginn des Abrechnungszeitraums, dass man die Zeitbezugsmethode anwendet, dann bereitet ihre Anwendung keine Schwierigkeiten. Man braucht nur zusätzlich zur traditionellen Buchführung in fremder Währung täglich den Geld- und den Briefkurs zu bestimmen und erhält durch direkte Umrechnung der Fremdwährungsbeträge mit einem dieser Kurse die Zahlen für die Finanzberichte in der heimischen Währung des Konzerns. Das Eigenkapital und das Einkommen der betreffenden Untereinheit ergeben sich dann als Salden und nicht aus der Umrechnung der entsprechenden Fremdwährungsposten. Die Einkommensrechnung ist zuvor um einen Posten zu erweitern, der die Eigenkapitalveränderung als Folge der Währungsumrechnung ausdrückt. Es gibt dann keinen weiteren Ertrag oder Aufwand, der aus einer Veränderung des Umtauschverhältnisses der einbezogenen Währungen folgt. Erstellte man dagegen unrealistischerweise erst nach dem Ende des Abrechnungszeitraums die Finanzberichte in Berichtswährung, dann wäre die Anwendung der Zeitbezugsmethode mit vergleichsweise umfangreichen Arbeiten verbunden, weil die gesamte Buchführung eines Abrechnungszeitraums für jeden Posten unter Beachtung des jeweils historischen Umtauschkurses wiederholt werden müsste. Es ist verständlich, dass Unternehmen dann nach einer anderen als der beschriebenen Möglichkeit suchen.

Andere Umrechnungsmethoden

In der Praxis kann man – vor allem im Verlauf der letzten Jahrzehnte, in denen die Probleme der Währungsumrechnung durch die Zunahme der internationalen Geschäftsbeziehungen zunehmende Bedeutung erlangten, ohne dass eine klare gesetzliche Regelung bestand – viele andere Umrechnungsmethoden beobachten. Eine Methode besteht darin, die Bilanz zum Ende des Abrechnungszeitraums mit den Umrechnungskursen vom Ende des Abrechnungszeitraums umzurechnen und die Einkommensrechnung mit Jahresdurchschnittskursen. Andere Methoden unterstellen unterschiedliche Umrechnungskurse für unterschiedliche Arten von Vermögensgütern und Fremdkapitalposten. Bei all diesen Verfahren können Unterschiede zwischen den als Salden errechneten Eigenkapital- und Einkommensgrößen und deren umgerechneten Beträgen dieser Größen entstehen, weil nebeneinander unterschiedliche Umtauschkurse verwendet wurden. Diese Differenzen bezeichnet und bucht man in der Praxis entweder als Erträge und Aufwendungen oder direkt im Eigenkapital als Korrekturposten aus der Währungsumrechnung.

3.2.2.2 Ein Beispiel

Wir zeigen in unserem Beispiel die Anwendung der Zeitbezugsmethode und die der Stichtagskursmethode. Dazu unterstellen wir, dass der Umrechnungskurs der Fremdwährung gegenüber der Berichtswährung sich im Zeitablauf ständig ändert.

Zeitbezugsmethode

Für unser Beispiel verwenden wir die Finanzberichte des Unternehmens C, die in fremder Währung angegeben sind, sowie einige Annahmen bezüglich der zu verwendenden Umrechnungskurse. Bei Anwendung der Zeitbezugsmethode benötigt man – wie oben beschrieben – die Umrechnungskurse, die jeweils bei Zugang der Posten der Bilanz und der Einkommensrechnung gegolten haben. Aus Gründen der Übersichtlichkeit haben wir anstelle der Angabe dieser vielen einzelnen Umrechnungskurse in den jeweiligen Zeiträumen einen rechnerisch ermittelten, gewichteten Kurs angenommen, der für unser Beispiel stellvertretend gelten möge. Die daraus resultierenden Umrechnungskurse werden in Abbildung 3.4, Seite 98 angegeben. Zudem werden die umgerechneten Werte der Vermögensgüter, Fremdkapitalposten, Erträge und Aufwendungen ersichtlich.

Ausgangsdaten

Aus diesen Daten lassen sich die Finanzberichte der Einheit C in Berichtswährung erstellen. Darin errechnen wir das Eigenkapital des ersten Zeitraums durch Umrechnung mit dem Kurs 1,0. Danach ergibt sich der Anfangsbestand eines Zeitraums durch Addition der Eigenkapitalposten vom Ende des Vorzeitraums zuzüglich des Einkommens des jeweiligen Vorzeitraums zuzüglich der Eigenkapitaltransfers des jeweiligen Vorzeitraums. Der Gewinn ergibt sich in jedem Zeitraum als Saldo der umgerechneten Erträge und Aufwendungen. Bei diesen Aufwendungen und Erträgen setzen wir – unter Verwendung des *clean surplus*-Konzepts – zusätzlich zu der Differenz der umgerechneten Erträge und Aufwendungen auch die Differenz als Ertrag oder Aufwand ein, die sich aus den unterschiedlichen Umrechnungen der einzelnen Bilanzposten ergibt. Dies sei am Beispiel des Zeitraums X2 veranschaulicht. Der Eigenkapitalbuchwert am Ende von X2 ergibt sich aus dem Eigenkapitalbuchwert des Vorjahres X1 (70 *GE*) zuzüglich des entsprechenden Einkommens (errechnete) Kurse (*FE/GE*) für die Umrechnung einer Fremdwährungseinheit in eine Einheit der Berichtswährung (und umgerechnete Beträge für die Zeitbezugsmethode)

	Mitte X1		Ende X1		Mitte X2		Ende X2		Mitte X3		Ende X3	
	Kurs	Betrag	Kurs	Betrag	Kurs	Betrag	Kurs	Betrag	Kurs	Betrag	Kurs	Betrag
Vermögensgüter			1,0	200 *FE*/ 1,0= 200 *GE*			0,5	230 *FE*/ 0,5= 460 *GE*			2,0	250 *FE*/ 2,0= 125 *GE*
Fremdkapital			0,8	80 *FE*/ 0,8= 100 *GE*			0,4	80 *FE*/ 0,4= 200 *GE*			1,846	120 *FE*/ 1,846= 65 *GE*
Eigenkapital			1,0	70 *FE*/ 1,0= 70 *GE*				errechnet aus Vorjahreswert (70 *GE*) plus Einkommen (50 *GE*– 20 *GE*=30 *GE*) 100 *GE*)				errechnet aus Vorjahreswert (100 *GE*) plus Einkommen (160 *GE*) 260 *GE*
Aufwand	1,0	950 *FE*/ 1,0= 950 *GE*			0,97	970 *FE*/ 0,97= 1 000 *GE*			2,0	980 *FE*/ 2,0= 490 *GE* 40 *FE*/ 2,0= 20 *GE*		
Ertrag	1,0	1 000 *FE*/ 1,0= 1 000 *GE*			1,0	1 000 *FE*/ 1,0= 1 000 *GE*			2,0	1 000 *FE*/ 2,0= 500 *GE*		
Gewinn, Verlust				errechnet als Saldo der Erträge abzüglich der Aufwendungen								
Zusätzlicher Aufwand, Ertrag				Aus der Umrechnung der einzelnen Bilanzposten mit möglichweise unterschiedlichen Umrechnungskursen folgt ebenso eine Differenz wie aus der Umrechnung der Erträge und Aufwendungen mit jeweils unterschiedlichen Umrechnungskursen. Beide Differenzen stellen Posten der Einkommensrechnung dar.								

Abbildung 3.4: Angaben zu den Umrechnungskursen von Fremdwährungen

aus X1. Dieses Einkommen besteht im Falle vorliegender Währungsumrechnungsdifferenzen aus zwei Komponenten. Zum einen spiegelt sich im Einkommen die Differenz aus den umgerechneten Erträgen und Aufwendungen wider (50 *GE*). Zum anderen beinhaltet das Einkommen auch die bilanzielle Umrechnungsdifferenz, die sich im Zuge der Fortschreibung des Eigenkapitals aus der Umrechnung der einzelnen Bilanzposten des Zeitraums X1 ergibt. Im vorliegenden Fall nehmen die umgerechneten Vermögensgüter auf der Aktivseite einen Wert von 200 *GE* an. Dem stehen auf der Passivseite umgerechnetes Fremd- und Eigenkapital in Höhe von (100 *GE* + 70 *GE* =) 170 *GE* gegenüber. Bezieht man dann noch das Einkommen aus X1 in das Eigenkapital mit ein, ergibt sich eine umgerechnete Summe auf der Passivseite in Höhe von (170 GE + 50 GE =) 220 GE. Damit übersteigt die Passiv- die Aktivseite um 20 GE, die als »Umrechnungsdifferenz« einkommenswirksam als Abzugsposition vom Eigenkapital zusätzlich zu berücksichtigen sind. In den Folgezeiträumen sind diese Überlegungen analog anzuwenden. Die umgerechneten Finanzberichte enthalten somit die Größen, die bei Verwendung der Zeitbezugsmethode zur Konsolidierung anzusetzen sind.

Die in den Abbildungen angegebenen Zahlen erhalten wir durch Umrechnungen. In Abbildung 3.5, Seite 100, Abbildung 3.6, Seite 100, und Abbildung 3.7, Seite 101, finden wir die nach der Zeitbezugsmethode umgerechneten Posten. — *Umrechnung*

Stichtagskursmethode

Wir unterstellen, die im Beispiel des zweiten Kapitels angegebenen Finanzberichte der Einheit C seien von Fremdwährungseinheiten (*FE*) in Geldeinheiten (*GE*) umzurechnen. Der Kurs zur Umrechnung von Fremdwährungseinheiten in Geldeinheiten entspreche im Beispiel folgenden Relationen: *FE/GE* 1,0 in X1, 0,5 in X2 und 2,0 in X3. Die sich daraus ergebenden Werte der umgerechneten Posten der Bilanzen und Einkommensrechnungen sind Abbildung 3.8, Seite 101 zu entnehmen. — *Ausgangsdaten*

Wenn man in einem Abrechnungszeitraum alle Posten der in fremder Währung dargestellten Finanzberichte einer Einheit mit dem gleichen Umrechnungskurs in Geldeinheiten umrechnet, kann es keine Differenzen geben, die aus der Währungsumrechnung resultieren. Die Eigenkapitalveränderung gegenüber dem Vorzeitraum verliert allerdings an Aussagekraft, weil man nicht mehr erkennen kann, inwieweit sie auf einer Änderung des Umrechnungskurses oder auf restlichem Einkommen und Eigenkapitaltransfers beruht. — *Reine Stichtagskursmethode*

Hat sich der Umrechnungskurs im Vergleich zum vorangehenden Wirtschaftsjahr geändert, dann können sich zwei Probleme ergeben, eines bei der Umrechnung der Einkommensrechnung und ein zweites bei der Einhaltung der intertemporalen Bilanzgleichung. Das erstgenannte Problem entsteht immer, wenn die Umrechnungskurse sich nicht nur zum Bilanzstichtag ändern, sondern verteilt über den gesamten Abrechnungszeitraum. Die Struktur der mit einem einheitlichen Kurs umgerechneten zeitraumbezogenen Größen, beispielsweise die der Einkommensrechnung, entspricht nicht mehr derjenigen der Fremdwährungseinheiten. Die daraus resultierenden Differenzen bleiben unsichtbar. Gelöst wird das Problem letztlich — *Modifizierte Stichtagskursmethode*

Bilanz der C in *GE*, errechnet aus Bilanzen in *FE* nach der Zeitbezugsmethode

Aktiva	Ende X1	Ende X2	Ende X3	Passiva	Ende X1	Ende X2	Ende X3
Vermögensgüter	200	460	125	Eigenkapital (zu Beginn)	70	100	260
				Eigenkapitaltransfers im Zeitraum, Zunahme (+) Abnahme (−)	0	0	0
				Gewinn (+) oder Verlust (−) im Zeitraum	50	0	−10
				Fremdkapital	100	200	65
				Zusätzlicher Gewinn (+), Verlust (−) aus Währungsumrechnung in Bilanz	−20	160	−190
Summe Vermögensgüter	200	460	125	Summe Kapital	200	460	125

Abbildung 3.5: Nach der Zeitbezugsmethode umgerechnete Bilanzen der Einheit C

dadurch, dass man für die Umrechnung von zeitraumbezogenen Größen mit dem Durchschnittskurs (Monats-, Quartals- oder Jahresdurchschnitt) auch einen zeitraumbezogenen Umrechnungskurs wählt.

Das letztgenannte Problem besteht darin, dass die intertemporale Bilanzgleichung

Einkommensrechnung der C in *GE*, errechnet aus Einkommensrechnungen in *FE* nach der Zeitbezugsmethode

Aufwand	Zeitraum X1	Zeitraum X2	Zeitraum X3	Ertrag	Zeitraum X1	Zeitraum X2	Zeitraum X3
Umsatzaufwand	950	1 000	490	Umsatzertrag	1 000	1 000	500
Anderer Aufwand	0	0	20	Anderer Ertrag	0	0	0
Gewinn	50	0	0	Verlust	0	0	10
Zusätzlicher Aufwand, aus Währungsumrechnung, damit die Bilanz ausgeglichen wird	20	0	190	Zusätzlicher Ertrag aus Währungsumrechnung, damit die Bilanz ausgeglichen wird	0	160	0
Zusätzlicher Gewinn aus der Währungsumrechnung	0	160	0	Zusätzlicher Verlust aus der Währungsumrechnung	20	0	190
Summe Aufwand plus Gewinn	1 020	1 160	700	Summe Ertrag plus Verlust	1 020	1 160	700

Abbildung 3.6: Nach der Zeitbezugsmethode umgerechnete Einkommensrechnungen der Einheit C

3.2 Umrechnung von Fremdwährungsangaben in die Währung von Konzern-Finanzberichten

Eigenkapitaltransferrechnung der C in GE

Entnahmen	Zeitraum X1	Zeitraum X2	Zeitraum X3	Einlagen	Zeitraum X1	Zeitraum X2	Zeitraum X3
Entnahme	0	0	0	Einlage	0	0	0
Zunahme des Eigenkapitals durch Eigenkapitaltransfers			0	Abnahme des Eigenkapitals durch Eigenkapitaltransfers			0
	0	0			0	0	
Summe Entnahme plus Zunahme des Eigenkapitals durch Eigenkapitaltransfers	0	0	0	Summe Einlage plus Abnahme des Eigenkapitals durch Eigenkapitaltransfers	0	0	0

Abbildung 3.7: Nach der Zeitbezugsmethode umgerechnete Eigenkapitaltransferrechnungen der Einheit C

Kurse (FE/GE) für die Umrechnung einer Fremdwährungseinheit in eine Einheit der Berichtswährung (und umgerechnete Beträge für die (modifizierte) Stichtagskursmethode)

	Mitte von X1		Ende von X1		Mitte von X2		Ende von X2		Mitte von X3		Ende von X3	
	Kurs	Betrag	Kurs	Betrag	Kurs	Betrag	Kurs	Betrag	Kurs	Betrag	Kurs	Betrag
Vermögensgüter			1,0	200 FE/ 1,0= 200 GE			0,5	230 FE/ 0,5= 460 GE			2,0	250 FE/ 2,0= 125 GE
Fremdkapital			1,0	80 FE/ 1,0= 80 GE			0,5	80 FE/ 0,5= 160 GE			2,0	120 FE/ 2,0= 60 GE
Eigenkapital			1,0	70 FE/ 1,0= 70 GE				errechnet aus Vorjahreswert (70 GE) plus Einkommen (50 GE) 120 GE				errechnet aus Vorjahreswert (120 GE) plus Einkommen (60 GE + 120 GE) 300 GE
Aufwand	1,0	950 FE/ 1,0= 950 GE			0,5	970 FE/ 0,5= 1 940 GE			2,0	980 FE/ 2,0= 490 GE 40 FE/ 2,0= 20 GE		
Ertrag	1,0	1 000 FE/ 1,0= 1 000 GE			0,5	1 000 FE/ 0,5= 2 000 GE			2,0	1 000 FE/ 2,0= 500 GE		
Gewinn, Verlust			errechnet als Saldo der Erträge abzüglich der Aufwendungen									
Zusätzlicher Aufwand, Ertrag			Aus der Umrechnung der einzelnen Bilanzposten mit möglicherweise unterschiedlichen Umrechnungskursen folgt ebenso eine Differenz wie aus der Umrechnung der Erträge und Aufwendungen mit jeweils unterschiedlichen Umrechnungskursen. Beide Differenzen stellen Posten der Einkommensrechnung dar.									

Abbildung 3.8: Angaben zu den Umrechnungskursen von Fremdwährungen

$$\begin{aligned}\text{Eigenkapital}_{t-1} \quad &+ \text{Gewinn}_{t-1,t}\\&+ \text{Einlagen}_{t-1,t}\\&- \text{Verlust}_{t-1,t}\\&- \text{Entnahmen}_{t-1,t} = \text{Eigenkapital}_t\end{aligned}$$

nicht mehr stimmt, weil das Eigenkapital$_{t-1}$ umgerechnet mit dem alten Umrechnungskurs, nicht mit demjenigen Eigenkapital übereinstimmt, das sich beim neuen Umrechnungskurs ergibt. Bei der oben beschriebenen Zeitbezugsmethode wird das Eigenkapital in seinen einzelnen »Jahresscheiben« immer mit dem gleichen, also dem jeweiligen historischen Kurs umgerechnet, weswegen das Problem nur bei der Stichtagskursmethode entsteht. Es lässt sich leicht lösen, indem man die daraus resultierende Differenz errechnet und der Einkommensrechnung hinzufügt. Wir haben dies in unserem Beispiel dadurch erreicht, dass wir die Bilanz und die Einkommensrechnung jeweils um einen zusätzlichen Posten ergänzt haben, der aus der Fremdwährungsumrechnung resultiert. Wir haben den Posten – im Sinne des *clean surplus*-Konzepts – der Einkommensrechnung hinzugefügt, weil es sich dabei mit Sicherheit nicht um eine Einlage oder Entnahme handelt. Die Ermittlung dieses Postens sei am Beispiel des Zeitraums X2 kurz skizziert. Am Ende dieses Zeitraums steht einem umgerechneten Vermögen in Höhe von 460 *GE* auf der Passivseite der Bilanz umgerechnetes Fremdkapital von 160 *GE* gegenüber. Zudem ergibt sich das »umgerechnete« Eigenkapital am Ende von X2 zu 180 *GE*, indem man zum Anfangsbestand an Eigenkapital (120 *GE*), der dem mit Hilfe des Umrechnungskurses aus dem Vorzeitraum ermittelten Betrag zum Ende von X1 entspricht, den umgerechneten Gewinn des Zeitraums X2 (60 *GE*) addiert. Somit stehen in X2 Aktiva in Höhe von 460 *GE* Passiva in Höhe von (160 *GE* +180 *GE* =) 340 *GE* gegenüber. Die sich daraus ergebende Differenz in Höhe von (460 *GE* −340 *GE* =) 120 *GE* haben wir folglich als zusätzlichen Ertrag aus der Währungsumrechnung eigenkapitalerhöhend berücksichtigt. Unter Beachtung dieser Ausführungen erhalten wir die Finanzberichte der Abbildung 3.9, Seite 103, der Abbildung 3.10, Seite 103, und der Abbildung 3.11, Seite 104.

3.2 Umrechnung von Fremdwährungsangaben in die Währung von Konzern-Finanzberichten

Bilanzen der C in *GE*, errechnet aus Bilanzen in *FE* nach der modifizierten Stichtagskursmethode

Aktiva	Ende X1	Ende X2	Ende X3	Passiva	Ende X1	Ende X2	Ende X3
Vermögensgüter	200	460	125	Eigenkapital (zu Beginn, Fremdwährungsumrechnung zu altem Kurs)	70	120	300
				Eigenkapitaltransfers im Zeitraum, Zunahme (+) Abnahme (−)	0	0	0
				Gewinn (+) oder Verlust (−) im Zeitraum ohne Einkommen aus der Fremdwährungsumrechnung	50	60	−10
				Gewinn (+) oder Verlust (−) aus der Fremdwährungsumrechnung	0	120	−225
				Fremdkapital	80	160	60
Summe Vermögensgüter	200	460	125	Summe Kapital	200	460	125

Abbildung 3.9: Nach der modifizierten Stichtagskursmethode umgerechnete Bilanzen der Einheit C mit gesondertem Ausweis des Einkommens aus der Fremdwährungsumrechnung

Einkommensrechnungen der C in *GE*, errechnet aus Einkommensrechnungen in *FE* nach der modifizierten Stichtagskursmethode

Aufwand	Zeitraum X1	Zeitraum X2	Zeitraum X3	Ertrag	Zeitraum X1	Zeitraum X2	Zeitraum X3
Umsatzaufwand	950	1 940	490	Umsatzertrag	1 000	2 000	500
Anderer Aufwand außer Aufwand aus der Umstellung der Umrechnung	0	0	20	Anderer Ertrag außer Ertrag aus der Umstellung der Währungsumrechnung	0	0	0
Gewinn vor Umstellung der Fremdwährungsumrechnung (Saldo)	50	60	0	Verlust vor Umstellung der Fremdwährungsumrechnung	0	0	10
Aufwand aus der Fremdwährungsumrechnung			225	Ertrag aus der Fremdwährungsumrechnung		120	
Zusätzlicher Gewinn aus der Fremdwährungsumrechnung		120		Zusätzlicher Verlust aus der Fremdwährungsumrechnung			225
Summe Aufwand plus Gewinn	1 000	2 120	735	Summe Ertrag plus Verlust	1 000	2 120	735

Abbildung 3.10: Nach der modifizierten Stichtagskursmethode umgerechnete Einkommensrechnungen der Einheit C ohne Einkommen aus der Umstellung der Fremdwährungsumrechnung

Eigenkapitaltransferrechnungen der C in *GE*, errechnet aus Eigenkapitaltransferrechnungen in *FE* der C

Entnahmen	Zeitraum X1	Zeitraum X2	Zeitraum X3	Einlagen	Zeitraum X1	Zeitraum X2	Zeitraum X3
Entnahme	0	0	0	Einlage	0	0	0
Zunahme des Eigenkapitals durch Eigenkapitaltransfers	0	0	0	Abnahme des Eigenkapitals durch Eigenkapitaltransfers	0	0	0
Summe Entnahme plus Zunahme des Eigenkapitals durch Eigenkapitaltransfers	0	0	0	Summe Einlage plus Abnahme des Eigenkapitals durch Eigenkapitaltransfers	0	0	0

Abbildung 3.11: Nach der modifizierten Stichtagskursmethode umgerechnete Eigenkapitaltransferrechnungen der Einheit C

3.3 Fazit des Beispiels für das weitere Buch

Im weiteren Verlauf des Buchs möchten wir die beispielhaften Überlegungen dieses Kapitels weiter verwenden. Wir gehen im Folgenden davon aus, dass dem Konzern vereinheitlichte Unterlagen vorliegen, die für die A den Darstellungen der Abbildung 3.12, Seite 104, Abbildung 3.13, Seite 105 und Abbildung 3.14, Seite 105 entsprechen. Für die B erhalten wir die Zahlen aus Abbildung 3.15, Seite 105, Abbildung 3.16, Seite 106 sowie aus Abbildung 3.17, Seite 106 Für die Einheit C ergeben sich die vergleichbaren Daten aus Abbildung 3.18, Seite 106, Abbildung

Bilanz der A vor Konzernbildung in *GE*

Aktiva	Anfang X2	Ende X2	Ende X3	Passiva	Anfang X2	Ende X2	Ende X3
Andere Vermögensgüter ohne Ware, ohne Forderung gegenüber C	480	350	465	Eigenkapital (am 1.1.)	500	500	470
Beteiligung an B	320	300	300	Eigenkapitaltransfers im Zeitraum, Zunahme (+) Abnahme (−)	0	−20	0
Beteiligung an C	200	200	200	Gewinn (+) oder Verlust (−) im Zeitraum	0	−10	65
Ware	0	50	50	Fremdkapital	500	430	520
Forderung gegenüber C	0	0	40				
Summe Vermögensgüter	1 000	900	1 055	Summe Kapital	1 000	900	1 055

Abbildung 3.12: Bilanz der Einheit A vor Konzernbildung

3.3 Fazit des Beispiels für das weitere Buch

Einkommensrechnung der A vor Konzernbildung in GE

Aufwand	Zeitraum X1	Zeitraum X2	Zeitraum X3	Ertrag	Zeitraum X1	Zeitraum X2	Zeitraum X3
Umsatzaufwand (außen)	50	150	0	Umsatzertrag	130	220	0
Anderer Aufwand	30	120	0	Anderer Ertrag ohne C	40	40	60
Gewinn	90	0	65	Anderer Ertrag von C	0	0	5
				Verlust	0	10	0
Summe Aufwand plus Gewinn	170	270	65	Summe Ertrag plus Verlust	170	270	65

Abbildung 3.13   Einkommensrechnung der Einheit A vor Konzernbildung

Eigenkapitaltransferrechnung der A vor Konzernbildung in GE

Entnahmen	Zeitraum X1	Zeitraum X2	Zeitraum X3	Einlagen	Zeitraum X1	Zeitraum X2	Zeitraum X3
Entnahme	20	30	0	Einlage	30	10	0
Zunahme des Eigenkapitals durch Eigenkapitaltransfers	10	0	0	Abnahme des Eigenkapitals durch Eigenkapitaltransfers	0	20	0
Summe Entnahme plus Zunahme des Eigenkapitals durch Eigenkapitaltransfers	30	30	0	Summe Einlage plus Abnahme des Eigenkapitals durch Eigenkapitaltransfers	30	30	0

Abbildung 3.14:   Eigenkapitaltransferrechnung der Einheit A vor Konzernbildung

Bilanz der B in GE

Aktiva	Anfang X2	Ende X2	Ende X3	Passiva	Anfang X2	Ende X2	Ende X3
Vermögensgüter	600	490	520	Eigenkapital (am 1.1.)	340	340	430
				Eigenkapitaltransfers im Zeitraum, Zunahme (+) Abnahme (–)		0	–60
				Gewinn (+) oder Verlust (–) im Zeitraum		90	90
				Fremdkapital	260	60	60
Summe Vermögensgüter	600	490	520	Summe Kapital	600	490	520

Abbildung 3.15:   Bilanz der Einheit B

Aufwand	Einkommensrechnung der B in *GE*					Ertrag		
	Zeitraum X1	Zeitraum X2	Zeitraum X3		Zeitraum X1	Zeitraum X2	Zeitraum X3
Umsatzaufwand	10	270	40	Umsatzertrag (außen)	100	250	50
Anderer Aufwand	40	30	10	Anderer Ertrag	50	140	90
Gewinn	100	90	90	Verlust	0	0	0
Summe Aufwand plus Gewinn	150	390	140	Summe Ertrag plus Verlust	150	390	140

Abbildung 3.16: Einkommensrechnung der Einheit B

Entnahmen	Eigenkapitaltransferrechnung der B in *GE*					Einlagen		
	Zeitraum X1	Zeitraum X2	Zeitraum X3		Zeitraum X1	Zeitraum X2	Zeitraum X3
Entnahmen	10	0	60	Einlagen	60	0	0
Zunahme des Eigenkapitals durch Eigenkapitaltransfers	50	0	0	Abnahme des Eigenkapitals durch Eigenkapitaltransfers	0	0	60
Summe Entnahmen plus Zunahme des Eigenkapitals durch Eigenkapitaltransfers	60	0	60	Summe Einlagen plus Abnahme des Eigenkapitals durch Eigenkapitaltransfers	60	0	60

Abbildung 3.17: Eigenkapitaltransferrechnung der Einheit B

Aktiva	Bilanz der C in *GE*, errechnet aus Bilanzen in *FE* nach der Zeitbezugsmethode					Passiva		
	Anfang X2	Ende X2	Ende X3		Anfang X2	Ende X2	Ende X3
Vermögensgüter	200	460	125	Eigenkapital (zu Beginn)	100	100	260
				Eigenkapitaltransfers im Zeitraum, Zunahme (+) Abnahme (−)	0	0	0
				Gewinn (+) oder Verlust (−) im Zeitraum	0	160	−200
				Fremdkapital	100	200	65
Summe Vermögensgüter	200	460	125	Summe Kapital	200	460	125

Abbildung 3.18: Bilanz der Einheit C

3.19, Seite 107 und Abbildung 3.20, Seite 107. Dabei unterstellen wir hinsichtlich der Währungsumrechnung, dass die Zeitbezugsmethode angewendet wird. Hinsichtlich der Einheiten B und C wiederholen wir die Finanzberichte, die wir im Laufe dieses Kapitels erarbeitet haben. Hinsichtlich der Einheit A unterstellen wir, diese hätte Anteile der B und der C gekauft. Weitere Schritte der Konsolidierung seien noch nicht unternommen worden.

Einkommensrechnung der C in *GE*, errechnet aus Einkommensrechnungen in *FE* nach der Zeitbezugsmethode

Aufwand	Zeitraum X1	Zeitraum X2	Zeitraum X3	Ertrag	Zeitraum X1	Zeitraum X2	Zeitraum X3
Umsatzaufwand	990	1 000	490	Umsatzertrag	1 000	1 000	500
Anderer Aufwand	0	0	210	Anderer Ertrag	0	160	0
Gewinn	30	160	0	Verlust	20	0	200
Summe Aufwand plus Gewinn	1 020	1 160	700	Summe Ertrag plus Verlust	1 020	1 160	700

Abbildung 3.19: Nach der Zeitbezugsmethode umgerechnete Einkommensrechnungen der Einheit C (Umrechnung des *FE*-Beispiels des zweiten Kapitels)

Eigenkapitaltransferrechnung der C in *GE*

Entnahmen	Zeitraum X1	Zeitraum X2	Zeitraum X3	Einlagen	Zeitraum X1	Zeitraum X2	Zeitraum X3
Entnahme	0	0	0	Einlage	0	0	0
Zunahme des Eigenkapitals durch Eigenkapitaltransfers	0	0	0	Abnahme des Eigenkapitals durch Eigenkapitaltransfers	0	0	0
Summe Entnahme plus Zunahme des Eigenkapitals durch Eigenkapitaltransfers	0	0	0	Summe Einlage plus Abnahme des Eigenkapitals durch Eigenkapitaltransfers	0	0	0

Abbildung 3.20: Eigenkapitaltransferrechnung der Einheit C

3.4 Richtigstellung von Ereignissen zwischen den Einheiten eines Konzerns

3.4.1 Betriebswirtschaftliche Grundlagen

Möchte man aussagefähige Konzern-Finanzberichte erstellen, dann muss man im Vorfeld der Konsolidierung alle Posten der in die Konzern-Finanzberichte einzubeziehenden Finanzberichte der rechtlich selbstständigen Einheiten daraufhin untersuchen, inwieweit sie aus Ereignissen mit konzerninternen Personen oder Institutionen resultieren. Insbesondere geht es darum, die Vermögensgüter und Fremdkapitalposten sowie die zugehörigen Posten der Einkommensrechnung daraufhin zu untersuchen und gegebenenfalls zu korrigieren. Weil davon die Finanzberichte von mindestens zwei Einheiten betroffen sind, wird man die entsprechenden Informationen während des Abrechnungszeitraums in den einzelnen Einheiten separat erfassen und – entsprechend gekennzeichnet – in der »Handelsbilanz 2« an die zentrale Konzernstelle übermitteln, die für die Konsolidierung zuständig ist. Die dort erforderliche Bearbeitung der konzerninternen Sachverhalte wird in der Literatur in einige Bereiche unterteilt, die wir in den folgenden Ausführungen kurz ansprechen.

3.4.1.1 Bereinigung um gebuchte konzerninterne Lieferungen und Leistungen

Definition Bei konzerninternen Lieferungen und Leistungen handelt es sich um Ereignisse, die von den betroffenen rechtlich selbstständigen Einheiten als einheitsexterne Ereignisse behandelt und gebucht wurden, die aber aus Konzernsicht als konzerninterne Ereignisse zu werten und daher nicht als Käufe beziehungsweise Verkäufe zu erfassen und zu buchen sind. Solche Ereignisse bewirken lediglich eine konzerninterne Verschiebung von Vermögensgütern (Ware und Zahlungsmittel) und Eigenkapital (Eigenkapitaltransfers) von einer Stelle innerhalb des Konzerns an eine andere.

Korrekturbedarf bei einstufigen Prozessen Soweit die Lieferungen oder Leistungen sich am Bilanzstichtag noch im Konzern befinden, sind sie anders bewertet als mit dem Wert, den sie annehmen sollten, wenn sie nicht innerhalb des Konzerns verkauft worden wären. Sie stehen normalerweise nicht mit ihren Herstellungsausgaben zu Buche, sondern zu dem Verkaufspreis, mit dem der konzerninterne Verkauf abgewickelt wurde. Das haben wir bereits im ersten Kapitel verdeutlicht. Daher werden Wertkorrekturen bei den entsprechenden Beständen notwendig. Zugleich wurde bei den verkaufenden rechtlich selbständigen Einheiten jeweils ein Umsatzertrag und ein Umsatzaufwand gebucht, der aus Konzernsicht nicht stattgefunden hat und daher rückgängig zu machen ist. Bei Verwendung des so genannten Gesamtkostenverfahrens erfolgt die Korrektur des Umsatzaufwands über eine Korrektur der Buchung der Lagerbestandsveränderung. Forderungen der verkaufenden Einheiten und Verbindlichkeiten der kaufenden Einheiten sind ebenfalls aus Konzernsicht nicht entstanden. Bei den Lieferungen und Leistungen sowie bei den Zahlungsmitteln und Eigenkapitaltransfers hat lediglich eine Verlagerung von einem Ort an einen anderen Ort stattgefunden.

Die Situation wird komplizierter, wenn die Lieferungen und Leistungen bei den kaufenden Einheiten zu anderen Lieferungen und Leistungen weiterverarbeitet wurden, die ebenfalls noch nicht veräußert sind. Auch dann sind entsprechende Korrekturen der mit diesen anderen Lieferungen und Leistungen zusammenhängenden Posten vorzunehmen.

Korrekturbedarf bei mehrstufigen Prozessen

Besondere Schwierigkeiten ergeben sich, weil die gleichen Lieferungen in unterschiedlichen Einheiten unterschiedlich bezeichnet sein können. Was sich bei der verkaufenden Einheit vor dem Verkauf als fertiges oder unfertiges Erzeugnis vorfand, mag nach dem Verkauf bei der kaufenden Einheit als Rohstoff oder bezogene Ware zu finden sein und sich oftmals im gleichen Lager befinden wie entsprechende Vorräte, die man von konzernfremden Unternehmen erworben hat. Wenn eine solche »Vermischung« von konzerninternen und -externen Vorräten nicht auf Grund von sachlichen Gegebenheiten (wie etwa bei einer Silo-Lagerung) unvermeidbar ist, sollte auf jeden Fall jegliche konzerninterne Herkunft sorgfältig nach ihrer jeweiligen »Quelle« dokumentiert werden. Ansonsten ist der Verbrauch von eventuell zu unterschiedlichen Preisen gelieferten Vorräten, der womöglich auch noch konzernintern gelieferte Vermögensgüter umfasst, oft nur noch fiktiv zu ermitteln, beispielsweise durch Unterstellung einer bestimmten Verbrauchsreihenfolge wie *kifo* (*concern in first out*) oder *kilo* (*concern in last out*).

Probleme bei Vermengung der Vorräte unterschiedlicher Preise und Lieferanten

Das Ausmaß der Andersbewertung hängt davon ab, wie man die Herstellungsausgaben von gelieferten Vermögensgütern bestimmt. Jedes bilanzierende Unternehmen hat festzulegen, welche Ausgaben es den von ihm erstellten Vermögensgütern zurechnet. Bei den

Bewertungsprobleme

Ausgaben, die man für jede Einheit eines Vermögensguts messen kann, ist so eine Zurechnung eindeutig möglich. Schwierigkeiten ergeben sich dagegen bei den Ausgaben, die man nicht für eine einzelne Einheit eines Vermögensguts messen kann. Ob man solche Ausgaben den Vermögensgütern überhaupt zuordnet und falls ja, wie man sie auf die einzelnen Vermögensgüter verteilt, ist mit großem Ermessen verbunden, sofern die angewendeten Bilanzierungsstandards und insbesondere das für den Konzern maßgebliche Bilanzierungshandbuch nicht die Wahlmöglichkeiten im Interesse einer innerkonzernlichen Vergleichbarkeit deutlich einschränken. Die dabei anzuwendenden Regeln und Prinzipien wirken sich auf die Höhe der zu eliminierenden Posten aus.

Korrekturbedarf wegen einseitiger Vorgänge im Verbund mit einer Lieferung oder Leistung

Mit dem Verkauf von Lieferungen und Leistungen sind häufig auch Ereignisse verbunden, die sich nur bei einer der rechtlich selbständigen Einheiten abspielen. Zu denken ist beispielsweise an eine von der verkaufenden Einheit gebildete Garantierückstellung. Andere Beispiele erstrecken sich auf Beträge, die in den rechtlich selbständigen Einheiten als Vertriebsausgaben, Lizenzgebühren sowie auf Grund der rechtlichen Selbständigkeit angefallen sind. Auch solche Buchungen sind immer als konzernintern zu markieren und dann darauf zu untersuchen, ob sie nicht rückgängig zu machen beziehungsweise anders zu buchen sind, weil sie aus Konzernsicht anders darzustellen sind als aus Sicht der betroffenen rechtlich selbständigen Einheit.

Auswirkungen auf das Konzern-Eigenkapital und das Konzern-Einkommen

Das Ersetzen aller Konsequenzen einheitsextern gebuchter, aber konzerninterner Lieferungen und Leistungen wirkt sich später auf die Konzern-Finanzberichte normalerweise so aus, dass sich ein anderes Eigenkapital, ein anderes Einkommen oder ein anderer Saldo der Eigenkapitaltransfers im Vergleich zu den Werten aus den Finanzberichten der rechtlich selbstständigen Einheiten ergeben.

Um das zu demonstrieren, unterstellen wir in unseren Beispielen der Folgekapitel einen sehr einfachen solchen Sachverhalt: den Verkauf von Ware gegen Barzahlung von einer rechtlich selbständigen Einheit an eine andere.

3.4.1.2 Bereinigung um andere gebuchte konzerninterne Vorgänge

Vorgänge mit späterer Wirkung auf die Konzern-Einkommensrechnung

Situation

Von den rechtlich selbständigen Einheiten eines Konzerns gebuchte Forderungen und Verbindlichkeiten zwischen diesen Einheiten, die nicht auf Lieferungen oder Leistungen beruhen, kann man vernachlässigen, wenn sie sich in gleicher Höhe gegenüber stehen. Auf

Grund von fehlerhaften Zuordnungen oder von Abgrenzungsproblemen kann es aber durchaus zu unterschiedlichen Werten kommen: Dass Forderungen der einen Einheit einen anderen Wert aufweisen als die zugehörigen Verbindlichkeiten in der anderen Einheit, kann nur vermieden werden, wenn Ansprüche und Verpflichtungen für die betroffenen Einheiten spezifisch gegeneinander abprüfbar sind.

Solche Forderungen und Verbindlichkeiten existieren beispielsweise in dem Fall, in dem eine Einheit des Konzerns einer anderen Einheit ein Darlehen gewährt. Als Folge der unterschiedlichen Möglichkeiten eines Darlehensgebers, eine Entschädigung für die Überlassung seines Geldes zu verlangen, sowie der unterschiedlichen Möglichkeiten eines Darlehensnehmers, den Geldgeber zu entschädigen, wird es in der Regel Differenzen zwischen den zusammengehörigen Forderungen und Verbindlichkeiten der beteiligten Einheiten geben, wenn der Konzern über die Regelungen des Bilanzierungshandbuchs nicht entsprechende Vorkehrungen trifft. Zu nennen sind insbesondere (1) aktivisch abgesetzte Wertabschläge wegen Zinslosigkeit oder niedrigerer als marktüblicher Verzinsung, (2) Rückstellungen für Ungewisse Verbindlichkeiten, deren korrespondierende Ansprüche bei einer anderen Einheit nicht aktiviert werden, (3) Abschreibungen auf Forderungen, denen keine entsprechenden Abschreibungen auf Verbindlichkeiten gegenüber stehen, und (4) Darlehensgewährungen mit einem Abschlag (Disagio, Damnum), die beim Darlehensnehmer anders gebucht wurden.

Mögliche Differenzen zwischen Forderungen und zugehörigen Verbindlichkeiten als Ursache

Über das Konzern-Bilanzierungshandbuch muss sicher gestellt werden, dass für alle geschäftlichen Beziehungen und Vereinbarungen schon bei deren Buchung umfassend und klar festgehalten wird, wer der jeweilige konzerninterne Partner ist, damit in der Konsolidierung eine richtige und vollständige Bereinigung aller konzerninternen Buchungen erfolgen kann. Anschließend ist dann durch Konsolidierungsbuchungen zu gewährleisten, dass alle betroffenen Sachverhalte aus Konzernsicht zutreffend abgebildet werden.

Bereinigungen

Zu den Posten, die über die oben angeführten Beispiele hinaus von solchen Bereinigungen betroffen sind und die nicht in Zusammenhang mit Lieferungen oder Leistungen stehen, gehören eingeforderte ausstehende Einlagen, sowohl auf das gezeichnete Kapital der Obereinheit als auch auf das gezeichnete Kapital von Untereinheiten. Ferner gehören dazu konzerninterne Anleiheverpflichtungen, konzernintern geleistete und erhaltene Anzahlungen sowie konzerninterne Rückstellungen, konzerninterne Eventualverbindlichkeiten und Haftungsverhältnisse, Posten auf Grund

Betroffene Posten

von konzerninternen Leasingverhältnissen sowie andere konzerninterne finanzielle Forderungen und Verpflichtungen.

Beschränkung auf einen einfachen Fall

Wir unterstellen in unseren Beispielen nur den ganz einfachen Fall, in dem eine rechtlich selbständige Einheit einer anderen ein Darlehen einräumt und dafür im gleichen Abrechnungszeitraum Zinsen erhält. In der Praxis gibt es auch viele Fälle, die sich über mehrere Abrechnungszeiträume hinweg immer wieder auf die Finanzberichte auswirken. Ein denkbares Beispiel, in das zwei Einheiten verwickelt sind, kann etwa darin bestehen, dass Forderungen und zugehörige Verbindlichkeiten in den Finanzberichten unterschiedlich behandelt sind, die Forderung unter Abzug eines Disagios, dessen Höhe sich im Zeitablauf ändert, und die Verbindlichkeit mit ihrem Rückzahlungsbetrag. Wenn solche Sachverhalte nicht durch konzernweite Regelungen, die bereits auf der Ebene der einzelnen Einheiten eine einheitliche Bilanzierung und Bewertung fordern, klar und verbindlich geregelt sind, kann die richtige Behandlung solcher Ereignisse aus Konzernsicht weitaus komplizierter sein als das, was wir hier darstellen wollen.

Vorgänge mit späterer Wirkung auf die Konzern-Eigenkapitaltransferrechnung

Konzentration auf Eigenkapitaltransfers

Die konzerninternen Erträge und Aufwendungen, die mit Lieferungen und Leistungen sowie mit Forderungen und Verbindlichkeiten verbunden sind, haben wir oben bereits angesprochen. Dem gegenüber geht es hier jetzt um Eigenkapitaltransfers zwischen den rechtlich selbständigen Einheiten und deren Behandlung aus Konzernsicht.

Arten von Eigenkapitaltransfers

Eigenkapitaltransfers zwischen Einheiten eines Konzerns können mit und ohne Gewinnabführungs- und Verlustübernahmeverträgen stattfinden. Im erstgenannten Fall finden die Buchungen nach dem dHGB über die Einkommensrechnungen statt, im letztgenannten Fall bucht die ausschüttende Einheit eine Entnahme, die jedoch bei der empfangenden Einheit als Ertrag aus Beteiligung gebucht wird. Aus Konzernsicht hat aber in beiden Fällen nur eine Verlagerung von Zahlungsmitteln stattgefunden. Folglich sind die entsprechenden Buchungen der einzelnen Einheiten vor der Konsolidierung ganz oder teilweise rückgängig zu machen. Aus Konzernsicht fallen zusätzliche Buchungen für die Zahlungsmittelverlagerung an. Der einzig gangbare Weg besteht auch hier darin, im Bilanzierungshandbuch ein klar definiertes Verfahren vorzugeben, nach dem Dividenden oder Einkommensübernahmen bei entsprechenden Verträgen bereits bei der Buchung eindeutig – mit Partnernummer etc. – zu differenzieren und zu identifizieren sind. Das entsprechende Buchführungsmaterial würde dann anschließend in die Handelsbilanz 2 eingehen. Auf dieser Basis erfolgt die korrekte Behandlung aus Konzernsicht wiederum in der zentralen Konsolidierungsabteilung, die damit dann auch die notwendige Kontrollfunktion übernehmen kann: Die konzernadäquate Behandlung und die Kontrolle von der Untereinheit vor Ort zu verlangen, wäre eine Zumutung für die Gesellschaft und auch für ihren lokalen Prüfer.

Wir unterstellen in unseren Beispielen nur den einfachen Fall, dass eine rechtlich selbständige Einheit einen Eigenkapitaltransfer bucht, der bei einer anderen Einheit als Ertrag aus Beteiligung erscheint. Ereignisse, die sich über mehrere Abrechnungszeiträume hinziehen, müssen analog behandelt werden. Wir betrachten hier indes aus Vereinfachungsgründen nur Ereignisse, die im gleichen Abrechnungszeitraum stattfinden.

Beschränkung auf den einfachen Fall

3.4.2 Beispiele

Wir unterstellen für die weiteren Kapitel, dass nur drei konzerninterne Ereignisse stattfinden, deren Buchungen rückgängig zu machen und durch diejenigen zu ersetzen sind, die aus Konzernsicht zu buchen wären. Das erste Ereignis betrifft einen Warenverkauf zwischen zwei rechtlich selbständigen Einheiten des Konzerns. Es umfasst die Konsequenzen für die Bilanz und für die Einkommensrechnung. Das zweite Ereignis betrifft die Vergabe eines Darlehens durch eine rechtlich selbständige Einheit des Konzerns an eine andere. Auch dieses Ereignis betrifft die Bilanz und die Einkommensrechnung. Das dritte Ereignis behandelt schließlich einen Eigenkapitaltransfer, der bei einer rechtlich selbständigen Einheit als solcher gebucht wurde und bei der anderen Einheit über die Einkommensrechnung. Solche Ereignisse stellen kein Problem dar, wenn über das Bilanzierungshandbuch und das Meldesystem im Konzern sichergestellt ist, dass die Einkommensbuchung hinsichtlich der Quelle (Partnernummer) und der Art (eigener Berichtsposten in der Handelsbilanz II) klar identifiziert ist.

Arten der Beispiele

Das erste Ereignis im Zeitraum X2 besteht aus einem Geschäft, bei dem die Einheit B an die Einheit A Ware zum Preis von 50 GE verkauft, die sie selbst für 40 GE eingekauft oder hergestellt hat.

Verkauf zwischen zwei Einheiten des Konzerns

Aus Konzernsicht steht die Ware folglich beim Käufer A mit einem um 10 GE zu hohen Betrag, und der Verkäufer B hat aus Konzernsicht ungerechtfertigterweise Verkaufsbuchungen vorgenommen. Das Ereignis zerlegen wir gedanklich in zwei Vorgänge (eine Ertrags- und eine Aufwandsbuchung), die beide zu korrigieren sind. Statt dieser zwei Vorgänge sind gegebenenfalls noch die Ausgaben für den Transport angemessen zu berücksichtigen. Die Transportausgaben stellen aus Konzernsicht nämlich entgegen der Behandlung bei der rechtlich selbständigen Einheit – wie im ersten Kapitel verdeutlicht – keine Vertriebsausgaben dar. Um Vertriebsaufwand kann es sich deswegen nicht handeln, weil der Transport von B nach A aus Konzernsicht im Rahmen der Herstellung und nicht darauf folgend stattgefunden hat. Wir unterstellen im Folgenden allerdings, die Transportausgaben betrügen 0 GE und könnten somit vernachlässigt werden.

Darlehensvergabe zwischen zwei Einheiten des Konzerns

Das zweite und das dritte Ereignis betreffen den Zeitraum X3. Das zweite Ereignis besteht darin, dass A der C ein Darlehen über 40 GE einräumt, das zum Ende von X3 noch nicht zurückzuzahlen ist. Dafür zahlt C erstmals in X3 an A jährliche Zinsen in Höhe von 5 GE auf 40 GE Darlehen.

Eigenkapitaltransfer zwischen zwei Einheiten des Konzerns

Das dritte Ereignis besteht darin, dass die Einheit B im Zeitraum X3 Eigenkapital in Höhe von 60 GE an ihren Anteilseigner A überweist. In den Finanzberichten der A des Zeitraums X3 steht dieser Eigenkapitaltransfer der B als Zugang von Zahlungsmitteln bei der A und als Ertrag aus den Beteiligungen der A. In den Finanzberichten der B steht im Zeitraum X3 der Abgang von Zahlungsmitteln und die Ausschüttung von Dividenden. Beide Vorgänge sind aus Konzernsicht nicht entstanden, weil sie innerkonzernliche Transaktionen darstellen. Auch sie müssen fortgelassen werden.

Verzicht auf Demonstrationsbeispiele an dieser Stelle

Abweichend von den übrigen Kapiteln sehen wir an dieser Stelle von einem Demonstrationsbeispiel für den zuletzt angeführten Problembereich ab. Der Grund dafür liegt darin, dass die konkret anfallenden Stornierungs- bzw. Zusatzbuchungen, die im Rahmen einer Konsolidierung anfallen, von der Konsolidierungsmethode abhängen, die gewählt wird. Daher werden wir die entsprechenden Buchungen in den Folgekapiteln im Kontext der jeweils dargestellten Konsolidierungsmethode vorstellen.

3.5 Vorgaben der IFRS und des dHGB

3.5.1 Vorgaben der IFRS

Die Regelungen finden sich in IAS 27, soweit die formelle und materielle Einheitlichkeit von Finanzberichten betroffen ist, und in IAS 21 bezüglich der Fremdwährungsumrechnung.

Regelungen

In IAS 27 wird als Stichtag für die Konzern-Finanzberichte lediglich der Bilanzstichtag der Obereinheit genannt. Bei Abweichungen von dieser Regel sind Zwischenabschlüsse zu verwenden (IAS 27.22). Die Einheitlichkeit der Inhalte von Finanzberichten soll durch die Vorgaben des IAS 27.24 mit ihrer Forderung nach sachlicher Stetigkeit sowie durch die Vorgaben des IAS 8.15 mit der Forderung nach zeitlicher Stetigkeit erreicht werden. Die Fremdwährungsumrechnung wird in IAS 21 geregelt für einzelne Posten wie für die Umrechnung ganzer Finanzberichte. Dort unterscheidet man zwischen der funktionalen Währung und der Berichtswährung einer Einheit. Einzelne Posten rechnet man nach der Zeitbezugsmethode in die funktionale Währung um. Funktionale Währung ist die Währung der primären ökonomischen Umgebung, in welcher die Einheit operiert (IAS 21.8). Jede Einheit hat zunächst ihre eigene funktionale Währung zu bestimmen. Erstellt werden Finanzberichte immer in der funktionalen Währung. Einzelne Transaktionen oder Posten in einer fremden Währung sind entsprechend der Zeitbezugsmethode unter Ausweis von Umrechnungsdifferenzen im Einkommen zunächst in die funktionale Währung dieser jeweiligen Einheit umzurechnen. Anschließend sind die Finanzberichte derjenigen Einheiten, deren funktionale Währung nicht der funktionalen Währung des Konzerns entspricht, nach IAS 1 entsprechend der modifizierten Stichtagskursmethode unter Nennung von Umrechnungsdifferenzen im *other comprehensive income* zu Konzern-Finanzberichten zusammen zu fassen. In der Regel wird der Konzern dabei seine funktionale Währung als Berichtswährung einsetzen. Er kann aber auch von der Möglichkeit Gebrauch machen, eine andere Währung als diese als Berichtswährung zu verwenden. Auch in einem solchen Fall erfolgt die Umrechnung nach der modifizierten Stichtagskursmethode.

Vorgaben zur Vereinheitlichung und Fremdwährungsumrechnung

Wenig geeignet erscheint dieses Verfahren für die Umrechnung von Währungen aus Ländern mit großer Inflation, weil der Gewinn oder Verlust aus der Umstellung der Währungsumrechnung im Vergleich zum restlichen Gewinn oder Verlust in solchen Fällen sehr groß

Fremdwährungsumrechnung aus Hochinflationsländern

werden kann, wodurch dann auch die verlässliche Abschätzung des Einkommens aus der eigentlichen geschäftlichen Tätigkeit zumindest deutlich erschwert wird. Für die Definition von derartigen Hochinflationsländern und für die Umrechnung der Finanzberichte von Einheiten aus solchen Ländern gelten nach IAS 21.42 f. besondere Vorgaben (vgl. insbesondere IAS 29). Es erscheint irreführend, wenn man in einem solchen Hochinflationsland, in dem eine Steuerung der Einheit durch den Konzern nach der lokalen Hochinflationswährung im Grunde unmöglich ist, bei einer Bilanzierung in der hochinflationären Lokalwährung bleibt und die Inflationsprobleme durch eine Indexierung der Vermögensgüter und Fremdkapitalposten für die Finanzberichte einzufangen sucht (So wird der Ansatz bei den IFRS verstanden). Dabei erscheint die weitere Verwendung der Lokalwährung insbesondere unter dem Gesichtspunkt überprüfungsbedürftig, dass sie – sowohl für die Berichtseinheit selbst als auch für deren lokale Umgebung – angesichts der Hochinflation jegliche Steuerungsfunktion eingebüßt hat. Unter konsequenter Anwendung des Konzepts der funktionalen Währung käme man stattdessen zu der einzig sinnvollen Alternative, unter Verwendung der Zeitbezugsmethode zeitnah eine parallele Buchführung in der Währung einzuführen, in der die lokale Konzerngesellschaft tatsächlich »denkt«. Bei dieser Währung könnte es sich dann durchaus um die Konzernwährung handeln. Das ist weniger aufwendig als man denken mag, hat aber den Vorteil, dass die Zahlen der so modifizierten Buchführung in »Hartwährung« nicht nur die abstrakten gesetzlichen Berichtsanforderungen formal und unter dem Gesichtspunkt der an die Öffentlichkeit zu vermittelnden relevanten Information erfüllen, sondern dass sie auch sinnvoll und effizient zu Steuerungszwecken genutzt werden können.

Interpretation von Fremdwährungsgeschäften als ein einziger oder als mehrere Vorgänge

Bei Kauf oder Verkauf in fremden Währungen sollte man nach Ansicht der Praxis unterstellen, es handele sich um zwei voneinander unabhängige Vorgänge. Dies versetzt den Bilanzierer in die Lage, die Konsequenzen für den realwirtschaftlichen Bereich einer Einheit auch dann abschließend zu behandeln, wenn die finanzwirtschaftlichen Konsequenzen noch nicht feststehen. Die nachträgliche Berücksichtigung geänderter Umrechnungskurse ist für den realwirtschaftlichen Bereich mit seinen Konsequenzen für das interne Rechnungswesen mehr als nur störend.

Vorgaben zur Richtigstellung konzerninterner Ereignisse, die wie konzernexterne behandelt wurden

Vermögensgüter, also auch die durch Lieferungen und Leistungen erworbenen, sind nach IAS 27.21 mit ihren Konzern-Anschaffungs- oder Konzern-Herstellungsausgaben anzusetzen. Daraus ergibt sich die Notwendigkeit, die entsprechenden Buchungen der rechtlich selbständigen Einheit rückgängig zu machen und gegebenenfalls die aus Konzernsicht zutreffenden Buchungen zu ergänzen. Nach

IAS 27 sind *intergroup balances* vollständig zu eliminieren (IAS 27.20). Dazu zählen eindeutig zusammengehörige Forderungen und Verbindlichkeiten. Für die weiteren konzerninternen Posten des Ertrags und des Aufwands sieht IAS 27.20 in Verbindung mit IAS 27.18 keine weiteren speziellen Regeln vor.

Die Regelungen der IFRS erscheinen präzise und enthalten formal kein Ermessen. Soweit es den Vorgaben aber an Genauigkeit fehlt, besteht die Gefahr, dass die Einheiten von ihrem Ermessen Gebrauch machen. Ein einheitliches Vorgehen lässt sich dann nur durch Beachtung eines Konzern-Bilanzierungshandbuchs sicher stellen.

Notwendigkeit eines Konzern-Bilanzierungshandbuchs

3.5.2 Vorgaben des dHGB

Im traditionellen deutschen Handelsrecht findet man kaum Vorschriften, mit denen die Probleme der Vereinheitlichung und der Fremdwährungsumrechnung angesprochen werden. Das hat sich durch die Modifikationen ein wenig geändert, die durch das BilMoG eingeführt wurden.

Spärliche rechtliche Vorgaben

In formeller Hinsicht ergibt sich aus §299 dHGB die Forderung nach einem konzerneinheitlichen Bilanzstichtag und einheitlichen Abrechnungszeiträumen aller einbezogenen Einheiten zum Bilanzstichtag der Obereinheit. Sofern die Stichtage der Finanzberichte um mehr als drei Monate voneinander abweichen, ist ein Zwischenabschluss auf den Bilanzstichtag der Obereinheit aufzustellen und für die Konzern-Finanzberichte zu verwenden (§299 Absatz 2 dHGB). Bei weniger als drei Monaten zeitlicher Differenz reicht es, die Vorgänge von besonderer Bedeutung für die Vermögens-, Finanz- und Ertragslage in den Konzern-Finanzberichten zu berücksichtigen (§299 Absatz 3 dHGB). Als einheitliche Währung ist gemäß §244 dHGB in Verbindung mit §298 Absatz 1 dHGB der Euro zu verwenden. Nach §§ 256a und 308a dHGB ist zur Währungsumrechnung nur noch die modifizierte Stichtagskursmethode vorgesehen. In materieller Hinsicht richten sich Ansatz (§300 Absatz 2 dHGB) und Bewertung (§308 dHGB) nach den für die deutsche Obereinheit geltenden Vorschriften für die Erstellung von Finanzberichten. Diese Vorgaben sind für den Konzern einheitlich auszuüben. Daraus folgt, dass alle Ansatz- und Bewertungsmöglichkeiten im Konzern neu ausgeübt werden können, unabhängig von der Ausübung in den rechtlich selbständigen Untereinheiten. Nur wenige Ausnahmen dazu sind gestattet (§308 Absatz 2 dHGB), beispielsweise bei Kreditinstituten, bei Bewertungsanpassungen von untergeordneter Bedeutung und in so genannten Ausnahmefällen. Hinsichtlich des

Vorgaben zur Vereinheitlichung und Fremdwährungsumrechnung

Ausweises gelten die Vorgaben des §297 dHGB, nach denen der Konzern-Finanzbericht klar und übersichtlich aufzustellen ist.

Einschränkung der Wahlmöglichkeiten durch Konzern-Bilanzierungshandbuch bei »fehlenden« Vorgaben

Aus dem Fehlen weiterer Regelungen wird ansonsten oft auf die Existenz von Wahlmöglichkeiten geschlossen. Dabei ist ein Konzern-Bilanzierungshandbuch, das den Buchhaltern die Art der Buchungen und die Nutzung bestimmter Wahlmöglichkeiten vorgibt, insbesondere im Hinblick auf die geforderte Einheitlichkeit der Bewertung von großer Hilfe. Ein solches Konzern-Bilanzierungshandbuch kann sich im konkreten Einzelfall jedoch als unvollständig oder ungenau erweisen, so dass in den rechtlich selbständigen Einheiten die Gefahr besteht, dass nicht alle Ereignisse tatsächlich nach den konzerneinheitlichen Normen abgebildet werden. Für solche Fälle ist daher im Konzern eine Instanz vorzusehen, die in Zweifelsfällen für deren Klärung und regelkonforme Behandlung sorgt. Das gilt erst recht für die Fälle, in denen ein solches Konzern-Bilanzierungshandbuch nicht existiert. Allerdings würde das Fehlen eines solchen Handbuchs die Vermutung nahelegen, dass die Konzern-Finanzberichte nicht ordnungsgemäß erstellt sind.

Plädoyer für die Unterstellung von zwei Vorgängen bei Käufen und Verkäufen in Fremdwährung

Insbesondere im Zusammenhang mit der Umrechnung von in Fremdwährungen getätigten Käufen oder Verkäufen haben wir oben das Problem erörtert, ob man darin nur einen einzigen oder mehrere Vorgänge sehen möchte. Das dHGB besagt nichts darüber. Es fordert lediglich die Umrechnung von Fremdwährungsposten mit dem Devisenmittelkurs am Bilanzstichtag. Angesichts dessen ist die Annahme plausibel, zwei Vorgänge darin zu sehen. Dafür spricht, dass schon die bloße Buchung »Vorräte an Verbindlichkeiten« den Erwerbsvorgang in zwei Komponenten aufspaltet, die ganz klar zwei unterschiedlichen Unternehmenssphären zuzuordnen sind: der realwirtschaftlichen und der finanziellen. Kursveränderungen sollten sich dabei auf die finanzielle Sphäre auswirken, während die realwirtschaftliche Sphäre von solchen Entwicklungen als unabhängig betrachtet wird. Die Vorräte werden in Produktionsprozessen eingesetzt, ohne dass auf die Währungsentwicklung Rücksicht genommen werden kann. Nachträgliche Änderungen der Anschaffungsausgaben würden nicht nur komplexere Rechnungen erfordern, sondern sind in mehrstufigen Prozessen überhaupt nicht mehr zuverlässig umzusetzen.

Vorgaben zur Richtigstellung konzerninterner Ereignisse, die wie konzernexterne behandelt wurden

Vermögensgegenstände, also auch die durch Lieferungen und Leistungen erworbenen, sind nach §304 Absatz 1 dHGB zu ihren Konzern-Anschaffungs- oder Herstellungsausgaben anzusetzen. Daraus folgt die Notwendigkeit, entsprechende Buchungen rückgängig zu machen und gegebenenfalls aus Konzernsicht ergänzende Buchungen vorzunehmen. Für Forderungen und Verbindlichkeiten sieht das deutsche Handelsrecht lediglich vor, die zusammengehörigen Posten wegzulassen (§303 Absatz 1 dHGB). Die Kommentarliteratur stellt allerdings einmütig fest, dass diese Formulierung nicht wörtlich zu nehmen sei. Dort wird selbstverständlich gefordert, vor dem Eliminieren die Forderungen der einen Einheit und die Verbindlichkeiten der anderen Einheit einheitlich darzustellen, so dass sie die gleichen Werte annehmen. Die Bereinigung um zusammengehörige Forderungen und Verbindlichkeiten kann allerdings unterbleiben, wenn die wegzulassenden Beträge für die Vermittlung eines den tatsächlichen Verhältnissen entsprechenden Bildes der Vermögens-, Finanz- und Ertragslage des Konzerns nur von untergeordneter Bedeutung sind (§303 Absatz 2 dHGB). Die weiteren konzerninternen Erträge und Aufwendungen sind ebenfalls durch Rückgängigmachen der entsprechenden Buchungen fortzulassen. (§297 Absatz 3 dHGB, §305 dHGB). Das kann jedoch nach §305 Absatz 2 dHGB entfallen, wenn die Korrekturen von untergeordneter Bedeutung sind.

3.6 Zusammenfassung

Wir haben im vorliegenden Kapitel den Prozess der Vorbereitung der zusammenzufassenden Finanzberichte zwecks Erstellung von Konzern-Finanzberichten dargestellt.

Dabei wurden zunächst alle Änderungen von Finanzberichten rechtlich selbständiger Einheiten betrachtet, die nur die betrachtete Einheit betreffen. Hierunter fallen Bilanzierungs- und Bewertungsdifferenzen und Posten in unterschiedlichen Währungen. Unter der Annahme der Interessenzusammenführung ergeben sich diesbezüglich ähnliche Konsequenzen wie unter der Annahme eines Erwerbs.

Unser Interesse galt dann Ereignissen, die in fremder Währung vereinbart wurden, in den Finanzberichten einer Einheit aber in heimischer Währung abgebildet werden. Wir haben gesehen, dass Unternehmen viele Möglichkeiten besitzen, Zahlungsmittel, Forderungen und Verbindlichkeiten von einer Währung in eine andere umzurechnen. In den meisten Fällen ist klar, dass mit dem Kauf oder Verkauf eines Vermögensgutes in fremder Währung nur ein einziges Ereignis stattgefunden hat. Die in heimischer Währung ausgedrückten Zahlungen sollten dann zur Bewertung des Vorgangs herangezogen werden. Trotzdem liegt es nahe, das Ereignis gedanklich in zwei Elemente aufzuteilen: in eines, welches das Vermögensgut betrifft und in eines, bei dem es um die Zahlung in fremder Währung und deren Umrechnung in heimische Währung geht.

Anschließend haben wir uns mit der Behandlung von Finanzberichten beschäftigt, die ganz in einer fremden Währung ausgedrückt sind und in heimische Währung umgerechnet werden müssen. Wir haben die Zeitbezugsmethode und die modifizierte Stichtagskursmethode als diejenigen Methoden kennen gelernt, die wir bei der Umrechnung aus Sicht des Konzerns anwenden können. Die rechtlichen und anderen Vorgaben dazu sind faktisch relativ ungenau, wenngleich bei den IFRS formal kein Ermessen vorliegt.

Darüber hinaus haben wir in diesem Kapitel einige konzerninterne Ereignisse kennen gelernt, die von den betreffenden rechtlich selbständigen Einheiten als einheitsextern betrachtet und deswegen anders gebucht wurden als es im Konzern nötig erscheint. Im Konzernzusammenhang sind die entsprechenden Buchungen rückgängig zu machen und durch diejenigen zu ersetzen, die sich aus Konzernsicht ergeben. Möchte man genau wissen, welche Buchungen rückgängig zu machen sind, dann muss man sich ausführlich mit den Bilanzierungsregeln auskennen, die von den rechtlich selbständigen Einheiten angewendet wurden. Dies kann man nur auf einem einzigen Weg erreichen, der mancherorts schwierig genug ist: Man muss in allen Konzerngesellschaften ausnahmslos durchsetzen, dass die Regeln des Bilanzierungshandbuches korrekt und vollständig umgesetzt werden, und zwar schon in der Buchführung: Nur so ist zu erreichen, dass bei der Erstellung der Handelsbilanz 2 das buchhalterische Rohmaterial so vorliegt, dass alle für den Konzernabschluss relevanten Berichtsposten bereits lokal richtig und vollständig ausgefüllt werden können. Auf dieser Grundlage können dann die notwendigen Korrekturen durchgeführt werden, um so die richtigen Werte für den Konzern zu erhalten.

3.7 Übungsmaterial

3.7.1 Fragen mit Antworten

Fragen	Antworten
Die Vereinheitlichung von Finanzberichten für Konzernzwecke stellt den ersten Schritt der Konsolidierung dar. Welche Posten werden bei diesem Schritt vereinheitlicht?	Alle Posten, die nur die rechtlich selbständige Einheit betreffen, deren Finanzberichte vereinheitlicht werden sollen. Es geht bei der Vereinheitlichung um einen einheitlichen Ansatz, um eine einheitliche Bewertung und um einen einheitlichen Ausweis.

3.7 Übungsmaterial

Fragen	Antworten
Was muss man tun, um die Vereinheitlichung zu erzeugen?	Man muss alle Wählmöglichkeiten einheitlich nach den Vorstellungen des Konzerns ausüben. Dazu ist ein Konzern-Bilanzierungshandbuch unumgänglich.
Wie geht man bei der Vereinheitlichung mit den Finanzberichten verschiedener rechtlich selbständiger Einheiten um, welche die Möglichkeiten zum Ansatz und zur Bewertung von Vermögensgütern und Fremdkapitalposten unterschiedlich ausgenutzt haben?	Man vereinheitlicht die Finanzberichte hinsichtlich der Ansätze und Bewertungen. Dies geschieht beispielsweise durch einkommenswirksame Wertanpassungen in den Finanzberichten der rechtlich selbstständigen Einheiten. Dabei ist ein Konzern-Bilanzierungshandbuch sehr hilfreich.
Was muss man als Folge einer (Neu-) Bewertung abnutzbarer Vermögensgüter zu ihrem Marktpreis in zukünftigen Finanzberichten einer Einheit beachten?	Man muss an die Veränderung der Höhe der Abschreibung in künftigen Zeiträumen sowie an die (einkommensneutrale) Anpassung des Eigenkapitals zu Beginn eines jeweiligen Zeitraums um die Beträge des jeweils letzten Abrechnungszeitraumes denken.
Was muss man als Folge einer (Neu-) Bewertung nicht-abnutzbarer Vermögensgüter in zukünftigen Finanzberichten beachten?	Man darf die (einkommensneutrale) Fortschreibung des Eigenkapitals nicht vergessen.
Welche drei Arten des Umtauschs fremder Währungen kann man unterscheiden?	Den Umtausch am Kassa-Markt (*spot market*) kann man von dem Umtausch auf Termin (*futures market*) und von der Umtauschoption unterscheiden.
Welche wesentlichen Methoden zur Umrechnung ganzer Finanzberichte kann man unterscheiden?	Die Stichtagskursmethode und die Zeitbezugsmethode kann man als die wesentlichen Methoden unterscheiden.
Wie bestimmt man das Eigenkapital und das Einkommen in Berichtswährung bei der Umrechnung von Finanzberichten in fremder Währung nach der Zeitbezugsmethode?	Durch Saldierung der umgerechneten Vermögensgüter und Fremdkapitalposten sowie durch Saldierung der Erträge und Aufwendungen
Wie bestimmt man das Eigenkapital und das Einkommen in Berichtswährung bei der Umrechnung von Finanzberichten in fremder Währung nach der reinen Stichtagskursmethode? Kann es dabei Differenzen geben?	Durch einheitliche Umrechnung aller Posten. Differenzen kann es dabei nicht geben. Lediglich die intertemporale Bilanzgleichung wird nicht mehr erfüllt, weil die Bewertung des Eigenkapitals in $t-1$ mit dem alten Umrechnungskurs nicht der Umrechnung des Eigenkapitals in t zu Beginn des Abrechnungszeitraums mit dem neuen Umrechnungskurs entspricht.
Wodurch kommt es zu Umrechnungsdifferenzen bei Anwendung der modifizierten Stichtagskursmethode?	Bei der modifizierten Stichtagskursmethode werden die Posten der Einkommensrechnung und die der Bilanz mit unterschiedlichen Umrechnungskursen umgerechnet. Deswegen sind die umgerechnete Bilanz und Einkommensrechnung in der Regel nicht mehr ausgeglichen.

Fragen	Antworten
Welche Arten konzerninterner Ereignisse, die in den rechtlich selbständigen Einheiten als einheitsextern gesehen wurden, kann man unterscheiden?	(1) Konzerninterne Lieferungen und Leistungen mit ihren Bestands- und Einkommenswirkungen, (2) konzerninterne sonstige Forderungen und Verbindlichkeiten mit ihren Bestands- und Einkommenswirkungen und (3) Eigenkapitaltransfers einer Einheit, die bei einer anderen als Einkommensbestandteile behandelt werden.
Welche Buchungen haben im Fall konzerninterner Lieferungen und Leistungen bei Anwendung des so genannten Umsatzkostenverfahrens bei den rechtlich selbständigen Einheiten stattgefunden? Wie sieht die Stornobuchung aus?	Bei der kaufenden Einheit: Ware an Zahlungsmittel zum Einkaufspreis der kaufenden Einheit Bei der verkaufenden Einheit: Zahlungsmittel an Umsatzertrag zum Verkaufspreis der verkaufenden Einheit Umsatzaufwand an Ware zum Einkaufspreis der verkaufenden Einheit. Abschlussbuchung für Einkommen in Eigenkapital Entsprechend ergeben sich die Stornobuchungen als Umkehrungen der dargestellten Buchungen.
Welche Buchungen haben im Fall konzerninterner Lieferungen und Leistungen bei Anwendung des so genannten Gesamtkostenverfahrens bei den rechtlich selbständigen Einheiten stattgefunden? Wie sieht die Stornobuchung aus?	Bei der kaufenden Einheit: Ware an Zahlungsmittel zum Einkaufspreis der kaufenden Einheit Bei der verkaufenden Einheit: Zahlungsmittel an Umsatzertrag zum Verkaufspreis der verkaufenden Einheit Gegebenenfalls Buchung wegen Lagerbestandsveränderung am Ende des Abrechnungszeitraum (Bewertung der Lagerveränderung mit Einkaufspreis der verkaufenden Einheit). Abschlussbuchung für Einkommen in Eigenkapital Entsprechend ergeben sich die Stornobuchungen als Umkehrungen der dargestellten Buchungen.
Welche Korrekturbuchungen können bei konzerninternen Forderungen und Verbindlichkeiten anfallen?	Als Korrekturbuchungen fallen alle Buchungen an, mit denen man das gesamte konzerninterne Forderungs- und Verbindlichkeitsgeschäft rückgängig macht.
Welche Ereignisse kann es bei denjenigen Posten der Einkommensrechnung noch geben, die weder mit Verkäufen noch mit Forderungen und Verbindlichkeiten zusammen hängen.	Es kann konzerninterne Eigenkapitaltransfers geben, die in einzelnen Einheiten zu Ertrag geführt haben.

3.7.2 Verständniskontrolle

1. Unter welcher Bedingung muss eine Vereinheitlichung der Finanzberichte der rechtlich selbständigen Einheiten eines Konzerns stattfinden?
2. Welche Bereiche einer rechtlich selbständigen Einheit können von der Vereinheitlichung betroffen sein?
3. Welche Vorgänge sind zu vereinheitlichen?
4. Welche unterschiedlichen Möglichkeiten bestehen zum sofortigen oder späteren Tausch von Währungen?
5. Welche Märkte unterscheidet man für unterschiedliche Währungstauschobjekte?
6. Skizzieren Sie kurz, welche Folgen durch die Inspruchnahme unterschiedlicher Märkte für die Finanzberichte erwachsen!
7. Sollte man den Kauf von Vermögensgütern in fremder Währung als ein einziges oder als mehrere Ereignisse behandeln?
8. Sollte man den Verkauf von Vermögensgütern in fremder Währung als ein einziges oder als mehrere Ereignisse behandeln?
9. Wodurch unterscheiden sich Geld- und Briefkurse? Welche Kursart ist für welche Bilanzposten zu verwenden?
10. Welche Methoden werden zur Umrechnung von Finanzberichten aus einer Währung in eine andere angewendet?
11. Was versteht man unter der Zeitbezugsmethode der Währungsumrechnung?
12. Was macht man bei der Zeitbezugsmethode der Währungsumrechnung mit der Differenz, die sich bei unterschiedlichen Umrechnungskursen in einer Bilanz ergibt?
13. Was macht man bei der Stichtagskursmethode mit der Differenz, die sich aus der intertemporalen Bilanzgleichung ergeben würde?
14. Welcher Art können die Ereignisse sein, die aus Sicht jeder einzelnen Einheit als einheitsextern behandelt und daher gebucht werden?
15. Welche einheitsexternen Ereignisse sind aus Konzernsicht als konzernintern zu bezeichnen und daher in den Konzern-Finanzberichten nicht zu berücksichtigen?
16. Welche organisatorische Stelle im Konzern sollte für die Eliminierung gebuchter aber konzerninterner Ereignisse zuständig sein?
17. Wie sehen die Stornobuchungen bei einem konzerninternen Verkauf beim Käufer und beim Verkäufer aus, wenn das so genannte Umsatzkostenverfahren verwendet wird?
18. Wie sehen die Stornobuchungen bei einem konzerninternen Verkauf beim Käufer und beim Verkäufer aus, wenn das so genannte Gesamtkostenverfahren verwendet wird?
19. Welche Komplikationen kann es bei der Stornierung gebuchter, aber konzerninterner Forderungen und Verbindlichkeiten geben?

20. Wie wäre ein Verkaufsgeschäft zu behandeln, wenn eine Obereinheit die verkaufende Einheit nicht vollständig besitzt?
21. Welche Art der Behandlung gebuchter, aber konzerninterner Ereignisse sehen die IFRS vor?
22. Welche Art der Behandlung gebuchter, aber konzerninterner Ereignisse sieht das dHGB vor?

3.7.3 Aufgaben zum Selbststudium

Aufgabe 3.1 Vereinheitlichung der Angaben in Finanzberichten (ohne Fremdwährungsumrechnung)

Sachverhalt

Gegeben seien die Bilanzen und die Einkommensrechnungen der B, welche diese jeweils am Ende der drei aufeinanderfolgenden Abrechnungszeiträume X1, X2 und X3 wie folgt erstellt hat:

Aktiva		Bilanzen der B in *GE*				Passiva		
	Ende X1	Ende X2	Ende X3			Ende X1	Ende X2	Ende X3
Abnutzbare Vermögensgüter	150	180	130	Eigenkapital (am 1.1.)		75	150	170
Nicht-abnutzbare Vermögensgüter	100	20	25	Eigenkapitaltransfers im Zeitraum, Zunahme (+) Abnahme (−)		25	5	−50
				Gewinn (+) oder Verlust (−) im Zeitraum		50	15	5
				Fremdkapital		100	30	30
Summe Vermögensgüter	250	200	155	Summe Kapital		250	200	155

Aufwand		Einkommensrechnungen der B in *GE*				Ertrag		
	Zeitraum X1	Zeitraum X2	Zeitraum X3			Zeitraum X1	Zeitraum X2	Zeitraum X3
Umsatzaufwand (außen)	5	80	20	Umsatzertrag (außen)		50	100	25
Umsatzaufwand (innen)	0	25	0	Umsatzertrag (innen)		0	25	0
Anderer Aufwand	20	10	0	Anderer Ertrag		25	5	0
Gewinn	50	15	5	Verlust		0	0	0
Summe Aufwand plus Gewinn	75	130	25	Summe Ertrag plus Verlust		75	130	25

Gehen Sie davon aus, dass die A am 1.1.X1 sämtliche Anteile der B erworben hat, wodurch der Unterordnungskonzern U entstanden ist. Zum Zweck der Erstellung von

Konzern-Finanzberichten für U sind sowohl die Bilanzen als auch die Einkommensrechnungen der B, die im Konzernverbund eine Untereinheit darstellt, zu vereinheitlichen. Dazu liegen folgende Informationen vor:

a. Der Marktwert der abnutzbaren Vermögensgüter der B ist am zu Beginn von X1 um 60 GE höher als der Buchwert. Für die betroffenen Vermögensgüter wird eine Nutzungsdauer von vier noch verbleibenden Abrechnungszeiträumen unterstellt.

b. Der Marktwert der nicht-abnutzbaren Vermögensgüter der B ist am zu Beginn von X1 um 20 GE höher als der Buchwert.

c. Der Wert des Fremdkapitals bei der B ist aufgrund der – im Vergleich zur Konzernnorm – unterschiedlichen Ausnutzung von Bilanzierungsspielräumen um 30 GE zu niedrig angesetzt. Am Ende von X2 hat sich diese Differenz um 10 GE verringert.

Fragen und Teilaufgaben

1. Woraus erwächst im Unterordnungskonzern die Notwendigkeit, die Vermögens- und Fremdkapitalposten von Untereinheiten vor deren Einbezug in einen Konzern-Finanzbericht mit Marktwerten (neu) zu bewerten? Wie wirken sich diese Neubewertungen auf die jeweiligen Finanzberichte aus?

2. Erstellen Sie auf Basis der vorliegenden Informationen die vereinheitlichten Bilanzen und Einkommensrechnungen der B für das Ende der Abrechnungszeiträume X1 und X2! Geben Sie dabei auch explizit die Buchungssätze an, die im Rahmen der Vereinheitlichung anfallen!

Lösungshinweise zu den Fragen und Teilaufgaben

1. Zwecks Vereinheitlichung der Wertansätze von Vermögensgütern und Fremdkapitalposten über alle Konzerneinheiten hinweg, sind vor dem Einbezug in die Konzern-Finanzberichte gegebenenfalls diesbezügliche Wertanpassungen in Untereinheiten notwendig. Im Unterordnungskonzern wird die Anwendung der Erwerbsmethode unterstellt. Folglich sollten die Vermögensgüter und die Fremdkapitalposten der Untereinheit bei ihrer erstmaligen Berücksichtigung in der Konzern-Bilanz mit ihren jeweiligen (eventuell nur geschätzten) Marktwerten angesetzt werden. Die Neubewertung von Vermögensgütern oder Fremdkapitalposten der Untereinheiten wirkt sich auch auf das Eigenkapital und Einkommen des Konzerns aus.

2. Aus den Buchungen, die zwecks Vereinheitlichung in den Sachverhalten a) bis c) vorzunehmen sind, resultiert ein zusätzlicher Verlust in X1 von 15 GE. Das Eigenkapital der B beträgt nach Vereinheitlichung 185 GE.

In X2 sind zunächst die Buchungen aus X1 einkommensneutral zu wiederholen. Anschließend ergeben sich aus a) und c) weitere Buchungen zwecks Vereinheitlichung. Aus diesen Buchungen resultiert ein zusätzlicher Verlust in X2 von 5 GE. Das Eigenkapital der B beträgt nach Vereinheitlichung 200 GE.

Aufgabe 3.2 Umrechnung einzelner Fremdwährungsgeschäfte in die Währung von Konzern-Finanzberichten

Sachverhalt

Die D mit Sitz in Deutschland, deren Geschäftsjahr dem Kalenderjahr entspricht, kauft am 31.10.X1 von der U.S.-amerikanischen U Rohstoffe. Im Zuge der Kaufpreisverhandlungen einigen sich die beiden Unternehmen darauf, dass der Kaufpreis in Höhe von 200 000 $ erst am 31.1.X2 zu überweisen ist, obwohl die Lieferung der Rohstoffe bereits am 31.10.X1 erfolgt. Die D, die ihre Bücher in Euro führt, steht nun vor dem Problem, das mit der U abgeschlossene Geschäft in ihren Büchern abzubilden. Dieses Problem wird dadurch verschärft, dass sich der Wechselkurs zwischen dem US.-Dollar ($) und dem Euro in der Zeit zwischen dem 31.10.X1 und dem 31.1.X2 wie folgt ändert.

Datum	Wechselkurs
31.10.X1	1,05 Euro/$
31.12.X1	1,13 Euro/$
31.1.X2	1,09 Euro/$

Fragen und Teilaufgaben

1. Erläutern Sie kurz unter Angabe der jeweiligen Buchungssätze die Möglichkeiten der bilanziellen Behandlung des Fremdwährungsgeschäfts, die zum einen aus der Betrachtung dieses Geschäfts als einem einzigen Vorgang und die zum anderen aus der Betrachtung dieses Geschäfts als mehrere Vorgänge resultieren!

2. Die D möchte sich gegen das Währungsrisiko der Rohstofftransaktion mit der U absichern. Zu diesem Zweck schließt die D ein Termingeschäft, ein so genanntes *forward*-Geschäft, derart ab, dass die D am 31.1.X2 einen Betrag in Höhe von 200 000 $ erhält, um ihre Verpflichtung zu begleichen. Im Gegenzug akzeptiert die D am 31.10.X1 einen künftigen Umtauschkurs (*forward rate*) in Höhe von 1,07 Euro/$, so dass sie am 31.1.X2 einen Betrag von 214 000 Euro aus dem Termingeschäft für den Erhalt von 200 000 $ zahlen muss. Am 31.12.X1 wird ein Termin-Kurs in Höhe von 1,14 Euro/$ verzeichnet.

   - Erläutern Sie kurz, (i) was man unter einem Termingeschäft versteht und (ii) wie man durch ein solches Geschäft das Währungsrisiko eines Fremdwährungsgeschäfts eindämmen kann!
   - Erstellen Sie diejenigen Buchungssätze, die im Zusammenhang mit der Rohstofftransaktion und dem Termingeschäft anfallen!

Lösungshinweise zu den Fragen und Teilaufgaben

1. Die verschiedenen Möglichkeiten der bilanziellen Behandlung des Fremdwährungsgeschäfts unterscheiden sich darin, ob die finanz- und realwirtschaftlichen Komponenten als getrennte Vorgänge oder als ein gemeinsamer Vorgang angesehen werden.

   Unterstellt man, es ginge nur um einen einzigen Vorgang, resultieren folgende Buchungen:

Beleg	Datum	Ereignis und Konten	Soll	Haben
	31.10.X1	Kauf Rohstoffe, Umrechnung im Kaufzeitpunkt (1,05 Euro/$)		
		Rohstoffe	210 000	
		Verbindlichkeiten aus Lieferungen und Leistungen		210 000
	31.12.X1	Anpassung der Rohstoffe (Realbereich) und der Verbindlichkeit (Finanzbereich) mit Stichtagskurs (1,13 Euro/$)		
		Rohstoffe	16 000	
		Ertrag (Währung)		16 000
		Aufwand (Währung)	16 000	
		Verbindlichkeiten aus Lieferungen und Leistungen		16 000
	31.1.X2	Tilgung der Verbindlichkeit und Währungsumtausch (1,09 Euro/$)		
		Aufwand (Währung)	8 000	
		Rohstoffe		8 000
		Verbindlichkeiten aus Lieferungen und Leistungen	226 000	
		Kasse		218 000
		Ertrag (Währung)		8 000

Unterstellt man dagegen zwei Vorgänge, steht der Wert der Vermögensgüter bereits am 31.10.X1 fest (210 000 Euro). Aus der Wechselkursentwicklung ergeben sich folgende Wertanpassungen:

Beleg	Datum	Ereignis und Konten	Soll	Haben
	31.10.X1	Kauf Rohstoffe, Umrechnung im Kaufzeitpunkt (1,05 Euro/$)		
		Rohstoffe	210 000	
		Verbindlichkeiten aus Lieferungen und Leistungen		210 000

Beleg	Datum	Ereignis und Konten	Soll	Haben
	31.12.X1	Anpassung der Verbindlichkeit (Finanzbereich) mit Stichtagskurs (1,13 Euro/$)		
		Aufwand (Währung)	16 000	
		Verbindlichkeiten aus Lieferungen und Leistungen		16 000
	31.1.X2	Tilgung der Verbindlichkeit und Währungsumtausch (1,09 Euro/$)		
		Verbindlichkeiten aus Lieferungen und Leistungen	226 000	
		Kasse		218 000
		Ertrag (Währung)		8 000

2. Bei einem Termingeschäft werden die (finanziellen) Konditionen für Leistung und Gegenleistung bereits heute für einen Termin in der Zukunft vereinbart. Dabei ist der vereinbarte künftige Umtauschkurs, der so genannte Termin-Kurs, der Preis, der zum gegenwärtigen Zeitpunkt für einen zukünftigen Währungstausch erzielt wird oder zu zahlen ist.

Aus dem Termin-Geschäft ergeben sich folgende Buchungen am 31.10.X1:

Beleg	Datum	Ereignis und Konten	Soll	Haben
	31.10.X1	Kauf Rohstoffe, Umrechnung im Kaufzeitpunkt mit forward rate (1,07 Euro/$)		
		Rohstoffe	214 000	
		Verbindlichkeiten aus Lieferungen und Leistungen		214 000
	31.10.X1	Abschluss Termingeschäft/ Umrechnung mit vereinbarter forward rate (1,07 Euro/$)		
		Forderung (Termingeschäft)	214 000	
		Verbindlichkeiten (Kreditinstitut)		214 000

Am Ende des Abrechnungszeitraums X1 werden keinerlei Buchungen fällig.

Am 31.1.X2 wird das Termingeschäft abgewickelt und die Dollar-Verbindlichkeit beglichen:

Beleg	Datum	Ereignis und Konten	Soll	Haben
	31.1.X2	Begleichung der mit forward rate (1,07 Euro/$) in Euro umgerechneten Verbindlichkeit gegenüber Kreditinstitut vom 31.10.X1		
		Verbindlichkeit (Kreditinstitut)	214 000	
		Zahlungsmittel		214 000

Beleg	Datum	Ereignis und Konten	Soll	Haben
	31.1.X2	Erhalt der 200 000 $ und deswegen Ausbuchen der mit forward rate (1,07 Euro/$) in Euro umgerechneten Forderung aus Termingeschäft vom 31.10.X1		
		Zahlungsmittel	214 000	
		Forderung aus Termingeschäft		214 000
	31.1.X2	Tilgen der $-Verbindlichkeit aus Rohstoffkauf bewertet mit forward rate (1,07 Euro/$)		
		Verbindlichkeiten aus Lieferungen und Leistungen	214 000	
		Zahlungsmittel		214 000

Aufgabe 3.3 Vereinheitlichung von Finanzberichten in fremder Währung

Sachverhalt

In einem Unterordnungskonzern U hält die Obereinheit A an der Untereinheit T eine Beteiligung von 100%. Die Untereinheit T erstellt ihre Finanzberichte in Fremdwährungseinheiten (*FE*). Zwecks Einbezug in die Konzern-Finanzberichte, die in Geldeinheiten (*GE*) erstellt werden, sind die Finanzberichte der T von *FE* in *GE* umzurechnen. Im Folgenden sind eine (vorläufige) Bilanz und eine (vorläufige) Einkommensrechnung der T für den Abrechnungszeitraum X2 dargestellt, wie sie sich nach Umrechnung der einzelnen Posten der Bilanz und der Einkommensrechnung von *FE* in *GE* mit Hilfe der Zeitbezugsmethode unter Berücksichtigung von gegebenen Vorschriften ergeben haben (Eigenkapitaltransfers seien in X2 nicht angefallen!).

Aktiva	(Vorläufige) Bilanz der T in *GE* Zum Ende von X2			Passiva
Vermögensgüter	8 000	Eigenkapital (1.1.X2) Einkommen in X2	1 400 600	
		Eigenkapital (31.12.X2)		2 000
		Fremdkapital		5 000
Summe Vermögensgüter	8 000	Summe Kapital		7 000
Aufwand	(Vorläufige) Einkommensrechnung der T in *GE* (Zeitraum X2)			**Ertrag**
Aufwand	10 000	Erträge		7 000
Gewinn	600			
Summe Aufwand plus Gewinn	10 600	Summe Ertrag plus Verlust		7 000

Man erkennt, dass sich nach Umrechnung der einzelnen Posten keine ausgeglichene Bilanz und Einkommensrechnung der T für den Abrechnungszeitraum X2 ergibt. Insbesondere zeigt sich, dass nach Umrechnung der einzelnen Posten der Einkommensrechnung der umgerechnete (und ins Eigenkapital der T »abgeschlossene«) Gewinn nicht dem Saldo der umgerechneten Ertrags- und Aufwandsposten entspricht. Der Grund dafür liegt darin, dass weder in der umgerechneten Bilanz noch in der umgerechneten Einkommensrechnung sogenannte »Differenzen aus der Währungsumrechnung« berücksichtigt wurden.

Fragen und Teilaufgaben

1. Skizzieren Sie kurz das Ziel und das Vorgehen (i) der modifizierten Stichtagskursmethode sowie (ii) der Zeitbezugsmethode zur Währungsumrechnung!

2. Ergänzen Sie die (vorläufige) Bilanz und die (vorläufige) Einkommensrechnung der T um die Effekte aus den Währungsumrechnungsdifferenzen. Tragen Sie die dazu notwendigen Beträge (inklusive einer jeweils aussagefähigen Bezeichnung) in die betreffenden Rubriken der Bilanz und Einkommnsrechnung ein!

Lösungshinweise zu den Fragen und Teilaufgaben

1. Die Antwort ist den entsprechenden Passagen des Lehrtextes zu entnehmen.

2. Die Währungsdifferenz in der Bilanz beträgt 1 000 GE. Nach Stornierung der Abschlussbuchung in Höhe von 600 GE ergibt sich ein Gewinn (nach Währungsumrechnung) von 1 600 GE und somit ein Ertrag aus Währungsumrechnungsdifferenz in Höhe von 4 600 GE.

Aufgabe 3.4 Richtigstellung von Ereignissen zwischen Konzerneinheiten, Bereinigung konzerninterner Warenverkäufe

Sachverhalt

Der Unterordnungskonzern U besteht aus der Obereinheit A und der Untereinheit B. Im Abrechnungszeitraum X0 stellt A 100 Stück eines Erzeugnisses her, von denen 80 Stück an B verkauft werden. B beabsichtigt, die eingekauften Erzeugnisse zunächst weiterzuverarbeiten und dann an konzernexterne Kunden zu verkaufen.

Im Zusammenhang mit dem Verkauf von A an B werden im Abrechnungszeitraum X0 in der Obereinheit A folgende Ereignisse aufgezeichnet:

a. Es fallen am 2.1.X0 Ausgaben für die Produktion von Fertigerzeugnissen in Höhe von 6 000 GE an, für die ein messbarer Bezug zur Herstellungsmenge festgestellt wird. Die entsprechende Rechnung wird erst im Abrechnungszeitraum X1 bezahlt.

b. Es fallen am 12.2.X0 Ausgaben für die Beheizung der Fertigungshallen in Höhe von 3 000 GE an, die einen nicht messbaren Bezug zur Herstellungsmenge aufweisen. Die entsprechende Rechnung wird am gleichen Tag bar bezahlt.

c. Am 15.3.X0 werden 80 der 100 hergestellten Stücke des Erzeugnisses an B für 10 000 *GE* gegen Barzahlung verkauft.
d. Es fallen beim Verkauf der Erzeugnisse am 15.3.X0 Ausgaben für den Transport zwischen A und B in Höhe von 2 000 *GE* an, die für jedes verkaufte Erzeugnis messbar sind. Die entsprechende Rechnung wird am gleichen Tag bar bezahlt.

Gehen Sie davon aus, dass Umsatzsteuerüberlegungen vernachlässigbar seien!

Fragen und Teilaufgaben

1. Nehmen Sie an, die Konzern-Bilanzierungsrichtlinie von U schreibe für sämtliche Finanzberichte von A, B und U die Anwendung des Marginalprinzips für die Zuordnung von Ausgaben zur Herstellung von Erzeugnissen sowie die Anwendung des Umsatzkostenverfahrens vor! Geben Sie zunächst getrennt für die Einheiten A und B an, wie und wann die einzelnen Ereignisse gebucht werden müssen! Geben Sie anschließend an, welche Stornierungsbuchungen oder zusätzlichen Buchungen im Rahmen der Konsolidierung betreffend die konzerninternen Sachverhalte im Hinblick auf die Einheiten A und B folgen!

2. Nehmen Sie nun an, die Konzern-Bilanzierungsrichtlinie schreibe für sämtliche Finanzberichte von A, B und U die Anwendung eines Finalprinzips für die Zuordnung von Ausgaben zur Herstellung von Erzeugnissen sowie die Anwendung des Umsatzkostenverfahrens vor! Wie ändern sich durch diese Annahme die in Teilaufgabe 1 vorgenommenen Buchungen aus Sicht von A, B und U?

3. Nehmen Sie an, die Konzern-Bilanzierungsrichtlinie von U schreibe für sämtliche Finanzberichte von A, B und U die Anwendung des Marginalprinzips für die Zuordnung von Ausgaben zur Herstellung von Erzeugnissen sowie die Anwendung des Gesamtkostenverfahrens vor! Geben Sie zunächst getrennt für die Einheiten A und B an, wie und wann die einzelnen Ereignisse gebucht werden müssen! Geben Sie anschließend an, welche Stornierungsbuchungen oder zusätzlichen Buchungen sich im Hinblick auf die Einheiten A und B ergeben!

4. Nehmen Sie an, die Konzern-Bilanzierungsrichtlinie von U schreibe für sämtliche Finanzberichte von A, B und U die Anwendung eines Finalprinzips für die Zuordnung von Ausgaben zur Herstellung von Erzeugnissen sowie die Anwendung des Gesamtkostenverfahrens vor! Wie ändern sich durch diese Annahme die in Teilaufgabe 3 vorgenommenen Buchungen aus Sicht von A und B?

Lösungshinweise zu den Fragen und Teilaufgaben

1. Nach sämtlichen Konsolidierungsbuchungen ergeben sich folgende Bestandswerte: Unfertige Erzeugnisse A: 1 200 *GE*, Unfertige Erzeugnisse B: 6 800 *GE*. Aus Konzernsicht ergibt sich bei A ein Verlust in der Einkommensrechnung des Abrechnungszeitraums X0 in Höhe von 3 000 *GE*.

2. Nach sämtlichen Konsolidierungsbuchungen ergeben sich folgende Bestandswerte: Unfertige Erzeugnisse A: 1 800 *GE*, Unfertige Erzeugnisse B: 9 200 *GE*. Aus Konzernsicht ergibt sich bei A kein Einkommen im Abrechnungszeitraum X0.

3. Nach sämtlichen Konsolidierungsbuchungen ergeben sich folgende Bestandswerte: Unfertige Erzeugnisse A: 1 200 *GE*, Unfertige Erzeugnisse B: 6 800 *GE*. Aus Konzernsicht ergibt sich bei A ein Verlust in der Einkommensrechnung des Abrechnungszeitraums X0 in Höhe von 3 000 *GE*.

4. Nach sämtlichen Konsolidierungsbuchungen ergeben sich folgende Bestandswerte: Unfertige Erzeugnisse A: 1 800 *GE*, Unfertige Erzeugnisse B: 9 200 *GE*. Aus Konzernsicht ergibt sich bei A kein Einkommen im Abrechnungszeitraum X0.

Aufgabe 3.5 Richtigstellung von Ereignissen zwischen Konzerneinheiten, Bereinigung konzerninterner Forderungs- und Verbindlichkeitsgeschäfte

Sachverhalt

Im Unterordnungskonzern U nimmt die Untereinheit B bei der Obereinheit A zu Beginn des Abrechnungszeitraums X1 ein Darlehen auf. Aufgrund der Darlehensvereinbarung erhält B am zu Beginn von X1 eine Auszahlung in Höhe von 3 800 *GE*. Im Gegenzug akzeptiert B einen Rückzahlungsbetrag am Ende von X5 in Höhe von 4 000 *GE* und zusätzlich eine Zinszahlung je Abrechnungszeitraum von 6% auf den Rückzahlungsbetrag.

Die Zinszahlungen erfolgen jeweils am Ende das Abrechnungszeitraums eines Abrechnungszeitraumes durch Überweisung vom Bankkonto. Die Obereinheit A verteilt die Einkommenswirkung aus dem vereinnahmten Agio über die Laufzeit des Darlehens. Die Untereinheit B erfasst das sie betreffende Disagio aus der Darlehensvergabe im Wege der Einkommensvorwegnahme.

Fragen und Teilaufgaben

1. Geben Sie an, welche Buchungen zu welchen Zeitpunkten in den rechtlich selbständigen Einheiten A und B aus dem Darlehen anfallen!

2. Geben Sie die notwendigen Stornierungsbuchungen oder zusätzlichen Buchungen an, die bezüglich der Darlehensvergabe im Zuge der Erstellung von Konzern-Finanzberichten am Ende von X1 notwendig sind!

3. Geben Sie diejenige(n) Buchung(en) an, die im Zuge der Erstellung des Konzern-Finanzberichts für den Abrechnungszeitraums X2 notwendig dafür ist bzw. sind, um die Einkommens- und Eigenkapitaleffekte der konzerninternen Ereignisse aus X1 einkommensneutral zu wiederholen!

Lösungshinweise zu den Fragen und Teilaufgaben

1. Aus den Buchungen des Darlehensgeschäfts ergibt sich bei A ein Gewinn in Höhe von 280 *GE* am Ende eines jeden Abrechnungszeitraums. In der Untereinheit B ergibt sich aus der Darlehensaufnahme am Ende von X1 ein Verlust von 440 *GE*. In den folgenden Abrechnungszeiträumen ergibt sich bei B jeweils ein Verlust aus dem Darlehen von 240 *GE*.
2. Aus Konzernsicht sind sämtliche Buchungen aus dem Darlehensgeschäft zu stornieren und zusätzliche Buchungen im Rahmen der korrekten Darstellung der Zahlungsmittelbestände bei A und B anzugeben.
3. Insgesamt fällt in X2 eine einkommensneutrale Wiederholung von 160 *GE* an.

Aufgabe 3.6 Bereinigung konzerninterner Dividendenzahlungen von der Unter- an die Obereinheit

Sachverhalt

Im Unterordnungskonzern U besitzt die Obereinheit A sämtliche Anteile der Untereinheit B. Während des Abrechnungszeitraumes X1, der dem Kalenderjahr entspricht, zahlt B an A in X1 aufgrund der bestehenden Beteiligung eine Dividende in Höhe von 1 000 *GE*.

Fragen und Teilaufgaben

1. Welche Buchungen wurden zu welchen Zeitpunkten im Zusammenhang mit der Dividendenzahlung in den rechtlich selbständigen Einheiten A und B tatsächlich vorgenommen?
2. Wie sehen die Stornierungsbuchungen oder zusätzlichen Buchungen aus, die am zum Ende von X1 aufgrund der Dividendenauszahlung im Rahmen der Konsolidierung vorzunehmen sind?

Lösungshinweise zu den Fragen und Teilaufgaben

1. Aus den Buchungen der Dividendenzahlung ergibt sich bei A ein Gewinn von 1 000 *GE* und bei B ein Entnahmeüberschuss von 1 000 *GE*.
2. Aus Konzernsicht sind sämtliche Buchungen aus der Dividendenzahlung zu stornieren und zusätzliche Buchungen im Rahmen der korrekten Darstellung der Zahlungsmittelbestände bei A und B anzugeben.

Kapitel 4
Konsolidierung unter der Annahme der Interessenzusammenführung

Lernziele

Der Leser soll im vorliegenden Kapitel mit denjenigen Techniken der Konsolidierung vertraut gemacht werden, die auf Basis der vereinheitlichten Finanzberichte bei der Interessenzusammenführungsmethode angewendet werden, insbesondere

- mit der Behandlung konzerninterner Ereignisse, die von den rechtlich selbständigen Einheiten als einheitsextern behandelt wurden,
- mit der Behandlung von Ereignissen, die aus Konzernsicht zusätzlich erheblich sind, und
- mit der Zusammenfassung der korrigierten Finanzberichte der Einheiten zu den Konzern-Finanzberichten.

Auch wenn die Interessenzusammenführungsmethode nach dHGB und nach IFRS nicht mehr zulässig ist, skizzieren wir sie der Vollständigkeit halber, weil wir dem Leser die damit verbundenen Probleme verdeutlichen möchten.

Überblick

Üblicherweise wird argumentiert, eine Konsolidierung nach der Interessenzusammenführungsmethode käme zu Stande, wenn mehrere voneinander rechtlich und ökonomisch weitgehend voneinander unabhängige Einheiten beschließen, ihre Unternehmen zusammenarbeiten zu lassen. Dann haben wir es mit einer natürlichen oder juristischen Person oder Personengruppe zu tun, die einen Konzern leitet, der aus vormals rechtlich und ökonomisch selbständigen Unternehmen besteht.

Übliche Sichtweise

In solchen Situationen ergibt sich das Vermögen und das Kapital der kombinierten Einheit, des Konzerns, durch Summierung jedes Postens – auch des Eigenkapitals – über die vereinheitlichten Finanzberichte aller Einheiten hinweg. Wenn man den Konzernbegriff anwendet,

Tatsächlich: Entstehung eines Unterordnungskonzerns

entsteht durch den Zusammenschluss eine neue meist juristische Person, der nun mehrere Einheiten angehören, die vor dem Zusammenschluss rechtlich und ökonomisch selbständig und weitgehend voneinander unabhängig waren. Diese Einheiten zeichnen sich nur durch den oder die gleichen Anteilseigner aus. Sie haben ökonomisch sonst nahezu nichts miteinander zu tun. Die leitende Einheit steht darüber. Die Einheiten werden damit zu ökonomisch unselbständigen Einheiten eines Unterordnungskonzerns. Die Fälle, in denen eine solche Person oder Personengruppe ein ökonomisch selbständiges Unternehmen besitzt, für das man anstatt einer Zusammenführung ehemals unterschiedlicher Interessen den Erwerb von Untereinheiten unterstellt, behandeln wir nicht hier, sondern in den folgenden Kapiteln.

Geringe Informationstransparenz

Zur Konsolidierung sowie zur Entkonsolidierung bestimmter Einheiten unter der Annahme der Interessenzusammenführung muss man genau wissen, was die Anteilseigner vereinbart haben. Weil viele unterschiedliche Vereinbarungen denkbar sind, ist die Interessenzusammenführung ein zwar einfach strukturiertes, jedoch für Außenstehende kaum überschaubares Gebilde. Wir beschränken uns daher auf einfache Vereinbarungen zur Konsolidierung und zur Entkonsolidierung. Für die Konsolidierung unterstellen wir, dass sich drei Gesellschaften zusammenschließen. Für die Entkonsolidierung nehmen wir erstens an, der gesamte Konzern werde aufgelöst und alternativ dazu zweitens, der Konzern D verkaufe die Vermögensgüter und Fremdkapitalposten der Einheit B an Konzernfremde.

Begründung für das Kapitel

Eine Konsolidierung unter der Annahme der Interessenzusammenführung ist nach dem dHGB ebenso wie nach den IFRS nicht mehr erlaubt. Wir skizzieren das Verfahren trotzdem, weil wir uns dabei mit den zugehörigen Problemen und erstmals auch mit den Ereignissen zwischen mehreren Einheiten des Konzerns auseinandersetzen können und weil wir dabei – auch für die sich anschließenden Kapitel – eine andere als die bis hierhin verwendete Darstellungsform einführen. Die Fachliteratur hat die Konsolidierung nach der Interessenzusammenführungsmethode bis auf Schildbach aus ihren Darstellungen verbannt.[1]

Zwei Darstellungsarten

In diesem Kapitel geben wir die Probleme und ihre Lösungen in zwei Darstellungsarten an. Erstens verwenden wir die bekannten Finanzberichte Bilanz, Einkommensrechnung sowie Eigenkapitaltransferrechnung. Zweitens werden wir die Informationen aus den Finanzberichten in Form einer Tabelle darstellen, um vergleichbare Angaben auf weniger Platz wiedergeben zu können. In den nachfolgenden Kapiteln verwenden wir aus Gründen der Übersichtlichkeit nur noch diese Tabellenform.

---

[1] Vgl. Schildbach (2008), S. 177–181.

Schließlich beschreiben wir kurz den Inhalt der IFRS und des deutschen Handelsrechts hinsichtlich der Konsolidierung unter der Annahme der Interessenzusammenführung.

Vorgaberahmen

4.1 Sachverhalt

Wir beginnen mit dem Fall der Interessenzusammenführung, weil wir deren Behandlung für relativ einfach halten. Wir unterstellen, die Anteilseigner der Einheiten A, B und C aus dem dritten Kapitel, deren Finanzberichte vereinheitlicht wurden, lieferten die Finanzberichte ihrer Einheiten an eine Sammelstelle im Konzern und erhielten zu den Bilanzstichtagen die Konzern-Finanzberichte, insbesondere die Konzern-Bilanz, die Konzern-Einkommensrechnung und die Konzern-Eigenkapitaltransferrechnung. Abweichend vom dritten Kapitel geht es hier also nicht um eine Einheit A, die Anteile an B und C erworben hat, sondern um das Zusammengehen, das die drei Einheiten gemeinsam beschlossen haben. Für die gewählten Regelungen zur Eigenkapitalermittlung in den Finanzberichten unterstellen wir, die Finanzberichte seien bereits so vereinheitlicht, wie im dritten Kapitel beschrieben. Hinsichtlich der Umrechnung von Fremdwährungsposten verwenden wir die Zeitbezugsmethode. Es gibt also keine ungewollten systematischen Unterschiede zwischen den Finanzberichten der Einheiten, so dass die Zahlen der Einheiten über die Einheiten hinweg addierbar wären, wenn keine weiteren Modifikationen vorzunehmen wären. Die Anteilseigner beschließen, zu Beginn von X2 aus ihren Einheiten den Konzern D zu bilden. Über die Bewertung ihrer Anteile sowie über die Einkommens- und Eigenkapitalverteilung innerhalb des Konzerns sind sie sich einig. Wir unterstellen, die Anteilseigner erhielten vom neuen Konzern Anteile entsprechend ihrer Kapitalanteile. Damit wird quasi automatisch formell oder informell die Obereinheit eines Konzerns gebildet: Die Anteilseigner von A erhalten Anteile von D im Umfang von 500 GE, die von B Anteile von D im Umfang von 340 GE und die von C Anteile von D im Umfang von 100 GE. Das entspricht dem Anteil des Eigenkapitals der einzelnen Einheiten am Eigenkapital des Konzerns. In X2 verkauft B an A Ware für 50 GE, die sie selbst zu 40 GE eingekauft hat. In X3 gewähre die A der C ein jährlich mit 5 GE verzinsliches Darlehen in Höhe von 40 GE. Von dem Ereignis eines Eigenkapitaltransfers zwischen B und A in Höhe von 60 GE, den wir oben erwähnt hatten, sehen wir hier ab. Die Finanzberichte verändern wir dem entsprechend leicht. Insofern wird der Eigenkapitaltransfer nicht zum Gegenstand der Konsolidierungsbuchungen. Die Buchungen der anderen konzerninternen Ereignisse, die in den

Zahlenmäßige Annahmen

rechtlich selbständigen Einheiten gebucht worden waren, müssen hingegen konsolidiert werden. Zu Beginn von X4 ist die Entkonsolidierung vorgesehen. Wir unterstellen zunächst, die Eigner der Anteile beschlössen, den gesamten Konzern aufzulösen, und alternativ dazu, die Gesamtheit der Anteilseigner verkaufe die Anteile an der B zu 380 GE an Konzernfremde. Darüber hinaus gelten die weiteren Angaben, die im dritten Kapitel gemacht wurden. Mit diesem Beispiel werden neben Fragen der so genannten Kapitalkonsolidierung auch solche der so genannten Schuldenkonsolidierung, der so genannten Zwischenergebniseliminierung und der so genannten Aufwands- und Ertragskonsolidierung angesprochen.

4.2 Ausführliches Konzept der Konsolidierung

4.2.1 Konzern-Finanzberichte bei Erstkonsolidierung

Zugangszeitpunkt

Zum Entstehungszeitpunkt eines Konzerns, zum Zeitpunkt der Erstkonsolidierung, im Beispiel zu Beginn von X2, kann man sinnvoll nur eine Konzern-(Eröffnungs-) Bilanz aufstellen, weil der Konzern vorher nicht existierte und daher zwischen dem Ende von X1 und dem Beginn von X2 annahmegemäß weder Eigenkapitaltransfers noch Einkommensbewegungen im Konzern stattgefunden haben. Da der Konzern vorher noch nicht existierte, weisen die Konzern-Einkommensrechnung und die Konzern-Eigenkapitaltransferrechnung Werte von null aus. Das gleiche gilt hinsichtlich jeder Einheit, die erstmalig einbezogen wird. In der Konzern-Bilanz wird jede Einheit im Rahmen einer Erstkonsolidierung berücksichtigt, in der Konzern-Einkommensrechnung und in der Konzern-Eigenkapitaltransferrechnung jedoch noch nicht.

Komplikationen bei Abweichung zwischen Konzernentstehung und Bilanzstichtag

Hätten die Anteilseigner den Konzern nicht zum Anfang eines Geschäftsjahres entstehen lassen oder verändert, sondern früher oder später, dann hätte die Aufstellung und Ermittlung der Konzern-Finanzberichte zuvor eine Konzern-Zwischenbilanz für die Konzernentstehung sowie eine Konzern-Zwischeneinkommensrechnung und eine Konzern-Zwischeneigenkapitaltransferrechnung für den Zeitraum zwischen dem Zeitpunkt der Konzernentstehung und dem Bilanzierungszeitpunkt erfordert.

Mehrere Darstellungsformen möglich

In unserem Beispiel werden zwei unterschiedliche Darstellungen einer solchen Bilanz abgebildet. Für die erste wird unterstellt, die drei Einheiten hätten neue Anteile an der neuen ökonomisch und rechtlich selbständigen Einheit D erhalten; für die zweite nehmen wir an, die Vermögengüter und Kapitalien der drei Einheiten würden explizit dargestellt.

Wir nehmen ferner an, es sei vereinbart worden, dass die ursprünglichen Anteilseigner der A zu Beginn von X2 Anteile im Marktwert von 500 *GE* am Konzern erhalten. Für B war im dritten Kapitel ein Eigenkapital mit einem Marktwert von 340 *GE* genannt. Die von der fremden Währung in die heimische Währung umgerechneten Finanzberichte der C weisen zum Konzernentstehungszeitpunkt ein Eigenkapital in Höhe von 100 *GE* auf. Wir nehmen damit an, aus den drei Unternehmen A, B und C sei ein Konzern gegründet worden, der jetzt die Anteile an diesen nur noch rechtlich selbständigen Einheiten hielte. Aus diesen Zahlen lässt sich eine erste Konzern-Bilanz erstellen. Wir zeigen unten zwar eine solche Konzern-Bilanz, betrachten diese aber im Folgenden nicht näher. Weder für die Einkommensrechnung noch für die Eigenkapitaltransferrechnung des Konzerns ergeben sich Konsequenzen, weil bei der Entstehung des Konzerns noch keine diesbezüglich relevanten Transaktionen im Konzern angefallen sind. Das bedeutet, dass die Einkommensrechnung und die Eigenkapitaltransferrechnung zum Zeitpunkt der Konzernentstehung noch keine Eigenkapitalveränderungen aufweisen und somit die Werte aller Posten null betragen.

Vereinheitlichung, Darstellungsart 1: Konzernbilanz als Summe von Beteiligungen

Aktiva	Eröffnungsbilanz des Konzerns D (Beginn X2)		Passiva
Beteiligung A	500	Eigenkapital	940
Beteiligung B	340		
Beteiligung C	100		
Summe Vermögensgüter	940	Summe Kapital	940

Bei einer zweiten Art der Konzern-Bilanz werden nicht mehr die Absprachen der Anteilseigner über den Wert ihrer Beteiligungen sichtbar, sondern die Vermögensgüter und Fremdkapitalposten der ehemals rechtlich und ökonomisch selbständigen Einheiten, die sich hinter den Beteiligungen verbergen, sowie die Differenzen zwischen dem Marktwert der Beteiligungen und dem Marktwert der Vermögensgüter abzüglich des Marktwertes der Fremdkapitalposten der Untereinheiten. Für die Interessenzusammenführungsmethode wird hier unterstellt, es gebe in den vereinheitlichten Finanzberichten der Einheiten weder abweichende Gliederungen, noch abweichende Bilanzansätze oder abweichende Bewertungen. In der Praxis vermeidet man den Hinweis auf die Herkunft der Vermögensgüter aus verschiedenen Einheiten, addiert diese und weist jeweils nur einen einzigen Posten für den Konzern aus,

Vereinheitlichung, Darstellungsart 2 Konzernbilanz als Summe der vereinheitlichten Finanzberichte der Einheiten

Eröffnungsbilanz des Konzerns D (Beginn X2)

Aktiva			Passiva		
Vermögensgüter von A	1 000		Eigenkapital von A	500	
Vermögensgüter von B (vereinheitlicht)	600		Eigenkapital von B	340	
Vermögensgüter von C (vereinheitlicht)	200		Eigenkapital von C	100	940
			Fremdkapital von A	500	
			Fremdkapital von B	260	
			Fremdkapital von C	100	860
Summe Vermögensgüter des Konzerns	1 800		Summe Kapital des Konzerns		1 800

Abbildung 4.1: Eröffnungsbilanz des Konzerns

Noch keine Vereinheitlichung der anderen Finanzberichte

beispielsweise bei den Vermögensgütern den Betrag von 1800 GE wie in Abbildung 4.1, Seite 140.

Die Konzern-Einkommensrechnung und die Konzern-Eigenkapitaltransferrechnung sind zu Beginn von X2 leer, weil der Konzern ja zu diesem Zeitpunkt erst geschaffen wurde. Der Aufbau ist aber ähnlich dem der Bilanz wie in Abbildung 4.2, Seite 140, und in Abbildung 4.3, Seite 141, denkbar.

Einkommensrechnung des Konzerns D bei der Entstehung (Beginn X2)

Aufwendungen	Erträge
Aufwand von A	Erträge von A
Aufwand von B	Erträge von B
Aufwand von C	Erträge von C
Einkommen (Gewinn) von A (Saldo)	Einkommen (Verlust) von A (Saldo)
Einkommen (Gewinn) von B (Saldo)	Einkommen (Verlust) von B (Saldo)
Einkommen (Gewinn) von C (Saldo)	Einkommen (Verlust) von C (Saldo)
Summe Aufwad plus Gewinn des Konzerns	Summe Ertrag plus Verlust des Konzerns

Abbildung 4.2: Einkommensrechnung des Konzerns

4.2 Ausführliches Konzept der Konsolidierung

Eigenkapitaltransferrechnung des Konzerns D bei der Entstehung (Beginn X2)

Entnahmen	Einlagen
Entnahmen bei A	Einlagen bei A
Entnahmen bei B	Einlagen bei B
Entnahmen bei C	Einlagen bei C
Einlagenüberschuss bei A (Saldo)	Entnahmenüberschuss bei A (Saldo)
Einlagenüberschuss bei B (Saldo)	Entnahmenüberschuss bei B (Saldo)
Einlagenüberschuss bei C (Saldo)	Entnahmenüberschuss bei C (Saldo)
Entnahmen plus Einlagenüberschuss des Konzerns	Einlagen plus Entnahmenüberschuss des Konzerns

Abbildung 4.3: Eigenkapitaltransferrechnung des Konzerns

Bei der Erstkonsolidierung nach der Interessenzusammenführungsmethode gibt es in unserem Beispiel keine weiteren konzerninternen Ereignisse, die zu konsolidieren wären.

Keine konzerninternen Ereignisse

Buchungssätze

Für die Erstkonsolidierung ist unter der Annahme einer Interessenzusammenführung – auf der Basis der Vereinbarungen über den Wert der eingebrachten Vermögensgüter und Fremdkapitalposten – eine postenweise Addition der Finanzberichte der rechtlich selbständigen Einheiten vorzunehmen. Haben die Anteilseigner dagegen eine Neubewertung der einen oder anderen Einheit vorzunehmen, dann entstehen – wie in unserem Beispiel für die Einheit B – deswegen Buchungen im Rahmen der Vereinheitlichung, welche die Bilanz und eventuell auch die Einkommensrechnung derjenigen Einheit betreffen, in der sie vorliegen. Im Zuge der Addition fallen keine weiteren Buchungen an, welche über die im Rahmen der Vereinheitlichung angefallenen und im dritten Kapitel aufgezeigten Buchungen hinausgehen.

Nur postenweise Addition, nur Buchungen bei Erstkonsolidierung im Falle notwendiger Vereinheitlichungen

Exkurs Anfang: Modifikation der Darstellung

Kaum jemand würde im Zusammenhang mit der Konsolidierung für die Bilanz, die Einkommensrechnung und die Eigenkapitaltransferrechnung eines Konzerns unsere bisherige Darstellungsart wählen. Man würde auf die Herkunftsangabe der Vermögensgüter und des Fremdkapitals verzichten und erhielte entsprechend kürzere Finanzberichte.

Abbildung 4.4 als Muster für die weiteren Darstellungen in diesem Buch

Zudem würde man die Finanzberichte für die Darstellung im Konzernzusammenhang nicht in der Kontoform darstellen, um den Druckplatz besser nutzen zu können. Zu Trainingszwecken werden wir im vorliegenden Kapitel die vertraute Kontoform noch weiter gebrauchen. Allerdings führen wir auch eine alternative Darstellungsform ein, die wir – wie auch sonst üblich – in den Folgekapiteln ausschließlich verwenden werden. Dabei handelt es sich um eine Tabelle, in der wir die Zahlen jeder Einheit in zwei Spalten wiedergeben, in einer Soll-Spalte und in einer Haben-Spalte. Die Summen der jeweils zusammengehörigen Soll- und Haben-Spalten müssen übereinstimmen. Die Tabellenform würde bei Entstehung eines Konzerns dann so dargestellt wie in Abbildung 4.4, Seite 143. Für den ersten und die weiteren Konzern-Abrechnungszeiträume wäre wiederum so eine Darstellung anzugeben, wenn auch mit mehr Spalten und Zeilen.

Exkurs Ende

4.2.2 Konzern-Finanzberichte zu Zeitpunkten nach der Erstkonsolidierung

Zusammenfassungszeitpunkt — Den Angaben des Beispiels entnehmen wir, dass die Bilanzstichtage der Einheiten während des gesamten betrachteten Zeitraums übereinstimmen. Wir können folglich von den vereinheitlichten Finanzberichten der rechtlich selbständigen Einheiten ausgehen und brauchen keine Zwischenberichte zu erstellen oder Schätzungen vorzunehmen.

Vereinheitlichung — Die Vereinheitlichung der Finanzberichte kann sich (1) auf die Übernahme der Neubewertung des Eigenkapitals zu Marktwerten erstrecken, wie sie in unserem Beispiel bereits im Rahmen der Vereinheitlichung der Ausgangsdaten berücksichtigt wurde. Sie umfasst auch (2) die Umrechnung von Angaben in fremder Währung. Bezieht sich die Neubewertung der Vermögensgüter – anders als in unserem Beispiel – auf abnutzbare Vermögensgüter, so ergeben sich bei der Vereinheitlichung auch Konsequenzen für die Höhe der künftigen planmäßigen Abschreibungen in jedem der Nutzungsjahre.

Fortlassen konzerninterner Vorgänge — Zwischen den Einheiten des Konzerns haben in den Folgezeiträumen weitere Ereignisse stattgefunden, die, obwohl sie als innerkonzernlich einzustufen sind, von den rechtlich selbständigen Einheiten so gebucht wurden, wie wenn sie außerkonzernlich stattgefunden

4.2 Ausführliches Konzept der Konsolidierung

	Einheit A (Beginn X2)		Einheit B (Beginn X2)		Einheit C (Beginn X2)		Konzern D (Beginn X2)	
	S	H	S	H	S	H	S	H
Vermögensgüter	1 000		600		200		1 800	
Summe Aktiva	**1 000**		**600**		**200**		**1 800**	
Eigenkapital vor konsolidierung (Beginn X1) Eigenkapitaltransfers im Zeitraum Einkommen im Zeitraum Eigenkapital der Konzernanteilseigner nach konsolidierung (Beginn X2)		500		340		100		940
Fremdkapital		500		260		100		860
Summe Passiva		**1 000**		**600**		**200**		**1 800**
Umsatzaufwand								
Anderer Aufwand								
Einkommen (Gewinn)								
Summe Aufwand plus Gewinn								
Umsatzertrag								
Anderer Ertrag								
Einkommen (Verlust)								
Summe Ertrag plus Verlust								
Entnahmen								
Einlagenüberschuss (Saldo)								
Entnahmen plus Saldo								
Einlagen								
Entnahmenüberschuss (Saldo)								
Einlagen plus Saldo								

Abbildung 4.4: Ermittlung einer Konzern-Eröffnungsbilanz in Tabellenform, aus den vereinheitlichten Zahlen rechtlich selbständiger Einheiten bei Entstehung eines Konzerns zum (einheitlichen) Beginn von X2 unter der Annahme der Interessenzusammenführung

hätten. Daher sind diese aus den Konzern-Finanzberichten zu stornieren. In unserem Beispiel ergeben sich solche Vorgänge in den Zeiträumen X2 und X3.

Zum Schluss sind die vereinheitlichen und eventuell weiter modifizierten Finanzberichte der Einheiten zu den Konzern-Finanzberichten zusammen zu fassen.

Summenbildung

4.2.2.1 Konzern-Finanzberichte zum Ende des Zeitraums X2

Wenn die Bilanzstichtage und die Abrechnungszeiträume aller Einheiten übereinstimmen, gestaltet sich die Erstellung der Konzern-Finanzberichte auf Grund der vereinheitlichten Finanzberichte der rechtlich selbständigen Einheiten zum Ende des Abrechnungszeitraums X2 ziemlich einfach.

Vereinheitlichung

Wir nehmen an, die Gliederungen, der Ansatz und die Bewertung der Vermögensgüter und Fremdkapitalposten sei bei allen Einheiten des Konzerns zu einem gemeinsamen Bilanzstichtag einheitlich vorgenommen worden. Eventuelle Neubewertungen zum Marktwert seien bereits berücksichtigt. Wir können uns demzufolge auf die vereinheitlichten Finanzberichte »verlassen«, die wir im dritten Kapitel entwickelt haben.

Ein konzerninternes Ereignis in X2

Im Beispiel gibt es im Abrechnungszeitraum X2 ein weiteres von A und B gebuchtes Ereignis, das als konzerninternes Ereignis gilt: B verkauft gegen Barzahlung für 50 GE Ware an A, die B für 40 GE erworben hatte. Es sind folglich die entsprechenden Korrekturbuchungen vorzunehmen. Diese stellen wir im Folgenden dar.

Summenbildung

Die Summenbildung der Posten über die Einheiten kann schließlich vorgenommen werden. Es ergeben sich dadurch für den Konzern vorläufige Konzern-Finanzberichte für das Ende von X2. Hinzuweisen ist darauf, dass die Addition auch das Eigenkapital umfasst; denn die Anteilseigner des Konzerns besitzen ja nun drei Einheiten, die sonst nichts miteinander zu tun haben.

Buchungssätze

Bei Absprachen zwischen den Anteilseignern nur postenweise Addition sinnvoll

Für die Folgekonsolidierung zum Ende von X2 ist unter der Annahme der Interessenzusammenführung – auf der Basis der Vereinbarungen über den Wert der eingebrachten Vermögensgüter und Schulden sowie über die Verteilung von Gewinnen und Verlusten – nur die postenweise Addition der eventuell modifizierten Finanzberichte der rechtlich selbständigen Einheiten vorzunehmen.

Buchungssätze bei Vereinheitlichung

Nimmt man jedoch – wie hier unterstellt – im Zuge der Vereinheitlichung der Finanzberichte eine Neubewertung einiger Posten zu Marktwerten vor, so stützt sich das weitere Vorgehen auf die vereinheitlichten Finanzberichte, im Beispiel die des dritten Kapitels. Es bleibt hier also nur noch, das Verkaufsgeschäft der B an die A mit dem Gewinn von (Umsatzertrag 50 GE – Umsatzaufwand 40 GE =) 10 GE rückgängig zu machen und die Verlagerungen von Ware und von Zahlungsmitteln zu berücksichtigen, die tatsächlich stattgefunden hat. Im folgenden kennzeichnen wir die Buchungen, die in den Finanzberichten bereits berücksichtigt wurden, mit dem Buchstaben B und einer fortlaufenden Nummer. Die Buchungen, mit denen wir die ungewünschte Darstellung rückgängig machen, stornieren, bezeichnen wir mit S und einer weiter fortlaufenden Nummer. Die Buchungen, mit denen wir die Vorgänge aus Konzernsicht darstellen, bezeichnen wir mit Z und einer weiter fortlaufenden Nummer, die eigentlichen Konsolidierungsbuchungen mit K und einer Nummer, welche den Nummern folgt, die für die zusätzlichen Buchungen verwendet wurden.

Behandlung des »Verkaufs« und »Kaufs« von Ware aus Konzernsicht

Bei der A war der Kauf, bei der B der Verkauf unter der Annahme des so genannten Umsatzkostenverfahrens wie folgt gebucht worden:

Tatsächliche Buchungen in den betroffenen Einheiten

Beleg	Datum	Ereignis und Konten	Soll	Haben
B1		Kauf bei A		
		Vermögensgüter A (Ware)	50	
		Vermögensgüter A (Zahlungsmittel)		50
B2		Verkauf bei B (Zugangs- und Ertragsbuchung)		
		Vermögensgüter B (Zahlungsmittel)	50	
		Umsatzertrag B		50
B3		Verkauf bei B (Aufwands- und Abgangsbuchung)		
		Umsatzaufwand B	40	
		Vermögensgüter B (Ware)		40

Aus der Verkaufsbuchung resultierte bei B im Rahmen der Erstellung der Finanzberichte letztlich ein Gewinn von $10\,GE$, ohne dass dafür ein speziell aus dem Geschäft folgender Buchungssatz angefallen wäre. Die $10\,GE$ werden im Rahmen der Abschlussbuchungen als Teil des Einkommens des Abrechnungszeitraums ins Eigenkapital gebucht. Wir benötigen die Kenntnis dieser Zusammenhänge, um die Buchungen zu stornieren, die aus Konzernsicht auf irrelevanten Ereignissen beruhen.

Die tatsächlichen Buchungen sind zu stornieren. Zusätzlich ist die Konsequenz für das Einkommen zu stornieren (Buchungssatz S4), weil die Stornierung das Einkommen mindert:

Stornierung der tatsächlichen Buchungen mit der Einkommenskonsequenz

Beleg	Datum	Ereignis und Konten	Soll	Haben
S1		Stornierung des Kaufs bei A		
		Vermögensgüter A (Zahlungsmittel)	50	
		Vermögensgüter A (Ware)		50
S2		Stornierung des Verkaufs bei B (Zugangs- und Ertragsbuchung)		
		Umsatzertrag B	50	
		Vermögensgüter B (Zahlungsmittel)		50
S3		Stornierung des Verkaufs bei B (Aufwands- und Abgangsbuchung)		
		Vermögensgüter B (Ware)	40	
		Umsatzaufwand B		40
S4		Stornierung der Einkommenskonsequenzen		
		Einkommen B (Bilanz)	10	
		Einkommen (Verlust) B (Einkommensrechnung)		10

Berücksichtigung der Ereignisse aus Konzernsicht

Im Anschluss an die Stornierungen sind die Ereignisse aus Konzernsicht darzustellen. Demzufolge wurden Ware zu den Einkaufs- oder Herstellungsausgaben der B in Höhe von 40 *GE* von B nach A und Zahlungsmittel in Höhe von 50 *GE* von A nach B verlagert. Daraus folgen die Buchungen:

Beleg	Datum	Ereignis und Konten	Soll	Haben
Z5		Verlagerung der Ware von B nach A		
		Vermögensgüter A (Ware)	40	
		Einlage A		40
		Entnahme B	40	
		Vermögensgüter B (Ware)		40
Z6		Verlagerung der Zahlungsmittel von A nach B		
		Vermögensgüter B (Zahlungsmittel)	50	
		Einlage B		50
		Entnahme A	50	
		Vermögensgüter A (Zahlungsmittel)		50

Berücksichtigung der eigentlichen Konsolidierungsbuchungen entfällt bei voneinander unabhängigen Einheiten

Konsolidierungsbuchungen im eigentlichen Sinne, bei denen man – wie wir in nachfolgenden Kapiteln noch sehen werden – die Werte von Beteiligungen verändert oder gegen Vermögensgüter, Fremdkapitalposten und einen Restposten austauscht, kommen im Rahmen der Interessenzusammenführung ehemals voneinander unabhängiger Einheiten nicht vor.

Konsequenzen für die Konzern-Finanzberichte

Als Bilanz erhalten wir die Übersicht der Abbildung 4.5, Seite 147.

Bilanz des Konzerns D (Ende X2)

Aktiva			Passiva		
Vermögensgüter der A	900		Eigenkapital der A	470	
S1: innerkonzernliches Warenlieferung	–50		Z5: Einlage A	40	
S1: innerkonzernliches Zahlungsmittel	50		Z6: Entnahme A	–50	460
Z5: Ware von B	40				
Z6: Zahlungsmittel nach B	–50	890	Eigenkapital der B	430	
Vermögensgüter der B	490		S4: Innerkonzernliches Einkommen (Gewinn)	–10	
S2: innerkonzernliches Zahlungsmittel	–50		Z5: Entnahme B	–40	
S3: innerkonzernliches Ware der B	40		Z6: Einlage B	50	430
Z5: Ware nach A	–40				
Z6: Zahlungsmittel von A	50	490	Eigenkapital der C		260
			Fremdkapital der A		430
Vermögensgüter der C		460	Fremdkapital der B		60
			Fremdkapital der C		200
Summe Vermögensgüter des Konzerns		1 840	Summe Kapital des Konzerns		1 840

Abbildung 4.5: Bilanz des Konzerns D zum Ende von X2

Die Einkommensrechnung ergibt sich für den Zeitraum X2 so wie in der Übersicht der Abbildung 4.6, Seite 147.

Einkommensrechnung des Konzerns D (Zeitraum X2)

Aufwendungen			Erträge		
Umsatzaufwand A		150	Umsatzertrag A		220
Umsatzaufwand B	270		Umsatzertrag B	250	
S3: innerkonzernlicher Aufwand	–40	230	S2: Innerkonzernlicher Ertrag	–50	200
Umsatzaufwand C		1 000	Umsatzertrag C		1 000
Anderer Aufwand A		120	Anderer Ertrag A		40
Anderer Aufwand B		30	Anderer Ertrag B		140
Anderer Aufwand C		0	Anderer Ertrag C		160
Einkommen (Gewinn) A		0	Einkommen (Verlust) A		10
Einkommen (Gewinn) B	90		Einkommen (Verlust) B		0
S4: Innerkonzernliches Einkommen (Gewinn)	–10	80	Einkommen (Verlust) C		0
Einkommen (Gewinn) C		160			
Summe Aufwand plus Gewinn		1 770	Summe Ertrag plus Verlust		1 770

Abbildung 4.6: Einkommensrechnung des Konzerns D für den Zeitraum X2

Eigenkapitaltransferrechnung des Konzerns D (Zeitraum X2)			
Entnahmen			**Einlagen**
Entnahmen A	30	Einlagen A	10
	50		40
Entnahmen B	40	Einlagen B	50
Entnahmen C	0	Einlagen C	0
Einlagenüberschuss (Saldo)	0	Entnahmenüberschuss (Saldo)	20
Entnahmen plus Saldo	30	Einlagen plus Saldo	30

Abbildung 4.7: Eigenkapitaltransferrechnung des Konzerns D für den Zeitraum X2

Die Eigenkapitaltransferrechnung gestaltet sich so wie in der Übersicht der Abbildung 4.7, Seite 148.

Bei der oben skizzierten anderen (komprimierteren) Darstellungsart ergibt sich die Abbildung 4.8, Seite 149. Darin haben wir die einzelnen Konsolidierungsbuchungssätze nur noch durch hochgestellte Ziffern kenntlich gemacht.

4.2.2.2 Konzern-Finanzbericht zum Ende des Zeitraums X3

Vereinheitlichung Wir nehmen an, die Bilanzstichtage, die Gliederungen, der Ansatz und die Bewertung seien bei allen Einheiten des Konzerns einheitlich vorgenommen worden, so dass keine weiteren Vereinheitlichungsarbeiten anstehen.

Im Beispiel relevante Ereignisse Relevant ist, dass (1) in X2 gegenüber den vereinheitlichten Finanzberichten der rechtlich selbständigen Einheiten eine Änderung von Vermögensgüter und Fremdkapitalposten stattgefunden hat, die sich auch auf Folgezeiträume auswirken sollte. Weiterhin zählt, dass (2) die A der C ein Darlehen über 40 *GE* gegen Zinsen von 5 *GE* zur Verfügung gestellt hat. Das oben vorgesehene Ereignis eines Eigenkapitaltransfers von B an A in Höhe von 60 *GE* sehen wir in unserem Beispiel für die Interessenzusammenführungsmethode nicht vor. Die verbleibenden Ereignisse sind als innerkonzernlich zu bezeichnen. Deren Buchungen müssen daher rückgängig gemacht und durch diejenigen Buchungen ersetzt werden, die aus Konzernsicht stattgefunden haben. Die Einkommens- und Eigenkapitaltransferrechnung des Konzerns ergeben sich folglich nicht aus den jeweiligen Postensummen über die Einheiten.

4.2 Ausführliches Konzept der Konsolidierung

	Einheit A (Ende X2)		Korrekturen bei A		Einheit B (Ende X2)		Korrekturen wegen B		Einheit C (Ende X2)		Korrekturen wegen C		Konzern D (Ende X2)	
	S	H	S	H	S	H	S	H	S	H	S	H	S	H
Vermögensgüter	900		50¹		490		50¹		460				1 840	
							40³ 50²							
			40⁵				40⁵							
				50⁶			50⁶							
Summe Aktiva	900		40		490		50		460				1 840	
Eigenkapital (Beginn X2)		500				340				100				940
Eigenkapitaltransfers in X2	20		10		0		10				20		20	
Einkommen im Zeitraum	10				90		10⁴			160	20			250
Eigenkapital (Ende X2)		470				430	0			260				1 150
Fremdkapital		430				60				200				690
Summe Passiva		900		10		490		10		460				1 840
Umsatzaufwand	150				270				40³	1 000			1 380	
Anderer Aufwand	120				30		0		0				150	
Einkommen (Gewinn)	0				90		10⁴			160			240	
Summe Aufwand plus Gewinn	270				390			50	1 160				1 770	
Umsatzertrag		220				250	50²			1 000				1 420
Anderer Ertrag		40				140	0			160				340
Einkommen (Verlust)		10				0	0			0				10
Summe Ertrag plus Verlust		270				390		50		1 160				1 770
Entnahmen	30		50⁶		0		40⁵		0				30	
Einlagenüberschuss (Saldo)	0				0		10		0				0	
Entnahmen plus Saldo	30		50		0		50		0				30	
Einlagen		10		40⁵		0		50⁶		0				10
Entnahmenüberschuss (Saldo)		20		10		0		0		0				20
Entnahmen plus Saldo		30		50		0		50		0				30

Abbildung 4.8: Ermittlung einer Konzern-Bilanz, Konzern-Einkommensrechnung und Konzern-Eigenkapitaltransferrechnung zum Ende von X2 aus den vereinheitlichten Zahlen rechtlich selbständiger Einheiten des Konzerns unter der Annahme der Interessenzusammenführung

Buchungssätze

Für die Folgekonsolidierung ist unter der Annahme der Interessenzusammenführung – auf der Basis der Vereinbarungen über den Wert der eingebrachten Vermögensgüter und Fremdkapitalposten sowie über die Verteilung von Gewinnen und Verlusten zwischen den Anteilseignern – nur die postenweise Addition der vereinheitlichten Finanzberichte der rechtlich selbständigen Einheiten vorzunehmen. Im Zusammenhang mit der Darlehensvergabe wurden die Buchungen entsprechend den Vorgaben zum Zeitraum X2 mit Buchstaben und Nummern gekennzeichnet.

Bei Akzeptanz der Vereinbarungen der Anteilseigner nur postenweise Addition

Wir beschreiben zunächst die einkommensneutralen Änderungen der Finanzberichte, die im Vorzeitraum stattgefunden haben und sich auch auf den laufenden Zeitraum auswirken. Anschließend beschreiben wir die mit der Vergabe und dem Empfang des Darlehens zusammenhängenden Ereignisse (Darlehensvergabe der A, Darlehensempfang der C, Zinszahlung der C an die A).

Fallunterscheidung

Berücksichtigung der in den Finanzberichten von X3 noch nicht erfassten Änderungen aus Vorzeiträumen

Ware Die Konsequenzen aus dem Vorzeitraum bestehen darin, dass das Eigenkapital und die Vermögensgüter (Ware) in den Finanzberichten der rechtlich selbständigen Einheiten zu hoch angesetzt sind, weil in diesen Finanzberichten das konzerninterne Ereignis aus X2 als Verkauf von Ware durch B an A abgebildet worden war, nicht dagegen als bloße Verlagerung von Ware und von Zahlungsmitteln. Die entsprechenden Buchungen berücksichtigen wir im aktuellen Abrechnungszeitraum des Beispiels mit:

Beleg	Datum	Ereignis und Konten	Soll	Haben
V1		Anpassung aus Vorzeitraum		
		Eigenkapital der B (31.12.X2)	10	
		Vermögensgüter der B (Ware)	40	
		Vermögensgüter der A (Ware)		50
V2		Verlagerung von Ware durch B an A		
		Vermögensgüter der A (Ware)	40	
		Einlage A		40
		Entnahme B	40	
		Vermögensgüter der B (Ware)		40
V3		Verlagerung von Zahlungsmitteln durch A an B		
		Vermögensgüter der B (Zahlungsmittel)	50	
		Einlage B		50
		Entnahme A	50	
		Vermögensgüter der A (Zahlungsmittel)		50

Berücksichtigung der konzerninternen Ereignisse in X3

Behandlung des Darlehens durch A an C und Zinszahlung durch C an A aus Konzernsicht

Tatsächliche Buchungen in den betroffenen Einheiten

Im Zusammenhang mit der Darlehensvergabe und der Zinszahlung wurden die folgenden Buchungen getätigt:

Beleg	Datum	Ereignis und Konten	Soll	Haben
B4		Darlehensvergabe der A		
		Vermögensgüter der A (Forderungen)	40	
		Vermögensgüter der A (Zahlungsmittel)		40
B5		Darlehensempfang der C		
		Vermögensgüter der C (Zahlungsmittel)	40	
		Fremdkapital der C		40
B6		Zinsertrag der A		
		Vermögensgüter der A (Zahlungsmittel)	5	
		Anderer Ertrag der A (Zinsen)		5

4.2 Ausführliches Konzept der Konsolidierung

Beleg	Datum	Ereignis und Konten	Soll	Haben
B7		Zinsaufwand der C		
		Anderer Aufwand der C (Zinsen)	5	
		Vermögensgüter der C (Zahlungsmittel)		5

Daraus folgte bei der Erstellung der Finanzberichte der rechtlich selbständigen Einheiten, dass A einen Gewinn und C einen Verlust in Höhe von jeweils 5 GE berücksichtigt hatte, der aus Konzernsicht zwar nicht entstanden war, aber bei A und C Bestandteil der Abschlussbuchungen des Einkommens ins Eigenkapital war.

Die Buchungen sind zu stornieren. Außerdem sind Buchungen vorzusehen, um die Konsequenzen der Stornierungen für das Einkommen des Konzerns abzubilden:

Stornierung der tatsächlichen Buchungen mit der Einkommenskonsequenz

Beleg	Datum	Ereignis und Konten	Soll	Haben
S4		Stornierung der Darlehensvergabe der A		
		Vermögensgüter der A (Zahlungsmittel)	40	
		Vermögensgüter der A (Forderungen)		40
S5		Stornierung des Darlehensempfangs der C		
		Fremdkapital der C		
		Vermögensgüter der C (Zahlungsmittel)	40	40
S6		Stornierung des Zinsertrags und Zahlungsmittelzugangs der A		
		Anderer Ertrag der A (Zinsen)	5	
		Vermögensgüter der A (Zahlungsmittel)		5
S7		Stornierung des Zinsaufwands und Zahlungsmittelabgangs der C		
		Vermögensgüter der C (Zahlungsmittel)	5	
		Anderer Aufwand der C (Zinsen)		5
S8		Stornierung des Einkommens der A		
		Einkommen (Bilanz) der A	5	
		Einkommen (Gewinn) (Einkommensrechnung) der A		5
S9		Stornierung des Einkommens der C		
		Einkommen (Verlust) (Einkommensrechnung) der C	5	
		Einkommen (Bilanz) der C		5

Die Darlehensvergabe und die Darlehensannahme wirken sich nicht auf das Einkommen aus. Aus Konzernsicht hat nur eine Verlagerung von Zahlungsmitteln von der A an die C stattgefunden, die zu berücksichtigen wäre. Das geschieht mit den zusätzlichen jeweils mit Z und der fortlaufenden Nummer gekennzeichneten Buchungen:

Berücksichtigung der Ereignisse aus Konzernsicht

Beleg	Datum	Ereignis und Konten	Soll	Haben
Z10		Verlagerung von Zahlungsmitteln von A an C wegen Darlehen		
		Vermögensgüter der C (Zahlungsmittel)	40	
		Einlage C		40
		Entnahme A	40	
		Vermögensgüter der A (Zahlungsmittel)		40
Z11		Verlagerung von Zahlungsmittel wegen Zinszahlung von C an A		
		Vermögensgüter der A (Zahlungsmittel)	5	
		Einlage A		5
		Entnahme C	5	
		Vermögensgüter der C (Zahlungsmittel)		5

Berücksichtigung der eigentlichen Konsolidierungsbuchungen entfällt bei voneinander unabhängigen Einheiten

Auch in X3 kommt es nicht zu Konsolidierungsbuchungen im eigentlichen Sinne, bei denen man – wie wir in nachfolgenden Kapiteln noch sehen werden – die Werte von Beteiligungen verändert oder gegen Vermögensgüter, Fremdkapitalposten und einen Restposten austauscht, weil wir eine Interessenzusammenführung ehemals voneinander unabhängiger Einheiten betrachten.

Konsequenzen für die Konzern-Finanzberichte

Überblick

Man erhält für die Situation des vierten Kapitels die Konzern-Bilanz der Abbildung 4.9, Seite 153, die Konzern-Einkommensrechnung der Abbildung 4.10, Seite 153, und die Konzern-Eigenkapitaltransferrechnung der Abbildung 4.11, Seite 154.

Eine kombinierte Darstellung der drei Rechnungen in Tabellenform stellt sich so wie in Abbildung 4.12, Seite 154 dar. Der Konzern besitzt ein Eigenkapital in Höhe von 1 095 *GE*. Auf die B entfallen davon 500 *GE*.

4.2.3 Entkonsolidierung

Annahme von zwei Fällen

Wir unterstellen zwei Fälle einer möglichen Entkonsolidierung. Erstens untersuchen wir, was zu berücksichtigen ist, wenn der Konzern aufgelöst wird. Zweitens betrachten wir einen Konzern, der sich von der Beteiligung an einer Einheit trennt.

4.2 Ausführliches Konzept der Konsolidierung

Bilanz des Konzerns D (Ende X3)

Aktiva			Passiva		
Vermögensgüter der A	1 055		Eigenkapital von A	535	
V1: Ware	–50		S8: Einkommen der A	–5	
V2: Ware	40		V2: Einlage A	40	
V3: Zahlungsmittel	–50		V2: Entnahme A	–50	
S4: Zahlungsmittel	40		Z10: Entnahme A	–40	
S4: Forderungen	–40		Z11: Einlage A	5	485
Z10: Zahlungsmittel	–40		Eigenkapital von B	420	
S6: Zahlungsmittel	–5		V1: Eigenkapitaländerung aus		
Z11: Zahlungsmittel	5	955	Vorzeitraum	–10	
Vermögensgüter der B	570		Einkommen (Bilanz)	90	
V1: Ware	40		V2: Einlage B	50	
V2: Ware	–40		V2: Entnahme B	–40	510
V3: Zahlungsmittel	50	620	Eigenkapital von C	60	
Vermögensgüter der C	125		S9: Einkommen C	5	65
S5: Zahlungsmittel	–40		Fremdkapital von A		520
Z10: Zahlungsmittel	40		Fremdkapital von B		60
S7: Zahlungsmittel	5		Fremdkapital von C	65	
Z11: Zahlungsmittel	–5	125	S5: Darlehensverbindlichkeiten	–40	
			Z10: Einlage C	40	
			Z11: Entnahme C	–5	60
Summe Vermögensgüter		1 700	Summe Kapital		1 700

Abbildung 4.9:   Bilanz des Konzerns D zum Ende von X3

Einkommensrechnung des Konzerns D (Zeitraum X3)

Aufwendungen			Erträge		
Umsatzaufwand A		0	Umsatzertrag A		0
Umsatzaufwand B		40	Umsatzertrag B		50
Umsatzaufwand C		490	Umsatzertrag C		500
Anderer Aufwand A		0	Anderer Ertrag A	65	
Anderer Aufwand B		10	S6: Zinsertrag	–5	60
Anderer Aufwand C	210		Anderer Ertrag B		90
S7: Zinsaufwand	–5	205	Anderer Ertrag C		0
Einkommen (Gewinn) A	65		Einkommen (Verlust) A		0
S8: Einkommen (Gewinn) A	–5	60	Einkommen (Verlust) B		0
Einkommen (Gewinn) der B	0	90	Einkommen (Verlust) C	200	
Einkommen (Gewinn) der C		0	S9: Einkommen (Verlust) C	–5	195
Summe Aufwand plus Gewinn		895	Summe Ertrag plus Verlust		895

Abbildung 4.10:   Einkommensrechnung des Konzerns D zum Ende von X3

Eigenkapitaltransferrechnung des Konzerns D (Zeitraum X3)

Entnahmen		Einlagen	
Entnahmen A	40	Einlagen A	5
Entnahmen B	0	Einlagen B	0
Entnahmen C	5	Einlagen C	40
Einlagenüberschuss (Saldo)	0	Entnahmenüberschuss (Saldo)	0
Entnahmen plus Saldo	45	Einlagen plus Saldo	45

Abbildung 4.11: Eigenkapitaltransferrechnung des Konzerns D für den Zeitraum X3

	Einheit A (Ende X3)		Korrekturen bei A		Einheit B (Ende X3)		Korrekturen wegen B		Einheit C (Ende X3)		Korrekturen wegen C		Konzern D (Ende X3)	
	S	H	S	H	S	H	S	H	S	H	S	H	S	H
Vermögensgüter	1 055		40^2	50^1	570		40^1	40^2	125				1 740	
				50^3			50^3							0
			40^4	40^4								40^5		40
				40^{10}							40^{10}			0
				5^{11}			5^6				5^7	5^{11}		0
Summe Aktiva	**1 055**		**0**	**100**	**570**		**50**	**0**	**125**		**0**	**0**	**1 700**	
Eigenkapital (Beginn X3)		470				420				260				1 150
Eigenkap. aus Vorzeitraum				10		0	10^1	10						10
Eigenkapitaltransfers in X3		0		35								35		
Einkommen im Zeitraum		65	5^8			90				200	5^9		205	160
Eigenkapital (Ende X3)		535	50			510				60	40			1 095
Fremdkapital		520				60				65	40^5			605
Summe Passiva		**1 055**	**50**			**570**	**0**			**125**	**0**			**1 700**
Umsatzaufwand	0				40				490				530	
Anderer Aufwand	0			5^8	10				210			5^7	210	
Einkommen (Gewinn)	65				90				0				155	
Summe Aufwand plus Gewinn	**65**			**5**	**140**		**0**		**700**			**5**	**895**	
Umsatzertrag		0				50				500				550
Anderer Ertrag		65	5^6			90				0				150
Einkommen (Verlust)		0				0				200	5^9			195
Summe Ertrag plus Verlust		**65**	**5**			**140**	**0**			**700**	**5**			**895**
Entnahmen	0		50^3		0		40^2				5^{11}		135	
			40^{10}											
Einlagenüberschuss (Saldo)	0				0		10				35		45	
Entnahmen plus Saldo	**0**		**90**		**0**		**50**		**0**		**40**		**180**	
Einlagen		0		40^2		0		50^3				40^{10}		135
		0		5^{11}		0								
Entnahmenübersch. (Saldo)				45										45
Entnahmen plus Saldo		**0**		**90**		**0**		**50**		**0**		**40**		**180**

Abbildung 4.12: Ermittlung einer Konzern-Bilanz, einer Konzern-Einkommensrechnung und einer Konzern-Eigenkapitaltransferrechnung zum Ende von X3 aus den vereinheitlichten Zahlen rechtlich selbständiger Einheiten im Konzern unter der Annahme der Interessenzusammenführung

4.2.3.1 Auflösung des Konzerns

Entschließen sich die Anteilseigner, ihren Konzern wieder aufzulösen und die Vermögensgüter, Fremdkapital- und Eigenkapitalposten entsprechend dem Beitrag zu verteilen, der auf die einzelnen Einheiten entfällt, dann ist die Auflösung recht einfach darzustellen. Die Anteilseigner, die früher die A besessen haben, erhalten die Vermögensgüter, Fremdkapitalposten und Eigenkapitalbestandteile, die auf die A entfallen, die der B die entsprechenden Posten der B und die der C die Posten der C. Dabei bezieht man konzernbezogene Korrekturen in die Zahlen ein. Wenn man die Darstellung so wählt, wie wir es getan haben, ergeben sich die Zahlen für jede Einheit aus der Summe der Spalten für die Einheit und der Korrekturspalte für die Einheit wie sie aus Abbildung 4.12, Seite 154, hervorgehen. Wir verzichten hier auf eine solche Darstellung.

Auflösung entsprechend der für die Konsolidierung verwendeten Zahlen

4.2.3.2 Trennung des Konzerns von einer Beteiligung an einer Einheit

Trennt sich der Konzern von einzelnen Beteiligungen zu Beginn von X4 wieder, also unmittelbar nach dem Ende von X3, so kann man ohne Probleme für jede ausscheidende Einheit einen eigenen Finanzbericht erstellen, die Konzern-Finanzberichte mit dieser Beteiligung um die abgehende Beteiligung reduzieren und das Einkommen aus dem Verkauf der Beteiligung zeigen. Beim Ausscheiden von B hat man allerdings die Konsequenzen für andere Einheiten zu beachten, im Beispiel die Tatsache, dass der Wert der von B an A gelieferten Ware nun nicht mehr 40 *GE*, sondern 50 *GE* betragen sollte. Durch das Ausscheiden von B aus dem Konzernverbund ist die Ware bei A nicht mehr konzernintern, sondern konzernextern zu bewerten. Deswegen ist ihr Wert um 10 *GE* höher als 40 *GE* anzusetzen. Dem entsprechend sinkt der Wert der Beteiligung an B.

Anwendung der Vereinbarungen der Anteilseigner

Haben die Anteilseigner keine Vereinbarung über das Vorgehen bei Ausscheiden einer Beteiligung getroffen, orientiert man sich an dem auf diese Beteiligung entfallenden Eigenkapital. Erfolgt das Ausscheiden unmittelbar nach einem Bilanzstichtag, dann erübrigen sich Schätzungen. Wir demonstrieren das Ausscheiden, indem wir unterstellen, der Konzern verkaufe die Beteiligung an B zu Beginn von X4 zu einem Preis von 380 *GE* an Konzernfremde. Wir ermitteln die Konzern-Finanzberichte nach Ausscheiden einzelner Einheiten, indem wir zunächst alles, was zu der ausscheidenden Einheit gehört, gegen die Beteiligung tauschen, die dahinter steht. Dabei ergibt sich der aktuelle Wert der Beteiligung als Saldo. Anschließend buchen

Vorgehen ohne entsprechende Vereinbarungen der Anteilseigner

wir den Verkauf der Beteiligung. Die Finanzberichte des restlichen Konzerns ergeben sich aus der Summe der Posten der Einheiten A und C, korrigiert um den Veräußerungserlös und den abgehenden Buchwert des Eigenkapitals der B.

Buchungssätze

Buchungen bei Entkonsolidierung und Beteiligungsverkauf des Konzern

Bei der Entkonsolidierung unter der Annahme der Interessenzusammenführung verzichten wir hier auf die postenweise Addition der eventuell korrigierten Werte. Wir unterstellen vielmehr, der Konzern verkaufe die auf die Einheit B entfallenden Vermögensgüter. Daher tauschen wir in einer ersten Entkonsolidierungsbuchung die Vermögensgüter (570 GE + 40 GE − 40 GE + 50 GE) und das Fremdkapital der Einheit B gegen den sich als Saldo ergebenden aktuellen Wert der Beteiligung an B. Unsere diesbezüglichen Buchungen versehen wir mit dem Kürzel E und einer fortlaufenden Nummer:

Beleg	Datum	Ereignis und Konten	Soll	Haben
E1	1.1.X4	Entkonsolidierungsbuchung		
		Beteiligung A an B (als Saldo)	550	
		Vermögensgüter A (Ware)	10	
		Fremdkapital B	60	
		Vermögensgüter B (570 GE + 50 GE)		620

In einem zweiten Schritt berücksichtigen wir dann den Verkauf der Beteiligung. Dazu fallen unter der hier getroffenen Annahme des so genannten Umsatzkostenverfahrens zwei Buchungen an, die wir über Umsatzertrag und Umsatzaufwand abwickeln:

Beleg	Datum	Ereignis und Konten	Soll	Haben
E2	1.1.X4	Bestandszugangs- und Verkaufserlösbuchung		
		Vermögensgüter A (Zahlungsmittel)	380	
		Anderer Ertrag A		380
E3	1.1.X4	Verkaufsaufwands- und Bestandsabgangsbuchung		
		Anderer Aufwand A	550	
		Beteiligung A an B		550

Daraus folgt ein Verkaufsverlust in Höhe von 170 GE, den wir in einer vierten Buchung auf das Eigenkapital des Konzerns verrechnen:

Beleg	Datum	Ereignis und Konten	Soll	Haben
E4	1.1.X4	Einkommenskonsequenzen		
		Einkommen der A (Bilanz)	170	
		Einkommen der A (Einkommensrechnung)		170

4.2 Ausführliches Konzept der Konsolidierung

Weitere Buchungen fallen hier nicht an, weil zwischen den verschiedenen Einheiten keine weiteren Transaktionen stattgefunden haben. Ansonsten müssten solche Transaktionen berücksichtigt werden. Daraus ergibt sich – nun nur noch in Tabellenform dargestellt – Abbildung 4.13, Seite 157.

	Konzern D (Beginn X4) (mit B)		Einheit B (Beginn X4) (nachrichtlich)		Entkonsolidierungsbuchung bei A wegen B		Verkaufsbuchung wegen B		Konzern D (Beginn X4) (ohne B)	
	S	H	S	H	S	H	S	H	S	H
Vermögensgüter o. Beteiligungen	1 700		520		10[1]	620[1]	380[2]		1 470	
Beteiligung an B (aktueller Wert)	0				550[1]			550[3]	0	
Summe Aktiva	**1 700**		**520**		**60**		**170**		**1 470**	
Eigenkapital vor Entkonsolidierung (Beginn X4)										
Eigenkapitaltransfers im Zeitraum										
Einkommen im Zeitraum										
Eigenkapitalveränderungen aus Vorzeitraumereignissen										
Eigenkapital nach Entkonsolidierung (Beginn X4)		1 095		460			170[4]			925
Fremdkapital		605		60	60[1]					545
Summe Passiva		**1 700**		**520**	**60**		**170**			**1 470**
Umsatzaufwand	0									
Anderer Aufwand	0						550[3]		550	
Einkommen (Gewinn)	0									
Summe Aufwand plus Gewinn	**0**						**550**		**550**	
Umsatzertrag		0								
Anderer Ertrag		0						380[2]		380
Einkommen (Verlust)		0						170[4]		170
Summe Ertrag plus Verlust		**0**						**550**		**550**
Entnahmen										
Einlagenüberschuss (Saldo)										
Entnahmen plus Saldo										
Einlagen										
Entnahmenüberschuss (Saldo)										
Entnahmen plus Saldo										

Abbildung 4.13: Ermittlung einer Konzern-Bilanz, einer Konzern-Einkommensrechnung und einer Konzern-Eigenkapitaltransferrechnung zu Beginn von X4 aus den vereinheitlichten Zahlen rechtlich selbständiger Einheiten im Konzern unter der Annahme der Interessenzusammenführung

4.3 Konsolidierung durch Anpassung von Finanzberichten (Vorgehen der Praxis)

Weil wir das Kapitel hauptsächlich zur formalen Beschreibung unserer Tabellenform verwenden und weil die so genannte Interessenzusammenführungsmethode inzwischen nicht mehr statthaft ist, verzichten wir an dieser Stelle auf eine Beschreibung des Vorgehens der Praxis.

4.4 Aussagegehalt

Wissenswünsche der Interessenten

Den Aussagegehalt betrachten wir aus der Sicht der Anteilseigner, aus der Sicht der Unternehmensleitung und aus der Sicht der Finanzberichtsprüfer, weil dies diejenigen Gruppen sind, die am meisten am Eigenkapital eines Unternehmens beziehungsweise an dessen Rechnungswesen interessiert sind. Die Anteilseigner möchten wahrscheinlich mehrheitlich wissen, wie sich ihr Eigenkapital verändert hat, insbesondere, wie es sich im abgelaufenen Abrechnungszeitraum entwickelt hat. Ist die Unternehmensleitung nicht informationsfreudig, wird es ihr vermutlich darum gehen, möglichst viele Ermessensspielräume zu ihren Gunsten ausnutzen zu können, ohne dass der Leser dies merkt. Ist sie dagegen informationsfreudig, so wird sie sich von detaillierten Informationen einen Nutzen versprechen. Die Jahresabschlussprüfer werden dagegen an Regelungen interessiert sein, die sie eindeutig beurteilen können.

Aus der Sicht von Anteilseignern

Für Anteilseigner sind die Konzern-Finanzberichte aussagefähig, wenn sie sich zuvor auf das Austauschverhältnis ihrer Anteile gegen Anteile der neuen Einheit geeinigt haben und die Konzern-Finanzberichte diese Einigung und deren finanzielle Konsequenzen widerspiegeln. Meistens werden entsprechende Verhandlungen aber nicht von den Anteilseignern selbst geführt, sondern von der Unternehmensleitung. Dann kann es geschehen, dass den Anteilseignern Informationen vorenthalten werden, die sie eigentlich für viele ihrer Entscheidungen benötigen, beispielsweise über einen Zusammenschluss. Zu solchen Angaben zählen Auskünfte über unterschiedliche Bilanzansätze und Bewertungen in den Einheiten sowie über Auswirkungen auf das Eigenkapital und das Einkommen in den jeweiligen Einheiten.

Aus Sicht der Unternehmensleitung gibt es keine Einwendungen gegen das beschriebene Verfahren, weil die Menge von Ermessensspielräumen dadurch nicht beeinträchtigt wird.

Aus der Sicht der Unternehmensleitung

Es ist fraglich, ob Finanzberichtsprüfer ihrer Prüfungsaufgabe sinnvoll nachkommen können, wenn sie möglicherweise nur einen begrenzten Einblick in die vielleicht außerhalb des Konzerns getroffenen Vereinbarungen der Anteilseigner besitzen. Dagegen sichern sie sich durch entsprechende Vollständigkeitserklärungen der Geschäftsleitungen ab.

Aus der Sicht der Finanzberichtsprüfer

4.5 Vorgaben der IFRS und des dHGB

4.5.1 Vorgaben der IFRS

Im Rahmen der IFRS kommt eine Konsolidierung durch Interessenzusammenführung nicht vor. IFRS 3 *Business Combinations*, definiert die Vorgehensweise so, dass sinnvollerweise immer die Erwerbsmethode anzuwenden ist. Der Grund dürfte darin liegen, dass sich die beteiligten Parteien durch die Anwendung der Regeln für die Interessenzusammenführungsmethode erhebliche Freiräume geschaffen haben, insbesondere, weil den außenstehenden Anteilseignern kaum Informationen zur Beurteilung des Zusammenschlusses geboten werden. Zum Ausweis eines *goodwill* kann es mangels Aufdeckung von Marktwerten nicht kommen.

Verbot der Behandlung von Unternehmenszuammenschlüssen im Rahmen der Interessenzusammenführungsmethode

4.5.2 Vorgaben des dHGB

Im deutschen Handelsrecht gab es bis 2009 keine speziellen Vorgaben, welche die Aufstellung von Konzern-Finanzberichten unter der Annahme der Interessenzusammenführung forderten oder verboten. Von der Möglichkeit, trotzdem derartige Konzern-Finanzberichte zu erstellen und zu veröffentlichen, wurde in der Praxis der Vergangenheit allerdings oft Gebrauch gemacht, beispielsweise 1998 durch den Zusammenschluss zwischen der *Daimler Benz AG* und der *Chrysler Corporation*. Seit §302 dHGB durch das BilMoG aufgehoben wurde, ist es – im Einklang mit den internationalen Anforderungen – auch nach deutschem Recht nicht mehr erlaubt, Konzernabschlüsse nach der Methode der Interessenzusammenführung zu erstellen.

Verbot der Behandlung von Unternehmenszuammenschlüssen im Rahmen der Interessenzusammenführungsmethode

4.6 Zusammenfassung

Das Kapitel befasst sich mit verschiedenen Inhalten. Im Vordergrund steht das Problem der Darstellung bestimmter Ereignisse bei der Entstehung und der ganzen oder teilweisen Auflösung eine Konzerns unter der Annahme der Interessenzusammenführung. Solche Konzerntypen sind schwierig darzustellen, weil sie letztlich von den Vereinbarungen der den Konzern bildenden Anteilseignergruppen abhängen. Wir haben deswegen nur eine von vielen möglichen Darstellungen beschrieben. Bei Entstehung des Konzerns tauschen wir die Beteiligungen gegen die Vermögenswerte und Fremdkapitalposten aller Einheiten, um die Konzern-Finanzberichte zu erhalten. Einen *goodwill* kann es ebenso wenig geben wie Anteile von konzernfremden Anteilseignern in Untereinheiten. Den Verkauf einer Beteiligung stellen wir in zwei Schritten dar. Der erste dieser Schritte besteht aus der Entkonsolidierungsbuchung, bei der wir statt der Vermögensgüter und Fremdkapitalposten der mit der Beteiligung verbundenen Einheit wieder die Beteiligung berücksichtigen. Ihr Wert besteht nun nicht mehr in den Anschaffungsausgaben sondern umfasst auch sämtliche Eigenkapitalveränderungen der Einheit.

Nebenbei haben wir statt der bis zu diesem Kapitel üblichen Kontendarstellung der Ereignisse in Bilanzen, Einkommensrechnungen und Eigenkapitaltransferrechnungen Tabellen eingeführt, in denen wir alle Korrekturen gleichzeitig sichtbar machen können.

4.7 Übungsmaterial

4.7.1 Fragen mit Antworten

Fragen	Antworten
Was kennzeichnet die Methode der Interessenzusammenführung?	Unter der Methode der Interessenzusammenführung versteht man die Bildung eines Konzerns, der durch den freiwilligen Zusammenschluss mehrerer vormals voneinander rechtlich und ökonomisch unabhängiger Unternehmen und durch die in diesem Zusammenhang geschlossenen Vereinbarungen entstanden ist.
Welche Einheiten eines Konzerns sollten ihre Vermögensgüter und Fremdkapitalposten bei Konzernentstehung neu bewerten?	Alle Einheiten sollten ihre Vermögensgüter und Fremdkapitalposten bei Konzernentstehung neu bewerten, damit man sinnvolle einheitlich aufgebaute Konzern-Finanzberichte erhält.

Fragen	Antworten
Welche Schritte hält man bei der Entkonsolidierung einer Beteiligung ein?	In einem ersten Schritt sind die auf die Beteiligung entfallenden Vermögensgüter und Fremdkapitalposten gegen die Beteiligung zu tauschen. In einem zweiten Schritt erfolgt dann die Darstellung des Verkaufs der Beteiligung.
Wie wird die abgehende Beteiligung bewertet?	Nicht mit ihrem Anschaffungswert, sondern mit einem Betrag, der auch die Wertveränderung in derjenigen Einheit bis zum Abgangszeitpunkt berücksichtigt, deren Beteiligung abgegeben wird.

4.7.2 Verständniskontrolle

1. Wodurch unterscheidet sich die Erstkonsolidierung von der Folgekonsolidierung und von der Entkonsolidierung im Falle der Verwendung der Interessenzusammenführungsmethode?
2. Welche Vorgänge berücksichtigt man normalerweise bei der Erstkonsolidierung im Rahmen der Interessenzusammenführungsmethode?
3. Welche Vorgänge erfasst man bei der Folgekonsolidierung im Rahmen der Interessenzusammenführungsmethode?
4. Was macht man bei der Entkonsolidierung einer Beteiligung im Rahmen der Interessenzusammenführungsmethode?
5. Skizzieren Sie kurz, wo im Rahmen der Interessenzusammenführungsmethode Stornierungen eine Rolle spielen!

4.7.3 Aufgaben zum Selbststudium

Aufgabe 4.1 Konsolidierung im Rahmen der Interessenzusammenführungsmethode

Sachverhalt

Die drei voneinander unabhängigen rechtlich und ökonomisch selbständigen Unternehmen A, B und C beschließen, ab dem Beginn des Abrechnungszeitraums X2 im Rahmen der Interessenzusammenführungsmethode als Konzern D zusammenzuarbeiten. Die Anteilseigner der drei Unternehmen, welche die Bedingungen zur Bildung von D aushandeln, kommen überein, dass jedes der Unternehmen mit dem Marktwert des jeweiligen Eigenkapitals an D beteiligt wird. Zwischen dem Ende des Zeitraums X1 und dem Beginn des Zeitraums X2 fallen keinerlei buchführungsrelevante Transaktionen an.

Die Bilanzen, die Einkommensrechnungen und die Eigenkapitaltransferrechnungen für die Abrechnungszeiträume X1, X2 und X3 der drei Einheiten ergeben sich aus den folgenden Abbildungen. Die angegebenen bilanziellen Werte am Ende des Zeitraums X1 entsprechen dabei den Marktwerten der jeweiligen Vermögenswerte und Fremdkapitalposten im Zeitpunkt der Erstkonsolidierung. Die Rechenwerke sind hinsichtlich von Postengliederungen und Ansatzvorschriften bereits vereinheitlicht.

Aktiva				Bilanz der A in *GE*			Passiva
	Ende X1	Ende X2	Ende X3		Ende X1	Ende X2	Ende X3
Andere Vermögensgüter	1 500	1 000	1 100	Eigenkapital (am 1.1.)	800	1 000	940
Ware	0	120	120	Eigenkapitaltransfers im Zeitraum, Zunahme (+)			
Forderung	0	200	0				
Zahlungsmittel	500	480	890	Abnahme (−)	20	0	0
				Gewinn (+) oder Verlust (−) im Zeitraum	180	−60	130
				Passiver Rechnungsabgrenzungsposten	0	10	0
				Anderes Fremdkapital	1 000	850	1 040
Summe Vermögensgüter	2 000	1 800	2 110	Summe Kapital	2 000	1 800	2 110

Aufwand				Einkommensrechnung der A in *GE*			Ertrag
	Zeitraum X1	Zeitraum X2	Zeitraum X3		Zeitraum X1	Zeitraum X2	Zeitraum X3
Umsatzaufwand (außen)	100	300	0	Umsatzertrag (außen)	260	440	0
Umsatzaufwand (innen)	0	0	0	Umsatzertrage (innen)	0	0	0
Anderer Aufwand (außen)	60	280	0	Anderer Ertrag (außen)	80	55	105
Anderer Aufwand (innen)	0	0	0	Anderer Ertrag (innen)	0	25	25
Gewinn	180	0	130	Verlust	0	60	0
Summe Aufwand plus Gewin	340	580	130	Summe Ertrag plus Verlust	340	580	130

Entnahmen				Eigenkapitaltransferrechnung der A in *GE*			Einlagen
	Zeitraum X1	Zeitraum X2	Zeitraum X3		Zeitraum X1	Zeitraum X2	Zeitraum X3
Entnahme	40	0	0	Einlage	60	0	0
Zunahme des Eigenkapitals durch Eigenkapitaltransfers	20	0	0	Abnahme des Eigenkapitals durch Eigenkapitalransfers	0	0	0
Summe Entnahme plus Zunahme des Eigenkapitals durch Eigenkapitaltransfers	60	0	0	Summe Einlage plus Abnahme des Eigenkapitals durch Eigenkaptaltransfers	60	0	0

4.7 Übungsmaterial

Aktiva		Bilanz der B in GE				Passiva		
	Ende X1	Ende X2	Ende X3		Ende X1	Ende X2	Ende X3
Andere Vermögensgüter	700	630	300	Eigenkapital (am 1.1.)	300	600	680
Ware	100	20	70	Eigenkapitaltransfers im Zeitraum, Zunahme (+)			
Zahlungsmittel	200	150	250	Abnahme (−)	100	0	0
				Gewinn (+) oder Verlust (−) im Zeitraum	200	80	−100
				Passiver Rechnungsabgrenzungsposten	0	0	0
				Anderes Fremdkapital	400	120	40
Summe Vermögensgüter	1 000	800	620	Summe Kapital	1 000	800	620

Aufwand		Einkommensrechnung der B in GE				Ertrag		
	Zeit-raum X1	Zeit-raum X2	Zeit-raum X3		Zeit-raum X1	Zeit-raum X2	Zeit-raum X3
Umsatzaufwand (außen)	20	340	80	Umsatzertrag (außen)	200	380	100
Umsatzaufwand (innen)	0	80	0	Umsatzertrag (innen)	0	120	0
Anderer Aufwand (außen)	80	40	120	Anderer Ertrag (außen)	100	40	0
Anderer Aufwand (innen)	0	0	0	Anderer Ertrag (innen)	0	0	0
Gewinn	200	80	0	Verlust	0	0	100
Summe Aufwand plus Gewinn	300	540	200	Summe Ertrag plus Verlust	300	540	200

Entnahmen		Eigenkapitaltransferrechnung der B in *GE*				Einlagen		
	Zeit-raum X1	Zeit-raum X2	Zeit-raum X3		Zeit-raum X1	Zeit-raum X2	Zeit-raum X3
Entnahmen	20	0	0	Einlagen	120	0	0
Zunahme des Eigenkapitals durch Eigenkapitaltransfers	100	0	0	Abnahme des Eigenkapitals durch Eigenkapitaltransfers	0	0	0
Summe Entnahmen plus Zunahme des Eigenkapitals durch Eigenkapitaltransfers	120	0	0	Summe Einlagen plus Abnahme des Eigenkapitals durch Eigenkapitaltransfers	120	0	0

Aktiva	Bilanz der C in GE				Passiva		
	Ende X1	Ende X2	Ende X3		Ende X1	Ende X2	Ende X3
Andere Vermögensgüter	280	620	150	Eigenkapital (zu Beginn)	140	200	520
Ware	0	0	0	Eigenkapitaltransfers im Zeitraum, Zunahme (+)			
Zahlungsmittel	120	300	100	Abnahme (−)	0	0	0
				Gewinn (+) oder Verlust (−) im Zeitraum	60	320	−320
				Passiver Rechnungsabgrenzungsposten	0	0	0
				Anderes Fremdkapital	200	400	50
Summe Vermögensgüter	400	920	250	Summe Kapital	400	920	250

Aufwand	Einkommensrechnung der C in GE				Ertrag		
	Zeitraum X1	Zeitraum X2	Zeitraum X3		Zeitraum X1	Zeitraum X2	Zeitraum X3
Umsatzaufwand (außen)	1 900	1 965	920	Umsatzertrag (außen)	2 000	2 000	1 000
Umsatzaufwand (innen)	0	0	0	Umsatzertrag (innen)	0	0	0
Anderer Aufwand (außen)	40	0	385	Anderer Ertrag (außen)	0	320	0
Anderer Aufwand (innen)	0	42	12	Anderer Ertrag (innen)	0	0	0
Gewinn	60	313	0	Verlust	0	0	317
Summe Aufwand plus Gewinn	2 000	2 320	1 317	Summe Ertrag plus Verlust	2 000	2 320	1 317

Entnahmen	Eigenkapitaltransferrechnung der C in GE				Einlagen		
	Zeitraum X1	Zeitraum X2	Zeitraum X3		Zeitraum X1	Zeitraum X2	Zeitraum X3
Entnahme Zunahme des Eigenkapitals durch Eigenkapitaltransfers	0	0	0	Einlage Abnahme des Eigenkapitals durch Eigenkapitaltransfers	0	0	0
Summe Entnahme plus Zunahme des Eigenkapitals durch Eigenkapitaltransfers	0	0	0	Summe Einlage plus Abnahme des Eigenkapitals durch Eigenkapitaltransfers	0	0	0

Während des Abrechnungszeitraumes X2 ereignen sich folgende konzerninterne Transaktionen, die teilweise auch Auswirkungen auf X3 haben:

a. Am In X2 verkauft B Ware mit einem Buchwert von 80 *GE* zu einem Preis von 120 *GE* an A.
b. Zu Beginn von X2 vergibt A an C ein Darlehen mit folgenden Modalitäten: A zahlt an diesem Tag an C 180 *GE* aus und C verpflichtet sich zu einer Rückzahlung von 200 *GE* am Ende von X3. Zudem willigt C ein, je Abrechnungszeitraum Zinsen in Höhe von 7,5% auf den Rückzahlungsbetrag an A zu überweisen. A verteilt die Einkommenswirkungen aus dem Agio über die Darlehenslaufzeit, wohingegen C die Einkommenskonsequenzen aus dem Disagio in voller Höhe im Abrechnungszeitraum X2 erfasst.

Fragen und Teilaufgaben

1. Welche Probleme sollten bei den Verhandlungen der Anteilseigner der beiden Unternehmen vor Konzernentstehung angesprochen werden?
2. Erstellen Sie die Finanzberichte bei Entstehung des Konzerns (Erstkonsolidierung) zu Beginn des Abrechnungszeitraums X2 unter Verwendung der Methode der Interessenzusammenführung!
3. Erstellen Sie die Finanzberichte zum Ende des Abrechnungszeitraums X2 (erste Folgekonsolidierung) unter Verwendung der Methode der Interessenzusammenführung!
4. Erstellen Sie die Finanzberichte zum Ende des Abrechnungszeitraums X3 (zweite Folgekonsolidierung) unter Verwendung der Methode der Interessenzusammenführung!
5. Nehmen Sie an, die Anteilseigner von D hätten sich darauf geeinigt, zum Beginn von X4 sämtliche Vermögensgüter und Fremdkapitalposten von C zu einem Preis von 300 *GE* an Konzernfremde zu verkaufen! Erstellen Sie die anfallenden Buchungssätze im Zusammenhang mit der resultierenden Entkonsolidierung von C zum Beginn von X4! Geben Sie darüber hinaus auch die Konzern-Finanzberichte von D nach der Entkonsolidierung von C zum Beginn von X4 an!

Lösungshinweise zu den Fragen und Teilaufgaben

1. Die Anteilseigner beider Unternehmen haben alles zu regeln, was in der Zukunft ihre jeweiligen Interessen beeinflussen kann. Als wichtige Punkte sind beispielsweise zu nennen: die Bestimmung der Marktwerte der drei Unternehmen zum Zeitpunkt des Zusammengehens, der Einfluss der Unternehmen auf die zukünftige Leitung und Kontrolle der neuen Unternehmensleitung, die Modalitäten einer eventuellen Auflösung des Konzerns.
2. Zu Beginn von X2 beträgt das Konzern-Eigenkapital 1 800 *GE*. Eine Einkommens- oder Eigenkapitaltransferrechnung kann es für den Konzern bei der Erstkonsolidierung nicht geben.
3. Zum Ende von X2 beträgt das Konzern-Eigenkapital 2 110 *GE* und das Konzern-Einkommen 310 *GE*.

4. Nach sämtlichen Konsolidierungsbuchungen und der Berücksichtigung der einkommensneutralen Wiederholung von Buchungen aus dem Vorzeitraum ergibt sich zum Ende von X3 ein Konzern-Eigenkapital von 1 810 GE. Im Zeitraum X3 entsteht aus Konzernsicht ein Verlust von 300 GE.

5. Aus dem Verkauf der Beteiligung an C folgt ein Gewinn von 100 GE, so dass sich nach dem Verkauf ein Konzern-Eigenkapital von 1 910 GE ergibt.

Aufgabe 4.2 Konsolidierung im Rahmen der Interessenzusammenführungsmethode

Sachverhalt

Die drei voneinander unabhängigen rechtlich und ökonomisch selbständigen Unternehmen A, B und C beschließen, ab dem Beginn des Abrechnungszeitraums X2 im Rahmen der Interessenzusammenführungsmethode als Konzern D zusammenzuarbeiten. Die Anteilseigner der drei Unternehmen, welche die Bedingungen zur Bildung von D aushandeln, kommen überein, dass jedes der Unternehmen mit dem Marktwert des jeweiligen Eigenkapitals an D beteiligt wird. Zwischen dem Ende des Zeitraums X1 und dem Beginn des Zeitraums X2 fallen keinerlei buchführungsrelevante Transaktionen an.

Die Bilanzen, die Einkommensrechnungen und die Eigenkapitaltransferrechnungen für die Abrechnungszeiträume X1, X2 und X3 der drei Unternehmen ergeben sich aus den unten angegebenen Abbildungen. Die angegebenen bilanziellen Werte am Ende des Zeitraums X1 entsprechen dabei den Marktwerten der jeweiligen Vermögenswerte und Fremdkapitalposten im Zeitpunkt der Erstkonsolidierung. Die Rechenwerke sind hinsichtlich von Postengliederungen und Ansatzvorschriften bereits vereinheitlicht.

Aktiva				Bilanz der A in GE				Passiva
	Ende X1	Ende X2	Ende X3		Ende X1	Ende X2	Ende X3
Andere Vermögensgüter	1 500	1 000	1 100	Eigenkapital (am 1.1.)	800	1 000	942
Ware	0	150	150	Eigenkapitaltransfers im			
Forderung	0	150	0	Zeitraum, Zunahme (+)			
Zahlungsmittel	500	507	864	Abnahme (−)	20	0	0
				Gewinn (+) oder			
				Verlust (−) im Zeitraum	180	−58	132
				Passiver Rechnungs-			
				abgrenzungsposten	0	15	0
				Anderes Fremdkapital	1 000	850	1 040
Summe Vermögensgüter	2 000	1 807	2 114	Summe Kapital	2 000	1 807	2 114

4.7 Übungsmaterial

Einkommensrechnung der A in GE

Aufwand	Zeitraum X1	Zeitraum X2	Zeitraum X3	Ertrag	Zeitraum X1	Zeitraum X2	Zeitraum X3
Umsatzaufwand (außen)	100	300	0	Umsatzertrag (außen)	260	440	0
Umsatzaufwand (innen)	0	0	0	Umsatzertrag (innen)	0	0	0
Anderer Aufwand (außen)	60	280	0	Anderer Ertrag (außen)	80	55	105
Anderer Aufwand (innen)	0	0	0	Anderer Ertrag (innen)	0	27	27
Gewinn	180	0	132	Verlust	0	58	0
Summe Aufwand plus Gewinn	340	580	132	Summe Ertrag plus Verlust	340	580	132

Eigenkapitaltransferrechnung der A in GE

Entnahmen	Zeitraum X1	Zeitraum X2	Zeitraum X3	Einlagen	Zeitraum X1	Zeitraum X2	Zeitraum X3
Entnahme	40	0	0	Einlage	60	0	0
Zunahme des Eigenkapitals durch Eigenkapitaltransfers	20	0	0	Abnahme des Eigenkapitals durch Eigenkapitalransfers	0	0	0
Summe Entnahme plus Zunahme des Eigenkapitals durch Eigenkapitaltransfers	60	0	0	Summe Einlage plus Abnahme des Eigenkapitals durch Eigenkapitaltransfers	60	0	0

Bilanz der B in GE

Aktiva	Ende X1	Ende X2	Ende X3	Passiva	Ende X1	Ende X2	Ende X3
Andere Vermögensgüter	700	630	300	Eigenkapital (am 1.1.)	300	600	700
Ware	100	10	70	Eigenkapitaltransfers im Zeitraum, Zunahme (+) Abnahme (−)	100	0	0
Zahlungsmittel	200	180	270	Gewinn (+) oder Verlust (−) im Zeitraum	200	100	−100
				Passiver Rechnungsabgrenzungsposten	0	0	0
				Anderes Fremdkapital	400	120	40
Summe Vermögensgüter	1 000	820	640	Summe Kapital	1 000	820	640

Aufwand	Einkommensrechnung der B in *GE*				Ertrag		
	Zeit-raum X1	Zeit-raum X2	Zeit-raum X3		Zeit-raum X1	Zeit-raum X2	Zeit-raum X3
Umsatzaufwand (außen)	20	340	80	Umsatzertrag (außen)	200	380	100
Umsatzaufwand (innen)	0	90	0	Umsatzertrag (innen)	0	150	0
Anderer Aufwand (außen)	80	40	120	Anderer Ertrag (außen)	100	40	0
Anderer Aufwand (innen)	0	0	0	Anderer Ertrag (innen)	0	0	0
Gewinn	200	100	0	Verlust	0	0	100
Summe Aufwand plus Gewinn	300	570	200	Summe Ertrag plus Verlust	300	570	200

Entnahmen	Eigenkapitaltransferrechnung der B in *GE*				Einlagen		
	Zeit-raum X1	Zeit-raum X2	Zeit-raum X3		Zeit-raum X1	Zeit-raum X2	Zeit-raum X3
Entnahmen	20	0	0	Einlagen	120	0	0
Zunahme des Eigenkapitals durch Eigenkapitaltransfers	100	0	0	Abnahme des Eigenkapitals durch Eigenkapitaltransfers	0	0	0
Summe Entnahmen plus Zunahme des Eigenkapitals durch Eigenkapitaltransfers	120	0	0	Summe Einlagen plus Abnahme des Eigenkapitals durch Eigenkapitaltransfers	120	0	0

Aktiva	Bilanz der C in *GE*				Passiva		
	Ende X1	Ende X2	Ende X3		Ende X1	Ende X2	Ende X3
Andere Vermögensgüter	280	620	150	Eigenkapital (zu Beginn)	140	200	513
Ware	0	0	0	Eigenkapitaltransfers im Zeitraum, Zunahme (+) Abnahme (−)	0	0	0
Zahlungsmittel	120	243	96	Gewinn (+) oder Verlust (−) im Zeitraum	60	313	−317
				Passiver Rechnungsabgrenzungsposten	0	0	0
				Anderes Fremdkapital	200	350	50
Summe Vermögensgüter	400	863	246	Summe Kapital	400	863	246

4.7 Übungsmaterial

Aufwand	Einkommensrechnung der C in GE				Ertrag			
	Zeitraum X1	Zeitraum X2	Zeitraum X3			Zeitraum X1	Zeitraum X2	Zeitraum X3
Umsatzaufwand (außen)	1 900	1 965	920	Umsatzertrag (außen)		2 000	2 000	1 000
Umsatzaufwand (innen)	0	0	0	Umsatzertrag (innen)		0	0	0
Anderer Aufwand (außen)	40	0	385	Anderer Ertrag (außen)		0	320	0
Anderer Aufwand (innen)	0	42	12	Anderer Ertrag (innen)		0	0	0
Gewinn	60	313	0	Verlust		0	0	317
Summe Aufwand plus Gewinn	2 000	2 320	1 317	Summe Ertrag plus Verlust		2 000	2 320	1 317

Entnahmen	Eigenkapitaltransferrechnung der C in GE				Einlagen			
	Zeitraum X1	Zeitraum X2	Zeitraum X3			Zeitraum X1	Zeitraum X2	Zeitraum X3
Entnahme	0	0	0	Einlage		0	0	0
Zunahme des Eigenkapitals durch Eigenkapitaltransfers	0	0	0	Abnahme des Eigenkapitals durch Eigenkapitaltransfers		0	0	0
Summe Entnahme plus Zunahme des Eigenkapitals durch Eigenkapitaltransfers	0	0	0	Summe Einlage plus Abnahme des Eigenkapitals durch Eigenkapitaltransfers		0	0	0

Während des Abrechnungszeitraumes X2 ereignen sich folgende konzerninterne Transaktionen, die teilweise auch Auswirkungen auf X3 haben:

a. In X2 verkauft B Ware mit einem Buchwert von 90 *GE* zu einem Preis von 150 *GE* an A.

b. Zu Beginn von X2 vergibt A an C ein Darlehen mit folgenden Modalitäten: A zahlt an diesem Tag an C 120 *GE* aus und C verpflichtet sich zu einer Rückzahlung von 150 *GE* am Ende von X3. Zudem willigt C ein, je Abrechnungszeitraum Zinsen in Höhe von 8 % auf den Rückzahlungsbetrag an A zu überweisen. A verteilt die Einkommenswirkungen aus dem Agio über dessen Laufzeit, wohingegen C die Einkommenskonsequenzen aus dem Disagio in voller Höhe im Abrechnungszeitraum X2 erfasst.

Fragen und Teilaufgaben

1. Welche Probleme sollten bei den Verhandlungen der Anteilseigner der beiden Unternehmen vor Konzernentstehung angesprochen werden?
2. Erstellen Sie die Finanzberichte bei Entstehung des Konzerns (Erstkonsolidierung) zu Beginn des Abrechnungszeitraums X2 unter Verwendung der Methode der Interessenzusammenführung!
3. Erstellen Sie die Finanzberichte zum Ende des Abrechnungszeitraums X2 (erste Folgekonsolidierung) unter Verwendung der Methode der Interessenzusammenführung!

4. Erstellen Sie die Finanzberichte zum Ende des Abrechnungszeitraums X3 (zweite Folgekonsolidierung) unter Verwendung der Methode der Interessenzusammenführung!
5. Nehmen Sie an, die Anteilseigner von D hätten sich darauf geeinigt, zum Beginn von X4 sämtliche Vermögensgüter und Fremdkapitalposten von C zu einem Preis von 300 *GE* an Konzernfremde zu verkaufen! Erstellen Sie die anfallenden Buchungssätze im Zusammenhang mit der resultierenden Entkonsolidierung von C zum Beginn von X4! Geben Sie darüber hinaus auch die Konzern-Finanzberichte von D nach der Entkonsolidierung von C zum Beginn von X4 an!

Lösungshinweise zu den Fragen und Teilaufgaben

1. Die Anteilseigner beider Unternehmen haben alles zu regeln, was in der Zukunft ihre jeweiligen Interessen beeinflussen kann. Als wichtige Punkte sind beispielsweise zu nennen: die Bestimmung der Marktwerte beider Unternehmen, der Einfluss beider Unternehmen auf die zukünftige Leitung und Kontrolle der neuen Unternehmensleitung, die Modalitäten einer eventuellen Auflösung des Konzerns.
2. Zu Beginn von X2 beträgt das Konzern-Eigenkapital 1 800 *GE*. Eine Einkommens- oder Eigenkapitaltransferrechnung kann es für den Konzern bei der Erstkonsolidierung nicht geben.
3. Zum Ende von X2 beträgt das Konzern-Eigenkapital 2 110 *GE* und das Konzern-Einkommen 310 *GE*.
4. Nach sämtlichen Konsolidierungsbuchungen und der Berücksichtigung der einkommensneutralen Wiederholung von Buchungen aus dem Vorzeitraum ergibt sich zum Ende von X3 ein Konzern-Eigenkapital von 1 810 *GE*. Im Zeitraum X3 entsteht aus Konzernsicht ein Verlust von 300 *GE*.
5. Aus dem Verkauf der Beteiligung an C folgt ein Gewinn von 84 *GE*, so dass sich nach dem Verkauf ein Konzern-Eigenkapital von 1 894 *GE* ergibt.

Kapitel 5
Konsolidierung durch Neubewertung der Beteiligung an Untereinheiten (*equity*-Methode) unter der Annahme des Erwerbs

Lernziele

Im vorliegenden Kapitel vermitteln wir die betriebswirtschaftliche Vorgehensweise, im Rahmen der Erwerbsmethode die Konsolidierung und Entkonsolidierung durch eine Neubewertung der Beteiligung an Untereinheiten (Beteiligungsbewertung *at equity*) vorzunehmen. Dabei geht es besonders um

- die Bewertung der Beteiligungen an den Untereinheiten in den Konzern-Finanzberichten sowie um
- eine aus Konzernsicht vollständige Ermittlung der Eigenkapitalveränderungen in den Untereinheiten.

Abschließend skizzieren wir die regulatorischen Vorgaben zu diesem Vorgehen.

Überblick

Im vorliegenden Kapitel befassen wir uns mit einem Unterordnungkonzern, in dem rechtlich selbständige Einheiten die Anteile an anderen Einheiten besitzen. Wir setzen wir uns mit dem Zugang und dem Abgang von Untereinheiten unter der Annahme ihres Erwerbs und ihres Ausscheidens in Form der so genannten *equity*-Methode auseinander. Dabei kann der Buchwert der Beteiligung an einer Untereinheit bei der Obereinheit gegenüber seinem Anschaffungswert wegen

Modifikation des Beteiligungswertes

Beachtung der Bilanzierungsregeln für rechtlich und ökonomisch selbständige Einheiten verändert worden sein. Die hier beschriebene Konsolidierungsmethode besteht darin, diesen Buchwert der Beteiligung, wie er sich zum Zeitpunkt der Erstkonsolidierung aus dem Anschaffungspreis ergibt, in der Folge nur um die auf die Obereinheit entfallenden Eigenkapitalveränderungen in der Untereinheit zu modifizieren.

goodwill Bei der erstmaligen Einbeziehung einer Untereinheit in den Konzern besteht der Wert der Beteiligung an der Untereinheit in deren Anschaffungspreis. Falls der Anschaffungspreis der Beteiligung vom Marktwert der Vermögensgüter abzüglich der Fremdkapitalposten abweicht, gibt es einen positiven oder negativen *goodwill*. In der Folgezeit kann es dann am Markt und in der Untereinheit die bereits skizzierten Eigenkapitalveränderungen in der Untereinheit geben. Auf den ersten Blick setzen diese sich aus dem Einkommen und den Eigenkapitaltransfers der Untereinheit zusammen. Es liegt also nahe, die auf die jeweilige Obereinheit entfallenden Eigenkapitalveränderungen der Untereinheit in den Konzern-Finanzberichten als Ertrag oder Aufwand aus der Beteiligung abzubilden und den Wert der Beteiligung in den Konzern-Finanzberichten genau um diese Eigenkapitalveränderungen fortzuschreiben.

Komplikation und Ausgangsdaten für ein Beispiel Ein solches Vorgehen wird allerdings problematisch, wenn die Eigenkapitalveränderungen der Untereinheit ganz oder teilweise aus Vorgängen mit anderen Einheiten des Konzerns stammen und somit aus Konzernsicht nur teilweise erheblich beziehungsweise gänzlich unerheblich sind. In solchen Situationen hat man von den nicht auf Konzernbeziehungen zurückführbaren Posten der Obereinheit beziehungsweise der Untereinheiten auszugehen und nur die Eigenkapitalveränderung der Untereinheit zur Fortschreibung des Beteiligungsbuchwertes in der Obereinheit zu ermitteln, die auf aus Konzernsicht relevanten Transaktionen beruht. Wir befassen uns mit der Frage, wie solche Rechnungen durchzuführen sind. Dabei unterscheiden wir aus Gründen der Verständlichkeit eine Beteiligung von 100% von einer Beteiligung zu weniger als 100%. Für das Beispiel unterstellen wir eine Beteiligung von A an B zu 70% und von A an C zu 100%. Wir beginnen unsere Ausführungen jeweils unter der Annahme, A besäße 100% von B, bevor wir auf den Fall von 70% umschwenken.

Kapitelübersicht Im vorliegenden Kapitel behandeln wir auch den Fall der Entkonsolidierung. Dabei unterscheiden wir die vollständige Auflösung des Konzerns vom Verkauf einzelner Einheiten. Abschließend skizzieren wir die in Deutschland gültigen rechtlichen und anderen Vorgaben, soweit sie die hier beschriebene Methode empfehlen oder zulassen. Wir vernachlässigen in diesem Kapitel die Probleme, die daraus resultieren, dass der Konzern normalerweise nicht am Bilanzstichtag der Obereinheit entsteht. Wir verzichten auch auf die Beschreibung der

Vorgänge, die zu berücksichtigen sind, wenn von der Darstellung eines Zusammenschlusses nach der *equity*-Methode auf die Darstellung nach einer anderen Methode übergegangen wird. Wir skizzieren lediglich das Vorgehen bei der so genannten *equity*-Methode sowie die Überlegungen, die auf eine Entkonsolidierung hinauslaufen. Unsere Ausführungen ähneln, insbesondere hinsichtlich des Vorgehens der Praxis, der Fachliteratur.[1]

5.1 Sachverhalt

In den Konzern-Finanzberichten informiert die Konzernleitung ihre Anteilseigner hauptsächlich über das Eigenkapital des Konzerns und dessen Entwicklung. Angesichts dessen macht es Sinn, im Zeitablauf den Wert der Beteiligung der Obereinheit an der Untereinheit in den Konzern-Finanzberichten fortzuschreiben, und zwar um die auf die Beteiligung entfallenden Eigenkapitalveränderungen in der Untereinheit. Dann sieht man die Auswirkung dieser Eigenkapitalveränderungen in den Konzern-Finanzberichten. Weil sich eine solche regelmäßige Neubewertung der Beteiligung in den Konzern-Finanzberichten an der Eigenkapitalentwicklung der Untereinheit orientiert, bezeichnet man das Verfahren verkürzt auch als eine Konsolidierung nach der so genannten Eigenkapital-Methode, der *equity*-Methode.

Idee

Es sei unterstellt, die Obereinheit A habe eine Beteiligung an der Untereinheit B zu Beginn von X2 zum Preis von 320 *GE* erworben. Ferner sei unterstellt, die Einheit A habe, ebenfalls zu Beginn von X2, eine Beteiligung an der Einheit C in fremder Währung in Höhe von 200 *FE* erworben. Die Vereinheitlichung und die Umrechnungskurse der fremden Währung in die heimische Währung ergeben sich so, wie im dritten Kapital unter Berücksichtigung der Zeitbezugsmethode dargestellt. Die Neubewertung der Beteiligungen zum Ende von X2 und X3 stellt den Kern des vorliegenden Kapitels dar. A beabsichtige zu Beginn von X2, den Erwerb und die Eigenkapitalveränderungen der B und der C in der Folgezeit in den Konzern-Finanzberichten durch die Veränderung der Bewertungen der Beteiligungen an B und C gemäß der *equity*-Methode auszudrücken. Die folgenden von den Einheiten gebuchten Ereignisse stellen konzerninterne Ereignisse zwischen den

Beispiel

---

[1] Vgl. Baetge et al. (2009), S. 335–363, Busse von Colbe et al. (2010), S. 513–568, Coenenberg et al. (2009), S. 701–709, Hommel et al. (2009), S. 249–273, Küting und Weber (2010), S. 527–562, Schildbach (2008), S. 184–197.

Einheiten dar, deren buchmäßige Konsequenzen durch diejenigen zu ersetzen sind, die aus Konzernsicht stattgefunden haben. Es handelt sich dabei in X2 um eine Abwertung der Beteiligung der Obereinheit A an B in Höhe von 20 *GE* sowie um einen Verkauf von Ware zum Preis von 50 *GE* von B an A, die B für 40 *GE* eingekauft hatte. Bei dem Verkauf handelt es sich um ein Ereignis, bei dem der Konzern nicht zwingend über alle notwendigen Informationen verfügen kann; beispielsweise dann nicht, wenn die Obereinheit keine Mehrheitsbeteiligung an der Untereinheit besitzt und die Untereinheit diese Informationen zurückhalten möchte. Wir unterstellen hier, A erhielte die notwendigen Informationen. In der Fachliteratur charakterisiert man solche Geschäfte als *upstream*-Geschäfte, bei denen eine Untereinheit konzernintern an eine Obereinheit etwas verkauft. Im Gegensatz dazu liegen dem Konzern bei *downstream*-Geschäften, bei denen die Obereinheit konzernintern etwas verkauft, alle für ein Ersetzen der Buchungen notwendigen Informationen vor. In X3 gewähre A der C ein Darlehen in Höhe von 40 *GE* gegen Zahlung von Zinsen in Höhe von 5 *GE*. Zusätzlich finde schließlich ein Kapitaltransfer in Höhe von 60 *GE* von B an A und nicht an irgendwelche anderen Aktionäre von B statt. Für den Beginn von X4 unterstellen wir erstens, der Konzern werde aufgelöst. Alternativ dazu unterstellen wir zweitens, die Konzern-Anteilseigner trennten sich gegen Zahlung von 380 *GE* von den Vermögensgütern und Fremdkapitalposten der Einheit B. Mit diesem Beispiel sprechen wir neben den mit einer bestimmten Methode der so genannten Kapitalkonsolidierung verbundenen Fragen zugleich die so genannte Schuldenkonsolidierung, die so genannte Zwischenergebniseliminierung und die so genannte Aufwands- und Ertragskonsolidierung an.

5.2 Konzept der Konsolidierung durch eine Nebenrechnung zur »Richtig«-Stellung der in den Einheiten getätigten Buchungen

5.2.1 Vorgehen zum Zeitpunkt der Erstkonsolidierung

Vorgehen Zum Zeitpunkt des Zugangs der Beteiligung zu Beginn von X2 ergibt sich in unserem Beispiel der *equity*-Methode für den Konzern eine der Bilanz der Obereinheit sehr ähnliche Bilanz. Der einzige Unterschied besteht in der nachrichtlichen Angabe eines positiven oder negativen *goodwill,* falls der ursprüngliche Wert der Beteiligung an einer Untereinheit vom Marktwert der Vermögensgüter abzüglich der Fremdkapitalposten dieser Untereinheit abweicht. Für das Eigenkapital der Obereinheit ergeben sich daraus keine Konsequenzen. In unserem Beispiel unterstellen wir, die Vermögensgüter der Obereinheit ließen sich in »Beteiligung an B«, »Beteiligung an C« und in »Andere Vermögensgüter« aufteilen. Zum Zeitpunkt der Erstkonsolidierung kann es einen positiven oder negativen *goodwill* geben. Aus logischen Gründen kann zum Anschaffungszeitpunkt eine Anpassung des Wertes der Beteiligungen an geänderte Marktwerte zum Anschaffungszeitpunkt nicht vorkommen. Die Vermögens- und Fremdkapitalsituation des Konzerns kann bis auf den eventuellen *goodwill* durch die Finanzberichte der Einheit A ausgedrückt werden, weil A die Anteile an B und C besitzt. B und C brauchen wir daher bei Entstehung des Konzerns zunächst nur zur Ermittlung eines eventuellen *goodwill* zu betrachten, sofern wir die entsprechenden Informationen von der B erhalten. Ansonsten entspricht die Bilanz des Konzerns im Zeitpunkt der Erstkonsolidierung der Bilanz der Obereinheit A.

Da wir die Finanzberichte der Untereinheiten kennen, ist es möglich, den in den Beteiligungswerten enthaltenen *goodwill* der Untereinheiten zu errechnen. Wenn wir annehmen, A habe 100% der Beteiligung an B für 320 *GE* erworben, dann ergäbe sich der auf die Untereinheit B entfallende *goodwill* aus 320 *GE* (Marktpreis der Beteiligung der A an B) – 340 *GE* (Marktpreis der Vermögensgüter der B 600 *GE* abzüglich der Fremdkapitalposten der B 260 *GE*) = – 20 *GE* (in der Beteiligung der A an der B enthaltener negativer *goodwill*). Unterstellen wir alternativ, A habe – wie im Beispiel – nur 70% der Anteile der B zu 320 *GE* erworben, dann ergibt sich der auf die Anteilseigner des Konzerns entfallende *goodwill* aus 320 *GE* (Marktpreis der Beteiligung der A an der B) – 340 *GE* *0,7 (0,7* (Marktpreis der Vermögensgüter der B 600 *GE* abzüglich der Fremdkapitalposten der B 260 *GE*)) = 82 *GE* (in der Beteiligung der A an der B enthaltener *goodwill*). Den *goodwill* der Beteiligung der A an der C errechnen wir analog aus 200 *GE* (Marktpreis des Beteiligung der A an der C) – 100 *GE* *1,0 (1,0 * (Marktpreis der Vermögensgüter der C 200 *GE* abzüglich der Fremdkapitalposten der C 100 *GE*)) = 100 *GE* (in der Beteiligung der A an der C enthaltener *goodwill*).

goodwill

Weil die Beteiligungen bei ihrer Anschaffung in der Bilanz der Obereinheit zu ihren Anschaffungsausgaben angesetzt werden und im Zeitpunkt der Konzernentstehung in unserer Darstellung noch keine Wertveränderungen in den zugehörigen Untereinheiten stattgefunden haben können, unterscheidet sich die Konzern-Bilanz von der Bilanz der Obereinheit nur dann, wenn man einen *goodwill* feststellen konnte.

Konzern-Bilanz entspricht bei Konzernentstehung weitestgehend der Bilanz der Obereinheit

Mögliche Komplikationen

Komplikationen ergeben sich erst, wenn der Anschaffungszeitpunkt der Beteiligung vom Bilanzstichtag abweicht, weil der Konzern dann zu einem anderen Zeitpunkt als dem Bilanzstichtag entstanden ist. Für eine Ermittlung der Eröffnungsbilanzen müsste man Zwischen-Finanzberichte zum Zugangszeitpunkt verwenden. Jedes andere Vorgehen brächte Schätzungen und damit verbundene Ungenauigkeiten mit sich. Wir sehen in diesem Buch von der Behandlung der dann entstehenden Probleme ab, indem wir unterstellen, der Konzern entstehe unmittelbar nach dem Bilanzstichtag X1, also zu Beginn von X2.

Buchungssätze

Bei Erstkonsolidierung eines Unterordnungskonzerns mit der equity-Methode entsprechen die Finanzberichte der Obereinheit weitestgehend den Konzern-Finanzberichten.

Die so genannte *equity*-Methode der Konsolidierung von Unterordnungskonzernen unterstellt, dass bei Konzernentstehung die Beteiligung und ihr Anschaffungspreis das Konzernverhältnis angemessen abbilden. Eine postenweise Addition der Finanzberichte unterschiedlicher Einheiten findet nicht statt. Der oben errechnete *goodwill* je Beteiligung ist zudem nur nachrichtlich in den Konzern-Finanzberichten als »davon«-Posten zu vermerken. Es sei nochmals darauf hingewiesen, dass im Zeitpunkt der Erstkonsolidierung keine Angaben zur Konzern-Einkommensrechnung beziehungsweise zur Konzern-Eigenkapitaltransferrechnung gemacht zu werden brauchen, weil es noch keine entsprechenden Transaktionen gibt. Den (nachrichtlichen) Ausweis der vorhandenen *goodwill*-Posten kann man auf zwei Arten erreichen, die beide ohne Wirkung auf das Eigenkapital bleiben. Zum einen kann man den Ausweis in der Konzern-Bilanz dadurch vornehmen, dass man den jeweiligen Beteiligungsbuchwert aus der Bilanz von A aufspaltet in einen Teil ohne *goodwill* und einen separaten Teil für den *goodwill*. Die damit verbundenen Buchungssätze würden hier wie folgt lauten:

Beleg	Datum	Ereignis und Konten	Soll	Haben
		Aufspaltung der Beteiligung an B in *goodwill* und restlichen Beteiligungswert		
		goodwill (in der Beteiligung an) B	82	
		Beteiligung an B		82
		Aufspaltung der Beteiligung an C in *goodwill* und restlichen Beteiligungswert		
		goodwill (in der Beteiligung an) C	100	
		Beteiligung an C		100

Diese Vorgehensweise ist insbesondere dann zu empfehlen, wenn die Bilanzierungsvorschriften eine planmäßige Abschreibung des erworbenen *goodwill* vorsehen. Alternativ kann man zum jeweiligen Beteiligungsbuchwert aus der Bilanz von A den *goodwill* als separate »davon«-Position ausweisen. Bei diesem Vorgehen fallen keine

5.2 Konzept der Konsolidierung durch eine Nebenrechnung

	Einheit A zu Beginn von X2		nachrichtlich Einheit B zu Beginn von X2 (70%)		nachrichtlich Korrekturen wegen B (70%)		nachricht lich Einheit C zu Beginn von X2		nachrichtlich Korrekturen wegen C		Konzern D zu Beginn von X2	
	S	H	S	H	S	H	S	H	S	H	S	H
Andere Vermögensgüter	480		420				200				480	
Beteiligung an B (70%)	320										320	
davon goodwill	–										*82*	
Beteiligung an C (100%)	200										200	
davon goodwill	–										*100*	
Summe Aktiva	1 000		420				200				1 000	
Eigenkapital (Beginn von X2)												
Eigenkapitaltransfers												
Einkommen im Zeitraum												
Eigenkapital (Ende von X2)		500		238				100				500
Fremdkapital		500		182				100				500
Summe Passiva		1 000		420				200				1 000
Umsatzaufwand												
Anderer Aufwand												
Einkommen (Gewinn)												
Summe Aufwand plus Gewinn												
Umsatzertrag												
Anderer Ertrag												
Einkommen (Verlust)												
Summe Ertrag plus Verlust												
Entnahmen												
Einlagenüberschuss (Saldo)												
Entnahmen plus Saldo												
Einlagen												
Entnahmenüberschuss (Saldo)												
Einlagen plus Saldo												

Abbildung 5.1: Nebenrechnung zur Ermittlung der Konzern-Finanzberichte bei Neubewertung der Beteiligung (*equity*-Methode) zu Beginn des Abrechnungszeitraums X2 (Konzernentstehung zu Beginn von X2) aus den Zahlen rechtlich selbständiger Einheiten eines Unterordnungskonzerns (A besitze 70% der Anteile von B und 100% der Anteile von C)

Buchungssätze an. Diese zweite Möglichkeit wird hier verfolgt. Im Beispiel zeigen wir das Rechnungswesen des Konzerns unmittelbar nach Konzernbildung in Abbildung 5.1, Seite 177.

5.2.2 Vorgehen zu Zeitpunkten nach der Erstkonsolidierung

Zu den Bilanzstichtagen, die der Konzernentstehung folgen, werden die Konzern-Finanzberichte aus den Finanzberichten der Obereinheit

Grundsätzliche Aufgaben

entwickelt. In der Bilanz der Obereinheit werden zu jedem Bilanzstichtag erstens die Posten »Beteiligungen« und »Ertrag aus Beteiligungen« oder »Aufwand aus Beteiligungen« entsprechend den Bilanzierungsregeln eventuell an geänderte Marktwerte angepasst. Zweitens erfolgt speziell für die Konzerndarstellung eine Berücksichtigung der Eigenkapitalveränderungen der Untereinheit durch eine entsprechende Veränderung der Bilanz, der Einkommensrechnung und der Eigenkapitaltransferrechnung der Obereinheit. In der Einkommensrechnung des Konzerns wird mit »Ertrag oder Aufwand aus der *equity*-Bewertung« ein Posten für den Ertrag durch Gewinn in der Untereinheit beziehungsweise den Aufwand durch Verlust in der Untereinheit vorgesehen, in der Eigenkapitaltransferrechnung ein Posten »Einlagen in die Untereinheit« beziehungsweise »Entnahmen aus der Untereinheit«. Um die Höhe dieser Posten wird am Ende des Abrechnungszeitraums der Wert der Beteiligung verändert. Zur Ermittlung der Eigenkapitalveränderungen der Untereinheiten stellen wir bei Bedarf ab dem Beginn von X2 eine Nebenrechnung auf. Hinsichtlich unseres Beispiels liegt ein solcher Bedarf vor.

5.2.2.1 Vorgehen zum Ende von X2

Annahmen — Wenn keine innerkonzernlichen Ereignisse zwischen den Einheiten stattgefunden haben und die Daten bereits als vereinheitlicht gelten, gestaltet sich die Konsolidierung relativ einfach. Man braucht nur die aktuellen Finanzberichte der Untereinheiten auf Eigenkapitalveränderungen hin zu untersuchen und kennt bereits die Höhe der Umbewertung der Beteiligung. Hat es dagegen innerkonzernliche Ereignisse gegeben und liegen die betreffenden Informationen dem Konzern vor, so sind die aus den Ereignissen folgenden Buchungen zunächst rückgängig zu machen und anschließend durch diejenigen zu ersetzen, welche die Ereignisse im Konzern richtig abbilden. Zur Ermittlung derartiger Eigenkapitalveränderungen benötigen wir allerdings genaue Informationen von der Untereinheit, die wir in einer Nebenrechnung auswerten, bevor wir unter Anwendung der *equity*-Methode den jeweiligen Beteiligungsbuchwert – unter Berücksichtigung der aus Konzernsicht zutreffenden Abbildung konzerninterner Ereignisse – auf Basis der Eigenkapitalveränderungen in den jeweiligen Untereinheiten fortschreiben können.

Nebenrechnung bei Beteiligungen von 100% an B und an C

Richtigstellung der aus Konzernsicht falsch gebuchten Ereignisse — In einer Nebenrechnung berücksichtigen wir die gebuchten Ereignisse, die aus Konzernsicht als irrelevant zu betrachten sind und deren Buchungen daher rückgängig zu machen sind. Zusätzlich zeigen wir, wie diese Ereignisse aus Konzernsicht korrekterweise

5.2 Konzept der Konsolidierung durch eine Nebenrechnung

darzustellen wären. Wir zeigen unsere Nebenrechnung zum Ende von X2 zunächst für den Fall, dass A 100% der Anteile der B besäße. Der *goodwill,* der sich dabei ergibt, nimmt andere Werte an als bei einer Beteiligung von 70%. Die Betrachtung des Falls einer Beteiligung von 100% geschieht aus didaktischen Gründen, um anschließend einfach zeigen zu können, wie der im hier behandelten Beispiel vorliegende Fall einer Beteiligung von 70% von A an B im Rahmen der Konsolidierung zu behandeln ist. Da es sich um eine Nebenrechnung handelt, werden hier – wie oben beschrieben – noch nicht die für die Konzern-Finanzberichte gemäß der *equity*-Methode relevanten Werte gezeigt. Insofern dient die Spalte »Konzern D« unserer Tabelle hier nur als Hilfsspalte. Sie wird für die Konzern-Finanzberichte in dieser Form nicht benötigt.

Buchungssätze zur Nebenrechnung bei Beteiligungen von 100% an B und C

Um die oben beschriebene Nebenrechnung sinnvoll durchführen zu können, werden einige Rechnungen nötig, die man im Rahmen einer Buchführung vornehmen kann, die man aber auch außerhalb der Buchführung erledigen könnte. Wir beschreiben hier die auf der Buchführung basierende Variante. Verwendet man die Technik der doppelten Buchführung und stützt man sich auf die vereinheitlichten Finanzberichte, dann wurden bei der Erstellung der Finanzberichte der rechtlich selbständigen Einheiten aus Konzernsicht ungerechtfertigterweise die folgenden Buchungen vorgenommen:

Tatsächlich vorgenommene Buchungen

Beleg	Datum	Ereignis und Konten	Soll	Haben
B1		Abschreibung der Beteiligung an B		
		Anderer Aufwand A	20	
		Beteiligung A an B		20
B2		Kauf der Ware von B durch die A		
		Vermögensgüter A (Ware)	50	
		Vermögensgüter A (Zahlungsmittel)		50
B3		Verkauf von Ware der B an die A (Zugangs- und Aufwandsbuchung)		
		Vermögensgüter B (Zahlungsmittel)	50	
		Umsatzertrag B		50
B4		Verkauf von Ware der B an die A (Aufwands- und Abgangsbuchung)		
		Umsatzaufwand B	40	
		Vermögensgüter B (Ware)		40

Bei der Erstellung der Finanzberichte von A und B führen diese Buchungen zu Einkommenskonsequenzen: Aus der Abschreibung der Beteiligung folgt bei A eine Einkommensminderung von 20 GE, aus dem Verkauf eine Einkommensmehrung von 10 GE. Beide Buchungen sind jedoch aus Konzernsicht nicht gerechtfertigt, weil die dazu gehörenden Ereignisse als innerkonzernlich zu betrachten sind.

Die Buchungen werden rückgängig gemacht durch die Buchungen S1 bis Stornierungen S4. Zusätzlich sind die Einkommenskonsequenzen zu korrigieren durch die Buchungen S5 und S6:

Beleg	Datum	Ereignis und Konten	Soll	Haben
S1		Stornierung der Abschreibung auf die Beteiligung der A an der B		
		Beteiligung A an B	20	
		Anderer Aufwand A		20
S2		Stornierung des Kaufs von Ware durch die A von der B		
		Vermögensgüter A (Zahlungsmittel)	50	
		Vermögensgüter A (Ware)		50
S3		Stornierung des Verkaufs von Ware durch die B an die A (Zugangs- und Ertragsbuchung)		
		Umsatzertrag B	50	
		Vermögensgüter B (Zahlungsmittel)		50
S4		Stornierung des Verkaufs von Ware durch die B an die A (Aufwands- und Abgangsbuchung)		
		Vermögensgüter B (Ware)	40	
		Umsatzaufwand B		40
S5		Stornierung der Einkommenskonsequenz aus Beteiligungsabschreibung		
		Einkommen A (Verlust, Einkommensrechnung)	20	
		Einkommen A (Verlust)		20
S6		Stornierung der Einkommenskonsequenz aus Verkauf von Ware		
		Einkommen der B (Gewinn, Bilanz)	10	
		Einkommen B (Gewinn, Einkommensrechnung)		10

Zusätzliche Buchungen vor der Konsolidierung

Tatsächlich stattgefunden hat eine Verlagerung von Ware aus der B an die A und eine Verlagerung von Zahlungsmitteln von der A an die B. Der Wert der Ware hat sich dabei gegenüber dem Einkaufspreis von 40 GE bei der B nicht verändert. Die A hat Zahlungsmittel in Höhe von 50 GE an die B transferiert.

Beide Vorgänge sind zu berücksichtigen durch die zusätzlichen Buchungen

Beleg	Datum	Ereignis und Konten	Soll	Haben
Z7		Verlagerung von Ware von der B an die A mit Eigenkapitalkonsequenzen für A und B		
Z7a		*Vermögensgüter A (Ware)*	40	
		Einlage A		40
Z7b		*Einlagenüberschuss A (Eigenkapitaltransferrechnung)*	40	
		Eigenkapitaltransfers A (Bilanz)		40
Z7c		*Entnahme B*	40	
		Vermögensgüter B (Ware)		40
Z7d		*Eigenkapitaltransfers B (Bilanz)*	40	
		Entnahmeüberschuss B (Eigenkapitaltransferrechnung)		40
Z8		Verlagerung von Zahlungsmittel von der A an die B		
Z8a		*Vermögensgüter B (Zahlungsmittel)*	50	
		Einlage B		50
Z8b		*Einlagenüberschuss B (Eigenkapitaltransferrechnung)*	50	
		Eigenkapitaltransfers B (Bilanz)		50
Z8c		*Entnahme A*	50	
		Vermögensgüter A (Zahlungsmittel)		50
Z8d		*Eigenkapitaltransfers A (Bilanz)*	50	
		Entnahmeüberschuss A (Eigenkapitaltransferrechnung)		50

Konsequenzen aus der Nebenrechnung für eine Beteiligung von 100%

Die Nebenrechnung dient dazu, die Eigenkapitalveränderung auszurechnen, die aus Konzernsicht in den Untereinheiten stattgefunden hat. Diese besteht bei B aus der Eigenkapitalerhöhung der B (90 *GE* vorläufiger Gewinn – 10 *GE* Gewinnkorrektur) in Höhe von 80 *GE* und aus der aus Konzernsicht irrelevanten Abschreibung der Beteiligung an B bei A in Höhe von 20 *GE*, die ebenfalls eigenkapitalerhöhend wirkt. Der Wert der Beteiligung an der Untereinheit B in Höhe von 320 *GE* zu Beginn von X2 wäre folglich im Falle einer 100% Beteiligung zum Ende von X2 um (90 *GE* – 10 *GE* =) 80 *GE* auf 400 *GE* zu erhöhen. Bezüglich der Untereinheit C ergibt sich eine Erhöhung des Beteiligungsbuchwerts um den Gewinn der C in Höhe von 160 *GE* in X2 auf einen Betrag in Höhe von 360 *GE*. Wir sehen das in der Tabelle der Abbildung 5.2, Seite 182.

Eigenkapitalveränderungen bei 100% Beteiligungen

	Einheit A (Ende X2)		Korrektu-ren wegen A		Einheit B (Ende X2) (100%)		Korrektu-ren wegen B (100%)		Einheit C (Ende X2) (100%)		Korrektu-ren wegen C (100%)		nachricht-lich Konzern D (Ende X2)	
	S	H	S	H	S	H	S	H	S	H	S	H	S	H
Andere Vermögensgüter	350		50	50[8c]	490		50[8a]	50[3]	460				1 300	
Beteiligung an B (100%)	300		20[1]										320	
davon goodwill B														110
Beteiligung an C	200												200	
davon goodwill C														100
Ware	50		40[7a]	50[2]			40[4]	40[7c]					40	
Summe Aktiva	**900**		**10**		**490**		**90**	**90**	**460**				**1 860**	
Eigenkapital (Beginn X2)		500				340				100				940
Eigenkapitaltransfers	20		50[8d]	40[7b]			40[7d]	50[8b]					20	
Einkommen im Zeitraum	10			20[5]		90	10[6]			160				250
Eigenkapital (Ende X2)		470		10		430	0			260				1 170
Fremdkapital		430				60				200				690
Summe Passiva	**900**			**10**		**490**	**0**			**460**				**1 860**
Umsatzaufwand	150				270		40[4]	1 000					1 380	
Anderer Aufwand	120		20[1]		30								130	
Einkommen (Gewinn)	0				90		10[6]	160					240	
Summe Aufwand plus Gewinn	**270**		**20**		**390**		**50**	**1 160**					**1 750**	
Umsatzertrag		220				250	50[3]			1 000				1 420
Anderer Ertrag		40				140				160				340
Einkommen (Verlust)		10	20[5]			0								10
Summe Ertrag plus Verlust		**270**	**20**			**390**	**50**			**1 160**				**1 750**
Entnahmen	30		50[8c]				40[7c]		0				120	
Einlagenüberschuss (Saldo)	0		40[7b]				50[8b]		0				90	
Entnahmen plus Saldo	**30**		**90**				**90**		**0**				**210**	
Einlagen		10		40[7a]				50[8a]		0				100
Entnahmenüberschuss (Saldo)		20		50[8d]				40[7d]		0				110
Einlagen plus Saldo		**30**		**90**				**90**	**0**	**0**				**210**

Abbildung 5.2: Nebenrechnung zur Ermittlung der Konzern-Finanzberichte bei Neubewertung der Beteiligung (*equity*-Methode) am Ende des Abrechnungszeitraums X2 (Konzernentstehung am 1.1.X2) aus den Zahlen rechtlich selbständiger Einheiten eines Unterordnungskonzerns (A besitze 100% der Anteile von B und 100% der Anteile von C)

Nebenrechnung unter der Annahme einer Beteiligung von A an B zu 70% und an C zu 100%

Eigenkapitalveränderungen bei Beteiligungen von weniger als 100%

Bei einer geringeren Beteiligung als 100% ist nur der Teil der Beträge anzusetzen, der auf die Beteiligung entfällt. Für das Beispiel, in dem die Obereinheit A von den Untereinheiten B 70% und von C 100% besitzt, betrachten wir also nur den Teil der Einheit B und die

Ereignisse im Zusammenhang mit der Einheit B nur zu dem Teil, der auf die Beteiligung in Höhe von 70% entfällt. Wir beziehen daher die Finanzberichte der B nur zu 70% ein. Das kann auf zweierlei Arten geschehen. Erstens kann man die einzelnen Posten der Finanzberichte der B und der Korrekturbuchungen im Zusammenhang mit der B nur zu dem Anteil betrachten, in dessen Höhe die Obereinheit A eine Beteiligung an der Untereinheit B besitzt, im Beispiel also zu 70%. Für den Rest (30%) wird angenommen, dass die entsprechenden Teile der Ereignisse mit konzernfremden Unternehmen realisiert wurden. Eine zweite Möglichkeit besteht darin, die Finanzberichte der Untereinheit B zu 100% einzubeziehen und gleichzeitig in Höhe des Anteils, der nicht auf die Obereinheit A entfällt, einen Korrekturposten für die Anteile konzernfremder Anteilseigner in B zu berücksichtigen. Wir entscheiden uns in unserem Beispiel hier zunächst für die erstgenannte Variante. Die zuletzt genannte Methode lernen wir in einem anderen Kapitel als mögliche Vorgehensweise bei Anwendung einer anderen Konsolidierungsmethode kennen.

Buchungssätze zur Nebenrechnung bei einer Beteiligung an B zu 70% und einer zu 100% an C

Um die oben beschriebene Nebenrechnung sinnvoll durchführen zu können, werden einige Rechnungen nötig, die wir hier im Rahmen einer Buchführung vornehmen. Verwendet man die Technik der doppelten Buchführung und stützt man sich auf die vereinheitlichten Finanzberichte, dann wurden bei der Erstellung der Finanzberichte der rechtlich selbständigen Einheiten aus Konzernsicht – wie im Fall der Beteiligung von 100% – ungerechtfertigterweise die folgenden Buchungen vorgenommen:

Tatsächlich vorgenommene Buchungen

Beleg	Datum	Ereignis und Konten	Soll	Haben
B1		Abschreibung der Beteiligung von A an B		
		Anderer Aufwand A	20	
		Beteiligung A an der B		20
B2		Kauf der Ware von B durch die A		
		Vermögensgüter A (Ware)	50	
		Vermögensgüter A (Zahlungsmittel)		50
B3		Verkauf von Ware durch die B an die A (Zugangs- und Ertragsbuchung)		
		Vermögensgüter B (Zahlungsmittel)	50	
		Umsatzertrag B		50
B4		Verkauf von Ware durch die B an die A (Aufwands- und Abgangsbuchung)		
		Umsatzaufwand B	40	
		Vermögensgüter B (Ware)		40

Zusätzlich haben sich bei der Erstellung der Finanzberichte Einkommenskonsequenzen in Höhe von -20 GB bei der Beteiligungsabschreibung und in Höhe von 10 GE beim Verkauf der Ware ergeben, die bei einer Stornierung der Buchungen ebenfalls zu beachten sind.

Stornierung der Buchungen und der daraus folgenden Einkommenskonsequenzen

Die Buchungen, welche die Beteiligung der Obereinheit A an der Untereinheit B in den Finanzberichten der A betreffen, werden anteilig rückgängig gemacht. Die Buchungen, welche die Finanzberichte der B betreffen, werden für Zwecke der Konzern-Finanzbericht-Erstellung zu dem Anteil rückgängig gemacht, zu dem die Obereinheit A Anteile an der Untereinheit B besitzt; es sei denn sie beträfen – wie im Fall der Ausschüttung der B in X3 – in voller Höhe die A. Die Stornierung von nur 70% der bei B gebuchten Ereignisse mit A liegt die Annahme zu Grunde, A habe die entsprechenden Ereignisse im Umfang der restlichen 30% mit den anderen Anteilseignern von B, also mit Konzernfremden, realisiert. Man hat also die folgenden Buchungen vorzunehmen:

Beleg	Datum	Ereignis und Konten	Soll	Haben
S1		Stornierung der Beteiligungsabschreibung	20	
		Beteiligung A an der B		
		Anderer Aufwand A		20

Anteiliges Rückgängigmachen des Warengeschäfts (S2 bis S4) und der resultierenden Eigenkapitalkonsequenzen (S5 und S6):

Beleg	Datum	Ereignis und Konten	Soll	Haben
S2		Anteilige Stornierung des Kaufs von Ware der B durch die A (0,7 * 50 GE)		
		Vermögensgüter A (Zahlungsmittel)	35	
		Vermögensgüter A (Ware)		35
S3		Anteilige Stornierung des Verkauf von Ware der B an die A (Zugangs- und Ertragsbuchung) (0,7 * 50 GE)		
		Umsatzertrag B	35	
		Vermögensgüter B (Zahlungsmittel)		35
S4		Anteilige Stornierung des Verkauf von Ware der B an die A (Aufwands- und Abgangsbuchung) (0,7 * 40 GE)		
		Vermögensgüter B (Ware)	28	
		Umsatzaufwand B		28
S5		Stornierung der Einkommenskonsequenzen aus der Beteiligungsabschreibung bei A		
		Einkommen (Verlust) A (Einkommensrechnung)	20	
		Einkommen A (Bilanz)		20

5.2 Konzept der Konsolidierung durch eine Nebenrechnung

Beleg	Datum	Ereignis und Konten	Soll	Haben
S6		Stornierung der Einkommenskonsequenzen aus dem Warenverkauf von B an A (35 GE abzüglich 28 GE)		
		Einkommen B (Bilanz)	7	
		Einkommen (Gewinn) B (Einkommensrechnung)		7

Tatsächlich stattgefunden hat eine Verlagerung von Ware aus der Untereinheit B an die Obereinheit A und eine Verlagerung von Zahlungsmitteln von der Obereinheit A an die Untereinheit B. Der Wert der Ware, die jetzt bei A liegt, hat sich dabei gegenüber dem Einkaufspreis von 40 GE bei der Untereinheit B nicht verändert. Die Obereinheit A hat Zahlungsmittel in Höhe von 50 GE an die Untereinheit B transferiert. Von beiden Posten sind hier 70% zu berücksichtigen. Die Zahlungsmittel- und Warenverlagerungen sind durch folgende Zusatzbuchungen korrekt darzustellen:

Zusätzliche Buchungen aus Konzernsicht

Beleg	Datum	Ereignis und Konten	Soll	Haben
Z7		Verlagerung von Ware von B nach A		
		Vermögensgüter A (Ware)	28	
		Entnahme A		28
		Entnahmeüberschuss A (Eigenkapitaltransferrechnung)	28	
		Eigenkapitaltransfers (Bilanz)		28
		Einlage B	28	
		Vermögensgüter B (Ware)		28
		Eigenkapitaltransfers B (Bilanz)	28	
		Entnahmeüberschuss B (Eigenkapitaltransferrechnung)		28
Z8		Verlagerung von Zahlungsmitteln von A nach B		
		Vermögensgüter B (Zahlungsmittel)	35	
		Einlage B		35
		Entnahmeüberschuss B (Eigenkapitaltransferrechnung)	35	
		Eigenkapitaltransfers B (Bilanz)		35
		Einlage A	35	
		Vermögensgüter A (Zahlungsmittel)		35
		Eigenkapitaltransfers A (Bilanz)	35	
		Entnahmeüberschuss A (Saldo) (Eigenkapitaltransferrechnung)		35

Die Nebenrechnung dient dazu, die Eigenkapitalveränderung auszurechnen, die aus Konzernsicht in den Untereinheiten stattgefunden hat. Der Wert der Untereinheit B hat danach insgesamt aus

Kapitel 5 – Konsolidierung nach der *equity*-Methode unter der Annahme des Erwerbs

	Einheit A zum Ende von X2		Korrekturen wegen A		Einheit B zum Ende von X2 (70%)		Korrekturen wegen B (70%)		Einheit C zum Ende von X2 (100%)		Korrekturen wegen C (100%)		Konzern D zum Ende von X2	
	S	H	S	H	S	H	S	H	S	H	S	H	S	H
Andere Vermögensgüter	350		35²	35⁸	343		35⁸ᵃ	35³	460				1 153	
Beteiligung an B	300		20¹										320	
davon goodwill B													*82*	
Beteiligung an C	200												200	
davon goodwill C													*100*	
Ware	50		28⁷ᵃ	35²			28⁴	28⁷ᶜ					43	
Summe Aktiva	**900**		**83**	**70**	**343**		**63**	**63**	**460**				**1 716**	
Eigenkapital (1.1.X2)		500				238				100				838
Eigenkapitaltransfers	20		35⁸ᵈ	28⁷ᵇ			28⁷ᵈ	35⁸ᵇ					20	
Einkommen im Zeitraum	10			20⁵		63		7⁶		160				226
Eigenkapital (31.12.X2)		470	35	48		301				260				1 044
Fremdkapital		430				42				200				672
Summe Passiva		**900**	**20**			**343**				**460**				**1 716**
Umsatzaufwand	150				189		28⁴		1 000				1 311	
Anderer Aufwand	120		20¹		21								121	
Einkommen (Gewinn)	0				63		7⁶		160				216	
Summe Aufwand plus Gewinn	**270**		**20**		**273**		**35**		**1 160**				**1 648**	
Umsatzertrag		220				175	35³			1 000				1 360
Anderer Ertrag		40				98				160				298
Einkommen (Verlust)		10	20⁵			0								55
Summe Ertrag plus Verlust		**270**	**20**			**273**	**35**			**1 160**				**1 648**
Entnahmen	30		35⁸ᶜ				28⁷ᶜ		0				93	
Einlagenüberschuss (Saldo)	0		28⁷ᵇ				35⁸ᵇ		0				63	
Entnahmen plus Saldo	**30**		**63**				**63**		**0**				**156**	
Einlagen		10	28⁷ᵃ				35⁸ᵃ			0				73
Entnahmenüberschuss (Saldo)		20	35⁸ᵈ				28⁷ᵈ			0				83
Einlagen plus Saldo		**30**	**63**				**63**		**0**	**0**				**156**

Abbildung 5.3:   Nebenrechnung zur Ermittlung der Konzern-Finanzberichte bei Neubewertung der Beteiligung (*equity*-Methode) am Ende des Abrechnungszeitraums X2 (Konzernentstehung am 1.1.X2) aus den Zahlen rechtlich selbständiger Einheiten eines Unterordnungskonzerns (A besitzt 70% der Anteile von B und 100% der Anteile von C)

Abbildung 5.3 um (63 *GE* − 7 *GE* =) 56 *GE* zugenommen. Folglich wäre der Wert der Beteiligung an B um diese 56 *GE* zu erhöhen. Der Wert von C wäre nach der Nebenrechnung um 160 *GE* zu erhöhen. Die Zahlen ergeben sich dann so wie in Abbildung 5.3, Seite 186.

5.2 Konzept der Konsolidierung durch eine Nebenrechnung

Konsequenzen der Nebenrechnung für den Wert der Beteiligungen der A an B und C

Beteiligung von 100%

Wir betrachten zunächst wieder einen Konzern, der alle Beteiligungen zu 100% besitzt. Die Eigenkapitalveränderungen der Untereinheiten werden in diesem Fall als Eigenkapitaltransfers des Konzerns angesehen, soweit sie aus den oben skizzierten Verlagerungen stammen. In dem Maße wie sich das Konzern-Einkommen ändert, wird der Buchwert der Beteiligungen verändert. Im Beispiel einer Beteiligung von 100% der Obereinheit A an der Untereinheit B verändern wir den Wert der Beteiligung zunächst um 80 GE, die sich aus der Differenz der Eigenkapitalwerte von B am Ende von X2 (430 GE − 10 GE = 420 GE) und am Beginn von X2 (340 GE) ergeben. Anschließend berücksichtigen wir zusätzlich die 20 GE, um welche die Beteiligung der A an der B abgeschrieben wurde, die wir aus Gründen einer stetigen Fortschreibung der Konzern-Finanzberichte mit ihrem Wert bei Konzernentstehung benötigen.

Beteiligung von 70%

Bei einer Beteiligung von weniger als 100% nimmt man im Prinzip die gleichen Nebenrechnungen vor wie bei einer Beteiligung von 100%, nur anteilig anstatt zu 100%. Die Umbewertung der Beteiligung der Obereinheit erfolgt nun nur um den Teil der Eigenkapitalveränderung in den Untereinheiten, der auf den Konzern entfällt. In unserem Beispiel sind das die oben bereits beschriebenen Zunahmen von 56 GE bei der B und 160 GE bei der C. In jedem Fall ist die Abschreibung der Beteiligung an B, die A in X2 vorgenommen hat, aus Konzernsicht zunächst zu stornieren, um eine stetige Fortschreibung der »Konzern-Zahlen« zu erreichen.

Buchungssätze zur »Konsolidierung«

Vorgehen

Hat man – eventuell aus einer Nebenrechnung – die Beträge ermittelt, um welche die Beteiligung an der Untereinheit und deren Eigenkapital in den Konzern-Finanzberichten zu modifizieren sind, dann kann man die notwendigen Buchungssätze für die Konzern-Finanzberichte angeben. In unserem Beispiel betragen diese Beträge 20, 56 und 160 GE. Dabei sind zunächst die Buchungen rückgängig zu machen, die man in der Obereinheit vorgenommen hat. Anschließend hat man den sich für den Konzern ergebenden Wert eventuell mit dem Marktwert der Beteiligung zu vergleichen und unter Umständen abzuschreiben.

Tatsächliche Buchungen

Wir unterstellen, dass tatsächlich die folgende Buchung bei A stattgefunden hat:

Beleg	Datum	Ereignis und Konten	Soll	Haben
B1		Abschreibung der Beteiligung bei A		
		Anderer Aufwand A	20	
		Beteiligung A an B		20

Stornierung von Buchungen

Diese Buchung ist rückgängig zu machen, weil sie aus Konzernsicht irrelevant ist. Ebenso ist die Einkommenskonsequenz, die sich daraus für das Eigenkapital ergibt, zu beachten:

Beleg	Datum	Ereignis und Konten	Soll	Haben
S1		Stornierung der Abschreibung der Beteiligung bei A		
		Beteiligung A an B	20	
		Anderer Aufwand A		20
S2		Stornierung der Einkommenskonsequenz wegen Wegfall der Abschreibung		
		Einkommen (Gewinn) A (Einkommensrechnung)	20	
		Einkommen A (Bilanz)		20

Konsolidierungsbuchungen

Nun kann man die Umbewertung der Beteiligung von A an B und den Ansatz der daraus resultierenden Einkommenskonsequenzen vornehmen. Diese Buchungen kann man mit einer Konsolidierungsbuchung gleichsetzen:

Beleg	Datum	Ereignis und Konten	Soll	Haben
K3		Umbewertung der Beteiligung von A an B um die Eigenkapitalveränderung der B		
		*Beteiligung A an B (80 GE * 0,7)*	56	
		Anderer Ertrag A		56
K4		Einkommenskonsequenz der Umbewertung der Beteiligung an B		
		Einkommen A (Einkommensrechnung)	56	
		Einkommen (Bilanz) A		56

Hinsichtlich der Beteiligung an der C ergeben sich die gleichen Buchungen mit anderen Zahlen:

Beleg	Datum	Ereignis und Konten	Soll	Haben
K5		Umbewertung der Beteiligung von A an C um die Eigenkapitalveränderung der C		
		*Beteiligung an C (160 * 1,0)*	160	
		Anderer Ertrag C		160
K6		Einkommenskonsequenz der Umbewertung der Beteiligung an C		
		Einkommen (Gewinn) C (Einkommensrechnung)	160	
		Einkommen (Bilanz) C		160

5.2 Konzept der Konsolidierung durch eine Nebenrechnung

	Einheit A zum Ende von X2		Korrekturen wegen A		Korrekturen wegen B (70%)		Korrekturen wegen C (100%)		Konzern D zum Ende von X2	
	S	H	S	H	S	H	S	H	S	H
Andere Vermögensgüter	350								350	
Beteiligung an B	300			20^1	56^3				376	
davon goodwill B	–								82	
Beteiligung an C	200						160^5		360	
davon goodwill C	–								100	
Ware	50								50	
Summe Aktiva	**900**		**20**		**56**		**160**		**1 136**	
Eigenkapital (Beginn X2)		500								500
Eigenkapitaltransfers	20								20	
Einkommen des Zeitraums	10		20^2		56^4		160^6			226
Eigenkapital (Ende X2)		470	20		56		160			706
Fremdkapital		430								430
Summe Passiva		**900**	**20**		**56**		**160**			**1 136**
Umsatzaufwand	150								150	
Anderer Aufwand	120			20^1					100	
Einkommen (Gewinn)	0				56^4		160^6		216	
Summe Aufwand plus Gewinn	**270**			**20**	**56**		**160**		**466**	
Umsatzertrag		220								220
Anderer Ertrag		40								40
Beteiligungserträge						56^3		160^5		216
Einkommen (Verlust)		10	20^2							10
Summe Ertrag plus Verlust		**270**	**20**			**56**		**160**		**466**
Entnahmen	30								30	
Einlagenüberschuss (Saldo)	0								0	
Entnahmen plus Saldo	**30**								**30**	
Einlagen		10								10
Entnahmenüberschuss (Saldo)		20								20
Einlagen plus Saldo		**30**								**30**

Abbildung 5.4: Ermittlung der Konzern-Finanzberichte bei Neubewertung der Beteiligung (*equity*-Methode) am Ende des Abrechnungszeitraums X2 (Konzernentstehung zu Beginn von X2) aus den Zahlen rechtlich selbständiger Einheiten eines Unterordnungskonzerns (A besitze 70% der Anteile der B und 100% der Anteile der C)

In Abbildung 5.4, Seite 189, stellen wir nun die Konzernzahlen und die notwendigen Buchungen so dar, wie sie sich auf Grundlage der Zahlen der Nebenrechnung für den Fall von 70% ergeben. Es sei noch darauf hingewiesen, dass die Konzern-Zahlen bis auf die (*equity*-) Buchwerte der Beteiligungen »unkonsolidierte« Zahlen darstellen. Sie stimmen bis auf die Beteiligungen und den *goodwill* mit den Posten der Obereinheit überein.

Konzern-Finanzberichte

5.2.2.2 Vorgehen zum Ende von X3

Bereiche von Korrekturen

Im Abrechnungszeitraum X3 gibt es neben den zu beachtenden Umbewertungskonsequenzen aus dem Zeitraum X2 wiederum Ereignisse zwischen den Einheiten des Konzerns. Folglich kann man die Eigenkapitalveränderungen in den Untereinheiten nicht aus den Finanzberichten der rechtlich selbständigen Einheiten ablesen. Man muss dazu wiederum eine Nebenrechnung aufstellen. Es finden im Konzern zwei Vorgänge zwischen den Einheiten statt, ein Eigenkapitaltransfer in Höhe von 60 *GE* von der B nur an die A sowie die Gewährung eines Darlehens durch A an C in Höhe von 40 *GE* mit einer Zinsverpflichtung von 5 *GE*. Beide Vorgänge verändern den Gewinn aus Konzernsicht gegenüber dem Gewinn der rechtlich selbständigen Einheiten im Zeitraum X3. Damit die Zahlen in X3 sinnvoll sind, muss man auch die eigenkapitalverändernden Konsequenzen der Umbewertungen der Beteiligungsbuchwerte von A aus dem Zeitraum X2 in Höhe von 20, 56 und 160 *GE* bei A einkommensneutral wiederholen. Wir beschränken unsere Ausführungen auf den für das zugrundeliegende Beispiel relevanten Fall zweier Beteiligungen der A, eine zu 70% an der B und eine andere zu 100% an der C.

Nebenrechnung bei einer Beteiligung von 70% an B und 100% an C

Überblick

In unserer Nebenrechnung haben wir die Eigenkapitalveränderungen der Einheiten B und C zu bestimmen. Wenn man, wie im vorangegangenen Zeitraum, unterstellt, man nähme eine Nebenrechnung auf Basis der vereinheitlichten Finanzberichte mit Buchungssätzen vor, dann hat man im Rahmen der Nebenrechnung zunächst die Konsequenzen aus den Ereignissen des Zeitraums X2 zu bestimmen. Anschließend hat man die Ereignisse in X3 zwischen den rechtlich selbständigen Einheiten aus Konzernsicht angemessen zu berücksichtigen.

Buchungssätze zur Nebenrechnung

Übernahme der Wertveränderungen aus dem Vorzeitraum

Abschreibung der Beteiligung und innerkonzernlicher Verkauf

Aus der einkommensneutralen Wiederholung der Buchungen zur Anpassung der Werte der Beteiligungen und der Eigenkapitalbeträge, die im Zeitraum X2 vorgenommen wurden, sind folgende Buchungen notwendig:

5.2 Konzept der Konsolidierung durch eine Nebenrechnung

Beleg	Datum	Ereignis und Konten	Soll	Haben
V1		Anpassung wegen irrelevanter Beteiligungsabschreibung		
		Beteiligung A an B	20	
		Eigenkapital A (1.1.X3)		20
V2		Anpassung wegen Wertzunahme der Beteiligung von A an B		
		*Beteiligung A an B (120 GE * 0,7)*	56	
		Eigenkapital A (1.1.X3)		56
V3		Anpassung wegen Wertabnahme der Beteiligung der A an C		
		*Beteiligung A an C (160 GE * 1,0)*	160	
		Eigenkapital A (1.1.X3)		160

Korrekturen im aktuellen Abrechnungszeitraum

Aus den innerkonzernlichen Ereignissen des Zeitraums X3 erwachsen die folgenden tatsächlichen Buchungen in den einzelnen Einheiten:

Tatsächliche Buchungen

Beleg	Datum	Ereignis und Konten	Soll	Haben
B4		Ertrag der A aus Beteiligung an B		
		Vermögensgüter A (Zahlungsmittel)	60	
		Anderer Ertrag A		60
B5		Ausschüttung der B		
		Entnahme B	60	
		Vermögensgüter B (Zahlungsmittel)		60
B6		Darlehensvergabe der A an die C		
		Vermögensgüter A (Forderungen)	40	
		Vermögensgüter A (Zahlungsmittel)		40
B7		Darlehensempfang der C von A		
		Vermögensgüter C (Zahlungsmittel)	40	
		Fremdkapital C gegenüber A		40
B8		Zinsempfang bei der A von der C		
		Vermögensgüter A (Zahlungsmittel)	5	
		Anderer Ertrag A		5
B9		Zinszahlung der C an die A		
		Anderer Aufwand C	5	
		Vermögensgüter C (Zahlungsmittel)		5

A besitzt 70% der Anteile der B. Wenn B – anders als im vorliegenden Fall – eine Ausschüttung in Höhe von 60 GE an alle ihre Anteilseigner leisten würde, entfielen 70% davon, also 42 GE, auf die A und 30%, also 18 GE, auf die anderen Anteilseigner. Wenn B 60 GE nur an die A ausschüttet, ist zu bedenken, dass sie 18 GE mehr zu Lasten ihrer Zahlungsmittel entnimmt als

Ausgangsdaten für B

der A auf Grund ihres Anteils eigentlich zustehen. Das ist bei der Bilanz und der Eigenkapitaltransferrechnung der B zu bedenken.

Zu korrigierende Daten

Zusätzlich sind bei den späteren Stornierungen die Einkommenskonsequenzen dieser Ereignisse zu beachten:

- für A folgt aus Buchungssatz B4 eine Eigenkapitalerhöhung um 60 *GE*
- für B folgt aus Buchungssatz B5 eine Eigenkapitalminderung von 60 *GE*
- für A folgt aus Buchungssatz B8 eine Eigenkapitalerhöhung um 5 *GE*
- für C folgt aus Buchungssatz B9 eine Eigenkapitalminderung von 5 *GE*

Aus der Darlehensvergabe und dem Darlehensempfang ergeben sich keine Konsequenzen für das Eigenkapital.

Stornierungen

Die oben genannten Buchungen sind in dem Maße rückgängig zu machen, wie sie den Konzern betreffen. Weil die Ausschüttung der B in Höhe von 60 *GE* annahmegemäß nur auf die A entfällt, ist die Buchung in voller Höhe rückgängig zu machen. Ansonsten sind bei B 70% und bei C 100% der jeweils relevanten Beträge zu stornieren, weil die Ereignisse in diesem Umfang jeweils als innerkonzernlich anzusehen sind:

Beleg	Datum	Ereignis und Konten	Soll	Haben
S4		Stornierung des Ertrags von A aus der Beteiligung an B		
		Anderer Ertrag A	60	
		Vermögensgüter A (Zahlungsmittel)		60
S5		Stornierung der Ausschüttung von B		
		Vermögensgüter B (Zahlungsmittel)	60	
		Entnahme B		60
S6		Stornierung der Darlehensvergabe von A an C		
		Vermögensgüter A (Zahlungsmittel)	40	
		Vermögensgüter A (Forderungen)		40
S7		Stornierung der Darlehensannahme der C von der A		
		Fremdkapital C gegenüber A	40	
		Vermögensgüter C (Zahlungsmittel)		40
S8		Stornierung des Empfangs der Zinszahlung bei A		
		Anderer Ertrag A	5	
		Vermögensgüter A (Zahlungsmittel)		5

5.2 Konzept der Konsolidierung durch eine Nebenrechnung

Beleg	Datum	Ereignis und Konten	Soll	Haben
S9		Stornierung der Zinszahlung der C an die A		
		Vermögensgüter C (Zahlungsmittel)	5	
		Anderer Aufwand C		5
S10		Stornierung der Eigenkapitalerhöhung bei A aus Beteiligung an B		
		Einkommen A (Bilanz)	60	
		Einkommen (Gewinn) A (Einkommensrechnung)		60
S11		Stornierung der Eigenkapitalminderung bei B		
		Entnahme der B (Eigenkapitaltransferrechnung)	60	
		Eigenkapitaltransfer B (Bilanz)		60
S12		Stornierung der Eigenkapitalerhöhung der A		
		Einkommen der A (Bilanz)	5	
		Einkommen (Gewinn) A (Einkommensrechnung)		5
S13		Stornierung der Eigenkapitalminderung bei der C		
		Einkommen (Verlust) C (Einkommensrechnung)	5	
		Einkommen C (Bilanz)		5

Im Konzern wurden tatsächlich nur Zahlungsmittel anteilig verlagert. Bei den Stornierungen werden die Zahlungsmittel fälschlicherweise voll storniert, obwohl dies nur für 70% hätte geschehen dürfen. Durch Zusatzbuchungen erfolgt die Korrektur. Da der Obereinheit 70% von B gehören, sind folglich 70% zu berücksichtigen. Im Rahmen der zuätzlichen Buchungen haben wir bisher explizit berücksichtigt, dass sich hinter den Verlagerungen von Ware und Zahlungsmitteln jeweils Eigenkapitaltransfers verbargen. Dabei haben wir gesehen, dass sich aus den Buchungen keine Konsequenzen für die Konzern-Zahlen ergaben. Ab hier verzichten wir daher auf die Abbildung dieser Eigenkapitaltransfers. Die Buchungen lauten:

Zusätzliche Buchungen aus Konzernsicht

Beleg	Datum	Ereignis und Konten	Soll	Haben
Z14		Verlagerung der Zahlungsmittel von B nach A		
		Vermögensgüter A (Zahlungsmittel)	60	
		Vermögensgüter B (Zahlungsmittel)		60
Z15		Anteilige Verlagerung der Zahlungsmittel von A an C (40 GE – 5 GE)		
		Vermögensgüter C (Zahlungsmittel)	35	
		Vermögensgüter A (Zahlungsmittel)		35

	Einheit A zum Ende von X3		Korrektu- ren wegen A		Einheit B zum Ende von X3 (70%)		Korrektu- ren wegen B (70%)		Einheit C zum Ende von X3 (100%)		Korrektu- ren wegen C (100%)		Konzern D zum Ende von X3	
	S	H	S	H	S	H	S	H	S	H	S	H	S	H
Andere Vermögensgüter	465		40[6] 60[14]	60[4] 5[8] 35[15]	364	18	60[5]		125		60[14]	40[7] 5[9] 35[15]	936	
Beteiligung an B	300		20[1] 56[2]										376	
davon goodwill B	–												*82*	
Beteiligung an C	200		160[3]										360	
davon goodwill B	–												*100*	
Ware	50												50	
Darlehensforderungen	40			40[6]									0	
Summe Aktiva	**1 055**		**336**	**140**	**346**				**125**				**1 722**	
Eigenkapital (Beginn X3)		470				301				260				1 031
Veränderung im Vorzeitraum				20[1] 56[2] 160[3]										236
Eigenkapitaltransfers						60				60[11]				
Einkommen im Zeitraum		65	60[10] 5[12]			63				200		5[13]		132
Eigenkapital (Ende X3)		535		171		304		60		60		5		1 135
Fremdkapital		520				42					65	40[7]		587
Summe Passiva		**1 055**		**171**		**346**		**60**		**125**		**35**		**1 722**
Umsatzaufwand	0				28				490				518	
Anderer Aufwand	0				7				210			5[9]	212	
Einkommen (Gewinn)	65		60[10] 5[12]		63								63	
Summe Aufwand plus Gewinn	**65**		**65**		**98**				**700**			**5**	**793**	
Umsatzertrag		0				35				500				535
Anderer Ertrag		65	60[4] 5[8]			63								63
Einkommen (Verlust)		0								200		5[13]		195
Summe Ertrag plus Verlust		**65**		**65**		**98**				**700**		**5**		**793**
Entnahmen	0				42 18		60[5]		0				0	
Einlagenüberschuss (Saldo)	0								0					
Entnahmen plus Saldo	**0**				**60**		**60**		**0**				**0**	
Einlagen		0				0				0				
Entnahmenüberschuss (Saldo)		0				60	60[11]			0				0
Einlagen plus Saldo		**0**				**60**	**60**			**0**	**0**			**0**

Abbildung 5.5: Nebenrechnung zur Ermittlung der Konzern-Finanzberichte bei Neubewertung der Beteiligung (*equity*-Methode) am Ende des Abrechnungszeitraums X3 (Konzernentstehung zu Beginn von X2) aus den Zahlen rechtlich selbständiger Einheiten eines Unterordnungskonzerns (A besitze 70% der Anteile der B und 100% der Anteile der C)

Finanzberichte der Nebenrechnung Die Nebenrechnungen, die wir auf Basis der vereinheitlichten Finanzberichte aufstellen, sehen so aus wie in Abbildung 5.5, Seite 194.

Konsequenzen für den Wert der Beteiligung der A an der B und der C

Aus der Nebenrechnung lässt sich erkennen, um welche Beträge die Werte der Beteiligungen der A an der B und an der C sich durch Eigenkapitalveränderungen in B und C verändert haben. Bei der Untereinheit B hat sich das Eigenkapital insgesamt um das Einkommen in Höhe von 63 GE erhöht. Es lautet nun auf (304 GE + 60 GE Eigenkapitaltransfer =) 364 GE. Bei Untereinheit C liegt eine Veränderung von (-200 GE Verlust + 5 GE Verlustkorrektur =) -195 GE zuzüglich -5 GE bei der A vor.

Wertanpassungen der Beteiligungen

»Konsolidierung«

Die Konsolidierung nach der *equity*-Methode gestaltet sich nun analog zur Konsolidierung zum Ende von X2. Die Eigenkapitalveränderung von B beziehungsweise C wird bei A als Ertrag oder Aufwand gebucht zu Gunsten oder zu Lasten der beiden Beteiligungen. Bei einer Beteiligung von weniger als 100% fällt der Obereinheit nicht 100% des Einkommens der Untereinheit zu, sondern entsprechend weniger. Wir unterstellen auch hier gemäß unserem Beispiel, der Konzern besäße im Beispiel nur Anteile in Höhe von 70% des Eigenkapitals der B.

Überblick

Buchungssätze zur »Konsolidierung«

Bei der Konsolidierung greifen wir auf das Ergebnis unserer Nebenrechnung zurück. Durch Vergleich der Buchwerte jeder Beteiligung in zwei aufeinanderfolgenden Zeiträumen ist nun zu ermitteln, um welchen Betrag der Buchwert der jeweiligen Beteiligung einkommenswirksam anzupassen ist.

Übernahme der Werte aus der Nebenrechnung

Aus dem Vorzeitraum sind die folgenden Vorgänge einkommensneutral zu berücksichtigen:

Einkommensneutrale Wiederholung aus Vorzeiträumen

Beleg	Datum	Ereignis und Konten	Soll	Haben
V1		Stornierung der Abschreibung der Beteiligung von A an B (einkommensneutral)		
		Beteiligung A an B	20	
		Eigenkapital A aus Vorzeitraum		20
V2		Berücksichtigung der Werterhöhung der Beteiligung der A an B in X2		
		Beteiligung A an der B	56	
		Eigenkapital A aus Vorzeitraum		56
V3		Berücksichtigung der Werterhöhung der Beteiligung der A an der C in X2		
		Beteiligung A an der C	160	
		Eigenkapital A aus Vorzeitraum		160

Modifikationen im aktuellen Zeitraum

Für B ergibt sich eine Eigenkapitalveränderung in X3 in Höhe von 3 GE (= 63 GE Gewinn abzüglich 60 GE Entnahmen). Bei C resultiert in X3 eine Eigenkapitalveränderung in Höhe von (−200 GE Verlust zuzüglich 5 GE Verlustkorrektur abzüglich 5 GE Konsequenzen bei A =) −200 GE. Demzufolge fallen die folgenden Buchungen für die Anpassung der Beteiligungsbuchwerte von B und C an:

Beleg	Datum	Ereignis und Konten	Soll	Haben
K4		Berücksichtigung der Umbewertung der Beteiligung der A an B und der Erträge von A		
		Beteiligung A an B	3	
		Anderer Ertrag A		3
K5		Berücksichtigung der Umbewertung der Beteiligung der A an C und der Aufwendungen der A		
		Anderer Aufwand A	200	
		Vermögensgüter A (Beteiligung an C)		200
K6		Berücksichtigung der Einkommenskonsequenzen der Neubewertung von B		
		Einkommen (Gewinn) A (Einkommensrechnung)	3	
		Einkommen A (Bilanz)		3
K7		Berücksichtigung der Einkommenskonsequenzen der Neubewertung von C		
		Einkommen A (Bilanz)	200	
		Einkommen (Verlust) A (Einkommensrechnung)		200

Konzern-Finanzberichte

Wir erhalten die Tabelle der Abbildung 5.6, Seite 197.

5.2.3 Entkonsolidierung

Fallunterscheidung

Wir untersuchen erstens, wie man bei Auflösung des Konzerns vorzugehen hat und zweitens, was man beim Ausscheiden einer einzelnen Untereinheit zu bedenken hat.

5.2.3.1 Auflösung des Konzerns

Vielfalt möglicher Vereinbarungen

Wird ein Konzern vollständig aufgelöst, dann bedeutet das eine Verteilung der Vermögensgüter und Fremdkapitalposten unter den Anteilseignern. Je nach deren Vereinbarungen hat man vergangene

5.2 Konzept der Konsolidierung durch eine Nebenrechnung

	Einheit A (Ende X3)		Korrekturen wegen A		Korrekturen wegen B (70%)		Korrekturen wegen C (100%)		Konzern D (Ende X3)	
	S	H	S	H	S	H	S	H	S	H
Andere Vermögensgüter	465								465	
Beteiligung an B	300		20^1			3^4			379	
			56^2							
davon goodwill B									*82*	
Beteiligung an C	200		160^3					200^5	160	
davon goodwill C									*100*	
Ware	50								50	
Darlehensforderung	40								40	
Summe Aktiva	**1 055**		**236**			**3**		**200**	**1 094**	
Eigenkapital (Beginn X3)		470								470
Veränderung Vorzeitraum				20^1						
				56^2						
				160^3						236
Eigenkapitaltransfers										
Einkommen im Zeitraum		65				3^6	200^7			132
Eigenkapital (Ende X3)		535		236		3		200		574
Fremdkapital		520								520
Summe Passiva		**1 055**		**236**		**3**		**200**		**1 094**
Umsatzaufwand	0								0	
Anderer Aufwand	0						200^5		200	
Einkommen (Gewinn)	65				3^6				68	
Summe Aufwand plus Gewinn	**65**				**3**		**200**		**268**	
Umsatzertrag		0								0
Anderer Ertrag		65				3^4				68
Einkommen (Verlust)		0						200^7		200
Summe Ertrag plus Verlust		**65**				**3**		**200**		**268**
Entnahmen		0								0
Einlagenüberschuss (Saldo)		0								0
Entnahmen plus Saldo		**0**								**0**
Einlagen	0								0	
Entnahmenüberschuss (Saldo)	0								0	
Einlagen plus Saldo	**0**								**0**	

Abbildung 5.6: Ermittlung der Konzern-Finanzberichte bei Neubewertung der Beteiligung (*equity*-Methode) am Ende des Abrechnungszeitraums X3 (Konzernentstehung zu Beginn von X2) aus den Zahlen rechtlich selbständiger Einheiten eines Unterordnungskonzerns (A besitze 70% der Anteile von B und 100% der Anteile von C)

Ereignisse zwischen den ehemaligen Einheiten des Konzerns wieder aufleben zu lassen oder nicht. Wir unterstellen hier, es erfolge eine Aufspaltung in die rechtlich selbständigen Einheiten zu deren Buchwerten nach dem Ende von X3. Das bedeutet, dass man den ursprünglichen Anteilseignern der Einheit A die Einheit A oder die Anteile daran zukommen lässt, denen der Einheit B die Einheit B oder die Anteile daran usw. Die Werte dieser Vermögensgüter und Fremdkapitalposten können wegen Konzernbeziehungen während des abgelaufenen Zeitraums anders sein als die Werte der rechtlich selbständigen Einheiten. Es geht also darum, die vereinheitlichten und weiter modifizierten Zahlen der Konzern-Finanzberichte auf die Einheiten zu verteilen.

Ermittlung der einheitenbezogenen Vermögensgüter und Fremdkapitalposten aus der Nebenrechnung

Dazu lässt sich die Nebenrechnung verwenden. Aus ihr erstellen wir Finanzberichte für jede der Einheiten, indem wir die vereinheitlichten Zahlen jeder Einheit sowie die zusätzlichen Modifikationen dieser Einheit zusammenfassen. Wir verzichten hier auf eine solche Darstellung, weil sie keine nennenswerten Probleme bereitet.

5.2.3.2 Ausscheiden einzelner Einheiten aus dem Konzern bei Verbleib der Anteilseigner im Konzern

Ausweis des Gewinns oder Verlustes aus dem Abgang einer Beteiligung

Beim Verkauf von Untereinheiten gibt der Konzern Vermögensgüter und Fremdkapitalposten ab. Er erhält dafür Zahlungsmittel oder andere Vermögensgüter. Wie bei jedem anderen Verkauf unterstellen wir, es fänden zwei Buchungen statt, eine Zugangs- und Ertragsbuchung in Höhe des Verkaufspreises sowie eine Aufwands- und Abgangsbuchung in Höhe des Buchwertes der hingegebenen Vermögensgüter und Fremdkapitalposten.

Vorgehen

Bei der Verwendung der *equity*-Methode fällt es leicht, eine Entkonsolidierung einzelner Einheiten vorzunehmen. Wir kennen ja den Veräußerungspreis (380 *GE*) und die Buchwerte der verkauften Beteiligung an der B (379 *GE*).

Buchungssätze

Buchungen ausgehend von den Konzern-Finanzberichten unmittelbar vor dem Ausscheiden

Die Buchungssätze, die der Verkauf der Beteiligung an B bei A nach sich zieht, entsprechen denen eines gewöhnlichen Verkaufsgeschäfts. Sie lauten hier wie folgt:

Beleg	Datum	Ereignis und Konten	Soll	Haben
E1		Verkauf der Vermögensgüter der B		
		(Zugangs- und Ertragsbuchung)		
		Vermögensgüter (Zahlungsmittel) A	380	
		Anderer Ertrag A		380
E2		Verkauf der Vermögensgüter der B		
		(Aufwands- und Abgangsbuchung)		
		Anderer Aufwand A	379	
		Vermögensgüter (Beteiligung an B) A		379
E3		Berücksichtigung der		
		Einkommenskonsequenzen		
		Einkommen (Bilanz) A	1	
		Verlust (Einkommensrechnung) A		1

Die Übersicht unseres Beispiels nimmt das Aussehen der Abbildung 5.7, Seite 200, an. Die Übersicht haben wir aus der Konsolidierung zum Ende von X3 entwickelt. Dabei ist darauf zu achten, dass die Einkommensrechnung sowie die Eigenkapitaltransferrechnung zu Beginn von X4 »auf null gesetzt« werden. Die Buchungen im Kontext der Entkonsolidierung von B zu Beginn von X4 stellen gewissermaßen die ersten Buchungen innerhalb der neuen Einkommensrechnung in X4 dar. Wir haben diese Abbildung, die sich auf einen Zeitpunkt unmittelbar vor dem Ausscheiden bezog, durch die Buchungen im Zusammenhang mit dem Verkauf der Anteile ergänzt, um die Konzern-Finanzberichte nach dem Verkauf der Einheit B zu erhalten.

Konzern-Finanzberichte

5.3 Konsolidierung durch Anpassung von Finanzberichten (Vorgehen der Praxis)

Für das bisher erläuterte Beispiel wird – unter Beibehaltung sämtlicher Annahmen – nun das Vorgehen beschrieben werden, welches in der Unternehmenspraxis bei Verwendung der *equity*-Konsolidierung verwendet wird. Die Darstellung dient dabei nur dazu, das praktische Vorgehen verständlich zu machen und ist insofern relativ »praxisfern«, als – aufgrund der diversen Vorgaben in Gesetzen und Bilanzierungsstandards – eine Verwendung der *equity*-Methode nur möglich ist, wenn ein maßgeblicher Einfluss und damit ein assoziiertes Unternehmen vorliegt oder wenn man sich bei einem

Rahmenbedingungen

	Konzern D (Beginn X4) (mit B)		Korrekturen wegen Verkauf B		Konzern D (Beginn X4) (ohne B)	
	S	H	S	H	S	H
Andere Vermögensgüter	465		380[1]		845	
Beteiligung an B	379			379[2]	0	
davon goodwill B	*110*				*0*	
Beteiligung an C	160				160	
davon goodwill C	*100*				*100*	
Ware	50				50	
Darlehensforderung	40				40	
Summe Aktiva	**1094**		**380**	**379**	**1095**	
Eigenkapital vor Verkauf von B (Beginn X4)		574				574
Eigenkapitaltransfers						
Einkommen im Zeitraum				1[3]		1
Eigenkapital nach Verkauf von B (1.1.X4)		574		1		575
Fremdkapital		520				520
Summe Passiva		**1094**				**1095**
Umsatzaufwand					0	
Anderer Aufwand			379[2]		379	
Einkommen (Gewinn)			1[3]			
Summe Aufwand plus Gewinn			**380**		**379**	
Umsatzertrag						
Anderer Ertrag				380[1]		380
Einkommen (Verlust)						
Summe Ertrag plus Verlust				**380**		**380**
Entnahmen					0	
Einlagenüberschuss (Saldo)					0	
Entnahmen plus Saldo					**0**	
Einlagen						0
Entnahmenüberschuss (Saldo)						0
Einlagen plus Saldo						**0**

Abbildung 5.7: Ermittlung der Konzern-Finanzberichte bei Neubewertung der Beteiligung (*equity*-Methode) zu Beginn von X4 (Konzernentstehung zu Beginn von X2) aus den Zahlen rechtlich selbständiger Einheiten eines Unterordnungskonzerns bei Ausscheiden der Einheit B, an der A Anteile im Umfang von 70% besitze

Gemeinschaftsunternehmen nicht für die Quotenkonsolidierung, sondern für die *equity*-Methode entscheidet: Bei einem Anteil der A von 70% an der Untereinheit B und erst recht bei einem Anteil von 100% an der Untereinheit C ist damit in der Praxis eine Anwendung der *equity*-Methode ausgeschlossen. Da wir jedoch, um die Vergleichbarkeit mit dem bisher in diesem Kapital gezeigten Vorgehen zu erhalten, die Annahmen des Beispiels nicht verändern wollen, zeigen wir hier – trotz der »Praxisferne« – das Vorgehen bei der *equity*-Konsolidierung auf. In dem hier verwendeten Beispiel ist bereits unterstellt, dass die Finanzberichte der Untereinheiten an die einheitlichen Bilanzierungsvorgaben der Obereinheit angepasst sind. Angesichts der fehlenden Kontrolle über die *at equity* einzubeziehenden Einheiten ist dies in der Realität nicht ohne weiteres gegeben. Allerdings wird, insbesondere wenn nach den internationalen Standards des IASB bilanziert wird, für die Konzern-Finanzberichte die einheitliche Bilanzierung auch im Hinblick auf die assoziierten Unternehmen ausdrücklich gefordert (vgl. IAS 28.26). Um diese Anforderung auch bei nur maßgeblichem Einfluss auf die Untereinheit erfüllen zu können, sind möglichst schon beim Erwerb der Anteile entsprechende Bilanzierungs- oder zumindest Informationspflichten der Untereinheit zu vereinbaren. Im Hinblick auf die Pflicht der Obereinheit, grundsätzlich alle konzerninternen Vorgänge zwischen den (vollkonsolidierten) Konzerngesellschaften und einer *at equity* einbezogenen Untereinheit zu eliminieren, ist dabei vor allem Wert darauf zu legen, dass in der betreffenden Untereinheit die konzerninternen Vorgänge und die damit zusammenhängenden Bilanzposten klar als solche berichtet werden.

5.3.1 Vorgehen zum Zeitpunkt der Erstkonsolidierung

Wir folgen hier den IFRS. Beim Erwerb der Beteiligungen zu Beginn des Abrechnungszeitraums X2 werden die erworbenen Anteile an B und C in der Bilanz der Obereinheit A mit den von A gezahlten Marktpreisen (Anschaffungsausgaben) erfasst. Damit sind zugleich die Werte gegeben, die in den Konzern-Finanzberichten zum Entstehungszeitpunkt des Konzerns (Beginn von X2) bei Verwendung der *equity*-Methode maßgeblich sind. Was jedoch noch fehlt, ist die Bestimmung des möglicherweise beim Kauf erworbenen *goodwill*, der im Abschluss der erwerbenden Gesellschaft A in den Beteiligungsbuchwerten der B und C enthalten ist. Er ergibt sich aus dem Unterschied

Korrektur der Finanzberichte

	Einheit A zu Beginn von X2		nachrichtlich Einheit B zu Beginn von X2 (70%)		nachrichtlich Korrekturen wegen B (70%)		nachrichtlich Einheit C zu Beginn von X2		nachrichtlich Korrekturen wegen C		Konzern D zu Beginn von X2	
	S	H	S	H	S	H	S	H	S	H	S	H
Andere Vermögensgüter	480		420				200				480	
Beteiligung an B (70%)	320										320	
davon goodwill	–										82	
Beteiligung an C (100%)	200										200	
davon goodwill	–										100	
Summe Aktiva	1 000		420				200				1 000	
Eigenkapital (Beginn X2)		410		238				100				410
Einkommen Vorzeitraum		90										90
Eigenkapitaltransfers												
Eigenkapital (Beginn X2)		500		238				100				500
Fremdkapital		500		182				100				500
Summe Passiva		1 000		420				200				1 000

Abbildung 5.8: Nebenrechnung zur Ermittlung der Konzern-Finanzberichte bei Neubewertung der Beteiligung (*equity*-Methode) zu Beginn des Abrechnungszeitraums X2 (Konzernentstehung zu Beginn von X2) aus den Zahlen rechtlich selbständiger Einheiten eines Unterordnungskonzerns (A besitze 70% der Anteile von B und 100% der Anteile von C)

zwischen dem entrichteten Kaufpreis und dem damit erworbenen Anteil am Eigenkapital der jeweiligen Untereinheit, wobei jedoch nicht der Buchwert des Eigenkapitals der Untereinheit heranzuziehen ist, sondern die Differenz zwischen den zum beizulegenden Zeitwert (*fair value*) bewerteten Vermögensgütern und Schulden der erworbenen Einheit. In unserem Beispiel liegen bereits die *Fair Values* zum Erwerbszeitpunkt vor, so dass sich für die Einheit B (Anteil von 70%) mit dem Marktpreis von 320 GE ein *goodwill* von 82 GE ergibt (320 GE – 0,7* 340 GE (0,7*(Marktpreis der Vermögensgüter der B in Höhe von 600 GE abzüglich Fremdkapitalposten zu Marktwerten von 260 GE)), während der *goodwill* für die zu 100% erworbene Einheit C bei 100 GE liegt: Kaufpreis von 200 GE – 1,0*100 GE (1,0* (Marktpreis der Vermögensgüter der C in Höhe von 200 GE abzüglich Fremdkapitalposten der C zu Marktwerten von 100 GE)).

Konzern-Finanzberichte Die Konzern-Bilanz entspricht zum Beginn des Abrechnungszeitraums X2 der Bilanz der Obereinheit A, lediglich ergänzt um die davon-Angaben zum *goodwill,* der aus dem Erwerb von B und C resultiert. Die Abschlüsse der B (70% der Bilanzwerte) und der C bleiben unverändert.

5.3.2 Vorgehen zu Zeitpunkten nach der Erstkonsolidierung

Zu den Bilanzstichtagen, die der Entstehung des Konzerns folgen, werden die Konzern-Finanzberichte aus den Finanzberichten der Obereinheit entwickelt, wobei für die Konzerndarstellung zwecks Berücksichtigung der Eigenkapitalveränderungen der Untereinheiten eine entsprechende Anpassung der Beteiligungswerte aufgrund der Erträge oder Aufwendungen aus der *equity*-Bewertung oder aufgrund von Entnahmen aus oder Einlagen in die Einheit erfolgt. Zur Ermittlung der Eigenkapitalveränderungen der Untereinheiten sind vom Zeitraum X2 an entsprechende Nebenrechnungen erforderlich, über die dann auch die eventuell notwendigen Eliminierungen von »innerkonzernlichen« Beziehungen oder Ereignissen erfolgen.

Übersicht

5.3.2.1 Vorgehen zum Ende von X2

Die Daten unseres Beispiels gelten bereits als vereinheitlicht. Damit ist die *equity*-Konsolidierung dann relativ einfach, wenn keinerlei innerkonzernliche Ereignisse zwischen den verschiedenen Einheiten stattgefunden haben. In einem solchen Fall ist lediglich anhand der Finanzberichte der Untereinheiten zu untersuchen, welche Eigenkapitalveränderungen vorliegen. Dieser relativ einfache Fall ist im Abrechnungszeitraum X2 für die Untereinheit C gegeben: Da es keine innerkonzernlichen Ereignisse gibt, ist für die Konzerndarstellung lediglich festzuhalten, dass sich das Eigenkapital in der Untereinheit C von 100 *GE* zu Beginn des Zeitraums X2 um 160 *GE* auf 260 *GE* zum 31.12.X2 verändert hat. Damit steht die erste Konsolidierungsbuchung fest:

Vorgehen ohne innerkonzernliche Ereignisse

Beleg	Datum	Ereignis und Konten	Soll	Haben
K1	Ende X2	Umbewertung der Beteiligung von A an C um die Eigenkapitalveränderung der C)		
		Beteiligung A (100%) an C	160	
		Beteiligungserträge (C)		160
K2	Ende X2	Einkommenskonsequenz der Umbewertung der Beteiligung der A an C		
		Einkommen (Gewinn) aus C (Einkommensrechnung A)	160	
		Einkommen im Zeitraum (Bilanz A)		160

Vorgehen mit innerkonzernlichen Ereignissen

Komplexer gestaltet sich die *equity*-Konsolidierung, wenn – wie im Fall der Untereinheit B – innerkonzernliche Ereignisse stattgefunden haben. Da dazu in unserem Beispielfall die erforderlichen Informationen vorliegen, sind die entsprechenden Eliminierungen ohne Weiteres durchzuführen. Da diese sich auch auf die für die *equity*-Konsolidierung relevanten Eigenkapitalveränderungen auswirken, benötigen wir eine Nebenrechnung, damit der Beteiligungsbuchwert der B aufgrund der Eigenkapitalveränderungen der B nach Berücksichtigung der aus Konzernsicht erforderlichen Abbildung der konzerninternen Ereignisse fortgeschrieben werden kann. In der Nebenrechnung zeigt sich klar, dass die Untereinheit C keine besonderen Probleme bereitet; dem entsprechend sind auch keinerlei Korrekturen verzeichnet. Allerdings verzichten wir auf eine Summenspalte, die noch Doppelzählungen enthalten würde und damit einen falschen Eindruck von den Vermögensgütern, den Schulden und dem Eigenkapital des Konzerns vermitteln könnte.

Nebenrechnung

Korrekturen wegen Vorgaben im Bilanzierungshandbuch des Konzerns

Keine Berücksichtigung von Wertveränderungen der Beteiligungen

Für die Nebenrechnung ist als erstes zu berücksichtigen, dass die in der Obereinheit vorgenommene Abschreibung des Buchwertes von A aus Konzernsicht unzulässig ist. Veränderungen des Wertes einer Untereinheit können sich nur aus Wertminderungen ergeben, die in der Untereinheit selbst erfasst werden und damit bereits in deren Einkommen und Eigenkapital berücksichtigt sind. Eine Beibehaltung der Buchwertabschreibung in der Obereinheit würde damit zu einer Doppelzählung führen.

Beleg	Datum	Ereignis und Konten	Soll	Haben
N1	Ende X2	Korrektur der aus Konzernsicht unzulässigen Abschreibung der Beteiligung der A an der B		
		Beteiligung A an B	20	
		Anderer Aufwand der A (innen)		20
N2	Ende X2	Berücksichtigung der Korrektur in Eigenkapital und Einkommensrechnung der A		
		Verlust (Einkommensrechnung) der A	20	
		Einkommen im Zeitraum aus B (Eigenkapital der A)		20

Korrektur konzerninterner Ereignisse des aktuellen Zeitraums

Während des Zeitraums X2 wurde eine Warenlieferung von B an A getätigt. Diese ist in den Finanzberichten der rechtlich selbständigen Einheiten zutreffend abgebildet, was den Ort der Ware und die Verlagerung der Zahlungsmittel von A nach B betrifft. Aus Konzernsicht unzutreffend ist dagegen, dass im Wert dieser Ware der von B erzielte Gewinn voll enthalten ist, obwohl sich die Ware noch im Konzern befindet und der Gewinn damit noch nicht durch einen Verkauf an Konzernfremde realisiert ist. Da die *equity*-Methode fordert, dass innerkonzernliche Ergebnisse nur in der Höhe als realisiert betrachtet werden können, in der sie durch Lieferungen von oder an Konzernfremde erzielt worden sind, ist aus dem konzerninternen Gewinn derjenige Anteil zu eliminieren, der dem Beteiligungsprozentsatz entspricht. In unserem Beispiel bedeutet dies, dass der Gewinn der B von 10 GE (Umsatzerlöse der B in Höhe von 50 GE abzüglich Herstellungsausgaben der B in Höhe von 40 GE) um 70% zu kürzen ist. In der Nebenrechnung geschieht dies über die folgenden Buchungen:

Verkauf von Ware durch B an A

Beleg	Datum	Ereignis und Konten	Soll	Haben
N3	Ende X2	Eliminierung (bei B) des konzerninternen Geschäfts aus der Einkommensrechnung		
		Umsatzertrag B	35	
		Umsatzaufwand (innen) B		28
		Gewinn (Einkommensrechnung) B		7
N4	Ende X2	Eliminierung des konzerninternen Gewinnanteils aus dem Wert der Ware bei A und aus der Bilanz bei B		
		Einkommen im Zeitraum (Bilanz) bei B	7	
		Ware (konzernintern) bei A		7

Damit stellt sich die Nebenrechnung so dar, wie in Abbildung 5.9, Seite 206.

Korrektur der Finanzberichte

Korrektur wegen Vorgaben im Bilanzierungshandbuch des Konzerns

Aufgrund der Nebenrechnung ergeben sich die folgenden Konsolidierungsbuchungen, um die Finanzberichte des Konzerns nach der *equity*-Methode zu erstellen. Da in der Gesellschaft A eine Abschreibung des Beteiligungsbuchwertes der B um 20 GE vorgenommen wurde, ist diese zunächst zu stornieren, weil sie aus Konzernsicht unzulässig ist.

Stornierung der Abschreibung der Beteiligung

	Einheit A zum Ende von X2		Korrekturen wegen A		Einheit B zum Ende von X2 (70%)		Korrekturen wegen B (70%)		Einheit C zum Ende von X2 (100%)		Korrekturen wegen C (100%)	
	S	H	S	H	S	H	S	H	S	H	S	H
Andere Vermögensgüter	350				343				460			
Beteiligung an B	300		20[1]									
davon goodwill B												
Beteiligung an C	200											
davon goodwill C												
Ware	50			7[4]								
Summe Aktiva	**900**		**83**	**70**	**343**		**63**	**63**	**460**			
Eigenkapital (Beginn X2)			410			238				100		
Einkommen Vorzeitraum			90									
Eigenkapitaltransfers		20										
Einkommen im Zeitraum		10		20[2]		63		7[4]		160		
Eigenkapital (Ende X2)			470	20		301	7			260		
Fremdkapital		430				42				200		
Summe Passiva		**900**		**20**		**343**		**7**		**460**		
Umsatzaufwand	150				189			28[3]	1 000			
Anderer Aufwand	120		20[1]		21							
Einkommen (Gewinn)	0				63			7[3]	160			
Summe Aufwand plus Gewinn	**270**			**20**	**273**			**35**	**1 160**			
Umsatzertrag		220				175	35[3]			1 000		
Anderer Ertrag		40				98				160		
Einkommen (Verlust)		10	20[2]			0						
Summe Ertrag plus Verlust		**270**	**20**			**273**	**35**			**1 160**		
Entnahmen	30								0			
Einlagenüberschuss (Saldo)	0								0			
Entnahmen plus Saldo	**30**								**0**			
Einlagen		10								0		
Entnahmenüberschuss (Saldo)		20								0		
Einlagen plus Saldo		**30**								**0**	**0**	

Abbildung 5.9: Nebenrechnung zur Ermittlung der Konzern-Finanzberichte bei Neubewertung der Beteiligung (*equity*-Methode) am Ende des Abrechnungszeitraums X2 (Konzernentstehung am 1.1.X2) aus den Zahlen rechtlich selbständiger Einheiten eines Unterordnungskonzerns (A besitze 70% der Anteile von B und 100% der Anteile von C)

5.3 Konsolidierung durch Anpassung von Finanzberichten (Vorgehen der Praxis)

Beleg	Datum	Ereignis und Konten	Soll	Haben
K0a	Ende X2	Korrektur der aus Konzernsicht unzulässigen Abschreibung der Beteiligung der A an der B		
		Beteiligung A an B	20	
		Anderer Aufwand der A (innen)		20
K0b	Ende X2	Berücksichtigung der Korrektur in Eigenkapital und Einkommensrechnung der A		
		Verlust (Einkommensrechnung) der A	20	
		Einkommen im Zeitraum aus B (Eigenkapital der A)		20

Konsolidierungsbuchungen

Anschließend ergibt sich die oben bereits erwähnten Konsolidierungsbuchung mit der zugehörigen Einkommenskorrektur, welche die Untereinheit C betrifft.

Konsolidierung der C

Beleg	Datum	Ereignis und Konten	Soll	Haben
K1	Ende X2	Umbewertung der Beteiligung von A an C um die Eigenkapitalveränderung der C)		
		Beteiligung A (100%) an C	160	
		Beteiligungserträge der A (aus C)		160
K2	Ende X2	Einkommenskonsequenz der Umbewertung der Beteiligung der A an C		
		Einkommen (Gewinn) aus C (Einkommensrechnung A)	160	
		Einkommen im Zeitraum (Bilanz A)		160

Hinsichtlich der B ergeben sich noch die Buchungen, durch welche die Eigenkapitalveränderung der Untereinheit B unter Berücksichtigung der konzerninternen Eliminierungen erfasst wird.

Konsolidierung der B

Beleg	Datum	Ereignis und Konten	Soll	Haben
K3	Ende X2	Umbewertung der Beteiligung von A an B um die Eigenkapitalveränderung der B		
		Beteiligung A (70%) an B	56	
		Beteiligungserträge der A (aus B)		56
K4	Ende X2	Einkommenskonsequenz der Umbewertung der Beteiligung der A an B		
		Einkommen (Gewinn) aus B (Einkommensrechnung A)	56	
		Einkommen im Zeitraum (Bilanz A)		56

Konzern-Finanzberichte Nach der Erfassung der Untereinheiten B und C gemäß der equity-Methode stellen sich die Finanzberichte des Konzerns D zum Ende des Abrechnungszeitraums X2 so dar, wie in Abbildung 5.10, Seite 208. Hier sei noch einmal darauf hingewiesen, dass die Konzern-Finanzberichte weitestgehend übereinstimmen mit den Finanzberichten der Obereinheit. Neben den *davon*-Angaben zum *goodwill* enthalten sie lediglich das um die Korrektur der Beteiligungsabschreibung und um die

	Einheit A zum Ende von X2		Korrekturen wegen A		Korrekturen wegen B (70%)		Korrekturen wegen C (100%)		Konzern D zum Ende von X2	
	S	H	S	H	S	H	S	H	S	H
Andere Vermögensgüter	350								350	
Beteiligung an B	300			20^0	56^3				376	
davon goodwill B	–								*82*	
Beteiligung an C	200							160^1	360	
davon goodwill C	–								*100*	
Ware	50								50	
Summe Aktiva	**900**			**20**	**56**			**160**	**1 136**	
Eigenkapital (Beginn X2)		410								410
Einkommen Vorzeitraum		90								90
Eigenkapitaltransfers	20								20	
Einkommen des Zeitraums	10			20^0		56^4		160^2		226
Eigenkapital (Ende X2)		470		20		56		160		706
Fremdkapital		430								430
Summe Passiva		**900**		**20**		**56**		**160**		**1 136**
Umsatzaufwand	150								150	
Anderer Aufwand	120			20^0					100	
Einkommen (Gewinn)	0				56^4		160^6		216	
Summe Aufwand plus Gewinn	**270**			**20**	**56**		**160**		**466**	
Umsatzertrag		220								220
Anderer Ertrag		40								40
Beteiligungserträge						56^3		160^1		216
Einkommen (Verlust)		10	20^0							10
Summe Ertrag plus Verlust		**270**	**20**			**56**		**160**		**466**
Entnahmen	30								30	
Einlagenüberschuss (Saldo)	0								0	
Entnahmen plus Saldo	**30**								**30**	
Einlagen		10								10
Entnahmenüberschuss (Saldo)		20								20
Einlagen plus Saldo		**30**								**30**

Abbildung 5.10   Ermittlung der Konzern-Finanzberichte bei Neubewertung der Beteiligung (*equity*-Methode) am Ende des Abrechnungszeitraums X2 (Konzernentstehung zu Beginn von X2) aus den Zahlen rechtlich selbständiger Einheiten eines Unterordnungskonzerns (A besitze 70% der Anteile der B und 100% der Anteile der C)

Eigenkapitalveränderungen bei B und C erhöhte Eigenkapital und die im gleichen Ausmaß erhöhten neubewerteten Beteiligungsbuchwerte (*equity*-Buchwerte) für die Untereinheiten B und C. Auch die Eliminierung des konzerninternen Gewinns bei der von A konzernintern erworbenen Ware wird nicht direkt erkennbar. Die Eliminierung wirkt sich nur im Konzern-Eigenkapital aus, und zwar dadurch, dass von der ursprünglichen Eigenkapitalveränderung der B nur das um 1 GE gekürzte anteilige Einkommen im Konzern-Einkommen und im Konzern-Eigenkapital »ankommt«: $0{,}7 * 90\ GE - 1\ GE = 56\ GE$.

5.3.2.2 Vorgehen zum Ende von X3

Ausgangspunkt für die Erstellung der Finanzberichte des Konzerns zum Ende des Zeitraums X3 sind wiederum die Finanzberichte der rechtlich selbständigen Einheiten. Das bedeutet, dass das (in der Regel fehlende) Wissen darüber, welche Buchungen in den einzelnen Einheiten tatsächlich durchgeführt worden sind, für die Konsolidierung nach der *equity*-Methode generell ohne Bedeutung ist. Da die Finanzberichte der einzelnen Einheiten jedoch nur die Fortschreibung aus Sicht dieser rechtlich selbständigen Einheiten seit dem Ende von X2 vermitteln, sind zur Fortschreibung der Konzernsicht zunächst die Konsequenzen aus den im Jahr X2 einkommenswirksam vorgenommenen Korrektur- und Konsolidierungsbuchungen für den Zeitraum X3 einkommensneutral zu wiederholen. Das gilt für die Nebenrechnung X3 und später auch für die Konsolidierung.

Übersicht

Nebenrechnung

Korrekturen wegen Vorgaben im Bilanzierungshandbuch des Konzerns und wegen (anderer) Anpassungen aus dem Vorzeitraum

Die Korrekturen betreffen die aus Konzernsicht unzulässige Abschreibung der Beteiligung an B durch A mit ihrer Eigenkapitalkonsequenz und die aus der »Konsolidierung« stammenden Wertveränderungen der Beteiligungen mit ihren Eigenkapitalkonsequenzen.

Anpassungen der Werte der Beteiligungen und des Eigenkapitals

Beleg	Datum	Ereignis und Konten	Soll	Haben
N1	Beginn X3	Korrektur der aus Konzernsicht unzulässigen Abschreibung der Beteiligung der A an der B im Zeitraum X2		
		Beteiligung A an B	20	
		Einkommen aus Vorzeitraum aus B (Eigenkapital der A)		20

Beleg	Datum	Ereignis und Konten	Soll	Haben
N2	Beginn X3	Umbewertung der Beteiligung von A an B um die Eigenkapitalveränderung aus X2		
		Beteiligung A (70%) an B	56	
		Eigenkapital der A (aus B)		56
N3	Beginn X3	Umbewertung der Beteiligung von A an C um die Eigenkapitalveränderung aus X2		
		Beteiligung A (100%) an C	160	
		Eigenkapital derA (aus C)		160

Korrektur konzerninterner Ereignissen im aktuellen Zeitraum

Ausschüttung von B an A und Zinszahlung von C an A

Zusätzlich sind die im Abrechnungszeitraum X3 durchgeführten konzerninternen Transaktionen zu berücksichtigen: der Eigenkapitaltransfer in Höhe von 60 *GE* von der B (nur) an die A sowie die Gewährung eines Darlehens durch A an C in Höhe von 40 *GE* mit jährlichen Zinszahlungen von 5 *GE*. Beide Vorgänge verändern das Einkommen, das den einzelnen Einheiten aus Konzernsicht zuzuordnen ist, gegenüber dem Einkommensausweis in den Finanzberichten der einzelnen Einheiten. Für die *equity*-Konsolidierung ist dies jedoch nur von Bedeutung, soweit dies auch zu Veränderungen im ausgewiesenen Eigenkapital der Untereinheiten B und C führt. Nur Ereignisse mit dieser Folge sind für die Nebenrechnung (und später auch für die Konsolidierung) relevant. Damit gilt:

- Der Beteiligungsertrag der A führt zu einer Eigenkapitalerhöhung bei A um 60 *GE*.
- Die Ausschüttung der B führt zu einer Eigenkapitalminderung bei B um 60 *GE*.
- Die Zinseinnahmen der A führen zu einer Eigenkapitalerhöhung bei A um 5 *GE*.
- Die Zinszahlungen der C führen zu einer Eigenkapitalminderung bei C um 5 *GE*.

Demgegenüber hat die Darlehensvergabe der A an die C keine Konsequenzen für das Eigenkapital; sie braucht daher in der Nebenrechnung auch nicht berücksichtigt zu werden. Insgesamt sind die folgenden weiteren Buchungen für die Erstellung der Nebenrechnung erforderlich.

Beleg	Datum	Ereignis und Konten	Soll	Haben
N4	Ende X3	Eliminierung der Dividendenzahlung von B (aus Konzernsicht Verminderung des Einkommens aus Vorzeiträumen bei B)		
		Einkommen aus Vorzeitraum (Bilanz B)	60	
		Entnahme B (Eigenkapitaltransferrechnung)		60
N5	Ende X3	Eigenkapitalwirkung der Eliminierung des Eigenkapitaltransfers bei B		
		Entnahmeüberschuss (Saldo) B (Eigenkapitaltransferrechnung)	60	
		Eigenkapitaltransfer im Zeitraum (Bilanz B)		60
N6	Ende X3	Eliminierung des Beteiligungsertrags bei A (von B); für den Konzern kein Einkommen des laufenden Zeitraums		
		Anderer Ertrag A	60	
		Einkommen aus Vorzeitraum (Bilanz A)		60
N7	Ende X3	Eigenkapitalwirkung der Eliminierung des Beteiligungsertrags bei A		
		Einkommen im Zeitraum (Bilanz A)	60	
		Einkommen (Einkommensrechnung A)		60

Von den konzerninternen Ereignissen des Zeitraums X3 sind im Hinblick auf die Zinszahlungen von C an A schließlich noch die betreffenden Posten der Einkommensrechnung bei C und A zu eliminieren. Zusätzlich sind die Auswirkungen dieser Eliminierungen für das Eigenkapital zu berücksichtigen.

Beleg	Datum	Ereignis und Konten	Soll	Haben
N8	Ende X3	Eliminierung der konzernintern von C nach A geflossenen Darlehenszinsen		
		Anderer Ertrag A, innen	5	
		Anderer Aufwand C, innen		5
N9	Ende X3	Eliminierung der Eigenkapitalwirkungen der konzerninternen Darlehenszinsen		
		Einkommen im Zeitraum A (Bilanz)	5	
		Einkommen im Zeitraum C (Bilanz)		5
N10	Ende X3	*Verlust C (Einkommensrechnung)*	5	
		Gewinn A (Einkommensrechnung)		5

Mangels Eigenkapitalwirkungen bleiben die den Zinszahlungen zugrundeliegende Forderung der A und die entsprechende Finanzverbindlichkeit der C in der Nebenrechnung außer Betracht. Überdies verzichten wir in der Nebenrechnung auf die Summenspalte, da diese

	Einheit A zum Ende von X3		Korrekturen wegen A		Einheit B zum Ende von X3 (70%)		Korrekturen wegen B (70%)		Einheit C zum Ende von X3 (100%)		Korrekturen wegen C (100%)	
	S	H	S	H	S	H	S	H	S	H	S	H
Andere Vermögensgüter	465				364	18			125			
Beteiligung an B	300		20^1									
			56^2									
davon goodwill B	–											
Beteiligung an C	200		160^3									
davon goodwill B	–											
Ware	50											
Darlehensforderungen	40											
Summe Aktiva	**1 055**		**336**	**140**	**346**				**125**			
Eigenkapital (Beginn X3)		410				238				100		
Veränderung im Vorzeitraum		60	20^1			63	60^4			160		
			56^2									
			160^3									
			60^6									
Eigenkapitaltransfers					60			60^5				
Einkommen im Zeitraum		65	60^7			63			200			5^9
			5^9									
Eigenkapital (Ende X3)		535		171		304		60		60		5
Fremdkapital		520				42				65		
Summe Passiva		**1 055**		**171**		**346**		**60**		**125**		**35**
Umsatzaufwand	0				28				490			
Anderer Aufwand	0				7				210			5^8
Einkommen (Gewinn)	65		60^7		63							
			5^{10}									
Summe Aufwand plus Gewinn	**65**		**65**		**98**				**700**			**5**
Umsatzertrag		0				35				500		
Anderer Ertrag		65	60^6			63						
			5^8									
Einkommen (Verlust)		0								200	5^{10}	
Summe Ertrag plus Verlust		**65**		**65**		**98**				**700**		**5**
Entnahmen			0			42	60^4		0			
						18						
Einlagenüberschuss (Saldo)			0								0	
Entnahmen plus Saldo			**0**			**60**		**60**			**0**	
Einlagen				0				0				0
Entnahmenüberschuss (Saldo)				0			60	60^5				0
Einlagen plus Saldo				**0**			**60**	**60**				**0**

Abbildung 5.11: Nebenrechnung zur Ermittlung der Konzern-Finanzberichte bei Neubewertung der Beteiligung (*equity*-Methode) am Ende des Abrechnungszeitraums X3 (Konzernentstehung zu Beginn von X2) aus den Zahlen rechtlich selbständiger Einheiten eines Unterordnungskonzerns (A besitze 70% der Anteile der B und 100% der Anteile der C)

diverse Doppelzählungen enthalten würde und insofern missverstanden werden könnte.

Finanzberichte der Nebenrechnung

Aus der Nebenrechnung ergeben sich die fiktiven Finanzberichte so wie in Abbildung 5.11, Seite 212.

Erstellung von Konzern-Finanzberichten

Korrekturen wegen Anpassungen im Vorzeitraum

Vor der »Konsolidierung« sind zunächst die Vorgänge aus dem Vorzeitraum einkommensneutral zu berücksichtigen:

Werte der Beteiligungen und des Eigenkapitals

Beleg	Datum	Ereignis und Konten	Soll	Haben
K1	Ende X3	Korrektur der Abschreibung der Beteiligung der A an der B im Zeitraum X2		
		Beteiligung A an B	20	
		Eigenkapital der A (Einkommen aus Vorzeitraum)		20
K2	Ende X3	Werterhöhung der Beteiligung der A an B (aus dem Zeitraum X2)		
		Beteiligung A an der B	56	
		Eigenkapital der A (aus Vorzeitraum)		56
K3	Ende X3	Werterhöhung der Beteiligung der A an C (aus dem Zeitraum X2)		
		Beteiligung A an der C	160	
		Eigenkapital der A (aus Vorzeitraum)		160

Korrektur konzerninterner Ereignisse im aktuellen Zeitraum

Bei der Untereinheit B ergibt sich infolge der Dividendenzahlung zunächst eine Eigenkapitalminderung um 60 GE, der eine Erhöhung um 63 GE auf Grund des Gewinns in der Berichtsperiode gegenübersteht, so dass sich insgesamt eine Eigenkapitalveränderung von 3 GE ergibt. Bei C ergibt sich auf Grund des Verlusts eine Eigenkapitalminderung von 200 GE; die Verlustkorrektur in Höhe von +5 GE wird dabei ausgeglichen durch die Gegenbuchung von −5 GE bei der A, so dass für die C insgesamt eine Eigenkapitalveränderung von 200 GE zu erfassen ist:

Erfassung der Eigenkapitalkonsequenzen

Beleg	Datum	Ereignis und Konten	Soll	Haben
K4	Ende X3	Berücksichtigung der Umbewertung der Beteiligung der A an der B einschließlich der Beteiligungserträge der A		
		Beteiligung A an der B	3	
		Anderer Ertrag der A		3
K5	Ende X3	Berücksichtigung der Umbewertung der Beteiligung der A an der C einschließlich der eliminierten Zinserträge der A		
		Anderer Aufwand der A	200	
		Beteiligung A an der C		200

Beleg	Datum	Ereignis und Konten	Soll	Haben
K6	31.12. X3	Berücksichtigung der Einkommenskonsequenzen der Neubewertung der B *Einkommen (Gewinn) A (Einkommensrechnung)* *Einkommen (Bilanz A)*	3	3
K7	31.12. X3	Berücksichtigung der Einkommenskonsequenzen der Neubewertung der C *Einkommen (Bilanz A)* *Einkommen (Verlust) A (Einkommensrechnung)*	200	200

Konzern-Finanzberichte Damit erhalten wir zum Jahresende X3 die Finanzberichte des Konzerns so wie in Abbildung 5.12, Seite 212.

5.3.3 Entkonsolidierung bei Verkauf der Anteile an einer Einheit

Konzern-Finanzberichte zum Verkaufszeitpunkt Verkauft A beispielsweise die Beteiligung an B zum Anfang des Zeitraums X4 zu 380 *GE* an konzernfremde Anleger, gehen wir bei der erforderlichen Entkonsolidierung von den Konzern-Finanzberichten zum Ende von X3 aus. Da bis zum Verkaufszeitpunkt annahmegemäß keine weiteren geschäftlichen Aktivitäten stattgefunden haben, entsprechen die Konzern-Finanzberichte zum Verkaufszeitpunkt zu Beginn von X4 denjenigen zum Ende von X3.

Einkommensermittlung Für die Entkonsolidierung berücksichtigen wir hier nur den Fall, in dem die Vermögensgüter und Schuldposten einer einzelnen Untereinheit an konzernfremde Anleger abgegeben werden. Dabei wird der Veräußerungspreis (380 *GE*) in einer Zugangs- und Ertragsbuchung erfasst, während die abgehenden Vermögensgüter und Fremdkapitalposten Gegenstand der Abgangs- und Aufwandsbuchung sind. Dabei fällt die Entkonsolidierung bei Verwendung der *equity*-Methode deshalb besonders leicht, weil wir nicht nur den Veräußerungspreis, sondern auch den aktuellen Buchwert der Beteiligung an der Untereinheit B (379 *GE*) kennen. Zum Veräußerungszeitpunkt (Beginn X4) ist zu buchen:

5.3 Konsolidierung durch Anpassung von Finanzberichten (Vorgehen der Praxis)

	Einheit A (Ende X3)		Korrekturen wegen A		Korrekturen wegen B (70%)		Korrekturen wegen C (100%)		Konzern D (Ende X3)	
	S	H	S	H	S	H	S	H	S	H
Andere Vermögensgüter	465								465	
Beteiligung an B	300		20[1]		3[4]					
			56[2]						379	
davon goodwill B									*82*	
Beteiligung an C	200		160[3]				200[5]		160	
davon goodwill C									*100*	
Ware	50								50	
Darlehensforderung	40								40	
Summe Aktiva	**1 055**		**236**		**3**		**200**		**1 094**	
Eigenkapital (Beginn X3)		410								410
Veränderung Vorzeitraum		60		20[1]						60
				56[2]						
				160[3]						236
Eigenkapitaltransfers										
Einkommen im Zeitraum		65				3[6]	200[7]			132
Eigenkapital (Ende X3)		535		236		3		200		574
Fremdkapital		520								520
Summe Passiva		**1 055**		**236**		**3**	**200**			**1 094**
Umsatzaufwand	0								0	
Anderer Aufwand	0						200[5]		200	
Einkommen (Gewinn)	65				3[6]				68	
Summe Aufwand plus Gewinn	**65**				**3**		**200**		**268**	
Umsatzertrag		0								0
Anderer Ertrag		65				3[4]				68
Einkommen (Verlust)		0						200[7]		200
Summe Ertrag plus Verlust		**65**				**3**		**200**		**268**
Entnahmen	0								0	
Einlagenüberschuss (Saldo)	0								0	
Entnahmen plus Saldo	**0**								**0**	
Einlagen		0								0
Entnahmenüberschuss (Saldo)		0								0
Einlagen plus Saldo		**0**								**0**

Abbildung 5.12: Ermittlung der Konzern-Finanzberichte bei Neubewertung der Beteiligung (*equity*-Methode) am Ende des Abrechnungszeitraums X3 (Konzernentstehung zu Beginn von X2) aus den Zahlen rechtlich selbständiger Einheiten eines Unterordnungskonzerns (A besitze 70% der Anteile von B und 100% der Anteile von C)

Beleg	Datum	Ereignis und Konten	Soll	Haben
E1	Beginn X4	Verkauf der Vermögensgüter und Fremdkapitalposten der B (Zugangs- und Ertragsbuchung)		
		Vermögensgüter (Zahlungsmittel) A	380	
		Anderer Ertrag der A		380
E2	Beginn X4	Verkauf der Vermögensgüter und Fremdkapitalposten der B (Abgangs- und Aufwandsbuchung)		
		Anderer Aufwand der A	379	
		Vermögensgüter (Beteiligung an B) A		379
E3	Beginn X4	Berücksichtigung der Einkommenskonsequenzen des Verkaufs		
		Einkommen (Gewinn) A (Einkommensrechnung)	1	
		Einkommen (Bilanz A)		1

Konzern-Finanzberichte

Die Übersicht der Abbildung 5.13, Seite 217, ist direkt aus den Konzernzahlen von Ende X3 hergeleitet, da der Verkauf von B annahmegemäß die erste Transaktion im Abrechnungszeitraum X4 ist und zuvor im Konzern D keine andere Veränderung stattgefunden hat.

5.4 Aussagegehalt

Sichtweisen

Wir berücksichtigen in diesem Abschnitt die oben bereits kurz beschriebenen Informationswünsche der Anteilseigner, der Unternehmensleitung sowie der Finanzberichtsprüfer.

Von der Unternehmensleitung ausgeschlossene Anteilseigner

Ein von der Unternehmensleitung ausgeschlossener Leser der Finanzberichte des Konzerns erfährt bei dieser Methode etwas darüber, wie sich die Investitionen in Untereinheiten entwickelt haben. Der Leser kann aus den Konzern-Finanzberichten aber nicht erkennen, wie sich die Vermögensgüter und die Schulden der Untereinheit entwickelt haben. Mangels Einkommensrechnung der Untereinheit kann er auch nicht abschätzen, welche Erträge und Aufwendungen das Einkommen in der Untereinheit erzeugt haben. Der Außenstehende bekommt zudem nur Informationen, die ihm aus Konzernsicht nutzen können. Gehört er den Minderheiten in Untereinheiten an, erfährt er aus den Konzern-Finanzberichten nichts über seine Situation. Beim Ausscheiden der Untereinheit aus dem Konzern kann er jedoch immerhin sehen, inwieweit die Investition in die Untereinheit aus Konzernsicht erfolgreich war. Ferner sieht er, bis auf die fortgeschriebenen Beteiligungswerte, unkonsolidierte Werte.

5.4 Aussagegehalt

	Konzern D (Beginn X4) (mit B)		Korrekturen wegen Verkauf B		Konzern D (Beginn X4) (ohne B)	
	S	H	S	H	S	H
Andere Vermögensgüter	465		380[1]		845	
Beteiligung an B	379			379[2]	0	
davon goodwill B	*110*				*0*	
Beteiligung an C	160				160	
davon goodwill C	*100*				*100*	
Ware	50				50	
Darlehensforderung	40				40	
Summe Aktiva	**1 094**		380	379	**1 095**	
Eigenkapital vor Verkauf von B (Beginn X4)		410				410
Veränderung Vorzeitraum		164				164
Eigenkapitaltransfers						
Einkommen im Zeitraum				1[3]		1
Eigenkapital nach Verkauf von B (Beginn X4)		574		1		575
Fremdkapital		520				520
Summe Passiva		**1 094**				**1 095**
Umsatzaufwand						
Anderer Aufwand			379[2]		379	
Einkommen (Gewinn)			1[3]			
Summe Aufwand plus Gewinn			**380**		**379**	
Umsatzertrag						
Anderer Ertrag				380[1]		380
Einkommen (Verlust)						
Summe Ertrag plus Verlust				**380**		**380**
Entnahmen					0	
Einlagenüberschuss (Saldo)					0	
Entnahmen plus Saldo					**0**	
Einlagen						0
Entnahmenüberschuss (Saldo)						0
Einlagen plus Saldo						**0**

Abbildung 5.13: Ermittlung der Konzern-Finanzberichte bei Neubewertung der Beteiligung (*equity*-Methode) zu Beginn von X4 (Konzernentstehung zu Beginn von X2) aus den Zahlen rechtlich selbständiger Einheiten eines Unterordnungskonzerns bei Ausscheiden der Einheit B, an der A Anteile im Umfang von 70% besitze

Für die Unternehmensleitung

Möglicherweise sind mit der Darstellungsweise Vorteile für die Unternehmensleitung verbunden, weil sie – wie im Fall der *Enron*[2] – den Außenstehenden beispielsweise das von der Untereinheit bereits aufgenommene Fremdkapital nicht zu zeigen braucht. Der Außenstehende wird diesbezügliche Fragen kaum stellen. Von vielen Unternehmensleitungen wird das jedoch als Nachteil gesehen, weil man langfristig nur mit Transparenz zufriedene Anteilseigner gewinnen kann. Beim Ausscheiden der Untereinheit aus dem Konzern zeigt sich immerhin, wie geschickt die Unternehmensleitung entschieden hat.

Für die Finanzberichtsprüfer

Aus Sicht der prüfenden Berufe ergibt sich eine Indifferenz. Die Methode lässt sich genau so gut prüfen wie andere Methoden der Konsolidierung. Der Prüfende hat ja die Möglichkeit, Einsicht in die Basisdaten zu nehmen und auch eine Prüfung dieser Daten zu verlangen. Allerdings wird es für ihn schwieriger, die faire Präsentation der Unternehmenszahlen zu belegen.

5.5 Vorgaben der IFRS und des dHGB zur *equity*-Methode

5.5.1 Vorgaben der IFRS

Relativ geringe Bedeutung der equity-Methode in den IFRS

Die *equity*-Methode wird im Rahmen der IFRS als eine Methode verstanden, die nur für Beteiligungen in relativ geringem Umfang vorgesehen ist, mit denen trotzdem ein maßgeblicher Einfluss verbunden ist. Die Vorgabe der IFRS zur Anwendung der *equity*-Methode befindet sich weitgehend in IAS 28, *Investments in Associates*. Die Definition einer assoziierten Einheit sowie die weitere Begriffsbildung in den IFRS unterscheidet sich von derjenigen des deutschen Handelsrechts. Das gilt insbesondere im Hinblick darauf, dass bei assoziierten Unternehmen nach §311 dHGB der maßgebliche Einfluss tatsächlich ausgeübt werden muss, während bei den IFRS bereits die Möglichkeit einer Einflussnahme ausreicht, um zur Klassifizierung einer Untereinheit als *associate* gemäß IAS 28 zu gelangen.

---

[2] *Enron* besaß viele Geschäftsbereiche mit Verlusten in *Special Purpose Entities,* die man damals in den USA nicht zu konsolidieren brauchte.

Eine Beteiligung an einer assoziierten Einheit liegt nach IAS 28.2 vor, wenn (1) die Einheit nicht von der Obereinheit kontrolliert wird und auch nicht ein *Joint venture* darstellt und wenn (2) die Obereinheit maßgeblichen Einfluss auf die Untereinheit ausüben kann. Die Prüfung, ob die *equity*-Methode anzuwenden ist, umfasst daher die Auseinandersetzung mit weiteren Regelungen.

Anwendungsbereich

Anwendungsbereich der *equity-Methode* nach IAS 31.38 und IAS 28.13

Jointly controlled entities (Gemeinschaftsunternehmen)	Associated enterprises (Andere Unternehmen, an denen eine Beteiligung von weniger als 50% und von mindestens 20% besteht und auf die damit significant influence ausgeübt werden kann.)	Andere rechtlich selbständige, aber ökonomisch unselbständige Einheiten
Anwendung der *equity*-Methode möglich (IAS 31.38)	Anwendung der *equity*-Methode verpflichtend (IAS 28.13)	Anwendung der *equity*-Methode verboten

Vereinfachungen gegenüber dem oben dargestellten Vorgehen können sich daraus ergeben, dass die Untereinheit der Obereinheit nicht die notwendigen Informationen liefert.

Vereinfachungen

Befreiungsmöglichkeiten bestehen erstens bei einer Absicht zur Weiterveräußerung der Anteile (IAS 28.13 (a)), bei der die Anwendung von IFRS 5, *Non-current Assets Held for Sale and Discontinued Operations,* geboten ist, zweitens bei einer Befreiung für Teilkonzerne, wenn die Einheit dort bereits berücksichtigt ist, oder drittens, wenn die Einheit für die Konzern-Finanzberichte von untergeordneter Bedeutung ist.

Befreiungen

Auch wenn die *equity*-Methode nach den IFRS nur angewendet werden kann, wenn lediglich ein maßgeblicher und kein beherrschender Einfluss vorliegt, weist IAS 28.22 ausdrücklich darauf hin, dass bei allen Transaktionen zwischen der Obereinheit und der (assoziierten) Untereinheit Gewinne und Verluste nur soweit in der Konzernberichterstattung berücksichtigt werden dürfen, wie diese auf die entsprechenden Anteile der nicht zum Konzern gehörenden fremden Dritten entfallen. Grundsätzlich sind damit Einkommensbestandteile, die zwischen den Einheiten des Konzerns entstanden sind, auch bei der *equity*-Methode so zu eliminieren wie in unserem Beispiel dargestellt.

Beschränkung der Einkommensermittlung auf den Anteil, der nicht auf den Konzern entfällt

5.5.2 Vorgaben des dHGB

Das deutsche Handelsrecht verfolgt die Idee, dass die zu verwendende Konsolidierungsmethode in Unterordnungskonzernen vom Umfang der Anteile abhängen sollte, welche die Obergesellschaft besitzt. Je geringer der Umfang, desto weniger wird auf die

Relativ geringe Bedeutung der equity-Methode im deutschen Recht

Darstellung sämtlicher Vermögensgüter und Fremdkapitalposten jeder Einheit des Konzerns Wert gelegt. Man spricht auch von der Stufenkonzeption des deutschen Handelsrechts. Dieser Konzeption entsprechend gilt die *equity*-Methode als eine Methode, die zwar grundsätzlich für die Erstellung von Konzern-Finanzberichten vorgesehen ist, aber nur in Fällen eingeschränkter oder fehlender Kontrolle über Untereinheiten gewählt werden muss. Der Gesetzgeber bezeichnet solche Untereinheiten als »assoziierte Unternehmen«. Das Verfahren konkurriert gegen die im weiteren Verlauf der folgenden Kapitel dargestellten Methoden der Vollkonsolidierung und der Quotenkonsolidierung, bei denen nicht die Anteile an Untereinheiten neu bewertet werden. Statt dessen werden – wie wir in anderen Kapiteln sehen werden – die Beteiligungen an den Untereinheiten gegen die Vermögenswerte und Fremdkapitalposten der Untereinheiten ausgetauscht und nur wenige zusätzliche Posten gebildet.

Anwendungsbereich Die *equity*-Methode ist nach §§311 und 312 dHGB anzuwenden auf Beteiligungen, auf die ein »maßgeblicher« Einfluss von mindestens 20% und höchstens 50% (typische assoziierte Einheiten) tatsächlich ausgeübt wird. Es liegt nahe, dass Obereinheiten, welche die Gewinne oder Verluste einer Untereinheit nicht in den Konzern-Finanzberichten zeigen möchten, argumentieren, es läge keine Beteiligung vor oder ihr Einfluss sei nicht »maßgeblich«. Daneben ist die Methode auf Fälle anzuwenden, in denen der Bilanzersteller von der Anwendung anderer Verfahren befreit ist (untypische assoziierte Einheiten). Untypische assoziierte Einheiten liegen vor, wenn die Obereinheit nach §296 dHGB von der so genannten Vollkonsolidierung befreit ist oder bei Gemeinschaftsunternehmen auf eine Quotenkonsolidierung verzichtet. Mit der Präzisierung dieser Vorgaben befasst sich DRS 8, *Bilanzierung von Anteilen an assoziierten Unternehmen im Konzernabschluss*.

Anwendungsbereich der *equity*-Methode nach dHGB

Beteiligung, auf die tatsächlich ein maßgeblicher Einfluss ausgeübt wird, liegt vor, jedoch nicht (gemeinsame) Kontrolle	Nicht konsolidierte Untereinheiten, an denen eine Beteiligung von mehr als 50% besteht	Nicht quotenkonsolidierte Gemeinschaftsunternehmen, auf die ein maßgeblicher Einfluss besteht
Typische assoziierte Einheiten	Untypische assoziierte Einheiten	

Vereinfachungen Entsprechend der möglicherweise beschränkten Information, die eine Obereinheit über die Marktwerte der Vermögensgüter und Fremdkapitalposten einer assoziierten Einheit erfährt, sieht §312 dHGB vor, zur Neubewertung der Beteiligung von Eigenkapitalveränderungen auszugehen, die in den Finanzberichten der Untereinheiten veröffentlicht sind (Buchwertmethode). Alternativ dazu wird die Ermittlung auf Basis von Marktwerten vorgesehen, wie wir es in unserem Beispiel dargestellt haben (Kapitalanteilsmethode). Die Vereinfachungen beginnen, wenn die auf den Entstehungszeitpunkt bezogenen Marktwerte der Untereinheit unbekannt sind. Sie setzen sich fort, wenn die Untereinheit ihren konzerninternen Umsatzaufwand nicht mitteilen möchte und die Obereinheit sie nicht dazu zwingen kann. In solchen Fällen kann man nicht mehr von marktwertorientierten Finanzberichten ausgehen und weitere Nebenrechnungen aufstellen. Dadurch ergibt sich bei Verwendung der so genannten Buchwertmethode eine andere Eigenkapitalveränderung als bei Anwendung der so genannten Kapitalanteilsmethode.

Abschließend sei noch daraufhingewiesen, dass nach §311 Absatz 2 dHGB auf die Anwendung der *equity*-Methode verzichtet werden kann, wenn die Anteile sich auf ein assoziiertes Unternehmen von untergeordneter Bedeutung im Sinne der Generalnorm des §297 Absatz 2 dHGB beziehen. Dem stellt DRS 8.6 f. die Situation gleich, in welcher der »maßgebliche« Einfluss nur vorübergehend besteht, wie es beispielsweise beim Anteilserwerb zum Zweck der Weiterveräußerung der Fall ist. Die Praxis des deutschen Handelsrechts setzt sich ausführlich mit dem Kriterium einer Beteiligung entsprechend §271 dHGB und der Widerlegbarkeit entsprechender Vermutungen sowie mit dem Kriterium des »maßgeblichen Einflusses« des §311 Absatz 1 dHGB auseinander.[3] Auf diese Diskussionen gehen wir in unserem einführenden Lehrbuch nicht ein.

Befreiungen

5.6 Zusammenfassung

Wir haben uns im vorliegenden Kapitel mit einer Form der Konsolidierung befasst, bei welcher der Wert der Beteiligung entsprechend der in der jeweiligen Untereinheit erzielten Eigenkapitalveränderungen modifiziert wurde. Wenn der Obereinheit genügend Informationen über innerkonzernliche Ereignisse vorliegen, die wie konzernexterne Ereignisse gebucht wurden, sollte sie eine Nebenrechnung durchführen, damit sie die

---

[3] Vgl. Baetge et al. (2009), S. 335–357.

ausgewiesenen Eigenkapitalveränderungen um solche Ereignisse mit innerkonzernlicher Wirkung korrigieren kann. Liegen solche Informationen nicht vor und können sie auch nicht gesammelt werden, so bleibt nur die Berücksichtigung der von der Untereinheit ausgewiesenen Gewinne oder Verluste und der Einlagen oder Entnahmen bei Fortschreibung der Beteiligungsbuchwerte übrig. Das letztgenannte Vorgehen ist bei einer Untereinheit auch dann angemessen, wenn die innerkonzernlichen Beziehungen zwischen diesem assoziierten Unternehmen und den übrigen Konzerneinheiten insgesamt nicht von materieller Bedeutung für die Darstellung der Situation des Konzerns sind.

Die *equity*-Methode wird von den handelsrechtlichen und anderen Vorgaben nur für Beteiligungen vorgesehen, die weniger als 50% umfassen und damit keinen beherrschenden Einfluss auf die Geschäftsleitung der Untereinheit garantieren. Folglich ist es in der Praxis sehr wahrscheinlich, dass Nebenrechnungen der oben beschriebenen Art nicht oder nur selten angestellt werden.

5.7 Übungsmaterial

5.7.1 Fragen mit Antworten

Fragen	Antworten
Wie sollte man im Rahmen der Erstkonsolidierung bei der *equity*-Methode mit dem *goodwill* umgehen?	Im Rahmen der Erstkonsolidierung weist man im Rahmen der *equity*-Methode den im Beteiligungsbuchwert enthaltenen *goodwill* nachrichtlich gesondert aus.
Wie sollte man im Rahmen der *equity*-Methode bei den Folgekonsolidierungen vorgehen?	Man sollte den Teil des Beteiligungsbuchwertes, der keinen *goodwill* darstellt, um die Veränderungen des Eigenkapitals der Einheit modifizieren, die man konsolidieren möchte. Normalerweise geht man vom Beteiligungsbuchwert insgesamt aus, ohne sich darum zu kümmern, ob er *goodwill* enthält.
Unter welchen Bedingungen eignen sich die veröffentlichten Finanzberichte der Untereinheiten ohne weitere Modifikationen zur Konsolidierung nach der *equity*-Methode?	Unter den Bedingungen, – dass die Finanzberichte der Untereinheiten den Bilanzierungsregeln der Obereinheit entsprechen und – dass keine konzerninternen Ereignisse zwischen der Obereinheit und den Untereinheiten stattgefunden haben, eignen sich die Finanzberichte der Untereinheiten ohne Modifikation zur Konsolidierung nach der *equity*-Methode.

Fragen	Antworten
Unter welchen Bedingungen sind die Finanzberichte der Untereinheiten zu modifizieren, bevor man sie zur Konsolidierung verwendet?	Die Finanzberichte der Untereinheiten sind zu modifizieren, – wenn die Vermögensgüter und Fremdkapitalposten bei der Erstkonsolidierung anders als zu ihren Marktwerten bewertet sind, und – wenn konzerninterne Ereignisse von den Untereinheiten wie konzernexterne Ereignisse behandelt wurden.
Wann sollte man im Rahmen der *equity*-Methode eine Nebenrechnung anstellen?	Eine Nebenrechnung sollte man immer aufstellen, wenn konzerninterne Ereignisse in den Einheiten gebucht wurden.
Wie kann man den *goodwill* behandeln?	Man kann unterstellen, er sei ein abnutzbares Vermögensgut oder er sei ein nicht-abnutzbares Vermögensgut. Im erstgenannten Fall hat man die Nutzungsdauer zu schätzen und eine entsprechende planmäßige Abschreibung vorzunehmen; im zuletzt genannten Fall hat man ihn regelmäßig auf Werthaltigkeit zu prüfen und im Zweifel außerplanmäßig abzuschreiben.
Wie vollzieht man die Entkonsolidierung einer rechtlich selbständigen Einheit aus dem Konzern gemäß der *equity*-Methode?	Da man in den Konzern-Finanzberichten von der Untereinheit nur die Beteiligung sieht, kann man bei der Entkonsolidierung sofort die beiden Verkaufsbuchungen vornehmen.

5.7.2 Verständniskontrolle

1. Was versteht man unter der *equity*-Methode der Konsolidierung?
2. Wobei spielt das Eigenkapital einer Einheit eine Rolle, wenn es in den Konzern-Finanzberichten nur um die Bewertung von Beteiligungen geht?
3. Wie ermittelt man den *goodwill,* der bei der Erstkonsolidierung in einer Beteiligung steckt?
4. Woraus ergibt sich bei der Folgekonsolidierung der Betrag, um den man die Beteiligung umbewertet?
5. Berücksichtigt man in Nebenrechnungen die Finanzberichte der Untereinheiten vollständig oder anteilig?
6. Sollte man bei einer Beteiligung von weniger als 100% gebuchte, aber konzerninterne Ereignisse vollständig oder anteilig rückgängig machen?
7. Unter welchen Bedingungen darf die *equity*-Methode bei der Konsolidierung nach den IFRS angewendet werden?
8. Wie hat man nach den IFRS den *goodwill* zu behandeln?
9. Gibt es nach den IFRS Wahlmöglichkeiten hinsichtlich der Anwendung der *equity*-Methode oder hinsichtlich der Art der Anwendung der Methode?

10. Unter welchen Bedingungen darf die *equity*-Methode der Konsolidierung nach dHGB angewendet werden?
11. Wie hat man nach dHGB den *goodwill* zu behandeln?
12. Gibt es nach dHGB Wahlmöglichkeiten hinsichtlich der Anwendung der *equity*-Methode oder hinsichtlich der Art der Anwendung der Methode?

5.7.3 Aufgaben zum Selbststudium

Aufgabe 5.1 Konsolidierung im Unterordnungskonzern bei Anwendung der Methode der Neubewertung der Beteiligung (*equity*-Methode)

Sachverhalt

Am Ende des Abrechnungszeitraums X1 erwirbt A als Obereinheit Beteiligungen an den Untereinheiten B und C. Zu diesem Zeitpunkt entsteht somit der Unterordnungskonzern U. A erwirbt an B zum Preis von 350 GE eine Beteiligung von 50%, an C zum Preis von 210 GE eine Beteiligung von 100%. Aufgrund von Bilanzierungsvorgaben, die nur für die juristisch selbstständigen Einheiten anzuwenden sind, schreibt A die Beteiligung an B zum Ende von X2 außerplanmäßig um 30 GE ab.

Die Bilanzen, die Einkommensrechnungen und die Eigenkapitaltransferrechnungen für die Abrechnungszeiträume X1, X2 und X3 der drei juristisch selbstständigen Einheiten ergeben sich aus den folgenden Abbildungen. Die angegebenen Werte entsprechen bei B und C zu deren Erwerbszeitpunkt den Marktwerten der jeweiligen Vermögenswerte und Fremdkapitalposten. Die Rechenwerke sind hinsichtlich von Postengliederungen und Ansatzvorschriften bereits vereinheitlicht.

Aktiva	Bilanz der A in GE				Passiva		
	Ende X1	Ende X2	Ende X3		Ende X1	Ende X2	Ende X3
Andere Vermögensgüter	940	470	570	Eigenkapital (am 1.1.)	800	1 000	940
Beteiligung an B	350	320	320	Eigenkapitaltransfers im			
Beteiligung an C	210	210	210	Zeitraum, Zunahme (+)			
Forderung	0	200	0	Abnahme (−)	20	−40	0
Ware	0	120	120	Gewinn (+) oder Verlust			
Zahlungsmittel	500	480	890	(−) im Zeitraum	180	−20	130
				Passiver Rechnungs-			
				abgrenzungsposten	0	10	0
				Anderes Fremdkapital	1 000	850	1 040
Summe Vermögensgüter	2 000	1 800	2 110	Summe Kapital	2 000	1 800	2 110

5.7 Übungsmaterial

Einkommensrechnung der A in GE

Aufwand	Zeitraum X1	Zeitraum X2	Zeitraum X3	Ertrag	Zeitraum X1	Zeitraum X2	Zeitraum X3
Umsatzaufwand (außen)	100	300	0	Umsatzertrag (außen)	260	440	0
Umsatzaufwand (innen)	0	0	0	Umsatzertrag (innen)	0	0	0
Anderer Aufwand (außen)	60	210	0	Anderer Ertrag (außen)	80	55	25
Anderer Aufwand (innen)	0	30	0	Anderer Ertrag (innen)	0	25	105
Gewinn	180	0	130	Verlust	0	20	0
Summe Aufwand plus Gewinn	340	540	130	Summe Ertrag plus Verlust	340	540	130

Eigenkapitaltransferrechnung der A in GE

Entnahmen	Zeitraum X1	Zeitraum X2	Zeitraum X3	Einlagen	Zeitraum X1	Zeitraum X2	Zeitraum X3
Entnahme	40	60	0	Einlage	60	20	0
Zunahme des Eigenkapitals durch Eigenkapitaltransfers	20	0	0	Abnahme des Eigenkapitals durch Eigenkapitaltransfers	0	40	0
Summe Entnahme plus Zunahme des Eigenkapitals durch Eigenkapitaltransfers	60	60	0	Summe Einlage plus Abnahme des Eigenkapitals durch Eigenkapitaltransfers	60	60	0

Bilanz der B in GE

Aktiva	Ende X1	Ende X2	Ende X3	Passiva	Ende X1	Ende X2	Ende X3
Andere Vermögensgüter	700	630	300	Eigenkapital (am 1.1.)	300	600	680
Ware	100	20	70	Eigenkapitaltransfers im Zeitraum, Zunahme (+) Abnahme (−)	100	0	0
Zahlungsmittel	200	150	250	Gewinn (+) oder Verlust (−) im Zeitraum	200	80	−100
				Passiver Rechnungsabgrenzungsposten	0	0	0
				Anderes Fremdkapital	400	120	40
Summe Vermögensgüter	1 000	800	620	Summe Kapital	1 000	800	620

Aufwand	Einkommensrechnung der B in GE				Ertrag		
	Zeitraum X1	Zeitraum X2	Zeitraum X3		Zeitraum X1	Zeitraum X2	Zeitraum X3
Umsatzaufwand (außen)	20	340	200	Umsatzertrag (außen)	200	400	100
Umsatzaufwand (innen)	0	80		Umsatzertrag (innen)	0	120	0
Anderer Aufwand (außen)	80	40	0	Anderer Ertrag (außen)	100	20	0
Anderer Aufwand (innen)	0	0	0	Anderer Ertrag (innen)	0	0	100
Gewinn	200	80	0	Verlust	0	0	100
Summe Aufwand plus Gewinn	300	540	200	Summe Ertrag plus Verlust	300	540	200

Entnahmen	Eigenkapitaltransferrechnung der B in GE				Einlagen		
	Zeitraum X1	Zeitraum X2	Zeitraum X3		Zeitraum X1	Zeitraum X2	Zeitraum X3
Entnahmen	20	0	0	Einlagen	120	0	0
Zunahme des Eigenkapitals durch Eigenkapitaltransfers	100	0	0	Abnahme des Eigenkapitals durch Eigenkapitaltransfers	0	0	0
Summe Entnahmen plus Zunahme des Eigenkapitals durch Eigenkapitaltransfers	120	0	0	Summe Einlagen plus Abnahme des Eigenkapitals durch Eigenkapitaltransfers	120	0	0

Aktiva	Bilanz der C in GE				Passiva		
	Ende X1	Ende X2	Ende X3		Ende X1	Ende X2	Ende X3
Andere Vermögensgüter	280	620	150	Eigenkapital (zu Beginn)	140	200	520
Ware	0	0	0	Eigenkapitaltransfers im Zeitraum, Zunahme (+) Abnahme (−)	0	0	−80
Zahlungsmittel	120	300	100	Gewinn (+) oder Verlust (−) im Zeitraum	60	320	−200
				Passiver Rechnungsabgrenzungsposten	0	0	0
				Anderes Fremdkapital	200	400	10
Summe Vermögensgüter	400	920	250	Summe Kapital	400	920	250

Aufwand	Einkommensrechnung der C in *GE*				Ertrag			
	Zeitraum X1	Zeitraum X2	Zeitraum X3			Zeitraum X1	Zeitraum X2	Zeitraum X3
Umsatzaufwand (außen)	1 900	1 965	920	Umsatzertrag (außen)		2 000	2 000	1 040
Umsatzaufwand (innen)	0	0	0	Umsatzertrag (innen)		0	0	0
Anderer Aufwand (außen)	40	0	305	Anderer Ertrag (außen)		0	320	0
Anderer Aufwand (innen)	0	35	15	Anderer Ertrag (innen)		0	0	0
Gewinn	60	320	0	Verlust		0	0	200
Summe Aufwand plus Gewinn	2 000	2 320	1 240	Summe Ertrag plus Verlust		2 000	2 320	1 240

Entnahmen	Eigenkapitaltransferrechnung der C in *GE*				Einlagen			
	Zeitraum X1	Zeitraum X2	Zeitraum X3			Zeitraum X1	Zeitraum X2	Zeitraum X3
Entnahme	0	0	80	Einlage		0	0	0
Zunahme des Eigenkapitals durch Eigenkapitaltransfers	0	0	0	Abnahme des Eigenkapitals durch Eigenkapitaltransfers		0	0	80
Summe Entnahme plus Zunahme des Eigenkapitals durch Eigenkapitaltransfers	0	0	80	Summe Einlage plus Abnahme des Eigenkapitals durch Eigenkapitaltransfers		0	0	80

Während des Abrechnungszeitraumes X2 ereignen sich folgende konzerninterne Transaktionen, die teilweise auch Auswirkungen auf X3 haben:

a. In X2 verkauft B Ware mit einem Buchwert von 80 *GE* zu einem Preis von 120 *GE* an A.

b. Zu Beginn von X2 vergibt A an C ein Darlehen mit folgenden Modalitäten: A zahlt an diesem Tag an C 180 *GE* aus und C verpflichtet sich zu einer Rückzahlung von 200 *GE* zum Ende von X3. Zudem willigt C ein, je Abrechnungszeitraum Zinsen in Höhe von 7,5% auf den Rückzahlungsbetrag an A zu überweisen. A verteilt die Einkommenswirkungen aus dem Agio über dessen Laufzeit, wohingegen C die Einkommenskonsequenzen aus dem Disagio in voller Höhe im Abrechnungszeitraum X2 erfasst.

c. Aufgrund des bestehenden Beteiligungsverhältnisses zahlt C an A in X3 eine Dividende in Höhe von 80 *GE* aus.

Fragen und Teilaufgaben

1. Erstellen Sie die Finanzberichte bei der erstmaligen Einbeziehung der Untereinheiten B und C (Erstkonsolidierung) zu Beginn des Abrechnungszeitraums X2 unter Verwendung der *equity*-Methode! Nehmen Sie an, zwischen dem Erwerb am Ende von X1 und dem Zeitpunkt der Erstkonsolidierung (Beginn X2) von B und C haben keinerlei buchführungsrelevante Transaktionen stattgefunden.
2. Erstellen Sie die Konzern-Finanzberichte zum Ende des Abrechnungszeitraums X2 (erste Folgekonsolidierung) unter Verwendung der *equity*-Methode!
3. Erstellen Sie die Konzern-Finanzberichte zum Ende des Abrechnungszeitraums X3 (zweite Folgekonsolidierung) unter Verwendung der *equity*-Methode!
4. Nehmen Sie an, die A würde die Beteiligung an C zum Beginn von X4 zu einem Preis von 300 *GE* an Konzernfremde verkaufen! Erstellen Sie die anfallenden Buchungssätze im Zusammenhang mit der aus Konzernsicht resultierenden Entkonsolidierung von C zum Beginn von X4! Geben Sie darüber hinaus auch die Konzern-Finanzberichte nach der Entkonsolidierung von C zum Beginn von X4 an!

Lösungshinweise zu den Fragen und Teilaufgaben

1. Zu Beginn von X2 beträgt das Konzern-Eigenkapital 1 000 *GE*. Eine Einkommens- oder Eigenkapitaltransferrechnung kann es für den Konzern bei der Erstkonsolidierung nicht geben.
2. Zum Ende von X2 beträgt das Konzern-Eigenkapital 1 320 *GE* und das Konzern-Einkommen 360 *GE*.
3. Nach sämtlichen Konsolidierungsbuchungen und der Berücksichtigung der einkommensneutralen Wiederholung von Buchungen ergibt sich zum Ende von X3 ein Konzern-Eigenkapital von 1 110 *GE*. Im Zeitraum X3 entsteht aus Konzernsicht ein Verlust von 210 *GE*.
4. Aus dem Verkauf der Beteiligung an C folgt ein Gewinn von 50 *GE*, so dass sich nach dem Verkauf ein Konzern-Eigenkapital von 1 160 *GE* ergibt.

Aufgabe 5.2 Konsolidierung im Unterordnungskonzern bei Anwendung der Methode der Neubewertung der Beteiligung (*equity*-Methode)

Sachverhalt

Zu Beginn des Abrechnungszeitraums X2 erwirbt A als Obereinheit Beteiligungen an den Untereinheiten B und C, so dass der Unterordnungskonzern U entsteht. A erwirbt an B zum Preis von 160 *GE* eine Beteiligung von 20%, an C zum Preis von 250 *GE* eine Beteiligung von 100%. Aufgrund von Bilanzierungsvorgaben, die nur für die juristisch selbstständigen Einheiten anzuwenden sind, schreibt A die Beteiligung an B zum Ende von X2 außerplanmäßig um 15 *GE* ab.

5.7 Übungsmaterial

Aktiva				Bilanz der A in GE	Passiva		
	Ende X1	Ende X2	Ende X3		Ende X1	Ende X2	Ende X3
Andere Vermögensgüter	940	470	570	Eigenkapital (am 1.1.)	800	1 000	940
Beteiligung an B	160	145	145	Eigenkapitaltransfers im Zeitraum, Zunahme (+)			
Beteiligung an C	250	250	250				
Forderung	0	500	0	Abnahme (−)	20	−40	0
Ware	0	200	200	Gewinn (+) oder Verlust			
Zahlungsmittel	500	480	960	(−) im Zeitraum	180	−20	190
				Passiver Rechnungsabgrenzungsposten	0	30	0
				Anderes Fremdkapital	850	1 075	995
Summe Vermögensgüter	1 850	2 045	2 125	Summe Kapital	1 850	2 045	2 125

Aufwand				Einkommensrechnung der A in GE	Ertrag		
	Zeitraum X1	Zeitraum X2	Zeitraum X3		Zeitraum X1	Zeitraum X2	Zeitraum X3
Umsatzaufwand (außen)	100	300	0	Umsatzertrag (außen)	260	440	0
Umsatzaufwand (innen)	0	0	0	Umsatzertrag (innen)	0	0	0
Anderer Aufwand (außen)	60	210	0	Anderer Ertrag (außen)	80	10	25
Anderer Aufwand (innen)	0	15	0	Anderer Ertrag (innen)	0	55	165
Gewinn	180	0	190	Verlust	0	20	0
Summe Aufwand plus Gewinn	340	525	190	Summe Ertrag plus Verlust	340	525	190

Entnahmen				Eigenkapitaltransferrechnung der A in GE	Einlagen		
	Zeitraum X1	Zeitraum X2	Zeitraum X3		Zeitraum X1	Zeitraum X2	Zeitraum X3
Entnahme	40	60	0	Einlage	60	20	0
Zunahme des Eigenkapitals durch Eigenkapitaltransfers	20	0	0	Abnahme des Eigenkapitals durch Eigenkapitaltransfers	0	40	0
Summe Entnahme plus Zunahme des Eigenkapitals durch Eigenkapitaltransfers	60	60	0	Summe Einlage plus Abnahme des Eigenkapitals durch Eigenkapitaltransfers	60	60	0

Aktiva	Bilanz der B in *GE*				Passiva		
	Ende X1	Ende X2	Ende X3		Ende X1	Ende X2	Ende X3
Andere Vermögensgüter	700	630	300	Eigenkapital (am 1.1.)	300	600	700
Ware	160	20	70	Eigenkapitaltransfers im			
Zahlungsmittel	200	150	270	Zeitraum, Zunahme (+)			
				Abnahme (−)	100	0	0
				Gewinn (+) oder Verlust			
				(−) im Zeitraum	200	100	−100
				Passiver Rechnungs-abgrenzungsposten	0	0	0
				Anderes Fremdkapital	460	100	40
Summe Vermögensgüter	1 060	800	640	Summe Kapital	1 060	800	640

Aufwand	Einkommensrechnung der B in *GE*				Ertrag		
	Zeit-raum X1	Zeit-raum X2	Zeit-raum X3		Zeit-raum X1	Zeit-raum X2	Zeit-raum X3
Umsatzaufwand (außen)	20	340	200	Umsatzertrag (außen)	200	400	100
Umsatzaufwand (innen)	0	140		Umsatzertrag (innen)	0	200	0
Anderer Aufwand (außen)	80	40	0	Anderer Ertrag (außen)	100	20	0
Anderer Aufwand (innen)	0	0	0	Anderer Ertrag (innen)	0	0	0
Gewinn	200	100	0	Verlust	0	0	100
Summe Aufwand plus Gewinn	300	620	200	Summe Ertrag plus Verlust	300	620	200

Entnahmen	Eigenkapitaltransferrechnung der B in *GE*				Einlagen		
	Zeit-raum X1	Zeit-raum X2	Zeit-raum X3		Zeit-raum X1	Zeit-raum X2	Zeit-raum X3
Entnahmen	20	0	0	Einlagen	120	0	0
Zunahme des Eigenkapitals durch Eigenkapitaltransfers	100	0	0	Abnahme des Eigenkapitals durch Eigenkapitaltransfers	0	0	0
Summe Entnahmen plus Zunahme des Eigenkapitals durch Eigenkapitaltransfers	120	0	0	Summe Einlagen plus Abnahme des Eigenkapitals durch Eigenkapitaltransfers	120	0	0

5.7 Übungsmaterial

Bilanz der C in GE

Aktiva	Ende X1	Ende X2	Ende X3	Passiva	Ende X1	Ende X2	Ende X3
Andere Vermögensgüter	280	610	150	Eigenkapital (zu Beginn)	140	200	470
Ware	0	0	0	Eigenkapitaltransfers im Zeitraum, Zunahme (+) Abnahme (−)	0	0	−110
Zahlungsmittel	120	560	60	Gewinn (+) oder Verlust (−) im Zeitraum	60	270	−210
				Passiver Rechnungsabgrenzungsposten	0	0	0
				Anderes Fremdkapital	200	700	60
Summe Vermögensgüter	400	1 170	210	Summe Kapital	400	1 170	210

Einkommensrechnung der C in GE

Aufwand	Zeitraum X1	Zeitraum X2	Zeitraum X3	Ertrag	Zeitraum X1	Zeitraum X2	Zeitraum X3
Umsatzaufwand (außen)	1 900	1 965	920	Umsatzertrag (außen)	2 000	2 000	1 040
Umsatzaufwand (innen)	0	0	0	Umsatzertrag (innen)	0	0	0
Anderer Aufwand (außen)	40	0	305	Anderer Ertrag (außen)	0	320	0
Anderer Aufwand (innen)	0	85	25	Anderer Ertrag (innen)	0	0	0
Gewinn	60	270	0	Verlust	0	0	210
Summe Aufwand plus Gewinn	2 000	2 320	1 250	Summe Ertrag plus Verlust	2 000	2 320	1 250

Eigenkapitaltransferrechnung der C in GE

Entnahmen	Zeitraum X1	Zeitraum X2	Zeitraum X3	Einlagen	Zeitraum X1	Zeitraum X2	Zeitraum X3
Entnahme	0	0	110	Einlage	0	0	0
Zunahme des Eigenkapitals durch Eigenkapitaltransfers	0	0	0	Abnahme des Eigenkapitals durch Eigenkapitaltransfers	0	0	110
Summe Entnahme plus Zunahme des Eigenkapitals durch Eigenkapitaltransfers	0	0	110	Summe Einlage plus Abnahme des Eigenkapitals durch Eigenkapitaltransfers	0	0	110

Die Bilanzen, die Einkommensrechnungen und die Eigenkapitaltransferrechnungen für die Abrechnungszeiträume X1, X2 und X3 der drei juristisch selbstständigen Einheiten ergeben sich aus den folgenden Abbildungen. Die angegebenen Werte entsprechen dabei im Zeitpunkt der Erstkonsolidierung den Marktwerten der jeweiligen Vermögenswerte und Fremdkapitalposten. Die Rechenwerke sind hinsichtlich von Postengliederungen und Ansatzvorschriften bereits vereinheitlicht.

Während des Abrechnungszeitraumes X2 ereignen sich folgende konzerninterne Transaktionen, die teilweise auch Auswirkungen auf X3 haben:

a. In X2 verkauft B Ware mit einem Buchwert von 140 *GE* zu einem Preis von 200 *GE* an A.
b. Zu Beginn von X2 vergibt A an C ein Darlehen mit folgenden Modalitäten: A zahlt an diesem Tag an C 440 *GE* aus und C verpflichtet sich zu einer Rückzahlung von 500 *GE* am zum Ende von X3. Zudem willigt C ein, je Abrechnungszeitraum Zinsen in Höhe von 5,0% auf den Rückzahlungsbetrag an A zu überweisen. A verteilt die Einkommenswirkungen aus dem Agio über dessen Laufzeit, wohingegen C die Einkommenskonsequenzen aus dem Disagio in voller Höhe im Abrechnungszeitraum X2 erfasst.
c. Aufgrund des bestehenden Beteiligungsverhältnisses zahlt C an A in X3 eine Dividende in Höhe von 110 *GE* aus.

Fragen und Teilaufgaben

1. Erstellen Sie die Finanzberichte bei Entstehung des Konzerns (Erstkonsolidierung) zu Beginn des Abrechnungszeitraums X2 unter Verwendung der *equity*-Methode! Nehmen Sie an, zwischen dem Erwerb am Ende von X1 und dem Zeitpunkt der Erstkonsolidierung (Beginn X2) von B und C haben keinerlei buchführungsrelevante Transaktionen stattgefunden.
2. Erstellen Sie die Konzern-Finanzberichte zum Ende des Abrechnungszeitraums X2 (erste Folgekonsolidierung) unter Verwendung der *equity*-Methode!
3. Erstellen Sie die Konzern-Finanzberichte zum Ende des Abrechnungszeitraums X3 (zweite Folgekonsolidierung) unter Verwendung der *equity*-Methode!
4. Nehmen Sie an, die A würde die Beteiligung an C zum Beginn von X4 zu einem Preis von 245 *GE* an Konzernfremde verkaufen! Erstellen Sie die anfallenden Buchungssätze im Zusammenhang mit der aus Konzernsicht resultierenden Entkonsolidierung von C zum Beginn von X4! Geben Sie darüber hinaus auch die Konzern-Finanzberichte von U nach der Entkonsolidierung von C zum Beginn von X4 an!

Lösungshinweise zu den Fragen und Teilaufgaben

1. Zu Beginn von X2 beträgt das Konzern-Eigenkapital 1 000 *GE*. Eine Einkommens- oder Eigenkapitaltransferrechnung kann es für den Konzern bei der Erstkonsolidierung nicht geben.
2. Zum Ende von X2 beträgt das Konzern-Eigenkapital 1 263 *GE* und das Konzern-Einkommen 303 *GE*.
3. Nach sämtlichen Konsolidierungsbuchungen und der Berücksichtigung der einkommensneutralen Wiederholung von Buchungen ergibt sich zum Ende von X3 ein Konzern-Eigenkapital von 1 083 *GE*. Im Zeitraum X3 entsteht aus Konzernsicht ein Verlust von 180 *GE*.
4. Aus dem Verkauf der Beteiligung an C folgt ein Gewinn von 45 *GE*, so dass sich nach dem Verkauf ein Konzern-Eigenkapital von 1 128 *GE* ergibt.

Kapitel 6
Konsolidierung durch quotale Konsolidierung unter der Annahme des Erwerbs

Lernziele

Wir wenden uns im vorliegenden Kapitel der Erwerbsmethode in der Ausprägung als quotale Konsolidierung zu. Diese besteht darin, anstatt der Beteiligung an der Untereinheit die auf die Beteiligung entfallenden Vermögensgüter und Fremdkapitalposten anteilig sowie einen Restposten und die Entwicklung dieser Posten in den Konzern-Finanzberichten zu zeigen. Der Name der Methode bezieht sich speziell auf den Fall, dass eine Obereinheit nur eine Quote, also weniger als 100%, der Anteile einer Untereinheit besitzt und daher die Vermögensgüter- und Fremdkapitalposten der Untereinheiten nur anteilig einbezieht. Wir beschreiben das Vorgehen der quotalen Konsolidierung, indem wir

- von den bereits vereinheitlichten Finanzberichten ausgehen,
- innerkonzernliche Ereignisse stornieren,
- aus Konzernsicht eingetretene Ereignisse berücksichtigen und
- den *goodwill* zu bestimmen, des auf den Konzern entfällt

bevor wir die Zusammenfassung zu Konzern-Finanzberichten beschreiben. Schließlich skizzieren wir den Prozess einer Entkonsolidierung bei der quotalen Konsolidierung. Den Abschluss bildet ein Überblick über die Rechtslage.

Übersicht

Bei der quotalen Konsolidierung tauscht man die Beteiligungen von Obereinheiten an Untereinheiten gegen die anteiligen Vermögensgüter und Fremdkapitalposten der Untereinheiten sowie eventuell einen Restposten. Da die Beteiligung an der Untereinheit im Unterordnungskonzern formal nicht mehr den Anteilseignern der Obereinheit gehört, sondern der Obereinheit selbst, erhalten wir die Konzern-

Überblick über die quotale Konsolidierung

Finanzberichte nicht durch bloße Summierung aller anteiligen Posten über die Einheiten hinweg. Wir müssen vielmehr entweder nur das anteilige Eigenkapital der Untereinheit und einen Restposten berücksichtigen oder aber nur die anteiligen Vermögensgüter und Fremdkapitalposten der Untereinheit zuzüglich eines Restpostens. Der erstgenannte Vorschlag der Berücksichtigung des anteiligen Eigenkapitals besitzt den Nachteil, dass man die Größen nicht mehr sieht, aus denen sich das Eigenkapital der Untereinheit berechnet. In beiden Fällen ist für eventuelle Differenzen zwischen der fortzulassenden Beteiligung in der Bilanz der Obereinheit und der statt dessen einzubeziehenden Größe(n) ein Restposten vorzusehen, wenn der Buchwert der Beteiligung bei der Obereinheit zum Erwerbszeitpunkt nicht dem anteiligen, wie auch immer ausgedrückten Eigenkapital der Untereinheit entspricht. Dieser Restposten wird als *goodwill* der Untereinheit bezeichnet, der auf den Konzern entfällt.

Geplantes Vorgehen Wir betrachten bei der quotalen Konsolidierung den Fall, in dem wir die Posten der Untereinheit nur mit dem Anteil einbeziehen, der auf den Konzern entfällt. Die Teile der Untereinheit (Eigenkapital oder Vermögensgüter abzüglich Fremdkapitalposten), die auf andere Aktionäre als den Konzern entfallen, bleiben damit unberücksichtigt. Wir verwenden somit nur das quotale Eigenkapital oder die quotalen Vermögensgüter abzüglich der quotalen Fremdkapitalposten für die Konsolidierung. Für einen Anteil des Konzerns von 100% an einer Untereinheit entspricht das Vorgehen dem einer so genannten Vollkonsolidierung, die in anderen Kapiteln dieses Buches behandelt wird. Wir vernachlässigen alle Probleme, die sich ergeben, wenn der Konzern nicht an einem Bilanzstichtag der Obereinheit entsteht oder wenn Teile an einem anderen Tag als dem Bilanzstichtag des Konzerns ausscheiden. Ebenso sehen wir von der Behandlung aller Probleme ab, die entstehen, wenn wir von der quotalen Konsolidierung auf eine andere Konsolidierungsart übergehen. Unsere Ausführungen ähneln insofern denen der Fachliteratur.[1]

6.1 Sachverhalt

Idee Das Konsolidierungsverfahren, das wir hier beschreiben, besteht darin, in den Konzern-Finanzberichten anstatt der Beteiligung an der Untereinheit nur die Vermögensgüter und Fremdkapitalposten der Untereinheit anteilig sowie als etwaigen Restposten für eine Differenz zwischen dem

---

[1] Vgl. Baetge et al. (2009), S. 311–334, Busse von Colbe et al. (2010), 491–512, Hommel et al. (2009), S. 217–248, Küting und Weber (2010), S. 519–526, Schildbach (2008), S. 181–184.

Beteiligungsbuchwert und dem Marktwert der einbezogenen anteiligen Vermögensgüter und Fremdkapitalposten der Untereinheit den *goodwill* einzusetzen, der sich aus Sicht des Konzerns zum Erwerbszeitpunkt ergibt. Nach der Konzernentstehung sind die anteiligen Vermögensgüter und anteiligen Fremdkapitalposten sowie der Restposten fortzuschreiben. Dabei können für den Konzern Erträge und Aufwendungen entstehen. Bei Auflösung des Konzerns sind die Vereinbarungen der Anteilseigner des Konzerns zu beachten. Bei Verkauf einer einzelnen Einheit durch den Konzern an konzernfremde Anteilseigner sind zunächst eine Entkonsolidierung vorzunehmen, um den aktuellen Wert der Beteiligung zu ermitteln und anschließend die beiden Verkaufsbuchungen für den Verkauf der Beteiligung zu berücksichtigen. Der verbleibende Konzern bucht einen Ertrag und einen Aufwand aus der Veräußerung der Beteiligung (*Zahlungsmittel* an *Anderer Ertrag*); dafür gibt er die Beteiligung an der Untereinheit hin (*Aufwand aus der Veräußerung* an *Beteiligung* in Höhe des Wertes der Beteiligung). Ob dabei ein Gewinn oder Verlust entsteht, hängt von der Größe der Zahlen ab.

Für unser Beispiel unterstellen wir, aus den drei oben skizzierten Einheiten A, B und C entstehe zu Beginn von X2 der Konzern D unter der Leitung von A. Auf die Obereinheit A entfielen 70% der Anteile der B und damit 70% der Vermögensgüter und der Fremdkapitalposten der Untereinheit B, also 70% des Eigenkapitals der Untereinheit B. Dafür habe die Obereinheit A zu Beginn von X2 320 *GE* bezahlt. A habe 100% der Anteile an der C für 200 *FE* gekauft und verwende zur Währungsumrechnung die im dritten Kapitel skizzierte Zeitbezugsmethode, so dass die 200 *FE* genau 200 *GE* entsprechen. Die Zahlen beziehen sich im Gegensatz zur Konsolidierung unter der Annahme der Interessenzusammenführung nur auf einen Anteil an der Untereinheit. Für den Abrechnungszeitraum X1 braucht man weder eine Konzern-Bilanz noch eine Konzern-Einkommensrechnung oder eine Konzern-Eigenkapitaltransferrechnung aufzustellen, weil der Konzern ja erst zu Beginn des Abrechnungszeitraums X2 entsteht. Wir unterstellen allerdings, dass die Finanzberichte zum Ende des Zeitraums X1 den Finanzberichten zu Beginn des nachfolgenden Zeitraums X2 entsprechen. In X2 erfolgt bei der A eine Abschreibung der Beteiligung an B um 20 *GE*. Ferner findet ein innerkonzernlicher »Verkauf« von Ware zu 50 *GE* durch B an A statt. Bei B hatte die Ware mit 40 *GE* zu Buche gestanden. Wir unterstellen damit, dass der Obereinheit alle für eine Konsolidierung notwendigen Informationen vorliegen. In X3 findet die innerkonzernliche Darlehensvergabe in Höhe von 40 *GE* durch A an C mit einer Zinszahlung in Höhe von 5 *GE* von C an A statt. Schließlich ist ein Eigenkapitaltransfer von B (nur) an A in Höhe von 60 *GE* zu nennen. Zu Beginn von X4 wird alternativ unterstellt, (1) der Konzern werde aufgelöst und (2) die Beteiligung in Höhe von 70% der Obereinheit an der

Annahmen

Untereinheit B werde für 380 *GE* an Konzernfremde verkauft. Im Beispiel werden damit neben Fragen der so genannten Kapitalkonsolidierung auch Fragen der so genannten Schuldenkonsolidierung, der so genannten Zwischenergebniseliminierung sowie der so genannten Aufwands- und Ertragskonsolidierung angesprochen.

6.2 Konzept der Konsolidierung durch »Richtig«-Stellung der in den Einheiten getätigten Buchungen

6.2.1 Vorgehen zum Zeitpunkt der Erstkonsolidierung

Bilanz, eventuell mit Korrekturposten, um die Beschaffung der Beteiligung durch die Obereinheit abzubilden

Zum Zeitpunkt des Zusammenschlusses der Untereinheiten mit der Obereinheit zum Konzern ergibt sich nur eine Konzern-Bilanz (Konzern-Eröffnungsbilanz). Alles, was vorher passiert ist, kann man dem Konzern nicht zurechnen. Wenn einem bereits existierenden Konzern zum Bilanzstichtag eine Einheit hinzugefügt wird, spielt sich das Neue nur in der Bilanz des Konzerns und nicht in den anderen Rechenwerken ab. Die Posten der Konzern-Bilanz ergeben sich in unserem Fall aus den Posten der Obereinheit ohne die Beteiligungen an den Untereinheiten zuzüglich der anteiligen Werte der Vermögensgüter und abzüglich der anteiligen Werte der Fremdkapitalposten der Untereinheiten. Entspricht der Buchwert der Beteiligung bei der Obereinheit genau dem Anteil des Eigenkapitals einer Untereinheit, das auf die Obereinheit entfällt, dann ergibt sich hinsichtlich dieser Untereinheit eine ausgeglichene Konzern-Bilanz. Entsprechen sich die Werte nicht, dann muss man in der Konzern-Bilanz in Höhe der Differenz auf der Aktivseite oder auf der Passivseite noch einen Restposten hinzufügen, damit die Konzern-Bilanz hinsichtlich dieser Untereinheit wieder ausgeglichen ist. Dieser Restposten in der Konzern-Bilanz wird als positiver *goodwill* aus der Untereinheit bezeichnet, wenn er auf der Aktivseite steht, und als negativer *goodwill* aus der Untereinheit, wenn er auf der Passivseite steht. Die Höhe des *goodwill* aus dem Erwerb einer Untereinheit hängt vom Kaufpreis der Beteiligung sowie vom Ansatz und von der Bewertung der anteiligen Vermögensgüter und des anteiligen Fremdkapitals der Untereinheit ab. Mit der Frage einer Bewertung der anteiligen Vermögensgüter und Fremdkapitalposten der Untereinheit zu ihrem Marktwert zum Erwerbszeitpunkt haben wir uns bereits im Zusammenhang mit der Vereinheitlichung von Finanzberichten befasst. Nur bei Ansatz der anteiligen Vermögensgüter und Fremdkapitalposten zu ihren anteiligen Marktwerten entspricht der Restposten dem (anteiligen) *goodwill*. Bei anderer Bewertung ergibt sich ein kaum interpretierbarer und unzulässiger Restposten.

Die Existenz eines *goodwill* wirft die Frage auf, wie man mit dem *goodwill* umgehen sollte. Was steckt hinter diesem Restposten? Warum hat A für die Beteiligung an B einen anderen Betrag als den anteiligen Marktwert des Eigenkapitals der B gezahlt? Hat sich die Obereinheit beim Kauf der Untereinheit »über den Tisch ziehen« lassen oder wurde mehr als der Buchwert des Eigenkapitals der Untereinheit gezahlt, weil die Untereinheit der Konzernleitung wertvoller erschien als der anteilige Marktwert ihrer Vermögensgüter abzüglich des Wertes ihrer anteiligen Fremdkapitalposten? Handelt es sich bei einem positiven Restposten um ein Vermögensgut und bei einem negativen Restposten um Fremdkapital oder liegen jeweils Korrekturposten zum Eigenkapital vor? Die möglichen Antworten auf diese Fragen sind nicht eindeutig. Ein positiver *goodwill* kann darauf hinweisen, dass die Obereinheit scheinbar grundlos einen zu hohen Kaufpreis für die Beteiligung bezahlt hat. Er kann aber auch Ausdruck der Tatsache sein, dass es in der Untereinheit noch andere Posten als die bilanzierten gibt, aus denen sich die Obereinheit finanzielle Vorteile verspricht, beispielsweise die verbesserten zukünftigen Absatzmöglichkeiten in Folge eines guten Kundenstamms oder die hohe Qualität der Forschungsabteilung der Untereinheit. Bei einem negativen *goodwill* sind ebenfalls zwei mögliche Ursachen denkbar. Dahinter kann sowohl ein in der Untereinheit vom Erwerber mangels entsprechender Information noch nicht bilanzierter, aber bereits bei der Konzernentstehung vorweggenommener zukünftiger Nachteil stecken, als auch ein erst bei der Marktbewertung vom Erwerber aufgedeckter und daher im Kaufpreis noch nicht berücksichtigter künftiger Vorteil. Man kann einen *goodwill* sowohl als etwas ansehen, das im Zeitablauf planmäßig an Wert verliert und daher planmäßig abgeschrieben werden sollte, als auch als etwas, das keinen planmäßigen Wertminderungen unterliegt. Wir unterstellen für unser Beispiel den zuletzt genannten Fall, weil sich dann zunächst einfachere Konsequenzen für das Rechnungswesen ergeben, solange keine außerplanmäßigen Abschreibungen notwendig werden.

Behandlung des goodwill im Zeitablauf

Von Einheit B sehen wir nur anteilige Bilanzposten, also nur 70% jedes Postens der Vermögensgüter und des Fremdkapitals. Der fortzulassenden Beteiligung an der B bei der A mit einem Anschaffungswert von 320 GE stehen nun anteilige Vermögensgüter der Untereinheit B in Höhe von (0,7 * 600 GE =) 420 GE abzüglich des anteiligen Fremdkapitals in Höhe von (0,7 *

Beispiel

260 GE =) 182 GE gegenüber. Die Differenz zwischen diesem Eigenkapital von *(420 GE – 182 GE =)* 238 GE und dem Beteiligungswert von 320 GE ergibt einen Restposten in Höhe von 82 GE. Dieser Restposten entspricht einem positiven *goodwill* der B aus Konzernsicht, weil eine Bewertung der Vermögensgüter und Fremdkapitalposten der Untereinheit B zum Marktwert unterstellt war und es deswegen weder Ansatz- noch Bewertungsunterschiede in Bezug auf die Obereinheit geben konnte. Ähnlich verhält es sich bei der Einheit C, deren Anteile unter den Annahmen des Beispiels zu 200 *FE,* was 200 GE entspricht, gekauft wurden, obwohl der Marktwert ihres Eigenkapitals nur 100 GE betrug.

Buchungssätze des Beispiels

»Tausch« der Beteiligung gegen die anteiligen Vermögensgüter und anteiligen Fremdkapitalposten

Die quotale Konsolidierungsbuchung besteht darin, die Beteiligung der Obereinheit an der Untereinheit gegen die hinter der Beteiligung stehenden Anteile der Vermögensgüter und Fremdkapitalposten der Untereinheit zu tauschen sowie einen Restposten für eventuelle Differenzen vorzusehen. Die Methode wird als quotal bezeichnet, wenn man den Tausch nur mit dem Teil, der Quote, der Vermögensgüter und Fremdkapitalposten vornimmt, der auf die Beteiligung entfällt. Dem entsprechend haben wir bei der Erstkonsolidierung zu buchen:

Beleg	Datum	Ereignis und Konten	Soll	Haben
1		Erstkonsolidierung betreffend B		
		Anteilige Vermögensgüter der B *(600 GE * 0,7)*	420	
		Positiver goodwill aus B (Saldo)	82	
		Beteiligung A an B		320
		Anteiliger Fremdkapitalposten B *(260 GE * 0,7)*		182
2		Erstkonsolidierung betreffend C		
		Anteilige Vermögensgüter C (200 GE * 1,0)	200	
		Positiver goodwill aus C (Saldo)	100	
		Beteiligung A an C		200
		Anteiliger Fremdkapitalposten C *(100 GE * 1,0)*		100

Konzern-Finanzberichte

Weitere Buchungen haben wir bei der Erstkonsolidierung nicht zu berücksichtigen, weil wir von vereinheitlichten Finanzberichten ausgehen. Die sich ergebende Bilanz entspricht derjenigen der Abbildung 6.1, Seite 239.

6.2 Konzept der Konsolidierung durch »Richtig«-Stellung

	Einheit A zu Beginn von X2		Korrekturen an A		Einheit B zu Beginn von X2 (70%)		Einheit C zu Beginn von X2 (100%)		Konzern D zu Beginn von X2	
	S	H	S	H	S	H	S	H	S	H
Andere Vermögensgüter	480				420^1		200^2		1 100	
Beteiligung an B	320			320^1					0	
goodwill in B			82^1						82	
Beteiligung an C	200			200^2					0	
goodwill in C			100^2						100	
Summe Aktiva	1 000		182	520	420		200		1 282	
Eigenkapital (Beginn X2)										
Eigenkapitaltransfers										
Einkommen										
Eigenkapital (Beginn X2)		500								500
Fremdkapital		500				182^1		100^2		782
Summe Passiva		1 000				182		100		1 282
Umsatzaufwand										
Anderer Aufwand										
Einkommen (Gewinn)										
Summe Aufwand plus Gewinn										
Umsatzertrag										
Anderer Ertrag										
Einkommen (Verlust)										
Summe Ertrag plus Verlust										
Entnahmen										
Einlagenüberschuss (Saldo)										
Entnahmen plus Saldo										
Einlagen										
Entnahmenüberschuss (Saldo)										
Einlagen plus Saldo										

Abbildung 6.1: Ermittlung einer Konzern-Bilanz, einer Konzern-Einkommensrechnung und einer Konzern-Eigenkapitaltransferrechnung bei quotaler Konsolidierung (Konzernentstehung zu Beginn von X2) aus den vereinheitlichten Zahlen rechtlich selbständiger Einheiten eines Unterordnungskonzerns (A besitzt 70% von B und 100% von C)

6.2.2 Vorgehen zu Zeitpunkten nach der Erstkonsolidierung

6.2.2.1 Vorgehen zum Ende von X2

Vorgehen Zu Konsolidierungszeitpunkten nach der Erstkonsolidierung erstellen wir die Konzern-Finanzberichte wiederum, indem wir statt der Beteiligung an der Untereinheit die Vermögensgüter, die Fremdkapitalposten sowie den Restposten einbeziehen, den wir bei der Erstkonsolidierung ermittelt haben (im Beispiel: 82 *GE* aus B, 100 *GE* aus C). Zusätzlich berücksichtigen wir diejenigen Umbewertungen der Vermögensgüter, der Fremdkapitalposten und des auf den Konzern entfallenden *goodwill*, die bereits im Vorzeitraum ermittelt wurden. Die meisten derartigen Änderungen stecken bereits in den Zahlen, die wir hier verarbeiten, weil wir sie von den Untereinheiten vor der Konsolidierung haben durchführen lassen. Lediglich Ereignisse zwischen den Einheiten des Konzerns sind noch zu verarbeiten. Gebuchte Veränderungen des Beteiligungswertes bei der Obereinheit sind zu stornieren, weil man ja nicht mehr auf die Beteiligung und ihren Buchwert schaut, sondern auf die dahinter stehenden Vermögensgüter, auf die Fremdkapitalposten sowie auf den mit der Untereinheit zusammenhängenden Restposten. Für das Beispiel haben wir nur wenige Vorgänge zwischen den Einheiten unterstellt, dafür aber die wesentlichen.

Beispiel So nehmen wir an, die Beteiligung an der Untereinheit sei bei der Obereinheit ursprünglich mit 320 *GE* angesetzt und dann auf 300 *GE* abgeschrieben worden. Diese Abschreibung ist in den Finanzberichten der A zu stornieren. Hat es innerkonzernliche Ereignisse zwischen den Einheiten gegeben, die von diesen gebucht wurden, sind weitere Korrekturen notwendig. Hier unterstellen wir, B habe an A Ware zum Preis von 50 *GE* verkauft, die sie selbst für 40 *GE* erworben hat. Ein solches Verkaufsgeschäft hat aus Sicht des Konzerns aber nicht stattgefunden. Der Warenbestand ist deswegen nun um 10 *GE* zu hoch ausgewiesen. Aus Konzernsicht wurden nur Ware und Zahlungsmittel an andere Stellen verlagert. Die in den rechtlich selbständigen Einheiten durchgeführten Beschaffungs- und Verkaufsbuchungen sind zu stornieren und durch diejenigen zu ersetzen, mit denen die Vorgänge aus Konzernsicht abgebildet werden. Wenn man – wie in unserem Beispiel – nicht 100%, sondern weniger Anteile besitzt, sind solche innerkonzernlichen Ereignisse nur anteilig rückgängig zu machen. Hinsichtlich der Einheit C ergeben sich zum Ende von X2 keine Korrekturen wegen solcher Ereignisse.

6.2 Konzept der Konsolidierung durch »Richtig«-Stellung

Für den positiven auf den Konzern entfallenden *goodwill* wird allgemein unterstellt, dass er wegen nicht bilanzierter finanzieller Vorteile entstanden ist. Dabei werden verschiedene Behandlungsmöglichkeiten diskutiert. Wenn man ihn als ein nicht-abnutzbares Vermögensgut betrachtet und unterstellt, sein Wert habe sich nicht geändert, ergeben sich daraus keine weiteren Konsequenzen für die Konzern-Finanzberichte. Wenn man ihn als ein abnutzbares Vermögensgut ansieht, wäre dessen Abschreibung in der Folgezeit zu berücksichtigen, sowohl beim Ansatz als Vermögensgut als auch in der Einkommensrechnung und bei der Eigenkapitaldarstellung. Für den negativen *goodwill* wird meistens unterstellt, dass sich zukünftige Gewinne und keine gegenwärtigen Verluste dahinter verbergen. Die Beurteilung, welche dieser Behandlungen und Annahmen über den Hintergrund des *goodwill* sinnvoll erscheinen, sei hier dem Leser überlassen. In der praktischen Bilanzierung sind die gesetzlichen Vorgaben oder die Vorschriften der entsprechenden Rechnungslegungsstandards zu beachten.

Behandlungsmöglichkeiten für den goodwill

Buchungssätze des Beispiels

Die weitgehend postenweise Addition über die vereinheitlichten Zahlen der Obereinheit und der anteiligen Werte der Untereinheiten hat in jedem Abrechnungszeitraum zunächst die Modifikationen der Daten zu berücksichtigen, die im vorangehenden Zeitraum vorgenommen wurden und Konsequenzen für die Zukunft besitzen. Anschließend sind die innerkonzernlichen Ereignisse des laufenden Abrechnungszeitraums zu behandeln, wobei die Eingriffe sowohl einkommensneutral als auch einkommenswirksam sein können. Im laufenden Abrechnungszeitraum sind dann nur noch gebuchte, aber innerkonzernliche Geschäfte, innerkonzernliche Forderungs- und Verbindlichkeitsbeziehungen sowie innerkonzernliche Eigenkapitaltransfers zu stornieren. Bei der Konsolidierungsbuchung übernehmen wir den *goodwill* aus Konzernsicht so wie bei der Erstkonsolidierung, indem wir unterstellen, sein Wert habe sich nicht geändert. Wir zeigen lediglich den Betrag, um den sich das Eigenkapital im Zeitraum verändert hat. Weitere Konsolidierungsbuchungen kommen nicht vor.

Arten von Korrekturen

Stornierung der konzerninternen Ereignisse in X2

Wir betrachten nicht den aktuellen Buchwert der Beteiligung, sondern deren Wert zum Zeitpunkt der Erstkonsolidierung. Der ursprüngliche Buchwert der Beteiligung wurde in X2 durch eine Abschreibung modifiziert. Es wurde also gebucht

Abschreibung der Beteiligung von A an B

Beleg	Datum	Ereignis und Konten	Soll	Haben
B1		Abschreibung der Beteiligung		
		Anderer Aufwand A	20	
		Beteiligung A an B		20

Im Rahmen der Erstellung der Finanzberichte der rechtlich selbständigen Einheiten hat sich diese Abschreibung auf das Einkommen und auf das Eigenkapital ausgewirkt. Diese Buchung ist zu stornieren, weil wir nicht mehr die Beteiligung der Obereinheit betrachten, sondern die anteiligen Vermögensgüter und Fremdkapitalposten der Untereinheit. Im Beispiel gilt nur die Abschreibung der Beteiligung von A an B um 20 *GE* als solche. Diese Buchung wird mit ihren Wirkungen auf das Einkommen und Eigenkapital rückgängig gemacht durch die Buchungen

Beleg	Datum	Ereignis und Konten	Soll	Haben
S1		Stornierung der Abschreibung auf die Beteiligung		
		Beteiligung A an B	20	
		Anderer Aufwand A		20
S2		Stornierung der Eigenkapitalkonsequenzen		
		Einkommen A (Verlust)		
		(Einkommensrechnung)	20	
		Einkommen A (Bilanz)		20

Bei C hat kein solches Ereignis stattgefunden.

Innerkonzernlicher »Verkauf« von Ware

Weiterhin wurde zwischen B und A in X2 ein Ereignis als Verkaufsgeschäft gebucht, das aus Konzernsicht nicht stattgefunden hat. Im Konzern hat lediglich eine Verlagerung von Ware und von Zahlungsmitteln stattgefunden. Das »Verkaufsgeschäft« ist daher rückgängig zu machen, jedoch nicht vollständig, sondern nur in dem Umfang, in dem die Obereinheit Anteile an der Untereinheit besitzt, also im Umfang von 70%. In den Finanzberichten stecken bei der A die Buchung

Beleg	Datum	Ereignis und Konten	Soll	Haben
B3		Kauf von Ware durch A		
		Vermögensgüter A (Ware)	50	
		Vermögensgüter A (Zahlungsmittel)		50

und bei der B die Buchungen

6.2 Konzept der Konsolidierung durch »Richtig«-Stellung

Beleg	Datum	Ereignis und Konten	Soll	Haben
B4		Verkauf von Ware durch B (Zugangs- und Ertragsbuchung)		
		Vermögensgüter B (Zahlungsmittel)	50	
		Umsatzertrag B		50
B5		Verkauf von Ware durch B (Aufwands- und Abgangsbuchung)		
		Umsatzaufwand B	40	
		Vermögensgüter B (Ware)		40

aus denen sich bei B ein Gewinn in Höhe von *10 GE* ergeben hat. Diese Buchungen sind anteilig zu stornieren durch die Buchungen:

Beleg	Datum	Ereignis und Konten	Soll	Haben
S3		Stornierung des Kaufs der A (0,7 * 50 GE)		
		Vermögensgüter A (Zahlungsmittel)	35	
		Vermögensgüter A (Ware)		35
S4		Stornierung des Verkaufs der B (Zugangs- und Ertragsbuchung) (0,7 * 50 GE)		
		Umsatzertrag B	35	
		Vermögensgüter B (Zahlungsmittel)		35
S5		Stornierung des Verkaufs der B (Aufwands- und Abgangsbuchung) (0,7 * 400 GE)		
		Vermögensgüter B (Ware)	28	
		Umsatzaufwand B		28
S6		Stornierung des Gewinns der B (0,7 * 10 GE)		
		Einkommen B (Bilanz)	7	
		Einkommen B (Einkommensrechnung)		7

Statt dessen sind nur die Vorgänge anteilig abzubilden, die aus Konzernsicht stattgefunden haben. Die Beschränkung auf die anteiligen Werte erfolgt, weil wir im Rahmen der quotalen Konsolidierung von den Untereinheiten generell nur die Anteile betrachten, die auf den Konzern entfallen. Ferner unterstellen wir, dass es uns nur um die Konzern-Finanzberichte geht und wir deswegen die eigenkapitaltransfers, die aus der Verlagerung folgen, nicht abzubilden brauchen

Zusätzliche Buchungen vor der Konsolidierung

Beleg	Datum	Ereignis und Konten	Soll	Haben
Z7		Verlagerung von Zahlungsmitteln von A nach B (0,7 * 50 GE)		
		Vermögensgüter B (Zahlungsmittel)	35	
		Vermögensgüter A (Zahlungsmittel)		35
Z8		Verlagerung von Ware von B nach A (0,7 * 40 GE)		
		Vermögensgüter A (Ware)	28	
		Vermögensgüter B (Ware)		28

Konsolidierungsbuchungen

»Tausch« der Beteiligungen der Obereinheit gegen die anteiligen Vermögensgüter und anteiligen Fremdkapitalposten der Untereinheiten

Anschließend sind die Konsolidierungsbuchungen vorzunehmen, mit der wir die Beteiligung gegen die anteiligen Vermögensgüter, anteiligen Fremdkapitalposten und einen Restposten austauschen. Wenn der Restposten aus irgendwelchen Gründen nicht zu modifizieren ist, setzen wir ihn in der Höhe an, in der wir ihn bei der Erstkonsolidierung ermittelt haben.

Wir buchen im Konzern betreffend die B:

Beleg	Datum	Ereignis und Konten	Soll	Haben
K9		Konsolidierungsbuchung betreffend B		
		Anteilige Vermögensgüter der B (490 GE * 0,7, Ende X2)	343	
		Positiver goodwill A aus B (Saldo, Beginn X2)	82	
		Beteiligung A an B (Beginn X2)		320
		Anteiliges Fremdkapital B (60 GE * 0,7, Ende X2)		42
		Einkommen X2		
		Umsatzaufwand B X2 (270 GE * 0,7)	189	
		Anderer Aufwand B X2 (30 GE * 0,7)	21	
		Umsatzertrag B X2 (250 GE * 0,7)		175
		Anderer Ertrag B X2 (140 GE * 0,7)		98
		Eigenkapitaltransfers X2		
		Entnahmen B X2	0	
		Einlagen B X2		0

Zusätzlich erklären wir die Eigenkapitalveränderungen durch die Salden der Einkommens- und Eigenkapitaltransferrechnungen mit den Buchungen:

Beleg	Datum	Ereignis und Konten	Soll	Haben
K10		Eigenkapitalkonsequenzen Einkommen B X2		
		Einkommen B (Gewinn) (Einkommensrechnung)	63	
		Einkommen B (Bilanz)		63
K11		Eigenkapitalkonsequenzen Transfers B X2		
		Einlagenüberschuss B (Eigenkapitaltransferrechnung)	0	
		Eigenkapitaltransfers B (Bilanz)		0

Hinsichtlich der C ergeben sich die folgenden Buchungen:

Beleg	Datum	Ereignis und Konten	Soll	Haben
K12		Konsolidierungsbuchung betreffend C		
		*Anteilige Vermögensgüter C (460 GE * 1,0, Ende X2)*	460	
		Positiver goodwill A aus C (Saldo, Beginn X2)	100	
		Beteiligung A an C (Beginn X2)		200
		*Anteiliges Fremdkapital C (200 * 1,0, Ende X2)*		200
		Einkommen C X2		
		Umsatzaufwand C in X2	1 000	
		Anderer Aufwand C in X2	0	
		Umsatzertrag C in X2		1 000
		Anderer Ertrag C in X2		160
		Eigenkapitaltransfers C in X2		
		Entnahmen C in X2	0	
		Einlagen C in X2		0

Zusätzlich erklären wir die Eigenkapitalveränderungen durch die Salden der Einkommens- und Eigenkapitaltransferrechnungen mit den Buchungen:

Beleg	Datum	Ereignis und Konten	Soll	Haben
K13		Einkommenskonsequenzen bei C		
		Einkommen C (Gewinn) (Einkommensrechnung)	160	
		Einkommen (Bilanz)		160
K14		Eigenkapitaltransferkonsequenzen von C		
		Transfers C (Eigenkapitaltransferrechnung)	0	
		Eigenkapitaltransfers C (Bilanz)		0

Wir erhalten die Konzern-Finanzberichte so wie in Abbildung 6.2, Seite 246.

Konzern-Finanzberichte

6.2.2.2 Konzern-Finanzberichte zum Ende von X3

In X2 hat es eine Abschreibung auf die Beteiligung gegeben, die für die Konzern-Finanzberichte unerheblich und daher zu stornieren war. Gleiches galt für das Verkaufsgeschäft von B an A, bei dem sich Konsequenzen für den Wert des Warenbestands und des Eigenkapitals ergaben. Diese Wertveränderungen wirken auch in X3 weiter. Die entsprechende Korrektur der Buchwerte ist daher auch zu Beginn von X3 zu berücksichtigen. Die Beteiligung ist also

Berücksichtigung von Wertveränderungen des Vorzeitraums

	Einheit A zum Ende von X2		Korrekturen bei A		B komplett Ende X2 (70%)		Korrekturen B (70%)		Korrekturen wegen C zu Beginn von X2 (100%)		Korrekturen wegen interner Ereignisse mit C (100%)		Konzern D zum Ende von X2	
	S	H	S	H	S	H	S	H	S	H	S	H	S	H
Andere Vermögensgüter	350		35^3	35^7	343^9		35^7	35^4	460^{12}				1 153	
Beteiligung an B	300		20^1	320^9									0	
goodwill in B				82^9									82	
Beteiligung an C	200			200^{12}									0	
goodwill in C			100^{12}										100	
Ware	50			35^3			28^5						43	
				28^8				28^8					0	
Summe Aktiva	900		295	590	343		63	63	460				1 378	
Eigenkapital (Beginn X2)		500												500
Einkommen Vorzeitraum Eigenkapitaltransfers		20												20
Einkommen im Zeitraum		10		20^2		63^{10}	7^6			160^{13}				226
Eigenkapital (Ende von X2)		470		20		63	7			160				706
Fremdkapital		430				42^9				200^{12}				672
Summe Passiva		900		20		105	7			360				1 378
Umsatzaufwand	150				189^9			28^5	$1\,000^{12}$				1 311	
Anderer Aufwand	120		20^1		21^9								121	
Einkommen (Gewinn)					63^{10}		7^6		160^{13}				216	
Summe Aufwand plus Gewinn	270		20		273		35		1 160				1 648	
Umsatzertrag		220				175^9	35^4			$1\,000^{12}$				1 360
Anderer Ertrag		40				98^9				160^{12}				298
Einkommen (Verlust)		10	20^2										10	
Summe Ertrag plus Verlust		270	20			273	35			1 160				1 648
Entnahmen	30												30	
Einlagenüberschuss (Saldo)	0												0	
Entnahmen plus Saldo	30												30	
Einlagen		10												10
Entnahmenüberschuss (Saldo)		20												20
Einlagen plus Saldo		30												30

Abbildung 6.2: Ermittlung einer Konzern-Bilanz, einer Konzern-Einkommensrechnung und einer Konzern-Eigenkapitaltransferrechnung bei quotaler Konsolidierung am Ende des Abrechnungszeitraums X2 (Konzernentstehung zu Beginn von X2) aus den vereinheitlichten Zahlen rechtlich selbständiger Einheiten eines Unterordnungskonzerns (A besitze 70% der Anteile von A und 100% der Anteile von C)

nicht – wie in den Ausgangsdaten – mit 300 *GE*, sondern mit 320 *GE* anzusetzen, der Warenbestand bei A nicht – wie in den Ausgangsdaten – mit 50 *GE*, sondern mit (50 *GE* – 0,7 * 10 *GE* =) 43 *GE*. Entsprechende Korrekturen sind auch beim Eigenkapital vorzunehmen, unter der Rubrik *Eigenkapitalveränderungen aus Vorzeiträumen*.

Wir haben dann zu prüfen, ob im laufenden Abrechnungszeitraum Buchungen stattgefunden haben, mit denen der Wert der Beteiligung bei der Obereinheit weiterhin modifiziert wurde. Für die Konsequenzen von solchen Buchungen interessieren wir uns nicht mehr, weil wir ja bei der quotalen Konsolidierung nur noch die anteiligen Vermögensgüter und die anteiligen Fremdkapitalposten anstatt dieser Beteiligung betrachten. Derartige den Buchwert verändernde Buchungen in der Obereinheit sind daher rückgängig zu machen. In unserem Beispiel kommen solche Ereignisse in X3 nicht vor.

Berücksichtigen des erhöhten Buchwertes der Beteiligung

Als nächstes kommen wir zur Analyse der Ereignisse, die im Abrechnungszeitraum X3 zwar gebucht wurden, aber aus Konzernsicht unerheblich und daher zu stornieren sind. Während des Zeitraums X3 kommen in unserem Beispiel nur die innerkonzernliche Darlehensvergabe von A an C und der Eigenkapitaltransfer von B (nur) an A vor. Es ist zu beachten, dass der Eigenkapitaltransfer in voller Höhe nur an A stattfindet. Daraus ergeben sich weiter unten noch beschriebene Konsequenzen für die ansonsten lediglich quotale Sichtweise dieses Kapitels.

Rückgängigmachen gebuchter, aber konzerninterner Ereignisse

Es schließt sich die Darstellung der Ereignisse aus Konzernsicht an. Danach haben nur Verlagerungen von Zahlungsmitteln von A an C und von B an A stattgefunden.

Ansatz von Buchungen aus Konzernsicht

Wir haben anschließend wieder die Konsolidierungsbuchung mit den übernommenen und den vereinheitlichten Daten des Abrechnungszeitraums X3 vorzunehmen, wobei wir den *goodwill* aus Konzernsicht wie bei der Erstkonsolidierung und die restlichen Vermögensgüter so übernehmen, wie sie sich in X2 ergeben haben. Auf der Passivseite gehören zur Konsolidierungsbuchung die vorläufige Veränderung des anteiligen Eigenkapitals in X3 und das anteilige Fremdkapital. Der Ansatz der Werte aus dem Vorzeitraum betrifft – wie bereits erwähnt – die Ware und die Beteiligung. Diese beiden Posten sind nicht mit den vereinheitlichten Werten aus dem dritten Kapitel anzusetzen, sondern mit korrigierten Werten, weil in X2 Korrekturen an der Ware und an der Beteiligung vorgenommen wurden. Das betrifft im Beispiel die Ware mit einem Betrag von $(40\,GE + 0{,}3 * 10\,GE =) 43\,GE$. Das entspricht einer Wertminderung der Ware um $7\,GE$, die vom Gewinn von $63\,GE$ abzuziehen ist. Eine ähnliche Wirkung ergibt sich bei der Beteiligung an B, die wegen der aus Konzernsicht irrelevanten Abschreibung in X2 um $20\,GE$ höher als $300\,GE$ anzusetzen ist. Die entsprechenden Korrekturen berücksichtigen wir in X3 als Eigenkapitalveränderungen des Vorzeitraums.

Konsolidierungsbuchung

Buchungssätze des Beispiels

Übernahme der Wertveränderungen aus dem Vorzeitraum

Bei der Beteiligung der Obereinheit an B und bei der Ware sind die Beträge anzusetzen, die sich im Vorzeitraum ergeben haben. Folglich ist bei der Beteiligung an der B von 320 *GE* anstatt von 300 *GE* auszugehen und bei der Ware um 43 *GE* anstatt von 50 *GE*. Daraus ergeben sich gegenüber den vorgenommenen Buchungen zusätzliche Eigenkapitalveränderungen in Höhe von 20 *GE* – 7 *GE*. Um das zu erreichen, sind die Buchungen

Beleg	Datum	Ereignis und Konten	Soll	Haben
V1		Korrekturen aus dem Vorzeitraum: Beteiligungsabschreibung der A		
		Beteiligung A an B	20	
		Eigenkapital A Vorzeitraum		20
V2		Korrekturen aus Vorzeitraum Ware (0,7 * 10 *GE*)		
		Eigenkapital B Vorzeitraum	7	
		Vermögensgüter A (Ware)		7

vorzunehmen. Bei der C ist die Eigenkapitalveränderung aus X2 in Höhe von 160 *GE* bereits in den vereinheitlichten Finanzberichten berücksichtigt. Die Modifikationen, die wir im Zeitraum X2 nach den Stornierungen und vor den Konsolidierungen vorgenommen haben, um die Verlagerungen von Zahlungsmitteln, Ware und Eigenkapital zu zeigen, brauchen wir zu Beginn von X3 nicht zu wiederholen, weil die Finanzberichte der rechtlich selbständigen Einheiten, die wir hier wiederum zusammen fassen, genau diesen Effekt bereits abbilden.

Korrekturen im aktuellen Abrechnungszeitraum

Tatsächliche Buchungen Die Untereinheit B leistet einen Kapitaltransfer in Höhe von 60 *GE* an A. Laut Aufgabenstellung erhält die Obereinheit A, die ja nur mit 70% an B beteiligt ist, den gesamten Betrag den sie als Ertrag aus Beteiligungen gebucht hat. C erhält von A ein Darlehen in Höhe von 40 *GE* und erklärt sich bereit, dafür 5 *GE* Zinsen an A zu entrichten. Weil diese Ereignisse aus Konzernsicht anders zu verstehen sind als aus Sicht der rechtlich selbständigen Untereinheiten, sind die tatsächlichen Buchungen zunächst zu identifizieren und anschließend zu stornieren. Die folgenden Buchungen seien identifiziert worden:

6.2 Konzept der Konsolidierung durch »Richtig«-Stellung

Beleg	Datum	Ereignis und Konten	Soll	Haben
B3		Eigenkapitaltransfer der B		
		Entnahmen B	60	
		Vermögensgüter B (Zahlungsmittel)		60
B4		Empfang eines Transfers von der Untereinheit bei der A		
		Vermögensgüter A (Zahlungsmittel)	60	
		Anderer Ertrag A		60
B5		Vergabe eines Darlehens bei der A		
		Vermögensgüter A (Darlehensforderung)	40	
		Vermögensgüter A (Zahlungsmittel)		40
B6		Empfang der Zinsen bei der A		
		Vermögensgüter A (Zahlungsmittel)	5	
		Anderer Ertrag A		5
B7		Empfang eines Darlehens bei der C		
		Vermögensgüter C (Zahlungsmittel)	40	
		Fremdkapitalposten C (Darlehensvebindlichkeit)		40
B8		Zahlung von Zinsen bei der C		
		Anderer Aufwand C	5	
		Vermögensgüter C (Zahlungsmittel)		5

Wenn man diese Buchungen storniert, ergeben sich Konsequenzen für das Eigenkapital, die ebenfalls mit Korrekturbuchungen zu beachten sind.

Aus Konzernsicht hat ein Eigenkapitaltransfer genau so wenig stattgefunden wie ein Ertrag aus Beteiligungen erzielt wurde. Auch stellt das Darlehensgeschäft mit den Zinsen einen innerkonzernlichen Vorgang dar, der im Konzern nicht so wie in den Finanzberichten der rechtlich selbständigen Einheiten abzubilden ist. Die in den Finanzberichten der rechtlich selbständigen Einheiten vorgenommenen Buchungen sind insofern zu stornieren:

Stornierung von Buchungen, die Ereignisse abbilden, die aus Konzernsicht nicht stattgefunden haben

Beleg	Datum	Ereignis und Konten	Soll	Haben
S3		Stornierung des Eigenkapitaltransfers der B (an die A)		
		Vermögensgüter B (Zahlungsmittel)	60	
		Entnahmen B		60
S4		Stornierung des Empfangs eines Transfers bei A		
		Anderer Ertrag A	60	
		Vermögensgüter A (Zahlungsmittel)		60

Beleg	Datum	Ereignis und Konten	Soll	Haben
S5		Stornierung der Vergabe eines Darlehens durch die A		
		Vermögensgüter A (Zahlungsmittel)	40	
		Vermögensgüter A (Darlehensforderung)		40
S6		Stornierung des Empfangs der Zinsen bei der A		
		Anderer Ertrag A	5	
		Vermögensgüter A (Zahlungsmittel)		5
S7		Stornierung des Empfangs eines Darlehens bei C		
		Fremdkapitalposten C (Darlehensverbindlichkeit)	40	
		Vermögensgüter C (Zahlungsmittel)		40
S8		Stornierung der Zinszahlung durch die C		
		Vermögensgüter C (Zahlungsmittel)	5	
		Anderer Aufwand C		5
S9		Berücksichtigung der aus der Stornierung des Eigenkapitaltransfers bei der B folgende Einkommenskonsequenz		
		Entnahmeüberschuss B (Eigenkapitaltransferrechnung)	60	
		Eigenkapitaltransfers B (Bilanz)		60
S10		Berücksichtigung der aus der Stornierung des Eigenkapitaltransfers oder Einkommens bei der A folgende Einkommenskonsequenz		
		Einkommen A (Bilanz)	60	
		Einkommen (Gewinn) A (Einkommensrechnung)		60
S11		Berücksichtigung der Einkommenskonsequenz aus der Stornierung des Zinsaufwands der C		
		Einkommen (Verlust) C Einkommensrechnung)	5	
		Einkommen C (Bilanz)		5
S12		Berücksichtigung der Einkommenskonsequenz aus der Stornierung des Zinserrags der A		
		Einkommen A (Bilanz)	5	
		Einkommen (Gewinn) A (Einkommensrechnung)		5

6.2 Konzept der Konsolidierung durch »Richtig«-Stellung

Bei der A ist aus Konzernsicht kein Ertrag aus Beteiligungen angefallen, sondern nur die Lieferung von Zahlungsmitteln durch die B. Mit dem Zahlungsmittelabgang bei B ist allerdings auch eine Verminderung des Eigenkapitals von B verbunden, über das B jetzt und künftig nicht mehr verfügen kann. Da sich durch den Transfer aus Konzernsicht das laufende Einkommen von B nicht erhöht hat, muss sich – bei im Konzern gleichbleibendem Eigenkapital – das Volumen des Eigenkapitals bei A vergrößert haben. Zusätzlich wäre also zu berücksichtigen, dass B in Höhe von 60 GE Zahlungsmittel an die A gibt und dass A per Saldo 35 GE an die C gibt, worauf wir jedoch verzichten, weil wir uns hauptsächlich für die Konzern-Finanzberichte interessieren.

Buchungen aus Konzernsicht

Beleg	Datum	Ereignis und Konten	Soll	Haben
Z13		Zahlungsmittelverlagerung von B nach A als Folge der Ausschüttung von B an A		
		Vermögensgüter A (Zahlungsmittel)	60	
		Vermögensgüter B (Zahlungsmittel)		60
Z14		Zahlungsmittelverlagerung von A nach C als Folge der Darlehensvergabe in Höhe von 40 GE – 5 GE = 35 GE		
		Vermögensgüter C (Zahlungsmittel)	35	
		Vermögensgüter A (Zahlungsmittel)		35

Konsolidierungsbuchungen

Wir haben zunächst die Buchung zu wiederholen, mit der wir statt der Beteiligung an B deren Vermögensgüter, deren Fremdkapitalposten sowie den *goodwill* in B aus Konzernsicht erfassen. Soweit dieser *goodwill* keine Veränderungen erfahren hat, übernehmen wir den Betrag, den wir bei der Erstkonsolidierung bestimmt haben.

»Tausch« der Beteiligungen gegen die darauf entfallenden Vermögensgüter und Fremdkapitalposten der Untereinheiten

Die Konsolidierungsbuchung betreffend die B lautet:

Beleg	Datum	Ereignis und Konten	Soll	Haben
K15		Konsolidierungsbuchung betreffend B		
		*Anteilige Vermögensgüter B (520 GE * 0,7 am Ende von X3)*	364	
		*zusätzliche Minderung Zahlungsmittel der B (0,3 * 60 GE)*		18
		Positiver goodwill A aus B (Beginn X2)	82	
		Beteiligung A an B (Beginn X2)		320
		*Anteilige Fremdkapitalposten B (60 GE * 1,0, Ende X2)*		42

Beleg	Datum	Ereignis und Konten	Soll	Haben
		Zusätzliche Eigenkapitalveränderung B in X2		63
		Zusätzliche Eigenkapitalveränderung B in X3		
		Umsatzaufwand B X3 (40 GE * 0,7)	28	
		Anderer Aufwand B X3 (10 GE * 0,7)	7	
		Umsatzertrag B X3 (50 GE * 0,7)		35
		Anderer Ertrag B X3 (90 GE * 0,7)		63
		Transfers B X2		0
		Transfers B X3		
		Entnahmen B in X3 für A (60 GE)	60	
		Einlagen B X3		0

Die Zahlen beziehen sich fast alle auf den Anteil, den A an B besitzt. Lediglich der Eigenkapitaltransfer von B an A bezieht sich nur auf A und repräsentiert den gesamten Eigenkapitaltransfer der B. Der Anteil der Entnahmen, der sich auf die 70% bezieht, welche die A an B hält, beliefe sich auf (0,7 * 60 GE =) 42 GE. Die restlichen 18 GE, die für A entnommen wurden, betrachten wir als eine (weitere) Reduzierung der Vermögensgüter und des Eigenkapitals der B. Daher rühren die 18 GE Minderung der anteiligen Vermögensgüter der B. Zusätzlich erklären wir die Eigenkapitalveränderungen durch die Salden der Einkommens- und Eigenkapitaltransferrechnungen der B mit den Buchungen:

Beleg	Datum	Ereignis und Konten	Soll	Haben
K16		Eigenkapitalkonsequenzen Einkommen B		
		Einkommen (Gewinn) B (Einkommensrechnung)	63	
		Einkommen B (Bilanz)		63
K17		Eigenkapitalkonsequenzen Transfers B		
		Eigenkapitaltransfers B (Bilanz)	60	
		Entnahmeüberschuss B (Eigenkapitaltransferrechnung)		60

Die Konsolidierungsbuchung betreffend die C lautet:

6.2 Konzept der Konsolidierung durch »Richtig«-Stellung

Beleg	Datum	Ereignis und Konten	Soll	Haben
K18		Konsolidierungsbuchung betreffend C		
		Anteilige Vermögensgüter C (125 GE * 1,0, Ende X3)	125	
		Positiver goodwill A aus C	100	
		Beteiligung A an C (Beginn X2)		200
		Anteiliges Fremdkapital C (65 GE * 1,0, Ende X3)		65
		Einkommen C X2		160
		Einkommen C X3		
		Umsatzaufwand C X3	490	
		Anderer Aufwand C X3	210	
		Umsatzertrag C X3		500
		Anderer Ertrag C X3		0
		Eigenkapitaltransfers C X2		0
		Eigenkapitaltransfers C X3		
		Entnahmen C X3	0	
		Einlagen C X3		0
		Summe	925	925

Zusätzlich erklären wir die Eigenkapitalveränderungen durch die Salden der Einkommens- und Eigenkapitaltransferrechnungen der C mit den Buchungen:

Beleg	Datum	Ereignis und Konten	Soll	Haben
K19		Eigenkapitalkonsequenzen Einkommen C		
		Einkommen C (Bilanz)	200	
		Einkommen (Verlust) C (Einkommensrechnung)		200
K20		Eigenkapitalkonsequenzen Transfers C		
		Einlagenüberschuss C (Eigenkapitaltransferrechnung)	0	
		Eigenkapitaltransfers C (Bilanz)		0

Man erhält die Tabelle der Abbildung 6.3, Seite 254.

Konzern-Finanzberichte

Daraus lassen sich das Eigenkapital des Konzerns und die Eigenkapitalveränderungen der Untereinheiten ablesen. Für den Konzern D erhält man zum Ende von X3 ein Eigenkapital in Höhe von

	Einheit A (Ende X3)		Korrekturen bei A		Korrekturen wegen B (Ende X3, 70%)		Korrekturen wegen B (70%)		Korrekturen wegen C (Ende X3, 100%)		Korrekturen wegen C (100%)		Konzern D (Ende X3)	
	S	H	S	H	S	H	S	H	S	H	S	H	S	H
Andere Vermögensgüter	465		40^5 60^{13}	60^4 5^6 35^{14}	364^{15}	18^{15}	60^3		125^{18}	60^{13}	5^8 35^{14}	40^7	936	
Beteiligung an B	300		20^1 82^{15}	320^{15}										
goodwill in B													82	
Beteiligung an C	200			200^{18}										
goodwill in C			100^{18}										100	
Ware	50			7^2									43	
Darlehensforderung	40			40^5										
Summe Aktiva	1055		302	667	364	18			125				1161	
Eigenkapital (Beginn von X3)		470												470
Einkommen Vorzeitraum				20^1		7^2	63^{15}		160^{18}					236
Eigenkapitaltransfers					60^{17}			60^9						
Einkommen im Zeitraum		65	60^{10} 5^{12}			63^{16}			200^{19}			5^{11}		132
Eigenkapital (Ende von X3)		535	100	80	67	63	60	123	200	160	40			574
Fremdkapital		520				42^{15}				65^{18}	40^7			587
Summe Passiva		1055	20			38		63		25	0			1161
Umsatzaufwand					28^{15}				490^{18}				518	
Anderer Aufwand					7^{15}				210^{18}		5^8		212	
Einkommen (Gewinn)		65			60^{10} 5^{12}	63^{16}							63	
Summe Aufwand plus Gewinn		65		65	98				700		5		793	
Umsatzertrag		0				35^{15}				500^{18}				535
Anderer Ertrag		65	60^4 5^6			63^{15}								63
Einkommen (Verlust)									200^{19}		5^{11}		195	
Summe Ertrag plus Verlust		65	65			98				700	5			793
Entnahmen	0				60^{15}		60^3				0		0	
Einlagenüberschuss (Saldo)	0										0		0	
Entnahmen plus Saldo	0				60		60				0		0	
Einlagen		0										0		
Entnahmenüberschuss (Saldo)		0				60^{17}	60^9							0
Einlagen plus Saldo		0				60	60					0		0

Abbildung 6.3: Ermittlung einer Konzern-Bilanz, einer Konzern-Einkommensrechnung und einer Konzern-Eigenkapitaltransferrechnung bei quotaler Konsolidierung am Ende des Abrechnungszeitraums X3 (Konzernentstehung zu Beginn von X2) aus den vereinheitlichten Zahlen rechtlich selbständiger Einheiten eines Unterordnungskonzerns

564 GE. Die Eigenkapitalveränderung (Erhöhung) von B ergibt sich in Höhe von (− 67 GE + 63 GE − 123 GE =) 127 GE. Für C errechnet man eine Eigenkapitalveränderung (Minderung) in Höhe von (− 200 GE + 160 GE + 5 GE =) − 35 GE.

6.2.3 Entkonsolidierung

Wir unterscheiden hier zwei Fälle voneinander. Zunächst betrachten wir ganz kurz die vollständige Auflösung des Konzerns. Anschließend analysieren wir, was passiert, wenn der Konzern sich nur von einzelnen seiner Einheiten trennt. Wir demonstrieren das am Beispiel der Einheit B und unterstellen gleichzeitig, die ehemaligen Anteilseigner der Einheit B blieben weiterhin im Konzern. Dann handelt es sich um einen Verkauf der Beteiligung an Konzernfremde.

Fallunterscheidung

6.2.3.1 Auflösung des Konzerns

Soll der Konzern aufgelöst werden, so ist im Unterordnungskonzern praktisch nur eine Situation denkbar. Man veräußert alle Vermögensgüter und Fremdkapitalposten und verteilt anschließend den Veräußerungserlös unter den Anteilseignern entsprechend deren Vereinbarungen. Da solche Vereinbarungen sehr unterschiedlich sein können, beschäftigen wir uns damit nicht weiter.

Vielfalt möglicher Vereinbarungen

6.2.3.2 Ausscheiden einzelner Einheiten aus dem Konzern bei Verbleib der Anteilseigner im Konzern

Bei Ausscheiden einer Einheit aus dem Konzern ergibt sich ein Gewinn oder ein Verlust in Höhe der Differenz zwischen dem Veräußerungserlös und dem Wert der aus dem Konzern abgehenden Beteiligung. Übersteigt der Veräußerungserlös den Wert der Beteiligung oder erreicht er ihn nicht, haben wir es mit einem Veräußerungsgewinn oder Veräußerungsverlust zu tun. Das Problem bei der Bestimmung dieses Gewinns oder Verlusts besteht in der Ermittlung des Wertes der Beteiligung.

Ausweis des Gewinns oder Verlusts aus dem Abgang einer Beteiligung

Für unser Beispiel unterstellen wir, es habe zwischen dem Ende von X3 und dem Beginn von X4 keine konzerninternen Ereignisse gegeben. Dabei gehen wir von Konzern-Finanzberichten unmittelbar vor dem Ausscheiden aus. Wir nehmen in einem ersten Schritt die Entkonsolidierungsbuchung vor, mit der wir die mit der abgehenden Untereinheit zusammenhängenden Posten gegen die Beteiligung tauschen. Statt der Vermögensgüter, der Fremdkapitalposten und des *goodwill* aus der Sicht des Konzerns sehen wir dadurch wieder die Beteiligung. Ihr Wert ergibt sich aus der Summe der mit der Untereinheit zusammenhängenden Posten. Die Buchungen, die in der Obereinheit im Zusammenhang mit der Beteiligung getätigt

Vorgehen

wurden, sind dabei ebenfalls zu berücksichtigen. Dem Zahlungsmittelzugang und Veräußerungsertrag in Höhe von 380 *GE* wird ein Aufwand und Beteiligungsabgang in Höhe von (346 *GE* Vermögensgüter B − Fremdkapital B 42 *GE* + *goodwill* aus B bei A 82 *GE* − 1 *GE* zu niedrige Bewertung der Ware, falls B nicht mehr zum Konzern gehört =) 379 *GE* als Saldo gegenübergestellt.

Buchungssätze

Buchungen ausgehend von den Konzern-Finanzberichten unmittelbar vor dem Ausscheiden

In X4 sind bei der Veräußerung der Beteiligung an B weder die Einkommensrechnung des Konzerns noch die der Untereinheit für den abgelaufenen Zeitraum relevant. Seit dem Beginn von X4 hat es noch keine anderen Erträge und Aufwendungen gegeben. Wir unterstellen hier auch, der Zahlungsmittelzugang und Veräußerungsertrag seien noch nicht gebucht worden. Ferner unterstellen wir, dass der Abgang der Vermögensgüter der B und der zugehörige Aufwand noch nicht gebucht seien.

Entkonsolidierung Die Entkonsolidierungsbuchung lautet:

Beleg	Datum	Ereignis und Konten	Soll	Haben
E1		Entkonsolidierungsbuchung betreffend die C		
		Beteiligung A an B (Saldo)	379	
		Anteiliges Fremdkapital B (60 * 0,7)	42	
		Höherbewertimg der Ware bei A	7	
		Andere anteilige Vermögensgüter B		346
		Positiver goodwill A aus B		82

Veräußerung Nun kann die Veräußerung der Anteile gebucht werden. Dem Zahlungsmittelzugang und Veräußerungsertrag in Höhe von 380 *GE* steht ein Veräußerungsaufwand und Beteiligungsabgang in Höhe von 379 *GE* gegenüber, so dass ein Veräußerungsgewinn von 1 *GE* entsteht:

Beleg	Datum	Ereignis und Konten	Soll	Haben
E2		Verkauf A der Beteiligung an B (Zugangsund Ertragsbuchung)		
		Vermögensgüter (Zahlungsmittel) A	380	
		Anderer Ertrag A		380
E3		Verkauf A der Beteiligung an B (Aufwands- und Abgangsbuchung)		
		Anderer Aufwand A	379	
		Beteiligung A an B		379

Beleg	Datum	Ereignis und Konten	Soll	Haben
E4		Einkommenskonsequenz aus dem Verkauf der Beteiligung der A an der B		
		Einkommen (Gewinn) A (Einkommensrechnung)	1	
		Einkommen A (Bilanz)		1

Dem entsprechend sieht das Ausscheiden der Einheit B aus dem Konzern so wie in Abbildung 6.4, Seite 258, aus.

Konzern-Finanzberichte

6.3 Konsolidierung durch Anpassung von Finanzberichten (Vorgehen der Praxis)

Für das bisher erläuterte Beispiel wird – unter Beibehaltung aller Annahmen – nun das Vorgehen beschrieben werden, welches in der Unternehmenspraxis bei Verwendung der quotalen Konsolidierung verwendet wird. Die Darstellung dient dabei nur dazu, das praktische Vorgehen verständlich zu machen und ist insofern relativ »praxisfern«, als – aufgrund der diversen Vorgaben in Gesetzen und Bilanzierungsstandards – eine quotale Konsolidierung nur möglich ist bei Gemeinschaftsunternehmen, bei denen die Voraussetzung der gemeinschaftlichen Führung (*joint control*) gegeben ist. Dies ist aber nur schwerlich vorstellbar bei einem Anteil der A von 70% an der Untereinheit B. Da wir jedoch, um die Vergleichbarkeit mit dem bisher in diesem Kapitel gezeigten Vorgehen zu erhalten, die Annahmen des Beispiels nicht verändern wollen, zeigen wir hier – trotz der »Praxisferne« – das Vorgehen bei der quotalen Konsolidierung auf. Auch wenn gemeinschaftlich geführte Untereinheiten in Konzernen nicht sehr häufig in der Realität anzutreffen sind, gilt hier als unabdingbare Voraussetzung für eine erfolgreiche Konsolidierung, dass in einem Bilanzierungshandbuch klare Festlegungen bezüglich der bilanziellen Behandlung aller denkbaren Sachverhalte getroffen sind. Dabei kommt es insbesondere darauf an, dass alle konzerninternen Vorgänge und auch die damit zusammenhängenden Bilanzposten klar als konzernintern berichtet werden, einschließlich der expliziten Angabe der jeweils betroffenen Gesellschaft und auch – was in dem einfachen Beispiel hier keine Rolle spielt – des jeweils betroffenen Geschäftsbereichs. Wenn beispielsweise nach den internationalen Standards des IASB

Rahmenbedingungen

	Konzern D zu Beginn von X4 (mit B)		Entkonsolidierungsbuchung Einheit B zu Beginn von X4 (70%)		Berücksichtigung der Abschreibung auf die Beteiligung an B		Zuzüglich Veräußerungserlös von B		Konzern D zu Beginn von X4 (ohne B)	
	S	H	S	H	S	H	S	H	S	H
Andere Vermögensgüter	936			346[1]			380[2]		970	
Beteiligung an B			379[1]					379[3]		
goodwill aus B	82			82[1]						
Beteiligung an C										
goodwill aus C	100								100	
Ware	43			7[1]					50	
Summe Aktiva	**1 161**		**386**	**428**			**380**	**379**	**1 120**	
Eigenkapital (Beginn X4)		637								574
		−63								
Eigenkapitaltransfers										
Einkommen im Zeitraum								1[4]		1
Eigenkapitalveränderung aus Vorzeitraum										
Eigenkapital (Ende X4)		574						1		575
Fremdkapital		587	42[1]							545
Summe Passiva		**1 161**	**42**					**1**		**1 120**
Umsatzaufwand										
Anderer Aufwand							379[3]		379	
Einkommen (Gewinn)							1[4]		1	
Summe Aufwand plus Gewinn							**380**		**380**	
Umsatzertrag										
Anderer Ertrag								380[2]		380
Einkommen (Verlust)										
Summe Ertrag plus Verlust								**380**		**380**
Entnahmen										
Einlagenüberschuss (Saldo)										
Entnahmen plus Saldo										
Einlagen										
Entnahmenüberschuss (Saldo)										
Einlagen plus Saldo										

Abbildung 6.4: Ermittlung einer Konzern-Bilanz, einer Konzern-Einkommensrechnung und einer Konzern-Eigenkapitaltransferrechnung bei quotaler Konsolidierung zu Beginn des Abrechnungszeitraums X4 (Konzernentstehung zu Beginn von X2) aus den vereinheitlichten Zahlen rechtlich selbständiger Einheiten eines Unterordnungskonzerns

bilanziert wird, sind weiterhin die daraus resultierenden spezifischen Regeln zu beachten, was etwa die Umrechnungsmethode bei Gesellschaften betreffen kann, die in Fremdwährungsgebieten agieren, oder was den Ausweis des *goodwill* entsprechend der *push down*-Methode[2] im Abschluss der erworbenen Gesellschaft erfordern würde.

6.3.1 Vorgehen zum Zeitpunkt der Erstkonsolidierung

Im Fall der erstmaligen Konsolidierung haben wir es mit drei Arten von Buchungen zu tun: (1) mit der Korrektur der Finanzberichte der rechtlich selbständigen Einheiten um die Berücksichtigung des jeweiligen *goodwill* und die Anpassung der jeweiligen Eigenkapitalbeträge, (2) mit der Berücksichtigung des Anteils Konzernfremder sowie (3) mit den eigentlichen Konsolidierungsbuchungen, bei denen wir die Beteiligungen der Obereinheit gegen die zugehörigen Vermögensgüter und Fremdkapitalposten der Untereinheit tauschen. Dabei ist zu bedenken, dass wir eine Untereinheit, von der wir nur einen Anteil besitzen, nur anteilig einbeziehen.

Buchungs typen

Die Korrekturen führen dazu, dass für B (70% der Bilanz der rechtlich selbständigen Einheit) und C jeweils eine »Handelsbilanz 2« vorliegt, die den Anforderungen der *push down*-Methode entspricht. Dies wird durch folgende Buchungen erreicht:

Buchungen

Beleg	Datum	Ereignis und Konten	Soll	Haben
K1	Beginn X2	Einfügen des *goodwill* (*push down*) bei B, ermittelt aufgrund des Kaufpreises der A (320 − 0,7 × (600 − 260))		
		goodwill der B	82	
		Eigenkapital der B		82
K2	Beginn X2	Einfügen des *goodwill* (*push down*) bei C, ermittelt aufgrund des Kaufpreises der A (200−1,0 × (200−100))		
		goodwill der C	100	
		Eigenkapital der C		100

---

[2] Unter *push down*-Methode wird das Verfahren verstanden, die Anschaffungsausgaben einer Obereinheit für Anteile an einer Untereinheit im Zusammenhang mit der betroffenen Untereinheit zu zeigen. Konkret ist damit der positive oder negative *goodwill*, der aus der Anschaffung von Anteilen an einer Untereinheit herrührt, im Zusammenhang mit dieser Untereinheit zu nennen.

Konsolidierung zwecks Vermeidung von Doppelzählungen

Die Eröffnungsbilanz des Konzerns ergibt sich aus der Addition der Bilanzen sämtlicher zum Konzern gehörenden Einheiten. Um Doppelzählungen zu vermeiden, muss allerdings zuvor durch Konsolidierungsbuchungen sichergestellt werden, dass die Beteiligungsbuchwerte bei der Obereinheit gegen die Eigenkapitalbeträge, die zum Zeitpunkt der Erstkonsolidierung bei den entsprechenden Untereinheiten vorliegen, eliminiert werden:

Beleg	Datum	Ereignis und Konten	Soll	Haben
K3	Beginn X2	Eliminierung des Buchwertes der B zum Erwerbszeitpunkt		
		Eigenkapital der B	320	
		Beteiligung A		320
K4	Beginn X2	Eliminierung des Buchwertes der C zum Erwerbszeitpunkt		
		Eigenkapital der C	200	
		Beteiligung an C		200

Konzern-Finanzberichte

Den Vorgaben der IFRS folgen wir hier, indem wir in den für Konzernzwecke erstellten Eröffnungsbilanzen der Untereinheiten den *goodwill* in einer mit »Korrektur« bezeichneten Spalte ausweisen. In dieser Spalte wird überdies für das Eigenkapital der B, das – nach Neubewertung – zunächst aus Sicht der nur rechtlich selbständigen Einheit ausgewiesen wird, wegen des nur 70% betragenden Anteils eine entsprechende Korrektur durchgeführt. Damit stellen sich die Bilanzen von A, B und C sowie die Eröffnungsbilanz des Konzerns zum Zeitpunkt der erstmaligen Konsolidierung zu Beginn von X2 so dar, wie in Abbildung 6.5, Seite 261. Ausgangspunkt für sämtliche Konsolidierungsüberlegungen sind in der Praxis nicht die in den rechtlich selbständigen Einheiten tatsächlichen vorgenommenen Buchungen, die normalerweise weder bekannt sind noch bekannt sein müssen, sondern die Finanzberichtsdaten, die in den Finanzberichten der rechtlich selbständigen Einheiten übermittelt werden und nach einheitlichen Vorgaben in den betreffenden Einheiten erstellt wurden. Der Ausgangspunkt für die Konsolidierung ist dabei, dass alle Sachverhalte aus Sicht der berichtenden Einheit in Bilanz und Einkommensrechnung zutreffend abgebildet sind.

6.3 Konsolidierung durch Anpassung von Finanzberichten (Vorgehen der Praxis)

	Einheit A zu Beginn von X2		Einheit B zu Beginn von X2 (70%)	Korrekturen bei B (push down)		Einheit C zu Beginn von X2	Korrekturen bei C (push down)		Konsolidierung zu Beginn von X2		Konzern D zu Beginn von X2	
	S	H		S	H		S	H	S	H	S	H
Andere Vermögensgüter	480		420			200					1 100	
Beteiligung an B	320									320³	–	
goodwill aus B	–			82¹							82	
Beteiligung an C	200									200⁴	–	
goodwill aus C	–						100²				100	
Summe Aktiva	**1 000**		**420**	**82**		**200**	**100**		**520**		**1 282**	
Eigenkapital (1.1.X2)		410	238		82¹		100		100²	320³		410
										200⁴		
Einkommen Vorzeitraum		90										90
Eigenkapital (1.1.X2)		500	238		82		100		100	520		500
Fremdkapital		500	182				100					782
Summe Passiva		**1 000**	**420**		**82**		**200**		**100**	**520**		**1 282**

Abbildung 6.5: Bilanzen der einzelnen Einheiten und Ermittlung einer Konzern-Eröffnungsbilanz zum Beginn von X2 bei quotaler Konsolidierung aus den vereinheitlichten Zahlen rechtlich selbstständiger Einheiten eines Unterordnungskonzerns

6.3.2 Vorgehen zu Zeitpunkten nach der Erstkonsolidierung

6.3.2.1 Vorgehen zum Ende von X2

Im folgenden werden zunächst die für eine Konsolidierung notwendigen Buchungen näher erläutert. Anschließend zeigen wir dann die Bilanzen, die Einkommensrechnungen und die Eigenkapitaltransferrechnung zum Ende des Zeitraums X2.

Übersicht

Korrekturen wegen Vorgaben im Bilanzierungshandbuch des Konzerns

Bei der Obereinheit A sollte die Abschreibung des Buchwertes der Untereinheit B bereits durch das Bilanzierungshandbuch des Konzerns als unzulässig für die »Handelsbilanz 2« erklärt worden sein: Wenn in der Untereinheit B tatsächlich Wertverluste eintreten, sollten sich diese nach einer entsprechenden Wertminderungsprüfung in der Abschreibung (*impairment loss*) der betreffenden Vermögensgüter in den Finanzberichten der B auswirken: Ein Ausweis eines solchen Wertverlusts lediglich im Buchwert der Beteiligung der Obereinheit an B

Keine Berücksichtigung von Wertveränderungen der Beteiligungen

widerspricht den Grundsätzen der Konsolidierungsphilosophie. Deswegen liegt hier keine eigentliche Konsolidierungsbuchung, sondern eine Korrektur vor:

Beleg	Datum	Ereignis und Konten	Soll	Haben
K0a	Ende X2	Korrektur der aus Konzernsicht unzulässigen Abschreibung der Beteiligung der A an der B		
		Beteiligung A an B	20	
		Anderer Aufwand A (innen)		20
K0b	Ende X2	Berücksichtigung der Korrektur in Eigenkapital und Einkommensrechnung der A		
		Verlust (Einkommensrechnung) der A	20	
		Einkommen im Zeitraum A		
		(Eigenkapital der A)		20

Korrekturen zur Berücksichtigung von Anpassungen im Vorzeitraum

Übernahme des jeweiligen *goodwill*

Zunächst sind die Buchungen, die bei der Erstkonsolidierung im Rahmen der Umsetzung der *push down*-Methode durchzuführen waren, einkommensneutral zu wiederholen. Bei C betrifft das lediglich die Erhöhung des *goodwill* und des Eigenkapitals jeweils um 100 GE. Für die Untereinheit B werden ebenfalls die Werte in Höhe von 82 GE übernommen, die bei der Erstkonsolidierung ermittelt wurden. Der für B aufgrund des gezahlten Kaufpreises ermittelte *goodwill* muss vollständig dem Eigenkapitalanteil der B von 70%, der dem Konzern zuzurechnen ist, hinzugefügt werden.

Beleg	Datum	Ereignis und Konten	Soll	Haben
K1	Ende X2	Einfügen des *goodwill* der B und des zugehörigen Eigenkapitalpostens (Wert gemäß Erstkonsolidierung aus dem Kaufpreis ermittelt)		
		goodwill B	82	
		Eigenkapital B		82

Für die C erhalten wir:

Beleg	Datum	Ereignis und Konten	Soll	Haben
K2	Ende X2	Einfügen des *goodwill* der C und des zugehörigen Eigenkaptals (Wert gemäß Erstkonsolidierung aus dem Kaufpreis ermittelt)		
		goodwill C	100	
		Eigenkapital C		100

Korrektur konzerninterner Ereignisse des aktuellen Zeitraums

Die als innerkonzernlich gekennzeichneten Posten sind aus Konzernsicht anzupassen oder eventuell ganz zu eliminieren. Aufgrund dieser Vorgehensweise bleibt beispielsweise der Bilanzposten *Zahlungsmittel* gänzlich unverändert: Er zeigt – auch in den Finanzberichten der rechtlich selbständigen Einheiten – ganz genau, wo sich wie viele Zahlungsmittel befinden, und diese Information bedarf auch aus Konzernsicht keiner Veränderung.

Übersicht

Aufgrund der im Zeitraum X2 getätigten Geschäfte ergibt sich aus Konzernsicht die Notwendigkeit, den Buchwert der innerkonzernlich erworbenen Ware, die richtigerweise bereits als Ware von A ausgewiesen ist, entsprechend anzupassen. Im Wert dieser Ware ist nämlich noch der von B beim Verkauf an A erzielte Gewinn enthalten, der im Konzern zu eliminieren ist, weil er noch nicht durch einen Verkauf an Konzernfremde realisiert ist. Bedingt durch die hier verwendete Methode der quotalen Konsolidierung ist bereits sicher gestellt, dass Umsatzaufwand und -ertrag nur zu 70% erfasst werden und dass damit der Gewinnanteil der Konzernfremden in Höhe von 30% von vornherein nicht berücksichtigt wird. Um den aus Konzernsicht noch nicht realisierten Gewinn in Höhe von 7 GE ist der Wert der bei A lagernden intern bezogenen Ware zu reduzieren:

Verkauf von Ware durch B an A

Beleg	Datum	Ereignis und Konten	Soll	Haben
K3	Ende X2	Eliminierung (bei B) des konzerninternen Geschäfts aus der Einkommensrechnung		
		Umsatzertrag B (innen)	35	
		Umsatzaufwand (innen) B		28
		Ware		7
K4	Ende X2	Eliminierung des konzerninternen Gewinnanteils aus dem Wert der Ware bei A und aus der Bilanz bei B		
		Einkommen im Zeitraum (Bilanz) B	7	
		Gewinn (Einkommensrechnung) B		7

Konsolidierungsbuchungen

Der Kern der Konsolidierung besteht im »Tausch« der Buchwerte, die in der Bilanz der Obereinheit für die Untereinheiten B und C enthalten sind, gegen die um das Fremdkapital gekürzte Summe der Vermögensgüter der jeweiligen Untereinheit. Dazu sind jetzt noch die Buchwerte bei A zu eliminieren gegen das Eigenkapital der Untereinheiten B und C in der Höhe, in der es zum Zeitpunkt der Erstkonsolidierung bestand (Buchungen 5 und 6).

»Tausch« der Beteiligungen gegen die Vermögensgüter und Fremdkapitalposten der Untereinheiten

Beleg	Datum	Ereignis und Konten	Soll	Haben
K5	Ende X2	Ausbuchung der Beteiligung an B		
		Eigenkapital B	320	
		Beteiligung der A an B		320
K6	Ende X2	Ausbuchung der Beteiligung an C		
		Eigenkapital C	200	
		Beteiligung der A an C		200

Konzern-Finanzberichte Werden im Anschluss daran für alle Einheiten jeweils die einzelnen Posten von Bilanz, Einkommensrechnung und Eigenkapitaltransferrechnung addiert, ergeben sich Konzern-Bilanz, Konzern-Einkommensrechnung und Konzern-Eigenkapitaltransferrechnung des Konzerns D zum Ende von X2 so wie in Abbildung 6.6, Seite 265.

6.3.2.2 Vorgehen zum Ende von X3

Übersicht Ausgangspunkt für die Erstellung der Finanzberichte des Konzerns zum Ende des Zeitraums X3 sind wiederum die Finanzberichte der rechtlich selbständigen Einheiten. Da diese allerdings die Fortschreibung aus Sicht der rechtlich selbständigen Einheiten seit dem Ende von X2 vermitteln, sind zur Fortschreibung der Konzernsicht zunächst die Konsequenzen aus den Korrektur- und Konsolidierungsbuchungen in X2 für den Zeitraum X3 einzuarbeiten.

Korrektur wegen Vorgaben im Bilanzierungshandbuch des Konzerns

Keine Berücksichtigung von Wertveränderungen der Beteiligungen An erster Stelle steht dabei die Korrektur der im Zeitraum X2 erfolgten Abschreibung des Buchwerts der Beteiligung der A an der B bei A, die aus Konzernsicht eigentlich gar nicht hätte erfolgen dürfen. Anders als im Zeitraum X2 erfolgt die Korrektur jetzt aber einkommensneutral, da der in den Finanzberichten der A um 20 *GE* zu niedrig ausgewiesene Buchwert im Zeitraum X3 das Einkommen der A nicht gemindert hat:

Beleg	Datum	Ereignis und Konten	Soll	Haben
K0	Ende X3	Korrektur des Beteiligungsbuchwerts im Abschluss der A (wegen Abschreibung im Zeitraum X2)		
		Beteiligung A an B	20	
		Einkommen aus Vorzeitraum (Bilanz) A		20

6.3 Konsolidierung durch Anpassung von Finanzberichten (Vorgehen der Praxis)

	Einheit A (Ende X2)		Korrektur oder Konsolidierung von A		Einheit B (Ende X2)		Korrektur bei B wegen push down		Konsolidierung von B		Einheit C (Ende X2) (inklusive push down)		Konsolidierung von C		Konzern D (Ende X2)	
	S	H	S	H	S	H	S	H	S	H	S	H	S	H	S	H
Andere Vermögensgüter	350				343						460				1 153	
Beteiligung an B	300		20[0]	320[5]											–	
Goodwill B							82[1]								82	
Beteiligung an C	200			200[6]											–	
Goodwill C											100[2]				100	
Ware (intern von B)	50			7[4]											43	
Summe Aktiva	900		20	527	343		82				560				1 378	
Eigenkapital (Beginn X2)		410				238		82[1]	320[5]			100	200[6]			410
												100[2]				
Einkommen Vorzeitraum		90														90
Eigenkapitaltransfers	20												20			
Einkommen Zeitraum	10			20[0]		63				7[4]		160				226
Eigenkapital (Ende X2)		470		20		301		82	357			360		200		706
Anderes Fremdkapital		430				42						200				672
Summe Passiva		900		20		343		82	357	30		560		200		1 378
Umsatzaufwand (außen)	150				161						1 000				1 311	
Umsatzaufwand (innen)					28				28[3]		0				–	
Anderer Aufwand (außen)	100				21						0				121	
Anderer Aufwand (innen)	20			20[0]	0										–	
Gewinn					63					7[3]	160				216	
Summe Aufwand plus Gewinn	270			20	273					35	1 160				1 648	
Umsatzertrag (außen)		220				140						1 000				1 360
Umsatzertrag (innen)						35			35[3]			0				–
Anderer Ertrag (außen)		40				98						160				298
Anderer Ertrag (innen)						0						0				–
Verlust		10	20[0]			0					10				10	
Summe Ertrag plus Verlust		270	20			273				35		1 160				1 648
Entnahmen	30										30					
Einlagenüberschuss (*Saldo*)	0										0					
Entnahmen plus *Saldo*	30										30					
Einlagen			10												10	
Entnahmenüberschuss (*Saldo*)			20												20	
Einlagen plus *Saldo*			60												30	

Abbildung 6.6: Ermittlung einer Konzern-Bilanz, einer Konzern-Einkommensrechnung und einer Konzern-Eigenkapitaltransferrechnung bei quotaler Konsolidierung am Ende des Abrechnungszeitraums X2 (Konzernentstehung zu Beginn von X2) aus den vereinheitlichten Abschlüssen rechtlich selbständiger Einheiten eines Unterordnungskonzerns

Weitere Korrekturen zur Berücksichtigung von Anpassungen in Vorzeiträumen

Einkommensneutral zu wiederholen sind auch die Buchungen, die bei der Erstkonsolidierung im Rahmen der Umsetzung der *push down*-Methode durchzuführen waren. Für die Untereinheiten B und C werden die bei der Erstkonsolidierung für den *goodwill*

Übernahme des goodwill *und der Eigenkapitalkorrekturen für den Konzern*

ermittelten Werte übernommen, die in voller Höhe dem Konzern zuzurechnen sind.

Beleg	Datum	Ereignis und Konten	Soll	Haben
K1	Ende X3	Korrekturen bei der Bilanz der B		
		Einfügen des *goodwill* und des Eigenkapitals der B (Wert gemäß Erstkonsolidierung aus Kaufpreis ermittelt)		
		goodwill B	82	
		Eigenkapital B		82

Für C erhalten wir:

Beleg	Datum	Ereignis und Konten	Soll	Haben
K2	Ende X3	Korrekturen bei der Bilanz der C		
		Einfügen des *goodwill* der C und Anpassung des Eigenkapitals der C (Wert gemäß Erstkonsolidierung aus Kaufpreis ermittelt)		
		goodwill C	100	
		Eigenkapital C		100

Was das Einkommen des Vorzeitraums X2 betrifft, wird dieses bereits in den Finanzberichten aller Einheiten in die Zeile *Einkommen aus Vorzeitraum* des Eigenkapitals umgesetzt. Damit ist bei Untereinheit C kein weiterer Eingriff erforderlich. Bei der B ergeben sich trotz des von Konzernfremdem gehaltenen Anteils von 30% zunächst ebenfalls keine weiteren Eingriffe, da hier wegen der quotalen Konsolidierung ohnehin nur der Anteil des Konzerns von 70% berücksichtigt wird. Auch das Einkommen des laufenden Zeitraums wird sofort nur in dem Anteil des Konzerns von 70% berücksichtigt. Allerdings ist im Hinblick auf die konzernintern bezogene, bei A lagernde Ware auf Grund der Buchungen in X2 noch eine Wertkorrektur um 7 *GE* vorzunehmen. Die entsprechende Kürzung, die im Zeitraum X2 bei B das laufende Einkommen verminderte, wird dort in Zeitraum X3 einkommensneutral beim *Einkommen aus Vorzeiträumen* im Eigenkapital durchgeführt.

Beleg	Datum	Ereignis und Konten	Soll	Haben
K3	Ende X3	Wiederholung der Wertkorrekturen wegen konzerninterner Warenbezüge		
		Einkommen aus Vorzeitraum B (Bilanz)	7	
		Ware A (konzernintern)		7

Im Hinblick auf das Vorgehen in der Praxis ist bezüglich der Ware zu beachten, dass Vorräte in der Unternehmensrealität normalerweise innerhalb von wenigen Monaten, meist in weniger als drei Monaten, abgesetzt werden. Ist die Ware bereits an Konzernfremde weiter veräußert, bedeutet das für die Konsolidierung, dass es nicht zu einer einkommensneutralen Wiederholung der Eliminierung konzerninterner Einkommensbestandteile (Zwischeneinkommenseliminierung) des Vorzeitraums kommen kann. Sind die Vorjahresvorräte verkauft, sind die im Vorjahr in den Konzern-Finanzberichten als nicht realisiert eliminierten Umsatzerträge inzwischen auch aus Konzernsicht realisiert: Die vorjährige Zwischeneinkommenseliminierung wäre damit im neuen Berichtszeitraum einkommensmäßig zurückzunehmen. Sind dann im Konzern »neue« konzerninterne Vorräte vorhanden, ist auch eine neue Zwischeneinkommenseliminierung durchzuführen.

Behandlung der Ware

Korrektur konzerninterner Ereignisse des aktuellen Zeitraums

Von den konzerninternen Ereignissen des Zeitraums X3 sind zunächst im Hinblick auf die Zinszahlungen von C an A die betreffenden Posten der Einkommensrechnung bei C und A zu eliminieren und zusätzlich die Auswirkungen dieser Eliminierung für das Eigenkapital der betroffenen Einheiten zu erfassen:

Zinszahlung

Beleg	Datum	Ereignis und Konten	Soll	Haben
K4	Ende X3	Eliminierung der konzerninternen von C nach A geflossenen Darlehenszinsen		
		Anderer Ertrag A von C (innen)	5	
		Anderer Aufwände für A (innen)		5
K5	Ende X3	Eliminierung der Eigenkapitalwirkungen der konzerninternen Darlehenszinsen		
		Einkommen (Bilanz) bei A	5	
		Einkommen (Bilanz) bei C		5
K6	Ende X3	*Verlust C (Einkommensrechnung)*	5	
		Gewinn A (Einkommensrechnung)		5

Die Grundlage für die Zinszahlung, das für die Einheiten am Ende von X3 noch bestehende Darlehen, ist als konzerninterner Sachverhalt für die Konzernberichterstattung irrelevant und muss somit eliminiert werden. Die Forderung der A an C ist ebenso wie die

Darlehen

Verbindlichkeit der C gegenüber der A zu eliminieren. Da die mit dem Darlehen verbundene Übertragung der Zahlungsmittel von A an C bereits in den Finanzberichten der rechtlich selbständigen Einheiten zutreffend dargestellt wird, werden die Zahlungsmittel (wie auch im Fall der Zinszahlung) von der Konsolidierungsbuchung nicht berührt:

Beleg	Datum	Ereignis und Konten	Soll	Haben
K7	Ende X3	Eliminierung von konzerninterner Darlehensforderung und -verbindlichkeit		
		Fremdkapital C (intern von A)	40	
		Forderungen A (intern gegenüber C)		40

Dividendenausschüttung und Beteiligungsertrag

Indem bei B die Ausschüttung an A nur mit dem Anteil von 70% berücksichtigt wird (42 GE), wird der Sachverhalt aus Konzernsicht insofern falsch dargestellt, als bei A 60 GE ankommen: B entnimmt für die Zahlung an A also 18 GE mehr als durch die quotale Methode berücksichtigt wird. Damit ist in einem ersten Schritt die folgende Korrektur erforderlich:

Beleg	Datum	Ereignis und Konten	Soll	Haben
K8	Ende X3	Korrektur des Ausschüttungsbetrags bei B um zusätzliche (60 GE – 42 GE) = 18 GE		
		Entnahme B nur für A (EK-Transferrechnung B)	18	
		Zahlungsmittel B		18
K9	Ende X3	Berücksichtigung der aus dem Eigenkapitaltransfer bei der B folgenden Einkommenskonsequenz		
		Eigenkapitaltransfer B (Bilanz)	18	
		Entnahmeüberschuss B (Eigenkapitaltransferrechnung)		18

Allerdings liegt bei der Dividendenzahlung von B an A aus Konzernsicht gar keine Entnahme vor, sondern letztlich nur eine Verlagerung des Einkommens aus Vorzeitraum von B nach A. Dies wird über die folgenden Konsolidierungsbuchungen abgebildet:

Beleg	Datum	Ereignis und Konten	Soll	Haben
K10	Ende X3	Eliminierung der Dividendenzahlung von B, die aus Konzernsicht bei B keine Entnahme, sondern eine Verminderung des Einkommens aus Vorperioden darstellt		
		Einkommen aus Vorzeitraum B (Bilanz)	60	
		Entnahme B (Eigenkapitaltransferrechnung)		60
K11	Ende X3	Eigenkapitalwirkung der Eliminierung des Eigenkapitaltransfers bei B		
		Entnahmeüberschuss B (Saldo, Eigenkapitaltransferrechnung)	60	
		Eigenkapitaltransfer im Zeitraum B (Bilanz)		60

Entsprechend stellt die erhaltene Dividende bei A aus Konzernsicht kein Einkommen des Zeitraums X3 dar, da sie bereits im Vorzeitraum Teil des Einkommens von B (und damit auch Bestandteil der Einkommensrechnung des Konzerns) gewesen ist. Da diese Dividendenzahlung aus Konzernsicht letztlich das Eigenkapital aus Vorzeiträumen bei B geschmälert hat, muss sie – immerhin ist sie tatsächlich geflossen – nun auch bei A in das Eigenkapital aus Vorzeiträumen eingestellt werden:

Beleg	Datum	Ereignis und Konten	Soll	Haben
K12	Ende X3	Eliminierung des Beteiligungsertrags bei A (von B), der für den Konzern kein Einkommen darstellt		
		Anderer Ertrag A (innen)	60	
		Einkommen aus Vorzeitraum A (Bilanz)		60
K13	Ende X3	Eigenkapitalwirkung der Eliminierung des Beteiligungsertrags bei A		
		Einkommen im Zeitraum A (Bilanz)	60	
		Gewinn A (Einkommensrechnung)		60

Konsolidierungsbuchungen

Schließlich sind noch die Buchwerte der Beteiligungen bei A zu eliminieren gegen das Eigenkapital der Untereinheiten B und C in der Höhe, in der es zum Zeitpunkt der Erstkonsolidierung bestand (Buchungen 13 und 14).

Ausbuchung der Beteiligungen

Beleg	Datum	Ereignis und Konten	Soll	Haben
K14	Ende X3	Ausbuchung der Beteiligung an B		
		Eigenkapital B	320	
		Beteiligung A an B		320
K15	Ende X3	Ausbuchung der Beteiligung an C		
		Eigenkapital von C	200	
		Beteiligung der A an C		200

Konzern-Finanzberichte

Werden im Anschluss daran jeweils für alle Einheiten die einzelnen Posten von Bilanz, Einkommensrechnung und Eigenkapitaltransferrechnung addiert, ergeben sich Konzern-Bilanz, Konzern-Einkommensrechnung und Konzern-Eigenkapitaltransferrechnung des Konzerns D zum Ende von X3 so wie in Abbildung 6.7, Seite 271.

6.3.3 Entkonsolidierung bei Verkauf der Anteile an einer Einheit

Konzern-Finanzberichte zum Verkaufszeitpunkt

Verkauft A die Beteiligung an B zum Anfang von X4 zu 380 *GE* an konzernfremde Anleger, gehen wir bei der erforderlichen Entkonsolidierung von den Konzern-Finanzberichten zum Ende von X3 aus. Da bis zum Verkaufszeitpunkt annahmegemäß keine weiteren geschäftlichen buchführungsrelevanten Aktivitäten stattgefunden haben, entsprechen die Konzern-Finanzberichte zum Verkaufszeitpunkt (Beginn X4) denjenigen zum Ende von X3.

Ermittlung des Wertes der Beteiligung als Saldo

Für das Einkommen, das in den Finanzberichten des Konzerns dargestellt wird, ist nicht der Buchwert der Beteiligung an B bei der Obereinheit A (320 *GE* nach Eliminierung der Abschreibung in der Bilanz der A), sondern der aktuelle Wert der Beteiligung an B maßgeblich. Dieser ergibt sich – ausgehend von der Konzernbilanz zum Zeitpunkt des Ausscheidens der B – aus den dort (nach Konsolidierung) enthaltenen Vermögensgütern der B (einschließlich *goodwill*), vermindert um deren Fremdkapital und eventuell um Konsolidierungsmaßnahmen, die aufgrund des Ausscheidens der B rückgängig gemacht werden müssen. Um den letztgenannten Sachverhalt handelt es sich in unserem Beispiel, weil die ursprünglich von B bezogene Ware, bei der 70% des gesamten Gewinns der B als Zwischengewinn eliminiert wurden, jetzt bei A mit dem vollen ursprünglichen Bezugspreis (einschließlich Zwischengewinn) anzusetzen ist. In der Regel werden der Buchwert der Beteiligung bei der Obereinheit und der aus Konzernsicht ermittelte aktuelle Wert der abzugebenden Beteiligung nicht übereinstimmen. Für unser Beispiel

6.3 Konsolidierung durch Anpassung von Finanzberichten (Vorgehen der Praxis)

	Einheit A (Ende X3)		Korrektur oder Konsolidierung von A		Einheit B (Ende X3)		Korrektur bei B wegen push down		Konsolidierung von B		Einheit C (Ende X3) (inklusive push down)		Konsolidierung von C		Konzern D (Ende X3)	
	S	H	S	H	S	H	S	H	S	H	S	H	S	H	S	H
Andere Vermögensgüter	465				364		18[8]				125				936	
Beteiligung an B	300		20[0]	320[14]											–	
goodwill B							82[1]								82	
Beteiligung an C	200			200[15]											–	
goodwill C											100[2]				100	
Forderungen (intern gegenüber C)	40													40[7]	–	
Ware															43	
Ware (intern von B)	50									7[3]						
Summe Aktiva	**1 055**		**20**	**567**	**364**		**82**				**225**				**1 161**	
Eigenkapital (Beginn X3)		410				238	82[1]	320[14]				100[2]	200[15]			410
												100[2]				
Einkommen Vorzeitraum		60	20[0]			63		7[3]				160				296
			60[12]					60[10]								
Eigenkapitaltransfers im Zeitraum					42		18[9]			60[11]						
Einkommen im Zeitraum		65	5[5]			63						200		5[5]		132
			60[13]													
Eigenkapital (Ende X3)		**535**	**65**	**80**		**322**	**82**	**441**		**60**		**160**	**200**	**5**		**574**
Eigenkapital Konzernfremder																
Fremdkapital (intern von A)												40	40[7]			
Anderes Fremdkapital		520				42						25				587
Summe Passiva		**1 055**	**65**	**80**		**364**	**82**	**441**		**114**		**225**	**240**	**5**		**1 161**
Umsatzaufwand (außen)					28						490				518	
Anderer Aufwand (außen)					7						20				212	
Anderer Aufwand (innen)											5			5[4]		
Gewinn	65				5[6]		63								63	
					60[13]											
Summe Aufwand plus Gewinn	**65**				**65**		**98**				**700**			**5**	**793**	
Umsatzertrag (außen)						35						500				535
Anderer Ertrag (außen)						63										63
Anderer Ertrag (innen)			65	5[4]											–	
				60[12]												
Verlust												200		5[6]		195
Summe Ertrag plus Verlust			**65**	**65**		**98**						**700**		**5**		**793**
Entnahmen Einlagenüberschuss (Saldo)	0				42		18[8]		60[10]						0	
Entnahmen plus Saldo	**0**				**42**		**18**		**60**						**0**	
Einlagen Entnahmenüberschuss (Saldo)		0				0										0
								42	18[9]	60[11]						
Einlagen plus Saldo		**0**				**42**		**18**	**60**							**0**

Abbildung 6.7: Ermittlung einer Konzern-Bilanz, einer Konzern-Einkommensrechnung und einer Konzern-Eigenkapitaltransferrechnung bei quotaler Konsolidierung am Ende des Abrechnungszeitraums X3 (Konzernentstehung zu Beginn von X2) aus den vereinheitlichten Zahlen rechtlich selbständiger Einheiten eines Unterordnungskonzerns

kann die Wertermittlung bereits in der Form einer Abgangsbuchung dargestellt werden:

Beleg	Datum	Ereignis und Konten	Soll	Haben
E0	Beginn X4	Aktueller Wert der Beteiligung der A an B (ergibt sich als Saldogröße)	379	
		Vermögensgüter der A (Wertkorrektur bei der von B bezogenen Ware, die nicht mehr als konzernintern gilt)	7	
		Anderes Fremdkapital der B	42	
		Andere Vermögensgüter der B		346
		Goodwill der B		82

Einkommens-ermittlung

Für die Einkommensrechnung ist neben dem Posten *Anderer Ertrag* aufgrund des Zahlungsmittelzuflusses in Höhe von 380 *GE* ein *Anderer Aufwand* aus dem Abgang der Beteiligung, bewertet mit dem aktuellen Wert von 379 *GE,* zu berücksichtigen, woraus sich insgesamt ein Gewinn von 1 *GE* ergibt:

Beleg	Datum	Ereignis und Konten	Soll	Haben
E1		Zahlungsmittel A (Zugang)	380	
		Anderer Ertrag (außen) des Konzerns		380
E2		Anderer Aufwand (außen) des Konzerns	379	
		Beteiligung der A an B (Saldo stellt den aktuellen Wert aus Konzernsicht zum Zeitpunkt des Verkaufs dar)		379
E3		Gewinn (Einkommensrechnung) des Konzerns	1	
		Gewinn (Bilanz) des Konzerns		1

Konzern-Finanzberichte

Aus der Abbildung 6.8, Seite 273 ergibt sich damit die Bilanz und die Einkommensrechnung des Konzerns D nach dem Verkauf der Beteiligung der A an B zu Beginn von X4:

6.4 Aussagegehalt

Sichtweisen

In diesem Abschnitt betrachten wir die von der Unternehmensleitung ausgeschlossenen Kapitalgeber, die Unternehmensleitung und den Finanzberichtsprüfer.

6.4 Aussagegehalt

	Konzern D (Beginn X4)		Einheit B (Beginn X4): Vermögensgüter und Fremdkapital (nachrichtlich)		Verkauf von B: Buchungen		Konzern D (Beginn X4) (ohne B)	
	S	H	S	H	S	H	S	H
Andere Vermögensgüter	936		346			346^0	590	
Beteiligung an B	–				379^0	379^2		
goodwill in B	82		82			82^0		
goodwill in C	100						100	
Ware	43					7^0	50	
Zahlungsmittel					380^1		380	
Summe Aktiva	**1 161**		**428**		**766**	**807**	**1 120**	
Eigenkapital (Beginn X4, vor Abgang)				410				410
Einkommen aus Vorzeitraum				164				164
Einkommen im Zeitraum						1^3		1
Eigenkapital (Beginn X4, nach Abgang)				574				575
Anderes Fremdkapital						42^0		545
Summe Passiva		**1 161**		**42**	**42**		**1**	**1 120**
Umsatzaufwand (außen)								
Anderer Aufwand (außen)					379^2		379	
Gewinn					1^3		1	
Summe Aufwand plus Gewinn					**380**		**380**	
Umsatzertrag (außen)								
Anderer Ertrag (außen)						380^1		380
Verlust								
Summe Ertrag plus Verlust						**380**		**380**

Abbildung 6.8: Entkonsolidierung zu Beginn von Periode X4 beim Vorgehen in der Unternehmenspraxis, wenn dort die Methode der quotalen Konsolidierung angewendet würde

Von Unternehmensleitung ausgeschlossener Eigenkapitalgeber des Konzerns	Ein Kapitalgeber, der von der Unternehmensleitung ausgeschlossen ist, erfährt beim Lesen der Finanzberichte nach dieser Methode etwas darüber, wie sich die Investitionen in Untereinheiten in der Summe über alle Untereinheiten entwickelt haben. Er sieht nur den ganzen Konzern. Er kann aber nur begrenzt sehen, welche Vermögensgüter und Fremdkapitalposten, Erträge und Aufwendungen das Einkommen in der Untereinheit erzeugt haben, weil ihm nicht die gesamten Posten der Untereinheit gezeigt werden, über die seine Unternehmensleitung verfügen kann. Wenn er den Minderheiten in der Untereinheit angehört, erfährt er im Gegensatz zur Vollkonsolidierung über seinen Anteil an der Untereinheit nichts. Er erhält nur einige Angaben über die Untereinheit, soweit sie auf den Konzern entfällt. Er bekommt Ansatz- und Bewertungsunterschiede nur in dem Ausmaß zu sehen, wie sie rechnerisch auf den Konzernanteil entfallen. Möglicherweise wurden in der Untereinheit umfangreiche Ansatz- und Bewertungswahlmöglichkeiten genutzt. Beim Ausscheiden der Untereinheit aus dem Konzern kann er allerdings sehen, inwieweit sich die Investition für den Konzern gelohnt hat.
Unternehmensleitung	Möglicherweise sind mit der Darstellungsweise Vorteile für die Unternehmensleitung in dem Sinne verbunden, dass den Außenstehenden nur ein Teil der Vermögensgüter und Schulden, Erträge und Aufwendungen mitgeteilt wird, über die der Konzern verfügen kann. Beim Ausscheiden der Untereinheit aus dem Konzern zeigt sich immerhin, inwieweit mit der Investition in Untereinheiten das Konzern-Einkommen erzielt wurde.
Jahresabschlussprüfer	Aus Sicht der prüfenden Berufe ergibt sich wahrscheinlich eine Indifferenz. Die Methode lässt sich genau so gut prüfen wie andere Methoden der Konsolidierung. Über die Frage, ob die Unternehmensleitung die Anteilseigner damit fair informiert, lässt sich streiten.

6.5 Vorgaben der IFRS und des dHGB

6.5.1 Vorgaben der IFRS

Anwendungsvoraussetzungen	Die Quotenkonsolidierung ist nach IAS 31, *Interests in Joint Ventures,* für *jointly controlled entities* vorgesehen, nicht jedoch für *jointly controlled operations* oder *jointly controlled assets*. Entscheidend ist dabei das Vorliegen einer gemeinschaftlichen Führung (*joint*

control), die auf einer vertraglichen Vereinbarung zwischen den Partnern des *Joint ventures* beruht und die nur dann vorliegt, wenn strategische und finanzielle Entscheidungen einstimmig getroffen werden müssen, so dass sichergestellt ist, dass kein einzelnes Partnerunternehmen die Aktivitäten des *joint ventures* einseitig steuern kann (vgl. IAS 31.3 sowie 8–11). Alternativ zur Quotenkonsolidierung für solche *joint ventures* ist auch die Anwendung der *equity*-Methode zulässig (IAS 31.38).[3] Keine der Methoden darf nach IAS 31.42 angewendet werden, wenn die Beteiligung lediglich zum Zwecke der Weiterveräußerung im Sinne von IFRS 5 gehalten wird.

Für konzerninterne Vorgänge mit Einheiten, an denen eine Konzerneinheit nur anteilig im Sinne von IAS 31 beteiligt ist, weisen IAS 31.48–49 ausdrücklich darauf hin, dass für den Ausweis der Gewinne und Verluste der wirtschaftliche Gehalt der betreffenden Transaktionen maßgeblich ist. Das bedeutet, dass die von den beteiligten Einheiten ausgewiesenen Gewinne nur in dem Maß im Konzern berücksichtigt werden dürfen, wie sie auf die fremden Anteilseigner an den *joint ventures* entfallen. Das gilt grundsätzlich auch für die Zwischenverluste, jedoch nur dann, wenn diese nicht ein Ausdruck der Tatsache sind, dass bei den betreffenden Vermögensgütern ein reduzierter Nettoveräußerungserlös oder ein Abwertungsverlust (*impairment loss*) vorliegt. Liegt ein solcher Verlust vor, was anhand der Kriterien des IAS 36, *Impairment of Assets*, zu beurteilen ist (IAS 31.50), wird der entsprechende Zwischenverlust nicht eliminiert.

Besonderheiten

6.5.2 Vorgaben des dHGB

Die Quotenkonsolidierung ist nach §310 dHGB im deutschen Handelsrecht für Anteile an so genannten Gemeinschaftsunternehmen erlaubt, als Alternative zur so genannten *equity*-Methode. Gemeinschaftsunternehmen sind Einheiten, die von mindestens zwei voneinander unabhängigen Einheiten geleitet werden. Sie werden also nicht von einer Obereinheit kontrolliert. Die Anteile müssen im Sinne des §271 dHGB eine dauerhafte Einflussnahme garantieren, ohne dass eine einheitliche Leitung im Sinne des §290 dHGB erreicht wird.

Anwendungs- voraussetzungen

---

[3] Nach den Vorschlägen des Exposure Draft *9, Joint Arrangements,* aus dem der Nachfolgestandard für den IAS 31 entwickelt werden soll, wird künftig für *joint ventures* nur noch die *equity*-Methode zulässig sein.

Anwendung nur in Sonderfällen Statt der Anteile sind die Vermögensgüter und Fremdkapitalposten des Gemeinschaftsunternehmens anteilig in die Konzern-Finanzberichte einzubeziehen. Es handelt sich wegen der Maßgeblichkeit des Einflusses also nicht um die normalerweise im Rahmen der Konzernrechnungslegung anzuwendende Konsolidierungsmethode. Das deutsche Handelsrecht gestattet über die DRS bei solchen Anteilen, statt der Quotenkonsolidierung die *equity*-Methode durchzuführen.

6.6 Zusammenfassung

Im vorliegenden Kapitel haben wir uns mit der quotalen Konsolidierung befasst. Diese Methode wird verwendet, wenn die Obereinheit nur einen Teil der Anteile an einer Untereinheit besitzt. Für den Fall eines vollständigen Anteilsbesitzes ergeben sich keine Unterschiede zur so genannten Vollkonsolidierung. Bei der quotalen Konsolidierung ergibt sich die Konzernbilanz aus der Bilanz der Obereinheit, indem statt der Beteiligung an der Untereinheit deren anteilige Vermögensgüter und Fremdkapitalposten sowie ein Restwert einbezogen werden.

Die Methode spielt in der Praxis der gesetzlichen und anderen Regelungen keine große Rolle, vielleicht wegen ihrer Nähe zur Interessentheorie. Ihre Anwendung ist nach IFRS und nach dHGB auf Gemeinschaftsunternehmen begrenzt und steht dann als Alternative zur so genannten *equity*-Methode.

6.7 Übungsmaterial

6.7.1 Fragen mit Antworten

Fragen	Antworten
Was geschieht bei der Quotenkonsolidierung?	Die Quotenkonsolidierung stellt eine Konsolidierungsmethode dar, bei der statt einer Beteiligung an einer Untereinheit von weniger als 100% der Teil der Vermögensgüter und Fremdkapitalposten der Untereinheit berücksichtigt wird, der auf den Konzern entfällt.
Wie geht man mit Eigenkapitalveränderungen um, die im Vorzeitraum wegen gebuchter, aber konzernirrelevanter Ereignisse festgestellt wurden? Berücksichtigt man diese vollständig oder anteilig?	Eigenkapitalverändernde Modifikationen der Vermögensgüter und Fremdkapitalposten einer Untereinheit aus den Vorzeiträumen sind anteilig zu berücksichtigen.

6.7 Übungsmaterial

Fragen	Antworten
Wie werden bei der Quotenkonsolidierung Ereignisse behandelt, die in den Einheiten gebucht wurden, die aber aus Konzernsicht nicht stattgefunden haben?	Die Ereignisse werden anteilig rückgängig gemacht und durch diejenigen Ereignisse ersetzt, die aus Konzernsicht stattgefunden haben.
Wie nimmt man bei der Quotenkonsolidierung eine Entkonsolidierung vor?	Man ersetzt die mit der Untereinheit zusammenhängenden (anteiligen) Posten durch die Beteiligung. Der Wert der Beteiligung entspricht dem Saldo der Vermögensgüter und FremdKapital posten der Untereinheit.
Wie bucht man den Verkauf der Beteiligung im Rahmen der Quotenkonsolidierung?	Durch eine Zugangs- und Ertragsbuchung sowie durch eine Aufwands- und Abgangsbuchung.
In welchen Fällen kann die Quotenkonsolidierung im Rahmen der IFRS angewendet werden?	siehe Lehrtext
Gibt es im Rahmen der IFRS Wahlrechte bei der Gestaltung der Quotenkonsolidierung?	Über den Lehrtext hinaus ist zu vermerken, dass die Wahlmöglichkeit bei der Darstellung, wonach die quotalen Posten zu den einzelnen Zeilen hinzuaddiert oder gesondert innerhalb der einzelnen Konzernposten ausgewiesen werden können, nicht angesprochen wurde.
In welchen Fällen kann die Quotenkonsolidierung im Rahmen des dHGB angewendet werden?	Die Quotenkonsolidierung darf nach dHGB nur bei Beteiligungen an so genannten Gemeinschaftsunternehmen angewendet werden.

6.7.2 Verständniskontrolle

1. Wie unterscheidet sich die Quotenkonsolidierung von den anderen Arten der Konsolidierung?
2. Was tauscht man bei der Quotenkonsolidierung im Rahmen der Konzern-Finanzberichte gegeneinander aus?
3. Wie ermittelt man bei der Quotenkonsolidierung den *goodwill*?
4. Kann man bei der Quotenkonsolidierung einen Posten für konzernfremde Anteilseigner in Untereinheiten ermitteln?
5. Wie korrigiert man um gebuchte, aber konzerninterne Ereignisse?
6. Welche Arten von gebuchten, aber konzerninternen Ereignissen kann man unterscheiden?
7. Wie vollzieht man im Rahmen der Quotenkonsolidierung eine Entkonsolidierung?
8. Für welche Arten von Beziehungen erlaubten die IFRS die Anwendung der Quotenkonsolidierung? Welche Methoden sehen sie alternativ vor?
9. Für welche Arten von Beziehungen erlaubt das dHGB die Anwendung der Quotenkonsolidierung?

6.7.3 Aufgaben zum Selbststudium

Aufgabe 6.1 Konsolidierung nach der Erwerbsmethode bei Anwendung der Quotenkonsolidierung

Sachverhalt

Am Ende des Abrechnungszeitraums X1 erwirbt A als Obereinheit Beteiligungen an den Untereinheiten B und C, so dass der Unterordnungskonzern U entsteht. A erwirbt an B zum Preis von 350 *GE* eine Beteiligung von 50%, an C zum Preis von 210 *GE* eine Beteiligung von 100%. Aufgrund von Bilanzierungsvorgaben, die nur für die juristisch selbstständigen Einheiten anzuwenden sind, schreibt A die Beteiligung an B zum Ende von X2 außerplanmäßig um 30 *GE* ab.

Die Bilanzen, die Einkommensrechnungen und die Eigenkapitaltransferrechnungen für die Abrechnungszeiträume X1, X2 und X3 der drei juristisch selbstständigen Einheiten ergeben sich aus den folgenden Abbildungen. Die angegebenen Werte entsprechen dabei zum Zeitpunkt der Erstkonsolidierung den Marktwerten der jeweiligen Vermögenswerte und Fremdkapitalposten. Die Rechenwerke sind hinsichtlich von Postengliederungen und Ansatzvorschriften bereits vereinheitlicht.

Aktiva				Bilanz der A in *GE*			Passiva
	Ende X1	Ende X2	Ende X3		Ende X1	Ende X2	Ende X3
Andere Vermögensgüter	940	470	570	Eigenkapital (am 1.1.)	800	1 000	940
Beteiligung an B	350	320	320	Eigenkapitaltransfers im Zeitraum, Zunahme (+)			
Beteiligung an C	210	210	210	Abnahme (−)	20	−40	0
Forderung	0	200	0	Gewinn (+) oder Verlust			
Ware	0	120	120	(−) im Zeitraum	180	−20	130
Zahlungsmittel	500	480	890	Passiver Rechnungsabgrenzungsposten	0	10	0
				Anderes Fremdkapital	1 000	850	1 040
Summe Vermögensgüter	2 000	1 800	2 110	Summe Kapital	2 000	1 800	2 110

6.7 Übungsmaterial

Aufwand	Einkommensrechnung der A in *GE*				Ertrag			
	Zeitraum X1	Zeitraum X2	Zeitraum X3			Zeitraum X1	Zeitraum X2	Zeitraum X3
Umsatzaufwand (außen)	100	300	0	Umsatzertrag (außen)		260	440	0
Umsatzaufwand (innen)	0	0	0	Umsatzertrag (innen)		0	0	0
Anderer Aufwand (außen)	60	210	0	Anderer Ertrag (außen)		80	55	25
Anderer Aufwand (innen)	0	30	0	Anderer Ertrag (innen)		0	25	105
Gewinn	180	0	130	Verlust		0	20	0
Summe Aufwand plus Gewinn	340	540	130	Summe Ertrag plus Verlust		340	540	130

Entnahmen	Eigenkapitaltransferrechnung der A in *GE*				Einlagen			
	Zeitraum X1	Zeitraum X2	Zeitraum X3			Zeitraum X1	Zeitraum X2	Zeitraum X3
Entnahme	40	60	0	Einlage		60	20	0
Zunahme des Eigenkapitals durch Eigenkapitaltransfers	20	0	0	Abnahme des Eigenkapitals durch Eigenkapitaltransfers		0	40	0
Summe Entnahme plus Zunahme des Eigenkapitals durch Eigenkapitaltransfers	60	60	0	Summe Einlage plus Abnahme des Eigenkapitals durch Eigenkapitaltransfers		60	60	0

Aktiva	Bilanz der B in *GE*				Passiva			
	Ende X1	Ende X2	Ende X3			Ende X1	Ende X2	Ende X3
Andere Vermögensgüter	700	630	300	Eigenkapital (am 1.1.)		300	600	680
Ware	100	20	70	Eigenkapitaltransfers im Zeitraum, Zunahme (+)				
Zahlungsmittel	200	150	250	Abnahme (−)		100	0	0
				Gewinn (+) oder Verlust (−) im Zeitraum		200	80	−100
				Passiver Rechnungsabgrenzungsposten		0	0	0
				Anderes Fremdkapital		400	120	40
Summe Vermögensgüter	1 000	800	620	Summe Kapital		1 000	800	620

Aufwand	Einkommensrechnung der B in *GE*				Ertrag		
	Zeitraum X1	Zeitraum X2	Zeitraum X3		Zeitraum X1	Zeitraum X2	Zeitraum X3
Umsatzaufwand (außen)	20	340	200	Umsatzertrag (außen)	200	400	100
Umsatzaufwand (innen)	0	0	0	Umsatzertrag (innen)	0	120	0
Anderer Aufwand (außen)	80	40	0	Anderer Ertrag (außen)	100	20	0
Anderer Ertrag (innen)	0	0	0	Anderer Aufwand (innen)	0	0	0
Gewinn	200	80	0	Verlust	0	0	100
Summe Aufwand plus Gewinn	300	520	200	Summe Ertrag plus Verlust	300	520	200

Entnahmen	Eigenkapitaltransferrechnung der B in *GE*				Einlagen		
	Zeitraum X1	Zeitraum X2	Zeitraum X3		Zeitraum X1	Zeitraum X2	Zeitraum X3
Entnahme	20	0	0	Einlage	120	0	0
Zunahme des Eigenkapitals durch Eigenkapitaltransfers	100	0	0	Abnahme des Eigenkapitals durch Eigenkapitalransfers	0	0	0
Summe Entnahme plus Zunahme des Eigenkapitals durch Eigenkapitaltransfers	1 200	0	0	Summe Einlage plus Abnahme des Eigenkapitals durch Eigenkapitaltransfers	1 200	0	0

Aktiva	Bilanz der C in *GE*				Passiva		
	Ende X1	Ende X2	Ende X3		Ende X1	Ende X2	Ende X3
Andere Vermögensgüter	280	620	150	Eigenkapital (zu Beginn)	140	200	520
Ware	0	0	0	Eigenkapitaltransfers im Zeitraum, Zunahme (+) Abnahme (−)	0	0	−80
Zahlungsmittel	120	300	100	Gewinn (+) oder Verlust (−) im Zeitraum	60	320	−200
				Passiver Rechnungsabgrenzungsposten	0	0	0
				Anderes Fremdkapital	200	400	10
Summe Vermögensgüter	400	920	250	Summe Kapital	400	920	250

Einkommensrechnung der C in GE

Aufwand	Zeitraum X1	Zeitraum X2	Zeitraum X3	Ertrag	Zeitraum X1	Zeitraum X2	Zeitraum X3
Umsatzaufwand (außen)	1 900	1 965	920	Umsatzertrag (außen)	2 000	2 000	1 040
Umsatzaufwand (innen)	0	0	0	Umsatzertrag (innen)	0	0	0
Anderer Aufwand (außen)	40	0	305	Anderer Ertrag (außen)	0	320	0
Anderer Aufwand (innen)	0	35	15	Anderer Ertrag (innen)	0	0	0
Gewinn	60	320	0	Verlust	0	0	200
Summe Aufwand plus Gewinn	2 000	2 320	1 240	Summe Ertrag plus Verlust	2 000	2 320	1 240

Eigenkapitaltransferrechnung der C in GE

Entnahmen	Zeitraum X1	Zeitraum X2	Zeitraum X3	Einlagen	Zeitraum X1	Zeitraum X2	Zeitraum X3
Entnahme	0	0	80	Einlage	0	0	0
Zunahme des Eigenkapitals durch Eigenkapitaltransfers	0	0	0	Abnahme des Eigenkapitals durch Eigenkapitalransfers	0	0	80
Summe Entnahme plus Zunahme des Eigenkapitals durch Eigenkapitaltransfers	0	0	80	Summe Einlage plus Abnahme des Eigenkapitals durch Eigenkapitaltransfers	0	0	80

Während des Abrechnungszeitraumes X2 ereignen sich folgende konzerninterne Transaktionen, die teilweise auch Auswirkungen auf X3 haben:

a. In X2 verkauft B Ware mit einem Buchwert von 80 GE zu einem Preis von 120 GE an A.
b. Zu Beginn von X2 vergibt A an C ein Darlehen mit folgenden Modalitäten: A zahlt an diesem Tag an C 180 GE aus und C verpflichtet sich zu einer Rückzahlung von 200 GE am Ende von X3. Zudem willigt C ein, je Abrechnungszeitraum Zinsen in Höhe von 7,5% auf den Rückzahlungsbetrag an A zu überweisen. A verteilt die Einkommenswirkungen aus dem Agio über dessen Laufzeit, wohingegen C die Einkommenskonsequenzen aus dem Disagio in voller Höhe im Abrechnungszeitraum X2 erfasst.
c. Aufgrund des bestehenden Beteiligungsverhältnisses zahlt C an A in X3 eine Dividende in Höhe von 80 GE aus.

Fragen und Teilaufgaben

1. Erstellen Sie die Finanzberichte bei Entstehung des Konzerns (Erstkonsolidierung) zu Beginn des Abrechnungszeitraums X2 unter Verwendung des Konzepts der quotalen

Konsolidierung! Nehmen Sie an, zwischen dem Erwerb am Ende von X1 und dem Zeitpunkt der Erstkonsolidierung (Beginn X2) von B und C haben keinerlei buchführungsrelevante Transaktionen stattgefunden!

2. Erstellen Sie die Konzern-Finanzberichte zum Ende des Abrechnungszeitraums X2 (erste Folgekonsolidierung) unter Verwendung des Konzepts der quotalen Konsolidierung!
3. Erstellen Sie die Konzern-Finanzberichte zum Ende des Abrechnungszeitraums X3 (zweite Folgekonsolidierung) unter Verwendung des Konzepts der quotalen Konsolidierung!
4. Nehmen Sie an, die A würde die Beteiligung an C zu Beginn von X4 zu einem Preis von 300 GE an Konzernfremde verkaufen! Erstellen Sie die anfallenden Buchungssätze im Zusammenhang mit der aus Konzernsicht resultierenden Entkonsolidierung von C zum Beginn von X4! Geben Sie darüber hinaus auch die Konzern-Finanzberichte von U nach der Entkonsolidierung von C zum Beginn von X4 an!

Lösungshinweise zu den Fragen und Teilaufgaben

1. Zu Beginn von X2 beträgt das Konzern-Eigenkapital 1000 GE. Eine Einkommens- oder Eigenkapitaltransferrechnung kann es für den Konzern bei der Erstkonsolidierung nicht geben.
2. Zum Ende von X2 beträgt das Konzern-Eigenkapital 1320 GE und das Konzern-Einkommen 360 GE.
3. Nach sämtlichen Konsolidierungsbuchungen und der Berücksichtigung der einkommensneutralen Wiederholung von Buchungen aus dem Vorzeitraum ergibt sich zum Ende von X3 ein Konzern-Eigenkapital von 1110 GE. Im Zeitraum X3 entsteht aus Konzernsicht ein Verlust von 210 GE.
4. Aus dem Verkauf der Beteiligung an C folgt ein Gewinn von 50 GE, so dass sich nach dem Verkauf ein Konzern-Eigenkapital von 1160 GE ergibt.

Aufgabe 6.2 Konsolidierung nach der Erwerbsmethode bei Anwendung der Quotenkonsolidierung

Sachverhalt

Am Ende des Abrechnungszeitraums X1 erwirbt A als Obereinheit Beteiligungen an den Untereinheiten B und C, so dass der Unterordnungskonzern U entsteht. A erwirbt an B zum Preis von 420 GE eine Beteiligung von 40%, an C zum Preis von 715 GE eine Beteiligung von 100%. Aufgrund von Bilanzierungsvorgaben, die nur für die juristisch selbstständigen Einheiten anzuwenden sind, schreibt A die Beteiligung an B zum Ende von X2 außerplanmäßig um 40 GE ab.

Die Bilanzen, die Einkommensrechnungen und die Eigenkapitaltransferrechnungen für die Abrechnungszeiträume X1, X2 und X3 der drei juristisch selbstständigen Einheiten ergeben sich aus den folgenden Abbildungen. Die angegebenen Werte entsprechen dabei zum

6.7 Übungsmaterial

Zeitpunkt der Erstkonsolidierung den Marktwerten der jeweiligen Vermögenswerte und Fremdkapitalposten. Die Rechenwerke sind hinsichtlich von Postengliederungen und Ansatzvorschriften bereits vereinheitlicht.

Aktiva				Bilanz der A in *GE*			Passiva
	Ende X1	Ende X2	Ende X3		Ende X1	Ende X2	Ende X3
Andere Vermögensgüter	940	410	630	Eigenkapital (am 1.1.)	1 500	1 770	1 870
Beteiligung an B	420	380	380	Eigenkapitaltransfers im			
Beteiligung an C	715	715	715	Zeitraum, Zunahme (+)			
Forderung	0	500	0	Abnahme (−)	20	−80	0
Ware	0	430	430	Gewinn (+) oder Verlust			
Zahlungsmittel	975	440	1 020	(−) im Zeitraum	250	180	85
				Passiver Rechnungs-abgrenzungsposten	0	5	0
				Anderes Fremdkapital	1 280	1 000	1 220
Summe Vermögensgüter	3 050	2 875	3 175	Summe Kapital	3 050	2 875	3 175

Aufwand				Einkommensrechnung der A in *GE*			Ertrag
	Zeit-raum X1	Zeit-raum X2	Zeit-raum X3		Zeit-raum X1	Zeit-raum X2	Zeit-raum X3
Umsatzaufwand (außen)	150	420	0	Umsatzertrag (außen)	330	630	0
Umsatzaufwand (innen)	0	0	0	Umsatzertrag (innen)	0	0	0
Anderer Aufwand (außen)	110	75	10	Anderer Ertrag (außen)	180	60	30
Anderer Aufwand (innen)	0	40	0	Anderer Ertrag (innen)	0	25	65
Gewinn	250	180	85	Verlust	0	0	0
Summe Aufwand plus Gewinn	510	715	95	Summe Ertrag plus Verlust	510	715	95

Entnahmen				Eigenkapitaltransferrechnung der A in *GE*			Einlagen
	Zeit-raum X1	Zeit-raum X2	Zeit-raum X3		Zeit-raum X1	Zeit-raum X2	Zeit-raum X3
Entnahme	40	100	0	Einlage	60	20	0
Zunahme des Eigenkapitals durch Eigenkapitaltransfers	20	0	0	Abnahme des Eigenkapitals durch Eigenkapitaltransfers	0	80	0
Summe Entnahme plus Zunahme des Eigenkapitals durch Eigenkapitaltransfers	60	100	0	Summe Einlage plus Abnahme des Eigenkapitals durch Eigenkapitaltransfers	60	100	0

Aktiva	Bilanz der B in *GE*				Passiva		
	Ende X1	Ende X2	Ende X3		Ende X1	Ende X2	Ende X3
Andere Vermögensgüter	750	700	770	Eigenkapital (am 1.1.)	510	920	1 080
Ware	450	130	170	Eigenkapitaltransfers im Zeitraum, Zunahme (+)			
Zahlungsmittel	150	670	310	Abnahme (−)	100	0	0
				Gewinn (+) oder Verlust (−) im Zeitraum	310	160	−230
				Passiver Rechnungs-abgrenzungsposten	0	0	0
				Anderes Fremdkapital	430	420	400
Summe Vermögensgüter	1 350	1 500	1 250	Summe Kapital	1 350	1 500	1 250

Aufwand	Einkommensrechnung der B in *GE*				Ertrag		
	Zeit-raum X1	Zeit-raum X2	Zeit-raum X3		Zeit-raum X1	Zeit-raum X2	Zeit-raum X3
Umsatzaufwand (außen)	120	700	200	Umsatzertrag (außen)	460	750	160
Umsatzaufwand (innen)	0	320	0	Umsatzertrag (innen)	0	430	0
Anderer Aufwand (außen)	100	20	260	Anderer Ertrag (außen)	70	20	70
Anderer Aufwand (innen)	0	0	0	Anderer Ertrag (innen)	0	0	0
Gewinn	310	160	0	Verlust	0	0	230
Summe Aufwand plus Gewinn	530	1 200	460	Summe Ertrag plus Verlust	530	1 200	460

Entnahmen	Eigenkapitaltransferrechnung der B in *GE*				Einlagen		
	Zeit-raum X1	Zeit-raum X2	Zeit-raum X3		Zeit-raum X1	Zeit-raum X2	Zeit-raum X3
Entnahmen	20	0	0	Einlagen	120	0	0
Zunahme des Eigenkapitals durch Eigenkapitaltransfers	100	0	0	Abnahme des Eigenkapitals durch Eigenkapitaltransfers	0	0	0
Summe Entnahmen plus Zunahme des Eigenkapitals durch Eigenkapitaltransfers	120	0	0	Summe Einlagen plus Abnahme des Eigenkapitals durch Eigenkapitaltransfers	120	0	0

Bilanz der C in GE

Aktiva	Ende X1	Ende X2	Ende X3	Passiva	Ende X1	Ende X2	Ende X3
Andere Vermögensgüter	520	420	400	Eigenkapital (zu Beginn)	450	540	440
Ware	0	0	0	Eigenkapitaltransfers im Zeitraum, Zunahme (+)			
Zahlungsmittel	280	780	280	Abnahme (−)	0	0	−40
				Gewinn (+) oder Verlust (−) im Zeitraum	90	−100	−60
				Passiver Rechnungs-abgrenzungsposten	0	0	0
				Anderes Fremdkapital	260	760	340
Summe Vermögensgüter	800	1 200	680	Summe Kapital	800	1 200	680

Einkommensrechnung der C in GE

Aufwand	Zeitraum X1	Zeitraum X2	Zeitraum X3	Ertrag	Zeitraum X1	Zeitraum X2	Zeitraum X3
Umsatzaufwand (außen)	870	690	710	Umsatzertrag (außen)	950	735	520
Umsatzaufwand (innen)	0	0	0	Umsatzertrag (innen)	0	0	0
Anderer Aufwand (außen)	60	275	70	Anderer Ertrag (außen)	70	160	220
Anderer Aufwand (innen)	0	30	20	Anderer Ertrag (innen)	0	0	0
Gewinn	90	0	0	Verlust	0	100	60
Summe Aufwand plus Gewinn	1 020	995	800	Summe Ertrag plus Verlust	1 020	995	800

Eigenkapitaltransferrechnung der C in GE

Entnahmen	Zeitraum X1	Zeitraum X2	Zeitraum X3	Einlagen	Zeitraum X1	Zeitraum X2	Zeitraum X3
Entnahme	0	0	40	Einlage	0	0	0
Zunahme des Eigenkapitals durch Eigenkapitaltransfers	0	0	0	Abnahme des Eigenkapitals durch Eigenkapitaltransfers	0	0	40
Summe Entnahme plus Zunahme des Eigenkapitals durch Eigenkapitaltransfers	0	0	40	Summe Einlage plus Abnahme des Eigenkapitals durch Eigenkapitaltransfers	0	0	40

Während des Abrechnungszeitraumes X2 ereignen sich folgende konzerninterne Transaktionen, die teilweise auch Auswirkungen auf X3 haben:

a. In X2 verkauft B Ware mit einem Buchwert von 320 *GE* zu einem Preis von 430 *GE* an A.
b. Zu Beginn von X2 vergibt A an C ein Darlehen mit folgenden Modalitäten: A zahlt an diesem Tag an C 490 *GE* aus und C verpflichtet sich zu einer Rückzahlung von 500 *GE* am Ende von X3. Zudem willigt C ein, je Abrechnungszeitraum Zinsen in Höhe von

4,0% auf den Rückzahlungsbetrag an A zu überweisen. A verteilt die Einkommenswirkungen aus dem Agio über dessen Laufzeit, wohingegen C die Einkommenskonsequenzen aus dem Disagio in voller Höhe im Abrechnungszeitraum X2 erfasst.

c. Aufgrund des bestehenden Beteiligungsverhältnisses zahlt C an A in X3 eine Dividende in Höhe von 40 GE aus.

Fragen und Teilaufgaben

1. Erstellen Sie die Finanzberichte bei Entstehung des Konzerns (Erstkonsolidierung) zu Beginn des Abrechnungszeitraums X2 unter Verwendung des Konzepts der quotalen Konsolidierung! Nehmen Sie an, zwischen dem Erwerb am Ende von X1 und dem Zeitpunkt der Erstkonsolidierung (Beginn X2) von B und C haben keinerlei buchführungsrelevante Transaktionen stattgefunden!
2. Erstellen Sie die Konzern-Finanzberichte zum Ende des Abrechnungszeitraums X2 (erste Folgekonsolidierung) unter Verwendung des Konzepts der quotalen Konsolidierung!
3. Erstellen Sie die Konzern-Finanzberichte zum Ende des Abrechnungszeitraums X3 (zweite Folgekonsolidierung) unter Verwendung des Konzepts der quotalen Konsolidierung!
4. Nehmen Sie an, die A würde die Beteiligung an C zu Beginn von X4 zu einem Preis von 410 GE an Konzernfremde verkaufen! Erstellen Sie die anfallenden Buchungssätze im Zusammenhang mit der aus Konzernsicht resultierenden Entkonsolidierung von C zum Beginn von X4! Geben Sie darüber hinaus auch die Konzern-Finanzberichte von U nach der Entkonsolidierung von C zum Beginn von X4 an!

Lösungshinweise zu den Fragen und Teilaufgaben

1. Zu Beginn von X2 beträgt das Konzern-Eigenkapital 1770 GE. Eine Einkommens- oder Eigenkapitaltransferrechnung kann es für den Konzern bei der Erstkonsolidierung nicht geben.
2. Zum Ende von X2 beträgt das Konzern-Eigenkapital 1835 GE und das Konzern-Einkommen 145 GE.
3. Nach sämtlichen Konsolidierungsbuchungen und der Berücksichtigung der einkommensneutralen Wiederholung von Buchungen aus dem Vorzeitraum ergibt sich zum Ende von X3 ein Konzern-Eigenkapital von 1723 GE. Im Zeitraum X3 entsteht aus Konzernsicht ein Verlust von 112 GE.
4. Aus dem Verkauf der Beteiligung an C folgt ein Verlust von 105 GE, so dass sich nach dem Verkauf ein Konzern-Eigenkapital von 1618 GE ergibt.

Kapitel 7
Konsolidierung durch Vollkonsolidierung mit Aufdeckung des auf den Konzern entfallenden *goodwill* unter der Annahme des Erwerbs

Lernziele

Wir unterscheiden vier unterschiedliche Methoden der Konsolidierung nach der Erwerbsmethode. Hier betrachten wir die Methode der Vollkonsolidierung mit Aufdeckung des anteiligen *goodwill*. Wir lernen

- die grundlegenden Eigenschaften dieser Methode zu erkennen,
- den Posten für Anteile konzernfremder Anteilseigner in Untereinheiten mit Inhalt zu füllen,
- von den Einheiten gebuchte, aber konzerninterne Ereignisse zu stornieren,
- die konzerninternen Ereignisse aus Konzernsicht korrekt abzubilden,
- den *goodwill* zu bestimmen, der auf den Konzern entfällt, und
- welche Aussagekraft Konzern-Finanzberichte besitzen, die diese Methode anwenden.

Abschließend skizzieren wir die regulatorischen Vorgaben zu diesem Vorgehen.

Übersicht

Im Rahmen der Erwerbsmethode werden zwei Typen der Vollkonsolidierung unterschieden. Mit der Methode der Vollkonsolidierung ersetzen wir bei jedem Typ die Beteiligung der Obereinheit an der Untereinheit – unabhängig von der Höhe der Beteiligungsquote – durch sämtliche

Zwei Typen von Vollkonsolidierung

Vermögensgüter und Fremdkapitalposten der Untereinheit, durch einen *goodwill* sowie durch einen Posten für konzernfremde Anteilseigner in Untereinheiten, falls die Beteiligungsquote unter 100% liegt. Den *goodwill* bestimmen wir aus Sicht des Konzerns zu dem Zeitpunkt, zu dem die Obereinheit die betreffende Untereinheit erwirbt.

Eigenkapital konzernfremder Anteilseigner Der *Saldo* aus Vermögensgütern und Fremdkapitalposten der Untereinheit betrifft bei Einheiten, von denen der Konzern nur einen Teil der Einheit besitzt, den Konzern sowie die konzernfremden Anteilseigner. Wenn wir nur den Teil analysieren möchten, der auf den Konzern entfällt, können wir das durch ein Vorgehen erreichen, bei dem wir den Saldo um den Teil kürzen, der auf konzernfremde Anteilseigner in Untereinheiten entfällt. Diesen Abzugsposten bezeichnen wir als Eigenkapitalanteil konzernfremder Anteilseigner in Untereinheiten.

Konsolidierung Nach Abzug des Eigenkapitalanteils konzernfremder Anteilseigner vom *Saldo* aller Vermögensgüter und Fremdkapitalposten einer Untereinheit erhalten wir den Teil dieser Posten, der auf den Konzern entfällt. Nun können wir den auf den Konzern entfallenden *goodwill* bestimmen. Dazu vergleichen wir zum Erwerbszeitpunkt den Wert der Beteiligung mit dem auf den Konzern entfallenden Betrag der Vermögensgüter und Fremdkapitalposten. Den *goodwill* beschränken wir auf die Differenz zwischen dem Wert der Beteiligung in den Finanzberichten der Obereinheit und dem Wert der Vermögensgüter abzüglich der Fremdkapitalposten der Untereinheiten, korrigiert um den Anteil konzernfremder Anteilseigner in den Untereinheiten, die wir anstatt der Beteiligung in die Konzern-Finanzberichte einbeziehen.

Vorgehen Wie schon in anderen Kapiteln beschrieben, sehen wir in diesem Buch davon ab, die Entstehung des Konzerns zu anderen Zeitpunkten als zu dessen Bilanzstichtag zu analysieren. Genau so verzichten wir auf die Darstellung von Auflösungsproblemen zu anderen Zeitpunkten als zum Bilanzstichtag. Wir verzichten auch auf die Diskussion des Übergangs von der hier dargestellten Methode der Vollkonsolidierung zu einer anderen Konsolidierungsmethode. Wir skizzieren lediglich das Vorgehen bei der Vollkonsolidierung mit Aufdeckung des auf den Konzern entfallenden *goodwill* sowie die Überlegungen, die auf eine entsprechende Entkonsolidierung hinauslaufen. Unsere Ausführungen ähneln insbesondere hinsichtlich de Vorgehens der Praxis denjenigen der Fachliteratur.[1]

---

[1] Vgl. Baetge et al. (2009), S. 173–226, Busse von Colbe et al. (2010), S. 209–285, Coenenberg et al. (2009), S. 656–698, Hommel et al. (2009), S. 112–216, Küting und Weber (2010), S. 263–448, Schildbach (2008), S. 137–177, 226–245.

7.1 Sachverhalt

Der Ansatz zur Konsolidierung, den wir hier beschreiben, besteht darin, anstatt der Beteiligung an einer Untereinheit – unabhängig von der tatsächlichen Beteiligungsquote der Obereinheit an der Untereinheit – die gesamten Vermögensgüter und Fremdkapitalposten der Untereinheit in die Konzern-Finanzberichte einzubeziehen und gleichzeitig zwei Spezialposten vorzusehen. Einer dieser Posten dient dazu, im Fall einer Beteiligungsquote von weniger als 100% den Wert des Teils der Vermögensgüter abzüglich der Fremdkapitalposten abzubilden, der dem Konzern nicht gehört, der also auf konzernfremde Anteilseigner in Untereinheiten entfällt. Diesen Posten könnte man noch weiter nach einzelnen Arten von Eigenkapitalveränderungen Konzernfremder unterteilen. Darauf verzichten wir hier aber. Der andere Posten dient dazu, den Differenzbetrag zwischen dem zum Erwerbszeitpunkt gezahlten Marktwert der Beteiligung und dem zum gleichen Zeitpunkt ermittelten Wert der Vermögensgüter abzüglich der Fremdkapitalposten der Untereinheit und abzüglich der Anteile Konzernfremder abzubilden, den *goodwill* aus der Sicht des Konzerns.

Idee

Durch ein solches Vorgehen erfährt der Leser, über welche wertmäßigen Mengen von Vermögensgütern und Fremdkapitalposten die Konzernleitung verfügen kann. Fraglich erscheint dabei, ob die Bestimmung des *goodwill* angemessen ist. Soll es der *goodwill* sein, der auf den Konzern entfällt, oder wollen wir den gesamten *goodwill* abbilden, der sich in der Untereinheit gebildet hat? Wir beschränken uns im vorliegenden Kapitel ohne weitere Diskussion darauf, denjenigen *goodwill* zu ermitteln, der auf den Konzern entfällt.

Bedeutung

In unserem Beispiel gehen wir davon aus, dass zwischen den Einheiten einige Geschäfte stattgefunden haben, die aus Konzernsicht anders darzustellen sind als aus Sicht der rechtlich selbständigen Einheiten. Für unser Beispiel unterstellen wir für den Beginn von X2, die Beteiligung von 70% an B sei von A für 320 *GE* erworben worden, die an C in fremder Währung für 200 *FE* (nach der Zeitbezugsmethode umgerechnet zu 200 *GE*) und es lägen für alle Untereinheiten vereinheitlichte Finanzberichte vor, wie wir sie im dritten Kapitel beschrieben haben. Wir nehmen weiterhin an, im Abrechnungszeitraum X2 sei bei der A die Beteiligung an der B von 320 *GE* auf 300 *GE* abgeschrieben worden. Zudem sehen wir vor, B habe der A Ware zu 50 *GE* verkauft, die B zu 40 *GE* beschafft hatte. Wir unterstellen damit in unserem Beispiel eine Lieferung von Vermögensgütern, bei der sämtliche für die Konsolidierung notwendigen Informationen im Konzern vorliegen. Im Abrechnungszeitraum X3 unterstellen wir eine Darlehensvergabe durch A an C in Höhe von

Beispiel

40 GE mit einer Zinszahlung von 5 GE von C an A. Ferner habe ein Eigenkapitaltransfer in Höhe von 60 GE von B (nur) an A stattgefunden, der bei A als Ertrag aus Beteiligung gebucht wurde. Das Ausscheiden der B aus dem Konzern erfolge zu Beginn von X4 durch Verkauf der Beteiligung an B zu einem Preis von 380 GE. Das Beispiel spricht damit neben Fragen der so genannten Kapitalkonsolidierung auch diejenigen der so genannten Schuldenkonsolidierung, der so genannten Zwischenergebniseliminierung und der so genannten Aufwands- und Ertragskonsolidierung an.

7.2 Konzept der Konsolidierung durch »Richtig«-Stellung der in den Einheiten getätigten Buchungen

7.2.1 Vorgehen zum Zeitpunkt der Erstkonsolidierung

Vorgehen

Zum Zeitpunkt des Zugangs der Beteiligungen zum Konzern sind die Beteiligungen an Untereinheiten durch die vereinheitlicht abgebildeten Vermögensgüter abzüglich der Fremdkapitalposten, durch den eventuellen Posten für auf konzernfremde Anteilseigner entfallende Eigenkapitalteile der Untereinheiten sowie durch den *goodwill* abzubilden. Bei erstmaliger Konsolidierung kann es keine innerkonzernlichen oder bereits berücksichtigte Ereignisse geben, um die zu korrigieren wäre. Die Einkommensrechnungen der Untereinheiten brauchen wir daher nicht zu betrachten, weil sie mit dem Zeitraum X1 einen Zeitraum betreffen, zu dem der Konzern noch nicht existierte.

Posten für konzernfremde Anteilseigner in Untereinheiten

Einen Posten für Kapitalanteile von konzernfremden Anteilseignern in Untereinheiten gibt es im Beispiel nur bei der B, weil 100% der Vermögensgüter und Fremdkapitalposten in die Konzern-Bilanz einbezogen werden, dem Konzern aber nur 70% davon gehören. Das nicht dem Konzern zustehende Eigenkapital der Untereinheit beläuft sich im Beispiel unter der Annahme, dass die Zahlen zu Beginn von X2 denen zum Ende von X1 entsprechen, auf $(1 - 0{,}7) * ($Vermögensgüter 600 GE − Fremdkapitalposten 260 GE$) = 102$ GE. Dieser Betrag geht in den Spezialposten für konzernfremde Anteilseigner in B ein.

goodwill

Als *goodwill* wird ein Posten errechnet, der zum Zeitpunkt der erstmaligen Konsolidierung die Differenz zwischen dem Wert der

Beteiligung der Obereinheit an der Untereinheit (320 GE) und dem *Saldo* der auf den Konzern entfallenden Vermögensgüter und Fremdkapitalposten der Untereinheit (0,7 * (Vermögensgüter der B 600 GE – Fremdkapital der B 260 GE = 238 GE)) darstellt. Im Beispiel beträgt dieser Posten für die B (320 GE – 238 GE =) 82 GE. Bei der C beläuft sich der Betrag auf 100 GE (200 GE Beteiligung der A an der C abzüglich auf die Beteiligung entfallendes Eigenkapital der C (1,0 * (Vermögensgüter der C 200 GE – Fremdkapital der C 100 GE)).

Buchungssätze

Hinsichtlich der B und der C erhalten wir die folgenden Erstkonsolidierungsbuchungen:

Buchungssätze bei Erstkonsolidierung

Beleg	Datum	Ereignis und Konten	Soll	Haben
K1	Beginn X2	Erstkonsolidierung betreffend B		
		Vermögensgüter der B	600	
		Positiver goodwill aus B (Saldo)	82	
		Beteiligung an B		320
		Fremdkapitalposten der B		260
		Eigenkapital Konzernfremder in B *((600 GE – 260 GE) * (1 – 0,7))*		102
K2	Beginn X2	Erstkonsolidierung betreffend C		
		Vermögensgüter der C	200	
		Anteiliger positiver goodwill aus C (Saldo)	100	
		Beteiligung an C		200
		Fremdkapitalposten der C		100
		Eigenkapital Konzernfremder in C *((200 GE – 100 GE)*(1 – 1,0))*		0

Im Beispiel zeigen wir das Rechnungswesen des Konzerns unmittelbar nach Konzernbildung in Abbildung 7.1, Seite 292.

7.2.2 Vorgehen zu Zeitpunkten nach der Erstkonsolidierung

Wenn man die Konzern-Finanzberichte nicht durch Fortschreibung der Konzern-Finanzberichte des Vorzeitraums ermittelt, sondern

Grundsätzliche Aufgaben

	Einheit A zu Beginn von X2		Korrekturen bei A		Konsolidierung von Einheit B zu Beginn von X2		Konsolidierung von Einheit C zu Beginn von X2		Konzern D zu Beginn von X2	
	S	H	S	H	S	H	S	H	S	H
Andere Vermögensgüter	480				600[1]		200[2]		1 280	
Beteiligung an B	320			320[1]					0	
goodwill aus B			82[1]						82	
Beteiligung an C	200			200[2]					0	
goodwill aus C			100[2]						100	
Summe Aktiva	1 000		182	520	600		200		1 462	
Eigenkapital (Beginn X2)		500								400
Eigenkapitaltransfers										10
Gewinn zu Beginn von X2										90
Verlust im Zeitraum										
Eigenkapital Konzern (Beginn X2)		500								500
Eigenkapital Konzernfremder		0				102[1]				102
Fremdkapital		500				260[1]		100[2]		860
Summe Passiva		1 000				362		100		1 462
Umsatzaufwand										
Anderer Aufwand										
Gewinn										
Summe Aufwand plus Gewinn										
Umsatzertrag										
Anderer Ertrag										
Verlust										
Summe Ertrag plus Verlust										
Entnahmen										
Einlagenüberschuss (*Saldo*)										
Entnahmen plus *Saldo*										
Einlagen										
Entnahmenüberschuss (*Saldo*)										
Einlagen plus *Saldo*										

Abbildung 7.1: Ermittlung einer Konzern-Bilanz, einer Konzern-Einkommensrechnung und einer Konzern-Eigenkapitaltransferrechnung bei Vollkonsolidierung mit Aufdeckung des auf den Konzern entfallenden *goodwill* (Konzernentstehung zu Beginn von X2) aus den vereinheitlichten Zahlen rechtlich selbständiger Einheiten eines Unterordnungskonzerns

wiederum – wie wir es tun – von den vereinheitlichten Finanzberichten der rechtlich selbständigen Einheiten und den dauerhaften Eigenkapitalveränderungen der Vorzeiträume ausgeht, müssen die Buchungen, mit denen man zum Zeitpunkt der

Erstkonsolidierung den Unterschied zwischen dem Buchwert der an den untereinheiten Beteiligung und den darauf entfallenden Posten der Untereinheit abgebildet hat, wiederum stattfinden. Dazu sind zunächst alle Buchungen an den Untereinheiten in der A, welche die Beteiligung betreffen, in den Konzern-Finanzberichten rückgängig zu machen, weil wir in den Konzern-Finanzberichten ja keine derartige Beteiligung mehr vorfinden. Die Abschreibung der Beteiligung an B von 320 *GE* auf 300 *GE*, die von der A vorgenommen wurde, spielt für die Konzern-Finanzberichte insofern keine Rolle und ist daher aus den Finanzberichten der A zu stornieren. Schließlich ist das gesamte Eigenkapital der Untereinheit aufzuspalten in den Teil, der auf den Konzern entfällt, und in den Teil, der konzernfremden Anteilseignern in Untereinheiten gehört.

7.2.2.1 Vorgehen zum Ende von X2

Wir unterstellen, dass der Wert der Beteiligung in der Bilanz der Obereinheit im Zeitraum X2 von 320 *GE* auf 300 *GE* abgeschrieben werde. Diese Abschreibung ist für die Konzern-Finanzberichte unerheblich, weil der Beteiligungsbuchwert für die Konzern-Finanzberichte nach der Erstkonsolidierung unerheblich ist. Die Abschreibung ist folglich, wenn sie gebucht wurde, in den Konzern-Finanzberichten zu stornieren. Weiterhin unterstellen wir, B verkaufe Ware an A zu 50 *GE*, die sie zu 40 *GE* erworben habe. Offensichtlich sind 70% dieses Geschäfts innerkonzernlich und 30% konzernextern. Da das Geschäft den Konzern und die konzernfremden Anteilseigner in Untereinheiten unterschiedlich berührt, berücksichtigen wir es bei beiden Gruppen unterschiedlich. Hinsichtlich des auf den Konzern entfallenden *goodwill* nehmen wir an, er sei nicht abnutzbar; lediglich ein Test auf seine Werthaltigkeit sei durchzuführen. Dem entsprechend ist der *goodwill* eventuell außerplanmäßig abzuschreiben. Im Beispiel gebe es keinen Grund für eine außerplanmäßige Abschreibung des *goodwill*. Im Abrechnungszeitraum X2 haben wir neben der Bilanz auch die Einkommensrechnung und die Eigenkapitaltransferrechnung zu konsolidieren.

Annahmen

Buchungssätze

Die Zusammenfassung der Finanzberichte der Einheiten hat die Modifikationen der Daten zu berücksichtigen, die im vorangehenden Zeitraum vorgenommen wurden. Über die Vereinheitlichung hinaus haben wir es also in jedem Abrechnungszeitraum mit zwei Arten von Korrekturen zu tun, mit solchen, die aus Anpassungen des

Arten von Korrekturen

Vorzeitraums herrühren und Konsequenzen für die Bewertung der Bilanzposten im aktuellen Zeitraum besitzen, und mit solchen, die aus den Ereignissen des laufenden Abrechnungszeitraums herrühren. In unserer Abbildung haben wir für diese beiden Arten von Buchungen für jede Untereinheit jeweils zwei gesonderte Spalten vorgesehen. Im laufenden Abrechnungszeitraum sind dann nur noch gebuchte, aber innerkonzernliche Geschäfte, innerkonzernliche Forderungs- und Verbindlichkeitsbeziehungen sowie innerkonzernliche Eigenkapitaltransfers zu berücksichtigen. Bei der Konsolidierungsbuchung übernehmen wir den *goodwill* so wie bei der Erstkonsolidierung. Wir zeigen lediglich den Betrag, um den sich das Eigenkapital im Zeitraum verändert hat. Die Summe der Posten auf der Soll-Seite der Konzern-Bilanz entspricht dann genau der Summe der Posten ihrer Haben-Seite.

Tatsächliche Buchungen

Zunächst sind die Buchungen rückgängig zu machen, die aus Konzernsicht das Ereignis falsch abbilden. Dazu gehören in der Obereinheit A die Abschreibungen, die von den Beteiligungsbuchwerten der A an den Untereinheiten vorgenommen wurden, weil wir nicht mehr die Beteiligungsbuchwerte betrachten, sondern die dahinter stehenden Posten der Untereinheiten. Im Beispiel ist hierzu nur die Abschreibung der Beteiligung an der B um 20 *GE* zu nennen. Ferner wurden der Kauf von Ware durch A von B und der entsprechende Verkauf durch B an A aus Konzernsicht falsch abgebildet. Diese Ereignisse haben in den Buchführungen der rechtlich selbständigen Einheiten die folgenden Buchungen verursacht:

Beleg	Datum	Ereignis und Konten	Soll	Haben
B1	X2	Abschreibung der Beteiligung der A an der B		
		Anderer Aufwand A	20	
		Beteiligung von A an B		20
B2	X2	Kauf von Ware durch A (von B)		
		Vermögensgüter A (Ware)	50	
		Vermögensgüter A (Zahlungsmittel)		50
B3	X2	Verkauf von Ware durch B (Zugangs- und Ertragsbuchung)		
		Vermögensgüter B (Zahlungsmittel)	50	
		Umsatzertrag B		50
B4	X2	Verkauf von Ware (Aufwands- und Abgangsbuchung)		
		Umsatzaufwand B	40	
		Vermögensgüter B (Ware)		40

Storniert man diese Buchungen, dann muss man auch die daraus erwachsenden Einkommenskonsequenzen korrigieren.

7.2 Konzept der Konsolidierung durch »Richtig«-Stellung

Diese Buchungen werden rückgängig gemacht durch die Buchungen S1 bis S4. Zusätzlich sind die Einkommenskonsequenzen zu korrigieren durch die Buchungen S5 und S6:

Stornierungen

Beleg	Datum	Ereignis und Konten	Soll	Haben
S1	X2	Stornierung der Abschreibung der Beteiligung bei A		
		Beteiligung von A an B	20	
		Anderer Aufwand A		20
S2	X2	Stornierung des Kaufs von Ware durch A		
		Vermögensgüter A (Zahlungsmittel)	50	
		Vermögensgüter A (Ware)		50
S3	X2	Stornierung des Verkaufs von Ware durch B (Zugangs- und Ertragsbuchung)		
		Umsatzertrag B	50	
		Vermögensgüter B (Zahlungsmittel)		50
S4	X2	Stornierung des Verkaufs von Ware durch B (Aufwands- und Abgangsbuchung)		
		Vermögensgüter B (Ware)	40	
		Umsatzaufwand B		40
S5	X2	Stornierung der Einkommenskonsequenzen aus der Abschreibung der Beteiligung bei A		
		Einkommen (Verlust, A Einkommensrechnung)	20	
		Einkommen A (Bilanz)		20
S6	X2	Stornierung der Einkommenskonsequenzen aus dem Verkauf der B an A		
		Einkommen B (Bilanz)	10	
		Einkommen B (Einkommensrechnung)		10

Bei C hat kein konzerninternes Ereignis stattgefunden, so dass bei C auch keine solche Stornierungsbuchung anfällt.

Der Kauf und der Verkauf von Ware hat aus Konzernsicht so nicht stattgefunden. Zu 30% waren Konzernfremde daran beteiligt. Im vorliegenden Kapitel stellen wir die Ereignisse nicht quotal dar, sondern bei gleichzeitiger Berücksichtigung eines Spezialpostens für konzernfremde Anteilseigner in Untereinheiten. Das verlangt nach einer zusätzlichen Buchung, in der wir den Einkommens- und Eigenkapitalanteil der Konzernfremden aus dem Verkauf in die entsprechenden Posten der Konzern-Finanzberichte buchen. Zudem hat als Folge des »Verkaufs«geschäfts jedoch sehr wohl eine Verlagerung von Ware und Zahlungsmitteln in voller Höhe stattgefunden. Hinsichtlich der nun bei B liegenden Ware ist jedoch zu beachten, dass deren Wert um den mit Konzernfremden realisierten Teil des »Verkaufs«geschäfts (hier *per Saldo* 3 *GE*) zu erhöhen ist.

Zusätzliche Buchungen vor der Konsolidierung

Beleg	Datum	Ereignis und Konten	Soll	Haben
Z7	X2	Verlagerung von Zahlungsmitteln von A nach B mit Eigenkapitalkonsequenzen für A und B		
		Vermögensgüter B (Zahlungsmittel)	50	
		Vermögensgüter A (Zahlungsmittel)		50
Z8	X2	Verlagerung von Ware von B nach A mit Eigenkapitalkonsequenzen für A und B		
		Vermögensgüter A (Ware)	40	
		Vermögensgüter B (Ware)		40
Z9	X2	Neubewertung von Ware bei A, weil 30% als verkauft gelten		
		Vermögensgüter bei B (Ware)	3	
		Anderer Ertrag B		3
Z10	X2	Einkommenskonsequenzen der Neubewertung von Ware bei B		
		Einkommen B (Gewinn, Einkommensrechnung)	3	
		Einkommen B (Gewinn, Bilanz)		3

Konsolidierungsbuchungen

Als nächstes sind die Konsolidierungsbuchungen vorzunehmen, mit denen wir die Beteiligungen gegen die jeweiligen Vermögensgüter, Fremdkapitalposten und einen Restposten austauschen. Wenn der Restposten nicht zu modifizieren ist, setzen wir ihn in der Höhe an, in der wir ihn bei der Erstkonsolidierung ermittelt haben. Wir unterstellen hier, es gebe keinen Grund für eine Wertveränderung der *goodwill*-Posten.

Wir buchen bei der B:

Beleg	Datum	Ereignis und Konten	Soll	Haben
K11	X2	Konsolidierungsbuchung betreffend B Buchungen die Bilanz betreffend		
		Vermögensgüter B (Ende X2)	490	
		Positiver goodwill A aus B (Beginn X2)	82	
		Beteiligung A an B (Beginn X2)		320
		Fremdkapital B (Ende X2)		60
		Eigenkapital konzernfremder Anteilseigner in B (Beginn X2)		102
		Buchungen die Einkommensrechnung betreffend		
		Umsatzaufwand B	270	
		Anderer Aufwand B	30	
		Umsatzertrag B		250
		Anderer Ertrag B		140
		Buchungen die Eigenkapitaltransferrechnung betreffend		
		Entnahmen B	0	
		Einlagen B		0
		Kontrollsumme	872	872

7.2 Konzept der Konsolidierung durch »Richtig«-Stellung

Zusätzlich erklären wir die Eigenkapitalveränderungen durch die *Salden* der Einkommens- und Eigenkapitaltransferrechnungen mit den Buchungen:

Beleg	Datum	Ereignis und Konten	Soll	Haben
K12	X2	Eigenkapital- und Einkommenskonsequenzen bei B in X2		
		Einkommen B (Einkommensrechnung)	90	
		Einkommen B (Bilanz) (Anteil 0,7)		63
		Eigenkapital Konzernfremder B (Bilanz) (Anteil 0,3)		27
K13	X2	Eigenkapitalkonsequenzen bei B aus Transfers in X2		
		Einlagenüberschuss B (Eigenkapitaltransferrechnung)	0	
		Eigenkapitaltransfer B (Bilanz) (Anteil 0,7)		0
		Eigenkapital Konzernfremder B (Bilanz) (Anteil 0,3)		0

Bei der C buchen wir:

Beleg	Datum	Ereignis und Konten	Soll	Haben
K14	X2	Konsolidierungsbuchung betreffend C		
		Buchungen die Bilanz betreffend		
		Vermögensgüter C (Ende X2)	460	
		Positiver goodwill A aus der C (Beginn X2)	100	
		Beteiligung A an C (Beginn X2)		200
		Fremdkapital C		200
		Buchungen die Einkommensrechnung betreffend		
		Umsatzaufwand C	1 000	
		Anderer Aufwand C	0	
		Umsatzertrag C		1 000
		Anderer Ertrag C		160
		Buchungen die Eigenkapitaltransferrechnung betreffend		
		Entnahmen C	0	
		Einlagen C		0
		Kontrollsumme	1 560	1 560

Zusätzlich erklären wir die Eigenkapitalveränderungen durch die *Salden* der Einkommens- und Eigenkapitaltransferrechnungen mit den Buchungen:

Beleg	Datum	Ereignis und Konten	Soll	Haben
K15	X2	Eigenkapitalkonsequenzen von Einkommen C		
		Einkommen (Gewinn) C (Einkommensrechnung)	160	
		Einkommen C (Bilanz) (Anteil 1,0)		160
		Eigenkapital Konzernfremder C (Anteil 0,0)		0
K16	X2	Eigenkapitalkonsequenzen von Eigenkapitaltransfers C		
		Eigenkapitaltransfers C (Einkommensrechnung)	0	
		Eigenkapitaltransfers C (Bilanz)		0
		Eigenkapital Konzernfremder C		0

Konzern-Finanzberichte

Die Buchungen gestalten sich dann so wie in Abbildung 7.2, Seite 299.

7.2.2.2 Vorgehen zum Ende von X3

Übernahme von Wertveränderungen aus der Vergangenheit

Wir haben zunächst wieder die Wertveränderungen zu berücksichtigen, die sich bis zum vorangegangenen Bilanzstichtag über die Daten in den Finanzberichten der rechtlich selbständigen Einheiten hinaus ergeben haben. Der Ansatz der Werte aus dem Vorzeitraum betrifft die Beteiligung, die Ware und das Eigenkapital. Diese Posten sind nicht mit den vereinheitlichten Werten aus den Finanzberichten der rechtlich selbständigen Einheiten aus dem dritten Kapitel anzusetzen, sondern mit korrigierten Werten, weil in X2 Korrekturen am Wert der Beteiligung, der Ware und des Eigenkapitals vorgenommen wurden. Das betrifft im Beispiel die Ware bei A mit einem Betrag von 43 *GE* und die Beteiligung an B, die wegen der aus Konzernsicht irrelevanten Abschreibung in X2 um 20 *GE* höher als 300 *GE* anzusetzen ist. Daraus ergab sich in X2 eine zusätzliche Eigenkapitalveränderung in Höhe von 13 *GE*, die entsprechende Korrekturen in X3 erfordert.

Stornierung gebuchter, aber aus Konzernsicht irrelevanter Ereignisse

Anschließend kommen wir zur Analyse der Ereignisse, die im Abrechnungszeitraum X3 zwar gebucht wurden, aber aus Konzernsicht als interne Ereignisse zu werten sind. Während des Zeitraums X3 gibt es in unserem Beispiel den Eigenkapitaltransfer von B (nur) an A und die innerkonzernliche Darlehensvergabe von A an C mit

7.2 Konzept der Konsolidierung durch »Richtig«-Stellung

	Einheit A (Ende von X2)		Korrekturen an A		nachrichtlich: Einheit B (Ende von X2, 100%)		Konsolidierung von B Ende X2 (100%)		Korrekturen B (100%)		nachrichtlich: Einheit C (Ende von X2, 100%)		Konsolidierung von C (Ende von X2, 100%)		Konzern D zum Ende von X2	
	S	H	S	H	S	H	S	H	S	H	S	H	S	H	S	H
Andere Vermögensgüter	350		50²	50⁷	490		490¹¹		50⁷	50³	460		460¹⁴		1 300	
Beteiligung an B	300		20¹	320¹¹												
goodwill in B			82¹¹												82	
Beteiligung an C	200			200¹⁴												
goodwill in C			100¹⁴												100	
Ware	50		40⁸	50²					40⁴	40⁸					43	
									3⁹							
Summe Aktiva	**900**		**292**	**620**	**490**		**490**		**93**	**90**	**460**		**460**		**1 525**	
Eigenkapital (Beginn X2)		500				340						100				500
Einkommen Vorzeitraum Eigenkapitaltransfers		20														20
Einkommen		10		20⁵		130	63¹²		10⁶	3¹⁰		160		160¹⁵		226
Eigenkapital (Ende X2)		470	0	20		470		63	10	3		260		160		706
Eigenkap. Konzernfremder								102¹¹								
								27¹²								129
Fremdkapital		430				60		60¹¹				200		200¹⁴		690
Summe Passiva		**900**		**20**		**530**		**252**	**7**			**460**		**360**		**1 525**
Umsatzaufwand	150				270		270¹¹		40⁴	1 000			1 000¹⁴		1 380	
Anderer Aufwand	120		20¹		30		30¹¹								220	
Einkommen (Gewinn)	0		20⁵		90		90¹²		10⁶	160			160¹⁵		263	
									3¹⁰							
Aufwand plus Gewinn	**270**		**20**	**20**	**390**		**390**		**3**	**50**	**1 160**		**1 160**		**1 863**	
Umsatzertrag		220				250		250¹¹	50³			1 000		1 000¹⁴		1 420
Anderer Ertrag		40				140		140¹¹		3⁹		160		160¹⁴		433
Einkommen (Verlust)		10														10
Erträge plus Verlust		**270**				**390**		**390**	**50**	**3**		**1 160**		**1 160**		**1 863**
Entnahmen	30														30	
Einlagenüberschuss (*Saldo*)	0														0	
Entnahmen plus *Saldo*	**30**														**30**	
Einlagen		10														10
Entnahmenüberschuss		20														20
Einlagen plus *Saldo*		**30**														**30**

Abbildung 7.2: Ermittlung einer Konzern-Bilanz, einer Konzern-Einkommensrechnung und einer Konzern-Eigenkapitaltransferrechnung bei Vollkonsolidierung mit Aufdeckung des auf den Konzern entfallenden *goodwill* am Ende des Abrechnungszeitraums X2 (Konzernentstehung zu Beginn von X2) aus den vereinheitlichten Zahlen rechtlich selbständiger Einheiten eines Unterordnungskonzerns

der Zinszahlung in umgekehrter Richtung. Hätten wir es nicht mit einer Entnahme, sondern mit einer Einlage zu tun, würde der Sachverhalt komplizierter, weil Einlagen immer mit einer Veränderung der Beteiligungshöhe einhergehen.

Dann kann man die Konsolidierungsbuchungen vornehmen. Dabei stützt man sich also weitgehend auf die vereinheitlichten Daten des

Konsolidierungsbuchung

Abrechnungszeitraums X3, bezüglich des *goodwill* auf die Zahlen der Erstkonsolidierung und bezüglich der im Vorzeitraum umbewerteten Daten auf die im Vorzeitraum festgestellten geänderten Werte.

Buchungssätze

Übernahme der Wertveränderungen aus dem Vorzeitraum

Abschreibung der Beteiligung und innerkonzernlicher Verkauf

Bei der Beteiligung der Obereinheit an B und bei der Ware sind die Beträge anzusetzen, die sich im Vorzeitraum ergeben haben. Folglich ist bei der Beteiligung an der B von 320 *GE* anstatt von 300 *GE* auszugehen und bei der Ware von 43 *GE* anstatt von 50 *GE*. Das Eigenkapital der A und die Beteiligung der A an der B sind in X3 entsprechend (einkommensneutral) bei A um 20 *GE* höher anzusetzen, die Ware der A und das Eigenkapital der B dagegen (ebenfalls einkommensneutral) um 7 *GE* niedriger. Um das zu erreichen, sind die

Buchungen

Beleg	Datum	Ereignis und Konten	Soll	Haben
V1	X3	Stornierung der Abschreibung der Beteiligung der A an der B		
		Beteiligung A an B	20	
		Eigenkapital A (Veränderung aus Vorzeitraum)		20
V2	X3	Korrektur des Wertes der Ware und des Eigenkapitals bei A, die im Vorzeitraum bei B vorgenommen wurde (−50 GE + 40 GE + 3 GE = −7 GE)		
		Eigenkapital B (Veränderung aus Vorzeitraum	7	
		Vermögensgüter A (Ware)		7

vorzunehmen. Das restliche Einkommen der B ist in den Finanzberichten dieser Einheit richtig verarbeitet. Bei der C hat es im Vorzeitraum keine Anpassungen gegeben. Daher ist bei dieser Einheit die Eigenkapitalveränderung aus X2 in Höhe von 160 *GE* bereits in den vereinheitlichten Finanzberichten berücksichtigt. Die Modifikationen, die wir im Zeitraum X2 nach den Stornierungen und vor den Konsolidierungen vorgenommen haben, um die Verlagerungen von Zahlungsmitteln, Ware und Eigenkapital zu zeigen, brauchen wir zu Beginn von X3 nicht zu wiederholen.

weil die Finanzberichte der rechtlich selbständigen Einheiten, die wir hier wiederum zusammenfassen, genau diesen Effekt bereits abbilden.

Korrekturen im aktuellen Abrechnungszeitraum

Wurde im laufenden Abrechnungszeitraum in den Finanzberichten der Obereinheit der Wert einer Beteiligung an einer Untereinheit modifiziert, so handelt es sich um ein Ereignis, das aus Konzernsicht unerheblich ist, weil wir im Konzern ja nicht mehr die Beteiligung an der Untereinheit betrachten, sondern die Untereinheit selbst, wenn auch hier mit einem Spezialposten für die Kapitalanteile Konzernfremder. Die entsprechenden Buchungen wären rückgängig zu machen. In unserem Beispiel kommen solche Modifikationen in X3 nicht vor.

<small>Korrektur der Beteiligungswerte</small>

Die Untereinheit B leistet einen Kapitaltransfer in Höhe von 60 *GE* an die Obereinheit A, den diese als Ertrag aus Beteiligungen gebucht hat. Aus Konzernsicht besitzt das Ereignis aber andere Konsequenzen. Daher sind die abgebildeten Konsequenzen bei der A und bei der B zunächst zu stornieren, bevor die Darstellung aus Konzernsicht erfolgt. Ähnlich verhält es sich mit dem Darlehen über 40 *GE*, das die A der C gegen Zahlung eines Zinses von 5 *GE* gewährt hat. Auch dieses Ereignis ist aus Konzernsicht anders zu behandeln als bei den rechtlich selbständigen Einheiten. Dort finden sich tatsächlich die folgenden Buchungen:

<small>Tatsächliche Buchungen</small>

Beleg	Datum	Ereignis und Konten	Soll	Haben
B3	X3	Empfang des Transfers (von der B) bei der A als Ertrag		
		Vermögensgüter A (Zahlungsmittel)	60	
		Anderer Ertrag A		60
B4	X3	Leistung eines Eigenkapitaltransfers durch die B (an die A)		
		Entnahmen B	60	
		Vermögensgüter B (Zahlungsmittel)		60
B5	X3	Gewährung des Darlehens durch die A (an die C)		
		Vermögensgüter A (Darlehensforderung)	40	
		Vermögensgüter A (Zahlungsmittel)		40
B6	X3	Empfang eines Darlehens durch die C (von der A)		
		Vermögensgüter C (Zahlungsmittel)	40	
		Fremdkapitalposten C (Darlehensverbindlichkeit)		40

Beleg	Datum	Ereignis und Konten	Soll	Haben
B7	X3	Empfang der Zinszahlung (von der C) bei der A		
		Vermögensgüter A (Zahlungsmittel)	5	
		Anderer Ertrag A		5
B8	X3	Leistung der Zinszahlung durch die C (an die A)		
		Anderer Aufwand C	5	
		Vermögensgüter C (Zahlungsmittel)		5

Wenn man diese Buchungen storniert, ergeben sich Konsequenzen für das Konzern-Einkommen, die man ebenfalls zu beachten hat.

Stornierungen Vor einer Konsolidierung sind die oben aufgeführten Buchungen zu stornieren und durch diejenigen zu ersetzen, die aus Konzernsicht stattgefunden haben. Im Rahmen der Stornierungen sind auch die Konsequenzen für das Einkommen, die Eigenkapitaltransfers und das Eigenkapital zu beachten. Die entsprechenden Buchungen zur Stornierung (S3 bis S8) und der damit verbundenen Anpassung von Einkommen, Eigenkapitaltransfers und Eigenkapital (S9 bis S12) lauten:

Beleg	Datum	Ereignis und Konten	Soll	Haben
S3	X3	Stornierung des Empfangs des Transfers von B bei A		
		Anderer Ertrag A	60	
		Vermögensgüter A (Zahlungsmittel)		60
S4	X3	Stornierung der Leistung eines Transfers bei B		
		Vermögensgüter B (Zahlungsmittel)	60	
		Entnahme B		60
S5	X3	Stornierung der Gewährung eines Darlehens an die A		
		Vermögensgüter A (Zahlungsmittel)	40	
		Vermögensgüter A (Darlehensforderung)		40
S6	X3	Stornierung des Empfangs eines Darlehens bei der C		
		Fremdkapitalposten C (Darlehensverbindlichkeit)	40	
		Vermögensgüter C (Zahlungsmittel)		40
S7	X3	Stornierung des Empfangs der Zinszahlung bei A		
		Anderer Ertrag A	5	
		Vermögensgüter A (Zahlungsmittel)		5
S8	X3	Stornierung der Leistung der Zinszahlung durch C		
		Vermögensgüter C (Zahlungsmittel)	5	
		Anderer Aufwand C		5

7.2 Konzept der Konsolidierung durch »Richtig«-Stellung

Beleg	Datum	Ereignis und Konten	Soll	Haben
S9	X3	Stornierung der Konsequenzen des Transfers für das Einkommen und das Eigenkapital bei A		
		Einkommen A (Bilanz)	60	
		Einkommen (Gewinn) A (Einkommensrechnung)		60
S10	X3	Stornierung der Konsequenzen des Transfers für die Eigenkapitaltransfers und das Eigenkapital bei B		
		Entnahmeüberschuss B (Eigenkapitaltransferrechnung)	60	
		Eigenkapitaltransfers B (Bilanz)		60
S11	X3	Stornierung der Konsequenzen des Empfangs der Zinszahlung durch A für das Einkommen und die Vermögensgüter von A		
		Einkommen A (Bilanz)	5	
		Einkommen (Gewinn) A (Einkommensrechnung)		5
S12	X3	Stornierung der Leistung der Zinszahlung bei C für das Einkommen und die Vermögensgüter der C		
		Einkommen (Verlust) C (Einkommensrechnung)	5	
		Einkommen C (Bilanz)		5

Bei der A ist aus Konzernsicht kein Ertrag aus Beteiligungen angefallen, sondern nur die Lieferung von Zahlungsmitteln. Das Darlehen wirkt sich auch nicht auf Eigenkapitaltransfers oder Einkommen aus, jedoch die Zinszahlung. Es ist zu berücksichtigen, was aus Konzernsicht passiert ist.

Untereinheit B hat in Höhe von 60 *GE* Zahlungsmittel an die A geliefert. C hat in Höhe von 40 *GE* Zahlungsmittel von der A erhalten und selbst 5 *GE* an die A entrichtet. Daraus folgen Buchungen, die den jeweiligen Posten und das Eigenkapital betreffen:

Zusätzliche Buchungen aus Konzernsicht

Beleg	Datum	Ereignis und Konten	Soll	Haben
Z13	X3	Lieferung von Zahlungsmitteln von der B an die A		
		Vermögensgüter A (Zahlungsmittel)	60	
		Vermögensgüter B (Zahlungsmittel)		60
Z14	X3	Lieferung von Zahlungsmittel von der A an die C		
		Vermögensgüter C (Zahlungsmittel)	40	
		Vermögensgüter A (Zahlungsmittel)		40
Z15	X3	Lieferung von Zahlungsmittel von der C an die A		
		Vermögensgüter A (Zahlungsmittel)	5	
		Vermögensgüter C (Zahlungsmittel)		5

Konsolidierungsbuchungen

»Tausch« der Beteiligungen gegen Vermögensgüter und Fremdkapital

Wir haben nun die Konsolidierungsbuchungen vorzunehmen. Dazu setzen wir die Buchungen ein, mit denen wir statt der Beteiligung an B und C deren Vermögensgüter, deren Fremdkapitalposten, deren Anteile Konzernfremder am Eigenkapital sowie deren *goodwill* aus B und C erfassen. Soweit dieser *goodwill* keine Veränderungen erfahren hat, übernehmen wir den Betrag, den wir bei der Erstkonsolidierung bestimmt haben.

Die Konsolidierungsbuchung bezüglich der B lautet:

Beleg	Datum	Ereignis und Konten	Soll	Haben
K16	X3	Konsolidierung betreffend die B		
		Buchungen die Bilanz betreffend		
		Vermögensgüter B (Ende X3)	520	
		Positiver goodwill A aus B (Beginn X2)	82	
		Beteiligung A an B (Beginn X2)		320
		Fremdkapital B (Ende X3)		60
		Eigenkapital Konzernfremder B (Beginn X2)		102
		Buchungen die Eigenkapitalkonsequenzen aus vorzeiträumen betreffend		
		Eigenkapitalveränderung Konzernfremder B in X2		27
		Eigenkapitalveränderungen aus Einkommen B in X2		63
		Eigenkapitalveränderungen aus Eigenkapitaltransfers B in X2		0
		Buchungen die Einkommensrechnung betreffend		
		Umsatzaufwand B	40	
		Anderer Aufwand B	10	
		Umsatzertrag B		50
		Anderer Ertrag B		90
		Buchungen die Eigenkapitaltransferrechnung betreffend		
		Entnahmen B	60	
		Einlagen B		0
		Kontrollsumme	722	722

Zusätzlich erklären wir die Eigenkapitalveränderungen durch die Salden der Einkommens- und Eigenkapitaltransferrechnungen mit den Buchungen:

7.2 Konzept der Konsolidierung durch »Richtig«-Stellung

Beleg	Datum	Ereignis und Konten	Soll	Haben
K17	X3	Einkommenskonsequenz der B		
		Einkommen (Gewinn) B (Einkommensrechnung)	90	
		Einkommen B (Bilanz)		63
		Eigenkapital Konzernfremder B		27
K18	X3	Eigenkapitaltransferkonsequenz der B		
		Eigenkapitaltransfer B (Bilanz)	60	
		Entnahmeüberschuss B (Eigenkapitaltransferrechnung)		60

Die Konsolidierungsbuchung lautet bei C:

Beleg	Datum	Ereignis und Konten	Soll	Haben
K19	X3	Konsolidierung betreffend die C		
		Buchungen die Bilanz betreffend		
		Anteilige Vermögensgüter C (125 GE * 1)	125	
		Positiver goodwill A aus C	100	
		Beteiligung A an C		200
		Anteiliges Fremdkapital C		65
		Buchungen die Eigenkapitalkonsequenzen aus vorzeiträumen betreffend		
		Eigenkapitalveränderung Konzernfremder C in X3		0
		Eigenkapitalkonsequenzen aus Einkommen C in X2		160
		Eigenkapitalkonsequenzen aus Eigenkapitaltransfers C in X2		0
		Buchungen die Einkommensrechnung betreffend		
		Umsatzaufwand C	490	
		Anderer Aufwand C	210	
		Umsatzertrag C		500
		Anderer Ertrag C		0
		Buchungen die Eigenkapitaltransferrechnung betreffend		0
		Kontrollsumme	925	925

Zusätzlich erklären wir die Eigenkapitalveränderungen durch die *Salden* der Einkommens- und Eigenkapitaltransferrechnungen mit den Buchungen:

Beleg	Datum	Ereignis und Konten	Soll	Haben
K20	X3	Einkommenskonsequenzen bei C		
		Einkommen C (Bilanz)	200	
		Einkommen (Verlust) C (Einkommensrechnung)		200
K21	X3	Eigenkapitaltransferkonsequenz bei C		
		Einlagenüberschuss C (Eigenkapitaltransferrechnung)	0	
		Eigenkapital C (Bilanz)		0

Konzern-Finanzberichte Unter Beachtung dieser Korrekturen erhält man die Tabelle der Abbildung 7.3, Seite 307.

Daraus lässt sich das Eigenkapital des Konzerns A ablesen, das sich auf 574 *GE* beläuft. Zusätzlich werden 156 *GE* von konzernfremden Anteileignern in Untereinheiten beigesteuert.

7.2.3 Entkonsolidierung

Fallunterscheidung Wir unterscheiden wiederum den Fall der Auflösung des gesamten Konzerns proportional zu den Einlagen von demjenigen des Ausscheidens einzelner Einheiten, deren Anteilseigner jedoch im Konzern verbleiben.

7.2.3.1 Auflösung des Konzerns

Vielfalt möglicher Vereinbarungen Zur Auflösung des Konzerns bedarf es einer Vereinbarung unter den Anteilseignern. Es liegt nahe anzunehmen, diese wollten den Konzern wieder in seine rechtlich selbständigen Einheiten aufspalten und die früheren Anteilseigner proportional zum jeweiligen Eigenkapital des Konzerns entschädigen. Man kann dann den Einheiten diejenigen Beträge zurechnen, die sich unter Beachtung der Korrekturen unmittelbar vor der Auflösung ergeben haben. Weil die Absprachen aber auch anders sein können, verzichten wir hier auf eine tiefere Analyse.

7.2 Konzept der Konsolidierung durch »Richtig«-Stellung

	Einheit A (Ende X3)		Korrekturen bei A		nach-richt-lich: B Ende X3		Konsolidierung B (Ende X3)		Korrekturen B (Ende X3)		nach-richt-lich: C (Ende X3)		Konsolidierung C (Ende X3)		Korrekturen wegen C (Ende X3)		Konzern D (Ende X3)	
	S	H	S	H	S	H	S	H	S	H	S	H	S	H	S	H	S	H
Andere Vermögensgüter	465		40^5 60^{13} 5^{15}	60^3 5^7 40^{14}	520		520^{16}		60^4	60^{13}	125		125^{19}		5^8 40^{14}	40^6 5^{15}	1 110	
Beteiligung an B	300		20^1	320^{16}														
goodwill in B			82^{16}														82	
Beteiligung an C	200			200^{19}														
goodwill in C			100^{19}														100	
Ware	50			7^2													43	
Darlehensforderung	40			40^5														
Summe Aktiva	**1 055**		**307**	**672**	**520**		**520**				**125**		**125**		**45**	**45**	**1 335**	
Eigenkapital (Beginn X3)		470				430						260						470
Einkommen Vorzeitraum			20^1					63^{16}	7^{2a}					160^{19}				236
Eigenkapitaltransfers					60		60^{18}			10 60								
Einkommen		65	60^9 5^{11}			90						200	200^{20}			5^{12}		132
								63^{17}										
Eigenkapital (Ende X3)		535	65	20		60	126	7	60			60	200	160		5		574
Eigenkapital Konzernfremder							102^{16} 27^{16} 27^{17}											156
Fremdkapital		520				60		60^{16}				65		65^{19}	40^6			605
Summe Passiva		**1 055**	**20**			**520**	**282**	**7**				**125**		**25**	**0**			**1 335**
Umsatzaufwand	0				40		40^{16}				490		490^{19}				530	
Anderer Aufwand	0				10		10^{16}				210		210^{19}		5^8		215	
Einkommen (Gewinn)		65	60^9 5^{11}			90	90^{17}											90
Aufwand plus Gewinn	**65**			**65**	**140**						**700**		**700**		**5**		**835**	
Umsatzertrag		0				50	50^{16}					500	500^{19}					550
Anderer Ertrag		65	60^3 5^7			90	90^{16}											90
Einkommen (Verlust)		0										200	200^{20}		5^{12}			195
Erträge plus Verlust		**65**	**65**			**140**						**700**	**700**			**5**		**835**
Entnahmen	0				60		60^{16}		60^4								0	0
Einlagenüberschuss (Saldo)	0																	0
Entnahmen plus Saldo	**0**				**60**		**60**		**60**								**0**	**0**
Einlagen		0				60		60^{18}	60^{10}									0
Entnahmenüberschuss		0																0
Einlagen plus Saldo		**0**				**60**	**60**		**60**								**0**	**0**

Abbildung 7.3: Ermittlung einer Konzern-Bilanz, einer Konzern-Einkommensrechnung und einer Konzern-Eigenkapitaltransferrechnung bei Vollkonsolidierung mit Aufdeckung des auf den Konzern entfallenden *goodwill* am Ende des Abrechnungszeitraums X3 (Konzernentstehung zu Beginn von X2) aus den vereinheitlichten Zahlen rechtlich selbständiger Einheiten eines Unterordnungskonzerns

7.2.3.2 Ausscheiden einzelner Einheiten aus dem Konzern bei Verbleib der Anteilseigner im Konzern

Ausweis des Gewinns oder Verlustes aus dem Abgang einer Beteiligung

Bei Ausscheiden einer Einheit aus dem Konzern ergibt sich ein Gewinn oder ein Verlust in Höhe der Differenz zwischen dem Veräußerungsertrag und dem Wert der aus dem Konzern abgehenden Beteiligung. Übersteigt der Veräußerungsertrag den Wert der Beteiligung, haben wir es mit einem Veräußerungsgewinn zu tun, sonst mit einem Veräußerungsverlust. Das Problem bei der Bestimmung dieses Gewinns oder Verlusts besteht in der Ermittlung des Wertes der abgehenden Beteiligung.

Vorgehen

Für unser Beispiel unterstellen wir, es habe zwischen dem Ende von X3 und dem Beginn von X4 keine konzerninternen oder anderen buchungspflichtigen Ereignisse gegeben. Dabei gehen wir von Konzern-Finanzberichten unmittelbar vor dem Ausscheiden aus. Wir nehmen in einem ersten Schritt die Entkonsolidierungsbuchung vor, mit der wir die mit der abgehenden Untereinheit zusammenhängenden Posten gegen die Beteiligung tauschen. Statt der Vermögensgüter, der Fremdkapitalposten und des auf den Konzern entfallenden *goodwill* sehen wir dadurch wieder die Beteiligung. Ihr Wert ergibt sich aus der Summe der mit der Untereinheit zusammenhängenden Posten. Die Buchungen, die in der Obereinheit im Zusammenhang mit der Beteiligung getätigt wurden, sind belanglos, weil wir den Wert der Beteiligung als *Saldo* ermitteln. In einem zweiten Schritt kann schließlich die Veräußerung gebucht werden. Dem Veräußerungsertrag in Höhe von 380 *GE* wird der Wert der abgehenden Beteiligung gegenübergestellt. B besitzt Vermögensgüter in Höhe von 520 *GE* und hat ein Fremdkapital von 60 *GE* aufgenommen. Daraus folgt, dass B ein Eigenkapital in Höhe von 460 *GE* besitzt, das zu 156 *GE* von konzernfremden Anteilseignern gehalten wird und zu (460 *GE* − 156 *GE* =) 304 *GE* (Saldo) vom Konzern. Um den Wert der Beteiligung der A an B zu ermitteln, ist weiterhin dem Betrag von 304 *GE* der *goodwill* in Höhe von 82 *GE* hinzuzurechnen. Die Ware bei A ist nun nach dem Ausscheiden von B als konzernextern verkauft zu betrachten und um 1 *GE* zu niedrig bewertet, was den mit der B abgehenden Wert negativ beeinflusst. Für den aktuellen Wert der Beteiligung an B ergibt sich somit ein Wert von 304 *GE* + 82 *GE* − 7 *GE* = 379 *GE*.

Buchungssätze

Gehen wir von Konzern-Finanzberichten unmittelbar vor dem Ausscheiden einer Untereinheit aus, so haben wir nur die Differenz zu bilden zwischen den Konzern-Finanzberichten unmittelbar vor dem Ausscheiden und den Posten, die auf Grund des Ausscheidens der Untereinheit fortfallen. Zusätzlich haben wir den Veräußerungserlös zu berücksichtigen, falls dieser noch nicht in den Zahlen stecken sollte. Weder die Einkommensrechnung des Konzerns noch die der Untereinheit für den abgelaufenen Zeitraum sind relevant. Die entsprechenden Konsolidierungen wurden bereits im vorangegangenen Abschnitt behandelt. Seit dem Beginn von X4 hat es noch keine anderen Erträge und Aufwendungen gegeben. Wir unterstellen hier auch, der Veräußerungserlös sei noch nicht verbucht worden. Ferner unterstellen wir, dass der Abgang der Vermögensgüter der B einen Aufwand und der Abgang der Fremdkapitalposten der B einen Ertrag darstelle.

Buchungen ausgehend von den Konzern-Finanzberichten unmittelbar vor dem Ausscheiden

Die Entkonsolidierungsbuchung lautet:

Entkonsolidierung

Beleg	Datum	Ereignis und Konten	Soll	Haben
E1	Beginn X4	*Beteiligung der A an B (Saldo)*	379	
		Vermögensgüter A (Ware)	7	
		Eigenkapital Konzernfremder in B	156	
		Fremdkapital der B	60	
		Andere Vermögensgüter B mit den		
		Korrekturen bei A (520 GE + 60 GE − 60 GE)		520
		Positiver goodwill der A aus B		82

Nun kann die Veräußerung der Anteile gebucht werden. Dem Veräußerungserlös in Höhe von 380 GE steht ein Veräußerungsaufwand in Höhe von 379 GE gegenüber, so dass ein Veräußerungsgewinn von 1 GE entsteht:

Veräußerung

Beleg	Datum	Ereignis und Konten	Soll	Haben
E2	Beginn X4	Verkauf der Beteiligung der A an B		
		(Zugangs- und Ertragsbuchung)		
		Vermögensgüter A (Zahlungsmittel)	380	
		Anderer Ertrag A		380
E3	Beginn X4	Verkauf der Beteiligung der A an B		
		(Aufwands- und Abgangsbuchung)		
		Anderer Aufwand A	379	
		Vermögensgüter A (Beteiligung an B)		379
E4	Beginn X4	Einkommenskonsequenzen		
		Einkommen (gewinn)		
		A (Einkommensrechnung)	1	
		Einkommen A (Bilanz)		1

	Konzern D (Beginn X4, mit B)		Entkonsolidierungsbuchung Einheit B (Beginn X4, 100%)		Veräußerung der Beteiligung an B		Konzern D (Beginn X4, ohne B)	
	S	H	S	H	S	H	S	H
Andere Vermögensgüter	1 110			520[1]	380[2]		970	
Beteiligung an B	0		379[1]			379[3]		
goodwill in B	82			82[1]				
Beteiligung an C	0						0	
goodwill in C	100						100	
Ware	43			7[1]			50	
Summe Aktiva	**1 335**		**386**	**602**	**380**	**379**	**1 120**	
Eigenkapital (Beginn X4, vor Abgang)		574						574
Eigenkapital Vorzeitraum								
Eigenkapitaltransfers								
Einkommen						1[4]		1
Verlust im Zeitraum								
Eigenkapital (Beginn X4, nach Abgang)						1		575
Eigenkapital Konzernfremder		156	156[1]					
Fremdkapital		605	60[1]					545
Summe Passiva		**1 335**	**216**			**1**		**1 120**
Umsatzaufwand								
Anderer Aufwand					379[3]		379	
Einkommen (Gewinn)					1[4]		1	
Summe Aufwand plus Gewinn					**380**		**380**	
Umsatzertrag								
Anderer Ertrag						380[2]		380
Einkommen (Verlust)								
Summe Ertrag plus Verlust						**380**		**380**
Entnahmen								
Einlagenüberschuss (*Saldo*)								
Entnahmen plus *Saldo*								
Einlagen								
Entnahmenüberschuss (*Saldo*)								
Einlagen plus *Saldo*								

Abbildung 7.4: Ermittlung einer Konzern-Bilanz, einer Konzern-Einkommensrechnung und einer Konzern-Eigenkapitaltransferrechnung bei Vollkonsolidierung mit Aufdeckung des auf den Konzern entfallenden *goodwill* zu Beginn des Abrechnungszeitraums X4 (Konzernentstehung zu Beginn von X2) aus den vereinheitlichten Zahlen rechtlich selbständiger Einheiten eines Unterordnungskonzerns

Konzern-Finanzberichte Dem entsprechend sieht das Ausscheiden der Einheit B aus dem Konzern so aus wie in Abbildung 7.4, Seite 310.

7.3 Konsolidierung durch Anpassung von Finanzberichten (Vorgehen der Praxis)

Für das bisher erläuterte Beispiel wird – unter Beibehaltung aller Annahmen – nun das Vorgehen in der Praxis beschrieben. Dabei ist allgemein zu bedenken, dass die Anzahl der einzubeziehenden Untereinheiten meist deutlich größer ist als in dem hier verwendeten einfachen Beispiel, das den Einstieg in die Konsolidierungsproblematik erleichtern soll. Angesichts der Fülle der praktisch in der Konsolidierung anfallenden Daten ist daher die erste Voraussetzung, dass in einem Konsolidierungshandbuch klare Festlegungen bezüglich der Bilanzierung aller denkbaren Sachverhalte getroffen werden. Insbesondere kommt es dabei darauf an, dass alle konzerninternen Vorgänge und auch die damit zusammenhängenden Bilanzposten klar als konzernintern berichtet werden, einschließlich der expliziten Angabe der jeweils betroffenen Einheit und auch – was in dem einfachen Beispiel hier keine Rolle spielt – des jeweils betroffenen Geschäftsbereichs. Wenn überdies beispielsweise nach den internationalen Standards des IASB bilanziert wird, sind auch die daraus resultierenden spezifischen Regeln zu beachten, was etwa die Umrechnungsmethode bei Einheiten betreffen kann, die in Fremdwährungsgebieten agieren, oder den Ausweis des *goodwill* entsprechend der *push down*-Methode[2] in den Finanzberichten der erworbenen Einheit.

Rahmenbedingungen

7.3.1 Vorgehen zum Zeitpunkt der Erstkonsolidierung

Wir folgen hier den IFRS. Im Fall der erstmaligen Konsolidierung haben wir es mit drei Arten von Buchungen zu tun: (1) mit der

Buchungstypen

---

[2] Unter *push down*-Methode wird das Verfahren verstanden, die Anschaffungsausgaben einer Obereinheit für Anteile an einer Untereinheit im Zusammenhang mit der betroffenen Untereinheit zu zeigen. Konkret ist damit der positive oder negative *goodwill*, der aus der Anschaffung von Anteilen an einer Untereinheit herrührt, im Zusammenhang mit dieser Untereinheit zu nennen.

Korrektur der Finanzberichte der rechtlich selbständigen Einheiten um die Berücksichtigung des jeweiligen *goodwill* und die Anpassung der jeweiligen Eigenkapitalbeträge, (2) mit der Berücksichtigung des Anteils Konzernfremder sowie (3) mit den eigentlichen Konsolidierungsbuchungen, bei denen wir die Beteiligungen der Obereinheit gegen die zugehörigen Vermögensgüter und Fremdkapitalposten der Untereinheit tauschen.

Korrektur der Finanzberichte

Zur Korrektur der Finanzberichte der Untereinheiten weisen wir zunächst in einer mit »Korrektur« bezeichneten Spalte das eventuell auf konzernfremde Anteilseigner entfallende Eigenkapital getrennt von dem auf den Konzern entfallenden Anteil in den für Konzernzwecke erstellten Eröffnungsbilanzen der jeweiligen Untereinheiten aus (0,3 * 340 *GE* = 102 *GE*). Anschließend zeigen wir in den gleichen Spalten den *goodwill* und die aus dessen Bilanzierung folgenden Eigenkapitalveränderungen. Bezüglich B beträgt dieser 82 *GE* (= 320 *GE* – 0,7 * (600 *GE* – 260 *GE*)) aus Sicht der Obereinheit. Der auf den Konzern entfallende Eigenkapitalanteil an der B wird infolge dessen um 82 *GE* erhöht. Bezüglich C handelt es sich dabei um einen Betrag von 100 *GE*, der lediglich die Obereinheit betrifft. Damit stellen sich die korrigierten Bilanzen von A, B und C anders als vor der Korrektur dar.

Buchungen

Die Korrekturen führen dazu, dass für B und C jeweils eine »Handelsbilanz II« vorliegt, die den Anforderungen der *push down*-Methode entspricht, bei der ja Teile des *goodwill* jeweils bei den Einheiten erscheinen, aus deren Anschaffung sie entstanden sind. Dies wird durch folgende Buchungen erreicht:

Beleg	Datum	Ereignis und Konten	Soll	Haben
K1	Beginn X2	Aufteilung des Eigenkapitals der B (für Konzernfremde 30% = 0,3 * 340 *GE*)		
		Eigenkapital der B	102	
		Eigenkapital Konzernfremder B		102
K2	Beginn X2	Einfügen des *goodwill* (push down) und des Eigenkapitals bei B, ermittelt aufgrund des Kaufpreises der A (320 *GE* – 0,7 * (600 *GE* – 260 *GE*) = 82 *GE*)		
		goodwill aus B	82	
		Eigenkapital B		82
K3	Beginn X2	Einfügen des *goodwill* (push down) und des Eigenkapitals bei C, ermittelt aufgrund des Kaufpreises der A (200 *GE* – 1,0 * (200 *GE* – 100 *GE*))		
		goodwill aus C	100	
		Eigenkapital C		100

Die Eröffnungsbilanz des Konzerns ergibt sich aus der Addition der Bilanzen sämtlicher zum Konzern gehörender Einheiten. Um Doppelzählungen zu vermeiden, muss allerdings zuvor durch Konsolidierungsbuchungen sichergestellt werden, dass die Beteiligungsbuchwerte bei der Obereinheit gegen die Eigenkapitalbeträge, die zum Zeitpunkt der Erstkonsolidierung bei den entsprechenden Untereinheiten vorliegen, eliminiert werden:

Konsolidierung zwecks Vermeidung von Doppelzählungen

Beleg	Datum	Ereignis und Konten	Soll	Haben
K4	Beginn X2	Eliminierung des Buchwertes der B		
		Eigenkapital (Grundkapital) der B zum Erwerbszeitpunkt	320	
		Beteiligung an B (Buchwert bei der A)		320
K5	Beginn X2	Eliminierung des Buchwertes der C		
		Eigenkapital (Grundkapital) der C zum Erwerbszeitpunkt	200	
		Beteiligung an C (Buchwert bei der A)		200

Ausgangspunkt für sämtliche Konsolidierungsüberlegungen sind in der Praxis nicht die in den einzelnen Einheiten tatsächlich vorgenommenen Buchungen, die normalerweise weder bekannt sind noch bekannt sein müssen, sondern die Daten der Finanzberichte, die von jeder rechtlich selbständigen Einheit übermittelt werden und nach einheitlichen Vorgaben in der Währungseinheit des Konzerns erstellt wurden. Der Ausgangspunkt für die Konsolidierung ist dabei, dass alle Sachverhalte aus Sicht der berichtenden Einheit in den Finanzberichten zutreffend abgebildet sind.

Nicht Buchungen, sondern Finanzberichte als Grundlage

Nach der Konsolidierung ergibt sich die Eröffnungsbilanz des Konzerns zum Zeitpunkt der erstmaligen Konsolidierung am 1.1.X2 so wie in Abbildung 7.5, Seite 314. Auf Angaben zur Einkommensrechnung können wir verzichten, weil zum Zeitpunkt der Erstkonsolidierung im Konzern noch kein Einkommen erzielt wurde.

Konzern-Bilanz als Ergebnis

7.3.2 Vorgehen zu Zeitpunkten nach der Erstkonsolidierung

Im folgenden beschreiben wir zunächst die bis zur Konsolidierung notwendigen Schritte. Anschließend zeigen wir die sich daraus ergebenden Bilanzen, Einkommensrechnungen und Eigenkapitaltransferrechnungen.

Übersicht

	Einheit A zu Beginn von X2		Einheit B zu Beginn von X2		Korrekturen bei B (push down)		Einheit C zu Beginn von X2		Korrekturen bei C (push down)		Konsolidierung zu Beginn von X2		Konzern D zu Beginn von X2	
	S	H	S	H	S	H	S	H	S	H	S	H	S	H
Andere Vermögensgüter	480		600				200						1 280	
Beteiligung an B	320										320[4]			0
goodwill aus B	–				82[2]								82	
Beteiligung an C	200										200[5]			0
goodwill aus C	–								100[3]				100	
Summe Aktiva	**1 000**		**600**		**82**		**200**		**100**		**520**		**1 462**	
Eigenkapital (Beginn X2)		410		340	102[1]	82[2]		100	100[3]		320[4] 200[5]			410
Einkommen Vorzeitraum		90												90
Eigenkapital (Beginn X2)		500		340	20			100		100		520		500
Eigenkapital Konzernfremder	–					102[1]		–						102
Fremdkapital		500		260				100						860
Summe Passiva	**1 000**		**600**		**20**	**102**	**200**		**100**		**520**		**1 462**	

Abbildung 7.5: Abschlüsse der einzelnen Einheiten und Ermittlung einer Konzern-Eröffnungsbilanz zum 1.1. X2 bei Vollkonsolidierung mit teilweiser Aufdeckung des *goodwill* aus den vereinheitlichten Zahlen rechtlich selbständiger Einheiten eines Unterordnungskonzerns

7.3.2.1 Vorgehen zum Ende von X2

Korrekturen wegen Vorgaben im Bilanzierungshandbuch des Konzerns

Keine Berücksichtigung von Wertveränderungen der Beteiligungen

Bei der Obereinheit A sollte die Abschreibung des Buchwertes der Beteiligung an Untereinheit B bereits durch das Bilanzierungshandbuch des Konzerns als unzulässig für die »Handelsbilanz 2« erklärt worden sein. Wenn in der Untereinheit B tatsächlich Wertverluste eintreten, sollten sich diese nach einer entsprechenden Wertminderungsprüfung in der Abschreibung (*impairment loss*) der betreffenden Vermögensgüter in der Einkommensrechnung der B und nicht im Wert der Beteiligung auswirken. Deswegen liegt hier keine eigentliche Konsolidierungsbuchung, sondern eine Korrektur vor:

Beleg	Datum	Ereignis und Konten	Soll	Haben
K0a	Ende X2	Korrektur der aus Konzernsicht unzulässigen Buchwertabschreibung bei A		
		Beteiligung A an B	20	
		Anderer Aufwand (innen) A		20
K0b	Ende X2	Berücksichtigung der Korrektur in Eigenkapital und Einkommensrechnung der A		
		Gewinn A (Einkommensrechnung)	20	
		Einkommen A (Bilanz)		20

Korrekturen zur Berücksichtigung von Anpassungen im Vorzeitraum

Zunächst sind die Buchungen, die bei der Erstkonsolidierung im Rahmen der Umsetzung der *push down*-Methode durchzuführen waren, einkommensneutral zu wiederholen. Bei C betrifft das lediglich die Erhöhung des *goodwill* und des Eigenkapitals jeweils um 100 GE. Für die Untereinheit B werden ebenfalls die Werte übernommen, die bei der Erstkonsolidierung ermittelt wurden. Der für B aufgrund des gezahlten Kaufpreises ermittelte *goodwill* erhöht den dem Konzern zuzurechnenden Teil des Eigenkapitals dieser Untereinheit um 82 GE. Dem Eigenkapital Konzernfremder in Höhe von 102 GE wird – wie im Zeitpunkt der Erstkonsolidierung – wegen der Aufdeckung des nur auf den Konzern entfallenden *goodwill* kein Anteil am *goodwill* zugerechnet:

Übernahme des jeweiligen *goodwill*

Beleg	Datum	Ereignis und Konten	Soll	Haben
K1	Ende X2	Korrekturen bei der Bilanz der B		
		Einfügen des *goodwill* und des zugehörigen Eigenkapitals der B (Wert gemäß Erstkonsolidierung aus dem Kaufpreis ermittelt und auf einen Anteil von 70% bezogen)		
		goodwill B	82	
		Eigenkapital B		82
		Anpassung des Eigenkapitals der B wegen 70% Anteil		
		Eigenkapital B	102	
		Eigenkapital Konzernfremder B		102

Bei der C ergeben sich keine weiteren Probleme:

Beleg	Datum	Ereignis und Konten	Soll	Haben
K2	Ende X2	Korrekturen bei der Bilanz der C		
		Einfügen des *goodwill* und des zugehörigen Eigenkapitals der C (Wert gemäß Erstkonsolidierung aus dem Kaufpreis ermittelt)		
		goodwill C	100	
		Eigenkapital C		100
		Anpassung des Eigenkapitals der C wegen Konzernfremder		
		Eigenkapital C	0	
		Eigenkapital Konzernfremder C		0

Aufspaltung des aktuellen Einkommens auf Konzern und Konzernfremde

Berücksichtigung des auf Konzernfremde entfallenden Einkommens

Aufgrund der im Zeitraum X2 getätigten Geschäfte ergibt sich zunächst die Notwendigkeit, beim Einkommen des laufenden Zeitraums eine Aufteilung auf Konzern und Konzernfremde vorzunehmen. Für die betroffene Einheit B ist diese Aufteilung ohne Bedeutung. Daher wird sie in den Finanzberichten der Einheit auch nicht vorgenommen. Für die zutreffende Darstellung der Vermögens- und Ertragslage des Konzerns ist sie jedoch erforderlich:

Beleg	Datum	Ereignis und Konten	Soll	Haben
K3	Ende X2	Ausbuchen des Anteils Konzernfremder am laufenden Einkommen bei B		
		Einkommen B (Bilanz)	27	
		Eigenkapital Konzernfremder B		27

Korrektur konzerninterner Ereignisse des aktuellen Zeitraums

Verkauf von Ware durch B an A

Aus Konzernsicht anzupassen sind die Folgen innerkonzernlicher Ereignisse. Im Beispiel gehört dazu nur die innerkonzernlich erworbene Ware, die richtigerweise bereits als Ware von A ausgewiesen ist. Lediglich die als innerkonzernlich gekennzeichneten Posten sind aus Konzernsicht anzupassen oder ganz zu eliminieren. Aufgrund dieser Vorgehensweise bleibt beispielsweise der Bilanzposten *Zahlungsmittel* gänzlich unverändert: Er zeigt – auch in den Finanzberichten der einzelnen Einheiten – ganz genau, wo sich wie viele Zahlungsmittel befinden, und diese Information bedarf auch aus Konzernsicht keiner Veränderung. Im Wert dieser Ware ist noch der von B beim Verkauf an A erzielte Gewinn enthalten, der im Konzern zu eliminieren ist, weil er noch nicht durch einen Verkauf an Konzernfremde realisiert ist. Nach den Regeln des IASB gilt für innerkonzernliche Transaktionen, dass die daraus entstehenden Gewinne oder Verluste vollständig zu eliminieren sind (IAS 27.20 f.). Dieser Vorgabe folgen wir hier zunächst (Buchung K4). In der Buchung unterstellen wir dabei, dass sowohl der Konzern als auch die Konzernfremden ihrem Anteil entsprechend von der Eliminierung konzerninterner Einkommensbestandteile (Zwischeneinkommenseliminierung) betroffen sein sollen (Buchung K5). Da wir bisher in unserem Beispiel nur eine Eliminierung in Höhe des Konzernanteils vorgenommen haben, was betriebswirtschaftlich durchaus sinnvoll erscheint, übernehmen wir diese Vorgehensweise auch hier (Buchung K6). Dadurch wird effektiv der noch nicht realisierte Einkommensanteil von 70% aus dem Konzerneinkommen eliminiert. Um diesen Betrag wird dann auch der Wert der bei A lagernden intern bezogenen Ware reduziert:

Beleg	Datum	Ereignis und Konten	Soll	Haben
K4	Ende X2	Eliminierung (bei B) des konzerninternen Geschäfts aus der Einkommensrechnung		
		Umsatzertrag B	50	
		Umsatzaufwand (innen) B		40
		Gewinn (Einkommensrechnung) B		10
K5	Ende X2	Eliminierung des konzerninternen Einkommensanteils aus dem Wert der Ware bei A und aus der Bilanz bei B		
		Einkommen B (Bilanz)	7	
		Eigenkapital Konzernfremder B	3	
		Ware (konzernintern) bei A		10
K6	Ende X2	Teilweise Rücknahme der Eliminierung des Zwischeneinkommens (aus der Sicht der Konzernfremden liegt Realisierung vor)		
		Ware A (konzernintern)	3	
		Anderer Ertrag B		3
K7	Ende X2	Anpassung des Eigenkapitals Konzernfremder		
		Einkommen (Gewinn B Einkommensrechnung)	3	
		Eigenkapital Konzernfremder B		3

Konsolidierungsbuchungen

Der Kern der Konsolidierung besteht im »Tausch« der Buchwerte der Beteiligungen, die in den Finanzberichten der Obereinheit für die Untereinheiten B und C enthalten sind, gegen die um das Fremdkapital gekürzte Summe der Vermögensgüter der jeweiligen Untereinheit. Dazu sind jetzt noch die Buchwerte der Beteiligungen an B und

»Tausch« der Beteiligungen gegen die Vermögensgüter und Fremdkapitalposten der Untereinheiten

C bei A zu eliminieren gegen das Eigenkapital der Untereinheiten B und C in der Höhe, in der es zum Zeitpunkt der Erstkonsolidierung bestand (Grundkapital; Buchungen K8 und K9).

Beleg	Datum	Ereignis und Konten	Soll	Haben
K8	Ende X2	Ausbuchung der Beteiligung an B		
		Eigenkapital B	320	
		Beteiligung der A an B		320
K9	Ende X2	Ausbuchung der Beteiligung an C		
		Eigenkapital C	200	
		Beteiligung der A an C		200

Konzern-Finanzberichte

Werden im Anschluss daran für alle Einheiten die einzelnen Posten von Bilanz, Einkommensrechnung und Eigenkapitaltransferrechnung addiert, ergeben sich Konzern-Bilanz, Konzern-Einkommensrechnung und Konzern-Eigenkapitaltransferrechnung des Konzerns D zum 31.12.X2 so wie in Abbildung 7.6, Seite 319.

7.3.2.2 Vorgehen zum Ende von X3

Übersicht

Ausgangspunkt für die Erstellung der Konzern-Finanzberichte zum Ende des Abrechnungszeitraums X3 sind wiederum die Finanzberichte der einzelnen Einheiten des Konzerns. Da diese allerdings nur die Fortschreibung der Daten für die einzelne Einheit seit dem Ende von X2 vermitteln, sind zur Fortschreibung der Konzernsicht zunächst die Konsequenzen aus den Korrektur- und Konsolidierungsbuchungen zum Ende von X2 für den Zeitraum X3 einzuarbeiten.

Korrektur wegen Vorgaben im Bilanzierungshandbuch des Konzerns

Keine Berücksichtigung von Wertveränderungen der Beteiligungen

An erster Stelle steht dabei die Korrektur der im Zeitraum X2 erfolgten Abschreibung des Buchwerts der Beteiligung der A an der B, die aus Konzernsicht eigentlich gar nicht hätte erfolgen dürfen. Anders als im Zeitraum X2 erfolgt die Korrektur jetzt aber einkommensneutral, da der in den Finanzberichten der A um 20 *GE* zu niedrig ausgewiesene Buchwert der Beteiligung an B im Zeitraum X3 das Einkommen der Einheit A nicht gemindert hat:

7.3 Konsolidierung durch Anpassung von Finanzberichten (Vorgehen der Praxis)

	Einheit A (Ende X2)		Korrektur oder Konsolidierung von A		Einheit B (Ende X2)		Korrektur bei B wegen push down		Konsolidierung von B		Einheit C (Ende X2) (inklusive push down)		Konsolidierung von C		Konzern D (Ende X2)	
	S	H	S	H	S	H	S	H	S	H	S	H	S	H	S	H
Andere Vermögensgüter	350				490						460				1 300	
Beteiligung an B	300		20⁰	320⁸												–
Goodwill B							82¹								82	
Beteiligung an C	200			200⁹												–
Goodwill C											100²				100	
Ware (intern von B)	50		3⁶	10⁵											43	
Summe Aktiva	**900**		**23**	**530**	**490**		**82**				**560**				**1 525**	
Eigenkapital (Beginn X2)		410				340	102¹	82¹	320⁸			100	200⁹			410
												100²				
Einkommen Vorzeitraum		90														90
Eigenkapitaltransfers	20														20	
Einkommen im Zeitraum	10			20⁰		90			27³			160				226
									7⁵							
Eigenkapital (Ende X2)			470	20		430	20		354			360	200			706
Eigenkapital Konzernfremder							102¹	3⁵	3⁷							129
									27³							
Anderes Fremdkapital		430				60						200				690
Summe Passiva		**900**	**20**			**490**	**20**	**102**	**357**	**30**		**560**	**200**			**1 525**
Umsatzaufwand (außen)	150				230						1 000				1 380	
Umsatzaufwand (innen)					40					40⁴	0				–	
Anderer Aufwand (außen)	100				30						0				130	
Anderer Aufwand (innen)	20			20⁰	0						0				–	
Gewinn		20⁰	20⁰			90			3⁷	10⁴		160				263
Summe Aufwand plus Gewinn	**270**		**20**	**20**	**390**				**3**	**50**	**1 160**				**1 773**	
Umsatzertrag (außen)		220				200						1 000				1 420
Umsatzertrag (innen)						50			50⁴			0				–
Anderer Ertrag (außen)		40				140						160				343
Anderer Ertrag (innen)						0			3⁶			0				–
Verlust	10				0										10	
Summe Erträge plus Verlust		**270**				**390**				**50**		**1 160**				**1 773**
Entnahmen	30														30	
Einlagenüberschuss (Saldo)	0														0	
Entnahmen plus Saldo	**30**														**30**	
Einlagen		10														10
Entnahmenüberschuss (Saldo)		20														20
Einlagen plus Saldo		**60**														**30**

Abbildung 7.6: Ermittlung einer Konzern-Bilanz, einer Konzern-Einkommensrechnung und einer Konzern-Eigenkapitaltransferrechnung bei Vollkonsolidierung mit teilweiser Aufdeckung des *goodwill* am Ende des Abrechnungszeitraums X2 (Konzernentstehung zu Beginn von X2) aus den vereinheitlichten Abschlüssen rechtlich selbständiger Einheiten eines Unterordnungskonzerns

Beleg	Datum	Ereignis und Konten	Soll	Haben
K0	Ende X3	Korrektur des Buchwertes der Beteiligung an B bei A (wegen Abschreibung im Zeitraum X2)		
		Beteiligung der A an B	20	
		Einkommen aus Vorzeitraum A (Bilanz)		20

Weitere Korrekturen zur Berücksichtigung von Anpassungen in Vorzeiträumen

Übernahme des *goodwill* und der Eigenkapitalkorrekturen für den Konzern und Konzernfremde

Einkommensneutral zu wiederholen sind auch die Buchungen, die bei der Erstkonsolidierung im Rahmen der Umsetzung der *push down*-Methode durchzuführen waren. Für die Untereinheiten B und C werden die Werte übernommen, die bei der Erstkonsolidierung ermittelt wurden, mit entsprechender Zurechnung zum Konzern beziehungsweise zum Eigenkapital Konzernfremder. Für B erhalten wir:

Beleg	Datum	Ereignis und Konten	Soll	Haben
K1	Ende X3	Korrekturen bei der Bilanz der B aus Vorzeiträumen		
		Einfügen des *goodwill* und des zugehörigen Eigenkapitals der B (anteiliger Wert gemäß Erstkonsolidierung aus dem Kaufpreis ermittelt)		
		goodwill B	82	
		Eigenkapital B		82
		Anpassung des Eigenkapitals der B wegen Konzernfremder		
		Eigenkapital B	102	
		Eigenkapital Konzernfremder B		102

Für C erhalten wir:

Beleg	Datum	Ereignis und Konten	Soll	Haben
K2	Ende X3	Korrekturen bei der Bilanz der C aus Vorzeiträumen		
		Einfügen des *goodwill* des zugehörigen Eigenkapitals der C (Wert gemäß Erstkonsolidierung aus dem Kaufpreis ermittelt)		
		goodwill C	100	
		Eigenkapital C		100
		Anpassung des Eigenkapitals der C wegen Konzernfremder		
		Eigenkapital C	0	
		Eigenkapital Konzernfremder C		0

Aufspaltung des Einkommens auf Konzern und Konzernfremde im aktuellen Zeitraum

Was das Einkommen des Vorzeitraums X2 betrifft, wird dieses bereits in den Finanzberichten der Einheiten B und C in die Zeile *Einkommen aus Vorzeiträumen* umgesetzt. Damit ist bei Untereinheit C kein weiterer Eingriff erforderlich. Da jedoch 30% der Anteile der B von Konzernfremden gehalten werden und die Eigentumsverhältnisse in der Bilanz der B nicht differenziert ausgewiesen werden, muss dort das Einkommen aus X2 auf Konzern und Konzernfremde aufgeteilt werden, und zwar entsprechend den Konzern-Finanzberichten von X2. Gleichzeitig ist der Wert der bei A noch lagernden, von B bezogenen Ware wie in den Finanzberichten zu X2 um 7 *GE* zu vermindern. (Die Gegenbuchung betraf im Zeitraum X2 das Eigenkapital von B.):

Relevanz für B

Beleg	Datum	Ereignis und Konten	Soll	Haben
K3	Ende X3	Berücksichtigung der Ereignisse des Vorzeitraums X2 (gemäß Konzern-Finanzberichten) bei B		
		Einkommen aus Vorzeitraum B (Bilanz)	34	
		Eigenkapital Konzernfremder B (Vorzeitraumanteil nicht separat ausgewiesen)		27
		Ware A (konzernintern von B)		7

Bezüglich der Ware müssen wir jedoch im Hinblick auf das Vorgehen in der Praxis darauf hinweisen, dass in der Unternehmensrealität in der Regel davon auszugehen ist, dass Vorräte normalerweise innerhalb von circa drei Monaten abgesetzt werden. Überdies sollte es in der Praxis meist nicht vorkommen, dass die vom konzerninternen Partner ausgewiesenen internen Umsatzerträge zum Bilanzstichtag wertmäßig (wie in unserem Beispiel) noch genau mit dem beim Empfänger gelagerten Warenvolumen übereinstimmen: Normalerweise wird ein Teil der bezogenen Ware bereits weiterveräußert sein. Für die Konsolidierung bedeutet das unter anderem, dass es nur selten bei einer einkommensneutralen Wiederholung der Zwischeneinkommenselimimerung des Vorzeitraums bleiben kann. Da die Vorräte des Vorzeitraums praktisch als verkauft gelten müssen, sind die im Vorzeitraum als nicht realisiert aus den Konzern-Finanzberichten eliminierten Umsatzerträge inzwischen auch aus Konzernsicht realisiert: Damit wäre die Zwischeneinkommenselimimerung des Vorzeitraums im neuen Berichtszeitraum zumeist einkommensmäßig zurückzunehmen. Damit ist dann für die »neuen« konzerninternen Vorräte auch eine neue Zwischeneinkommenselimimerung durchzuführen, bei der – aufgrund der möglicherweise veränderten Geschäftssituation – unter Umständen ein höherer oder niedrigerer Einkommensanteil zu berücksichtigen ist.

Behandlung der Ware

Aufteilung des weiteren Einkommens

Zusätzlich zu der Aufteilung des im Eigenkapital enthaltenen Einkommens aus Vorzeiträumen muss bei der Untereinheit B auch das Einkommen aus dem laufenden Berichtszeitraum auf Konzern und Konzernfremde aufgeteilt werden:

Beleg	Datum	Ereignis und Konten	Soll	Haben
K4	Ende X3	Aufteilung des laufenden Einkommens auf Konzernfremde bei B (30% von 90 GE = 27 GE)		
		Einkommen im Zeitraum B (Bilanz)	27	
		Eigenkapital Konzernfremder B		27

Korrektur konzerninterner Ereignisse im aktuellen Zeitraum

Zinszahlung

Von den konzerninternen Ereignissen des Zeitraums X3 sind zunächst im Hinblick auf die Zinszahlungen von C an A die betreffenden Posten der Einkommensrechnung bei C und A zu eliminieren und zusätzlich die Auswirkungen dieser Eliminierung für das Eigenkapital zu erfassen:

Beleg	Datum	Ereignis und Konten	Soll	Haben
K5	Ende X3	Eliminierung der konzerninternen von C nach A geflossenen Darlehenszinsen		
		Anderer Ertrag (innen) A von C	5	
		Anderer Aufwand C (innen) für A		5
K6	Ende X3	Eliminierung der Eigenkapitalwirkungen der konzerninternen Darlehenszinsen		
		Einkommen (Bilanz) A	5	
		Einkommen (Bilanz) C		5
K7	Ende X3	*Verlust C (Einkommensrechnung)*	5	
		Gewinn A (Einkommensrechnung)		5

Darlehen

Das entsprechende, aus Sicht der einzelnen Einheiten am Ende von X3 noch bestehende Darlehen ist als konzerninterner Sachverhalt für die Konzernberichterstattung irrelevant. Die Forderung der A an C ist ebenso wie die Verbindlichkeit der C gegenüber der A zu eliminieren. Da die mit dem Darlehen verbundene Übertragung der Zahlungsmittel von A an C bereits in den Finanzberichten der einzelnen Einheiten zutreffend dargestellt wird, werden die Zahlungsmittel (wie auch im Fall der Zinszahlung) von der Konsolidierungsbuchung nicht erfasst:

Beleg	Datum	Ereignis und Konten	Soll	Haben
K8	Ende X3	Eliminierung der konzerninternen Darlehensforderung und -Verbindlichkeit		
		Fremdkapital C (intern von A)	40	
		Forderungen A (intern gegen C)		40

Die Dividendenzahlung von B an A stellt sich aus Konzernsicht anders dar als aus Sicht der einzelnen Einheiten: Aus Konzernsicht liegt keine Entnahme vor, sondern letztlich eine Verlagerung von Eigenkapital aus Vorzeiträumen von B nach A. Das wirkt sich in den Konsolidierungsbuchungen folgendermaßen aus:

Dividendenausschüttung und Beteiligungsertrag

Beleg	Datum	Ereignis und Konten	Soll	Haben
K9	Ende X3	Eliminierung der Dividendenzahlung von B, die aus Konzernsicht bei B keine Entnahme, sondern eine Verminderung des Einkommens aus Vorzeiträumen darstellt		
		Einkommen aus Vorzeitraum B (Bilanz)	60	
		Entnahme B (Eigenkapitaltransferrechnung)		60
K10	Ende X3	Eigenkapitalwirkung der Eliminierung des Eigenkapitaltransfers bei B		
		Entnahmeüberschuss B (Saldo, Eigenkapitaltransferrechnung)	60	
		Eigenkapitaltransfer im Zeitraum B (Bilanz)		60

Entsprechend stellt die erhaltene Dividende bei A aus Konzernsicht kein Einkommen des Zeitraums X3 dar, da sie bereits im Vorzeitraum Teil des Einkommens von B (und damit auch Bestandteil der Einkommensrechnung des Konzerns) gewesen ist. Da die Dividendenzahlung der B aus Konzernsicht letztlich das Eigenkapital aus Vorzeiträumen bei B geschmälert hat, muss sie – immerhin ist sie tatsächlich geflossen – nun auch bei A in das Eigenkapital aus Vorzeiträumen eingestellt werden:

Beleg	Datum	Ereignis und Konten	Soll	Haben
K11	Ende X3	Eliminierung des Beteiligungsertrags bei A von B, die für den Konzern kein Einkommen des laufenden Zeitraums darstellt		
		Anderer Ertrag A (innen)	60	
		Einkommen aus Vorzeitraum A (Bilanz)		60
K12	Ende X3	Eigenkapitalwirkung der Eliminierung des Beteiligungsertrags bei A		
		Einkommen im Zeitraum A (Bilanz)	60	
		Gewinn A (Einkommensrechnung)		60

Konsolidierungsbuchungen

Ausbuchung der Beteiligungen

Schließlich sind noch die Buchwerte der Beteiligungen bei A zu eliminieren gegen das Eigenkapital der Untereinheiten B und C in der Höhe, in der es zum Zeitpunkt der Erstkonsolidierung bestand (Buchungen K13 und K14).

Beleg	Datum	Ereignis und Konten	Soll	Haben
K13	Ende X3	Ausbuchung der Beteiligung an B		
		Eigenkapital B	320	
		Beteiligung der A an B		320
K14	Ende X3	Ausbuchung der Beteiligung an C		
		Eigenkapital C	200	
		Beteiligung der A an C		200

Konzern-Finanzberichte

Werden im Anschluss daran für alle Einheiten die einzelnen Posten von Bilanz, Einkommensrechnung und Eigenkapitaltransferrechnung jeweils addiert, ergeben sich Konzern-Bilanz, Konzern-Einkommensrechnung und Konzern-Eigenkapitaltransferrechnung zum Ende von X3 so wie in Abbildung 7.7, Seite 325.

7.3.3 Entkonsolidierung bei Verkauf der Anteile an einer Einheit

Konzern-Finanzberichte zum Verkaufszeitpunkt

Verkauft A beispielsweise die Beteiligung an B zum Anfang des Zeitraums X4 zu 380 GE an konzernfremde Anleger, gehen wir bei der erforderlichen Entkonsolidierung von den Konzern-Finanzberichten zum Ende von X3 aus. Da bis zum Verkaufszeitpunkt annahmegemäß keine weiteren geschäftlichen Aktivitäten stattgefunden haben, entsprechen die Konzern-Finanzberichte zum Verkaufszeitpunkt zu Beginn von denjenigen zum Ende von X3.

Ermittlung des Wertes der Beteiligung als Saldo

Für das Einkommen, das in den Finanzberichten des Konzerns dargestellt wird, ist nicht der Buchwert der Beteiligung an B bei der Obereinheit A (320 GE nach Eliminierung der Abschreibung in der Bilanz der A), sondern der aktuelle Wert der Beteiligung B maßgeblich. Dieser ergibt sich – ausgehend von der Konzernbilanz zum Zeitpunkt des Ausscheidens der B – aus den dort (nach Konsolidierung) enthaltenen Vermögensgütern der B (einschließlich *goodwill*), vermindert um deren Fremdkapital, um den Anteil Konzernfremder und eventuell um Konsolidierungsmaßnahmen, die aufgrund des Ausscheidens der B rückgängig gemacht werden müssen. Um den letztgenannten Sachverhalt handelt es sich in unserem Beispiel, weil

7.3 Konsolidierung durch Anpassung von Finanzberichten (Vorgehen der Praxis)

	Einheit A (Ende X3)		Korrektur oder Konsolidierung von A		Einheit B (Ende X3)		Korrektur bei B wegen push down		Konsolidierung von B		Einheit C (Ende X3) (inklusive push down)		Konsolidierung von C		Konzern D (Ende X3)	
	S	H	S	H	S	H	S	H	S	H	S	H	S	H	S	H
Andere Vermögensgüter	465				520						125				1 110	
Beteiligung an B	300		20^0	320^{13}			82^1									
Goodwill B															82	
Beteiligung an C	200			200^{14}												
Goodwill C											100^2				100	
Forderungen C (intern)	40			40^8											43	
Ware																
Ware (intern von B)	50			7^3												
Summe Aktiva	**1 055**		**20**	**567**	**520**		**82**				**225**				**1 335**	
Eigenkapital (1.1.X3)		410				340	102^1	82^1	320^{13}			100	200^{14}			410
												100^2				
Einkommen Vorzeitraum		60	20^0			90			34^3			160				296
			60^{11}						60^9							
Eigenkapitaltransfers					60					60^{10}						
Einkommen im Zeitraum		65	5^6			90			27^4			200	5^6			132
			60^{12}													
Eigenkapital (31.12.X3)		535	65	80		460	20		441	60		160	200	5		574
Eigenkapital Konzernfremder									102^1				27^3			
													27^4			156
Fremdkapital (intern von A)												40	40^8			
Anderes Fremdkapital		520				60						25				605
Summe Passiva		**1 055**	**65**	**80**		**520**	**20**		**102**	**441**	**114**	**225**	**240**	**5**		**1 335**
Umsatzaufwand (außen)					40						490				530	
Anderer Aufwand (außen)					10						20				215	
Anderer Aufwand (innen)											5		5^5			
Gewinn	65		5^7		90										90	
			60^{12}													
Summe Aufwand plus Gewinn	**65**				**65**	**140**			**700**				**5**		**835**	
Umsatzertrag (außen)						50				500						550
Anderer Ertrag (außen)						90										90
Anderer Ertrag (innen)			5^5													
			60^{11}													
Verlust											200		5^7		195	
Summe Erträge plus Verlust		**65**		**65**		**140**				**700**				**5**		**835**
Entnahmen	0				60				60^9						0	
Einlagenüberschuss (Saldo)																
Entnahmen plus Saldo	**0**				**60**				**60**						**0**	
Einlagen		0				0										0
Entnahmenüberschuss (Saldo)						60				60^{10}						
Einlagen plus Saldo		**0**				**60**				**60**						**0**

Abbildung 7.7: Ermittlung einer Konzern-Bilanz, einer Konzern-Einkommensrechnung und einer Konzern-Eigenkapitaltransferrechnung bei Vollkonsolidierung mit teilweiser Aufdeckung des *goodwill* am Ende des Abrechnungszeitraums X3 (Konzernentstehung zu Beginn von X2) aus den vereinheitlichten Zahlen rechtlich selbständiger Einheiten eines Unterordnungskonzerns

die ursprünglich von B bezogene Ware, bei der 70% des Zwischengewinns eliminiert wurden, jetzt bei A mit dem vollen ursprünglichen Bezugspreis (einschließlich Zwischeneinkommen) anzusetzen ist. In der Regel werden der Buchwert der Beteiligung bei der Obereinheit und der aus Konzernsicht ermittelte aktuelle Wert der abzugebenden Beteiligung nicht übereinstimmen. Für unser Beispiel kann die Wertermittlung bereits in der Form einer Abgangsbuchung dargestellt werden:

Beleg	Datum	Ereignis und Konten	Soll	Haben
E0	Beginn X4	Aktueller Wert der Beteiligung der A an B (ergibt sich als Saldogröße)	379	
		Vermögensgüter A (von B bezogene Ware; gilt nicht mehr als konzernintern)	7	
		Eigenkapital Konzernfremder B	156	
		Anderes Fremdkapital B	60	
		Andere Vermögensgüter B		520
		goodwill B		82

Einkommensermittlung

Für die Einkommensrechnung ist neben dem *Anderen Ertrag* aufgrund des Zahlungsmittelzuflusses in Höhe von 380 GE ein *Anderer Aufwand* aus dem Abgang der Beteiligung an der B, bewertet mit dem aktuellen Wert von 379 GE, zu berücksichtigen, woraus sich insgesamt ein Gewinn von 1 GE ergibt:

Beleg	Datum	Ereignis und Konten	Soll	Haben
E1		Zahlungsmittel (Zugang bei A)	380	
		Anderer Ertrag (außen) des Konzerns		380
E2		Anderer Aufwand (außen) des Konzerns	379	
		Beteiligung der A an B (Saldo stellt den aktuellen Wert aus Konzernsicht zum Zeitpunkt des Verkaufs dar)		379
E3		Gewinn (Einkommensrechnung) Konzern	1	
		Gewinn (Bilanz) Konzern		1

Konzern-Finanzberichte

Damit ergeben sich die Bilanz und die Einkommensrechnung des Konzerns D nach dem Verkauf der Beteiligung an B zu Beginn von X4 so wie in Abbildung 7.8, Seite 327.

7.4 Aussagegehalt

	Konzern D mit B (Beginn X4)		Einheit B (Beginn X4): Vermögensgüter und Fremdkapital (nachrichtlich)		Verkauf von B: Buchungen		Konzern D ohne B (Beginn X4)	
	S	H	S	H	S	H	S	H
Andere Vermögensgüter	1 110		520			520^0	590	
Beteiligung an B	–				379^0	379^2		
Goodwill in B	82		82			82^0		
Goodwill in C	100						100	
Ware	43					7^0	50	
Zahlungsmittel					380^1		380	
Summe Aktiva	**1 335**		**602**		**766**	**981**	**1 120**	
Eigenkapital (Beginn X4, vor Abgang):		410						410
Einkommen Vorzeitraum		164						164
Einkommen im Zeitraum						1^3		1
Eigenkapital (Beginn X4, nach Abgang)		574						575
Eigenkapital Konzernfremder		156			156^0			0
Anderes Fremdkapital		605		60		60^0		545
Summe Passiva		**1 335**		**60**	**216**	**1**		**1 120**
Umsatzaufwand (außen)								
Anderer Aufwand (außen)					379^2		379	
Einkommen (Gewinn)					1^3		1	
Summe Aufwand plus Einkommen (Gewinn)					**380**		**380**	
Umsatzertrag (außen)								
Anderer Ertrag (außen)						380^1		380
Einkommen (Verlust)								
Summe Ertrag plus Verlust						**380**		**380**

Abbildung 7.8: Entkonsolidierung zu Beginn von zeitraum X4 beim Vorgehen in der Unternehmenspraxis

7.4 Aussagegehalt

Wir betrachten wieder die von der Unternehmensleitung ausgeschlossenen Eigenkapitalgeber, die Unternehmensleitung sowie die Finanzberichtsprüfer.

Überblick

Für von der Unternehmensleitung ausgeschlossene Anteilseigner

Aus Sicht der von der Unternehmensleitung ausgeschlossenen Eigenkapitalgeber ergibt sich – neben dem umfassenden Überblick über die Vermögensgüter und Fremdkapitalposten des Konzerns, über welche die Unternehmensleitung insgesamt verfügen kann – ein klares Bild von ihrem Anteil am Eigenkapital des Gesamtkonzerns, insbesondere dann, wenn in der Einkommensrechnung noch zusätzlich unterschieden wird nach dem Einkommensanteil der anderen Anteilseigner in Untereinheiten und dem der Obereinheit. Es gibt jedoch keinerlei Information darüber, welche Anteile an den Vermögensgütern und Schulden des Konzerns auf diejenige Untereinheit entfallen, an der die von der Unternehmensleitung ausgeschlossenen Eigenkapitalgeber direkt beteiligt sind: Genau dieses ist auch nicht das Ziel der Finanzberichterstattung im Konzern.

Für die Unternehmensleitung

Die Unternehmensleitung wird bei der Konzernberichterstattung dazu verpflichtet, Informationen über alle Bestände und Bestandsveränderungen zu geben, auf die sie ökonomisch Einfluss hat, auch dann, wenn ihr nur ein Teil davon formalrechtlich gehört.

Für den Finanzberichtsprüfer

Für den Finanzberichtsprüfer ergibt sich im Vergleich zum vorher skizzierten Konsolidierungsverfahren keine neue Aufgabe. Er hat nicht nur die direkt mit der Konsolidierung verbundenen Buchungen zu überprüfen, sondern auch die aufgedeckten stillen Reserven und Lasten zu begutachten, weil diese Einfluss auf die Höhe des Eigenkapitals und der Eigenkapitalveränderungen besitzen.

7.5 Vorgaben der IFRS und des dHGB

7.5.1 Vorgaben der IFRS

Keine volle Kompatibilität des Vorgehens mit den IFRS

Die Vorgaben der IFRS ergeben sich aus IFRS 3, *Business Combinations*. Das dargestellte Verfahren entspricht weitgehend den Vorgaben des IFRS 3: Es entspricht zwar nicht der *full goodwill*-Methode, aber die Darstellung des nur auf die Obereinheit entfallenden *goodwill* ist nach IFRS 3 ebenfalls erlaubt.

Fremdwährungsumrechnung

Auch die Fremdwährungsumrechnung unter Verwendung der Zeitbezugsmethode ist gemäß IFRS grundsätzlich möglich, wenn die Konzernwährung die funktionale Währung einer in einem Fremdwährungsgebiet ansässigen Untereinheit ist: Allerdings würde man in einem solchen Fall den Abschluss in der Untereinheit direkt in deren funktionaler Währung erstellen. Dazu würde man alle

Sachverhalte bereits zum Transaktionszeitpunkt zeitnah umrechnen und in der funktionalen Währung buchen. Lediglich bei monetären Posten (wie etwa Verbindlichkeiten) wäre dann, wenn dahinter eine originäre Verpflichtung in Fremdwährung steht, zusätzlich in der Untereinheit zum Bilanzstichtag eine als Bewertungsmaßnahme verstandene – und daher einkommenswirksame – Umrechnung dieser Posten erforderlich. Beim Einsatz der (vereinfachten) Stichtagskursmethode, die regelmäßig anzuwenden ist, wenn die funktionale Währung einer Untereinheit von der Währung der Obereinheit abweicht, ist dagegen immer eine einkommensneutrale Erfassung der Umrechnungsdifferenz gefordert.

Die IFRS sehen entgegen unserem Beispiel vor, die gebuchten, aber innerkonzernlichen Ereignisse vollständig und nicht quotal rückgängig zu machen. Nur Busse von Colbe et al. heben hervor, dass man eigentlich so vorgehen müsste, wie wir es beschrieben haben.[3]

Gebuchte, aber innerkonzernliche Ereignisse

7.5.2 Vorgaben des dHGB

Die Vollkonsolidierung mit anteiliger Aufdeckung eines *goodwill* stellt diejenige Methode dar, die seit 1985 auf Einheiten angewendet werden soll, die vom Konzern beherrscht werden. Ausnahmen bestehen nach §296 dHGB für bestimmte Fälle. Allerdings ist die Umrechnung unter Verwendung der Zeitbezugsmethode seit dem Inkrafttreten des BilMoG in Deutschland nicht mehr erlaubt.

Regelung mit Ausnahmen

Es ist umstritten, wie man die innerkonzernlichen Ereignisse behandelt. Die meisten Literaturquellen argumentieren, man solle sie vollständig eliminieren, wahrscheinlich aus Gründen der Vereinfachung. Dem entsprechend findet man in den konsolidierten Finanzberichten deutscher Konzerne normalerweise keine Aussagen dazu. Nur Busse v. Colbe et al. heben hervor, dass man eigentlich so vorgehen müsste, wie wir es beschrieben haben.

Umfang der Eliminierung innerkonzernlichen Einkommens bei Anteilsbesitz umstritten

7.6 Zusammenfassung

Im vorliegenden Kapitel haben wir uns mit der Vollkonsolidierung befasst. Dabei stand das Interesse des Konzerns im Vordergrund. Wir haben nur den *goodwill* bestimmt, der auf den Konzern entfällt. Den

---

[3] Vgl. Busse von Colbe et al., (2010), S. 375–376.

Teil des *goodwill,* der auf die konzernfremden Anteilseigner in Untereinheiten entfällt, haben wir vernachlässigt.

Die Methode ist nach den Vorgaben der IFRS neben der *full goodwill*-Methode zulässig. Für das dHGB stellt sie die Standardmethode für die Konsolidierung von Untereinheiten dar, die vom Konzern beherrscht werden, für so genannte Tochtergesellschaften.

7.7 Übungsmaterial

7.7.1 Fragen mit Antworten

Fragen	Antworten
Wie geht man bei der Vollkonsolidierung mit Aufdeckung eines *goodwill* für den Konzern (anteiliger *goodwill*) vor?	Man tauscht die Beteiligung an einer Untereinheit gegen die gesamten Vermögensgüter abzüglich aller Fremdkapitalposten vermindert um den Eigenkapitalanteil Konzernfremder sowie einen Restposten für den *goodwill*.
Unterscheidet sich der *goodwill* bei der Vollkonsolidierung mit anteiliger Aufdeckung des *goodwill* von dem *goodwill*, den man bei der quotalen Konsolidierung ermittelt?	Nein, weil jeweils nur der Teil des *goodwill* in der Untereinheit berücksichtigt wird, und zwar derjenige, der auf den Konzern entfällt.
Rechnet man bei der Vollkonsolidierung mit Aufdeckung eines anteiligen *goodwill* mit den anteiligen oder mit den vollständigen Vermögensgütern?	Man rechnet mit den vollständigen Vermögensgütern.
Rechnet man bei der Vollkonsolidierung mit Aufdeckung eine anteiligen *goodwill* mit dem anteiligen oder mit dem vollständigen Fremdkapital der Untereinheit?	Man rechnet mit dem vollständigen Fremdkapital.
Wodurch gelingt die Beschränkung auf den Teil der Vermögensgüter abzüglich der Fremdkapitalposten, der auf den Konzern entfällt?	Durch die Verminderung des *Saldos* aus sämtlichen Vermögensgütern und Fremdkapitalposten der Untereinheit um das Eigenkapital Konzernfremder.
Erlauben die IFRS die Vollkonsolidierung mit anteiliger Aufdeckung des *goodwill*?	Ja, sie ist als Alternative zur vollständigen Aufdeckung des *goodwill* weiterhin erlaubt.
Erlaubt das dHGB die Vollkonsolidierung mit anteiliger Aufdeckung des *goodwill*?	Ja, die Methode ist die Standardmethode des dHGB für die Konsolidierung so genannter Tochtergesellschaften.

7.7.2 Verständniskontrolle

1. Was bezweckt man mit der Konsolidierung nach der Methode der Vollkonsolidierung mit Aufdeckung eines anteiligen *goodwill?*
2. Wie ermittelt man den *goodwill,* der auf den Konzern entfällt?
3. Wie geht man mit dem *goodwill* und dem Eigenkapital um, das auf Konzernfremde entfällt?
4. Welche Aussagestärken sind mit Finanzberichten nach der Methode der Vollkonsolidierung mit Aufdeckung eines anteiligen *goodwill* verbunden?
5. Welche Aussageschwächen sind mit Finanzberichten nach der Methode der Vollkonsolidierung mit Aufdeckung eines anteiligen *goodwill* verbunden?
6. Welche Auswirkungen besitzt die Methode der Vollkonsolidierung mit Aufdeckung eines anteiligen *goodwill* auf eigenkapitalorientierte Kennzahlen?
7. Was sieht das deutsche Handelsrecht zur Konsolidierung vor?

7.7.3 Aufgaben zum Selbststudium

Aufgabe 7.1 Konsolidierung im Unterordnungskonzern bei Anwendung der Vollkonsolidierung mit Aufdeckung eines anteiligen *goodwill*

Sachverhalt

Zu Beginn des Abrechnungszeitraums X2 erwirbt A als Obereinheit Beteiligungen an den Untereinheiten B und C, so dass der Unterordnungskonzern U entsteht. A erwirbt an B zum Preis von 350 *GE* eine Beteiligung von 50%, an C zum Preis von 210 *GE* eine Beteiligung von 100%. Aufgrund von Bilanzierungsvorgaben, die nur für die juristisch selbstständigen Einheiten anzuwenden sind, schreibt A die Beteiligung an B zum Ende von X2 außerplanmäßig um 30 *GE* ab.

Die Bilanzen, die Einkommensrechnungen und die Eigenkapitaltransferrechnungen für die Abrechnungszeiträume X1, X2 und X3 der drei juristisch selbstständigen Einheiten ergeben sich aus den folgenden Abbildungen. Die angegebenen Werte entsprechen dabei zum Zeitpunkt der Erstkonsolidierung den Marktwerten der jeweiligen Vermögensgüter und Fremdkapitalposten. Die Rechenwerke sind hinsichtlich von Postengliederungen und Ansatzvorschriften bereits vereinheitlicht.

Aktiva	Bilanz der A in GE				Passiva		
	Ende X1	Ende X2	Ende X3		Ende X1	Ende X2	Ende X3
Andere Vermögensgüter	940	470	570	Eigenkapital (am 1.1.)	800	1 000	940
Beteiligung an B	350	320	320	Eigenkapitaltransfers im			
Beteiligung an C	210	210	210	Zeitraum, Zunahme (+)			
Forderung	0	200	0	Abnahme (−)	20	−40	0
Ware	0	120	120	Gewinn (+) bzw. Verlust			
Zahlungsmittel	500	480	890	(−) im Zeitraum	180	−20	130
				Passiver Rechnungs-abgrenzungsposten	0	10	0
				Anderes Fremdkapital	1 000	850	1 040
Summe Vermögensgüter	2 000	1 800	2 110	Summe Kapital	2 000	1 800	2 110

Aufwand	Einkommensrechnung der A in GE				Ertrag		
	Zeitraum X1	Zeitraum X2	Zeitraum X3		Zeitraum X1	Zeitraum X2	Zeitraum X3
Umsatzaufwand (außen)	100	300	0	Umsatzertrag (außen)	260	440	0
Umsatzaufwand (innen)	0	0	0	Umsatzertrag (innen)	0	0	0
Anderer Aufwand (außen)	60	210	0	Anderer Ertrag (außen)	80	55	25
Anderer Aufwand (innen)	0	30	0	Anderer Ertrag (innen)	0	25	105
Gewinn	180	0	130	Verlust	0	20	0
Summe Aufwand plus Gewinn	340	540	130	Summe Ertrag plus Verlust	340	540	130

Entnahmen	Eigenkapitaltransferrechnung der A in GE				Einlagen		
	Zeitraum X1	Zeitraum X2	Zeitraum X3		Zeitraum X1	Zeitraum X2	Zeitraum X3
Entnahme	40	60	0	Einlage	60	20	0
Zunahme des Eigenkapitals durch Eigenkapitaltransfers	20	0	0	Abnahme des Eigenkapitals durch Eigenkapitaltransfers	0	40	0
Summe Entnahme plus Zunahme des Eigenkapitals durch Eigenkapitaltransfers	60	60	0	Summe Einlage plus Abnahme des Eigenkapitals durch Eigenkapitaltransfers	60	60	0

7.7 Übungsmaterial

Aktiva		Bilanz der B in *GE*				Passiva	
	Ende X1	Ende X2	Ende X3		Ende X1	Ende X2	Ende X3
Andere Vermögensgüter	700	630	300	Eigenkapital (am 1.1.)	300	600	680
Ware	100	20	70	Eigenkapitaltransfers im Zeitraum, Zunahme (+)			
Zahlungsmittel	200	150	250	Abnahme (−)	100	0	0
				Gewinn (+) bzw. Verlust (−) im Zeitraum	200	80	−100
				Passiver Rechnungsabgrenzungsposten	0	0	0
				Anderes Fremdkapital	400	120	40
Summe Vermögensgüter	1 000	800	620	Summe Kapital	1 000	800	620

Aufwand		Einkommensrechnung der B in *GE*				Ertrag	
	Zeitraum X1	Zeitraum X2	Zeitraum X3		Zeitraum X1	Zeitraum X2	Zeitraum X3
Umsatzaufwand (außen)	20	340	200	Umsatzertrag (außen)	200	400	100
Umsatzaufwand (innen)	0	80	0	Umsatzertrag (innen)	0	120	0
Anderer Aufwand (außen)	80	40	0	Anderer Ertrag (außen)	100	20	0
Anderer Aufwand (innen)	0	0	0	Anderer Ertrag (innen)	0	0	0
Gewinn	200	80	0	Verlust	0	0	100
Summe Aufwand plus Gewinn	300	520	200	Summe Ertrag plus Verlust	300	520	200

Entnahmen		Eigenkapitaltransferrechnung der B in *GE*				Einlagen	
	Zeitraum X1	Zeitraum X2	Zeitraum X3		Zeitraum X1	Zeitraum X2	Zeitraum X3
Entnahmen	20	0	0	Einlagen	120	0	0
Zunahme des Eigenkapitals durch Eigenkapitaltransfers	100	0	0	Abnahme des Eigenkapitals durch Eigenkapitaltransfers	0	0	0
Summe Entnahmen plus Zunahme des Eigenkapitals durch Eigenkapitaltransfers	120	0	0	Summe Einlagen plus Abnahme des Eigenkapitals durch Eigenkapitaltransfers	120	0	0

Aktiva				Bilanz der C in *GE*	Passiva		
	Ende X1	Ende X2	Ende X3		Ende X1	Ende X2	Ende X3
Andere Vermögensgüter	280	620	150	Eigenkapital (am 1.1.)	140	200	520
Ware	0	0	0	Eigenkapitaltransfers im Zeitraum, Zunahme (+)			
Zahlungsmittel	120	300	100	Abnahme (−)	0	0	−80
				Gewinn (+) bzw. Verlust (−) im Zeitraum	60	320	−200
				Passiver Rechnungsabgrenzungsposten	0	0	0
				Anderes Fremdkapital	200	400	10
Summe Vermögensgüter	400	920	250	Summe Kapital	400	920	250

Aufwand				Einkommensrechnung der C in *GE*	Ertrag		
	Zeitraum X1	Zeitraum X2	Zeitraum X3		Zeitraum X1	Zeitraum X2	Zeitraum X3
Umsatzaufwand (außen)	1 900	1 965	920	Umsatzertrag (außen)	2 000	2 000	1 040
Umsatzaufwand (innen)	0	0	0	Umsatzertrag (innen)	0	0	0
Anderer Aufwand (außen)	40	0	305	Anderer Ertrag (außen)	0	320	0
Anderer Aufwand (innen)	0	35	15	Anderer Ertrag (innen)	0	0	0
Gewinn	60	320	0	Verlust	0	0	200
Summe Aufwand plus Gewinn	2 000	2 320	1 240	Summe Ertrag plus Verlust	2 000	2 320	1 240

Entnahmen				Eigenkapitaltransferrechnung der C in *GE*	Einlagen		
	Zeitraum X1	Zeitraum X2	Zeitraum X3		Zeitraum X1	Zeitraum X2	Zeitraum X3
Entnahme	0	0	80	Einlage	0	0	0
Zunahme des Eigenkapitals durch Eigenkapitaltransfers	0	0	0	Abnahme des Eigenkapitals durch Eigenkapitaltransfers	0	0	80
Summe Entnahme plus Zunahme des Eigenkapitals durch Eigenkapitaltransfers	0	0	80	Summe Einlage plus Abnahme des Eigenkapitals durch Eigenkapitaltransfers	0	0	80

Während des Abrechnungszeitraumes X2 ereignen sich folgende konzerninterne Transaktionen, die teilweise auch Auswirkungen auf X3 haben:

a. In X2 verkauft B Ware mit einem Buchwert von 80 *GE* zu einem Preis von 120 *GE* an A.
b. Zu Beginn von X2 vergibt A an C ein Darlehen mit folgenden Modalitäten: A zahlt an diesem Tag an C 180 *GE* aus und C verpflichtet sich zu einer Rückzahlung von 200 *GE* am Ende von X3. Zudem willigt C ein, je Abrechnungszeitraum Zinsen in Höhe von 7,5% auf den Rückzahlungsbetrag an A zu überweisen. A verteilt die Einkommenswirkungen aus dem Agio über dessen Laufzeit, wohingegen C die Einkommenskonsequenzen aus dem Disagio in voller Höhe im Abrechnungszeitraum X2 erfasst.
c. Aufgrund des bestehenden Beteiligungsverhältnisses zahlt C an A in X3 eine Dividende in Höhe von 80 *GE* aus.

Fragen und Teilaufgaben

1. Erstellen Sie die Finanzberichte bei Entstehung des Konzerns (Erstkonsolidierung) zu Beginn des Abrechnungszeitraums X2 unter Verwendung des Konzepts der Vollkonsolidierung mit Aufdeckung eines anteiligen *goodwill*! Nehmen Sie an, zwischen dem Ende von X1 und dem Zeitpunkt der Erstkonsolidierung (Beginn X2) von B und C haben keinerlei buchführungsrelevante Transaktionen stattgefunden!
2. Erstellen Sie die Konzern-Finanzberichte zum Ende des Abrechnungszeitraums X2 (erste Folgekonsolidierung) unter Verwendung des Konzepts der Vollkonsolidierung mit Aufdeckung eines anteiligen *goodwill*!
3. Erstellen Sie die Konzern-Finanzberichte zum Ende des Abrechnungszeitraums X3 (zweite Folgekonsolidierung) unter Verwendung des Konzepts der Vollkonsolidierung mit Aufdeckung eines anteiligen *goodwill*!
4. Nehmen Sie an, die A würde die Beteiligung an C zu Beginn von X4 zu einem Preis von 300 *GE* an Konzernfremde verkaufen! Erstellen Sie die anfallenden Buchungssätze im Zusammenhang mit der aus Konzernsicht resultierenden Entkonsolidierung von C zum Beginn von X4! Geben Sie darüber hinaus auch die Konzern-Finanzberichte von U nach der Entkonsolidierung von C zum Beginn von X4 an!

Lösungshinweise zu den Fragen und Teilaufgaben

1. Zum Beginn von X2 beträgt das Konzern-Eigenkapital 1 000 *GE*. Eine Einkommens- oder Eigenkapitaltransferrechnung kann es für den Konzern bei der Erstkonsolidierung nicht geben.

2. Zum Ende von X2 beträgt das Konzern-Eigenkapital 1 320 *GE* und das Konzern-Einkommen 360 *GE*.

3. Nach sämtlichen Konsolidierungsbuchungen und der Berücksichtigung der einkommensneutralen Wiederholung von Buchungen aus dem Vorzeitraum ergibt sich zum Ende von X3 ein Konzern-Eigenkapital von 1 100 GE. Im Zeitraum X3 entsteht aus Konzernsicht ein Verlust von 210 GE.

4. Aus dem Verkauf der Beteiligung an C folgt ein Gewinn von 50 GE, so dass sich nach dem Verkauf ein Konzern-Eigenkapital von 1 160 GE ergibt.

Aufgabe 7.2 Konsolidierung im Unterordnungskonzern bei Anwendung der Vollkonsolidierung mit Aufdeckung eines anteiligen *goodwills*

Sachverhalt

Zu Beginn des Abrechnungszeitraums X2 erwirbt A als Obereinheit Beteiligungen an den Untereinheiten B und C, so dass der Unterordnungskonzern U entsteht. A erwirbt an B zum Preis von 400 GE eine Beteiligung von 60%, an C zum Preis von 210 GE eine Beteiligung von 100%. Aufgrund von Bilanzierungsvorgaben, die nur für die juristisch selbstständigen Einheiten anzuwenden sind, schreibt A die Beteiligung an B zum Ende von X2 außerplanmäßig um 30 GE ab.

Die Bilanzen, die Einkommensrechnungen und die Eigenkapitaltransferrechnungen für die Abrechnungszeiträume X1, X2 und X3 der drei juristisch selbstständigen Einheiten ergeben sich aus den folgenden Abbildungen. Die angegebenen Werte entsprechen dabei zum Zeitpunkt der Erstkonsolidierung den Marktwerten der jeweiligen Vermögensgüter und Fremdkapitalposten. Die Rechenwerke sind hinsichtlich von Postengliederungen und Ansatzvorschriften bereits vereinheitlicht.

Aktiva				Bilanz der A in *GE*				Passiva
	Ende X1	Ende X2	Ende X3		Ende X1	Ende X2	Ende X3	
Andere Vermögensgüter	940	470	570	Eigenkapital (am 1.1.)	800	1 000	940	
Beteiligung an B	400	370	370	Eigenkapitaltransfers im Zeitraum, Zunahme (+)				
Beteiligung an C	210	210	210	Abnahme (−)	20	−40	0	
Forderung	0	200	0	Gewinn (+) bzw. Verlust (−) im Zeitraum	180	−20	130	
Ware	0	120	120	Passiver Rechnungsabgrenzungsposten	0	10	0	
Zahlungsmittel	450	430	840	Anderes Fremdkapital	1 000	850	1 040	
Summe Vermögensgüter	2 000	1 800	2 110	Summe Kapital	2 000	1 800	2 110	

7.7 Übungsmaterial

Aufwand	Einkommensrechnung der A in *GE*				Ertrag			
	Zeitraum X1	Zeitraum X2	Zeitraum X3			Zeitraum X1	Zeitraum X2	Zeitraum X3
Umsatzaufwand (außen)	100	300	0	Umsatzertrag (außen)		260	440	0
Umsatzaufwand (innen)	0	0	0	Umsatzertrag (innen)		0	0	0
Anderer Aufwand (außen)	60	210	0	Anderer Ertrag (außen)		80	55	25
Anderer Aufwand (innen)	0	30	0	Anderer Ertrag (innen)		0	25	105
Gewinn	180	0	130	Verlust		0	20	0
Summe Aufwand plus Gewinn	340	540	130	Summe Ertrag plus Verlust		340	540	130

Entnahmen	Eigenkapitaltransferrechnung der A in *GE*				Einlagen			
	Zeitraum X1	Zeitraum X2	Zeitraum X3			Zeitraum X1	Zeitraum X2	Zeitraum X3
Entnahme	40	60	0	Einlage		60	20	0
Zunahme des Eigenkapitals durch Eigenkapitaltransfers	20	0	0	Abnahme des Eigenkapitals durch Eigenkapitaltransfers		0	40	0
Summe Entnahme plus Zunahme des Eigenkapitals durch Eigenkapitaltransfers	60	60	0	Summe Einlage plus Abnahme des Eigenkapitals durch Eigenkapitaltransfers		60	60	0

Aktiva	Bilanz der B in *GE*				Passiva			
	Ende X1	Ende X2	Ende X3			Ende X1	Ende X2	Ende X3
Andere Vermögensgüter	700	630	300	Eigenkapital (am 1.1.)		300	600	680
Ware	100	20	70	Eigenkapitaltransfers im Zeitraum, Zunahme (+) Abnahme (−)		100	0	0
Zahlungsmittel	200	150	250	Gewinn (+) bzw. Verlust (−) im Zeitraum		200	80	−100
				Passiver Rechnungsabgrenzungsposten		0	0	0
				Anderes Fremdkapital		400	120	40
Summe Vermögensgüter	1 000	800	620	Summe Kapital		1 000	800	620

Aufwand	Einkommensrechnung der B in *GE*				Ertrag			
	Zeit-raum X1	Zeit-raum X2	Zeit-raum X3			Zeit-raum X1	Zeit-raum X2	Zeit-raum X3
Umsatzaufwand (außen)	20	340	200	Umsatzertrag (außen)		200	400	100
Umsatzaufwand (innen)	0	80		Umsatzertrag (innen)		0	120	0
Anderer Aufwand (außen)	80	40	0	Anderer Ertrag (außen)		100	20	0
Anderer Aufwand (innen)	0	0	0	Anderer Ertrag (innen)		0	0	0
Gewinn	200	80	0	Verlust		0	0	100
Summe Aufwand plus Gewinn	300	520	200	Summe Ertrag plus Verlust		300	520	200

Entnahmen	Eigenkapitaltransferrechnung der B in *GE*				Einlagen			
	Zeit-raum X1	Zeit-raum X2	Zeit-raum X3			Zeit-raum X1	Zeit-raum X2	Zeit-raum X3
Entnahmen	20	0	0	Einlagen		120	0	0
Zunahme des Eigenkapitals durch Eigenkapitaltransfers	100	0	0	Abnahme des Eigenkapitals durch Eigenkapitaltransfers		0	0	0
Summe Entnahmen plus Zunahme des Eigenkapitals durch Eigenkapitaltransfers	120	0	0	Summe Einlagen plus Abnahme des Eigenkapitals durch Eigenkapitaltransfers		120	0	0

Aktiva	Bilanz der C in *GE*				Passiva			
	Ende X1	Ende X2	Ende X3			Ende X1	Ende X2	Ende X3
Andere Vermögensgüter	280	620	150	Eigenkapital (zu Beginn)		140	200	520
Ware	0	0	0	Eigenkapitaltransfers im Zeitraum, Zunahme (+)				
Zahlungsmittel	120	300	100	Abnahme (−)		0	0	−80
				Gewinn (+) bzw. Verlust (−) im Zeitraum		60	320	−200
				Passiver Rechnungs-abgrenzungsposten		0	0	0
				Anderes Fremdkapital		200	400	10
Summe Vermögensgüter	400	920	250	Summe Kapital		400	920	250

7.7 Übungsmaterial

Aufwand	Einkommensrechnung der C in GE					Ertrag		
	Zeit-raum X1	Zeit-raum X2	Zeit-raum X3		Zeit-raum X1	Zeit-raum X2	Zeit-raum X3
Umsatzaufwand (außen)	1 900	1 965	920	Umsatzertrag (außen)	2 000	2 000	1 040
Umsatzaufwand (innen)	0	0	0	Umsatzertrag (innen)	0	0	0
Anderer Aufwand (außen)	40	0	305	Anderer Ertrag (außen)	0	320	0
Anderer Aufwand (innen)	0	35	15	Anderer Ertrag (innen)	0	0	0
Gewinn	60	320	0	Verlust	0	0	200
Summe Aufwand plus Gewinn	2 000	2 320	1 240	Summe Ertrag plus Verlust	2 000	2 320	1 240

Entnahmen	Eigenkapitaltransferrechnung der C in GE					Einlagen		
	Zeit-raum X1	Zeit-raum X2	Zeit-raum X3		Zeit-raum X1	Zeit-raum X2	Zeit-raum X3
Entnahme	0	0	80	Einlage	0	0	0
Zunahme des Eigenkapitals durch Eigenkapitaltransfers	0	0	0	Abnahme des Eigenkapitals durch Eigenkapitaltransfers	0	0	80
Summe Entnahme plus Zunahme des Eigenkapitals durch Eigenkapitaltransfers	0	0	80	Summe Einlage plus Abnahme des Eigenkapitals durch Eigenkapitaltransfers	0	0	80

Während des Abrechnungszeitraumes X2 ereignen sich folgende konzerninterne Transaktionen, die teilweise auch Auswirkungen auf X3 haben:

a. In X2 verkauft B Ware mit einem Buchwert von 80 GE zu einem Preis von 120 GE an A.

b. Zu Beginn von X2 vergibt A an C ein Darlehen mit folgenden Modalitäten: A zahlt an diesem Tag an C 180 GE aus und C verpflichtet sich zu einer Rückzahlung von 200 GE Zum Ende von X3. Zudem willigt C ein, je Abrechnungszeitraum Zinsen in Höhe von 7,5% auf den Rückzahlungsbetrag an A zu überweisen. A verteilt die Einkommenswirkungen aus dem Agio über dessen Laufzeit, wohingegen C die Einkommenskonsequenzen aus dem Disagio in voller Höhe im Abrechnungszeitraum X2 erfasst.

c. Aufgrund des bestehenden Beteiligungsverhältnisses zahlt C an A in X3 eine Dividende in Höhe von 80 GE aus.

Fragen und Teilaufgaben

1. Erstellen Sie die Finanzberichte bei Entstehung des Konzerns (Erstkonsolidierung) zu Beginn des Abrechnungszeitraums X2 unter Verwendung des Konzepts der Vollkonsolidierung mit Aufdeckung eines anteiligen *goodwill*! Nehmen Sie an, zwischen dem Ende von X1 und dem Zeitpunkt der Erstkonsolidierung (Beginn X2) von B und C haben keinerlei buchführungsrelevante Transaktionen stattgefunden!

2. Erstellen Sie die Konzern-Finanzberichte zum Ende des Abrechnungszeitraums X2 (erste Folgekonsolidierung) unter Verwendung des Konzepts der Vollkonsolidierung mit Aufdeckung eines anteiligen *goodwill*!

3. Erstellen Sie die Konzern-Finanzberichte zum Ende des Abrechnungszeitraums X3 (zweite Folgekonsolidierung) unter Verwendung des Konzepts der Vollkonsolidierung mit Aufdeckung eines anteiligen *goodwill*!

4. Nehmen Sie an, die A würde die Beteiligung an C zu Beginn von X4 zu einem Preis von 300 *GE* an Konzernfremde verkaufen! Erstellen Sie die anfallenden Buchungssätze im Zusammenhang mit der aus Konzernsicht resultierenden Entkonsolidierung von C zum Beginn von X4! Geben Sie darüber hinaus auch die Konzern-Finanzberichte von U nach der Entkonsolidierung von C zum Beginn von X4 an!

Lösungshinweise zu den Fragen und Teilaufgaben

1. Zum Beginn von X2 beträgt das Konzern-Eigenkapital 1 000 *GE*. Eine Einkommens- oder Eigenkapitaltransferrechnung kann es für den Konzern bei der Erstkonsolidierung nicht geben.

2. Zum Ende von X2 beträgt das Konzern-Eigenkapital 1 324 *GE* und das Konzern-Einkommen 364 *GE*.

3. Nach sämtlichen Konsolidierungsbuchungen und der Berücksichtigung der einkommensneutralen Wiederholung von Buchungen aus dem Vorzeitraum ergibt sich zum Ende von X3 ein Konzern-Eigenkapital von 1 104 *GE*. Im Zeitraum X3 entsteht aus Konzernsicht ein Verlust von 220 *GE*.

4. Aus dem Verkauf der Beteiligung an C folgt ein Gewinn von 50 *GE*, so dass sich nach dem Verkauf ein Konzern-Eigenkapital von 1 154 *GE* ergibt.

Kapitel 8
Konsolidierung durch Vollkonsolidierung mit Aufdeckung eines vollständigen *goodwill* unter der Annahme des Erwerbs

Lernziele

Im vorliegenden Kapitel befassen wir uns mit der Vollkonsolidierung bei Ausweis eines vollständigen *goodwill*. Wir werden lernen,

- wodurch sich dieses Verfahren von einer Vollkonsolidierung mit Ausweis eines auf den Konzern entfallenden *goodwill* unterscheidet,
- wie man es durchführt und
- welche Aussagekraft Konzern-Finanzberichte besitzen, die diese Methode anwenden.

Anschließend skizzieren wir die regulatorischen vorgeben zu diesem vorgeben.

Übersicht

Die Methode der Vollkonsolidierung von Untereinheiten mit Aufdeckung eines vollständigen *goodwill* besitzt große Ähnlichkeit mit der Methode der Vollkonsolidierung bei Ausweis eines *goodwill* aus Sicht des Konzerns. Hält die Obereinheit 100% der Anteile der Untereinheit, dann ergeben sich keine Unterschiede zwischen den beiden Methoden. Bei geringerem Anteilsbesitz des Konzerns macht es einen Unterschied, ob man den *goodwill* nur als Spezialposten für die den Konzern betreffenden Posten auffasst oder ob man ihn aus Sicht des Konzerns und gleichzeitig zusätzlich aus Sicht der konzernfremden Anteilseigner in Untereinheiten ausweist.

Methodenüberblick

Beschränkungen Wie schon in anderen Kapiteln beschrieben, sehen wir in diesem Buch davon ab, die Entstehung des Konzerns zu anderen Zeitpunkten als zu dessen Bilanzstichtag zu analysieren. Genau so verzichten wir auf die Darstellung von Auflösungsproblemen zu anderen Zeitpunkten als zum Bilanzstichtag. Wir verzichten auch auf die Diskussion des Übergangs von einer Konsolidierungsmethode zu einer anderen. Wir skizzieren hier lediglich das Vorgehen bei der Vollkonsolidierung mit Aufdeckung eines vollständigen *goodwill*, zu dem Zeitpunkt, zu dem die Obereinheit die betreffende Untereinheit erwirbt, und danach bis hin zur Entkonsolidierung einer Einheit. Unsere Ausführungen ähneln insofern denjenigen der Fachliteratur, insbesondere soweit des Vorgehen der Praxis betroffen ist.[1]

8.1 Sachverhalt

Idee Der Ansatz zur Konsolidierung, den wir hier beschreiben, besteht darin, anstatt der Beteiligung an einer Untereinheit selbst bei unvollständigem Anteilsbesitz des Konzerns die gesamten Vermögensgüter und Fremdkapitalposten der Untereinheit in die Konzern-Finanzberichte einzubeziehen und gleichzeitig zwei Korrekturposten vorzusehen. Einer dieser Korrekturposten dient dazu, im Fall einer Beteiligungsquote von weniger als 100% mit einer Zahl den Wert der Vermögensgüter und Fremdkapitalposten abzubilden, der dem Konzern nicht gehört. Der andere Posten dient dazu, einen Betrag aus der Differenz zwischen dem zum Erwerbszeitpunkt gezahlten Marktwert der Beteiligung und dem zum gleichen Zeitpunkt ermittelten Wert der darauf entfallenden Vermögensgüter und Fremdkapitalposten der Untereinheit abzubilden, also den *goodwill* zu entwickeln, der einer Beteiligung von 100% entsprechen würde. Dabei werden beide Posten nicht nur aus Sicht des Konzerns, sondern aus Sicht aller Anteilseigner dargestellt. Durch ein solches Vorgehen erfährt der Leser nicht nur, über welche wertmäßigen Mengen von Vermögensgütern und Fremdkapitalposten die Konzernleitung verfügen kann, sondern auch, wie groß der zugehörige *goodwill* ist. Fraglich erscheint dabei, wie man den gesamten *goodwill* bestimmt. Wir beschränken uns im vorliegenden Kapitel darauf, den gesamten *goodwill* zu schätzen und nicht nur denjenigen zu ermitteln, der auf den Konzern entfällt. Die Schätzung besteht bei uns aus einer

---

[1] Vgl. Baetge et al. (2009), S. 173–226, Busse von Colbe et al. (2010), S. 209–285, Coenenberg et al. (2009), S. 656–698, Hommel et al. (2009), S. 112–216, Küting und Weber (2010), S. 263–448, Schildbach (2008), S. 137–177, 226–245.

Hochrechnung des auf die Beteiligung des Konzerns entfallenden *goodwill* auf denjenigen *goodwill*, der mit dem (hypothetischen) Erwerb einer Beteiligung von 100% verbunden wäre.

In unserem Beispiel gehen wir davon aus, dass zwischen den Einheiten einige Geschäfte stattgefunden haben, die aus Konzernsicht anders darzustellen sind als aus Sicht der rechtlich selbständigen Einheiten. Für unser Beispiel unterstellen wir für den Beginn von X2, die Beteiligung von 70% an B sei von A für 320 *GE* erworben worden, die an C für 200 *FE* und es lägen für alle Untereinheiten vereinheitlichte Finanzberichte vor, wie im dritten Kapitel beschrieben. Diese Information verwenden wir, um zum Erwerbszeitpunkt auch den *goodwill* zu schätzen, der auf konzernfremde Anteilseigner entfällt. In Höhe dieses Teils des *goodwill* nimmt auch der Kapitalposten für Konzernfremde in Untereinheiten zu. Wir unterstellen weiterhin, im Abrechnungszeitraum X2 sei bei der A die Beteiligung an der B von 320 *GE* auf 300 *GE* abgeschrieben worden. Zudem unterstellen wir, B habe der A Ware zu 50 *GE* verkauft, die B zu 40 *GE* beschafft hatte. Im Abrechnungszeitraum X3 unterstellen wir einen Eigenkapitaltransfer von B an A in Höhe von 60 *GE*, der bei A als Ertrag aus Beteiligungen gebucht wurde, sowie eine Darlehensvergabe in Höhe von 40 *GE* durch A an C gegen eine Zinszahlung in Höhe von 5 *GE*. Das Ausscheiden der B aus dem Konzern erfolge durch Verkauf der Beteiligung an B zu Beginn von X4 zu einem Preis von 380 *GE*. Damit sprechen wir neben einer bestimmten Methode der Kapitalkonsolidierung zugleich Fragen der so genannten Schuldenkonsolidierung, der so genannten Zwischenergebniseliminierung und der so genannten Aufwands- und Ertragskonsolidierung an.

Beispiel

8.2 Konzept der Konsolidierung durch »Richtig«-Stellung der in den Einheiten getätigten Buchungen

8.2.1 Vorgehen zum Zeitpunkt der Erstkonsolidierung

Zum Zeitpunkt des Zugangs der Untereinheiten zum Konzern sind zunächst die Beteiligungen an Untereinheiten durch die vereinheitlicht

Vorgehen

abgebildeten Vermögensgüter und Fremdkapitalposten abzüglich der eventuell auf konzernfremde Anteilseigner entfallenden Eigenkapitalteile der Untereinheiten zu ersetzen. Anschließend hat man den *goodwill* – jetzt auch unter Einbezug des Teils, der auf Konzernfremde entfällt – zu bestimmen. Bei erstmaliger Konsolidierung kann es keine innerkonzernlichen oder bereits in einer Einheit gebuchten Ereignisse geben, um die zu korrigieren wäre. Die Einkommensrechnungen der Untereinheiten brauchen wir bei der erstmaligen Konsolidierung deswegen nicht zu betrachten, weil diese mit dem Zeitraum X1 einen Zeitraum betreffen, zu dem der Konzern noch nicht existierte. Das Besondere des vorliegenden Kapitels besteht darin, dass wir die Ereignisse mit ihren Konsequenzen für alle Anteilseigner der Untereinheit definieren und nicht nur aus Sicht des Konzerns. Die Darstellung enthält einen Eigenkapitalposten für Konzernfremde, der auch einen Teil in Höhe des *goodwill* umfasst, der auf die konzernfremden Anteilseigner von Untereinheiten entfällt.

Posten für konzernfremde Anteilseigner in Untereinheiten

Einen Posten für Kapitalanteile von konzernfremden Anteilseignern in Untereinheiten gibt es im Beispiel nur bei der B, weil 100% der Vermögensgüter und Fremdkapitalposten in die Konzern-Bilanz einbezogen werden, dem Konzern aber nur 70% davon gehören. Das nicht dem Konzern zustehende Eigenkapital der Untereinheit beläuft sich im Beispiel unter der Annahme, dass die Zahlen zu Beginn von X2 denen zum Ende von X1 entsprechen, zunächst auf (1–0,7) * (Vermögensgüter 600 *GE* – Fremdkapitalposten 260 *GE=*) 102 *GE*. Dieser Betrag geht in den Spezialposten für konzernfremde Anteilseigner in B ein.

Vollständiger *goodwill*

Der *goodwill* der Einheit B errechnet sich aus zwei Posten, welche in der Summe die Differenz zwischen dem Wert einer Beteiligung von fiktiv 100% der Obereinheit an der Untereinheit mit dem gesamten Eigenkapital der Untereinheit darstellt. Diese Posten betrachten wir zunächst getrennt voneinander, wobei der eine den Konzern und der andere die konzernfremden Anteilseigner (im Beisiel der B) betrifft. Für die B ermitteln wir diese Posten, indem wir sie aus dem allein für den Konzern festgestellten Unterschiedsbetrag von 82 *GE* errechnen (320 *GE* Beteiligung der A an der B abzüglich auf die Beteiligung entfallendes Eigenkapital von B in Höhe von 238 *GE* (0,7 * (600 *GE* Vermögensgüter der B – 260 *GE* Fremdkapital der B)). Bei einer Beteiligung der A in Höhe von 70% entspricht dies für das gesamte Eigenkapital der B einem Betrag von (82 *GE*/0,7 *GE =*) 117 *GE*. Davon entfallen 82 *GE* auf den Konzern und der Rest in Höhe von 35 *GE* auf die konzernfremden Anteilseigner. Dem entsprechend ist auch das Eigenkapital Konzernfremder um weitere 35 *GE* zu erhöhen, so dass sich insgesamt ein Posten für das Eigenkapital von Konzernfremden in B in Höhe von (102 *GE* + 35 *GE =*) 137 *GE* ergibt.

Hier ist zu beachten, dass unser Beispiel bewusst einfach gehalten ist. Es berücksichtigt beispielsweise nicht, dass der Wert der einzelnen Anteile der A an der B durchaus vom Wert der einzelnen Anteile der konzernfremden Anteilseigner an der B abweichen kann. So könnte etwa der Kaufpreis der A eine zusätzliche Kontrollprämie enthalten oder in der Bilanzierungspraxis könnte sich bei den konzernfremden Anteilseignern der B ein Abschlag wegen der fehlenden Kontrollrechte als erforderlich erweisen. Überdies kann es in der Realität auch vorkommen, dass die Bewertung der Fremdanteile auf Grund der in einem aktiven Markt vorliegenden Marktwerte erfolgen kann.

Problematik der Bestimmung des gesamten *goodwill*

Buchungssätze

Hinsichtlich der B erhalten wir die Buchungen zur Erstkonsolidierung:

Buchungssätze bei Erstkonsolidierung

Beleg	Datum	Ereignis und Konten	Soll	Haben
K1	Beginn X2	Erstkonsolidierung der B		
		Vermögensgüter der B	600	
		*Positiver goodwill B (320 GE − 0,7 * 340 GE) / 0,7 = 82 / 0,7*	117	
		Beteiligung an B		320
		Fremdkapitalposten der B		260
		*Eigenkapital Konzernfremder in B ((600 GE − 260 GE) * (1 − 0.7) + (117 − 82))*		137

Hinsichtlich der C buchen wir:

Beleg	Datum	Ereignis und Konten	Soll	Haben
K2	Beginn X2	Erstkonsolidierung der C		
		Vermögensgüter der C	200	
		Positiver goodwill in C des Konzern	100	
		Positiver goodwill in C Konzernfremder	0	
		Beteiligung an C		200
		Fremdkapitalposten der C		100
		Eigenkapital Konzernfremder in C		0

Im Beispiel zeigen wir das Rechnungswesen des Konzerns unmittelbar nach Konzernbildung in Abbildung 8.1, Seite 346:

Konzern-Finanzberichte

	Einheit A zu Beginn von X2		Korrekturen bei A		Konsolidierung von Einheit B zu Beginn von X2		Konsolidierung von Einheit C zu Beginn von X2		Konzern D zu Beginn von X2	
	S	H	S	H	S	H	S	H	S	H
Andere Vermögensgüter	480				600[1]		200[1]		1 280	
Beteiligung an B	320			320[1]					0	
goodwill aus B			117[1]						117	
Beteiligung an C	200			200[2]					0	
goodwill aus C			100[2]						100	
Summe Aktiva	**1 000**		**217**	**520**	**600**		**200**		**1 497**	
Eigenkapital (Beginn X2)		400								400
Eigenkapitaltransfers		10								10
Gewinn im Zeitraum		90								90
Verlust im Zeitraum										
Eigenkapital Konzern (Beginn X2)		500								500
Eigenkapital Konzernfremder		0				137[1]				137
Fremdkapital		500				260[1]		100[2]		860
Summe Passiva		**1 000**				**397**		**100**		**1 497**
Umsatzaufwand										
Anderer Aufwand										
Gewinn										
Summe Aufwand plus Gewinn										
Umsatzertrag										
Anderer Ertrag										
Verlust										
Summe Ertrag plus Verlust										
Entnahmen										
Einlagenüberschuss (Saldo)										
Entnahmen plus Saldo										
Einlagen										
Entnahmenüberschuss (Saldo)										
Einlagen plus Saldo										

Abbildung 8.1: Ermittlung einer Konzern-Bilanz, einer Konzern-Einkommensrechnung und einer Konzern-Eigenkapitaltransferrechnung bei Vollkonsolidierung mit Aufdeckung des gesamten *goodwill* (Konzernentstehung zu Beginn von X2) aus den vereinheitlichten Zahlen rechtlich selbständiger Einheiten eines Unterordnungskonzerns

8.2.2 Vorgehen zu Zeitpunkten nach der Erstkonsolidierung

Wenn man die Konzern-Finanzberichte nicht durch Fortschreibung der Konzern-Finanzberichte des Vorzeitraums ermittelt, sondern – wie wir es tun – wiederum von den vereinheitlichten Finanzberichten der rechtlich selbständigen Einheiten und den dauerhaften Eigenkapitalveränderungen der Vorzeiträume ausgeht, müssen die Buchungen wiederum stattfinden, mit denen man zu Beginn eines Abrechnungszeitraums den Unterschied zwischen dem Buchwert der Beteiligung und dem anteiligen Eigenkapital der Untereinheit abgebildet hat. Zusätzlich sind alle Buchungen, welche die Beteiligung betreffen, in den Konzern-Finanzberichten rückgängig zu machen, weil wir in den Konzern-Finanzberichten ja keine Beteiligung mehr vorfinden. Die Abschreibung der Beteiligung an B von 320 *GE* auf 300 *GE*, die in der A vorgenommen wurde, spielt für die Konzern-Finanzberichte insofern keine Rolle und ist daher in den Finanzberichten der A zu stornieren. Schließlich ist das gesamte Eigenkapital der Untereinheit aufzuspalten in den Teil, der auf den Konzern entfällt, und in den Teil, der konzernfremden Anteilseignern in Untereinheiten gehört. Ferner gehen wir davon aus, dass wir die Einkommensrechnung und die Eigenkapitaltransferrechnung nur aus Konzernsicht darstellen und alle Konsequenzen für konzernfremde Anteilseigner in einem einzigen Posten abbilden möchten.

Grundsätzliche Aufgaben

8.2.2.1 Vorgehen zum Ende von X2

Wir gehen davon aus, dass die Finanzberichte so wie bei der Erstkonsolidierung um die Teile des *goodwill* und des Kapitals zu modifizieren sind, die auf Konzernfremde entfallen. Wir unterstellen ferner, dass der Wert der Beteiligung in der Bilanz der Obereinheit im Zeitraum X2 von 320 *GE* auf 300 *GE* abgeschrieben werde. Diese Abschreibung ist für die Konzern-Finanzberichte unerheblich, weil die Beteiligung für die Konzern-Finanzberichte nach der Erstkonsolidierung unerheblich ist. Die Abschreibung ist folglich, wenn sie in der entsprechenden Einheit gebucht wurde, in den Konzern-Finanzberichten zu stornieren. Weiterhin unterstellen wir, B verkaufe Ware an A zu 50 *GE*, die sie zu 40 *GE* erworben habe. Offensichtlich sind 70% dieses Geschäfts innerkonzernlich und 30% konzernextern. Da das Geschäft somit den Konzern anders trifft als die konzernfremden Anteilseigner, berücksichtigen wir es bei beiden

Annahmen

Gruppen unterschiedlich. Hinsichtlich des auf den Konzern entfallenden *goodwill* nehmen wir an, er sei nicht abnutzbar; lediglich ein Test auf seine Werthaltigkeit sei durchzuführen. Dem entsprechend ist der *goodwill* entweder unverändert beizubehalten oder außerplanmäßig abzuschreiben. Im Beispiel gebe es keinen Grund für eine außerplanmäßige Abschreibung des *goodwill*.

Im Abrechnungszeitraum X2 haben wir neben der Bilanz auch die Einkommensrechnung zu konsolidieren.

Buchungssätze

Arten von Korrekturen

Die Zusammenfassung der Finanzberichte der Einheiten hat die Modifikationen der Daten zu berücksichtigen, die im vorangehenden Zeitraum vorgenommen wurden. Über die Vereinheitlichung hinaus haben wir es also in jedem Abrechnungszeitraum mit zwei Arten von Korrekturen zu tun, mit solchen, die aus Ereignissen vor dem Beginn des Konsolidierungszeitraums herrühren, aber Konsequenzen für die Bewertung der aktuellen Bilanzposten besitzen, und mit solchen, die aus den Ereignissen des laufenden Abrechnungszeitraums herrühren. In unserer Abbildung haben wir für diese beiden Arten von Buchungen für jede Untereinheit jeweils zwei gesonderte Spalten vorgesehen. Im laufenden Abrechnungszeitraum sind dann nur noch gebuchte, aber innerkonzernliche Geschäfte, innerkonzernliche Forderungs- und Verbindlichkeitsbeziehungen sowie innerkonzernliche Eigenkapitaltransfers zu berücksichtigen. Bei der Konsolidierungsbuchung übernehmen wir den *goodwill* so wie bei der Erstkonsolidierung. Wir zeigen lediglich den Betrag, um den sich das Eigenkapital im Zeitraum verändert hat. Die Summe der Posten auf der Soll-Seite der Bilanz entspricht dann genau der Summe der Posten ihrer Haben-Seite.

Tatsächliche Buchungen

Zunächst sind die Buchungen rückgängig zu machen, die aus Konzernsicht das Ereignis falsch abbilden. Dazu gehören in der Obereinheit A die Abschreibungen, die von den Beteiligungen der A an den Untereinheiten vorgenommen wurden, weil wir nicht mehr die Beteiligungen betrachten, sondern die dahinter stehenden Posten der Untereinheiten. Im Beispiel gilt nur die Abschreibung der Beteiligung an der B um 20 *GE* als solche. Ferner wurden der Kauf von Ware durch A von B und der entsprechende Verkauf durch B an A aus Konzernsicht falsch abgebildet. Diese Ereignisse haben in den Buchführungen der rechtlich selbständigen Einheiten die folgenden Buchungen verursacht:

8.2 Konzept der Konsolidierung durch »Richtig«-Stellung

Beleg	Datum	Ereignis und Konten	Soll	Haben
B1	X2	Abschreibung der Beteiligung der A an der B		
		Anderer Aufwand A	20	
		Beteiligung von A an B		20
B2	X2	Kauf von Ware durch A (von B)		
		Vermögensgüter A (Ware)	50	
		Vermögensgüter A (Zahlungsmittel)		50
B3	X2	Verkauf von Ware durch B (Zugangs- und Ertragsbuchung)		
		Vermögensgüter B (Zahlungsmittel)	50	
		Umsatzertrag B		50
B4	X2	Verkauf von Ware (Aufwands- und Abgangsbuchung)		
		Umsatzaufwand B	40	
		Vermögensgüter B (Ware)		40

Storniert man diese Buchungen, dann muss man auch die daraus erwachsenden Einkommenskonsequenzen korrigieren.

Diese Buchungen werden rückgängig gemacht durch die Buchungen S1 bis S4. Zusätzlich sind die Einkommenskonsequenzen zu korrigieren durch die Buchungen S5 und S6:

Stornierungen

Beleg	Datum	Ereignis und Konten	Soll	Haben
S1	Ende X2	Stornierung der Abschreibung der Beteiligung bei A		
		Beteiligung der A an B	20	
		Anderer Aufwand A		20
S2	Ende X2	Stornierung des Kaufs von Ware durch A		
		Vermögensgüter A (Zahlungsmittel)	50	
		Vermögensgüter A (Ware)		50
S3	Ende X2	Stornierung des Verkaufs von Ware durch B (Zugangs- und Ertragsbuchung)		
		Umsatzertrag B	50	
		Vermögensgüter B (Zahlungsmittel)		50
S4	Ende X2	Stornierung des Verkaufs von Ware durch B (Aufwands- und Abgangsbuchung)		
		Vermögensgüter B (Ware)	40	
		Umsatzaufwand B		40
S5	Ende X2	Stornierung der Einkommenskonsequenzen aus der Abschreibung der Beteiligung bei A		
		Einkommen (Verlust) A (Einkommensrechnung)	20	
		Einkommen A (Bilanz)		20

Beleg	Datum	Ereignis und Konten	Soll	Haben
S6	Ende X2	Stornierung der Einkommenskonsequenzen aus dem Verkauf der B an A		
		Einkommen B (Bilanz)	10	
		Einkommen (Gewinn) B (Einkommensrechnung)		10

Bei C hat kein konzerninternes Ereignis stattgefunden, so dass bei C auch keine solche Stornierungsbuchung anfällt.

Zusätzliche Buchungen vor der Konsolidierung

Der Kauf und der Verkauf von Ware hat aus Konzernsicht so nicht stattgefunden. Zu 30% waren Konzernfremde daran beteiligt, aus deren Sicht 30% des Geschäfts als konzernextern zu bezeichnen sind. Im vorliegenden Kapitel stellen wir die Ereignisse nicht quotal dar, sondern bei gleichzeitiger Berücksichtigung eines Spezialpostens für konzernfremde Anteilseigner in Untereinheiten. Das verlangt nach einer zusätzlichen Buchung, in der wir den Einkommens- und Eigenkapitalanteil der Konzernfremden aus dem Verkauf in die entsprechenden Posten der Konzern-Finanzberichte buchen. Zudem hat als Folge des »Verkaufs«geschäfts jedoch sehr wohl im Konzern eine Verlagerung von Ware und Zahlungsmitteln in voller Höhe stattgefunden. Hinsichtlich der nun bei B befindlichen Ware ist jedoch zu beachten, dass deren Wert um den mit Konzernfremden realisierten Teil des Verkaufsgeschäfts (hier *per Saldo* 3 GE) zu erhöhen ist.

Beleg	Datum	Ereignis und Konten	Soll	Haben
Z7	Ende X2	Verlagerung von Zahlungsmitteln von A nach B mit Eigenkapitalkonsequenzen für A und B		
		Vermögensgüter B (Zahlungsmittel)	50	
		Vermögensgüter A		50
Z8	Ende X2	Verlagerung von Ware von B nach A mit Eigenkapitalkonsequenzen für A und B		
		Ware A	40	
		Ware B		40
Z9	Ende X2	Neubewertung von Ware bei A, weil 30% als verkauft gelten		
		Ware A	3	
		Anderer Ertrag B		3
Z10	Ende X2	Einkommenskonsequenzen der Neubewertung von Ware bei B		
		Einkommen (Gewinn) B (Einkommensrechnung)	3	
		Einkommen (Gewinn) B (Bilanz)		3

Als nächstes sind die Konsolidierungsbuchungen vorzunehmen, mit denen wir die Beteiligungen gegen die jeweiligen Vermögensgüter, Fremdkapitalposten und einen Restposten austauschen. Wenn der Restposten nicht zu modifizieren ist, setzen wir ihn in der Höhe an, in der wir ihn bei der Erstkonsolidierung ermittelt haben. Wir unterstellen hier, es gebe keinen Grund für eine Wertveränderung der *goodwill*-Posten.

Konsolidierungsbuchungen

Wir buchen bei der B:

Beleg	Datum	Ereignis und Konten	Soll	Haben
K11	Ende X2	Konsolidierungsbuchung betreffend B		
		Buchungen die Bilanz befreffend		
		Vermögensgüter B (Ende X2)	490	
		Positiver goodwill bei A aus B (Beginn X2)	117	
		Beteiligung A an B (Beginn X2)		320
		Fremdkapital B (Ende X2)		60
		Eigenkapital konzernfremder Anteilseigner in B (Beginn X2)		137
		Buchungen die Einkommensrechnung betreffend		
		Umsatzaufwand B	270	
		Anderer Aufwand B	30	
		Umsatzertrag B		250
		Anderer Ertrag B		140
		Buchungen die Eigenkapitaltransferrechnung betreffend		
		Entnahmen B	0	
		Einlagen B		0
		Kontrollsumme	907	907

Zusätzlich erklären wir die Eigenkapitalveränderungen durch die *Salden* der Einkommens- und Eigenkapitaltransferrechnungen mit den Buchungen:

Beleg	Datum	Ereignis und Konten	Soll	Haben
K12	Ende X2	Eigenkapital- und Einkommenskonsequenzen bei B in X2		
		Einkommen B (Einkommensrechnung)	90	
		Einkommen B (Bilanz) (Anteil 0,7)		63
		Eigenkapital Konzernfremder B (Bilanz) (Anteil 0,3)		27

Beleg	Datum	Ereignis und Konten	Soll	Haben
K13	Ende X2	Eigenkapitalkonsequenzen bei B aus Transfers in X2		
		Einlagenüberschuss B (Eigenkapitaltransferrechnung)	0	
		Eigenkapitaltransfer B (Bilanz) (Anteil 0,7)		0
		Eigenkapital Konzernfremder B (Bilanz) (Anteil 0,3)		0

Bei der C buchen wir:

Beleg	Datum	Ereignis und Konten	Soll	Haben
K14	Ende X2	Konsolidierungsbuchung betreffend C		
		Buchungen die Bilanz betreffend		
		Vermögensgüter C (Ende X2)	460	
		Positiver goodwill A aus der C (Beginn X2)	100	
		Beteiligung A an C (Beginn X2)		200
		Fremdkapital C		200
		Buchungen die Einkommensrechnung betreffend		
		Umsatzaufwand C	1 000	
		Anderer Aufwand C	0	
		Umsatzertrag C		1 000
		Anderer Ertrag C		160
		Buchungen die Eigenkapitaltransferrechnung betreffend		
		Entnahmen C	0	
		Einlagen C		0
		Kontrollsumme	1 560	1 560

Zusätzlich erklären wir die Eigenkapitalveränderungen durch die *Salden* der Einkommens- und Eigenkapitaltransferrechnungen mit den Buchungen:

Beleg	Datum	Ereignis und Konten	Soll	Haben
K15	Ende X2	Eigenkapitalkonsequenzen von Einkommen C		
		Einkommen (Gewinn) C (Einkommensrechnung)	160	
		Einkommen C (Bilanz) (Anteil 1,0)		160
		Eigenkapital Konzernfremder C (Anteil 0,0)		0

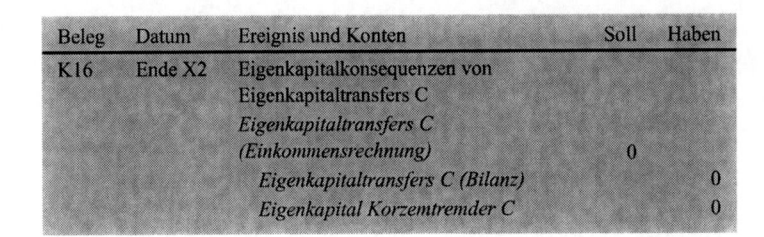

Beleg	Datum	Ereignis und Konten	Soll	Haben
K16	Ende X2	Eigenkapitalkonsequenzen von Eigenkapitaltransfers C		
		Eigenkapitaltransfers C (Einkommensrechnung)	0	
		Eigenkapitaltransfers C (Bilanz)		0
		Eigenkapital Konzemtremder C		0

Die Buchungen gestalten sich dann so wie in Abbildung 8.2, Seite 354.

Konzern-Finanzberichte

8.2.2.2 Vorgehen zum Ende von X3

Wir haben zunächst wieder die Wertveränderungen zu berücksichtigen, die sich bis zum vorangegangenen Bilanzstichtag über die Daten in den Finanzberichten der rechtlich selbständigen Einheit hinaus ergeben haben. Der Ansatz der Werte aus dem Vorzeitraum betrifft die Beteiligung, die Ware und das Eigenkapital. Diese Posten sind nicht mit den vereinheitlichten Werten aus den Finanzberichten der rechtlich selbständigen Einheiten aus dem dritten Kapitel anzusetzen, sondern mit korrigierten Werten, weil in X2 Korrekturen am Wert der Beteiligung, der Ware und des Eigenkapitals vorgenommen wurden. Das betrifft im Beispiel die Ware bei A mit einem Betrag von 43 *GE* und die Beteiligung an B, die wegen der aus Konzernsicht irrelevanten Abschreibung in X2 um 20 *GE* höher als 300 *GE* anzusetzen ist. Daraus ergab sich in X2 eine zusätzliche Eigenkapitalveränderung in Höhe von 13 *GE*, die entsprechende Korrekturen in X3 erfordert.

Übernahme von Wertveränderungen aus der Vergangenheit

Anschließend kommen wir zur Analyse der Ereignisse, die im Abrechnungszeitraum X3 von den Einheiten zwar gebucht wurden, aber aus Konzernsicht als interne Ereignisse zu werten sind. Während des Zeitraums X3 gibt es in unserem Beispiel lediglich den Eigenkapitaltransfer von B (nur) an A und die innerkonzernliche Darlehensvergabe von A an C mit der Zinszahlung in umgekehrter Richtung. Hätten wir es nicht mit einer Entnahme, sondern mit einer Einlage zu tun, würde der Sachverhalt komplizierter, weil Einlagen immer mit einer Veränderung der Beteiligungshöhe einhergehen.

Stornierung gebuchter, aber aus Konzernsicht irrelevanter Ereignisse

Dann kann man die Konsolidierungsbuchungen vornehmen. Dabei stützt man sich also weitgehend auf die vereinheitlichten Daten des Abrechnungszeitraums X3, bezüglich des – immer noch als voll werthaltig unterstellten – *goodwill* auf die Zahlen der Erstkonsolidierung und bezüglich der im Vorzeitraum umbewerteten Daten auf die im Vorzeitraum festgestellten geänderten Werte.

Konsolidierungsbuchung

Kapitel 8 – Konsolidierung durch Vollkonsolidierung mit Aufdeckung des gesamten goodwill

	Einheit A (Ende von X2)		Korrekturen an A		nachrichtlich: Einheit B (Ende von X2, 100%)		Konsolidierung von B Ende X2 (100%)		Korrekturen B (100%)		nachrichtlich: Einheit C (Ende von X2, 100%)		Korrekturen C (Beginn von X2, 100%)		Konzern D zum Ende von X2	
	S	H	S	H	S	H	S	H	S	H	S	H	S	H	S	H
Andere Vermögensgüter	350		50^2	50^7	490		490^{11}		50^7	50^3	460		460^{14}		1 300	
Beteiligung an B	300		20^1	320^{11}												
Goodwill in B			117^{11}												117	
Beteiligung an C	200			200^{14}												
Goodwill in C			100^{14}												100	
Ware	50		40^8	50^2					40^4	40^8					43	
			3^9													
Summe Aktiva	**900**		**330**	**620**	**490**		**490**		**90**	**90**	**460**		**460**		**1 560**	
Eigenkapital (Beginn X2)		500				340						100				500
Eigenkapital Vorzeitraum Eigenkapitaltransfers		20														20
Einkommen		10		20^5		90			63^{12}	10^6		160		160^{15}		
										3^{10}						226
Eigenkapital (Ende X2)		470		20		430			63	10		260		160		706
Eigenkapital Konzernfremder									137^{11}							164
									27^{12}							
Fremdkapital		430				60			60^{11}			200		200^{14}		690
Summe Passiva		**900**		**20**		**490**		**287**	**7**	**53**		**460**		**360**		**1 560**
Umsatzaufwand	150				270		270^{11}			40^4	1 000		$1 000^{14}$		1 380	
Anderer Aufwand	120		20^1		90		30^{11}				0				130	
Einkommen (Gewinn)	0		20^5		130		90^{12}		3^{10}	10^6	160		160^{15}		263	
Aufwand plus Gewinn	**270**		**20**	**20**	**490**		**390**		**3**	**50**	**1 160**		**1 160**		**1 773**	
Umsatzertrag		220				250		250^{11}	50^3			1 000		$1 000^{14}$		1 420
Anderer Ertrag		40				240		140^{11}		3^9		160		160^{14}		433
Einkommen (Verlust)		10														10
Erträge plus Verlust		**270**				**490**		**390**	**50**	**3**		**1 160**		**1 160**		**1 773**
Entnahmen	30														30	
Einlagenüberschuss (*Saldo*)	0														0	
Entnahmen plus Saldo	**30**														**30**	
Einlagen		10														10
Entnahmenüberschuss		20														20
Einlagen plus Saldo		**30**														**30**

Abbildung 8.2: Ermittlung einer Konzern-Bilanz, einer Konzern-Einkommensrechnung und einer Konzern-Eigenkapitaltransferrechnung bei Vollkonsolidierung mit Aufdeckung des gesamten *goodwill* am Ende des Abrechnungszeitraums X2 (Konzernentstehung zu Beginn von X2) aus den vereinheitlichten Zahlen rechtlich selbständiger Einheiten eines Unterordnungskonzerns

Buchungssätze

Übernahme der Wertveränderungen aus dem Vorzeitraum

Abschreibung der Beteiligung und innerkonzernlicher Verkauf

Bei der Beteiligung der Obereinheit an B und bei der Ware sind die Beträge anzusetzen, die sich im Vorzeitraum ergeben haben. Folglich ist bei der Beteiligung an der B von 320 *GE* anstatt von 300 *GE* auszugehen und bei der Ware von 43 *GE* anstatt von 50 *GE*. Das

Eigenkapital der A und die Beteiligung der A an der B sind in X3 entsprechend (einkommensneutral) bei A um 20 *GE* höher anzusetzen, die Ware der A und das Eigenkapital der B dagegen (einkommensneutral) um 7 *GE* niedriger. Das restliche Einkommen der B ist bereits in dem Finanzberichten verarbeitet. Um das zu erreichen, sind die Buchungen V1 und V2 vorzunehmen. Das restliche Einkommen der B aus dem Vorzeitraum ist in den Finanzberichten richtig verarbeitet. Bei der C hat es im Vorzeitraum keine Anpassungen gegeben. Daher ist die Eigenkapitalveränderung aus X2 in Höhe von 160 *GE* bereits in den vereinheitlichten Finanzberichten berücksichtigt. Die Modifikationen, die wir im Zeitraum X2 nach den Stornierungen und vor den Konsolidierungen vorgenommen haben, um die Verlagerungen von Zahlungsmitteln, Ware und Eigenkapital zu zeigen, brauchen wir zu Beginn von X3 nicht zu wiederholen, weil die Finanzberichte der rechtlich selbständigen Einheiten, die wir hier wiederum zusammen fassen, genau diesen Effekt bereits abbilden.

Beleg	Datum	Ereignis und Konten	Soll	Haben
V1	Beginn X3	Stornierung der Abschreibung der Beteiligung der A an der B		
		Beteiligung A an B	20	
		Eigenkapital A (Veränderung aus Vorzeitraum)		20
V2	Beginn X3	Korrektur des Wertes der Ware bei A, die im Vorzeitraum bei B vorgenommen wurde (−50 *GE* + 40 *GE* + 3 *GE* = −7 *GE*)		
		Eigenkapital B (Veränderung aus Vorzeitraum)	7	
		Vermögensgüter A (Ware)		7

Korrekturen im laufenden Abrechnungszeitraum

Wurde im laufenden Abrechnungszeitraum in den Finanzberichten der Obereinheit der Wert einer Beteiligung an einer Untereinheit modifiziert, so handelt es sich um ein Ereignis, das aus Konzernsicht unerheblich ist, weil wir im Konzern ja nicht mehr die Beteiligung an der Untereinheit betrachten, sondern die Untereinheit selbst, wenn auch hier mit einem Spezialposten für die Kapitalanteile Konzernfremder. Die entsprechenden Buchungen wären rückgängig zu machen. In unserem Beispiel kommen solche Modifikationen in X3 nicht vor.

Korrektur des Wertes der Beteiligung

Die Untereinheit B leistet einen Kapitaltransfer in Höhe von 60 *GE* an die Obereinheit A, den diese als Ertrag aus Beteiligungen gebucht hat. Aus Konzernsicht ist das Ereignis aber anders zu sehen. Daher

Tatsächliche Buchungen

sind die abgebildeten Konsequenzen bei der A und bei der B zunächst zu stornieren, bevor die Darstellung aus Konzernsicht erfolgt. Ähnlich verhält es sich mit dem Darlehen über 40 *GE*, das die A der C gegen Zahlung eines Zinses von 5 *GE* gewährt hat. Auch dieses Ereignis ist aus Konzernsicht anders zu behandeln als bei den rechtlich selbständigen Einheiten. Dort finden sich tatsächlich die folgenden Buchungen:

Beleg	Datum	Ereignis und Konten	Soll	Haben
B3	X3	Empfang des Transfers (von der B) bei der A als Ertrag		
		Vermögensgüter A (Zahlungsmittel)	60	
		Anderer Ertrag A		60
B4	X3	Leistung eines Eigenkapitaltransfers durch die B (an die A)		
		Entnahmen B	60	
		Vermögensgüter B (Zahlungsmittel)		60
B5	X3	Gewährung des Darlehens durch die A (an die C)		
		Vermögensgüter A (Darlehensforderung)	40	
		Vermögensgüter A (Zahlungsmittel)		40
B6	X3	Empfang eines Darlehens durch die C (von der A)		
		Vermögensgüter C (Zahlungsmittel)	40	
		Fremdkapitalposten C (Darlehensverbindlichkeit)		40
B7	X3	Empfang der Zinszahlung (von der C) bei der A		
		Vermögensgüter A (Zahlungsmittel)	5	
		Anderer Ertrag A		5
B8	X3	Leistung der Zinszahlung durch die C (an die A)		
		Anderer Aufwand C	5	
		Vermögensgüter C (Zahlungsmittel)		5

Wenn man diese Buchungen storniert, ergeben sich Konsequenzen für das Einkommen, die man ebenfalls zu beachten hat, weil kein neuer Abschluss der Konten erfolgt.

Stornierungen Vor einer Konsolidierung sind die oben aufgeführten Buchungen zu stornieren und durch diejenigen zu ersetzen, die aus Konzernsicht stattgefunden haben. Im Rahmen der Stornierungen sind auch die Konsequenzen für das Einkommen, die Eigenkapitaltransfers und das Eigenkapital zu beachten. Die entsprechenden Buchungen zur Stornierung (S3–S8) und zu der damit verbundenen Anpassung von Einkommen, Eigenkapitaltransfers und Eigenkapital (S9–S12) lauten:

8.2 Konzept der Konsolidierung durch »Richtig«-Stellung

Beleg	Datum	Ereignis und Konten	Soll	Haben
S3	Ende X3	Stornierung des Empfangs des Transfers von B bei A		
		Anderer Ertrag A	60	
		Vermögensgüter A (Zahlungsmittel)		60
S4	Ende X3	Stornierung der Leistung eines Transfers bei B		
		Vermögensgüter B (Zahlungsmittel)	60	
		Entnahme B		60
S5	Ende X3	Stornierung der Gewährung eines Darlehens an die A		
		Vermögensgüter A (Zahlungsmittel)	40	
		Vermögensgüter A (Darlehensforderung)		40
S6	Ende X3	Stornierung des Empfangs eines Darlehens bei der C		
		Fremdkapitalposten C (Darlehensverbindlichkeit)	40	
		Vermögensgüter C (Zahlungsmittel)		40
S7	Ende X3	Stornierung des Empfangs der Zinszahlung bei A		
		Anderer Ertrag A	5	
		Vermögensgüter A (Zahlungsmittel)		5
S8	Ende X3	Stornierung der Leistung der Zinszahlung durch C		
		Vermögensgüter C (Zahlungsmittel)	5	
		Anderer Aufwand C		5
S9	Ende X3	Stornierung der Konsequenzen des Transfers für das Einkommen und das Eigenkapital bei A		
		Einkommen A (Bilanz)	60	
		Einkommen (Gewinn) A (Einkommensrechnung)		60
S10	Ende X3	Stornierung der Konsequenzen des Transfers für die Eigenkapitaltransfers und das Eigenkapital bei B		
		Entnahmeüberschuss B (Eigenkapitaltransferrechnung)	60	
		Eigenkapitaltransfers B (Bilanz)		60
S11	Ende X3	Stornierung der Konsequenzen des Empfangs der Zinszahlung durch A für das Einkommen und die Vermögensgüter von A		
		Einkommen A (Bilanz)	5	
		Einkommen (Gewinn) A (Einkommensrechnung)		5

Beleg	Datum	Ereignis und Konten	Soll	Haben
S12	Ende X3	Stornierung der Leistung der Zinszahlung bei C für das Einkommen und die Vermögensgüter der C		
		Einkommen (Verlust) C (Einkommensrechnung)	5	
		Einkommen C (Bilanz)		5

Zusätzliche Buchungen aus Konzernsicht

Bei der A ist aus Konzernsicht kein Ertrag aus Beteiligungen angefallen, sondern nur die Lieferung von Zahlungsmitteln. Das Darlehen wirkt sich auch nicht auf Eigenkapitaltransfers oder Einkommen aus, jedoch die Zinszahlung.

Nun ist zu berücksichtigen, was aus Konzernsicht passiert ist: B hat in Höhe von 60 *GE* Zahlungsmittel an die A geliefert. C hat in Höhe von 40 *GE* Zahlungsmittel von der A erhalten und selbst 5 *GE* an die A entrichtet:

Beleg	Datum	Ereignis und Konten	Soll	Haben
Z13	Ende X3	Lieferung von Zahlungsmitteln von der B an die A		
		Vermögensgüter A (Zahlungsmittel)	60	
		Vermögensgüter B (Zahlungsmittel)		60
Z14	Ende X3	Lieferung von Zahlungsmitteln von der A an die C		
		Vermögensgüter C (Zahlungsmittel)	40	
		Vermögensgüter A (Zahlungsmittel)		40
Z15	Ende X3	Lieferung von Zahlungsmitteln von der C an die A		
		Vermögensgüter A (Zahlungsmittel)	5	
		Vermögensgüter C (Zahlungsmittel)		5

Konsolidierungsbuchung

»Tausch« der Beteiligungen gegen Vermögensgüter und Fremdkapital

Wir haben nun die Konsolidierungsbuchungen vorzunehmen. Dazu setzen wir die Buchungen ein, mit denen wir statt der Beteiligung an B und C deren Vermögensgüter, deren Fremdkapitalposten sowie deren *goodwill* aus B und C erfassen. Soweit dieser *goodwill* keine Veränderungen erfahren hat, übernehmen wir den Betrag, den wir bei der Erstkonsolidierung bestimmt haben.

Die Konsolidierungsbuchung bezüglich der B lautet:

Beleg	Datum	Ereignis und Konten	Soll	Haben
K16	Ende X3	Konsolidierung betreffend die B Buchungen die Bilanz betreffend		
		Vermögensgüter B (Ende X3)	520	
		Positiver goodwill A aus B (Beginn X2)	117	

8.2 Konzept der Konsolidierung durch »Richtig«-Stellung

Beleg	Datum	Ereignis und Konten	Soll	Haben
		Beteiligung A an B (Beginn X2)		320
		Fremdkapital B (Ende X3)		60
		Eigenkapital Konzernfremder B (Beginn X2)		137
		Buchungen die Eigenkapitalkonsequenzen aus vorzeiträumen betreffend		
		Eigenkapitalveränderung Konzernfremder B in X2		27
		Eigenkapitalveränderungen aus Einkommen B in X2		63
		Eigenkapitalveränderungen aus Eigenkapitaltransfers B in X2		0
		Eigenkapitalveränderungen aus Einkommen von B in X3		
		Buchungen die Einkommensrechnung betreffend		
		Umsatzaufwand B	40	
		Anderer Aufwand B	10	
		Umsatzertrag B		50
		Anderer Ertrag B		90
		Buchungen die Eigenkapitaltransferrechnung betreffend		
		Eigenkapitalveränderungen aus Eigenkapitaltransfers von B in X3		
		Entnahmen B	60	
		Einlagen B		0
		Kontrollsumme	747	747

Zusätzlich erklären wir die Eigenkapitalveränderungen durch die Salden der Einkommens- und Eigenkapitaltransferrechnungen mit den Buchungen:

Beleg	Datum	Ereignis und Konten	Soll	Haben
K17	Ende X3	Einkommenskonsequenz der B		
		Einkommen (Gewinn) B (Einkommensrechnung)	90	
		Einkommen B (Bilanz)		63
		Eigenkapital Konzernfremder B		27
K18	Ende X3	Eigenkapitaltransferkonsequenz der B		
		Eigenkapitaltransfer B (Bilanz)	60	
		Entnahmeüberschuss B (Eigenkapitaltransferrechnung)		60

Die entsprechende Eigenkapitalveränderung vernachlässigen wir hier, weil sie sich auf den Konzern nicht auswirkt. Die Konsolidierungsbuchung lautet bei C:

Beleg	Datum	Ereignis und Konten	Soll	Haben
K19	Ende X3	Konsolidierung betreffend die C		
		Buchungen die Bilanz betreffend		
		*Anteilige Vermögensgüter C (125 GE * 1)*	125	
		Positiver goodwill A aus C	100	
		Beteiligung A an C		200
		Anteiliges Fremdkapital C		65
		Buchungen die Eigenkapitalkonsequenzen aus vorzeiträumen betreffend		
		Eigenkapitalveränderung Konzernfremder C in X3		0
		Eigenkapitalkonsequenzen aus Einkommen C in X2		160
		Eigenkapitalkonsequenzen aus Eigenkapitaltransfers C in X2		0
		Buchungen die Einkommensrechnung betreffend		
		Einkommenskonsequenzen aus Einkommen von C in X3		
		Umsatzaufwand C	490	
		Anderer Aufwand C	210	
		Umsatzertrag C		500
		Anderer Ertrag C		0
		Buchungen die Eigenkapitaltransferrechnung betreffend		
		Einkommenskonsequenzen aus Eigenkapitaltransfers C in X3		0
		Kontrollsumme	925	925

Zusätzlich erklären wir die Eigenkapitalveränderungen durch die *Salden* der Einkommens- und Eigenkapitaltransferrechnungen mit den Buchungen:

Beleg	Datum	Ereignis und Konten	Soll	Haben
K20	Ende X3	Einkommenskonsequenzen bei C		
		Einkommen C (Bilanz)	200	
		Einkommen (Verlust) C (Einkommensrechnung)		200
K21	Ende X3	Eigenkapitaltransferkonsequenz bei C		
		Einlagenüberschuss C (Eigenkapitaltransferrechnung)	0	
		Eigenkapital C (Bilanz)		0

8.2 Konzept der Konsolidierung durch »Richtig«-Stellung

	Einheit A (Ende X3)		Korrekturen bei A		nachrichtlich: B Ende X3		Konsolidierung B (Ende X3)		Korrekturen B (Ende X)		nachrichtlich: C (Ende X3)		Konsolidierung C (Ende X3)		Korrekturen wegen C (Ende X3)		Konzern D (Ende X3)	
	S	H	S	H	S	H	S	H	S	H	S	H	S	H	S	H	S	H
Andere Vermögensgüter	465		40^5 60^{13} 5^{15}	60^3 5^7 40^{14}	520		520^{16}			60^4	125	60^{13}	125^{19}		5^8 40^{14}	40^6 5^{15}	1 110	
Beteiligung an B			20^1 117^{16}	320^{16}													117	
goodwill in B																		
Beteiligung an C	300			200^{19}													100	
goodwill in C	200		100^{19}															
Ware	50			7^2													43	
Darlehensforderung	40			40^5														
Summe Aktiva	1 055		382	632	520		520			7			125		45	45	1 370	
Eigenkapital (Beginn X3)		470				430						260						470
Eigenkapital Vorzeitraum				20^1					63^{16}	7^2				160^{19}				236
Eigenkapitaltransfers					60		60^{18}			60^{10}								
Einkommen		65	60^9 5^{11}		90				63^{17}		200		200^{20}			5^{12}		132
Eigenkapital (Ende X3)		535	65	20		60	126	7		60		200	160			5		574
Eigenkapital Konzernfremder							137^6 27^{16} 27^{17}											191
Fremdkapital		520						60^{16}						65^{19}	40^6			605
Summe Passiva		1 055		45		263			53					25	5			1 370
Umsatzaufwand	0		40		40^{16}				490		490^{19}					530		
Anderer Aufwand	0		10		10^{16}				210		210^{19}			5^8		215		
Einkommen (Gewinn)		65	60^9 5^{11}	90	90^{17}												90	
Aufwand plus Gewinn	65			65	140				700		700				5	835		
Umsatzertrag		0				50		50^{16}				500		500^{19}				550
Anderer Ertrag		65	60^3 5^7			90		90^{16}										90
Einkommen (Verlust)	0										200		200^{20}		5^{12}		195	
Erträge plus Verlust		65		65		140						700		700	5			835
Entnahmen Einlagenüberschuss (Saldo)	0		60		60^{16}				60^4								0	0
	0																	
Entnahmen plus Saldo	0		60		60				60								0	0
Einlagen Entnahmenüberschuss (Saldo)	0				60		60^{18}	60^{10}									0	0
Einlagen plus Saldo		0		60		60	60										0	0

Abbildung 8.3: Ermittlung einer Konzern-Bilanz, einer Konzern-Einkommensrechnung und einer Konzern-Eigenkapitaltransferrechnung bei Vollkonsolidierung mit Aufdeckung des *goodwill* am Ende des Abrechnungszeitraums X3 (Konzernentstehung zu Beginn von X2) aus den vereinheitlichten Zahlen rechtlich selbständiger Einheiten eines Unterordnungskonzerns

| Konzern-Finanz- | Unter Beachtung dieser Korrekturen erhält man die Tabelle der
| berichte | Abbildung 8.3, Seite 361.

Daraus lässt sich das Eigenkapital des Konzerns A ablesen, das sich auf 574 *GE* beläuft. Zusätzlich werden 191 *GE* von konzernfremden Anteileignern in Untereinheiten beigesteuert. Hier zeigt sich im Vergleich mit den Ausführungen in Kap. 7 deutlich, dass die *full goodwill*-Methode durch die rechnerische oder eventuell aus dem Markt stammende Erhöhung des *goodwill* um 35 *GE* um genau diesen Betrag das Gewicht der Konzernfremden gegenüber den Konzerneignern erhöht, ohne das »eigentliche« Eigenkapital des Konzerns zu tangieren.

8.2.3 Entkonsolidierung

| Fallunterscheidung | Wir unterscheiden wiederum den Fall der Auflösung des gesamten Konzerns proportional zu den Einlagen vom Fall des Ausscheidens einzelner Einheiten, deren Anteilseigner jedoch im Konzern verbleiben.

8.2.3.1 Auflösung des Konzerns

| Vielfalt möglicher | Zur Auflösung des Konzerns bedarf es einer Vereinbarung unter den
| Vereinbarungen | Anteilseignern. Es liegt nahe anzunehmen, diese wollten den Konzern wieder in seine rechtlich selbständigen Einheiten aufspalten und die früheren Anteilseigner proportional zum jeweiligen Eigenkapital des Konzerns entschädigen. Man kann dann den Einheiten diejenigen Beträge zurechnen, die sich unter Beachtung der Korrekturen unmittelbar vor der Auflösung ergeben haben. Weil die Absprachen aber auch anders und im Grunde sehr vielfältig sein können, verzichten wir hier auf eine tiefere Analyse.

8.2.3.2 Ausscheiden einzelner Einheiten aus dem Konzern bei Verbleib der Anteilseigner im Konzern

| Ausweis des Gewinns | Beim Ausscheiden einer Einheit aus dem Konzern ergibt sich ein
| oder Verlustes aus | Gewinn oder ein Verlust in Höhe der Differenz zwischen dem Ver-
| dem Abgang einer | äußerungsertrag und dem Wert der aus dem Konzern abgehenden
| Beteiligung | Beteiligung. Übersteigt der Veräußerungsertrag den Wert der Beteiligung, haben wir es mit einem Veräußerungsgewinn zu tun, sonst mit einem Veräußerungsverlust. Das Problem bei der Bestimmung

8.2 Konzept der Konsolidierung durch »Richtig«-Stellung

dieses Gewinns oder Verlusts besteht in der Ermittlung des Wertes der abgehenden Beteiligung. Maßgeblich ist dabei der Wert aus Konzernsicht, der in der Regel vom Buchwert der Beteiligung in den Finanzberichten der Obereinheit abweichen wird.

Für unser Beispiel unterstellen wir, es habe zwischen dem Ende von X3 und dem Beginn von X4 keine konzerninternen Ereignisse gegeben. Dabei gehen wir von Konzern-Finanzberichten unmittelbar vor dem Ausscheiden aus. Wir nehmen in einem ersten Schritt die Entkonsolidierungsbuchung vor, bei der wir die mit der abgehenden Untereinheit zusammenhängenden Posten gegen die entsprechende Beteiligung tauschen. Statt der Vermögensgüter, der Fremdkapitalposten und des auf den Konzern entfallenden *goodwill* sehen wir dadurch wieder die Beteiligung. Ihr heutiger Wert ergibt sich als *Saldo* der mit der Untereinheit zusammenhängenden Posten. In einem zweiten Schritt kann schließlich die Veräußerung gebucht werden. Dem Veräußerungsertrag in Höhe von 380 *GE* wird der Wert der abgehenden Beteiligung gegenübergestellt. B besitzt Vermögensgüter in Höhe von 520 *GE* und hat ein Fremdkapital von 60 *GE* aufgenommen. Daraus folgt, dass B ein Eigenkapital in Höhe von 460 *GE* besitzt, das zu 191 *GE* von konzernfremden Anteilseignern gehalten wird und zu (460 *GE* − 191 *GE* =) 269 *GE* vom Konzern. Um den Wert der Beteiligung der A an der B zu ermitteln, ist weiterhin dem Betrag von 269 *GE* der Teil des *goodwill* in Höhe von 117 *GE* hinzuzurechnen, der auf den Konzern entfällt. Die Ware bei A ist nun nach dem Ausscheiden von B um 7 *GE* zu niedrig bewertet, was den mit der B abgehenden Wert negativ beeinflusst. Für B ergibt sich somit ein Wert von 269 *GE* + 117 *GE* − 7 *GE* = 379 *GE*.

Vorgehen

Buchungssätze

Gehen wir von Konzern-Finanzberichten unmittelbar vor dem Ausscheiden einer Untereinheit aus, so haben wir nur die Differenz zu bilden zwischen den Konzern-Finanzberichten unmittelbar vor dem Ausscheiden und den Posten, die auf Grund des Ausscheidens der Untereinheit fortfallen. Zusätzlich haben wir den Veräußerungserlös zu berücksichtigen, falls dieser noch nicht in den Zahlen stecken sollte. Weder die Einkommensrechnung des Konzerns noch die der Untereinheit für den abgelaufenen Zeitraum sind relevant. Die entsprechenden Konsolidierungen wurden bereits im vorangegangenen Abschnitt behandelt. Seit dem Beginn von X4 hat es noch keine anderen Erträge und Aufwendungen gegeben. Wir unterstellen hier auch, der Veräußerungserlös sei noch nicht gebucht worden. Ferner unterstellen wir, dass der Abgang der Vermögensgüter der B einen Aufwand und der Abgang der Kapitalposten der B einen Ertrag darstelle.

Buchungen ausgehend von den Konzern-Finanzberichten unmittelbar vor dem Ausscheiden

Entkonsolidierung Die Entkonsolidierungsbuchung lautet:

Beleg	Datum	Ereignis und Konten	Soll	Haben
E1	Beginn X4	*Beteiligung der A an B (Saldo)*	379	
		Vermögensgüter A	7	
		Eigenkapital Konzernfremder in B	191	
		Fremdkapital B	60	
		Andere Vermögensgüter B mit den Korrekturen bei A		
		(520 GE + 60 GE − 60 GE)		520
		Positiver Teil des goodwill der A aus B		117

Veräußerung Nun kann die Veräußerung der Anteile gebucht werden. Dem Veräußerungserlös in Höhe von 380 GE steht ein Veräußerungsaufwand in Höhe von 379 GE gegenüber, so dass ein Veräußerungsverlust von 1 GE entsteht:

Beleg	Datum	Ereignis und Konten	Soll	Haben
E2	Beginn X4	Verkauf der Beteiligung der A an B (Zugangs- und Ertragsbuchung)		
		Vermögensgüter A (Zahlungsmittel)	380	
		Anderer Ertrag A		380
E3	Beginn X4	Verkauf der Beteiligung der A an B (Aufwands- und Abgangsbuchung)		
		Anderer Aufwand A	379	
		Vermögensgüter A (Beteiligung an B)		379
E4	Beginn X4	Einkommenskonsequenzen		
		Einkommen (Gewinn) A (Einkommensrechnung)	1	
		Einkommen A (Bilanz)		1

Konzern-Finanzberichte Dem entsprechend sieht das Ausscheiden der Einheit B aus dem Konzern so wie in Abbildung 8.4, Seite 365, aus.

8.3 Konsolidierung durch Anpassung von Finanzberichten (Vorgehen der Praxis)

Rahmenbedingungen Für das bisher erläuterte Beispiel wird – unter Beibehaltung aller Annahmen – nun das Vorgehen in der Praxis beschrieben werden.

8.3 Konsolidierung durch Anpassung von Finanzberichten (Vorgehen der Praxis)

	Konzern D (Beginn X4, mit B)		Entkonsoli- dierungs- buchung Einheit B (Beginn X4, 100%)		Veräuße- rung der Beteiligung an B		Konzern D (Beginn X4, ohne B)	
	S	H	S	H	S	H	S	H
Andere Vermögensgüter	1 110			520¹	380²		970	
Beteiligung an B	0		379¹			379³		
goodwill in B	117			117¹				
Beteiligung an C								
goodwill in C	100						100	
Ware	43			7¹			50	
Summe Aktiva	**1 370**		**386**	**637**	**380**	**379**	**1 120**	
Eigenkapital (Beginn X4, vor Abgang)		574						574
Eigenkapitalveränderung Vorzeit- raum								
Eigenkapitaltransfers								
Einkommen						1⁴		1
Verlust im Zeitraum								
Eigenkapital (Beginn X4, nach Abgang)					1			575
Eigenkapital Konzernfremder		191	191					0
Fremdkapital		605	60¹					545
Summe Passiva		**1 370**	**251**		**1**			**1 120**
Umsatzaufwand								
Anderer Aufwand					379³		379	
Einkommen (Gewinn)					1⁴		1	
Summe Aufwand plus Gewinn					**380**		**380**	
Umsatzertrag								
Anderer Ertrag						380²		380
Einkommen (Verlust)								
Summe Ertrag plus Verlust						**380**		**380**
Entnahmen								
Einlagenüberschuss (Saldo)								
Entnahmen plus Saldo								
Einlagen								
Entnahmenüberschuss (Saldo)								
Einlagen plus Saldo								

Abbildung 8.4: Ermittlung einer Konzern-Bilanz, einer Konzern-Einkommensrechnung und einer Konzern-Eigenkapitaltransferrechnung bei Vollkonsolidierung mit Aufdeckung des gesamten goodwill zu Beginn des Abrechnungszeitraums X4 (Konzernentstehung zu Beginn von X2) aus den vereinheitlichten Zahlen rechtlich selbständiger Einheiten eines Unterordnungskonzerns

Dabei ist allgemein zu bedenken, dass die Anzahl der einzubeziehenden Untereinheiten meist deutlich größer ist als in dem hier verwendeten einfachen Beispiel, das den Einstieg in die Konsolidierungsproblematik erleichtern soll. Angesichts der Fülle der praktisch in der Konsolidierung anfallenden Daten ist daher die erste Voraussetzung, dass in einem Konsolidierungshandbuch klare Festlegungen bezüglich der Bilanzierung aller denkbaren Sachverhalte getroffen werden. Insbesondere kommt es dabei darauf an, dass alle konzerninternen Vorgänge und auch die damit zusammenhängenden Bilanzposten klar als konzernintern berichtet werden, einschließlich der expliziten Angabe der jeweils betroffenen Einheit und auch – was in dem einfachen Beispiel hier keine Rolle spielt – des jeweils betroffenen Geschäftsbereichs. Wenn überdies beispielsweise nach den internationalen Standards des IASB bilanziert wird, sind auch die daraus resultierenden spezifischen Regeln zu beachten. Das kann etwa die Umrechnungsmethode bei Einheiten betreffen, die in Fremdwährungsgebieten agieren oder den Ausweis des *goodwill* entsprechend der *push down*-Methode[2] in den Finanzberichten der erworbenen Einheit.

8.3.1 Konzern-Finanzberichte bei Erstkonsolidierung

Buchungstypen Wir folgen hier den IFRS. Im Fall der Erstkonsolidierung haben wir es mit drei Arten von Buchungen zu tun: (1) mit der Korrektur der Finanzberichte der rechtlich selbständigen Einheiten um die Berücksichtigung des jeweiligen *goodwill* und die Anpassung der jeweiligen Eigenkapitalbeträge, (2) mit der Berücksichtigung des Anteils Konzernfremder sowie (3) mit den eigentlichen Konsolidierungsbuchungen, bei denen wir die Beteiligungen der Obereinheit gegen die zugehörigen Vermögensgüter und Fremdkapitalposten der Untereinheiten tauschen.

Korrektur der Finanzberichte Zur Korrektur der Finanzberichte der Untereinheiten weisen wir zunächst in einer jeweils mit »Korrektur« bezeichneten Spalte das eventuell auf konzernfremde Anteilseigner entfallende Eigenkapital getrennt vom auf den Konzern entfallenden Anteil in den Eröffnungsbilanzen der jeweiligen Untereinheiten aus. Anschließend zeigen wir in den gleichen

---

[2] Unter *push down*-Methode wird das Verfahren verstanden, die Anschaffungsausgaben einer Obereinheit für Anteile an einer Untereinheit im Zusammenhang mit der betroffenen Untereinheit zu zeigen. Konkret ist damit der positive oder negative *goodwill*, der aus der Anschaffung von Anteilen an einer Untereinheit herrührt, im Zusammenhang mit dieser Untereinheit zu nennen.

Spalten den *goodwill* und die aus dessen Bilanzierung folgenden Eigenkapitalveränderungen. Bezüglich B beträgt dieser 82 *GE* (= 320 *GE* − 0,7 *GE* *(600 *GE* − 260 *GE*)) aus Sicht der Obereinheit plus 35 *GE* (geschätzt aus einer Hochrechnung des *goodwill* von 82 *GE* für den Konzern (82 *GE* / 0,7 *GE* − 82 *GE* = 35 *GE*)) aus Sicht konzernfremder Anteilseigner an B. Der auf den Konzern entfallende Eigenkapitalanteil an der B (238 *GE*) wird infolge dessen bei Ausweis eines *goodwill* in Höhe von (82 *GE* + 35 *GE* =) 117 *GE* und der Eigenkapitalanteil der Konzernfremden (0,3 * (600 *GE* − 260 *GE* = 102 *GE*) um 35 *GE* erhöht. Bezüglich C handelt es sich um einen Betrag von 100 *GE*, der lediglich die Obereinheit betrifft. Damit stellen sich die korrigierten Bilanzen von A, B und C anders als vor der Korrektur dar.

Die Korrekturen führen dazu, dass für B und C jeweils eine »Handelsbilanz II« vorliegt, die den Anforderungen der *push down*-Methode entspricht, bei der ja Teile des *goodwill* jeweils bei den Einheiten erscheinen, aus deren Anschaffung sie entstanden sind. Dies wird durch folgende Buchungen erreicht:

Buchungen

Beleg	Datum	Ereignis und Konten	Soll	Haben
K1	Beginn X2	Ausbuchung des Eigenkapitals der B für Konzernfremde (Anteil 30% = 0,3 * 340 *GE*)		
		Eigenkapital B	102	
		Eigenkapital Konzernfremder B		102
K2	Beginn X2	Einfügen des *goodwill (push down)* und des zugehörigen Eigenkapitals bei B, ermittelt aufgrund des Kaufpreises der A (320 *GE* − 0,7 * (600 *GE* − 260 *GE*) = 82 *GE*)		
		goodwill B	82	
		Eigenkapital B		82
K3	Beginn X2	Aufstockung des *goodwill* und des zugehörigen Eigenkapitals der B aufgrund der *full goodwill*-Methode um 82 *GE* / 0,7 − 82 *GE* = 35 *GE*		
		goodwill B	35	
		Eigenkapital Konzernfremder B		35
K4	Beginn X2	Einfügen des *goodwill (push down)* und des zugehörigen Eigenkapitals bei C, ermittelt aufgrund des Kaufpreises der A (200 *GE* − 1,0 * (200 *GE* − 100 *GE*) = 100 *GE*)		
		goodwill C	100	
		Eigenkapital C		100

Konsolidierung der Summenposten

Konsolidierung zwecks Vermeidung von Doppelzählungen

Die Eröffnungsbilanz des Konzerns ergibt sich aus der Addition der Bilanzen sämtlicher zum Konzern gehörender Einheiten. Um Doppelzählungen zu vermeiden, muss allerdings zuvor durch Konsolidierungsbuchungen sichergestellt werden, dass die Beteiligungsbuchwerte bei der Obereinheit gegen die Eigenkapitalbeträge, die zum Zeitpunkt der Erstkonsolidierung bei den entsprechenden Untereinheiten vorliegen, eliminiert werden:

Beleg	Datum	Ereignis und Konten	Soll	Haben
K5	Beginn X2	Eliminierung des Buchwertes der B		
		Eigenkapital B	320	
		Beteiligung an B bei A		320
K6	Beginn X2	Eliminierung des Buchwertes der C		
		Eigenkapital C	200	
		Beteiligung an C bei A		200

Nicht Buchungen, sondern Finanzberichte als Grundlage

Ausgangspunkt für sämtliche Konsolidierungsüberlegungen sind in der Praxis nicht die in den einzelnen Einheiten tatsächlich vorgenommenen Buchungen, die normalerweise weder bekannt sind noch bekannt sein müssen, sondern die Daten der Finanzberichte, die von jeder rechtlich selbständigen Einheit übermittelt werden und nach einheitlichen Vorgaben in der Währungseinheit des Konzerns erstellt wurden. Der Ausgangspunkt für die Konsolidierung ist dabei, dass alle Sachverhalte aus Sicht der berichtenden Einheit in den Finanzberichten zutreffend abgebildet sind.

Konzern-Bilanz als Ergebnis

Nach der Konsolidierung ergibt sich die Eröffnungsbilanz des Konzerns zum Zeitpunkt der erstmaligen Konsolidierung am 1.1.X2 so wie in Abbildung 8.5, Seite 369. Auf Angaben zur Einkommensrechnung können wir verzichten, weil zum Zeitpunkt der Erstkonsolidierung im Konzern noch kein Einkommen erzielt wurde.

8.3.2 Vorgehen zu Zeitpunkten nach der Erstkonsolidierung

8.3.2.1 Vorgehen zum Ende von X2

Übersicht

Im folgenden beschreiben wir zunächst die bis zur Konsolidierung notwendigen Schritte. Anschließend zeigen wir die sich daraus ergebenden Bilanzen, Einkommensrechnungen und Eigenkapitaltransferrechnungen zum Ende des Zeitraums X2.

8.3 Konsolidierung durch Anpassung von Finanzberichten (Vorgehen der Praxis)

	Einheit A zu Beginn von X2		Einheit B zu Beginn von X2		Korrekturen bei B (push down)		Einheit C zu Beginn von X2		Korrekturen bei C (push down)		Konsolidierung zu Beginn von X2		Konzern D zu Beginn von X2	
	S	H	S	H	S	H	S	H	S	H	S	H	S	H
Andere Vermögensgüter	480		600				200						1 280	
Beteiligung an B	320											320[5]	0	
goodwill aus B	–				82[2]								117	
					35[3]									
Beteiligung an C	200											200[6]	0	
goodwill aus C	–								100[4]				100	
Summe Aktiva	1 000		600		117		200		100			520	1 497	
Eigenkapital (Beginn X2)		410		340	102[1]	82[2]		100		100[4]	320[5]			410
											200[6]			
Einkommen aus Vorzeiträumen		90												90
Eigenkapital (Beginn X2)		500		340	20			100			520			500
Eigenkapital Konzernfremder		–				102[1]		–						137
						35[3]								
Fremdkapital				500		260		100						860
Summe Passiva		1 000		600	20	137		200		100	520			1 497

Abbildung 8.5: Abschlüsse der einzelnen Einheiten und Ermittlung einer Konzern-Eröffnungsbilanz zum 1.1. X2 bei Vollkonsolidierung mit Aufdeckung des gesamten goodwill aus den vereinheitlichten Zahlen rechtlich selbständiger Einheiten eines Unterordnungskonzerns

Korrekturen wegen Vorgaben im Bilanzierungshandbuch des Konzerns

Bei der Obereinheit A sollte die Abschreibung des Buchwertes der Beteiligung an Untereinheit B bereits durch das Bilanzierungshandbuch des Konzerns als unzulässig für die »Handelsbilanz II« erklärt worden sein: Wenn in der Untereinheit B tatsächlich Wertverluste eintreten, sollten sich diese nach einer entsprechenden Wertminderungsprüfung in der Abschreibung (*impairment loss*) der betreffenden Vermögensgüter in der Einkommensrechnung der B auswirken: Ein Ausweis eines solchen Wertverlusts lediglich im Eigenkapital der A widerspricht den Grundsätzen der Konsolidierungsphilosophie. Deswegen liegt hier keine eigentliche Konsolidierungsbuchung, sondern eine Korrektur vor:

Keine Berücksichtigung von Wertveränderungen der Beteiligungen

Beleg	Datum	Ereignis und Konten	Soll	Haben
K0a	Ende X2	Korrektur der aus Konzernsicht unzulässigen Buchwertabschreibung bei A		
		Beteiligung (der Einheit A) an B	20	
		Anderer Aufwand (innen) A		20
K0b	Ende X2	Berücksichtigung der Korrektur in Eigenkapital und Einkommensrechnung der A		
		Gewinn A (Einkommensrechnung)	20	
		Einkommen im Zeitraum A (Eigenkapital)		20

Weitere Korrekturen zur Berücksichtigung von Anpassungen in Vorzeiträumen

Übernahme des jeweiligen *goodwill*

Zunächst sind die Buchungen, die bei der Erstkonsolidierung im Rahmen der Umsetzung der *push down*-Methode durchzuführen waren, einkommensneutral zu wiederholen. Bei C betrifft das lediglich die Erhöhung des *goodwill* und des Eigenkapitals jeweils um 100 GE. Für die Untereinheit B werden ebenfalls die Werte übernommen, die bei der Erstkonsolidierung ermittelt wurden: Der für B aufgrund des gezahlten Kaufpreises ermittelte *goodwill* erhöht den dem Konzern zuzurechnenden Teil des Eigenkapitals dieser Untereinheit. Derjenige Teil des *goodwill*, der im Zeitpunkt der Erstkonsolidierung aufgrund der *full goodwill*-Methode für die Konzernfremden ermittelt wurde, wird dem Eigenkapital Konzernfremder zugerechnet:

Beleg	Datum	Ereignis und Konten	Soll	Haben
K1	Ende X2	Korrekturen bei der Bilanz der B		
		Einfügen des *goodwill* des Konzerns und des zugehörigen Eigenkapitals der B (Wert gemäß Erstkonsolidierung aus Kaufpreis ermittelt)		
		goodwill B	82	
		Eigenkapital B		82
	Ende X2	Einfügen des *goodwill* Konzernfremder und des zugehörigen Eigenkapitals Konzernfremder in B (Wert aus dem *goodwill* des Konzerns bei Erstkonsolidierung hochgerechnet)		
		goodwill B	35	
		Eigenkapital Konzernfremder B		35
		Anpassung des Eigenkapitals der B wegen Konzernfremder (30% Anteil)		
		Eigenkapital B	102	
		Eigenkapital Konzernfremder B		102

Bei der C ergeben sich keine weiteren Probleme:

Beleg	Datum	Ereignis und Konten	Soll	Haben
K2	Ende X2	Korrekturen bei der Bilanz der C		
		Einfügen des *goodwill* und des zugehörigen Eigenkapitals der C (Wert gemäß Erstkonsolidierung aus dem Kaufpreis ermittelt)		
		goodwill C	100	
		Eigenkapital C		100
		Einfügen des *goodwill* Konzernfremder und des zugehörigen Eigenkapitals Konzernfremder in C (Wert aus dem *goodwill* des Konzerns bei Erstkonsolidierung hochgerechnet)		
		goodwill C	0	
		Eigenkapital Konzernfremder C		0
		Anpassung des Eigenkapitals der C wegen Konzernfremder (0% Anteil)		
		Eigenkapital B	0	
		Eigenkapital Konzernfremder B		0

Aufspaltung des aktuellen Einkommens auf Konzern und Konzernfremde

Aufgrund der im Zeitraum X2 getätigten Geschäfte ergibt sich zunächst die Notwendigkeit, beim Einkommen des laufenden Zeitraums eine Aufteilung auf Konzern und Konzernfremde vorzunehmen. Für die betroffene Einheit B ist diese Aufteilung ohne Bedeutung. Daher wird sie in den Finanzberichten der Einheit auch nicht vorgenommen. Für die zutreffende Darstellung der Vermögens- und Ertragslage des Konzerns ist sie jedoch erforderlich:

Berücksichtigung des auf Konzernfremde entfallenden Einkommens

Beleg	Datum	Ereignis und Konten	Soll	Haben
K3	Ende X2	Ausbuchung des laufenden Einkommens auf Konzernfremde (bei B)		
		Einkommen B *(Bilanz)*	27	
		Eigenkapital Konzernfremder B		27

Korrektur konzerninterner Ereignisse des aktuellen Zeitraums

Aus Konzernsicht anzupassen sind die Folgen innerkonzernlicher Ereignisse. Im Beispiel gehört dazu nur die innerkonzernlich erworbene Ware, die richtigerweise bereits als Ware von A ausgewiesen ist. Lediglich die als innerkonzernlich gekennzeichneten Posten sind aus Konzernsicht anzupassen oder ganz zu eliminieren. Aufgrund dieser

Verkauf von Ware durch B an A

Vorgehensweise bleibt beispielsweise der Bilanzposten *Zahlungsmittel* gänzlich unverändert: Er zeigt – auch in den Finanzberichten der einzelnen Einheiten – ganz genau, wo sich wie viele Zahlungsmittel befinden, und diese Information bedarf auch aus Konzernsicht keiner Veränderung. Im Wert der Ware ist noch der von B beim Verkauf an A erzielte Zwischengewinn enthalten, der im Konzern zu eliminieren ist, weil er noch nicht durch einen Verkauf an Konzernfremde realisiert ist. Nach den Regeln des IASB gilt für innerkonzernliche Transaktionen, dass die daraus entstehenden Gewinne oder Verluste vollständig und nicht nur anteilig zu eliminieren sind (IAS 27.20 f.). Dieser Vorgabe folgen wir hier zunächst (Buchung K4). In der Buchung unterstellen wir dabei, dass sowohl der Konzern als auch die Konzernfremden ihrem Anteil entsprechend von der Zwischeneinkommenseliminierung betroffen sein sollen (Buchung K5). Da wir bisher in unserem Beispiel nur eine Eliminierung in Höhe des Anteils des Mehrheitseigners vorgenommen haben, was betriebswirtschaftlich durchaus sinnvoll erscheint, übernehmen wir diese Vorgehensweise auch hier (Buchung K6). Dadurch wird effektiv der noch nicht realisierte Einkommensanteil von 70% aus dem Konzerneinkommen eliminiert. Um diesen Betrag wird dann auch der Wert der bei A lagernden intern bezogenen Ware reduziert:

Beleg	Datum	Ereignis und Konten	Soll	Haben
K4	Ende X2	Eliminierung (bei B) des konzerninternen Geschäfts aus der Einkommensrechnung		
		Umsatzertrag B	50	
		Umsatzaufwand (innen) B		40
		Gewinn (Einkommensrechnung) B		10
K5	Ende X2	Eliminierung des konzerninternen Einkommensanteils aus dem Wert der Ware bei A und aus der Bilanz bei B		
		Einkommen im Zeitraum B (Bilanz)	7	
		Eigenkapital Konzernfremder B	3	
		Ware A (konzernintern)		10
K6	Ende X2	Teilweise Rücknahme der Eliminierung des Zwischeneinkommens (aus der Sicht der Konzernfremden liegt Realisierung vor)		
		Ware A (konzernintern)	3	
		Anderer Ertrag B		3
K7	Ende X2	Anpassung des Eigenkapitals Konzernfremder		
		Einkommen B (Einkommensrechnung)	3	
		Eigenkapital Konzernfremder B		3

Konsolidierungsbuchungen

Der Kern der Konsolidierung besteht im »Tausch« der Buchwerte der Beteiligungen, die in den Finanzberichten der Obereinheit für die Untereinheiten B und C enthalten sind, gegen die um das Fremdkapital gekürzte Summe der Vermögensgüter der jeweiligen Untereinheit. Dazu sind jetzt noch die Buchwerte der Beteiligungen an B und C bei A zu eliminieren gegen das Eigenkapital der Untereinheiten B und C in der Höhe, in der es zum Zeitpunkt der Erstkonsolidierung bestand (Grundkapital; Buchungen K8 und K9).

»Tausch« der Beteiligungen gegen die Vermögensgüter und Fremdkapitalposten der Untereinheiten

Beleg	Datum	Ereignis und Konten	Soll	Haben
K8	Ende X2	Ausbuchung der Beteiligung an B		
		Eigenkapital B	320	
		Beteiligung der A an B		320
K9	Ende X2	Ausbuchung der Beteiligung an C		
		Eigenkapital C	200	
		Beteiligung der A an C		200

Werden im Anschluss daran für alle Einheiten die einzelnen Posten von Bilanz, Einkommensrechnung und Eigenkapitaltransferrechnung addiert, ergeben sich Konzern-Bilanz, Konzern-Einkommensrechnung und Konzern-Eigenkapitaltransferrechnung des Konzerns D zum 31.12.X2 so wie in Abbildung 8.6, Seite 374.

Konzern-Finanzberichte

8.3.2.2 Vorgehen zum Ende von X3

Ausgangspunkt für die Erstellung der Konzern-Finanzberichte zum Ende des Abrechnungszeitraums X3 sind wiederum die Finanzberichte der einzelnen Einheiten des Konzerns. Da diese allerdings nur die Fortschreibung der Daten für die einzelne Einheit seit dem Ende von X2 vermitteln, sind zur Fortschreibung der Konzernsicht zunächst die Konsequenzen aus den Korrektur- und Konsolidierungsbuchungen zum Ende von X2 für den Zeitraum X3 einzuarbeiten.

Überblick

Korrektur wegen Vorgaben im Bilanzierungshandbuch des Konzerns

An erster Stelle steht dabei die Korrektur der im Zeitraum X2 erfolgten Abschreibung des Buchwertes der Beteiligung der A an der B, die aus Konzernsicht eigentlich gar nicht hätte erfolgen dürfen. Anders als im Zeitraum X2 erfolgt die Korrektur jetzt aber einkommensneutral, da der in den Finanzberichten der A um 20 GE zu niedrig ausgewiesene Buchwert der Beteiligung an B im Zeitraum X3 das Einkommen der Einheit A nicht gemindert hat:

Keine Berücksichtigung von Wertveränderungen der Beteiligungen

	Einheit A (Ende X2)		Korrektur oder Konsolidierung von A		Einheit B (Ende X2)		Korrektur bei B wegen push down		Konsolidierung von B		Einheit C (Ende X2) (inklusive push down)		Konsolidierung von C		Konzern D (Ende X2)	
	S	H	S	H	S	H	S	H	S	H	S	H	S	H	S	H
Andere Vermögensgüter	350				490						460				1 300	
Beteiligung an B	300		20^0	320^8											–	
Goodwill B							117^1								117	
Beteiligung an C	200			200^9											–	
Goodwill C													100^2		100	
Ware (intern von B)	50		3^6	10^5											43	
Summe Aktiva	**900**		**23**	**530**	**490**		**117**				**560**				**1 560**	
Eigenkapital (Beginn X2)		410				340	102^1	82^1	320^8			100	100^2	200^9		410
Einkommen Vorzeiträume																
Eigenkapitaltransfers	20	90													20	90
Einkommen im Zeitraum	10			20^0		90			27^3 7^5			160				226
Eigenkapital (Ende X2)		470		20		430	20		354			360	200			706
Eigenkapital Konzernfremder							137^1		3^5 27^3	3^7						164
Anderes Fremdkapital		430				60						200				690
Summe Passiva		**900**		**20**		**490**	**20**	**137**	**357**	**30**		**560**	**200**			**1 560**
Umsatzaufwand (außen)	150				230						1 000				1 380	
Umsatzaufwand (innen)					40					40^4	0				–	
Anderer Aufwand (außen)	100				30						0				130	
Anderer Aufwand (innen)	20			20^0	0										–	
Einkommen (Gewinn)			20^0		90				3^7	10^4	160				263	
Summe Aufwand plus Gewinn	**270**		**20**	**20**	**390**				**3**	**50**	**1 160**				**1 773**	
Umsatzertrag (außen)		220				200						1 000				1 420
Umsatzertrag (innen)						50			50^4			0				–
Anderer Ertrag (außen)		40				140						160				343
Anderer Ertrag (innen)						0				3^6						–
Einkommen (Verlust)				10		0										10
Summe Erträge plus Verlust		**270**				**390**			**50**	**3**		**1 160**				**1 773**
Entnahmen	30														30	
Einlagenüberschuss (Saldo)	0														0	
Entnahmen plus Saldo	**30**														**30**	
Einlagen		10														10
Entnahmenüberschuss (Saldo)		20														20
Einlagen plus Saldo		**60**														**30**

Abbildung 8.6: Ermittlung einer Konzern-Bilanz, einer Konzern-Einkommensrechnung und einer Konzern-Eigenkapitaltransferrechnung bei Vollkonsolidierung mit Aufdeckung des gesamten *goodwill* am Ende des Abrechnungszeitraums X2 (Konzernentstehung zu Beginn von X2) aus den vereinheitlichten Abschlüssen rechtlich selbständiger Einheiten eines Unterordnungskonzerns

8.3 Konsolidierung durch Anpassung von Finanzberichten (Vorgehen der Praxis)

Beleg	Datum	Ereignis und Konten	Soll	Haben
0	Ende X3	Korrektur des Buchwertes der Beteiligung an B bei A (wegen Abschreibung im Zeitraum X2)		
		Beteiligung A an B	20	
		Einkommen aus Vorzeitraum A (Bilanz)		20

Weitere Korrekturen zur Berücksichtigung von Anpassungen in Vorzeiträumen

Einkommensneutral zu wiederholen sind auch die Buchungen, die bei der Erstkonsolidierung im Rahmen der Umsetzung der *push down*-Methode durchzuführen waren. Für die Untereinheiten B und C werden die Werte übernommen, die bei der Erstkonsolidierung ermittelt wurden, mit entsprechender Zurechnung zum Konzern beziehungsweise zum Eigenkapital Konzernfremder. Für B erhalten wir:

Übernahme des goodwill und der Eigenkapitalkorrekturen für den Konzern und Konzernfremde

Beleg	Datum	Ereignis und Konten	Soll	Haben
K1	Ende X3	Korrekturen bei der Bilanz der B aus Vorzeiträumen		
		Einfügen des *goodwill* für den Konzern und des zugehörigen Eigenkapitals der B (anteiliger Wert gemäß Erstkonsolidierung aus dem Kaufpreis ermittelt)		
		goodwill B	82	
		Eigenkapital B		82
		Einfügen des *goodwill* für Konzernfremde (Wert aus dem *goodwill* für den Konzern hochgerechnet)		
		goodwill B	35	
		Eigenkapital Konzernfremder B		35
		Anpassung des Eigenkapitals der B (um 30%)		
		Eigenkapital B	102	
		Eigenkapital Konzernfremder B		102

Für C erhalten wir:

Beleg	Datum	Ereignis und Konten	Soll	Haben
K2	Ende X3	Korrekturen bei der Bilanz der C aus Vorzeiträumen		
		Einfügen des *goodwill* und des zugehörigen Eigenkapitals der C (Wert gemäß Erstkonsolidierung aus dem Kaufpreis ermittelt)		

Beleg	Datum	Ereignis und Konten	Soll	Haben
		goodwill C	100	
		Eigenkapital C		100
		Anpassung des *goodwill* und des zugehörigen Eigenkapitals der C wegen Konzernfremden		
		goodwill C	0	
		Eigenkapital Konzernfremder C		0
		Berücksichtigung des Anteils Konzernfremder		
		Eigenkapital C	0	
		Eigenkapital Konzernfremder C		0

Aufspaltung des Einkommens auf Konzern und Konzernfremde

Relevanz für Konzernfremde Was das Einkommen des Vorzeitraums X2 betrifft, wird dieses bereits in den Finanzberichten der Einheiten B und C in die Zeile *Einkommen aus Vorzeiträumen* umgesetzt. Damit ist bei Untereinheit C kein weiterer Eingriff erforderlich. Da 30% der Anteile der B von Konzernfremden gehalten werden und die Eigentumsverhältnisse in der Bilanz der B nicht differenziert ausgewiesen werden, muss dort das Einkommen aus X2 auf Konzern und Konzernfremde aufgeteilt werden, und zwar entsprechend den Konzern-Finanzberichten von X2. Gleichzeitig ist der Wert der bei A noch lagernden, von B bezogenen Ware wie in den Finanzberichten zu X2 um 7 *GE* zu vermindern. Die Gegenbuchung betraf im Zeitraum X2 das Eigenkapital von B:

Beleg	Datum	Ereignis und Konten	Soll	Haben
K3	Ende X3	Berücksichtigung der Ereignisse des Vorzeitraums X2 (gemäß Konzern-Finanzberichten) bei B		
		Einkommen aus Vorzweitraum B (Bilanz)	34	
		Eigenkapitals Konzernfremder (Vorzeitraumanteil nicht separat ausgewiesen)		27
		Ware A (konzernintern von B)		7

Behandlung der Ware Bezüglich der Ware müssen wir jedoch im Hinblick auf das Vorgehen in der Praxis darauf hinweisen, dass in der Unternehmensrealität in der Regel davon auszugehen ist, dass Vorräte normalerweise innerhalb von circa drei Monaten abgesetzt werden. Überdies sollte es in der Praxis meist nicht vorkommen, dass die vom konzerninternen Partner ausgewiesenen internen Umsatzerträge zum Bilanzstichtag wertmäßig (wie in unserem Beispiel) noch genau mit dem beim

Empfänger gelagerten Warenvolumen übereinstimmen: Normalerweise wird ein Teil der bezogenen Ware bereits weiterveräußert sein. Für die Konsolidierung bedeutet das unter anderem, dass es nur selten bei einer einkommensneutralen Wiederholung der Eliminierung konzerninterner Einkommensbestandteile des Vorzeitraums (Zwischeneinkommenseliminierung) bleiben kann. Da die Vorräte des Vorzeitraums praktisch als verkauft gelten müssen, sind die im Vorzeitraum als nicht realisiert aus den Konzern-Finanzberichten eliminierten Umsatzerträge inzwischen auch aus Konzernsicht realisiert: Damit wäre die Zwischeneinkommenseliminierung des Vorzeitraums im neuen Berichtszeitraum zumeist einkommensmäßig zurückzunehmen. Damit ist dann für die »neuen« konzerninternen Vorräte auch eine neue Zwischeneinkommenseliminierung durchzuführen, bei der – aufgrund der möglicherweise veränderten Geschäftssituation – unter Umständen ein höherer oder niedrigerer Einkommensanteil zu berücksichtigen ist.

Zusätzlich zu der Aufteilung des im Eigenkapital enthaltenen Einkommens aus Vorzeiträumen muss bei der Untereinheit B auch das Einkommen aus dem laufenden Berichtszeitraum auf Konzern und Konzernfremde aufgeteilt werden:

Aufteilung des weiteren Einkommens

Beleg	Datum	Ereignis und Konten	Soll	Haben
K4	Ende X3	Ausbuchung von 30% des Einkommens für Konzernfremde (bei B)		
		Einkommen im Zeitraum B (Bilanz)	27	
		Eigenkapital Konzernfremder B		27

Korrektur konzerninterner Ereignisse des aktuellen Zeitraums

Von den konzerninternen Ereignissen des Zeitraums X3 sind zunächst im Hinblick auf die Zinszahlungen von C an A die betreffenden Posten der Einkommensrechnung bei C und A zu eliminieren und zusätzlich die Auswirkungen dieser Eliminierung für das Eigenkapital zu erfassen:

Zinszahlung

Beleg	Datum	Ereignis und Konten	Soll	Haben
K5	Ende X3	Eliminierung der konzerninternen von C nach A geflossenen Darlehenszinsen		
		Anderer Ertrag A (innen)	5	
		Anderer Aufwand (innen) C		5

Beleg	Datum	Ereignis und Konten	Soll	Haben
K6	Ende X3	Eliminierung der Eigenkapitalwirkungen der konzerninternen Darlehenszinsen		
		Einkommen A (Bilanz)	5	
		Einkommen C (Bilanz)		5
K7	Ende X3	*Einkommen (Verlust) C (Einkommensrechnung)*	5	
		Einkommen (Gewinn) A (Einkommensrechnung)		5

Darlehen Das entsprechende, aus Sicht der einzelnen Einheiten am Ende von X3 noch bestehende Darlehen ist als konzerninterner Sachverhalt für die Konzernberichterstattung irrelevant. Die Forderung der A an C ist ebenso wie die Verbindlichkeit der C gegenüber der A zu eliminieren. Da die mit dem Darlehen verbundene Übertragung der Zahlungsmittel von A an C bereits in den Finanzberichten der einzelnen Einheiten zutreffend dargestellt wird, werden die Zahlungsmittel (wie auch im Fall der Zinszahlung) von der Konsolidierungsbuchung nicht erfasst:

Beleg	Datum	Ereignis und Konten	Soll	Haben
K8	Ende X3	Eliminierung der konzerninternen Darlehensforderung bei A und -Verbindlichkeit bei C		
		Fremdkapital C (intern)	40	
		Forderungen A (intern)		40

Dividendenausschüttung und Beteiligungsertrag Die Dividendenzahlung von B an A stellt sich aus Konzernsicht anders dar als aus Sicht der einzelnen Einheiten: Aus Konzernsicht liegt keine Entnahme vor, sondern letztlich eine Verlagerung von Eigenkapital aus den Vorzeiträumen von B nach A. Das wirkt sich in den Buchungen folgendermaßen aus:

Beleg	Datum	Ereignis und Konten	Soll	Haben
K9	Ende X3	Eliminierung der Dividendenzahlung von B, die aus Konzernsicht bei B keine Entnahme, sondern eine Verminderung des Einkommens aus Vorzeiträumen darstellt		
		Einkommen aus Vorzeitraum B (Bilanz)	60	
		Entnahme B (Eigenkapitaltransferrechnung)		60
K10	Ende X3	Eigenkapitalwirkung der Eliminierung des Eigenkapitaltransfers bei B		
		Entnahmeüberschuss (Saldo) B (Eigenkapitaltransferrechnung)	60	
		Eigenkapitaltransfer im Zeitraum B (Bilanz)		60

Entsprechend stellt die erhaltene Dividende bei A aus Konzernsicht kein Einkommen des Zeitraums X3 dar, da sie bereits im Vorzeitraum Teil des Einkommens von B (und damit auch Bestandteil der Einkommensrechnung des Konzerns) gewesen ist. Da die Dividendenzahlung der B aus Konzernsicht letztlich das Eigenkapital aus Vorzeiträumen bei B geschmälert hat, muss sie – immerhin ist sie tatsächlich geflossen – nun auch bei A in das Eigenkapital aus Vorzeiträumen eingestellt werden:

Beleg	Datum	Ereignis und Konten	Soll	Haben
K11	Ende X3	Eliminierung des Beteiligungsertrags bei A (von B), die für den Konzern kein Einkommen des laufenden Zeitraums darstellt		
		Anderer Ertrag A (innen)	60	
		Einkommen aus Vorzeitraum A (Bilanz)		60
K12	Ende X3	Eigenkapitalwirkung der Eliminierung des Beteiligungsertrags bei A		
		Einkommen im Zeitraum A (Bilanz)	60	
		Einkommen (Gewinn) A (Einkommensrechnung)		60

Konsolidierungsbuchungen

Schließlich sind noch die Buchwerte der Beteiligungen bei A zu eliminieren gegen das Eigenkapital der Untereinheiten B und C in der Höhe, in der es zum Zeitpunkt der Erstkonsolidierung bestand (Buchungen K13 und K14).

Ausbuchung der Beteiligungen

Beleg	Datum	Ereignis und Konten	Soll	Haben
K13	Ende X3	Ausbuchung der Beteiligung an B		
		Eigenkapital B	320	
		Beteiligung der A an B		320
K14	Ende X3	Ausbuchung der Beteiligung an C		
		Eigenkapital C	200	
		Beteiligung der A an C		200

Werden im Anschluss daran für alle Einheiten die einzelnen Posten von Bilanz, Einkommensrechnung und Eigenkapitaltransferrechnung jeweils addiert, ergeben sich Konzern-Bilanz, Konzern-Einkommensrechnung und Konzern-Eigenkapitaltransferrechnung zum Ende von X3 so wie in Abbildung 8.7, Seite 380.

Konzern-Finanzberichte

	Einheit A (Ende X3)		Korrektur oder Konsolidierung von A		Einheit B (Ende X3)		Korrektur bei B wegen push down		Konsolidierung von B		Einheit C (Ende X3) (inklusive *push down*)		Konsolidierung von C		Konzern D (Ende X3)	
	S	H	S	H	S	H	S	H	S	H	S	H	S	H	S	H
Andere Vermögensgüter	465				520						125				1 110	
Beteiligung an B	300		20^0	320^{13}												
Goodwill B							117^1								117	
Beteiligung an C	200			200^{14}												
Goodwill C											100^2				100	
Forderungen C (intern)	40			40^8												
Ware															43	
Ware (intern von B)	50			7^3												
Summe Aktiva	**1 055**		**20**	**567**	**520**		**117**				**225**				**1 370**	
Eigenkapital (1.1.X3)		410				340	102^1	82^1	320^{13}			100	200^{14}			410
												100^2				
Einkommen Vorzeiträume		60	20^0			90			34^3			160				296
			60^{11}						60^9							
Eigenkapitaltransfers					60						60^{10}					
Einkommen im Zeitraum		65	5^6			90			27^4		200			5^6		132
			60^{12}													
Eigenkapital (31.12.X3)		535	65	80		460	20		441	60		160	200	5		574
Eigenkapital Konzernfremder								137^1					27^3			191
													27^4			
Fremdkapital (intern von A)												40	40^8			
Anderes Fremdkapital		520				60						25				605
Summe Passiva		**1 055**	**65**	**80**		**520**	**20**	**137**	**441**	**114**		**225**	**240**	**5**		**1 370**
Umsatzaufwand (außen)					40						490				530	
Anderer Aufwand (außen)					10						205				215	
Anderer Aufwand (innen)											5			5^5		
Einkommen (Gewinn)	65		5^7		90										90	
			60^{12}													
Summe Aufwand plus Gewinn	**65**				**65**	**140**					**700**			**5**	**835**	
Umsatzertrag (außen)						50						500				550
Anderer Ertrag (außen)						90										90
Anderer Ertrag (innen)		65	5^5													
			60^{11}													
Einkommen (Verlust)												200	5^7			195
Summe Erträge plus Verlust		**65**	**65**			**140**						**700**		**5**		**835**
Entnahmen Einlagenüberschuss (Saldo)	0				60				60^9						0	
Entnahmen plus Saldo	**0**				**60**				**60**						**0**	
Einlagen Entnahmenüberschuss (Saldo)		0				0										
						60			60^{10}							0
Einlagen plus Saldo		**0**				**60**			**60**							**0**

Abbildung 8.7: Ermittlung einer Konzern-Bilanz, einer Konzern-Einkommensrechnung und einer Konzern-Eigenkapitaltransferrechnung bei Vollkonsolidierung mit Aufdeckung des *goodwill* am Ende des Abrechnungszeitraums X3 (Konzernentstehung zu Beginn von X2) aus den vereinheitlichten Zahlen rechtlich selbständiger Einheiten eines Unterordnungskonzerns

8.3.3 Entkonsolidierung bei Verkauf der Anteile an einer Einheit

Verkauft A beispielsweise die Beteiligung an B zum Anfang des Zeitraums X4 zu 380 GE an konzernfremde Anleger, gehen wir bei der erforderlichen Entkonsolidierung von den Konzern-Finanzberichten zum Ende von X3 aus. Da bis zum Verkaufszeitpunkt annahmegemäß keine weiteren geschäftlichen Aktivitäten stattgefunden haben, entsprechen die Konzern-Finanzberichte zum Verkaufszeitpunkt am Beginn von X4 denjenigen zum Ende von X3.

Konzern-Finanzberichte zum Verkaufszeitpunkt

Für das Einkommen, das in den Finanzberichten des Konzerns dargestellt wird, ist nicht der Buchwert der Beteiligung an B bei der Obereinheit A (320 GE nach Eliminierung der Abschreibung in der Bilanz der A), sondern der aktuelle Wert der Beteiligung an B maßgeblich. Dieser ergibt sich – ausgehend von der Konzernbilanz zum Zeitpunkt des Ausscheidens der B – aus den dort (nach Konsolidierung) enthaltenen Vermögensgütern der B (einschließlich *goodwill*), vermindert um deren Fremdkapital, um den Anteil Konzernfremder und eventuell um Konsolidierungsmaßnahmen, die aufgrund des Ausscheidens der B rückgängig gemacht werden müssen. Um den letztgenannten Sachverhalt handelt es sich in unserem Beispiel, weil die ursprünglich von B bezogene Ware, bei der 70% des Zwischeneinkommens eliminiert wurden, jetzt bei A mit dem vollen ursprünglichen Bezugspreis (einschließlich Zwischeneinkommen) anzusetzen ist. In der Regel werden der Buchwert der Beteiligung bei der Obereinheit und der aus Konzernsicht ermittelte aktuelle Wert der abzugebenden Beteiligung nicht übereinstimmen. Für unser Beispiel kann die Wertermittlung bereits in der Form einer Abgangsbuchung dargestellt werden:

Ermittlung des Wertes der Beteiligung als Saldo

Beleg	Datum	Ereignis und Konten	Soll	Haben
E0	Beginn X4	*Aktueller Wert der Beteiligung der A an B (ergibt sich als Saldogröße)*	379	
		Vermögensgüter der A (von B bezogene Ware; gilt nicht mehr als konzernintern)	7	
		Eigenkapital Konzernfremder in B	191	
		Anderes Fremdkapital B	60	
		Andere Vermögensgüter B		520
		goodwill B		117

| | Einkommensermittlung | Für die Einkommensrechnung ist neben dem *Anderen Ertrag* aufgrund des Zahlungsmittelzuflusses in Höhe von 380 *GE* ein *Anderer Aufwand* aus dem Abgang der Beteiligung an der B, bewertet mit dem aktuellen Wert von 379 *GE*, zu berücksichtigen, woraus sich insgesamt ein Veräußerungsgewinn von 1 *GE* ergibt: |

Beleg	Datum	Ereignis und Konten	Soll	Haben
E1	Beginn X4	*Zahlungsmittel A*	380	
		Anderer Ertrag (außen) des Konzerns		380
E2	Beginn X4	*Anderer Aufwand (außen) des Konzerns*	379	
		Beteiligung A an B (Saldo stellt den aktuellen Wert aus Konzernsicht zum Zeitpunkt des Verkaufs dar)		379
E3	Beginn X4	*Einkommen (Einkommensrechnung) Konzern*	1	
		Einkommen (Bilanz) Konzern		1

Konzern-Finanzberichte
Damit ergeben sich die Bilanz und die Einkommensrechnung des Konzerns D nach dem Verkauf der Beteiligung an B zu Beginn von X4 so wie in Abbildung 8.8, Seite 383.

8.4 Aussagegehalt

Überblick
Wir betrachten wieder die von der Unternehmensleitung ausgeschlossenen Eigenkapitalgeber, die Unternehmensleitung sowie die Finanzberichtsprüfer.

Für von der Unternehmensleitung ausgeschlossene Anteilseigner
Aus Sicht der von der Unternehmensleitung ausgeschlossenen Eigenkapitalgeber ergibt sich ein umfassendes Bild über diejenigen Vermögensgüter und Schulden der Untereinheit, über welche die Unternehmensleitung verfügen kann. Aus dem Konzern-Finanzbericht wird aber nicht deutlich, in welcher Höhe Vermögensgüter und Schulden auf die Untereinheit entfallen.

Für die Unternehmensleitung
Die Unternehmensleitung wird bei diesem Vorgehen dazu verpflichtet, Informationen über alle Bestände und Bestandsveränderungen zu geben, auf die sie ökonomisch Einfluss hat, auch dann, wenn ihr nur ein Teil davon formalrechtlich gehört.

Für den Finanzberichtsprüfer
Für den Finanzberichtsprüfer ergibt sich im Vergleich zum vorher skizzierten Konsolidierungsverfahren keine neue Aufgabe. Er hat nicht nur die direkt mit der Konsolidierung verbundenen Buchungen

8.4 Aussagegehalt

	Konzern D mit B (Beginn X4)		Einheit B (Beginn X4): Vermögensgüter und Fremdkapital (nachrichtlich)		Verkauf von B: Buchungen		Konzern D mit B (Beginn X4)	
	S	H	S	H	S	H	S	H
Andere Vermögensgüter	1110		520			520^0	590	
Beteiligung an B	–				379^0	379^2		
goodwill in B	117		117			117^0		
goodwill in C	100						100	
Ware	43					7^0	50	
Zahlungsmittel					380^1		380	
Summe Aktiva	**1370**		**637**		**766**	**1016**	**1120**	
Eigenkapital (Beginn X4 vor Abgang)		410						410
Einkommen aus Vorzeiträumen		164						164
Einkommen im Zeitraum						1^3		1
Eigenkapital (Beginn X4 nach Abgang)		574				1		575
Eigenkapital Konzernfremder		191			191^0			0
Anderes Fremdkapital					60^0			545
Summe Passiva		**1370**		**60**	**251**	**1**		**1120**
Umsatzaufwand (außen)								
Anderer Aufwand (außen)					379^2		379	
Gewinn					1^3		1	
Summe Aufwand plus Gewinn					**380**		**380**	
Umsatzertrag (außen)								
Anderer Ertrag (außen)						380^1		380
Verlust								
Summe Ertrag plus Verlust						**380**		**380**

Abbildung 8.8: Entkonsolidierung zu Beginn von Zeitraum X4 beim Vorgehen in der Unternehmenspraxis

zu überprüfen, sondern auch die im Zuge der Vereinheitlichung aufgedeckten stillen Reserven und Lasten zu begutachten, weil diese Einfluss auf die Höhe des Eigenkapitals und der Eigenkapitalveränderungen besitzen. Insbesondere muss er die Ermittlung desjenigen Teils des *goodwill* besonders gründlich prüfen, der wegen der *full goodwill*-Methode zusätzlich auf die anderen Anteilseigner der Untereinheit entfällt.

8.5 Vorgaben der IFRS und des dHGB

8.5.1 Vorgaben der IFRS

Keine volle Kompatibilität des Vorgehens mit den IFRS

Die beschriebene Methode der Vollkonsolidierung mit Aufdeckung eines vollständigen *goodwill* ist die Methode, die in IFRS 3, *Business Combinations*, als Alternative zur Vollkonsolidierung mit Aufdeckung des auf den Konzern entfallenden *goodwill* zugelassen ist. Dabei ist allerdings vorgesehen, dass von den Einheiten gebuchte konzerninterne Ereignisse völlig und nicht nur anteilig rückgängig gemacht werden. Befreiungsmöglichkeiten gibt es wegen Unwesentlichkeit und falls die Absicht zum Verkauf der Beteiligung besteht.

Fremdwährungsumrechnung

Auch die Fremdwährungsumrechnung unter Verwendung der Zeitbezugsmethode ist gemäß IFRS grundsätzlich möglich, wenn die Konzernwährung die funktionale Währung einer in einem Fremdwährungsgebiet ansässigen Untereinheit ist. Allerdings würde man in einem solchen Fall die Finanzberichte in der Untereinheit direkt in deren funktionaler Währung erstellen. Dazu wären alle Sachverhalte bereits zum Transaktionszeitpunkt zeitnah umzurechnen und in der funktionalen Währung zu buchen. Lediglich bei monetären Posten (wie etwa Verbindlichkeiten) wäre dann, wenn dahinter eine originäre Verpflichtung in Fremdwährung steht, zusätzlich in der Untereinheit zum Bilanzstichtag eine als Bewertungsmaßnahme verstandene – und daher einkommenswirksame – Umrechnung dieser Posten erforderlich. Beim Einsatz der (vereinfachten) Stichtagskursmethode, die regelmäßig anzuwenden ist, wenn die funktionale Währung einer Untereinheit von der Währung der Obereinheit abweicht, ist dagegen immer eine einkommensneutrale Erfassung der Umrechnungsdifferenz gefordert.

Gebuchte, aber innerkonzernliche Ereignisse

Die IFRS sehen entgegen unserem Beispiel vor, die gebuchten, aber innerkonzernlichen Ereignisse vollständig und nicht quotal rückgängig zu machen. Nur Busse von Colbe et al. heben hervor, dass man eigentlich so vorgehen müsste, wie wir es beschrieben haben.[3]

---

[3] Vgl. Busse von Colbe et al., (2010), S. 375–376.

8.5.2 Vorgaben des dHGB

Die beschriebene Methode ist nach deutschem Recht nicht vorgesehen.

8.6 Zusammenfassung

Im vorliegenden Kapitel haben wir eine Konsolidierungsmethode beschrieben, die davon ausgeht, dass der *goodwill* aus einer Untereinheit ein Vermögensgut darstellt, das aus der Untereinheit erwächst. Der *goodwill* stellt somit keinen Restposten dar. Er ergibt sich vielmehr aus der Definition des *asset*. Seine Wertbestimmung fällt allerdings schwer, weil man nicht mehr nur die Vor- und Nachteile zu bestimmen hat, die sich für die Obereinheit ergeben, sondern auch die weiteren, die in der Untereinheit liegen. Formal bereitet die Methode keine großen Probleme. Der *goodwill* und der Eigenkapitalanteil konzernfremder Anteilseigner in Untereinheiten nehmen im Vergleich zu der Methode zu oder ab, bei der man nur den *goodwill* aus Konzernsicht ermittelt. Inhaltlich dürfte es jedoch schwer fallen, einen sinnvollen Wert für den gesamten *goodwill* einer Untereinheit zu ermitteln.

8.7 Übungsmaterial

8.7.1 Fragen mit Antworten

Fragen	Antworten
Wodurch unterscheidet sich die Vollkonsolidierung mit vollständiger Aufdeckung des *goodwill* von der Vollkonsolidierung mit anteiliger Aufdeckung des *goodwill*?	Der Unterschied liegt darin, das der auf Konzernfremde entfallende *goodwill* und das Einkommen geschätzt werden und dann die Aktivseite (*goodwill* Konzernfremder) und die Passivseite (Eigenkapital Konzernfremder) der Konzern-Bilanz sowie die Einkommensrechnung um die Beträge ergänzt werden, die Konzernfremden zustehen.
Warum ist es bei der Vollkonsolidierung wichtig, die Einkommensrechnung und die Eigenkapitaltransferrechnung sowohl für den Konzern als auch für Konzernfremde zu führen?	Weil man sonst diejenigen Teile dieser Posten, die Konzernfremden zustehen, nicht zeigen könnte.
Warum ist es für die Anteilseigner eines Konzerns wichtig, auch etwas über die Bestandteile zu erfahren, die auf Konzernfremde entfallen?	Weil die Unternehmensleitung bei entsprechender Beteiligungsquote von mehr als 50% auch darüber entscheiden kann.
Unter welchen Umständen ist die Methode nach den IFRS anzuwenden?	Sie ist bei einer mehr als 50% Beteiligung immer anzuwenden, wenn keine Befreiungstatbestände

Fragen	Antworten
	vorliegen (Unwesentlichkeit, Absicht zum Verkauf der Beteiligung) und wenn der Konzern nicht die Wahlmöglichkeiten nutzt, die Vollkonsolidierung mit anteiliger Aufdeckung des *goodwill* anzuwenden.
Findet man zu der Methode Vorschriften im dHGB?	Das deutsche Handelsrecht kennt die Methode nicht. Man kann darüber diskutieren, ob sie daher erlaubt oder verboten ist.

8.7.2 Verständniskontrolle

1. Was bezweckt man mit der Vollkonsolidierung bei Aufdeckung eines vollständigen *goodwill*?
2. Welche Art von Posten müssen die Finanzberichte mindestens aufweisen, damit man eine Vollkonsolidierung mit Aufdeckung eines vollständigen *goodwill* durchführen kann?
3. Wie kann man den *goodwill* ermitteln, der auf Konzernfremde entfällt?
4. Welchen Vorteil bringt eine explizite Darstellung der Eigenkapitalposten für Konzernfremde in den Finanzberichten?
5. Wie wirkt sich die Methode der Vollkonsolidierung mit vollständiger Aufdeckung des *goodwill* auf eigenkapitalbezogene Kennzahlen aus?
6. Wann muss man die Methode der Vollkonsolidierung mit vollständiger Aufdeckung des *goodwill* nach IFRS anwenden?
7. Welche Befreiungen von der Methode der Vollkonsolidierung mit vollständiger Aufdeckung des *goodwill* gibt es nach IFRS?
8. Welche Aussagen macht das dHGB über die anzuwendende Konsolidierungsmethode?
9. Erscheint die Methode der Vollkonsolidierung mit vollständiger Aufdeckung des *goodwill* nach dHGB als zulässig?

8.7.3 Aufgaben zum Selbststudium

Aufgabe 8.1 Konsolidierung im Unterordnungskonzern bei Anwendung der Vollkonsolidierung mit Aufdeckung eines vollständigen *goodwill*

Sachverhalt

Zu Beginn des Abrechnungszeitraums X2 erwirbt A als Obereinheit Beteiligungen an den Untereinheiten B und C, so dass der Unterordnungskonzern U entsteht. A erwirbt an B zum Preis von 350 GE eine Beteiligung von 50%, an C zum Preis von 210 GJjeine Beteiligung von 100%. Aufgrund von Bilanzierungsvorgaben, die nur für die juristisch selbstständigen

Einheiten anzuwenden sind, schreibt A die Beteiligung an B zum Ende von X2 außerplanmäßig um 30 *GE* ab.

Die Bilanzen, die Einkommensrechnungen und die Eigenkapitaltransferrechnungen für die Abrechnungszeiträume X1, X2 und X3 der drei juristisch selbstständigen Einheiten ergeben sich aus den folgenden Abbildungen. Die angegebenen Werte entsprechen dabei im Zeitpunkt der Erstkonsolidierung den Marktwerten der jeweiligen Vermögensgüter und Fremdkapitalposten. Die Rechenwerke sind hinsichtlich von Postengliederungen und Ansatzvorschriften bereits vereinheitlicht.

Aktiva				Bilanz der A in *GE*			Passiva
	Ende X1	Ende X2	Ende X3		Ende X1	Ende X2	Ende X3
Andere Vermögensgüter	940	470	570	Eigenkapital (am 1.1.)	800	1 000	940
Beteiligung an B	350	320	320	Eigenkapitaltransfers im Zeitraum, Zunahme (+)	20	–40	0
Beteiligung an C	210	210	210	Abnahme (–)			
Forderung	0	200	0				
Ware	0	120	120	Gewinn (+) oder Verlust (–) im Zeitraum	180	–20	130
Zahlungsmittel	500	480	890	Passiver Rechnungsabgrenzungsposten	0	10	0
				Anderes Fremdkapital	1 000	850	1040
Summe Vermögensgüter	2 000	1 800	2 110	Summe Kapital	2 000	1 800	2 110

Aufwand				Einkommensrechnung der A in *GE*			Ertrag
	Zeitraum X1	Zeitraum X2	Zeitraum X3		Zeitraum X1	Zeitraum X2	Zeitraum X3
Umsatzaufwand (außen)	100	300	0	Umsatzertrag (außen)	260	440	0
Umsatzaufwand (innen)	0	0	0	Umsatzertrag (innen)	0	0	0
Anderer Aufwand (außen)	60	210	0	Anderer Ertrag (außen)	80	55	25
Anderer Aufwand (innen)	0	30	0	Anderer Ertrag (innen)	0	25	105
Gewinn	180	0	130	Verlust	0	20	0
Summe Aufwand plus Gewinn	340	540	130	Summe Ertrag plus Verlust	340	540	130

Entnahmen				Egenkapitaltransferrechnung der A in *GE*			Einlagen
	Zeitraum X1	Zeitraum X2	Zeitraum X3		Zeitraum X1	Zeitraum X2	Zeitraum X3
Entnahme	40	60	0	Einlage	60	20	0
Zunahme des Eigenkapitals durch Eigenkapitaltransfers	20	0	0	Abnahme des Eigenkapitals durch Eigenkapitalransfers	0	40	0
Summe Entnahme plus Zunahme des Eigenkapitals durch Eigenkapitaltransfers	60	60	0	Summe Einlage plus Abnahme des Eigenkapitals durch Eigenkapitaltransfers	60	60	0

Aktiva	Bilanz der B in *GE*				Passiva		
	Ende X1	Ende X2	Ende X3		Ende X1	Ende X2	Ende X3
Andere Vermögensgüter	700	630	300	Eigenkapital (am 1.1.)	300	600	680
Ware	100	20	70	Eigenkapitaltransfers im Zeitraum, Zunahme (+)			
Zahlungsmittel	200	150	250	Abnahme (–)	100	0	0
				Gewinn (+) oder Verlust (–) im Zeitraum	200	80	–100
				Passiver Rechnungsabgrenzungsposten	0	0	0
				Anderes Fremdkapital	400	120	40
Summe Vermögensgüter	1 000	800	620	Summe Kapital	1 000	800	620

Aufwand	Einkommensrechnung der B in *GE*				Ertrag		
	Zeit-raum X1	Zeit-raum X2	Zeit-raum X3		Zeit-raum X1	Zeit-raum X2	Zeit-raum X3
Umsatzaufwand (außen)	20	340	200	Umsatzertrag (außen)	200	400	100
Umsatzaufwand (innen)	0	80		Umsatzertrag (innen)	0	120	0
Anderer Aufwand (außen)	80	40	0	Anderer Ertrag (außen)	100	20	0
Anderer Aufwand (innen)	0	0	0	Anderer Ertrag (innen)	0	0	0
Gewinn	200	80	0	Verlust	0	0	100
Summe Aufwand plus Gewinn	300	520	200	Summe Ertrag plus Verlust	300	520	200

Entnahmen	Eigenkapitaltransferrechnung der B in *GE*				Einlagen		
	Zeit-raum X1	Zeit-raum X2	Zeit-raum X3		Zeit-raum X1	Zeit-raum X2	Zeit-raum X3
Entnahmen	20	0	0	Einlagen	120	0	0
Zunahme des Eigenkapitals durch Eigenkapitaltransfers	100	0	0	Abnahme des Eigenkapitals durch Eigenkapitaltransfers	0	0	0
Summe Entnahmen plus Zunahme des Eigenkapitals durch Eigenkapitaltransfers	120	0	0	Summe Einlagen plus Abnahme des Eigenkapitals durch Eigenkapitaltransfers	120	0	0

8.7 Übungsmaterial

Bilanz der C in GE

Aktiva	Ende X1	Ende X2	Ende X3	Passiva	Ende X1	Ende X2	Ende X3
Andere Vermögensgüter	280	620	150	Eigenkapital (zu Beginn)	140	200	520
Ware	0	0	0	Eigenkapitaltransfers im Zeitraum, Zunahme (+)			
Zahlungsmittel	120	300	100	Abnahme (−)	0	0	−80
				Gewinn (+) oder Verlust (−) im Zeitraum	60	320	−200
				Passiver Rechnungs-abgrenzungsposten	0	0	0
				Anderes Fremdkapital	200	400	10
Summe Vermögensgüter	400	920	250	Summe Kapital	400	920	250

Einkommensrechnung der C in GE

Aufwand	Zeit-raum X1	Zeit-raum X2	Zeit-raum X3	Ertrag	Zeit-raum X1	Zeit-raum X2	Zeit-raum X3
Umsatzaufwand (außen)	1 900	1 965	920	Umsatzertrag (außen)	2 000	2 000	1 040
Umsatzaufwand (innen)	0	0	0	Umsatzertrag (innen)	0	0	0
Anderer Aufwand (außen)	40	0	305	Anderer Ertrag (außen)	0	320	0
Anderer Aufwand (innen)	0	35	15	Anderer Ertrag (innen)	0	0	0
Gewinn	60	320	0	Verlust	0	0	200
Summe Aufwand plus Gewinn	2 000	2 320	1 240	Summe Ertrag plus Verlust	2 000	2 320	1 240

Eigenkapitaltransferrechnung der C in GE

Entnahmen	Zeit-raum X1	Zeit-raum X2	Zeit-raum X3	Einlagen	Zeit-raum X1	Zeit-raum X2	Zeit-raum X3
Entnahme	0	0	80	Einlage	0	0	0
Zunahme des Eigenkapitals durch Eigenkapitaltransfers	0	0	0	Abnahme des Eigenkapitals durch Eigenkapitaltransfers	0	0	80
Summe Entnahme plus Zunahme des Eigenkapitals durch Eigenkapitaltransfers	0	0	80	Summe Einlage plus Abnahme des Eigenkapitals durch Eigenkapitaltransfers	0	0	80

Während des Abrechnungszeitraumes X2 ereignen sich folgende konzerninterne Transaktionen, die teilweise auch Auswirkungen auf X3 haben:

a. In X2 verkauft B Ware mit einem Buchwert von 80 *GE* zu einem Preis von 120 *GE* an A.
b. Zu Beginn von X2 vergibt A an C ein Darlehen mit folgenden Modalitäten: A zahlt an diesem Tag an C 180 *GE* aus und C verpflichtet sich zu einer Rückzahlung von 200 *GE* am Ende von X3. Zudem willigt C ein, je Abrechnungszeitraum Zinsen in Höhe von 7,5% auf den Rückzahlungsbetrag an A zu überweisen. A verteilt die Einkommenswirkungen aus dem Agio über dessen Laufzeit, wohingegen C die Einkommenskonsequenzen aus dem Disagio in voller Höhe im Abrechnungszeitraum X2 erfasst.
c. Aufgrund des bestehenden Beteiligungsverhältnisses zahlt C an A in X3 eine Dividende in Höhe von 80 *GE* aus.

Fragen und Teilaufgaben

1. Erstellen Sie die Finanzberichte bei Entstehung des Konzerns (Erstkonsolidierung) zu Beginn des Abrechnungszeitraums X2 unter Verwendung des Konzepts der Vollkonsolidierung mit Aufdeckung des vollständigen *goodwill* Nehmen Sie an, zwischen dem Ende von X1 und dem Zeitpunkt der Erstkonsolidierung (Beginn X2) von B und C haben keinerlei buchführungsrelevante Transaktionen stattgefunden!
2. Erstellen Sie die Konzern-Finanzberichte zum Ende des Abrechnungszeitraums X2 (erste Folgekonsolidierung) unter Verwendung des Konzepts der Vollkonsolidierung mit Aufdeckung des vollständigen *goodwill*!
3. Erstellen Sie die Konzern-Finanzberichte zum Ende des Abrechnungszeitraums X3 (zweite Folgekonsolidierung) unter Verwendung des Konzepts der Vollkonsolidierung mit Aufdeckung des vollständigen *goodwill*!
4. Nehmen Sie an, die A würde die Beteiligung an C zu Beginn von X4 zu einem Preis von 300 *GE* an Konzernfremde verkaufen! Erstellen Sie die anfallenden Buchungssätze im Zusammenhang mit der aus Konzernsicht resultierenden Entkonsolidierung von C zum Beginn von X4! Geben Sie darüber hinaus auch die Konzern-Finanzberichte von U nach der Entkonsolidierung von C zum Beginn von X4 an!

Lösungshinweise zu den Fragen und Teilaufgaben

1. Zum Beginn von X2 beträgt das Konzern-Eigenkapital 1 000 *GE*. Eine Einkommens- oder Eigenkapitaltransferrechnung kann es für den Konzern bei der Erstkonsolidierung nicht geben.
2. Zum Ende von X2 beträgt das Konzern-Eigenkapital 1 320 *GE* und das Konzern-Einkommen 360 *GE*.
3. Nach sämtlichen Konsolidierungsbuchungen und der Berücksichtigung der einkommensneutralen Wiederholung von Buchungen aus dem Vorzeitraum ergibt sich zum Ende von

X3 ein Konzern-Eigenkapital von 1 110 GE. Im Zeitraum X3 entsteht aus Konzernsicht ein Verlust von 210 GE.

4. Aus dem Verkauf der Beteiligung an C folgt ein Gewinn von 50 GE, so dass sich nach dem Verkauf ein Konzern-Eigenkapital von 1 160 GE ergibt.

Aufgabe 8.2 Konsolidierung im Unterordnungskonzern bei Anwendung der Vollkonsolidierung mit Aufdeckung eines vollständigen *goodwill*

Sachverhalt

Zu Beginn des Abrechnungszeitraums X2 erwirbt A als Obereinheit Beteiligungen an den Untereinheiten B und C, so dass der Unterordnungskonzern U entsteht. A erwirbt an B zum Preis von 420 GE eine Beteiligung von 60%, an C zum Preis von 210 GE eine Beteiligung von 100%. Aufgrund von Bilanzierungsvorgaben, die nur für die juristisch selbstständigen Einheiten anzuwenden sind, schreibt A die Beteiligung an B zum Ende von X2 außerplanmäßig um 30 GE ab.

Die Bilanzen, die Einkommensrechnungen und die Eigenkapitaltransferrechnungen für die Abrechnungszeiträume X1, X2 und X3 der drei juristisch selbstständigen Einheiten ergeben sich aus den folgenden Abbildungen. Die angegebenen Werte entsprechen dabei im Zeitpunkt der Erstkonsolidierung den Marktwerten der jeweiligen Vermögensgüter und Fremdkapitalposten. Die Rechenwerke sind hinsichtlich von Postengliederungen und Ansatzvorschriften bereits vereinheitlicht.

Aktiva				Bilanz der A in GE			Passiva
	Ende X1	Ende X2	Ende X3		Ende X1	Ende X2	Ende X3
Andere Vermögensgüter	940	470	570	Eigenkapital (am 1.1.)	800	1 000	940
Beteiligung an B	420	390	390	Eigenkapitaltransfers im			
Beteiligung an C	210	210	210	Zeitraum, Zunahme (+)			
Forderung	0	200	0	Abnahme (−)	20	−40	0
Ware	0	120	120	Gewinn (+) oder Verlust			
Zahlungsmittel	430	410	820	(−) im Zeitraum	180	−20	130
				Passiver Rechnungs-			
				abgrenzungsposten	0	10	0
				Anderes Fremdkapital	1 000	850	1 040
Summe Vermögensgüter	2 000	1 800	2 110	Summe Kapital	2 000	1 800	2 110

Aufwand	Einkommensrechnung der A in GE				Ertrag			
	Zeitraum X1	Zeitraum X2	Zeitraum X3			Zeitraum X1	Zeitraum X2	Zeitraum X3
Umsatzaufwand (außen)	100	300	0	Umsatzertrag (außen)		260	440	0
Umsatzaufwand (innen)	0	0	0	Umsatzertrag (innen)		0	0	0
Anderer Aufwand (außen)	60	210	0	Anderer Ertrag (außen)		80	55	25
Anderer Aufwand (innen)	0	30	0	Anderer Ertrag (innen)		0	25	105
Gewinn	180	0	130	Verlust		0	20	0
Summe Aufwand plus Gewinn	340	540	130	Summe Ertrag plus Verlust		340	540	130

Entnahmen	Egenkapitaltransferrechnung der A in GE				Einlagen			
	Zeitraum X1	Zeitraum X2	Zeitraum X3			Zeitraum X1	Zeitraum X2	Zeitraum X3
Entnahme	40	60	0	Einlage		60	20	0
Zunahme des Eigenkapitals durch Eigenkapitaltransfers	20	0	0	Abnahme des Eigenkapitals durch Eigenkapitalransfers		0	40	0
Summe Entnahme plus Zunahme des Eigenkapitals durch Eigenkapitaltransfers	60	60	0	Summe Einlage plus Abnahme des Eigenkapitals durch Eigenkapitaltransfers		60	60	0

Aktiva	Bilanz der B in GE				Passiva			
	Ende X1	Ende X2	Ende X3			Ende X1	Ende X2	Ende X3
Andere Vermögensgüter	700	630	300	Eigenkapital (am 1.1.)		300	600	680
Ware	100	20	70	Eigenkapitaltransfers im Zeitraum, Zunahme (+) Abnahme (−)		100	0	0
Zahlungsmittel	200	150	250	Gewinn (+) oder Verlust (−) im Zeitraum		200	80	−100
				Passiver Rechnungsabgrenzungsposten		0	0	0
				Anderes Fremdkapital		400	120	40
Summe Vermögensgüter	1 000	800	620	Summe Kapital		1 000	800	620

8.7 Übungsmaterial

Aufwand	Einkommensrechnung der B in GE				Ertrag			
	Zeitraum X1	Zeitraum X2	Zeitraum X3			Zeitraum X1	Zeitraum X2	Zeitraum X3
Umsatzaufwand (außen)	20	340	200	Umsatzertrag (außen)		200	400	100
Umsatzaufwand (innen)	0	80		Umsatzertrag (innen)		0	120	0
Anderer Aufwand (außen)	80	40	0	Anderer Ertrag (außen)		100	20	0
Anderer Aufwand (innen)	0	0	0	Anderer Ertrag (innen)		0	0	0
Gewinn	200	80	0	Verlust		0	0	100
Summe Aufwand plus Gewinn	300	520	200	Summe Ertrag plus Verlust		300	520	200

Entnahmen	Eigenkapitaltransferrechnung der B in GE				Einlagen			
	Zeitraum X1	Zeitraum X2	Zeitraum X3			Zeitraum X1	Zeitraum X2	Zeitraum X3
Entnahmen	20	0	0	Einlagen		120	0	0
Zunahme des Eigenkapitals durch Eigenkapitaltransfers	100	0	0	Abnahme des Eigenkapitals durch Eigenkapitaltransfers		0	0	0
Summe Entnahmen plus Zunahme des Eigenkapitals durch Eigenkapitaltransfers	120	0	0	Summe Einlagen plus Abnahme des Eigenkapitals durch Eigenkapitaltransfers		120	0	0

Aktiva	Bilanz der C in GE				Passiva			
	Ende X1	Ende X2	Ende X3			Ende X1	Ende X2	Ende X3
Andere Vermögensgüter	280	620	150	Eigenkapital (zu Beginn)		140	200	520
Ware	0	0	0	Eigenkapitaltransfers im Zeitraum, Zunahme (+) Abnahme (−)		0	0	−80
Zahlungsmittel	120	300	100	Gewinn (+) oder Verlust (−) im Zeitraum		60	320	−200
				Passiver Rechnungsabgrenzungsposten		0	0	0
				Anderes Fremdkapital		200	400	10
Summe Vermögensgüter	400	920	250	Summe Kapital		400	920	250

Aufwand	Einkommensrechnung der C in GE					Ertrag		
	Zeitraum X1	Zeitraum X2	Zeitraum X3		Zeitraum X1	Zeitraum X2	Zeitraum X3
Umsatzaufwand (außen)	1 900	1 965	920	Umsatzertrag (außen)	2 000	2 000	1 040
Umsatzaufwand (innen)	0	0	0	Umsatzertrag (innen)	0	0	0
Anderer Aufwand (außen)	40	0	305	Anderer Ertrag (außen)	0	320	0
Anderer Aufwand (innen)	0	35	15	Anderer Ertrag (innen)	0	0	0
Gewinn	60	320	0	Verlust	0	0	200
Summe Aufwand plus Gewinn	2 000	2 320	1 240	Summe Ertrag plus Verlust	2 000	2 320	1 240

Entnahmen	Eigenkapitaltransferrechnung der C in GE					Einlagen		
	Zeitraum X1	Zeitraum X2	Zeitraum X3		Zeitraum X1	Zeitraum X2	Zeitraum X3
Entnahme	0	0	80	Einlage	0	0	0
Zunahme des Eigenkapitals durch Eigenkapitaltransfers	0	0	0	Abnahme des Eigenkapitals durch Eigenkapitaltransfers	0	0	80
Summe Entnahme plus Zunahme des Eigenkapitals durch Eigenkapitaltransfers	0	0	80	Summe Einlage plus Abnahme des Eigenkapitals durch Eigenkapitaltransfers	0	0	80

Während des Abrechnungszeitraumes X2 ereignen sich folgende konzerninterne Transaktionen, die teilweise auch Auswirkungen auf X3 haben:

a. In X2 verkauft B Ware mit einem Buchwert von 80 GE zu einem Preis von 120 GE an A.

b. Zu Beginn von X2 vergibt A an C ein Darlehen mit folgenden Modalitäten: A zahlt an diesem Tag an C 180 GE aus und C verpflichtet sich zu einer Rückzahlung von 200 GE zum Ende von X3. Zudem willigt C ein, je Abrechnungszeitraum Zinsen in Höhe von 7,5% auf den Rückzahlungsbetrag an A zu überweisen. A verteilt die Einkommenswirkungen aus dem Agio über dessen Laufzeit, wohingegen C die Einkommenskonsequenzen aus dem Disagio in voller Höhe im Abrechnungszeitraum X2 erfasst.

c. Aufgrund des bestehenden Beteiligungsverhältnisses zahlt C an A in X3 eine Dividende in Höhe von 80 GE aus.

Fragen und Teilaufgaben

1. Erstellen Sie die Finanzberichte bei Entstehung des Konzerns (Erstkonsolidierung) zu Beginn des Abrechnungszeitraums X2 unter Verwendung des Konzepts der Vollkonsolidierung mit Aufdeckung des vollständigen *goodwill*! Nehmen Sie an, zwischen dem Ende von X1 und dem Zeitpunkt der Erstkonsolidierung (Beginn X2) von B und C haben keinerlei buchführungsrelevante Transaktionen stattgefunden!

2. Erstellen Sie die Konzern-Finanzberichte zum Ende des Abrechnungszeitraums X2 (erste Folgekonsolidierung) unter Verwendung des Konzepts der Vollkonsolidierung mit Aufdeckung des vollständigen *goodwill*!
3. Erstellen Sie die Konzern-Finanzberichte zum Ende des Abrechnungszeitraums X3 (zweite Folgekonsolidierung) unter Verwendung des Konzepts der Vollkonsolidierung mit Aufdeckung des vollständigen *goodwill*!
4. Nehmen Sie an, die A würde die Beteiligung an C zu Beginn von X4 zu einem Preis von 300 *GE* an Konzernfremde verkaufen! Erstellen Sie die anfallenden Buchungssätze im Zusammenhang mit der aus Konzernsicht resultierenden Entkonsolidierung von C zum Beginn von X4! Geben Sie darüber hinaus auch die Konzern-Finanzberichte von U nach der Entkonsolidierung von C zum Beginn von X4 an!

Lösungshinweise zu den Fragen und Teilaufgaben

1. Zum Beginn von X2 beträgt das Konzern-Eigenkapital 1 000 *GE*. Eine Einkommens- oder Eigenkapitaltransferrechnung kann es für den Konzern bei der Erstkonsolidierung nicht geben.
2. Zum Ende von X2 beträgt das Konzern-Eigenkapital 1 324 *GE* und das Konzern-Einkommen 368 *GE*.
3. Nach sämtlichen Konsolidierungsbuchungen und der Berücksichtigung der einkommensneutralen Wiederholung von Buchungen aus dem Vorzeitraum ergibt sich zum Ende von X3 ein Konzern-Eigenkapital von 1 104 *GE*. Im Zeitraum X3 entsteht aus Konzernsicht ein Verlust von 220 *GE*.
4. Aus dem Verkauf der Beteiligung an C folgt ein Gewinn von 50 *GE*, so dass sich nach dem Verkauf ein Konzern-Eigenkapital von 1 154 *GE* ergibt.

Kapitel 9
Konzerntypische Einkommensverlagerungen und zusammengefasste Konsolidierungsregeln nach IFRS und dHGB

Lernziele

Im vorliegenden Kapitel befassen wir uns zunächst mit der Tatsache, dass innerhalb eines Konzerns auf Grund der für den Konzern geforderten einheitlichen Bewertung oder auf Grund von Konsolidierungsmaßnahmen Einkommensverschiebungen von einem Abrechnungszeitraum in einen anderen auftreten. Anschließend erörtern wir zusammengefasst die Frage, wie die Konsolidierung eines Konzerns mit vielen Untereinheiten nach den Vorgaben der IFRS und des dHGB aussieht.

Übersicht

Wir müssen zunächst verstehen, dass sich immer dann zwei Arten von Unterschieden zwischen den Finanzberichten der rechtlich selbstständigen Einheiten und denen des Konzerns ergeben, wenn die Vorgaben des Konzern für die einheitliche Bilanzierung und Bewertung abweichen von den Vorschriften, die für die Bilanzierung und Bewertung in den Bilanzen der rechtlich selbständigen Einheiten gelten: Zunächst werden sich die für die Einkommensteuererhebung relevanten Einkommen der rechtlich selbständigen Einheiten von den Einkommenszahlen unterscheiden, die für diese Einheiten im Konzern berücksichtigt werden. Darüber hinaus wird zusätzlich zu der Summe der von den einzelnen Einheiten im Abrechnungszeitraum tatsächlich gezahlten Einkommensteuern für die Ermittlung des gesamten Einkommensteueraufwands des Konzerns als weiterer

Posten der latente Steueraufwand (oder der latente Steuerertrag) berücksichtigt, der letztlich aus den gegenwärtig bestehenden unterschiedlichen Werten der Vermögensgüter und der Schuldposten in den Konzern-Finanzberichten und in den Einkommensteuerrechnung(en) resultiert und der sich erst in der Zukunft in entsprechenden Mehr- oder Minderzahlungen an Einkommensteuer niederschlägt.

Anschließend wiederholen wir, jetzt aber im Gegensatz zu den vorangehenden Kapiteln zusammenhängend, welche Konsolidierungsmethoden für welche Arten von Beteiligungen anzuwenden sind und welche Wahlmöglichkeiten den Bilanzerstellen jeweils gegeben sind. Auf dieser Basis können wir uns abschließend Gedanken über den Aussagegehalt der jeweiligen Konzern-Finanzberichte machen.

9.1 Grundlagen latenter Einkommensteuern und zusammengefasste Konsolidierungsregeln

Temporäre Wertunterschiede zwischen den steuerlichen und handelsrechtlichen Wertansätzen

Die IFRS und das dHGB sehen vor, dass nicht nur rechtlich selbständige Einheiten, sondern auch Konzerne so genannte latente Einkommensteuern – weitestgehend nach einem festen Regelwerk – zu bilden und aufzulösen haben. Voraussetzung dafür ist, dass die gegenwärtig auf Grund von bestimmten Entscheidungen bestehenden Wertunterschiede zwischen den Vermögensgütern und Schuldposten der so genannten Handelsbilanz und der Einkommenssteuerrechnung nicht permanent weiter bestehen, sondern in der Zukunft zu einer einkommensteuerlichen Belastung (passive latente Einkommensteuern) oder Entlastung (aktive latente Einkommensteuern) führen. Es müssen letztlich also temporäre Unterschiede zwischen den Wertansätzen der Vermögensgüter und des Fremdkapitals in den Finanzberichten für Aktionäre und den entsprechenden Wertansätzen in den Einkommensteuerrechnungen für den Fiskus vorliegen. Die Bildung der Bilanzposten für latente Einkommensteuern führt gleichzeitig zu latentem Einkommensteueraufwand beziehungsweise -ertrag und damit im laufenden Abrechnungszeitraum zu einer Änderung des gesamten

Einkommensteueraufwands[1] im Konzern.[2] Eine beabsichtigte Konsequenz dieses Vorgehens besteht darin, dass unter Beachtung der Regeln für latente Einkommensteuern der in den Finanzberichten nach IFRS oder dHGB ausgewiesene Einkommensteueraufwand eher proportional zum ausgewiesenen Einkommen erscheint als ohne Anwendung dieser Regeln. Unsere Ausführungen ähneln denjenigen der Fachliteratur.[3]

Ein Beispiel

Wie latente Einkommensteuern einzusetzen sind, wird allgemein am Beispiel einer staatlichen Maßnahme zur Konjunkturbelebung oder Regionalförderung gezeigt. Dabei sind unterschiedliche Vorgehensweisen denkbar. So könnten staatlicherseits sowohl direkte (einkommensteuerfreie und nicht rückzahlbare) Zuschüsse zum Lohn gewährt werden, um die Personalausgaben zu senken, oder erhöhte Sonderabschreibungen zur Förderung von Investitionsmaßnahmen zugelassen werden. Beide Maßnahmen wirken auf das Einkommen der begünstigten Unternehmen, und zwar unmittelbar und ohne künftige Folgen im Fall der Zuschüsse oder mit einem Umkehreffekt bei den Sonderabschreibungen. Erhöhte Abschreibungen, die heute das einkommensteuerlich relevante Einkommen reduzieren und damit zu einer verminderten Einkommensteuerlast führen, können in künftigen Jahren nicht mehr vorgenommen werden, so dass die dann »fehlenden« Abschreibungen

Sachverhalt

---

[1] Unter »Einkommensteueraufwand« werden hier nicht die Zahlungen verstanden, die sich auf Grund des deutschen Einkommensteuergesetzes in einem Abrechnungszeitraum für ein Unternehmen ergeben. Der Begriff wird vielmehr als Synonym für steuerliche Belastungen des Einkommens eines Unternehmens verstanden, unabhängig davon, welcher Name dafür in bestimmten Rechtskreisen verwendet wird. In Deutschland handelt es sich beispielsweise um die Steuern, die aus dem deutschen Einkommensteuergesetz, dem deutschen Körperschaftsteuergesetz und dem deutschen Gewerbesteuergesetz folgen.

[2] Das gilt nicht in den Fällen, in denen die Bildung oder Auflösung der latenten Einkommensteuern entsprechend der regulatorischen Vorgaben nicht einkommenswirksam erfolgen darf.

[3] Vgl. beispielsweise Baetge et al. (2009), S. 398–425, Busse von Colbe et al. (2010), S. 286–302, Coenenberg et al. (2009), S. 751–767, Hommel et al. (2009), S. 291–321, Küting und Weber (2010), S. 197–216, Schildbach (2008), S. 329–362.

– verglichen mit einer Situation ohne Sonderabschreibungen – zu einem höheren steuerlichen Einkommen und damit *ceteris paribus* auch zu einer erhöhten Einkommensteuerlast führen. Der staatliche Zuschuss stellt – auch im Hinblick auf einen Vergleich mit anderen Unternehmen, die keinen Zuschuss erhalten, weil sie ihren Sitz in einer anderen Region haben – auch wirtschaftlich einen dauerhaften und damit echten Vorteil für das bezuschusste Unternehmen und seine Eigentümer dar. Dieser Vorteil ist in den Finanzberichten der rechtlich selbständigen Einheiten zu erfassen. Bei der Sonderabschreibung ist die Situation dagegen anders. Der anfängliche Vorteil, der sich in reduzierten Einkommensteuerzahlungen ausdrückt, ist in der Zukunft durch die dann anfallenden höheren Einkommensteuerzahlungen gleichsam zu bezahlen; es liegt also nur ein zeitlich begrenzter Vorteil vor. Insbesondere für die Eigentümer stellt dies eine entscheidungsrelevante Information dar, die somit auch ihren Niederschlag in der Finanzberichterstattung finden muss.

Korrektur der Steuerlast

In den Finanzberichten wird bei der Bewertung der begünstigten Investitionsgüter grundsätzlich genau so vorgegangen wie bei anderen (nicht einkommensteuerlich begünstigten) Investitionsgütern: Nur die wirtschaftlich »zutreffende« Abschreibung, meistens eine lineare Abschreibung, wird vorgenommen, wodurch das Einkommen in den Finanzberichten – anders als das in den Einkommensteuerrechnungen – über die gesamte Lebensdauer des Investitionsgutes gleichmäßig durch die entsprechenden Abschreibungen belastet wird. Damit ist das wirtschaftlich »richtige« handelsrechtliche Einkommen bei Nutzung einkommensteuerlicher Sonderabschreibungen am Anfang höher als das einkommensteuerliche und dementsprechend – ausgehend vom geltenden Einkommensteuersatz – mit einem Einkommensteueraufwand zu belasten, der höher ist als der tatsächlich im Einkommensteuerbescheid festgesetzte Betrag. Diese Differenz zwischen der gegenwärtigen reduzierten Steuerforderung des Fiskus und der gleichzeitig aus wirtschaftlicher Sicht im gegenwärtigen Berichtszeitraum zu tragenden Einkommensteuerbelastung wird über den Ansatz einer latenten Steuerverbindlichkeit einschließlich des entsprechenden latenten Einkommensteueraufwands erfasst.

Zweck: Zurechnung oder Zuordnung zu Zeiträumen, in denen die Vermögensgüter genutzt werden

Die Abschreibungen werden denjenigen Zeiträumen zugeordnet, in denen die entsprechenden Vermögensgüter genutzt werden. Zugleich werden auch die damit verbundenen einkommensteuerlichen Effekte berücksichtigt (*accrual principle*). Überdies wird so auch die Vergleichbarkeit in zeitlicher Hinsicht und über unterschiedliche Unternehmen hinweg sichergestellt, womit insgesamt dem *true and fair view*-Gedanken Rechnung getragen wird. Da die angesprochenen

Prinzipien für rechtlich selbständige Einheiten und Konzerne in gleicher Weise gelten, sind latente Einkommensteuern sowohl für die Finanzberichte der rechtlich selbständigen Einheiten zu bestimmen – man spricht auch von primären latenten Einkommensteuern – als auch zusätzlich für den Konzern, bei dem man von sekundären latenten Einkommensteuern spricht. Generell wird die Höhe der anzusetzenden latenten Einkommensteuern in beiden Fällen ermittelt aus der Differenz zwischen den steuerlichen Werten der betreffenden Vermögensgüter und den entsprechenden Buchwerten in den Finanzberichten.

Zusammenfassend ist festzuhalten, dass die Geschäftsleitung durch die Regeln zur Bildung und Auflösung latenter Einkommensteuern gezwungen ist, auch alle im Berichtszeitraum verursachten einkommensteuerlichen Lasten offen zu legen, selbst wenn der Fiskus aus übergeordneten politischen Gründen vorübergehend auf seine Ansprüche verzichtet. Grundsätzlich gilt dies auch im umgekehrten Fall, wenn ein einkommensteuerlicher Vorteil in der Gegenwart entsteht, allerdings mit der Einschränkung, dass hier gewährleistet sein muss, dass die künftige wirtschaftliche Situation des Unternehmens es erwartungsgemäß auch erlauben wird, die entsprechenden Einkommensteuervorteile tatsächlich zu realisieren. Die Verschiebungen, die sich ergeben zwischen den einkommensteuerlichen Zahlen und den Zahlen, die der Öffentlichkeit in den Finanzberichten von rechtlich selbständigen Einheiten und Konzernen präsentiert werden, dienen insgesamt den jeweiligen Geschäftsleitungen also dazu, ihre Informationspflichten über die wirtschaftliche Situation des betreffenden Unternehmens adäquat zu erfüllen. Dabei werden – unterstützt durch ausführliche Anhangsangaben – auch einkommensteuerlich bedingte Einkommensverzerrungen sichtbar.

Zusammenfassung

Die entsprechenden Regelungen der Konzernrechnungslegung zu latenten Einkommensteuern haben wir bisher noch nicht erwähnt, weil diese die Methoden der Konsolidierung nicht berühren, die wir bisher dargestellt haben. Wir skizzieren sie weiter unten, weil sie sich bei den IFRS und dem dHGB voneinander unterscheiden.

Latente Einkommensteuern als Bestandteil der Konzernrechnungslegung

Wir haben bisher gelernt, dass die rechtlichen und anderen Vorgaben zur Konzernrechnungslegung vorsehen, die Wertpapiere rechtlich selbständiger Einheiten in vier Arten zu unterteilen. Drei dieser vier Arten stellen zugleich Beteiligungen dar. Die vierte Art, die keine Beteiligungen umfasst, wird üblicherweise lediglich als *Wertpapiere* bezeichnet. Nur für die drei Arten von Beteiligungen ist die Notwendigkeit zur Konsolidierung vorgesehen. Die drei Arten von Beteiligungen sind:

Zusammenspiel unterschiedlicher Methoden zur Abbildung von Wertpapieren im Konzern

- Mehrheitsbeteiligungen,
- Beteiligungen an einem (mit einem anderen Unternehmen gemeinsam geleiteten) Gemeinschaftsunternehmen sowie
- Beteiligungen an anderen Unternehmen, an denen man entweder keine Mehrheit, sondern nur einen maßgeblichen Einfluss besitzt, oder die aus irgendeinem Grund nur vereinfacht konsolidiert zu werden brauchen.

Die Notwendigkeit einer Konsolidierung ergibt sich darüber hinaus – unabhängig vom Beteiligungsprozentsatz, der im Extremfall auch bei Null Prozent liegen kann – für solche Einheiten, die so genannte *Special Purpose Entities* darstellen, weil eine Konzerngesellschaft bei ihnen deshalb einen beherrschenden Einfluss ausübt, weil die Konzerngesellschaft aus wirtschaftlicher Sicht die Mehrheit der Risiken und Chancen trägt und diese Einheit zur Erreichung eines klar eingegrenzten Ziels nutzt. Wir wissen bereits, dass die Vorgaben der IFRS und des dHGB unterschiedliche Aussagen darüber enthalten, wie man bei der Erstellung von Konzern-Finanzberichten mit diesen Arten von Beteiligungen umzugehen hat. Hier wiederholen wir die Regeln zusammengefasst. Den Ausführungen entsprechend unterscheiden sich Konzern-Finanzberichte – den unterschiedlichen Vorgaben entsprechend – hinsichtlich ihres Informationsgehaltes und hinsichtlich ihrer Aussagekraft.

9.2 Möglichkeiten für konzerntypische latente Einkommensteuern nach IFRS und dHGB

9.2.1 Prinzip der Berücksichtigung *latenter Einkommensteuern*

Relevanz der Posten für latente Einkommensteuern

Nahezu alle Posten, die man in Konzern-Finanzberichten findet, stammen aus den Finanzberichten der Obereinheit und der Untereinheiten. Lediglich der *goodwill* und der eventuell erforderliche Kapitalposten für konzernfremde Anteilseigner in Untereinheiten sind konzerntypische Posten. Hinzu kommen die so genannten latenten Einkommensteuern, die in den Finanzberichten der Untereinheiten vorkommen und deren Höhe zusätzlich durch Konsolidierungsvorgänge beeinflusst wird. Die *latenten Einkommensteuern* in den Finanzberichten der rechtlich selbständigen Einheiten werden als primäre *latente Einkommensteuern* bezeichnet, wohingegen diejenigen, die aus Konsolidierungsmaßnahmen entstehen, sekundäre *latente Einkommensteuern* genannt werden. Die beiden erstgenannten Posten – der *goodwill* und die Anteile konzernfremder Gesellschafter – wurden in den vorangehenden Kapiteln bereits erläutert, weil sie sich bei der Konsolidierung ergeben können. Im vorliegenden Kapitel behandeln wir die *latenten Einkommensteuern,* insbesondere diejenigen, die aus Konsolidierungsmaßnahmen folgen.

Die Bezeichnung *latente Einkommensteuern* suggeriert, es handele sich um einen einzigen Posten. Tatsächlich ist die Formulierung aber ungenau. Es geht immer um mehrere Posten, weil Einkommensverschiebungen normalerweise jeweils die Veränderung eines Bilanzpostens und eines Postens der Einkommensrechnung nach sich ziehen. In bestimmten Fällen ist es jedoch auch möglich, Einkommensverschiebungen dadurch zu bewirken, dass man direkt über das Eigenkapital anstatt über die Posten der Einkommensrechnung bucht. In Deutschland finden sich die Regelungen für den Konzern dazu in den IFRS (IAS 12) und in §306 dHGB. Die Regelungen bauen auf den Regelungen für die Finanzberichte der rechtlich selbständigen Einheiten auf, für die nach den Regelungen des §274 dHGB 2009 auch latente Einkommensteuern gebildet werden können (aktive latente Einkommensteuern) oder müssen (passive latente Einkommensteuern).

Bezeichnung und Regelungsgrundlage

Der Grundgedanke der Posten für latente Einkommensteuern geht davon aus, dass es zwischen den für den Fiskus ermittelten Bilanzwerten und den für andere Zwecke ermittelten Bilanzwerten Differenzen geben kann, die sich im Lauf der Zeit wieder ausgleichen (temporäre Differenzen). Das sich aus dem Einkommensteuerbescheid ergebende Einkommen und die daraus resultierenden Einkommensteuerforderungen oder -erstattungen des Fiskus werden in den Finanzberichten, welche die rechtlich selbständigen Einheiten zur Information der Anteilseigner aufstellen, in vielen Fällen durch die Pflicht zur Bildung und Auflösung latenter Einkommensteuern deutlich verändert. Hinzu kommen zusätzliche Einkommensverschiebungen, weil sich in den Konzern-Finanzberichten aus Konsolidierungsmaßnahmen weitere Differenzen ergeben, so dass im Konzern gewisse Einkommensbestandteile in einem anderen Zeitraum als Ertrag oder Aufwand entstehen als in den Finanzberichten der rechtlich selbständigen Einheiten, während die entsprechenden Einkommensbestandteile dort wiederum in einem anderen Zeitraum anfallen als in den für die tatsächliche Einkommensbesteuerung maßgeblichen Rechnungen. Lediglich die permanenten Differenzen bleiben außen vor, weil sie sich im Zeitablauf nie ausgleichen, auch nicht nach dem »Lebensende« des Unternehmens.

Idee

Konsequenzen Sind die Finanzberichte einer Obereinheit und einer (oder mehrerer) Untereinheiten in der Konsolidierung zusammenzufassen, dann liegt der einfachste Fall dann vor, wenn die betreffenden Finanzberichte bereits nach einheitlichen Regeln erstellt sind und wenn keinerlei Beziehungen zwischen den einzelnen Einheiten vorliegen. Dann ergeben sich für den Berichtszeitraum nämlich das Einkommen und die Einkommensteuerausgaben oder -einnahmen des Konzerns direkt als Summe der entsprechenden Posten in den Finanzberichten der einbezogenen rechtlich selbständigen Einheiten. Liegen dagegen beispielsweise innerkonzernliche Transaktionen vor, ändert sich durch die dann nach vorgegebenen Regeln durchzuführenden Konsolidierungsmaßnahmen unweigerlich das Einkommen des Konzerns gegenüber der Summe der Einkommen aus den Finanzberichten der rechtlich selbständigen Einheiten. Damit der Informationswert des Konzernabschlusses erhalten bleibt, sollten nach dem so veränderten Konzerneinkommen (vor Einkommensteuern) auch die in den Finanzberichten des Konzerns enthaltenen Einkommensteueraufwendungen angepasst werden. Die regulatorischen Vorgaben sehen dazu eine Pflicht vor. Die Anpassung geschieht grundsätzlich dadurch, dass man den Einkommensteueraufwand (und damit auch das Einkommen nach Einkommensteuer) in den Konzern-Finanzberichten korrigiert, zu Gunsten eines aktiven oder zu Lasten eines passiven Bilanzpostens. Deren Höhe wird ermittelt aus den Differenzen, die sich aufgrund der Konsolidierungsmaßnahmen zwischen den einkommensteuerlich relevanten Werten der Vermögensgüter und Fremdkapitalposten und den entsprechenden Werten in den Finanzberichten des Konzerns ergeben. Die Konsolidierungen bewirken damit, dass der gesamte Aufwand oder Ertrag des Konzerns aus Einkommensteuer nicht allein bestimmt wird durch die Summe der Aufwendungen oder Erträge aus Einkommensteuer, der aus den jeweiligen Einkommensrechnungen der rechtlich selbständigen Einheiten übernommen wird, sondern auch durch den zusätzlichen latenten Einkommensteueraufwand oder -ertrag, der aus den Konsolidierungsmaßnahmen resultiert. Die in der Konzernbilanz gebildeten Posten für aktive und passive latente Einkommensteuern müssen dann – durch einen Ertrag oder Aufwand des Konzerns aus latenten Einkommensteuern – in zukünftigen Zeiträumen aufgelöst werden, sobald sich die Differenzen zwischen den steuerlichen Werten der Vermögensgüter und Schuldposten und den entsprechenden Werten in den Finanzberichten des Konzerns reduzieren oder auflösen. Im Beispielfall der innerkonzernlichen Transaktionen geschieht das dann, wenn etwa die von einer Konzerngesellschaft innerkonzernlich erworbenen Vorräte an eine konzernfremde Person veräußert werden.

Hat man beispielsweise heute eine Einkommensteuerausgabe, die nicht das aktuelle, sondern ein zukünftiges Einkommen betrifft, weil es in den Konzern-Finanzberichten erst in nachfolgenden Zeiträumen ausgewiesen wird, dann sollte man die Buchung des Einkommensteueraufwands in den Konzern-Finanzberichten nicht im laufenden, sondern in den zukünftigen Zeiträumen erfassen, in denen das andere Einkommen in den Konzern-Finanzberichten ausgewiesen oder erzielt wird. Als Beispiel verweisen wir auf den in den vorangehenden Kapiteln beschriebenen konzerninternen Verkauf von Ware durch B an A. Aus Konzernsicht ist der Gewinn von 10 *GE* bei B noch nicht in voller Höhe entstanden. Entsprechend besitzt auch die Ware bei A einen niedrigeren Wert als 50 *GE*. Die deutschen einkommensteuerlichen Vorschriften orientieren sich aber nicht an der Konzernsicht, sondern an der Sicht der rechtlich selbständigen Einheit. Folglich unterliegt der aus Konzernsicht noch nicht entstandene Gewinn der Einkommensbesteuerung des laufenden Zeitraums, obwohl er aus Konzernsicht erst entsteht, wenn die Ware an Konzernfremde veräußert wird. In den Konzern-Finanzberichten dürfen wir daher die Einkommensteuerausgabe, das Einkommen und die Ware nicht schon in dem Zeitraum als Aufwand, Gewinn oder Bestandsabgang ansetzen, in dem der Fiskus die Einkommensteuer verlangt, sondern erst in dem Zeitraum, in dem der Gewinn mit Konzernfremden realisiert wird. Für den Konzern muss man daher zunächst – wie in den vergangenen Kapiteln dargestellt – das Einkommen und die Bestände der rechtlich selbständigen Einheiten so korrigieren, dass der Einkommensausweis in späteren Zeiträumen geschieht. Was den in der rechtlich selbständigen Einheit angefallenen Einkommensteueraufwand oder -ertrag betrifft, so ist dieser – angesichts der Bindungswirkung der einkommensteuerlichen Vorgaben – als solcher im Konzern zunächst zu akzeptieren. Er muss aber korrigiert werden über den Ansatz eines Bilanzpostens für latente Steuerforderungen einerseits und den Gegenposten »latenter Steuerertrag« andererseits. Dieser latente Steuerertrag gleicht den aus Konzernsicht überhöhten tatsächlichen Steueraufwand der rechtlich selbständigen Einheit aus und führt damit zu der notwendigen Verminderung des gesamten Einkommensteueraufwands des Konzerns.

Ein Beispiel für die Verschiebung von einkommensteuerlichen Posten der Einkommensrechnung

Aus Konzernsicht kann es also – unter Anderem wegen der Irrelevanz konzerninterner Ereignisse und der damit zusammenhängenden Wertkorrekturen bei Vermögensgütern und Einkommen – zu einer zeitlichen Diskrepanz zwischen den Zahlen des Konzerns und der Summe der Zahlen der rechtlich selbständigen Einheiten kommen. Um diese »Fehler« zu beheben, nutzt man das Konzept der latenten Steuern: Man vermindert oder erhöht damit den Einkommensteueraufwand des laufenden Abrechnungszeitraums in der Konzern-Einkommensrechnung (und damit das Konzern-Einkommen) bei gleichzeitiger Berücksichtigung eines Aktiv- oder Passivpostens für

Konsequenzen

so genannte (sekundäre) latente Einkommensteuern in gleicher Höhe in der Konzern-Bilanz des laufenden Zeitraums.

In den nachfolgenden Zeiträumen, in denen man die konzernintern erworbenen Vermögensgüter an konzernfremde Personen verkauft und damit das entsprechende Konzern-Einkommen erzielt, erhöht (oder verringert) man für den Konzern die Summe der Einkommensteueraufwendungen der rechtlich selbständigen Einheiten wieder bei gleichzeitiger Reduktion des früher entstandenen Aktivpostens der Konzern-Bilanz in gleicher Höhe. Geht es beispielsweise um die Verlagerung eines Einkommensteuer»aufwands« vom gegenwärtigen Zeitraum in einen einzigen zukünftigen Zeitraum, dann hat man heute den aus den Finanzberichten der rechtlich selbständigen Einheiten ermittelten Einkommensteuer»aufwand« zu korrigieren zu Gunsten eines Aktivpostens in der Bilanz. Die betroffenen Posten kennzeichnet man mit dem Wort »latent«. Man hat zu buchen:

Beleg	Datum	Ereignis und Konten	Soll	Haben
		Reduktion der Summe der Einkommensteuere»aufwendungen« der rechtlich selbständigen Einheiten zu Gunsten eines Aktivpostens der Konzern-Bilanz (Bildung eines Bilanzpostens)		
		Aktive latente Einkommensteuern (Konzern-Bilanz, ähnlich Forderungen)		
		Latenter Einkommensteuerertrag (Konzern-Einkommensrechnung, gesonderter Posten)		

In dem Zeitraum, in dem man die in den rechtlich selbständigen Einheiten bereits früher angefallenen Einkommensteuerausgaben tatsächlich als Aufwand des Konzerns berücksichtigt, wird der gebildete Posten für *Aktive latente Einkommensteuern* wieder aufgelöst. Das kann beispielsweise der Fall sein, wenn ein innerkonzernlicher Verkauf vormals storniert wurde und die betroffene Ware jetzt konzernextern verkauft wird. Die entsprechende Buchung lautet:

Beleg	Datum	Ereignis und Konten	Soll	Haben
		Reduktion des Aktivpostens zu Lasten des latenten Einkommensteueraufwands (Auflösung eines Bilanzpostens)		
		Latenter Einkommensteueraufwand (Konzern-Einkommensrechnung)		
		Aktive latente Einkommensteuern (Konzern-Bilanz, ähnlich Forderungen)		

9.2 Möglichkeiten für konzerntypische latente Einkommensteuern nach IFRS und dHGB

Geht es in der Konzern-Einkommensrechnung um eine Einkommensteuereinnahme und nicht um eine Einkommensteuerausgabe, die man zeitlich verlagert, dann finden ähnliche Buchungen statt, bei denen man im Konzern zur Verringerung des Einkommensteuerertrags einen latenten Einkommensteueraufwand sowie einen Passivposten für so genannte latente Einkommensteuern bildet. Bei der späteren Auflösung dieses Passivpostens erhält man einen latenten Einkommensteuerertrag.

Die Problematik latenter Einkommensteuern entsteht im Konzernzusammenhang, wenn es Bewertungsunterschiede zwischen den einkommensteuerlich relevanten Werten von Vermögensgütern und Fremdkapitalposten einerseits und den entsprechenden Posten in den Konzern-Finanzberichten andererseits gibt. Zusätzlich zu temporären Differenzen zwischen finanziellen Posten, die in der Einkommensteuerrechnung imparitätisch und gleichzeitig in den vereinheitlichten Finanzberichten einer rechtlich selbständigen Einheit, beispielsweise im Rahmen der IFRS nach IAS 21, zu bewerten sind und damit zu latenten Steuerverbindlichkeiten führen können, wird die Bildung latenter Einkommensteuern häufig bei den Finanzberichten von solchen Untereinheiten erforderlich sein, die in fremder Währung bilanzieren, so dass eine Umrechnung der Finanzberichte in die Konzernwährung erforderlich ist. Schließlich werden latente Steuern im Konzern zum Thema bei der Erstkonsolidierung und bei den Folgekonsolidierungen.

Anwendung in der Praxis

In einem Teil dieser Fälle wirken sich die Bewertungsunterschiede nicht im Einkommen und damit auch nicht im Einkommensteueraufwand aus. Das gilt insbesondere bei der Erstkonsolidierung, wo die Zuordnung des Kaufpreises zu den neu zu bewertenden Vermögensgütern und Fremdkapitalposten zu Unterschieden von den entsprechenden einkommensteuerlich relevanten Werten führen kann. Hier wird die Bildung eines Bilanzpostens für passive oder aktive latente Steuern jedoch nicht in der Einkommensrechnung erfasst, sondern sie wirkt sich nur in der Höhe des ermittelten *goodwill*-Betrages aus: Passive latente Steuern führen zu einem höheren, aktive latente Steuern zu einem niedrigeren Wert beim *goodwill*. Lediglich für den *goodwill* selbst wird kein passiver latenter Steuerposten gebildet. – Einkommensneutral wird in der Praxis auch die Währungsumrechnung von Abschlüssen in fremder Währung erfasst, womit die Gegenbuchung zu den dabei anfallenden aktiven oder passiven Bilanzposten für latente Steuern ebenfalls einkommensneutral, also direkt im Eigenkapital zu buchen ist.

Wertunterschiede aus dem Zeitraum vor dem Konzernzusammenschluss

Wertunterschiede aus dem Zeitraum nach dem Konzernzusammenschluss

In allen anderen Fällen, in denen die Bewertungsunterschiede gleichzeitig zu Einkommensunterschieden in den verschiedenen Sätzen von Finanzberichten führen, strebt man auch eine Korrektur des Einkommensteueraufwands an. Der übliche Weg der Durchführung einer solchen Korrektur besteht darin, dass zunächst ein »latenter« Bilanzposten ermittelt und ausgewiesen wird, hinter dem sich die antizipierte zukünftige Einkommens- und Einkommensteuerwirkung verbirgt. Direkt verbunden damit ist – wegen der später erforderlichen Ausbuchung der Bilanzposten – eine mindestens zweimalige Modifikation der in den Konzernabschluss übernommenen Summe der Einkommensteueraufwendungen der rechtlich selbständigen Einheiten. Das geschilderte Vorgehen erscheint nur sinnvoll, soweit es sich um einkommensteuerlich begründete Bewertungsunterschiede handelt, die sich in späteren Abrechnungszeiträumen auflösen. Für permanente Differenzen erfolgt daher keine latente Steuerabgrenzung.

Herkunft des Konzepts der latenten Einkommensteuern

Das Konzept einer solchen Behandlung von latenten Einkommensteuern stammt aus den USA. Dort hatte man die Erfahrung gemacht, dass die durchaus unterschiedlichen einkommensteuerlichen Regelungen in den einzelnen Bundesstaaten nicht nur die Vergleichbarkeit von rechtlich selbständigen Einheiten erschwerte, sondern dass vor diesem Hintergrund auch eine Konsolidierung von (Unter-)Einheiten mit Sitz in verschiedenen Bundesstaaten ohne Berücksichtigung der unterschiedlichen einkommensteuerlichen Gegebenheiten nicht zu betriebswirtschaftlich sinnvollen Finanzberichten führt. Das Konzept der latenten Steuern wurde daher eingeführt, um betriebswirtschaftlich sinnvolle Konzern-Finanzberichte in einer Umwelt erstellen zu können, die von abweichenden Vorgaben des Einkommensteuerrechts geprägt ist. Dabei setzt die Verrechnung der Einkommensteuereinnahmen oder Einkommensteuerausgaben eines Zeitraums als Ertrag oder Aufwand eines anderen Zeitraums einerseits die Definition der Sachverhalte voraus, in denen eine solche Verlagerung von Einkommen in zukünftige Zeiträume angebracht erscheint, und andererseits die Definition der Verfahren, die dabei anzuwenden sind.

Ausgangspunkt

Ausgangspunkt für die Bestimmung der Ansatzpflicht von latenten Steuern sind hier die Differenzen zwischen den steuerlichen Werten der Vermögensgüter und Fremdkapitalposten und den entsprechenden Werten in den Finanzberichten des Konzerns. Indem man auf diese Differenzen grundsätzlich die Steuersätze anwendet, die im Zeitpunkt der Auflösung der Differenzen gültig sind, erhält man die jeweiligen latenten Steuerforderungen oder -verbindlichkeiten. Da die hier verlangte Kenntnis der zukünftigen Einkommensteuersätze nur selten mit hinreichender

Sicherheit gegeben sein wird, ist in der Praxis mit den Sätzen zu rechnen, die zum Zeitpunkt der Bestimmung der latenten Steuerbeträge gültig sind.

Selbst wenn man akzeptiert, dass es viele betriebswirtschaftlich sinnvolle Arten von Konzern-Finanzberichten mit oftmals unterschiedlichen zeitlichen Zuordnungen von Einnahmen und Ausgaben zu Erträgen und Aufwendungen geben kann, wird dadurch das Konzept der latenten (Einkommen-)Steuern nicht obsolet. Im Gegenteil, die latenten Einkommensteuern vermindern die Probleme insofern, als sie es ermöglichen, die Effekte von einkommensteuerlichen Maßnahmen zu verdeutlichen, die diese auf ein Regelsystem zur Information von Anlegern haben. Dieser Verdeutlichungseffekt ist unabhängig davon, welche unterschiedlichen Anforderungen man an solches Regelsystem stellt. So sind beispielsweise die US-GAAP basierten, die IFRS basierten und die dHGB basierten Vorgaben mit teilweise abweichenden Definitionen für Vermögensgüter, für Fremdkapitalposten, für deren Bewertung sowie für die zugehörigen Erträge und Aufwendungen verbunden. Die Höhe latenter Einkommensteuern hängt dann zwar davon ab, welches System von Vorgaben man verwendet; jedoch wird in allen Fällen der Effekt des in den jeweiligen (Unter-)Einheiten angewendeten Einkommensteuerrechts auf die Finanzberichte des jeweiligen Regelsystem deutlich.

Begründung

9.2.2 Vorgaben der IFRS und des dHGB zum Umgang mit latenten Einkommensteuern

9.2.2.1 Latente Einkommensteuern nach den Vorgaben der IFRS

Unternehmen, die ihre Finanzberichte nach den IFRS erstellen, ermitteln ihre latenten Einkommensteuern aus den temporären Bewertungsunterschieden zwischen den Werten der Vermögensgüter und der Fremdkapitalposten, die für Zwecke der Einkommensteuer gelten, und den entsprechenden Werten in den IFRS Finanzberichten. Man spricht daher auch vom *temporary*-Konzept. IAS 12 wird also auf die temporären Differenzen zwischen den in den einzelnen Einheiten des Konzerns gemäß den lokalen einkommensteuerlichen Vorgaben angesetzten Einkommensteuerwerten der Vermögensgüter und der Fremdkapitalposten einerseits und den Werten der entsprechenden Posten in der Konzern-Bilanz andererseits angewendet. Auf diese Weise wird sichergestellt, dass für die Ermittlung der aktiven und

Latente Einkommensteuern in den Finanzberichten der rechtlich selbständigen Einheiten als Ausgangspunkt

passiven latenten Steuern nicht nur die sich aus der Einkommensrechnung ergebenden Abweichungen zwischen dem einkommensteuerlichen und dem für die Anteilseigner relevanten Einkommen berücksichtigt werden, sondern dass dabei auch die Abweichungen erfasst werden, die sich einkommensneutral direkt im Eigenkapital auswirken. Dabei ist immer von einer Betrachtung der Einzeldifferenzen auszugehen, weil aktive und passive latente Einkommensteuern getrennt voneinander ermittelt werden müssen. Die getrennte Ermittlung ist erforderlich, um sicherzustellen, dass für die aktiven latenten Einkommensteuerbeträge geprüft werden kann, ob die entsprechenden künftigen Einkommensteuervorteile überhaupt genutzt werden können zu dem Zeitpunkt, zu dem sie anfallen, weil die Auflösung der zugrunde liegenden Differenzen erwartet wird.

Zusätzliche Relevanz der Einkommensunterschiede aus Konsolidierungsmaßnahmen

Für die Konzern-Finanzberichte ist zunächst eine Vereinheitlichung der möglicherweise unterschiedlichen Darstellungsarten bei den rechtlich selbständigen Einheiten im Sinne des Bilanzierungshandbuchs für den Konzern vorzunehmen. Finanzberichte in fremden Währungen sind in die Berichtswährung zu übertragen. Schließlich sind die Konsolidierungen vorzunehmen. Bei jedem dieser Schritte können sich Bewertungsunterschiede zwischen den einkommensteuerlich relevanten Werten von Vermögensgütern und Fremdkapitalposten und den entsprechenden für den Konzern relevanten Werten in den Finanzberichten ergeben. Aktive wie passive latente Einkommensteuern sind verpflichtend anzusetzen, wenn die gegenwärtig festgestellten Differenzen zwischen den Bestandswerten in den einkommensteuerlichen Finanzberichten und den Finanzberichten nach IFRS sich wieder auflösen. Für den Ansatz von aktiven latenten Steuern gilt die zusätzliche Voraussetzung, dass die dahinter stehenden erwarteten künftigen Steuervorteile zum Zeitpunkt der Auflösung der Differenzen auch tatsächlich zu realisieren sein werden.

Anwendbarkeit

Die Vorgaben sind auf sämtliche temporären Bewertungsunterschiede anzuwenden, also beispielsweise auf Unterschiede aus der Währungsumrechnung wie auf Unterschiede aus allen Formen der Konsolidierung.

9.2.2.2 Latente Einkommensteuern nach den Vorgaben des dHGB

Latente Einkommensteuern in den Finanzberichten der rechtlich selbständigen Einheiten als Ausgangspunkt

Wir beginnen mit einer Skizze der Vorgaben, die für die rechtlich selbständigen Einheiten gelten. Danach haben nicht-kleine Kapitalgesellschaften, Genossenschaften und Unternehmen im Sinne des Publizitätsgesetzes eine latente Einkommensteuerabgrenzung nach §274 dHGB vorzunehmen. Aktive und passive latente

Einkommensteuern können in Höhe der Einkommensteuerkonsequenzen entstehen, wenn sich in den handelsrechtlichen und einkommensteuerrechtlichen Finanzberichten bei »Vermögensgegenständen, Schulden und Rechnungsabgrenzungsposten« (§274 Absatz 1, Satz 1 dHGB) unterschiedliche Wertansätze ergeben, die sich später voraussichtlich abbauen. Neben dem saldierten Ausweis aller latenten Einkommensteuern ist auch ein Bruttoausweis aller aktiven und aller passiven latenten Einkommensteuern möglich. Der Ausweis der aktiven latenten Einkommensteuern kann im Rahmen eines Wahlrechts erfolgen.

Für die Konzern-Finanzberichte ist zunächst eine Vereinheitlichung der möglicherweise unterschiedlichen Darstellungsarten bei den rechtlich selbständigen Einheiten im Sinne des Bilanzierungshandbuchs für den Konzern vorzunehmen. Finanzberichte in fremden Währungen sind in die Berichtswährung zu übertragen. Schließlich sind die Konsolidierungen vorzunehmen. Bei jedem dieser Schritte können sich bei Vermögensgegenständen, Fremdkapital und Rechnungsabgrenzungsposten neue Differenzen zwischen den ursprünglichen einkommensteuerlichen Ausgangswerten und den endgültigen Wertansätzen in den Konzern-Finanzberichten ergeben. Im Gegensatz zu §274 dHGB sieht §306 dHGB den Ausweis aktiver wie passiver latenter Einkommensteuern verpflichtend vor, wenn sich die Wertunterschiede in späteren Geschäftsjahren voraussichtlich wieder abbauen.

Zusätzliche Relevanz der Einkommensunterschiede aus Konsolidierungsmaßnahmen

Die Vorgaben für den sogenannten Einzelabschluss und für die Konzern-Finanzberichte beruhen folglich auf der Idee, nur solche Unterschiede in den Wertansätzen bei Vermögensgegenständen, Fremdkapital und Rechnungsabgrenzungsposten für die Berechnung der latenten Einkommensteuern heranzuziehen, die sich im Zeitablauf abbauen, also vorübergehend sind (*temporary*-Konzept). Die Regelungen des §306 dHGB schließen den Ansatz latenter Einkommensteuern jedoch aus für die Differenzen, die sich zwischen dem einkommensteuerlichen Wertansatz von Beteiligungen an Tochtergesellschaften, assoziierten Unternehmen und Gemeinschaftsunternehmen einerseits und dem jeweils entsprechenden, in den Konzern-Finanzberichten angesetzten Nettovermögen andererseits ergeben. In Untereinheiten thesaurierte Gewinne bleiben also bei der Berechnung der latenten Einkommensteuern außer Betracht.

Anwendbarkeit

9.3 Zusammenfassung der Vorgaben zur Konsolidierung nach IFRS

9.3.1 Aufstellung von Konzern-Finanzberichten

Aufstellungspflicht Die IFRS sind so gestaltet, dass wir es immer mit einem Unterordnungskonzern zu tun haben. Die Definitionen von Konzernbeziehungen führen nämlich immer zu einem Unterordnungskonzern. Unterschiedliche Rechtsformen werden nicht angesprochen, lediglich die Kontrolle über Untereinheiten des betriebswirtschaftlich definierten Unternehmens. Jede Obereinheit, welche die Kontrolle über mindestens eine Untereinheit ausübt, ist normalerweise zur Aufstellung von Konzern-Finanzberichten verpflichtet. Zu den Konzern-Finanzberichten gehören hauptsächlich nach IAS 1.10 die Konzern-Bilanz zum Geschäftsjahresende (und zum Geschäftsjahresanfang bei erstmaliger Erstellung), die das gesamte Einkommen (*comprehensive income*) des Konzerns umfassende Konzern-Einkommensrechnung, die Konzern-Eigenkapitaltransferrechnung, die Konzern-Kapitalflussrechnung sowie den Konzern-Anhang. Vorgaben existieren lediglich für den Ausweis und die Inhalte der einzelnen Finanzberichtsbestandteile. Für die Prüfung, Vorlage und Offenlegung der Finanzberichte existieren (noch) keine Vorgaben. Zur Prüfung (*enforcement*) wurden nationale Institutionen gegründet, in Deutschland beispielsweise eine Prüfstelle gemäß §§342b bis 342d dHGB.

Wesentliche Unterschiede zu Nicht-Konzern-Finanzberichten Die Konzern-Finanzberichte unterscheiden sich von den Finanzberichten der Obereinheit hauptsächlich durch die Behandlung von drei der vier Arten von Wertpapieren, für welche eine Konsolidierung vorgesehen ist:

– Wertpapiere, die eine Kontrolle der Untereinheit erlauben. Nach IAS 27.9 hat jede Obereinheit (*parent*), die Untereinheiten (*subsidiaries*) kontrolliert, Konzern-Finanzberichte zu erstellen (IAS 27.13 und IFRS 3.19), in denen statt der Wertpapiere die gesamten hinter diesen stehenden Vermögensgüter und Fremdkapitalposten sowie der gesamte *goodwill* der jeweiligen Untereinheit stehen.

– Wertpapiere, die zwar keine Mehrheit, aber immerhin einen maßgeblichen Einfluss auf ein anderes Unternehmen begründen. Nach

IAS 28 sind die Werte solcher Wertpapiere in den Konzern-Finanzberichten entsprechend der *equity*-Methode fortzuschreiben.

– Wertpapiere, die zusammen mit den Wertpapieren eines anderen Unternehmens zur gemeinsamen Leitung der Untereinheit mit dem anderen Unternehmen berechtigen.

Ausnahmen dazu ergeben sich lediglich aus den Vorschriften für sogenannte *Special Purpose Entities* gemäß SIC 12.

Eine generelle Befreiung von der Pflicht, Beteiligungen zu konsolidieren, ergibt sich nach den IFRS, wenn diese Konsolidierung wegen des Grundsatzes der Wirtschaftlichkeit und Wesentlichkeit nicht vertretbar erscheint (*materiality*). Allerdings kann mangelnde Wesentlichkeit nur dann als Begründung für den Verzicht auf eine Konsolidierung geltend gemacht werden, wenn auch die gesamte Summe der von der Konsolidierung ausgeschlossenen Einheiten keinerlei wesentliche Auswirkungen auf die Aussage der KonzernFinanzberichte hat.

Befreiung von der Aufstellungspflicht

Die nach den Regeln der IFRS erstellten Konzern-Finanzberichte müssen gemäß *Framework* Ziffer 38 sämtliche Vermögensgüter und Fremdkapitalposten der Untereinheiten enthalten, soweit nicht in den jeweiligen Standards andere Einzelregelungen vorgesehen sind. Zum Zeitpunkt der erstmaligen Konsolidierung sind die hinter den Beteiligungen stehenden Vermögensgüter und Fremdkapitalposten nach IFRS 3.36 zu ihrem *fair value* im Erwerbszeitpunkt anzusetzen.

Vollständigkeitsgebot

Ein eventuell entstehender *goodwill* ist in den Konzern-Finanzberichten so lange unverändert beizubehalten, wie es keinen Grund für eine außerplanmäßige Abschreibung gibt. Außerplanmäßige Zuschreibungen sowie Wertaufholungen nach außerplanmäßigen Abschreibungen sind nicht erlaubt.

goodwill

9.3.2 Konsolidierung von Beteiligungen

9.3.2.1 Behandlung von Beteiligungen, die eine Kontrolle von Einheiten erlauben

Die IFRS sehen keine expliziten Wahlrechte für die Behandlung der Beteiligungen vor, mit denen andere Einheiten – in der Regel auf Grund der Mehrheit der Anteile – kontrolliert werden. Jede Beteiligung, die eine Kontrolle über eine Untereinheit erlaubt, ist nach der Methode der Vollkonsolidierung mit Aufdeckung eines auf den Konzern entfallenden oder eines vollständigen goodwill zu konsolidieren (IFRS 3.19). Dies bedeutet, dass statt der Beteiligung die hinter der Beteiligung stehenden Vermögensgüter und Fremdkapitalposten der

Untereinheit sowie der *goodwill* anzusetzen sind. Demnach ist es nur plausibel, dass IAS 27.32–37 eine entsprechende Vorgehensweise verbietet, wenn der Verlust der Möglichkeit zur Kontrolle der Untereinheit eintritt. Im übrigen ist die hier beschriebene Vorgehensweise – allerdings unabhängig vom Beteiligungsprozentsatz – auch im Fall der von der Obereinheit kontrollierten *Special Purpose Entities* anzuwenden.

9.3.2.2 Behandlung von Beteiligungen, mit denen ein maßgeblicher Einfluss auf Einheiten ausgeübt werden kann

Beteiligungen, die einen maßgeblichen Einfluss auf die Untereinheit gestatten, sind nach der Anschaffung nicht mit ihrem Anschaffungswert oder mit ihrem *fair value* anzusetzen, sondern mit der Summe aus ihrem Anschaffungswert und den zwischenzeitlichen Eigenkapitalveränderungen der Untereinheit (*equity*-Methode). Von einem maßgeblichen Einfluss geht man aus, wenn die Beteiligung zwischen 20% und 50% liegt. Einheiten, die sich hinter solchen Beteiligungen verbergen, werden als assoziierte Einheiten bezeichnet. Für sie ist die *equity*-Methode anzuwenden.

9.3.2.3 Behandlung von Beteiligungen an so genannten Gemeinschaftsunternehmen

Für Beteiligungen an Gemeinschaftsunternehmen darf wahlweise die *equity*-Methode oder die Quotenkonsolidierung verwendet werden.

9.4 Zusammenfassung der Vorgaben zur Konsolidierung nach dHGB

9.4.1 Aufstellung von Konzern-Finanzberichten

Aufstellungspflicht Die Regelungen des deutschen Handelsrechts betreffen nur Unterordnungskonzerne. Sie sehen vor, dass nur Obereinheiten als so genannte »Mutterunternehmen« in der Rechtsform einer Kapitalgesellschaft (§290 dHGB) oder Personenhandelsgesellschaften, deren persönlich haftende Gesellschafter Kapitalgesellschaften sind (§264 a dHGB), sowie große Unternehmen anderer Rechtsformen (§11 PublG) zur Erstellung von Konzern-Finanzberichten verpflichtet sind, wenn sie eine gewisse Größe und weitere Eigenschaften erfüllen. Zu erstellen und zu veröffentlichen sind nach §297 Absatz 1 dHGB der so genannte »Konzern-Abschluss« sowie der Konzern-Lagebericht (§315 Absatz 3 dHGB). Diese Unterlagen sind zu prüfen (§320 Absatz 3 dHGB) und dem Aufsichtsrat zur Billigung (§171 AktG) beziehungsweise den Gesellschaftern einer GmbH zur Feststellung (§42a Absatz 4 GmbHG) vorzulegen.

Die weiteren Eigenschaften betreffen hauptsächlich das Eigentum an Wertpapieren in der Form von Beteiligungen:

Wesentliche Unterschiede zu Nicht-Konzern-Finanzberichten

- Wertpapiere, die eine Mehrheit oder Kontrolle an einem anderen »Unternehmen« oder eine einheitliche Leitung begründen, das damit seine ökonomische Selbständigkeit verliert und im Gesetz als »Tochterunternehmen« bezeichnet wird. Solche Wertpapiere werden nach §271 Absatz 1 dHGB in der Bilanz der Obereinheit unter dem Posten »Beteiligungen« geführt. Wir haben die hinter solchen Wertpapieren stehenden Einheiten in diesem Buch nicht als »(Tochter-)Unternehmen«, sondern als mehrheitlich beherrschte Untereinheiten bezeichnet.

- Wertpapiere, die zwar keine Mehrheit, aber immerhin einen maßgeblichen Einfluss (Beteiligungsquote >20%) auf ein anderes »Unternehmen« begründen. Auch solche Wertpapiere werden nach §271 Absatz 1 dHGB unter dem Posten »Beteiligungen« geführt. Wir haben die hinter einer solchen Beteiligung stehenden Einheiten in unserem Buch als assoziierte Untereinheiten bezeichnet.

- Wertpapiere, die zusammen mit den bei anderen ökonomisch selbständigen Unternehmen liegenden Wertpapieren eine gemeinsame Leitung über ein weiteres »Unternehmen« begründen. Auch solche Wertpapiere werden nach §271 Absatz 1 dHGB unter dem Posten »Beteiligungen« geführt. Wir haben die hinter einer solchen Beteiligung stehenden »Unternehmen« in diesem Buch lediglich als gemeinschaftlich geführte Untereinheiten bezeichnet.

Wertpapiere, die keine dieser Eigenschaften aufweisen gehören zu den anderen Wertpapieren, für die keine besonderen Bilanzierungsregeln vorgesehen sind. Konzern-Finanzberichte nach deutschem Handelsrecht zeichnen sich normalerweise dadurch aus, dass statt der Beteiligungen die Vermögensgüter und Fremdkapitalposten aus den Finanzberichten der Untereinheiten in den Konzern-Finanzberichten wiedergegeben werden. Welche Posten das genau sind, hängt von der zu verwendenen Konsolidierungsmethode ab. Nur die anderen Wertpapiere werden auch in den Konzern-Finanzberichten weiterhin als Wertpapiere aufgeführt.

»Mutter- und Tochterunternehmen«

Eine Obereinheit (»Mutterunternehmen«) kann gleichzeitig eine mehrheitlich beherrschte Untereinheit (»Tochterunternehmen«) sein. In ihrer Eigenschaft als »Tochterunternehmen« gehen ihre Finanzberichte in diejenigen der übergeordneten Konzerneinheit ein. Als »Mutterunternehmen« hat sie Teilkonzern-Finanzberichte aufzustellen, es sei denn, sie sei davon befreit (§291 dHGB). Eine Befreiung ist vorgesehen, falls der Teilkonzern vollständig von einem höherrangigen »Mutterunternehmen« erfasst wird und seine Minderheitsgesellschafter (bei der Aktiengesellschaft mehr als 10%, bei der GmbH mehr als 20%) dem Verzicht zustimmen.

Befreiung von der Aufstellungspflicht

Kleine Konzerne sind von der Aufstellung von Konzern-Finanzberichten befreit, wenn sie nicht kapitalmarktorientiert sind. Die Größenkriterien orientieren sich an der Bilanzsumme, an den Umsatzerlösen und an der Beschäftigtenzahl. Sie ergeben sich für Kapitalgesellschaften aus §293 Absatz 1 dHGB und für Unternehmen anderer Rechtsformen aus §1 PublG. Nach dem Publizitätsgesetz gilt eine weitere Befreiung für Personenhandelsgesellschaften und Kaufleute, deren Gewerbebetrieb der Vermögensverwaltung dient und keine Aufgaben der Konzernleitung wahrnimmt (§11 Absatz 5 PublG). Die Vorgaben bezüglich der Kapitalmarktorientierung folgen aus §293 Absatz 5 dHGB.

Einheitliche Bilanzierung und Bewertung

In §300 dHGB wird für die Vollkonsolidierung gefordert, dass die Vermögensgüter und Fremdkapitalposten von »Tochterunternehmen« vollständig in die Konzern-Finanzberichte eingehen. Aus §308 dHGB ergibt sich ferner die Forderung nach einer einheitlichen Bewertung dieser Posten nach den Regeln, die bei der Obereinheit verwendet wurden. Ausnahmen davon sind hauptsächlich bei untergeordneter Bedeutung (§308 Absatz 2 dHGB) sowie bei einbezogenen Kreditinstituten und Versicherungen (§308 Absatz 2 dHGB) zu nennen.

9.4.2 Konsolidierung von Beteiligungen

Beteiligungen an »Tochterunternehmen« werden normalerweise vollkonsolidiert mit Aufdeckung des auf den Konzern entfallenden *goodwill*

9.4.2.1 Behandlung von Beteiligungen, die eine einheitliche Leitung oder Kontrolle von Einheiten erlauben

Beteiligungen, die eine einheitliche Leitung oder Kontrolle erlauben, heißen auch Mehrheitsbeteiligungen, weil eine einheitliche Leitung oder Kontrolle normalerweise nur bei einer Mehrheit der Stimmrechte denkbar ist, es sei denn, es läge eine Zweckgemeinschaft im Sinne von §290 Absatz 2 Nummer 4 dHGB vor. Die dahinter stehenden Einheiten bezeichnet das dHGB als »Tochterunternehmen«. In Konzern-Finanzberichten sind normalerweise statt der Beteiligungen an »Tochterunternehmen« deren Vermögensgüter und Fremdkapitalposten anzugeben. Dazu ist die Methode der Vollkonsolidierung mit Aufdeckung des auf den Konzern entfallenden *goodwill* zu verwenden. Dieser *goodwill* ist aus Konzernsicht nach §309 dHGB planmäßig abzuschreiben oder außerplanmäßig, wenn ein Grund für eine außerplanmäßige Abschreibung vorliegt.

Es gibt nur wenige Fälle, in denen trotz bestehender Mehrheitsbeteiligung von dieser Regel zu Gunsten einer anderen Konsolidierungsmethode abgewichen werden darf. Nutzt ein Konzern die Möglichkeit, von der Vollkonsolidierung einer Untereinheit abzusehen, so ist für diese Untereinheit statt der oben skizzierten Vollkonsolidierung die *equity*-Methode anzuwenden.

equity-Methode als Methode für Ausnahmefälle

Die Vollkonsolidierung kann zu Gunsten der *equity*-Methode für diejenigen Beteiligungen unterbleiben, bei denen

Mögliche Befreiung von der Pflicht zur Einbeziehung in die Vollkonsolidierung

– erhebliche und andauernde Beschränkungen die Ausübung der Rechte der Obereinheit in Bezug auf Vermögen oder Geschäftsführung der Untereinheit nachhaltig beeinträchtigen (§296 Absatz 1 Nummer 1 dHGB),
– die für die Konsolidierung der Beteiligung erforderlichen Angaben nicht ohne unverhältnismäßig hohe Kosten und Verzögerungen zu erhalten sind (§296 Absatz 1 Nummer 2 dHGB),
– die Anteile dem Zweck der Weiterveräußerung dienen (§296 Absatz 1 Nummer 3 dHGB) und
– das Tochterunternehmen für die Vermittlung eines den tatsächlichen Verhältnissen entsprechenden Bildes von untergeordneter Bedeutung ist.

Man erkennt, dass die Regelungen des deutschen Rechts zur Konsolidierung von Beteiligungen, die eine einheitliche Leitung oder Kontrolle erlauben, betriebswirtschaftlich zwar sinnvoll erscheinen, in der Praxis aber in vielen Fällen den Bilanzerstellern Ermessensentscheidungen ermöglichen, die den Aussagegehalt der Konzern-Finanzberichte beeinträchtigen können.

Problematik der Vorgaben

9.4.2.2 Behandlung von Beteiligungen mit maßgeblichem Einfluss

Beteiligungen, die nur einen maßgeblichen Einfluss ermöglichen, sind entsprechend der *equity*-Methode zu bewerten. Je nach der Informationslage kann man die *equity*-Methode als Bewertungsmethode oder als Konsolidierungsmethode auffassen. Als Bewertungsmethode ist sie zu verstehen, wenn man die innerkonzernlichen Verrechnungen vornimmt, die wir im entsprechenden Kapitel dieses Buches beschrieben haben. Als Konsolidierungsmethode ist sie aufzufassen, wenn man die innerkonzernlichen Verrechnungen so weit durchführt wie die entsprechenden Informationen dazu seitens der Obereinheit beschaffbar sind.

9.4.2.3 Behandlung von Beteiligungen an so genannten Gemeinschaftsunternehmen

Gemeinschaftsunternehmen sind Einheiten, die gemeinsam von mehreren ökonomisch voneinander unabhängigen Unternehmen geleitet werden. Bei ihnen wird folglich keine einheitliche Leitung ausgeübt. Bei einer Beteiligung an einem Gemeinschaftsunternehmen können die beteiligten Obereinheiten gemäß §310 dHGB jeweils eine Quotenkonsolidierung vornehmen. Tun sie es nicht, ist eine Konsolidierung nach der *equity*-Methode durchzuführen.

9.5 Zusammenfassung

Wir haben im vorliegenden Kapitel auf das Konzept latenter Einkommensteuern hingewiesen. In gewissen Grenzen sind gegenüber den einkommensteuerlichen Bewertungen in den Konzern-Finanzberichten andere Bewertungen vorzunehmen, so dass daraus Einkommensunterschiede erwachsen. Sind solche Unterschiede zeitlich begrenzt, so hat man die Technik der so genannten latenten Steuern anzuwenden.

Ferner haben wir gesehen, welche Methoden nach den IFRS und nach dem deutschen Handelsgesetzbuch für die Erstellung der Konzern-Finanzberichte von Unterordnungskonzernen anzuwenden sind. Darüber hinaus haben wir die Möglichkeiten geschildert, in speziellen Fällen von einer eigentlich notwendigen Vollkonsolidierung abzusehen.

Wir haben die Konzern-Finanzberichte als Informationsinstrumente kennen gelernt, deren Aussagegehalt von der verwendeten Methode abhängt. Die Konzern-Finanzberichte nach IFRS und nach dHGB sind bezüglich der unterschiedlichen Arten von Beteiligungen unterschiedlich aussagefähig. Für Mehrheitsbeteiligungen wird ein großes Maß an Aussagefähigkeit angestrebt. Hinsichtlich anderer Arten von Beteiligungen nimmt der Aussagegehalt ab.

9.6 Übungsmaterial

9.6.1 Fragen mit Antworten

Fragen	Antworten
Was versteht man unter latenten Einkommensteuern?	Latente Steuern sind vom Management zu bilden, um dem Bilanzadressaten zu zeigen, wie sich gegenwärtige Unterschiede in Ansatz und Bewertung zwischen den Posten der Einkommensteuerrechnung einerseits und den entsprechenden Bilanzposten einer rechtlich selbständigen Einheit oder eines Konzerns andererseits auf die Darstellung des gegenwärtigen und des künftig zu erwartenden Einkommens nach Einkommensteuer auswirken.
Wie unterscheidet man primäre latente Einkommensteuern von sekundären latenten Einkommensteuern?	Primäre latente Einkommensteuern entstehen auf der Ebene der rechtlich selbständigen Einheiten, sekundäre durch Konsolidierungsbuchungen auf der Ebene des Konzerns.
An welchen Stellen von Konzern-Finanzberichten zeigen sich die Auswirkungen der Anwendung des Konzepts latenter Einkommensteuern?	Latente Einkommensteuern können sich in der Einkommensrechnung bei den Erträgen und Aufwendungen sowie in der Bilanz bei den Vermögensgütern und Fremdkapitalposten zeigen.
Wie unterscheidet sich die *equity*-Methode der Konsolidierung von den anderen Methoden?	Die *equity*-Methode bezieht sich auf Minderheitsbeteiligungen an assoziierten Unternehmen. Bei ihr wird im Laufe der Zeit der Anschaffungswert um die Eigenkapitalveränderungen der Untereinheit modifiziert. Die anderen Methoden beziehen sich auf Mehrheitsbeteiligungen oder auf gemeinschaftlich geführte Unternehmen. Bei ihnen sind die Vermögensgüter und Fremdkapitalposten anzusetzen, die auf die Beteiligung entfallen, sowie ein etwaiger Restposten in Form des *goodwill*.
Welche Ausnahmetatbestände von der Pflicht zur Konsolidierung sind nach IFRS möglich?	Nur bei Unwesentlichkeit ist nach den IFRS die Beibehaltung des Beteiligungsbuchwertes in den Konzern-Finanzberichten erlaubt. Liegt eine Verkaufsabsicht vor, gelten spezielle Regeln für die Einbeziehung der betreffenden Untereinheit: Die

Fragen	Antworten
	Werte von Vermögensgütern und Fremdkapitalposten werden der Verkaufsabsicht entsprechend im Sinne einer Marktbewertung modifiziert und – getrennt für die beiden Seiten der Bilanz – weitgehend zusammengefasst und separat als »zur Veräußerung gehalten« im Konzernabschluss offen ausgewiesen. Auch in der Einkommensrechnung wird das Einkommen der *discontinued operations* getrennt vom Einkommen aus dem fortzuführenden Geschäft ausgewiesen.
Welche drei Arten der Beteiligungen von Obereinheiten an Untereinheiten dürfen nach dHGB normalerweise nicht in Konzern-Finanzberichten erscheinen?	(1) Beteiligungen, die eine Kontrolle der Untereinheit gewähren, (2) Beteiligungen, die eine gemeinsame Leitung mit einem anderen Unternehmen ermöglichen und (3) Beteiligungen, die einen maßgeblichen Einfluss erlauben, erscheinen bei der *equity*-Methode in den Konzern-Finanzberichten, normalerweise jedoch nicht mit ihrem Buchwert, sondern mit ihrem *at equity* fortgeschriebenen Buchwert.
Welche Ausnahmetatbestände von der Pflicht zur Konsolidierung sind nach dHGB möglich?	Die Ausnahmeregeln findet man in §296 dHGB: (1) eine erhebliche und andauernde Beschränkung der Ausübung der Rechte durch die Obereinheit, (2) unverhältnismäßig hohe Kosten und Verzögerungen der Beschaffung der für die Konsolidierung der Beteiligung erforderlichen Angaben, (3) der Zweck der Weiterveräußerung der Anteile und (4) eine untergeordnete Bedeutung des Tochterunternehmens für die Vermittlung eines den tatsächlichen Verhältnissen entsprechenden Bildes.

9.6.2 Verständniskontrolle

1. Wie kann man die Einkommensverschiebung wegen latenter Einkommensteuern begründen?
2. Welche Posten werden berührt, wenn man in einem Zeitraum einen höheren Einkommensteueraufwand verbuchen sollte als die Einkommensteuerausgaben ausmachen?
3. Welche Posten werden berührt, wenn man in einem Folgezeitraum den Einkommensteueraufwand wieder verringern möchte?
4. Welche Annahmen sind mit dem Gedanken verbunden, gewisse Einkommensteuerzahlungen seien falsch periodisiert und eine Zurechnung auf die Zeiträume entsprechend dem Einkommen nach US-GAAP, IFRS oder dHGB entspräche einer richtigen Periodisierung?
5. Welche Beteiligungen sind nach IFRS anders zu behandeln als Wertpapiere?
6. Welche Beteiligungen sind nach dHGB anders zu behandeln als Wertpapiere?

7. Welche Möglichkeiten gewähren die IFRS, von der Angabe der hinter der Beteiligung stehenden Vermögensgüter und Fremdkapitalposten der Untereinheit abzusehen?
8. Welche Möglichkeiten gewährt das dHGB, von der Angabe der hinter der Beteiligung stehenden Vermögensgüter und Fremdkapitalposten der Untereinheit abzusehen?

9.6.3 Aufgaben zum Selbststudium

Aufgabe 9.1 Latente Einkommensteuern in Konzern-Finanzberichten

Sachverhalt

Die Einheit A fungiert im Unterordnungskonzern U als Obereinheit zur Untereinheit B. A hat im Erwerbszeitpunkt zu Beginn von X2 eine Beteiligung von 100% an B zum Preis von 375 GE erworben. Nehmen Sie an, der Einkommensteuersatz der A beliefe sich auf 30%, der Einkommensteuersatz der B auf 25%.

Die Bilanzen, die Einkommensrechnungen und die Eigenkapitaltransferrechnungen für die Abrechnungszeiträume X1 und X2 der beiden juristisch selbstständigen Einheiten ergeben sich aus den folgenden Abbildungen. Die angegebenen Werte entsprechen dabei im Zeitpunkt der Erstkonsolidierung den Marktwerten der jeweiligen Vermögensgüter und Fremdkapitalposten. Die Rechenwerke sind hinsichtlich von Postengliederungen und Ansatzvorschriften bereits vereinheitlicht.

Aktiva			Bilanz der A in GE		Passiva
	Ende X1	Ende X2		Ende X1	Ende X2
Andere Vermögensgüter	425	525	Eigenkapital (Beginn)	230	300
Beteiligung an B	375	375	Einkommen im Zeitraum	70	175
			Eigenkapital (Ende)	300	475
			Fremdkapital	500	425
Summe Vermögensgüter	800	900	Summe Kapital	800	900

Aufwand			Einkommensrechnung der A in GE		Ertrag
	Zeitraum X1	Zeitraum X2		Zeitraum X1	Zeitraum X2
Umsatzaufwand	1 000	800	Umsatzertrag	1 100	1 050
Gewinn vor Steuern	*100*	*250*			
Aufwand (Steuer)	30	75			
Gewinn nach Steuer	70	175			
Summe Aufwand plus Gewinn	1 100	1 050	Summe Ertrag plus Verlust	1 100	1 050

Aktiva	Bilanz der B in GE			Passiva	
	Ende X1	Ende X2		Ende X1	Ende X2
Vermögensgüter	700	600	Eigenkapital (Beginn)	150	375
			Einkommen im Zeitraum	225	150
			Eigenkapital (Ende)	375	525
			Fremdkapital	325	75
Summe Vermögensgüter	700	600	Summe Kapital	700	600

Aufwand	Einkommensrechnung der B in GE			Ertrag	
	Zeit-raum X1	Zeit-raum X2		Zeit-raum X1	Zeit-raum X2
Umsatzaufwand	400	600	Umsatzertrag	700	800
Gewinn vor Steuern	*300*	*200*		–	
Aufwand (Steuer)	75	50		–	
Gewinn nach Steuer	225	150		–	
Summe Aufwand plus Gewinn	700	800	Summe Ertrag plus Verlust	700	800

Während des Abrechnungszeitraumes X2 verkauft A Ware mit einem Buchwert von 80 *GE* zu einem Preis von 120 *GE* an B.

Fragen und Teilaufgaben

1. Erstellen Sie die Konzern-Finanzberichte zum Ende des Abrechnungszeitraums X2 (erste Folgekonsolidierung) unter Verwendung des Konzepts der Vollkonsolidierung mit Aufdeckung des vollständigen *goodwill*. Geben Sie dabei – unter Beachtung (sekundärer) latenter Steuern – die aus Konzernsicht vorzunehmenden Buchungen an, die bei der ersten Folgekonsolidierung im Zusammenhang mit der Erstellung der Konzern-Finanzberichte für den Abrechnungszeitraum X2 anfallen!

2. Diskutieren Sie kurz das Konzept (sekundärer) latenter Steuern im Hinblick auf deren Aussagegehalt!

Lösungshinweise zu den Fragen und Teilaufgaben

1. Zum Ende von X2 beträgt das Konzern-Eigenkapital 597 *GE* und das Konzern-Einkommen 297 *GE*. Es sind aktive latente Steuern in Höhe von 12 *GE* als Korrektur des Aufwands zu buchen.

2. Die zu diskutierenden Aspekte können den entsprechenden Passagen des Lehrtextes entnommen werden.

Literaturhinweise

Fachliteratur

Baetge J, Kirsch H-J, Thiele S (2009) Konzernbilanzen, 8. vollständig aktualisierte Auflage, Düsseldorf (Institut der Wirtschaftsprüfer)

Busse von Colbe W, Ordelheide D, Gebhardt G, Pellens B (2010) Konzernabschlüsse – Rechnungslegung nach betriebswirtschaftlichen Grundsätzen sowie nach Vorschriften des HGB und der IAS/IFRS, 9. Auflage, Wiesbaden (Gabler)

Coenenberg AG, Haller A, Schultze W (2009) Jahresabschluss und Jahresabschlussanalyse – Betriebswirtschaftliche, handelsrechtliche, steuerrechtliche und internationale Grundsätze – HGB, IFRS und US-GAAP, 21. Auflage, Stuttgart (Schäffer-Poeschel)

Großfeld B (1997) Bilanzrecht – Jahresabschluß, Konzernabschluß, Internationale Standards, 3. neubearbeitete und erweiterte Auflage, Heidelberg (Müller)

Hommel M, Rammert S, Wüstemann J (2009) Konzernbilanzierung – case by case, 2. Auflage, Frankfurt am Main (Recht und Wirtschaft)

Küting K, Hayn B (1997) Erst- und Endkonsolidierung nach der Erwerbsmethode – Definition, Systematisierung und Stichtag, in: Deutsches Steuerrecht, S. 1941–1948

Küting K, Weber C-P (2010) Der Konzernabschluss – Praxis der Konzernrechnugslegung nach HGB und IFRS, 12. Auflage, Stuttgart (Schäffer-Poeschel).

Möller HP (2005) Accounting Regimes and their Effects on the German Stock Market, in: Globalisation of Accounting Standards, hrsg. von Jayne M. Godfrey and Keryn Chalmers, Northampton (Elgar) 2007, S. 144–170

Möller HP, Hüfner B (2009) Buchführung und Finanzberichte, 3. aktualisierte Auflage, München (Pearson)

Pellenz B, Amshoff H, Schmidt A (2009) Konzernsichtweisen in der Rechnungslegung und im Gesellschaftsrecht: Zur Übertragbarkeit des betriebswirtschaftlichen Konzernverständnisses auf Ausschüttungsregulierungen, in: Zeitschrift für Unternehmens- und Gesellschaftsrecht, 38. Jahrgang, S. 231–276

Pfaff D, Ganske T (2002) Ent- und Übergangskonsolidierung, in: Handwörterbuch der Rechnungslegung, hrsg. von W. Ballwieser A.G Coenenberg K.v Wysocki 3. überarbeitete und erweiterte Auflage, (Schäffer-Poeschel), S. 654–668

Schildbach T (2008) Der Konzernabschluss nach HGB, IAS und US-GAAP, 7. Auflage, München (Oldenbourg)

Schmidt M (2005) Die sog. Full Goodwill Methode der Kapitalkonsolidierung: Zum Problem vermehrt zeitwertorientierter Bilanzierung im IFRS-Konzernabschluss, in: Kritisches zu Rechnungslegung und Unternehmensbesteuerung – Festschrift zur Vollendung des 65. Lebensjahres von Theodor Siegel, hrsg. von D. Schneider, D. Rückle, H.-U. Küpper und F. Wagner, Berlin (Duncker & Humblot), S. 161–184

Schneider D (1993) Betriebswirtschaftslehre, Band 1: Grundlagen, München und Wien (Oldenbourg)

Schneider D (1997) Betriebswirtschaftslehre, Band 2: Rechnungswesen, 2. Auflage, München und Wien (Oldenbourg)

Schruff W, Rothenburger M (2002) Zur Konsolidierung von Special Purpose Entities im Konzernabschluss nach US-GAAP, IAS und HGB, in: Die Wirtschaftsprüfung, Heft 14/2002, S. 755–765

Theisen MR (2007) Konzern, in: Handwörterbuch der Betriebswirtschaft, 6. Auflage, Stuttgart (Schäffer-Poeschel), S. 946–956

Viethen H-W (2008) Vorbereitung des Konzernabschlusses: Aufbereitung der Einzelabschlüsse, Lektion 3 aus: Konzernrechnungslegung nach IFRS, fachliche Leitung: Walther Busse von Colbe, 2. Auflage, Düsseldorf (Euroforum)

Zekany KE, Braun LW, Warder ZT (2004) Behind Closed Doors at WorldCom: 2001, in: Issues in Accounting Education, 19(1): S. 101–117

Rechtsquellen

Achte Richtlinie des Rates vom 10. April 1984 aufgrund von Art. 54 Abs. 3 Buchst. g) des Vertrages über die Zulassung der mit der Pflichtprüfung der Rechnungslegungsunterlagen beauftragten Personen (84/253/EWG). in: Amtsblatt der Europäischen Gemeinschaften vom 12.5.1984, Nr. L 126/20–26

Deutsches Handelsgesetzbuch (dHGB) in der Fassung von Anfang 2011

Exposure Draft ED 9 Joint Arrangements, IASB 2007

International Financial Reporting Standards (IFRS), von der Europäischen Union bis Anfang 2011 genehmigte Fassung, ersichtlich unter http://eur-lex.europa.eu

Siebente Richtlinie des Rates vom 13. Juni 1983 aufgrund von Art. 54 Abs. 3 Buchst. g) des Vertrages über den konsolidierten Abschluss (83/349/EWG). in: Amtsblatt der Europäischen Gemeinschaften vom 18.7.1983, Nr. L 193/1–17

Vierte Richtlinie des Rates vom 25. Juli 1978 aufgrund von Art. 54 Abs. 3 Buchst. g) des Vertrages über den Jahresabschluss von Gesellschaften bestimmter Rechtsformen (78/660/EWG), in: Amtsblatt der Europäischen Gemeinschaften vom 14.8.1978, Nr. L 222/11–31

Sachverzeichnis

A

Abrechnungszeiträume, gleich lange, 22
Abrechnungszeiträume, konzerneinheitliche, 112
Abschlag wegen fehlender Kontrollrechte, 345
Abschreibung des Beteiligungsbuchwertes, 205, 314
Abschreibungen auf Forderungen, 111
Abspaltung aus Obereinheit, 60
Abwertungsverlust, 275
Accrual principle, 400
Acquisition method, 4, 42
Aktientausch, 49
Aktien von konzernfremden Anteilseignern in Untereinheiten, 50
Aktionäre des Konzerns, 61
Aktionäre, konzernfremde in Untereinheiten, 61
Änderung des Umtauschkurses, 92, 95
Anleiheverpflichtungen, konzerninterne, 111
Anschaffungsausgaben, 91
Anschaffungsnebenausgaben, 91
Anteilsbesitz des Konzerns, unvollständiger, 342
Anteilseigner, Konsequenzen für alle, 344
Anteilseigner, konzernfremde, 8, 19
Anteilseigner ohne Anspruch auf die Unternehmensleitung, 61
Anteilseigner, Sicht aller, 342
Anwendungsbereich der equity-Methode, 219
Anzahlungen, konzerninterne, 111
At arm's length, 54
Asset deal, 5
Assets, jointly controlled, 274
Associated enterprise, 219
Assoziiertes Unternehmen, 28, 63, 65, 199, 218–219
Auditor, 11
Auflösung des Konzerns, 172
Ausgleichsposten für konzernfremde Anteilseigner, 19
Ausscheiden einer Einheit, 255

Ausstehende Einlagen, 111
Austauschverhältnis, 158

B

Bedeutung, untergeordnete, 218, 420
Befreiung, 416
Befreiung für Teilkonzerne, 219
Befreiungsmöglichkeiten, 28, 31
Beherrschung, 28, 64
Beizulegender Zeitwert, 202
Bereinigung aller konzerninternen Buchungen, 111
Berichtswährung, 77, 115
Beschaffungstag, Kurs zum, 94
Beschränkungen der Rechteausübung, 417
Beteiligungsabschreibung, 208
Beteiligungsarten, 62
Beteiligungsbewertung at equity, 171
Beteiligungsbuchwert, Anpassung des, 190
Beteiligungsertrag, Eliminierung des, 211
Bilanzgleichung, intertemporale, 100
Bilanzierungshandbuch, konzerneinheitliches, 33, 41, 77, 80
Bilanzierungs- und Bewertungsmethoden, 23
Bilanzierungszeitpunkt, 138
Bilanzierung und Bewertung, konzerneinheitliche, 25
Bilanzrechtsmodernisierungsgesetz, 29, 30
Bilanzstichtag, 22, 108
Bilanzstichtag, konzerneinheitlicher, 117
Bruttoverfahren, 16
Buchführungspflicht, 2
Buchführungsregeln, 41
Buchführungs- und Bilanzierungsregeln, 41
Buchwertabschreibung, 204
Buchwertmethode, 221

C

Certified Public Accountant, 11
Clean surplus, 84–85, 97, 102
Comprehensive income, 412
Concern in first out, 109

Concern in last out, 109
Control, 28
Control, Joint, 257, 274–275
Control-Konzept, 6, 28

D
Damnum, 111
Darlehen, 111
Darlehensvergabe, 114, 149
Dekonsolidierung, 39, 57
Deutscher Standardisierungsrat, 29
Deutsches Rechnungslegungs Standards Committee e.V., 29
Devisenmittelkurs, 118
Differenz der Eigenkapitalwerte, 187
Differenzen, permanente, 408
Differenzen, temporäre, 407, 409
Disagio, 111
Dividende, 269
Dividendenzahlung, 213, 268, 379
Dividendenzahlung, Eliminierung der, 211
Doppelerfassung, 47
Doppelzählung, 204
Downstream-Geschäfte, 174
DRSC, 29

E
Eigenkapital, 18
Eigenkapitalanteil konzernfremder Anteilseigner, 288, 385
Eigenkapitalaufspaltung, 362
Eigenkapital konzernfremder Anteilseigner, 366, 382, 385
Eigenkapital-Methode, 173
Eigenkapitaltransfer, 10, 16
Eigenkapitaltransfer, Eliminierung des, 211
Eigenkapitalwerte, Differenz der, 187
Einfluss, maßgeblicher, 64, 199, 218, 414–415, 418
Eingeschränkte Kontrolle, 220
Einheit, juristisch selbständige, 9
Einheitliche Behandlung, 46
Einheitliche Kriterien, 77
Einheitliche Leitung, 31, 64, 275
Einheitlichkeit der Bewertung, 118
Einheit, ökonomisch selbständige, 9
Einheitsexterne Ereignisse, 108
Einheitstheorie, 15
Einkommen, 3, 16
Einkommen, auf konzernfremde Anteilseigner entfallendes, 328
Einkommen aus Vorzeitraum, 266, 321
Einkommensabhängige Zahlungen, 17
Einkommensteueraufwand im Konzern, 404
Einkommensteueraufwand, latenter, 400

Einkommensteuern, aktive latente, 403
Einkommensteuern, latente, 403
Einkommensteuern, latente aus Konsolidierungsmaßnahmen, 403
Einkommensteuern, passive latente, 403
Einkommensverschiebungen, 403
Einkommensverzerrungen, 401
Einlagen, ausstehende, 111
Einstufige Prozesse, 108
Einzelbewertung, 21
Eliminierung der Dividendenzahlung, 211
Eliminierung des Beteiligungsertrags, 211
Eliminierung des Eigenkapitaltransfers, 211
Eliminierung konzerninterner Einkommensbestandteile, 377
Eliminierung konzerninterner Forderungen und Verbindlichkeiten, 378
Eliminierung konzerninterner Lieferungs- und Leistungsbeziehungen, 23, 26
Endkonsolidierung, 39, 57
Enforcement, 412
Enterprise, associated, 219
Entity, jointly controlled, 219, 274
Entkonsolidierung, 39, 57, 61, 136, 255, 390
Entkonsolidierung einzelner Einheiten, 198
Entkonsolidierungsbuchung, 156, 160, 214, 255, 309–310, 365
Entscheidungsunterstützung, 8
Entstehungszeitpunkt des Konzerns, 45
Equity-Buchwerte, 209
Equity-Methode, 13, 19, 27–28, 57, 59, 63, 65, 171, 194, 275, 413–414, 417–418
Equity-Methode, Anwendungsbereich, 219
Ereignisse, konzernexterne, 76, 116
Ereignisse, konzerninterne, 76–77, 116, 203
Ereignisse, Richtigstellung konzerninterner, 77
Ereignisse, zeitliches Verschieben von, 22
Erfolg, 3, 16
Ergebnis, 3, 16
Ermessen, 117
Erstkonsolidierung, 39, 60, 77
Ertrag oder Aufwand aus der equity-Bewertung, 178
Ertrag oder Aufwand aus der Währungsumrechnung, 97
Erwerbsannahme, 18, 42
Erwerbsmethode, 3, 43, 77, 159
Ethik, 11
Ethik, Probleme der im Konzern, 11
Eventualverbindlichkeiten, konzerninterne, 111

F
Faire Präsentation, 218
Fair presentation, 78
Fair value, 202, 413–414

Financial and operating policies, 28
Finanzberichte, 10
Finanzberichte, Verzerrung der, 7, 14
Finanzberichtsprüfer, 11, 62, 216
Finanzeinkommen, 94
Firmenwert, 49
Folgekonsolidierung, 42, 60
Fortführung der Geschäfte, 21
Fremdkapitaleffekte, 88
Fremdwährungsproblem, 93
Fremdwährungsumrechnung, 102, 328
Fresh start method, 42
Führung, gemeinschaftliche, 257
Full goodwill-Methode, 330, 362, 370, 383
Funktionale Währung, 115

G
Garantierückstellung, 110
Gemeinschaftliche Führung, 257
Gemeinschaftsunternehmen, 28, 31, 63, 418
Generally Accepted Accounting Principles, U.S., 25
Gesamtkostenverfahren, 80, 109
Geschäftswert, 49
Gewinn, 3, 16
Gewinnabführungsvertrag, 112
Gewinnaufschlag, 54
Gewinn, einbehaltener, 411
Gewinnrealisierung, 183–184, 205
Gleichordnungskonzern, 3, 27, 30
Goimg concern-Annahme, 21
Goodwill, 19, 43, 237, 255, 412
Goodwill, anteiliger, 44, 63
Goodwill, Aufdeckung eines vollständigen, 391
Goodwill, auf den Konzern entfallender, 287–288
Goodwill, auf Konzernfremde entfallender, 343
Goodwill, auf Konzern und Konzernfremde entfallender, 288
Goodwill aus der Untereinheit, 236, 402
Goodwill, außerplanmäßige Abschreibung des, 348
Goodwill des Konzerns, 370–371
Goodwill für den Konzern, 375
Goodwill für Konzernfremde, 370
Goodwill für Konzernfremde, 375
Goodwill, gesamter, 44, 63
Goodwill, negativer, 46
Goodwill, planmäßige Abschreibung des erworbenen, 176
Goodwill, positiver, 48, 60
Größenkriterien, 31

H
Handelsbilanz II, 12, 46, 55–56, 367, 369
Handelsgesetzbuch, deutsches, 24
Hartwährung, 116

HB II, 12
Herstellungsausgaben des Konzerns, 53
Hierarchie, 42
Hochinflation, 115–116
Hochinflationswährung, 116

I
IAS 1, 115
IAS 8, 15, 115
IAS 12, 403, 409
IAS 21, 115–116, 407
IAS 27, 28, 115, 117, 317, 372, 412, 414
IAS 28, 63, 201, 218–219, 413
IAS 29, 116
IAS 31, 27, 63, 219, 274–275
IAS 36, 275
IAS 39, 62
IFRS, 24, 27–28, 63, 159, 218–219, 275, 328, 384, 413
Impairment, 62
Impairment loss, 261, 275, 314, 369
Income, other comprehensive, 115
Indexierung, 116
Inflation, 115
Informationslieferung, verzerrte, 25
Informationspolitik, unsaubere, 11
Informationswert für Anteilseigner, 274
Informationswünsche, 44
Innerkonzernliche Ereignisse, 75–76, 203
Innerkonzernlicher Transport, 54
Innerkonzernlicher Umsatzertrag, 55
Innerkonzernlicher Verkauf, 190
Insider-Problematik, 11
Interessengegensatz, 15
Interessentengruppe Aktionäre ohne Anspruch auf die Unternehmensleitung, 61
Interessentengruppe Finanzberichtsprüfer, 61
Interessentengruppen, 61
Interessentengruppe Unternehmensleitung, 61
Interessentheorie, 15, 276
Interessenzusammenführung, 18, 40, 80, 135
Interessenzusammenführungsannahme, 42
Interessenzusammenführungsmethode, 3, 30, 43, 135
Intergroup balances, 117
International Financial Reporting Standards, 24
Intertemporale Bilanzgleichung, 99

J
Jahresabschluss, 2
Jahresfehlbetrag, 16
Jahresüberschuss, 16
Joint control, 257, 274–275
Jointly controlled assets, 274

Jointly controlled entity, 219, 274
Jointly controlled operations, 274
Joint venture, 28, 63, 219, 274–275

K

Kapitalanteilsmethode, 221
Kapitalgeber, residualanspruchsberechtigte, 3
Kapitalmarktorientiertes Unternehmen, 24
Kassa-Markt, 89, 90, 92
Kauf und Verkauf, konzerninterner, 108
Konsequenzen, finanzielle, 10
Konsolidierung, 9, 13, 131, 257
Konsolidierung durch Neubewertung der Beteiligung an Untereinheiten, 171
Konsolidierung nach der equity-Methode, 19, 28, 31, 60, 63, 173, 195, 278
Konsolidierung, quotale, 19, 28, 63, 201, 233, 276
Konsolidierungsbuchung bei quotaler Konsolidierung, 239
Konsolidierungsbuchungen, 55, 137, 145, 152, 188, 205, 209, 228, 232, 251, 269, 304, 317, 324, 353, 363, 373
Konsolidierungshandbuch, 366
Konsolidierungsmethode, 114
Konsolidierung, Varianten der, 40
Konsolidierung, vollständige, 62
Kontrolle über Untereinheiten, 412
Kontrollprämie, 345
Konzernaktionäre, 61
Konzernanhang, 2
Konzern, Auflösung des, 155
Konzernbegriff, 5, 135
Konzernbilanz, 2
Konzern-Bilanzierungshandbuch, 23, 41, 46, 117
Konzern-Eigenkapital, 12, 16
Konzern-Eigenkapitaltransfer, 12, 16
Konzern-Eigenkapitalveränderungsrechnung, 34
Konzerneinheitliche Abrechnungszeiträume, 117
Konzerneinheitliche Normen, 45
Konzerneinheitlicher Bilanzstichtag, 117
Konzerneinheitliches Bilanzierungshandbuch, 33, 77
Konzern-Einkommen, 12, 16
Konzernentstehung, 138
Konzernentstehungszeitpunkt, 45
Konzern-Eröffnungsbilanz in Tabellenform, 143
Konzernexterne Ereignisse, 77
Konzern-Fehlbetrag, 16
Konzern-Finanzberichte, 2, 10
Konzern-Finanzberichte, Herleitung von, 12
Konzernfremde Aktionäre, 61
Konzernfremde Aktionäre in Untereinheiten, 15
Konzern-Gewinn- und -Verlustrechnung, 2
Konzerninterne Anleiheverpflichtungen, 111
Konzerninterne Ereignisse, 50, 78, 108

Konzerninterne Lieferungs- und Leistungsbeziehungen, Eliminierung der, 23, 26
Konzerninterner Kauf und Verkauf, 108
Konzern-Jahresabschluss, 2
Konzern-Kapitalflussrechnung, 2
Konzernkonten, 13
Konzernrechnungslegung, Unvollständigkeit der, 6
Konzern-Segmentberichterstattung, 2
Konzernüberschuss, 16
Konzernvorrat, 55
Konzern-Zwischenbilanz, 138
Konzern-Zwischeneigenkapitaltransferrechnung, 138
Konzern-Zwischeneinkommenrechnung, 138
Korrekturposten, 183
Korrekturposten aus der Währungsumrechnung, 97
Kurs zum Beschaffungstag, 94
Kurs zum Umtauschzeitpunkt, 94

L

Lagerbestandsveränderung, 109
Latente Einkommensteuern, 401
Leasing, konzerninternes, 113
Leitung, einheitliche, 3, 6, 31, 64, 275
Leitung, gemeinsame, 413, 415
Lizenzgebühr, 110
Lokalwährung, 116
Loss, 16

M

Maßgeblicher Einfluss, 199, 218, 414
Materiality, 28
Mehrheit der Stimmrechte, 417
Mehrheitsbeteiligungen, 419
Mehrstufige Prozesse, 109
Minderheitenanteile, 50
Minority interests, 8
Mittelkurs, 89
Modifizierte Stichtagskursmethode, 99, 101, 117, 120
Mutterunternehmen, 4

N

Net income, 16
Net loss, 16
Nettoveräußerungserlös, 275
Nettoverfahren, 16
Neubewertung, 45, 81, 144
Neubewertung von Beteiligungen, 59
Neugründungsannahme, 42
Neugründungsmethode, 43
Nicht-Konzern-Aktionäre, 15
Non-controlling interests, 8
Normen, konzerneinheitliche, 46

Sachverzeichnis

O
Ökonomische Selbständigkeit, 32
Ökonomisch unselbständige Einheit, 219
Operations, jointly controlled, 274
Options-Kaufpreis, 92
Options-Markt, 89
Organisationsstruktur, 23
Other comprehensive income, 115

P
Parent, 412
Planmäßige Abschreibung des erworbenen goodwill, 176
Policies, financial and operating, 28
Pooling of interests, 4, 42
Posten für konzernfremde Anteilseigner in Untereinheiten, 350
Postenweise Addition, 141, 144, 156
Profit, 16
Prozesse, einstufige, 108
Prozesse, mehrstufige, 109
Publizitätsgesetz, 24
Purchase method, 4, 42
Push down-Methode, 48, 259, 265, 311, 320, 366

Q
Quotale Konsolidierung, 28, 64, 240
Quotale Konsolidierungsbuchung, 238
Quotenkonsolidierung, 201, 220, 275, 414, 418

R
Rechtsprinzip, Germanisches, 26
Rechtsprinzip, Römisches, 29
Rechtstradition, germanische, 26
Reine Stichtagskursmethode, 99
Residualanspruch, 3
Residualanspruchsberechtigte, 3
Restposten, 44
Reverse aquisition method, 42
Rollenvereinigung, 11
Rückstellungen für Ungewisse Verbindlichkeiten, 111
Rückstellungen, konzerninterne, 111

S
Sachliche Stetigkeit, 115
Sachverhaltsgestaltung, 26, 78
Segmentberichterstattung, 22
Selbständigkeit, ökonomische, 32
Sicherungsgeschäft, 89
Sicht aller Anteilseigner, 342
Sitz eines Unternehmens, 22
Special Purpose Entity (SPE), 25, 28, 218, 414
Spot-Markt, 89

Stetigkeit, sachliche, 115
Steuerverbindlichkeit, latente, 407
Stichtagskursmethode, 95, 102, 329
Stichtagskursmethode, modifizierte, 99-101, 103-104, 115, 120
Stichtagskursmethode, reine, 99
Stornierung konzerninterner Fremdwährungsgeschäfte, 91
Stornobuchungen, 53, 123, 143, 151, 180, 192, 240, 243, 247, 295, 300, 350, 355
Stufenkonzeption des deutschen Handelsrechts, 220
Subsidiary, 412

T
Tantieme, 17
Teilkonzern-Finanzberichte, 416
Temporary-Konzept, 409, 411
Termin-Markt, 89
Tochterunternehmen, 4, 31
Transparenz, 218
Transportausgabe, 52, 114
Transport, innerkonzernlicher, 54
True and fair view, 78

U
Umbewertung der Beteiligung, 213
Umgekehrte Erwerbsannahme, 43
Umkehreffekt, 399
Umrechnung der Einkommensrechnung, 99
Umrechnungsdifferenz, 115, 329, 384
Umrechnungskurs, 90, 96
Umrechnungskurs, zeitraumbezogener, 99
Umrechnungsmethoden, 96
Umrechnung von Fremdwährungsposten, 118, 137
Umsatzertrag, innerkonzernlicher, 55
Umsatzkostenverfahren, 14, 51, 80, 145
Umtauschkurs, Änderung des, 92, 96
Umtauschverhältnisse, 93
Umtauschzeitpunkt, 94
Umtauschzeitpunkt, Kurs zum, 94
Uniting of interests, 4
Untereinheiten, assoziierte, 415
Untereinheiten, gemeinschaftlich geführte, 415
Untergeordnete Bedeutung, 420
Unternehmen, assoziiertes, 28, 63, 65, 199, 218-219
Unternehmen, kapitalmarktorientiertes, 24
Unternehmensbegriff, 5
Unternehmensleitung, 59, 218
Unternehmenssphäre, finanzielle, 112
Unternehmenssteuerung, 17
Unternehmensvertrag, 5
Unterordnungskonzern, 4-5, 27, 30, 135
Upstream-Geschäfte, 174
US-GAAP, 25

V
Value, fair, 202
Venture, Joint, 274–275
Veräußerbarkeit, 6
Veräußerungserlös, 363
Verbrauchsreihenfolge, 109
Vereinheitlichung, 46
Vereinheitlichung der Beweretung, 79
Vereinheitlichung der Bilanzierung, 79
Vereinheitlichungsbuchungen, 141
Vereinheitlichung, von Finanzberichten, 79
Verhaltenskodex, 11
Verhaltensregeln, 11
Verkauf einzelner Einheiten, 172
Verkauf, innerkonzernlicher, 190
Verkauf von Ware, 51
Verlagerung des Einkommens aus Vorzeitraum, 268
Verlagerung des Warenlagers, 51
Verlagerung von Vorräten, 109
Verlagerung von Ware, 53
Verlagerung von Zahlungsmitteln, 53, 79, 91, 112, 152
Verlust, 3, 16
Verlustübernahmevertrag, 112
Vermögensgütereffekte, 88
Vertriebsausgabe, 110, 114
Verzerrung in Finanzberichten, 14
Vollkonsolidierung, 63, 220
Vollkonsolidierung mit Aufdeckung des anteiligen goodwill, 20
Vollkonsolidierung mit Aufdeckung des auf den Konzern entfallenden goodwill, 292
Vollkonsolidierung mit Aufdeckung des gesamten goodwill, 369
Vollständiger Anteilsbesitz, 276
Vollständigkeit, 25, 27
Vollständigkeitserklärung, 159
Vollständigkeitsgebot, 413

Vorgehen der Praxis, 257, 311
Vorteil, zeitlich begrenzter, 400

W
Währung, funktionale, 115
Währungsraum, 77
Währungstausch, 90
Währungsumrechnung, 88, 107, 235
Währungsumrechnung, Ertrag oder Aufwand aus der, 97
Währungsumrechnung, Korrekturposten aus der, 97
Währungsumrechnungsdifferenzen, 98
Warenverkauf, 113
Ware, Verkauf von, 51
Ware, Verlagerung von, 51
Weiterveräußerungsabsicht, 28, 219, 384, 420
Wertabschläge, 111
Wertanpassungen der Beteiligung, 195
Wert bei Konzernentstehung, 187
Wertminderung, 62
Wertminderungsprüfung, 314, 369
Wertveränderungen aus dem Vorzeitraum, 190
Wiederholung aus Vorzeiträumen, 195

Z
Zahlungsmittel, 378
Zahlungsmittel, Verlagerung von, 51, 91
Zeitbezugsmethode, 95–102, 106–107, 115–116, 137, 173, 235, 329, 384
Zeitraumbezogener Umrechnungskurs, 99
Zeitwert, beizulegender, 202
Zinszahlung, 150
Zusatzbuchungen, 114, 185, 193
Zwischenabschluss, 115, 117
Zwischeneinkommenseliminierung, 267, 317, 321, 377
Zwischen-Finanzberichte, 45, 58, 176
Zwischengewinneliminierung, 270
Zwischenverluste, 275